도시의 생존

도시의 생존

도시의 성장은
계속될 것인가

에드워드 글레이저·데이비드 커틀러 지음

이경식 옮김

한국경제신문

우리의 딸들,
케이트 커틀러와 엘리스 커틀러
그리고 엘리자 글레이저에게.
이 아이들이 미래에 살아갈 도시에는
공포가 아닌 희망이, 분노가 아닌 따뜻한 친절이
또 어리석음이 아닌 현명함이
가득하면 좋겠습니다.

전국을 답사하면서 마주치는 도시들의 모습은 참으로 다양하고 서로 매우 다르다. 세계적인 도시로 성장한 서울이나 부산 같은 곳이 있는가 하면, 인구가 줄어들면서 행정 조직이 축소되고 있는 도시들도 있고, 분단과 군부대 이전 등에 따라 도시 기능을 잃고 농촌 마을로 되돌아간 곳들도 적지 않다.

이렇게 다양한 도시들을 답사하면서, 도시의 죽음과 삶을 어떻게 설명하고 또 어떻게 예측할 수 있을지 고민한다. 특히 2020년 봄부터 전 세계적으로 유행한 코로나19는 나의 답사에도 당연히 큰 영향을 미쳤다. 답사에 큰 지장을 주었을 뿐 아니라, 세계적인 전염병에 대응해 도시와 도시민이 어떻게 행동하는지가 답사의 새로운 포인트가 되었다.

어떤 사람들은 코로나19 이후로 도시의 매력이 떨어져서, 마치 흑사병이 유행하던 중세 유럽처럼 사람들이 농촌으로 빠져나갈 것으로 예측했다. 하지만 팬데믹이 시작된 지 3년이 된 현재, 그런 예측은 잘못된 것으로 밝혀지고 있다.

《도시의 승리》에서 성공적으로 성장하는 도시들의 조건을 제시했던 에드워드 글레이저는, 보건경제학자인 동료 데이비드 커틀러와 함께 코로나19가 도시의 모습을 어떻게 바꿀지 예측한다. 두 사람은 정파적 차이에도 불구하고 '도시의 승리'를 위한 논리를 만들기 위해 타협을 이루었다. 현대 국가에서 타협은 비겁함이 아니라 시민이 갖춰야 할 윤리다.

코로나 시절의 답사에서 이런 책이 가장 필요했다. 도시를 사랑하고 도시의 가능성을 믿는 한국의 동료 시민분들께도 이 책이 큰 인사이트를 드릴 수 있으리라 믿는다.

김시덕, 도시문헌학자·《우리는 어디서 살아야 하는가》 저자

우리는 어릴 적 도시의 삶과 농촌의 삶을 비교하곤 했다. 그림도 그렸고 글짓기도 했다. 우리가 비교한 도시와 농촌의 모습은 거의 동일했다. 이솝 우화 〈시골 쥐와 도시 쥐〉의 내용처럼 도시는 잘살고 세련되지만 회색빛을 띠고 인간미가 적은 곳으로 묘사했다. 그런데 아이러니하게도 사람들은 도시의 삶을 선호해왔다.

2020년, 코로나19가 전 세계를 강타했고 사람들은 밀집된 도시에서 벗어나 주변 지역으로 빠르게 퍼져나갔다. 전염병과 함께 사라진 과거의 도시들을 떠올리며, 어떤 이들은 팬데믹 이후 사람들의 도시 선호는 점차 줄어들 것이라 주장했다.

하지만 우리나라는 물론이고 전 세계 많은 도시들은 여전히 생존하고 있고, 앞으로도 사람들의 도시 선호는 계속될 것으로 보인다. 목숨을 위협할 만한 전염병이 발생한 것은 동일한데 왜 과거 수많은 도시들은 소멸한 반면, 오늘의 도시들은 생존을 이어갈까? 저자들은 전염병은 물론이고 범죄와 증오 등 수많은 위험 속에서도 살아남는 도시들의 생존 비결을 탐구한다. 그리고 생존을 넘어 사람들이 살기 좋은 도시의 조건이 무엇인지 제시한다. 전체 인구의 91%가 도시에서 살고 있는 우리 사회가 함께 고민해야 할 지점이 아닐까?

조영태, 서울대학교 보건대학원 교수·《인구 미래 공존》 저자

오랫동안 이코노미스트로 일을 하다 보면, 논쟁적인 이슈에 대한 질문을 종종 받게 된다. "재택근무가 늘어나면 도심의 집값이 떨어지지 않을까요?" 2년 전부터 부쩍 많아진 질문이다. 그때마다 나의 대답은 한결 같았다. "재택근무가 오래가기 쉽지 않고, 오히려 큰 집에 살기 원하는 수요가 늘어날 수도 있습니다"라고 말이다. 《도시의 생존》은 다양한 자료와 연구를 통해 이 답에 대한 논거를 제공한다(궁금하신 분은 이 책의 320쪽을 어서 펴보시라). 도시에 대한 여러 의문을 단박에 해결해주는 책으로, 강력 추천한다.

홍춘욱, 프리즘 투자자문 대표

성향이 다른 두 경제학자가 도시의 생존법에 관한 책을 함께 썼다. 재미있고 유익하다. 도시는 물건이나 기계보다 생명체에 가깝다. 한 걸음 더 나아가 도시를 인격체로 바라본다면 도시 문제의 본질을 파악하고 해법을 찾는 일이 어렵지 않다. 사람처럼 도시도 위기를 맞고 극복하면서 성장·발전하고 지속한다. 코로나19 팬데믹도 그중 하나였다. 언제고 또 다시 맞게 될 도시의 위기를 어떻게 극복해야 할까? 이 책에 담긴 도시의 생존법은 무엇일까? 내가 읽은 저자들의 메시지는 '이기심과 이타심의 균형'이다. 도시의 생존은 시민의 마음에 달렸다.

정석, 서울시립대학교 도시공학과 교수·《도시의 발견》 저자

이 책은 코로나19가 드러낸 현대 세계의 취약하고 어두운 부분을 도시라는 렌즈를 통해 바라보고 해결책을 모색한다. 저자들은 도시가 계속 번영하기 위해서는 식생활, 교육, 일자리, 자동화, 범죄 등 여러 과제에 적극적으로 대응해야 한다고 말한다. 특히 불평등 완화와 기회 제공에 역점을 두어야 한다는 제언은 교육, 주거, 자산 격차의 급격한 확대를 경험한 한국이 귀담아들어야 할 것이다. 지속 가능한 발전을 고민하는 이들에게 이 책을 권한다.

조귀동, 작가·《세습 중산층 사회》 저자

놀라울 정도로 반짝거리는 책이다. 한 장씩 넘길 때마다 무언가를 배웠고, 미처 알지 못했던 주제들을 이해했다. 이 책은 코로나 이후의 세상을 지적으로 이야기하고 싶은 사람에게는 필독서다.

스티븐 레빗(Steven D. Levitt), 시카고대학교 경제학과 교수·《괴짜 경제학》 저자

지난 30년 동안 데이비드 커틀러는 건강을 결정하는 요인에 관해, 에드워드 글레이저는 도시와 경제 성장에 관해 획기적인 연구를 수행했다. 이 책에서 두 사람은 각자의 전공 분야가 교차하는 지점에 서서 전 세계적인 팬데믹 아래 도시가 우리의 건강과 삶을 어떻게 바꿔놓았는지 살피고 있다. 우리가 어떤 과정을 거쳐 지금에 이르렀는지, 앞으로 더 건강하고 기회가 넘치는 도시를 만들기 위한 정책을 설계하려면 어떻게 해야 할지 모색하는 흥미진진한 책이다. 앞으로도 오랫동안 대중과 정책입안자들에게 훌륭한 자원으로 사랑받을 것이다.
라즈 체티(Raj Chetty), 하버드대학교 공공경제학과 교수

데이비드 커틀러와 에드워드 글레이저는 어떻게 도시가 특권을 가진 사람들만의 거주지가 되어 결국에는 온 세상을 황폐하게 만드는 걸 막을 수 있을지 질문한다. 아울러 어떻게 해야 도시의 지배구조와 일자리, 세금을 가장 바람직하게 결합할지 따져봄으로써 전 세계의 도시들을 보호할 중요한 처방을 내리고 있다.
토머스 프리든(Thomas Frieden), 미국 질병통제예방센터 소장

이 책은 현대의 도시들이 지금의 위기를 극복하고 어떻게 다시 일어설 수 있을지 모색하는 놀랍고도 똑똑한 책으로, 도시 정책의 전면적인 변화를 설득력 있게 주장한다. 두 저자 중 한 사람은 자유주의자이고 다른 한 사람은 보수주의자이지만 바로 이런 차이에서 신선한 아이디어와 통찰이 쏟아진다. 나도 모르게 이 책에 푹 빠져들었고, 공부하고 논쟁하며 또 즐겼다.
에릭 클라이넨버그(Eric Klinenberg), 뉴욕대학교 사회학과 교수·《도시는 어떻게 삶을 바꾸는가》 저자

우리가 이 책을 쓰던 2020년 여름과 가을, 심각한 위험이 전 세계 도시를 뒤덮었다. 도시는 사람들을 연결하기 위해 존재하건만 질병의 공포는 사람들을 떼어놓았다. 코로나19 팬데믹으로 전 세계의 공항이 텅 비어버렸다, 자영업자들이 파산했다, 친구가 인구밀도가 낮은 곳으로 거처를 옮긴다는 등 암울한 소식들만 들렸다. 그러나 팬데믹 이전에도 젠트리피케이션(gentrification, 낙후된 구도심 지역이 활성화되어 중산층 이상의 계층이 유입되고 이들이 기존의 저소득층 원주민을 대체하는 현상. '내몰림' 혹은 '둥지 내몰림'이라고도 번역한다 – 옮긴이), 치안, 도시 불평등 등을 둘러싼 갈등으로 도시들에는 분열의 기운이 감돌았다. 이런 분열은 팬데믹과 같은 자연재해보다 훨씬 더 도시를 취약하게 만든다.

게다가 미국 정부는 한국 정부와 달리 실패의 길을 가는 듯했다. 미국은 코로나19의 확산을 억제할 능력이 없는 것 같았고 이 질병은 의료 시스템이 가지고 있던 단점을 적나라하게 드러냈다. 정부는 너무 비대해서 주택 건설이나 새로운 사업을 과도하게 규제했을 뿐만 아니라 너무 허약하기도 해서 학교 시스템이나 적절하지 못한 공중보건 시스템이 한꺼번에 무너져버렸다.

누구나 그렇겠지만 우리 저자들은 우리의 도시들이 번영을 촉진하고 불우한 사람들의 삶을 개선하고 사람들의 삶에 소중한 의미를 제공하기를 바란다. 우리는 앞으로도 도시가 더욱더 쇠퇴할 것이라는 전망에 끔찍함을 느꼈고, 또 공공 부문이 이토록 열악하다는 사실에 당혹스러웠다. 그렇기에 우리가 사는 도시의 미래를 강화할 청사진을 제공하겠다는 마음으로 이 책을 썼다.

이 책이 한국어로 번역된다는 소식을 듣고 무척 기뻤다. 우리는 한국의 도시들이 효율적이면서 외부인에게 개방적이라는 사실에 감탄하는 마음을 늘 품고 있었다. 코로나19에 예외적일 정도로 모범적으로 대처한 한국은 이 책에서 그야말로 영웅적인 존재로 등장한다. 이 책에서 우리는 세계 각국의 정부가 한국의 사례를 보며 배워야 한다고 주장한다. 한국은 2015년에 메르스(중동호흡기증후군) 사태에 제대로 대응하지 못했던 경험을 토대로 코로나19의 영향을 최소한으로 억제하는 여러 가지 효과적인 도구를 개발했다.

서울을 비롯한 한국 도시들의 코로나19 경험은 두 가지 점에서 놀랍다. 첫째, 사망자의 수가 상대적으로 적었다. 2022년 봄에 재확산되기 이전까지 한국에서 발생한 감염자와 사망자는 놀라울 정도로 적었다. 심지어 오미크론이 나타난 뒤에도 한국의 1인당 사망률은 미국의 6분의 1밖에 되지 않았다. 이런 커다란 격차는 팬데믹에 대응하는 한국의 노력과 미국의 노력이 질적으로 차이가 있음을 입증한다.

둘째, 한국에서는 팬데믹 초기에 사람들이 강력하고도 합리적인 사회적 거리두기 규정을 지키면서 일상적인 활동을 계속 이어갔다. 스마트폰의 이동 경로를 추적하는 구글의 모빌리티 데이터로는 코로나19 이후 서울을 비롯한 한국 전역에서 이동성이 크게 줄어들지 않았다. 팬데믹 이후에 공원을 찾는 발길은 한국에서도 다른 많은 나라에서와 마찬가지로 급증했다.

스탠퍼드대학교의 경제학자 니컬러스 블룸(Nicholas Bloom)과 시카고대학교의 경제학자 스티븐 데이비스(Steven Davis), 그 외 공동 저자들이 27개국의 원격근무 실태를 조사한 최근의 연구 결과로는 한국이 재택근무 수준이 가장 낮았다(2022년 초 기준). 이들이 조사한 기업들을 보면 재택근무 수준이 중국이나 일본이 한국보다 두세 배나 높았다.[1]

효과적인 정부 조치가 한국의 도시들을 지켜냈다. 결과적으로만 보자면 한국에서 코로나19는 미국과 유럽과 같은 실존적인 위험을 한국 도시들에 가져오지 않은 것처럼 보인다. 특히 도시처럼 수백만 명이 좁은 공간에 한꺼번에 몰릴 때는 늘 위험이 뒤따른다. 높은 밀집성은 교통 혼잡을 일으키고 범죄 빈도를 높이며 박테리아와 바이러스의 흐름을 촉진한다. 이 책이 전하고자 하는 중심적인 메시지는 도시 생활을 위협하는 온갖 악마를 길들이려면 강력하고 똑똑한 정부가 필요하다는 것이다.

한국 독자가 이 책을 읽고 한국의 상황이 상대적으로 얼마나 바람직했는지 뿌듯하게 느낄 수도 있겠지만 그래도 이 책을 경고로 받아들이면 좋겠다. 50년 전에 미국은 한국보다 훨씬 부유했고 효과적인 정부를 가지고 있었다. 지금도 미국이 한국보다 조금은 더 부유하지만 한국 정부는 이제 미국 정부보다 더 강력해 보인다. 그러나 한국의 공공 부문 역량 역시 시간이 갈수록 쪼그라들 수 있다. 공공 부문을 지속적으로 유지하고 개선하겠다는 사회의 전반적인 약속이 사라진다면 한국의 도시 역시 위험해질 것이다.

우리는 또한 한국 정부가 세계 어느 곳에서든 시작될 수 있는 새로운 전염병으로부터 자국민을 보호할 수 없을지도 모른다는 사실을 분명하게 깨닫기를 바란다. 이 책에서 우리는 미래의 질병에 맞서 싸우기 위한 세계적인 동맹을 제안한다. 우리는 부유한 나라가 가난한 나라의 보건 관련 인프라에 자금을 지원하고 가난한 나라는 질병 모니터링과 위생 규칙을 시행하는, 거대한 주고받기를 상상한다. 한국이 이 동맹을 앞장서서 이끌어주면 좋겠다고 기대해본다.

코로나 팬데믹이 발생하기 이전에 다녀온 한국 여행은 우리 모두에게 커다란 기쁨을 안겨주었다. 우리는 둘 다 자녀가 있는데, 팬데믹 기간에 아이들은 방탄소년단과 트와이스의 노래에 푹 빠졌다. 우리는 이런 한국 문화 수출품들이 우리 가족에게 미소를 가져다줘서 고마웠고, 조만간 다시 서울을 방문할 수 있기를 기대한다. 글로서나마 우리가 한국의 대도시들과 연결될 수 있어서 얼마나 기쁜지 모르겠다.

에드워드 글레이저·데이비드 커틀러

SURVIVAL OF THE CITY

・1장・

오늘날의 도시가
맞이한 위기

도시도 다른 생명체처럼 수명이 다해서 죽을 수 있다. 신화 속 미노타우로스(Minotauros)가 살았던 크레타섬의 부강한 도시 크노소스(Knossos, 에게 문명의 중심지였던 크레타섬의 고대 도시 – 옮긴이)도 지진과 침략으로 파멸했다.[1] 또한 도시가 나이 들어 쇠퇴하는 일도 흔하다. 지금의 클리블랜드와 피츠버그, 리버풀은 1930년대보다 도시 규모가 훨씬 작다. 도시의 승리나 성공은 영원하지 않다.

도시의 쇠퇴는 겉모습에서부터 흉한 꼴을 드러낸다. 먼저 공장이 폐쇄된다. 일자리를 잃은 노동자는 지역의 상점들을 찾지 않고 소비지출을 줄이기 시작한다. 학력이 높거나 고용 기회가 상대적으로 많은 노동자는 도시를 떠나고, 이로써 납세자 수가 줄어든다. 결국 도시는 1인당 세금을 인상하고 공공 부문인 경찰, 학교, 공원 등에 대한 지출을 줄인다. 범죄가 늘어나고, 창업은 줄어들고, 더 많은 사람이 도시를 떠난다.

경제적 궁핍은 사회적 곤궁을 낳고 도시는 쇠퇴하다.

지난 반세기 동안 도시가 쇠퇴하는 원인은 대부분 탈산업화였다. 디트로이트나 글래스고 같은 대도시는 공장 일자리가 사라지면서 쇠퇴하기 시작했다. 이런 위기가 발생한 이유는 고도로 자동화되고 모든 시스템을 갖춘 거대 제조공장들이 밀집된 도시에 있을 필요가 더는 없기 때문이었다. 하지만 이제는 그보다 훨씬 위협적인 요인이 나타났다. 바로 최근에 발생한 통제 불가능의 팬데믹(pandemic)이다. 도시의 결정적인 특징이 사람과 사람 사이의 밀집성 혹은 근접성인데, 이것이 질병을 더욱 확산시키기 때문이다.

도시화가 사람과 사람 사이의 거리를 좁히는 것이라면 2020년 3월에 시작된 사회적 거리두기(social distancing)는 우리가 사는 세상의 급격한 탈도시화를 유도했다. 데이터 기업 세이프그래프(SafeGraph)가 제공한 휴대폰 데이터를 보면 2020년 3월 14일에서 3월 24일까지 열흘 동안 미국인이 여가 활동과 쇼핑 목적으로 이동한 횟수는 예전에 비해 40퍼센트나 줄어들었다.[2]

공기로 전파되는 전염병은 도시의 건강만 위협하는 게 아니다. 현대의 도시 거주자 대부분에게 일자리를 제공하는 도시의 서비스 경제도 위협한다. 한때 부유했던 대도시에서 공장들이 기계화되거나 다른 지역으로 이전했다고 해도, 학력이 낮거나 자격증이 없어도 그저 웃는 얼굴로 커피를 서빙하는 능력이 있다면 어느 정도 경제적으로 안전할 수 있었다. 급격한 세계화의 물결 속에서도 그런 직업들은 안전한 듯했다. 신선한 카페라테가 중국에서 뉴욕의 거리로 수출될 수는 없기 때문이다.

그런데 이 바리스타의 미소가 즐거움의 원천이 아니라 전염병 확산의 원천이 되자 바리스타를 비롯한 서비스업 일자리들이 순식간에 사라졌다. 2020년에 발생한 팬데믹 이전에는 미국인 3,200만 명, 즉 전체 고용노동 인구의 20퍼센트가 소매업과 레저업, 접객업에 종사했다.[3] 그런데 2019년 11월부터 2020년 11월까지 미국의 레저업 및 접객업 일자리의 5분의 1이 사라졌다. 2019년 3분기부터 2020년 3분기까지 영국의 숙박 및 음식 서비스 부문 일자리는 14퍼센트 이상 감소했다.[4] 당시 이 분야에서 일하고 있었던 사람들도 22퍼센트는 원하지 않는 휴가를 맞이했다.[5] 만일 팬데믹이 지속되어 전 세계의 대면 서비스 일자리가 영원히 사라진다면 도시와 세계 경제 모두 재앙을 맞을 것이다.

이 모든 일은 2020년 이전 우리가 팬데믹 위험에 안일하게 대처한 바람에 빚어졌다. 뒤집어보면 그간 도시가 수많은 역병을 이겨온 덕분에 유지되었다는 사실을 알 수 있다. 최초의 인류 정착지에서 초기 도시 거주자들은 수렵과 채집으로 먹고살았던 조상들보다 건강하지 못했는데, 이는 전염성 질병으로 인한 사망이 인구 밀집 지역에서 흔하게 나났기 때문이다.[6]

오랜 세월 동안 도시는 사망자를 대체하기 위해 시골 인구의 유입에 의존했다.[7] 1940년에 이르러서야 예방접종, 하수구, 항생제 등에 힘입어 도시의 기대수명이 시골의 기대수명을 따라잡았다.[8] 2020년에는 도시 사람이 시골 사람보다 더 오래 살게 되었고 도시와 시골의 사망률 격차는 계속 증가했다.[9] 적어도 대규모 전염병이 다시 나타나기 전까지는 말이다.

세계 각국 정부가 팬데믹 대비를 훨씬 더 심각하게 받아들이지 않는 한 코로나19가 일회성 사건으로 끝날 가능성은 적다. 글로벌 이동성이 증가하면서 팬데믹이 실제로 나타나거나 잠재적으로 나타날 가능성은 한층 커졌다. 1900년과 1980년 사이에만 해도 미국 전역을 위협한 팬데믹은 극소수였다. 1918~1919년의 인플루엔자(스페인독감) 팬데믹, 1957~1958년의 아시아 독감, 1968년의 홍콩 독감 등이 그랬다. 그중 첫 번째 팬데믹이 특히 끔찍했지만 이것도 시간이 지나면서 사람들의 기억에서 희미해졌다.

1980년대 이후 미국은 HIV/AIDS(1980년대~현재), H1N1독감(2009년), 지카바이러스(2015~2016년), SARS-CoV-2(제2형 중증급성호흡기증후군 코로나바이러스, 2020년)를 경험했다. 그중 코로나19는 2002년 사스와 2012년 메르스에 이어 코로나바이러스 중에서도 박쥐에서 사람으로 전염되는 세 번째 질병이다. 더불어 에볼라(2013~2016년, 2018~2020년)와 마르부르크 바이러스(1998~2000년, 2004~2005년) 같은 위기일발의 실수가 있었다. 만일 팬데믹이 영구화된다면 상당수 노동자가 도시에 있는 직장은 아예 다니지 않겠다고 결정할지도 모른다.

전염병은 2020년의 도시 생활에서 가장 뚜렷한 위협이긴 하다. 그러나 이것이 유일한 위협은 아니다. 도시가 안고 있는 근원적인 슬픔이라는 판도라의 상자가 최근 우리 눈앞에서 열렸다. 이 상자 안에는 지나치게 비싼 주거비용, 젠트리피케이션을 둘러싼 폭력과 갈등, 낮은 수준으로 유지되는 사회적 계층의 상향 이동성, 인종을 구분하는 잔혹한 치안 조치 및 가벼운 마약 범죄를 무거운 징역형으로 다스리는 양형 기준 등에 대한 분노가 담겨 있다. 그런데 각기 다르게 보이는 이 문제들이 사실은 모두 하나의 뿌리에서 비롯된다. 바로 우리의 도시가 '내부자는 보호하고 외부자는 고통받도록 내버려둔다'는 사실이다.

젠트리피케이션 현상으로 밀려나는 사람들은 규제 때문에 다른 지역에 저렴한 주택을 지을 형편이 못 되어 어쩔 수 없이 그들과 비슷한 처지의 사람들이 거주하는 곳으로 이주한다. 사실 주택과 건물의 신규 건설을 제한하는 각종 규제는 기존 거주자들이 소유한 주택 가격과 경관을 보호하지만 똑같이 도시적인 삶을 원하는 청년층과 가난한 사람들에게는 장벽이 된다.

또한 도시 범죄가 줄어들면서 부유한 사람들은 한밤에도 안전하게 산책을 즐길 수 있게 되었지만, 똑같이 한밤의 산책을 즐기려는 저소득층 소수민족 주민은 경찰관에 붙잡혀 몸수색을 당한다. 경찰관은 혹시라도 시민을 거칠게 다뤄 문제가 생긴다고 해도 경찰노동조합이 나서서 보호해주지만, 불우한 환경에 놓인 소수민족 청소년을 보호하는 기관이나 조직은 없다.

대도시의 많은 공립학교가 제 기능을 하지 못해도 이를 바로잡으려는 조치는 잘 이뤄지지 않는다. 교외 지역의 사립학교가 부유한 학부모들이 원하는 모든 것을 만족시켜 주기 때문이다. 2020년 이전까지 도시는 부유한 사람들을 위한 거주지로 번창하고 있었지만 가난한 아이들을 부유한 어른으로 만드는 데는 실패를 거듭하고 있었다.[10]

이제 도시와 국가는 내부자만이 아니라 외부자를 위해서도 다시 개방되어야 한다. 창업 및 토지 이용에 대한 규제가 축소되고 개정되어야 한다. 학교는 강화되고 경찰은 범죄를 예방하고 모든 시민을 존중해야 한다. 도시의 자영업자들이 (가장 가난한 지역에서도) 다시 기회를 창출할 수 있도록 팬데믹을 끝내야 한다.

내부자를 위해 만든 시스템을 외부자에게도 권한을 주도록 재구성하는 데는 비록 수십 년까지는 아니라도 상당한 기간이 걸릴 것이다. 그러나 안타깝게도, 다른 온갖 일들에 밀려 도시 생활의 위협에 대한 관심은 순식간에 우리의 의식에서 빠져나간다. 2011년의 점거 운동(occupy movement, 2011년 미국 뉴욕 월가에서 신자유주의로 인한 불평등을 비판했던 시위 −

옮긴이)은 2008년 금융위기 이후 대침체가 가져온 불평등을 폭로하고 나섰다. 2020년 5월에는 미니애폴리스 경찰관들이 40대 흑인을 강압적으로 체포하는 과정에서 결국 살해했다. 이른바 '조지 플로이드(George Floyd) 사건'이라는 이 일로 수백만 명이 들고일어났다. 경찰이 오랫동안 자행해온 흑인 학대 관행을 더 이상 두고 볼 수는 없었기 때문이다.

도시가 예전처럼 다시 번영하려면, 전염병들을 이겨냈던 것과 마찬가지로 가난과 인종적 불평등이라는 문제를 해결해야 한다. 그러나 이런 문제들 중 어느 하나와만 싸운다고 해도 일시적인 분노의 폭발이 아니라 지속적인 공동의 노력이 필요하다. 도시를 보호하려면 몇 달 동안 항의만 할 게 아니라 몇 년에 걸쳐 학습하고 실천해야 한다.

사회적 거리두기와 비대면 재택근무, 경찰에 대한 항의가 거의 1년 동안 지속되면서 도시는 코로나19 팬데믹 초기보다 훨씬 더 취약해졌다. 석박사 학위를 지닌 미국 노동자의 약 70퍼센트가 2020년 5월에 재택근무로 전환했는데, 48퍼센트는 그해 11월까지도 여전히 재택근무를 유지했다.[11]

많은 사람이 왜 팬데믹 이전에는 이렇게 해야겠다고 생각하지 못했는지 궁금해했다. 이 책의 7장에서도 보겠지만 팬데믹이 끝나고 이전의 대면 근무 체제로 돌아가더라도 이제 기업과 노동자는 특정 장소로 고정된 직장에는 덜 매일 것이다. 그리고 비대면 화상회의에 익숙해진 고학력자들은 비싼 주거비용, 힘든 출퇴근, 정치적 악감정 등의 문제가 널려 있는 도시를 예전과는 다른 관점으로 바라볼지 모른다. 안타깝게도 현재의 기술 수준은 저학력자에게는 이런 도시에서 벗어날 선택지조차 만들어주지 않았다. 조사에 따르면 2020년 5월 기준으로 고등학교를 졸업하지 않은 이들 중 재택근무를 하는 비율은 겨우 5퍼센트였다.[12]

밀집성이 낳은 악마들

이 책 전반에서 신체적 질병에 관한 이야기가 상당히 나올 것이다. 하지만 그렇다고 해서 질병 자체가 주제는 아니다. 이 책은 도시의 규모 및 밀집성으로 발생할 수 있는 문제들, 도시의 어두운 측면들을 개선하기 위한 투쟁을 다룬다. 전염병은 세계 무역 및 여행을 통해 도시에서 도시로, 도시 공간의 복잡한 경계 구역들 안에서 사람에게서 사람으로 퍼진다. 전염병은 밀집성이 낳은 가장 끔찍한 악마다. 하지만 교통체증, 범죄, 높은 주거비용 등도 도시 생활에서 반드시 나타나는 것들이다. 이런 병폐들이 곪아 터지면서 도시를 살기 나쁜 곳으로 만드는 것이다.

불평등의 깊은 구렁은 수천 년 동안 도시 생활의 한 부분으로 존재했다. 플라톤은 《국가론(The Republic)》에서 이렇게 썼다. "도시는 어떤 곳이든 간에, 아무리 규모가 작다고 해도 반드시 두 개의 도시로 나뉜다. 하나는 가난한 사람들의 도시이고 다른 하나는 부자들의 도시다. 이 두 도시는 전쟁을 벌인다."[13]

밀집성의 어두운 측면을 상대로 싸우려면 우선 그 전쟁에서 휴전이 필요하다. 도시 건설은 제로섬 게임이 아니기 때문이다. 대부분 도시에서는 더 많은 주택 건설, 더 나은 학교 시스템, 더 인간적인 치안 그리고 미래에 나타날 수 있는 전염병에 대해 더 강력한 방어 기능을 제공하는 보편적인 의료 서비스 등이 가난한 사람과 부유한 사람에게 모두 돌아갈 수 있다.

재앙의 충격은 언제나 기존의 사회적 힘 혹은 사회적 약점에 따라 조정되고 결정된다. 사회적으로 불안정한 시기였던 541년에 흑사병이 콘스탄티노플을 강타했다. 이 질병으로 처음에는 정치적 혼란이 나타났고 그다음 수백 년 동안 농촌의 빈곤이 이어졌다. 이에 비해 콜레라와 황열병처럼 19세기에 도시인을 학살했던 전염병들은 뉴욕, 파리, 런던 같은 도시들의 성장을 막지 못했다. 그 이유는 도시들이 한마음으로 힘을 합쳤고 내부에 강력한 리더십이 있었기 때문이다. 덕분에 도시들은 신속히 회복될 수 있었다.

이 도시들은 모두 강력한 인프라(사회기반시설) 프로젝트에 투자했다. 뉴욕의 크로톤 수로(Croton Aqueduct) 건설이나 파리의 하수 시설 건설 같은 프로젝트들은 도시를 한층 안전하게 만들었다.[14] 이런 교훈은 지금도 마찬가지로 적용된다. 뉴욕은 2001년 9월 11일에 일어난 끔찍한 테러 공격에도 끄덕하지 않았는데, 뉴욕 시민들이 마음을 모아 무너진 도시를 함께 재건했기 때문이다.

그러나 2021년의 뉴욕은 2001년의 뉴욕에 비해 사회적으로 훨씬 더 분열되어 있었다. 1970년대에 도시가 거의 파산한 상태에서 이루어졌던 실용적 합의는 이미 내팽개쳐지고 없었다. 2011년에 점거 운동을 벌인 시위대는 주코티 공원을 점거했는데[15] 그곳은 9.11 사건의 기념비가 있는 곳이었다. 이 점거 운동 및 경찰의 대응은 단단하게 단결되어 있었던 도시를 갈기갈기 찢어놓았다. 이렇게 분열된 도시는 뉴욕만이 아니었다. 점거 운동은 보스턴에서 베를린까지 세계 곳곳에 있는 광장에서 전개되었다.

그 후 몇 년 동안 분열은 점점 더 확대되었고 도시는 더욱 취약해졌다. 코로나 봉쇄 조치(락다운)가 시작된 지 두 달 뒤, 미니애폴리스에서 한 경찰관이 대낮에 한 흑인 남성의 목을 무릎으로 8분 넘게 눌렀고 결국 그 흑인은 사망했다.[16] 여러 달째 이어지던 봉쇄 조치에 따른 불안감에 시달렸던 사람들은 이 끔찍한 인종차별 행위에 거대한 분노를 터뜨리며 거리 곳곳에서 시위를 벌였다. 1960년대 후반 이후로는 볼 수 없었던 분노의 파도였다.

몇몇 지역에서는 시장이 시위대를 두려워하거나 시위대에 공감해서 지역 전체가 무법천지가 되도록 방조했다. 그래서 시애틀의 '캐피톨 힐 자치구역(Capitol Hill Autonomous Zone)'과 같은 새로운 동네 이름도 여럿 생겨났다.[17] 전 세계인이 인종차별에 대한 자기 도시의 반응을 살폈고, 그 반응이 부족하다는 사실을 깨닫기도 했다.

불평등에 대해 보다 효과적으로 대응하려면 재정 자원이 필요하다. 그런데 이런 자원은 팬데믹으로 이미 고갈되다시피 한 상태다. 지방 재정은 1970년대 이후 늘 그랬던 것처럼 불안정하다. 고용과 소비지출이 줄어들면 지방자치단체의 세수가 줄어든다. 학교는 안전한 환경에서 아이들에게 수업을 제공하기 어려운 상태다. 교통 시스템은 적정 수준보다 훨씬 낮은 요금을 받고 있으며 이는 조만간 개선될 것 같지 않다. 연방정부와 다르게 도시는 돈을 찍어낼 수도 없고 수조 달러 규모의 돈을 빌릴 수도 없다.

아울러 사람들은 1960년대에 그랬던 것처럼 진보적인 분위기의 공기를 호흡하고 있으며, 상대적으로 적은 자원을 갖고 사회생활을 시작하는 사람들에게 더 많은 자원이 돌아가길 바란다. 방치되고 소외된 사람들은 변화를 원한다. 우리 저자들은 그 충동을 이해하고 공감한다. 현재 사람들이 처한 도시 불평등 상황은 끔찍할 정도다. 하지만 1960년대에 그랬던 것처럼 도시정부가 의적 로빈 후드 행세를 하려고 하면 기업체들과 부자들은 짐을 싸 들고 떠날 것이다. 시위대는 경찰 예산 삭감을 원하지만 범죄율이 높아지면 부유한 도시민은 안전한 교외 지역으로 대피할 것이고 결국 가난하고 힘없는 사람들만 피해를 입을 것이다.

만약 사람들이 질병 때문이든, 범죄 때문이든, 공공서비스의 품질 저하 때문이든 간에 도시가 안전하지 않다고 판단한다면 더 이상 도시가 아닌 자기들만의 집단 거주지로 옮겨갈 것이다. 부자들은 가난한 사람들에게 노출되는 부분을 최소한으로 유지하면서 그들만의 호화로운 은신처에서 살아갈 것이다. 중산층은 서로를 존중하는 확고한 태도가 전제되는 그들만의 안식처를 형성할 것이다. 그러나 가난한 사람들은 남은 공간에서 살아야 한다.

앞으로는 원격으로 할 수 있는 것은 무엇이든 다 할 수 있을 것이다. 그러면 부자와 빈자 사이의 연결성이 줄어들고, 이에 따라 사람들에게 제공되는 경제적 기회도 쪼그라들 것이다. 납세자가 줄어들면서 소외된 지역의 공공서비스는 더욱 줄어들어서 학교에서 제공하는 교육과 경찰력이 줄고 더 잔혹한 범죄와 빈곤이 늘어날 것이다. 폭력이 증가하면 도시는 과거에 그랬던 것처럼 가난한 소수민족 사람들이 공포에 떠는 현장이 될 것이다.

소수민족 집단 거주지로 바뀐 도시는 빈곤과 결핍의 세상이다. 사실 공간적 고립은 부유층에게조차 장기적으로는 안전하지 않다. 로마제국 말기에 로마의 무더위를 피해 쾌적한 카프리로 갔던 귀족들은 전염병으로 수도가 함락되면서 파멸의 길을 걸어야 했다.[18] 우리 시대에도 그랬다. 코로나19로 미국에서 가장 주목받았던 곳은 맨해튼 외곽에서 30분 거리에 있는 뉴로셀이었다.[19] 2020년 12월 기준으로 미국에서 코로나19가 가장 많이 창궐했던 지역들에는 베벌리힐스, 팰로스 버디스 에스테이츠, 핸콕 파크 등 로스앤젤레스에 포함되거나 그 인근의 부자 동네가 포함되어 있었다.

물론 도시를 강하게 만드는 방법이 있지만 이는 간단하지 않다. 이 방법은 도시가 가난한 사람들이 세금을 내는 일자리를 유치할 수 있어야만 가난한 사람들을 돕는 서비스에 예산을 지출할 수 있음을 인식하는 데서 출발한다. 즉 시민에게 세금을 부과해서 거둬들인 세수로 더 많이 쓴다고 해서 다 되는 게 아니다. 세출은 훨씬 더 현명해야 하며 도시 전체를 강화하는 용도로 지출되어야 한다. 또 납세자들은 정부가 세금을 현명하게 사용하고 자기들을 존중할 것이라고 믿어야 한다. 이런 원칙은 국제적으로나 국가적으로 또 지방자치적으로도 지켜져야 한다.

또한 우리는 모든 해답을 다 가지고 있지 않음을 알아야 한다. 개혁을 꾀하기 이전에 먼저 자신의 무지를 인정하고 학습의 필요성을 인정하는 겸손함을 배워야 한다.

다행히도 도시는 그 모든 역경에도 불구하고 고집스러울 정도로 끈기가 강하다. 대체로 1700년 당시에 이름을 날린 도시는 오늘날에도 여전히 세계적으로 위대한 도시의 명성을 이어가고 있다. 베이징, 런던, 도쿄, 이스탄불 등이 그렇다. 도시는 복제가 거의 불가능한 구조적 강점을 지닌다. 사람과 기업이 많이 모여 있을 때 고용, 특히 서비스 분야의 일자리가 풍부하게 창출되는데, 이런 풍부한 일자리는 전 세계 어느 곳을 보더라도 저밀도 지역에는 생기지 않는다. 도시에는 박물관과 공원과 건축물과 식당이 즐비하다.

여러 달 동안의 봉쇄 조치(락다운)와 이에 대한 반발 시위에서 배울 수 있는 가장 중요한 교훈은 사람과 사람 사이의 물리적인 접촉, 즉 실질적인 대면이 중요하다는 것이다. 봉쇄 조치가 완화될 때마다 사람들은 다른 사람들과 연결되기 위해 거리로 뛰쳐나왔고 이런 행위는 도시의 건강에 커다란 영향을 미쳤다. 백인 경찰이 무릎으로 흑인 남성의 목을 눌러 죽이는 것을 본 사람들은 자신의 건강이 나빠질 위험을 무릅쓰고 거리로 뛰쳐나와 분노를 표출했다.

도시가 우리에게 주는 가장 중요한 선물은 우리가 서로 가까이 있고, 상대방에게 배우고, 친구가 되고, 연결되고, 함께 기뻐할 수 있다는 점이다. 인류는 이 선물을 내팽개치지 않을 것이다. 특히 우리의 도시가 온갖 악마들로부터 좀 더 보호받을 수 있다면 더욱더 그렇다.

경제학의 눈으로 본 도시의 삶과 죽음

이 책의 저자인 우리 두 사람은 약 30년 동안 친구로 지내며 함께 일해 온 하버드대학교의 경제학자다. 둘 다 자녀가 있는 부모로 교외 지역에 산다. 우리는 우리가 꽤 신나는 삶을 살고 있다고 생각하지만 사람들은 대부분 우리를 보고 무척이나 지루하게 산다고 느낄 것이다. 우리가 비록 도시의 멋진 힙스터나 문화 전사는 아니지만 우리는 도시를 사랑하고 도시의 미래를 걱정하는 시민이다. 우리는 2020년 5월에 이 책의 원고를 쓰기 시작했다. 팬데믹 기간에 도시의 삶과 죽음에 대한 격렬한 논쟁에 경제학이라는 도구를 동원해야 한다는 생각이 긴급히 들었기 때문이다.

코로나19는 확진자를 모두 죽이지는 않는다. 아닌 게 아니라 많은 사람이 이 병을 이겨내고 살아난다. 그러나 많은 생존자가 호흡기 질환과 심장 질환, 그 밖의 합병증과 장애를 후유증으로 겪는다.[20] 그렇다면 도시도 사람과 마찬가지로 코로나19로 이런 심각한 후유증에 시달리게 되진 않을까? 대체로 코로나19가 물러간 뒤에도 도시는 여전히 생명을 이어가겠지만 모든 도시가 그렇지는 않을 것이다. 그리고 코로나에서 살아남았다고 해도 몇몇 도시는 영구적인 손상을 입을지 모른다. 우리가 이 책을 쓴 이유는 더 나은 도시 정책이 실행되면 코로나가 도시와 도시민들에게 미칠 피해를 줄일 수 있으리라 기대하기 때문이다.

우리는 여러 해에 걸쳐 인종차별, 비만, 흡연, 오피오이드(Opioid, 마약성 진통제 - 옮긴이) 등 다양한 주제를 놓고 많은 논문을 써왔다. 사실 우리 중 한 사람은 보건경제학을 전공했고 다른 한 사람은 도시경제학을 전공했다. 데이비드 커틀러의 전공 분야는 의료 시스템의 기능과 그 시스템에서 공공 부문이 수행하는 역할이다. 그리고 에드워드 글레이저는 도시의 경제적인 삶과 우리가 사는 도시 세상을 둘러싼 공공정책을 전공했다. 우리는 이 시점의 정책 수립을 온전하게 이해하려면 이 두 가지 분야가 반드시 결합해야 한다고 믿는다.

또한 우리는 지금까지 걸어온 정치적 배경도 다르다. 커틀러는 클린턴 정부 및 오바마 대통령 선거운동본부에서 일했고 수십 년 동안 민주당의 보건 정책에 관여해왔다. 반면에 글레이저는 대서양 연안의 전통적인 공화당원으로 린마누엘 미란다(Lin-Manuel Miranda)가 알렉산더 해밀턴(Alexander Hamilton, 미국 건국의 아버지 중 한 명으로 강력한 중앙정부론을 주장했다 - 옮긴이)을 대중적인 인물로 만들기 훨씬 전에 그를 우상화했으며, 외부에서 온 모든 정당의 도시 자치정부를 도와 일했다. 그래서 우리는 이 책에서 논의된 정책에 대해 (자기 의견만을 고집하지 않고) 어느 정도 타협을 봤는데 이렇게 하길 잘했다고 생각한다. 미국인뿐 아니라 전 세계가, 이런 정책이 진전되려면 반드시 타협이 필요하며 누구도 모든 해답을 다 가지고 있지 않음을 명심해야 한다.

타협은 평범함으로 타락하는 것이 아니다. 심지어 타협은 절제된 온건함도 아니다. 1944년 6월 6일 영국과 미국의 지도자들이 사상 최대의 수륙양용 공격을 감행할 때 타협을 했다. 사실 전 세계의 도시들을 강화하고자 하는 우리의 열망만 놓고 따진다면 우리는 급진주의자들이다. 좌우 스펙트럼이라는 전통적인 프레임으로 볼 때 급진적이지 않을 뿐이다.

우리 저자들은 도시의 삶을 보호하려면 세 가지 요소가 하나로 어우러져야 한다고 본다. 첫째, 도시에 봉사하는 공동의 힘이 있어야 한다. 이는 정부와 시민사회가 책임감과 유능함을 함께 갖춘, 균형 잡힌 힘을 의미한다. 둘째, 도시는 자유를 추구해야 한다. 셋째, 정부와 기업가 그리고 우리 모두는 자신이 모르는 것을 기꺼이 배우려는 겸손함을 지녀야 한다.

도시에 봉사하는 공동의 힘

'여우굴에는 무신론자가 없다'라는 옛말이 있다.[21] 여기에 빗대어 우리는 '도시에 자유주의자는 없다'라는 말을 하고 싶다. 수백만 명을 좁은 땅에 한꺼번에 빽빽하게 몰아넣는 데서 생기는 온갖 문제를 중재하려면 어떤 식으로든 공적 관리가 필요하다. 2020년 미국 대통령 선거 당시 도시와 시골을 갈라놓은 친정부 대 반정부라는 대립은 도시에 사는 사람들이 인구밀도가 낮은 지역에 사는 사람들보다 더 강력한 정부를 원한다는 사실을 반영한다(미국에서는 전통적으로 큰 정부를 주장하는 민주당이 도시 기반이고, 작은 정부를 주장하는 공화당이 시골 기반이다 - 옮긴이).[22]

물론 세계 각국 정부는 전염병이 발생하지 않도록 노력해야 하며 엄청난 비용이 들더라도 기꺼이 지출해야 한다. 커틀러는 코로나19가 끝날 때까지 미국 경제는 16조 달러 이상의 비용을 부담해야 할 것이라고 추정했다.[23] 이처럼 천문학적인 비용이 들어가는 상황이니만큼 미래에 나타날 수도 있는 팬데믹을 예방하는 데 수천억 달러를 지출하는 것은 그럴 만한 가치가 있다. 문제는 그 돈을 어떻게 효과적으로 사용할 것인가다.

효과적이고 책임 있는 정부를 우리는 '도시에 봉사하는 공동의 힘(the shared strength that serves)'이라고 부른다. 그런 정부의 요건은 무엇일까? 효과적인 공공-민간 활동에는 명확한 목표와 리더십이 필요하다. 이 리더십은 비전을 실행할 권한을 가지면서도 동시에 성공이나 실패에 책임을 지는 것이다. 우리는 경찰이 지역사회를 얼마나 존중하는가와 같은 현재의 관심사를 조사하고 측정해야 한다. 리더십은 그런 목적을 달성할 수 있을 만큼 인적·물적 자원이 있어야 한다.

전 세계의 많은 정부가 코로나19 상황에서 보였던 재앙적인 대응과 화이자나 모더나 같은 제약회사가 눈부신 속도로 백신을 개발했던 대응을 비교해보자.[24] 백신을 원하던 전 세계의 바람은 제약회사들에 명확한 목표를 제시했다. 이 제약회사들의 CEO들은 목표를 달성하면 승리의 영광 또는 어마어마한 수익을 얻을 수도 있었지만 실패의 당혹감과 망가진 경력이라는 결과를 초래할 수도 있었다. 또한 의회 혹은 시의회의 승인을 받지 않고도 과학자들을 고용하거나 해고하고 연구실을 확장하거나 용도 변경하는 일을 빠르게 진행할 수 있었다.

정치 지도자는 변혁적일 수 있다. 예를 들면 19세기에 이뤄진 보건 환경 개선이 그렇다. 당시 상하수도 시설 건설과 같은 기념비적인 결과는 공동 노력에서 비롯되었다.[25] 전직 시장들이나 성스러운 전쟁에 나선 의사들 등 권한을 부여받은 지도자들이 승리를 이끌었고 부유한 납세자들은 탄탄한 예산 지출을 지지했다. 이 예산 지출은 아주 뚜렷한 공적 사명을 향해 나아갔다.

그런데 이와는 대조적으로, 미국의 건강보험제도(치료 중심의 의료 서비스를 제공하는 것에 초점을 맞춘 개념이 '의료보험제도'인데, 이 책에서는 예방 차원의 여러 서비스를 제공하는 것까지 포함하는 개념으로 '건강보험제도'로 표기한다 - 옮긴이)는 일반적으로 노인과 가난한 사람에게 의료비 지출 지원을 보장하도록 설계되어 있을 뿐 보건 환경을 효율적으로 증진시키는 목적으로 설계되어 있지 않다. 미국은 메디케어(Medicare, 만 65세가 되면 대상자가 되는 정부 제공 건강보험제도로 10년 이상 미국에서 일하면서 세금을 낸 사람에게 제공된다 - 옮긴이)와 메디케이드(Medicaid, 65세 미만의 저소득층과 장애인을 지원하는 건강보험제도 - 옮긴이)로 공중보건 집행 역량이 거의 없는 채 국민의 보건을 책임지는 법률 중심적인 해결책을 채택했다. 이 구조는 미국이 세계 어떤 나라보다 의료 부문에 많은 돈을 지출하면서도 2020년 코로나19로 인한 사망자를 줄이는 데 가장 실패한 나라가 될 수밖에 없었던 이유를 설명한다.[26] 미국의 공공건강보험은 공중보건을 보호하거나 전염병을 예방하기 위한 목적으로는 전혀 설계되어 있지 않았다.

도시정부가 19세기에 크게 성장했다면 국가정부는 20세기에 가장 많이 성장했다. 영국과 같은 일부 지역에서는 국가의 공공 역량이 지방의 공공 역량을 대체했다. 영국의 국민보건서비스(National Health Service, NHS. 국민건강보험)는 전국적으로 운영되는 거대한 조직이다. 미국의 연방정부는 규제와 과세, 예산 지출을 시행하지만 보건 서비스를 운영하지는 않는다.[27] 오늘날에도 미국 전체 공무원의 약 3분의 2가 지방정부에서 근무하며 13퍼센트만 연방정부에서 근무하는데 이들의 많은 수가 우체국과 군대에서 근무한다.[28] 그러나 미국의 사회보험 프로그램들의 막대한 지출에서 알 수 있듯이 집행 단위가 작다고 해서 제한된 정부라는 뜻은 아니다.

도시정부는 명확한 목표를 추구하기 때문에 이념성을 탈피할 수 있다.[29] 대개 도시정부는 당파적인 도시 의회보다는 중도적인 성향의 시정 간부들이 지배한다. 공화당원으로 1934~1945년까지 뉴욕 시장을 역임했던 피오렐로 라과디아(Fiorello La Guardia)는 "거리를 청소하는 데 공화당 방법 따로 있고 민주당 방법 따로 있는 게 아니다"라는 말을 한 것으로 유명하다.[30] 이와 같은 비당파적 실용주의는 제2차 세계대전 당시 미국이 추축국(樞軸國)들을 상대로 싸울 때도 미국을 지배했다. 고립주의자였다가 국제주의자로 바뀌었던 아서 반덴버그(Arthur Vandenberg) 공화당 상원의원은 "당파 정치도 국경선 앞에서는 멈춰야 한다"라고 선언했다.[31]

이와는 대조적으로 만일 정부가 어떤 시민 집단에서 거둔 돈을 다른 시민 집단에 푸는 방식으로 행동한다면 이데올로기는 언제나 정치를 지배하게 된다. 이런 재분배를 지지하는 사람들은 보다 큰 정부를 주장하며, 반대하는 사람들은 세금 인하를 주장한다. 이런 양상은 1980년 이후 미국 정치에서 줄곧 나타났다.

우리 저자들 역시 어떤 주제를 놓고 토론할 때마다 자주 정반대 입장에 서곤 했다. 그러나 우리는 국가정부의 행정 기능을 강화해 도시를 보호해야 한다는 점에 동의한다. 19세기에 콜레라를 물리치기 위해서는 지방정부의 힘이 필요했던 것처럼 21세기에 위협에 대처하려면 국가 차원의 힘이 더 많이 필요하다. 오직 국가정부만이 다음 차례의 팬데믹을 선제적으로 연구하고 대비하며 실제로 닥쳤을 때 대처할 자원을 끌어모을 수 있다.

질병은 상대적으로 덜 건강한 사람들을 공격한다. 따라서 우리 사회의 상호 의존성을 튼튼하게 지켜내려면 질병에 가장 취약한 사람들에게 초점을 맞춰야 한다. 즉 사회의 가장 약한 고리를 강화하는 정책을 펼쳐야 한다. 가난한 사람들을 위한 더 나은 보건의료 제도 그리고 비만이나 오피오이드 중독을 포함한 건강 관련 행동을 바로잡는 더 나은 정책이 필요하다는 말이다.

더 효과적인 국가정부를 구축하려면 우선 팬데믹 예방이나 수명 연장과 같은 공동의 목표에 대한 집단적인 합의가 선행되어야 한다. 그리고 우리는 국가 지도자들이 이런 목표를 달성할 능력이 어느 정도 있는지 판단해야 한다. 이는 겨울에 제설 작업을 제대로 하지 못하는 시장은 갈아치워야 하는 것과 똑같은 이치다.

전 세계적인 규모로 진행되는 팬데믹과의 싸움에는 국가적 역량뿐만 아니라 새로운 팬데믹 발생을 세계적인 차원에서 감시하고 감염 이동 경로를 빠르게 폐쇄하는 세계적 차원의 대응 기구가 필요하다. 인도의 구덩이 화장실이나 중국의 길거리 시장에서 시작된 전염병이 전 세계의 수십억 명을 감염시킬 수 있다. 심지어 국가 운영이 가장 잘 이뤄진다고 자부하던 나라들도 코로나19에 코가 납작해졌다. 세계적 차원의 팬데믹 대응 기구가 효과를 거두려면 유엔(UN) 형식보다는 나토(NATO) 형식이 더 낫다.

나토에는 제2차 세계대전 이후 소련의 회원국 공격을 막는다는 명확한 임무 및 그에 상응하는 예산이 주어졌고, 이에 나토는 눈부신 성공을 거두었다. 나토와 마찬가지로, 새롭게 활성화될 국제 보건 기구는 새로운 전염병이 나타나는 것을 감시하고 질병 위험과 관련 사항을 보고하며 여행에 대한 규칙을 설정할 수 있어야 한다.

세계적인 규모의 팬데믹 위험을 줄이기 위해서는 부유한 나라들이 세계에서 가장 가난한 도시들의 위생 상태 개선에 더 많이 공헌하겠다고 기꺼이 나서야 한다. 이런 원조에 대한 대가로 해당 국가에 대해서는 바이러스성 질병과 관련된 인간, 박쥐, 돼지 및 그 외 동물들과의 과도한 접촉을 금지하도록 요구하거나 다음 슈퍼버그의 씨를 뿌릴 수 있는 항생제의 과도한 사용을 제한할 수도 있다. 극단적으로는 회원국들이 안전하지 않은 관행을 허용하는 국가들을 배척할 수 있다. 그리고 무역 제재나 여행 제재를 빌미로 국가들이 위생 관련 규제를 엄격하게 시행하도록 부드럽게 유도하고, 또 그런 제재를 실제로 시행함으로써 질병이 한 국가에서 다른 국가로 확산되는 것을 막을 수 있다.

국가정부와 지방정부는 보다 더 강해져야 한다. 그리고 정부는 힘으로 사람들을 억압하기보다는 사람들에게 봉사해야 한다. 조지 플로이드가 경찰관에게 살해된 뒤 '경찰을 해체하라'라는 목소리가 커졌다. 그러나 경찰은 예산과 힘이 감소하면 지역사회에 안전과 존중을 더 적게 제공할 수밖에 없다. 그러니 우리가 추구해야 하는 건 경찰을 해체하는 게 아니라 범죄를 줄이면서 동시에 시민권을 증진하는 것까지도 경찰의 임무로 규정하는 것이다.

유색인종 여학생에게 학교에서 집까지 도보로 안전하게 이동할 권리가 있는 만큼 젊은 유색인종 남성도 경찰의 무자비한 압제로부터 자유로울 수 있는 권리가 있다. 만약 경찰 예산이 줄어든다면 유색인종 여학생은 안전하지 않겠지만, 경찰이 개혁되지 않는다면 젊은 유색인종 남성은 절대로 안전하지 않을 것이다.

1990년대에 미국은 한쪽으로 기울었다. 미국이 '삼진아웃법'과 같은 엄격한 처벌 규정을 채택한 것은 거리에 나와서는 안 될 사람들이 버젓이 거리를 활보하며 끔찍한 범죄를 저질렀기 때문이다(미국의 삼진아웃법은 범죄자의 재사회화 정책이 1960년대와 1970년대에 범죄가 급증하면서 실패하자 그 대응으로 나타났다. 미국 각 주의 삼진아웃법은 일반적으로 강력범죄를 반복해 저지른 범죄자에게 의무적으로 25년에서 종신형까지 가중된 형을 부과하는 내용을 담고 있다-옮긴이). 그러나 이런 정책들은 범죄자를 지혜롭게 처벌하는 것이 아니라 지나칠 정도로 강력하게 처벌했다.[32] 젊은 남성을 대규모로 감옥에 잡아 가두는 행위는 인간성의 상실뿐만 아니라 어리석음까지도 함께 보여준다. 현명한 사회라면 공동체를 위험에 빠뜨리는 사람만을 처벌 대상으로 삼는 게 당연하다.

형사 사법 개혁을 추진할 때는 "공짜 점심은 없다"[33]라고 했던 로버트 하인라인(Robert Heinlein)과 밀턴 프리드먼(Milton Friedman)의 조언에 귀를 기울여야 한다. 만약 더 나은 경찰 서비스를 원한다면 경찰에 더 적은 돈이 아니라 더 많은 돈을 들이는 게 맞다. 그리고 돈을 더 들이는 만큼 더 큰 책임을 요구할 수 있다.

공적인 책임에는 다른 형태의 공동의 힘이 필요하다. 바로 공권력이 균형을 유지할 수 있게 해주고 강화시키는 비정부 동맹이다. 프랑스의 사상가 알렉시 드 토크빌(Alexis de Tocqueville)이 무려 200년 전에 지적했듯이 "민주주의 국가에서는 모든 시민이 독립적이고 약하므로 (…) 만일 이들이 서로 자발적으로 돕는 방법을 배우지 않는다면 모두가 무기력 상태에 빠지고 만다."[34] 그런데 토크빌이 보기에 미국은 "모든 연령과 조건 그리고 모든 성향의 미국인이 끊이지 않고 단결한다."[35]

미국 시민사회에 대한 토크빌의 이런 낙관적인 평가는 1830년 당시 기준으로도 과장된 것이었다(1830년은 프랑스 7월 혁명이 발생한 해이고, 토크빌이 《미국의 민주주의》를 출간한 해이기도 하다-옮긴이). 2021년의 미국은 통일 국가라기보다 갈기갈기 찢어진 나라 같다. 그리고 사회 곳곳에서 양극화 현상이 점점 심해지고 있다. 그러나 토크빌이 말한 "사람은 혼자서는 아무것도 성취할 수 없다"[36]라는 지적은 여전히 유효하다.

협력을 가능하게 만드는 능력은 도시가 가지고 있는 위대한 자산들 중 하나다. 21세기에 공동의 힘을 확보하기 위해서는 지금보다 훨씬 협력하고 개인적으로도 노력해야 한다. 공권력이 대중을 억압하는 도구로 변질되지 않도록 하려면 특히 더 그렇다. 팬데믹을 예방할 능력을 충분히 갖춘 정부의 기준은 시민 개개인이 각자 자기의 운명을 개척하도록 권한을 부여하는 것이다. 도시는 효과적인 정부와 권한을 부여받은 개인의 자유를 동시에 필요로 하는데, 이 두 가지 요건은 오늘날 당파적인 정치의 이념적 틀에는 맞지 않다.

청년들에겐 도시를 누릴 자유가 있다

'도시의 공기가 자유를 만든다(stadtluft macht frei).'[37] 이 독일 속담은 중세의 법률적 세태를 표현한 것이었다. 당시에는 어떤 농노가 도시에서 1년 1일 동안 살았다면 어떤 귀족도 이 농노를 다시 속박할 수 없었다. 이 속담은 또한 도시가 사회적 즐거움이 넘쳐나는 곳이자 예비 고용주들이 집단으로 모여 있는 공간이라는 현실도 담고 있다. 20세기에 도시의 공기는 황제(차르)가 다스리던 러시아나 짐 크로 법(Jim Crow Laws, 1876~1965년까지 있었던 법으로 공공장소에서 흑인과 백인의 분리와 차별을 규정했다 - 옮긴이)이 강력했던 미국 남부에서 뉴욕으로 오는 여행자에게 더할 수 없는 자유를 의미했다. 판도라의 상자에는 온갖 우려와 함께 희망도 담겨 있었다.

오늘날 도시의 청년들에게는 희망이 덜 보인다. 이들은 도시 생활의 불평등 그리고 자신에게 주어지는 기회가 부족하다는 사실에 화가 나 있다. 도시에는 가진 자와 못 가진 자가 있고, 가진 자는 모든 것을 다 가진 것 같다. 도시는 앞으로도 계속 불평등한 공간으로 남겠지만 사람들은 도시가 성장의 엔진으로 보이는 한 이 불평등을 감내할 것이다. 따라서 가난한 사람들의 눈에 도시 생활의 이득이 보여야 한다. 자신에게 더 밝은 미래가 펼쳐질 것이라는 가능성을 느낄 수 있어야 한다. 그런데 이런 미래가 보이지 않으면 절망에 빠진 사람들은 재분배를 폭력적인 방식으로 요구하는 선동으로 눈을 돌린다.

계층 상승을 촉진하는 똑똑하고 현명한 방법들이 있다. 유아교육 혜택을 늘린다거나 빈곤층 면세 혜택을 늘린다거나 직업 교육을 개선하는 것 등이다. 우리는 이 모든 것을 다 해야 하며 실은 더 많은 것을 해야 한다. 그러나 잘나가는 기업들을 위해 상업용 임대료를 깎아주는 것은 말이 되지 않는다. 또한 부유층 자녀들의 학자금 부채를 탕감해주는 것도 말이 되지 않는다.

부자들의 부를 재분배하는 것에 많은 사람이 열정을 보이는 이유는, 현재 도시들이 외부자보다는 내부자에게 유리하도록 '게임의 룰'이 조작되어 있다는 인식의 한 표현이기도 하다. 수십 년 동안 우리 사회에서는 청년보다는 노인에게, 주택 임차인보다는 임대인에게, 외부자보다는 내부자에게 유리한 규칙과 제도가 축적되어왔다. 따라서 오래전에 집을 산 사람들은 멋진 전망과 예쁜 공원을 보장받지만 이 지역에 새로 발을 들여놓은 사람들은 그런 집을 사기는커녕 임대할 돈조차 없다. 많은 학교가 교사노동조합의 지배를 받으며 일부 경찰서는 최악의 경찰관들이 장악하고 있다.

이는 개개인이 나빠서 그런 게 아니라(물론 몇몇 개인은 분명 나쁘다) 시스템이 제대로 작동하지 않아서 그렇다. 너무 많은 도시가 불우한 사람들의 계층 상승을 돕기보다는 기득권층이 더 잘살도록 혜택을 제공했다. 따라서 이제는 가난한 사람이 더 나은 교육 혜택을 누릴 수 있어야 하며 기업가정신을 가로막는 장벽이 없어져야 한다.

젠트리피케이션은 흔히 심각한 문제로 인식되지만 실제로는 도시가 안고 있는 여러 가지 도시 문제들의 한 증상일 뿐이다. 모든 유형의 도시 거주자들은 도시 공간의 성장을 인위적으로 제한하는 정책들의 희생자다. 한 예로 로스앤젤레스에서는 젠트리피케이션이 많이 발생한다. 제멋대로 확장해온 이 도시는 한때 미국에서 라틴계 사람들에게는 사실상 기회의 땅이었기 때문에 이런 현상은 특히 서글프다. 로스앤젤레스는 인구밀도가 높지 않고, 도시가 커지면서 필요해진 건물 공간과 관련된 문제를 얼마든지 쉽게 처리할 수 있다. 그러나 캘리포니아 해안 지역의 대부분과 지구상에서 땅값이 가장 비싼 지역들에서 그렇듯이, 로스앤젤레스는 지역별로 토지 이용을 규제하는 용도지역제 법률(zoning rule)을 두어 신축건물 총량을 엄격하게 제한한다.[38]

결국 주택 및 사무실 공간의 신규 공급이 대폭 줄어들고 오래된 공간을 두고서 벌어지는 갈등은 심해질 수밖에 없었다. 도시가 더 많은 개발과 성장을 허용한다면 모든 사람을 위한 공간은 그만큼 더 많이 생길 것이고, 그러면 임대료도 내려갈 것이다.

도시들은 외부자가 사업을 새로 시작하고 집을 짓고 새로운 기술을 배울 수 있도록 더 많은 것을 해야 한다. 그러려면 현재의 주택 소유자들을 성가신 일들로부터 또는 현재의 기업들을 경쟁으로부터 보호하기만 하는 온갖 규제가 줄어들어야 한다. 오늘날의 불공정한 경쟁을 해결하는 방법은 내부자들에게만 유리한 비효율적인 시스템을 만드는 것이 아니라 모든 사람에게 도시를 개방하는 것이다.

2020년에 많은 기업이 문을 닫았는데 바로 이 점이 과거 그 어느 때보다 빠르게 창업을 허가해야 하는 이유다. 코로나19 이전에 임대료가 천정부지로 치솟았던 도시들에서는 임대인이 임대료를 낮춰 사람들과 기업들을 다시 끌어들일 수 있다. 임대료가 내려가면 비용 때문에 도시에서 밀려났던 젊은 회사들이 다시 도시로 유입될 가능성이 크다. 일부 부자들은 도시 밖에서 사는 게 더 잘 맞고 또 필요하다고 판단할 것이다. 대도시 지역은 좀 더 저렴해지고 좀 덜 세련된 모습으로 바뀌겠지만 이는 문제가 되지 않는다. 도시는 다시 젊어질 것이고, 젊은 도시 주민들은 자기의 꿈을 지지하는 정부를 원할 것이다.

이미 여러 해 전부터 도시의 소매유통업 공간은 서점이 북 카페로 바뀌는 등 상품을 파는 가게에서 경험을 파는 곳으로 바뀌고 있었다. 그런데 이 과정이 팬데믹 때문에 중단되었고 한때 인파로 북적이던 쇼핑가에는 빈 점포가 많아졌다. 하지만 그 부동산은 빈 채로 남아 있기에는 가치가 너무 크다. 팬데믹이 끝나면 창의적인 도시의 기업가들은 임대료를 내리는 것이 임대료를 받지 못하는 것보다 낫다는 말로 부동산 소유자들을 설득할 것이다.

상업용 부동산에 대한 수요는 인구가 밀집한 도심에서는 감소하는 반면 도시 거주지에 대한 수요는 유지될 것으로 보인다. 사람들은 여전히 집을 원할 것이고 도시 생활이 가져다주는 흥미진진함을 갈망할 것이다. 업무 공간 수요보다 주거 공간 수요가 더 많으면 업무 공간이 주거 공간으로 전환되는 장기적인 과정이 한층 빠르게 진행될 것이다. 이 모든 것에는 변화가 필요하다. 그리고 변화에는 자유가 필요하다.

누구나 모든 답을 알지는 못한다

더 나은 도시 교육은 가난한 아이를 중산층 성인으로 성장시키는 가장 중요한 공공 도구다. 그러나 학교에 돈을 많이 쓰는 것만으로는 도시의 번영이 완성되지 않는다. 오늘날 도시에 있는 많은 학교가 교외 지역에 있는 학교보다 학생 1인당 예산 지출이 훨씬 많지만 결과는 여전히 좋지 않다. 우리 저자들은 학교에 많은 돈을 쓰는 것에 반대하지 않는다. 오히려 집단적인 인적 자본에 더 많은 투자가 이뤄져야 한다고 강력하게 주장한다. 그러나 여기에는 중요한 전제가 있다. 무엇이 효과 있는지 정확히 알고 투자한다면 그 효과가 훨씬 클 것이라는 점이다.

이 책에서 논의하는 도시 문제 중에는 해결책이 분명한 것들이 있다. 예컨대 도시 주택의 가격이 지나치게 비싼 문제를 해결하려면 주택 공급을 늘려야 한다. 이는 누가 봐도 명백하다. 그러나 도시 학생들의 학업 성적이 평균적으로 낮다는 문제는 해결책이 분명하지 않다. 이 책이 다루는 세 번째 주요 주제는 도시가 학습기계가 되어야 한다는 것이다. 스스로 무지한 분야가 무엇인지 인식하고 그 무지의 공백을 지식으로 메우려고 노력해야 한다.

팬데믹 기간에 뉴질랜드가 보여준 눈부신 성과는 이 나라가 고립된 섬이었으며 저신다 아던(Jacinda Ardern) 총리, 애슐리 블룸필드(Ashley Bloomfield) 보건국장의 배우려는 의지가 대단했기 때문이다.[39] 뉴질랜드는 팬데믹으로부터 안전하기 위해 두 가지 주요한 조치를 내렸다. 초기에 엄격한 봉쇄 조치를 취했고(이 조치는 이례적이거나 드문 조치는 아니었다), 무증상자를 대상으로 광범위한 코로나 검사를 실시해 이례적으로 봉쇄를 풀고 문을 다시 열었다는 점이다.

플로리다나 텍사스 같은 미국의 주들은 코로나19의 유병률도 모른 채 봉쇄 조치를 풀었지만 뉴질랜드는 인구 대비 검사를 통해 그 질병이 정말로 사라졌음을 확인한 뒤에 비로소 봉쇄 조치를 풀었다. 미국이 저질렀던 실수는 봉쇄 조치를 해제한 결정 자체가 아니라 그 결정을 질병의 중증도와 상관없이 내렸다는 데 있다.

훌륭한 과학이라고 해서 모든 해답을 알지는 못한다. 훌륭한 과학은 자기 지식의 한계를 인정하는 겸손함을 갖고 더 많은 것을 배우려고 노력한다. 요컨대 어떤 과학자든 틀리지 않고서는 상상력이 넘쳐나는 가설을 만들어내지 못한다.

코로나19 초기에는 과학자가 오류를 범하지 않는다는 믿음이 얼마나 어리석은 것인지 모두가 깨달았다. 팬데믹에 맞서 공적인 싸움을 벌이던 과학계의 어떤 지도자는 2020년 3월 8일에 미국인에게 "거리를 돌아다닐 때 군이 마스크를 쓰지 않아도 된다"라고 말했다.[40] 그리고 과학과 정치가 하나로 결합된 단체인 세계보건기구(WHO)의 대변인은 "여행 제한은 직관적으로 옳은 것처럼 보일 수 있지만 세계보건기구가 통상적으로 권장하는 조치가 아니다"라는 견해를 내놓았다.[41] 이 의견들은 근거가 전혀 없지는 않았지만 결국에는 틀린 것으로 판명되었다. 그렇지 않더라면 좋았겠지만 우리 두 저자도 잘못된 주장과 예측에 한몫을 거들었다.

과학자 개개인이 즉석에서 모든 것을 알지는 못한다. 과학적인 조사가 필요한 이유가 바로 여기에 있다. 과학자들은 각종 실험 및 무작위 대조 실험을 해왔다. 백신에 대해서뿐만 아니라 경찰 보디캠의 효과와 영향을 평가하는 데서도 그랬다. 백신이나 보디캠(body camera)은 모두 21세기 정부의 효과적인 도구들이다. 우리는 복잡한 행성에 살고 있으며 우리의 도시는 복잡한 유기체다. 따라서 끊임없이 배우고자 하는 욕구를 가져야 한다.

이 책의 구성과 내용

이 책은 총 10개 장으로 되어 있다. 1장과 10장은 서론과 결론에 해당하며 그 사이의 2~8장이 본론이다. 처음 네 장은 주로 도시의 정신적, 육체적 건강을 다루며 그다음 네 장은 팬데믹으로 맨살을 드러난 경제적, 사회적 문제를 다룬다. 모든 장에는 각 문제에 대한 우리 저자들의 진단과 정책 대안이 들어 있다.

팬데믹은 도시에서 도시로, 도시 내부에서, 개인과 개인 사이에서 확산된다. 2장에서는 대도시에서 대도시로의 전염병 확산을 다룬다. 수천 년 동안 도시들은 온갖 발상과 상품과 박테리아(박테리아는 대부분 하나의 세포로 이뤄진 작은 생물이다. 반면 바이러스는 세포가 아니라 핵산과 단백질로만 이뤄져 있어 혼자 생존할 수 없고 숙주에 기생한다. 박테리아는 스스로 이동할 수 있지만 바이러스는 숙주를 통해서만 이동할 수 있다 - 옮긴이)를 싣고 들어오는 배를 반갑게 맞이하는 항구를 품고 있었다. 아테네는 황금기를 누렸지만 피레우스 항구를 통해 유입된 전염병이 이 황금기에 오물을 퍼부었다. 중세 유럽을 휩쓸었던 흑사병 뒤에는 페스트균이 있었다. 이 박테리아가 서기 541년에 콘스탄티노플에 나타나면서 지중해 세계에 로마의 질서를 재정립하려던 로마인의 희망은 물거품이 되고 말았다.

2장에서는 팬데믹의 초기 역사와 격리를 통해 팬데믹과의 전쟁이 어떻게 진행되었는지 살펴본다. 중세 시대의 격리는 2020년 1월에 많은 국가가 중국에서 온 여행자들에게 요구했던 것처럼 오늘날 우리가 사용하는 국제여행 제한의 초기 모델을 제공한다. 그런데 미국에서 그 조치는 효과가 없었다. 사람들이 중국에서 유럽으로 이동했고 거기서 미국으로 이동했기 때문이다. 2장에서 우리 저자들은 다음 차례의 팬데믹에 더 잘 대응하려면 나토의 보건 버전이라고 할 만한 국제기구가 필요하다고 제안한다.

3장에서는 도시 내에서 질병이 확산되는 과정을 다루는데 19세기의 대형 전염병들, 특히 콜레라를 집중적으로 살펴본다. 이런 질병들은 부자와 빈자 사이의 유대감을 강화했고, 덕분에 높은 수준의 위생을 보장하는 상하수도 시설이 뉴욕의 워싱턴 광장에 있는 고급 타운하우스뿐만 아니라 가난한 주택가에도 보급되었다. 사업에 들어간 비용은 막대했지만 투자에 따른 결과는 엄청나게 컸다.

이제 전 세계는 개발도상국 도시들이 한층 안전한 도시가 되는 일, 즉 더 위생적이고 항생제에 내성을 지닌 슈퍼버그로부터 더 안전해지는 일에 큰 관심을 기울인다. 부유한 국가들은 앞으로 더욱 안전한 환경을 마련하기 위해 그런 도시들에 기꺼이 투자해야 한다.

궁극적으로 팬데믹의 결과는 개인과 질병 사이의 싸움에 달려 있다. 코로나19는 특히 노인층과 비만인층에서 치명률(확진자 대비 사망자 비율 – 옮긴이)이 높았다. 다른 질병들은 흡연자나 불법약물 사용자 또는 안전하지 않은 성관계를 하는 사람들에게서 상대적으로 높은 사망률을 보인다. 4장에서는 도시의 건강 그리고 팬데믹에 대한 도시의 취약성을 결정하는 여러 행동을 살펴본다.

도시화와 산업화로 식량이 대량으로 생산되고 운동이 부족해지는 생활방식이 자리를 잡았는데 이런 생활방식은 높은 비만율의 직접적인 원인이다. 그럼에도 불구하고 고학력자가 많은 도시에 사는 미국인은 시골에 사는 미국인보다 훨씬 더 건강하다. 예를 들어 오피오이드의 유행은 대체로 인구밀도가 낮은 지역에서 시작되었다. 이는 신체적인 고통이 도시에서보다는 시골에서 더 흔하기 때문이다. 그런데 최근 몇 년동안 오피오이드로 인한 사망은 도시에서 더 많이 나타났다. 도시가 불법 마약 시장에 더 잘 적응한다는 점도 중요한 이유였다.

여기서는 건강하지 않은 제품들에 대한 목적성 개입(targeted intervention), 예컨대 사기에 가까운 마케팅에 대한 강력한 처벌과 더불어 건강한 행동과 학교교육 사이의 연관성을 살펴본다. 이 연관성은 교육 기회를 강조하는 것이 왜 중요한지를 알려준다.

5장에서는 의료 제도에 초점을 맞춘다. 미국은 어떻게 해서 그렇게 많은 돈을 의료 분야에 쓰면서도 전염병을 억제할 능력을 갖추지 못했을까? 의료 분야에서 미국이 보여주는 이런 무능함의 뿌리는 공중보건보다는 민간 보건 그리고 시민 일반의 건강을 증진하기보다는 환자를 치료하는 데 초점을 맞춘 제도에 있다. 이는 정부가 예산을 지출하지만 집행 역량을 창출하지는 않는 최소주의 정부를 미국인 전체가 선호하기 때문이다. 모든 건강보험 회사가 만성 질환에는 수조 달러를 쓰면서도 전염병은 방치하다시피 했다. 우리의 건강보험제도는 미래의 팬데믹들을 예측하고 대비하는 계획을 세워야 한다.

6장에서는 팬데믹이 경제에 미치는 단기적인 영향을 살펴본다. 과거의 전염병들은 비록 사람을 죽이긴 했지만 경제에는 거의 또는 전혀 피해를 주지 않았다. 아닌 게 아니라 흑사병은 생존자들을 오히려 부유하게 만들었다. 왜냐하면 농부 한 명당 더 많은 땅이 돌아가서 자급 농업인의 재산이 늘어났기 때문이다. 1918~1919년의 인플루엔자는 짧은 기간에 큰 충격을 주었지만 도시의 경제는 빠르게 회복되었다. 그리고 산업 생산품은 노동자들이 건강하지 않을 때도 변함없이 안전하게 선적되었다.

이와 달리 현대의 도시 서비스 경제는 공기로 전파되는 호흡기 전염병 팬데믹에 매우 취약하다. 마스크가 도움이 되긴 한다. 그러나 감염의 위험 때문에 사람들은 집 밖으로 나가서 사람들과 어울려 차 한 잔 마시는 즐거움을 누리지 못한다. 설령 술집이나 카페나 식당의 출입이 허용되어도 팬데믹이 진행되는 동안에는 많은 사람이 발길을 끊을 수밖에 없다. 이 문제를 해결할 명확한 해결책은 없다. 실업자에게 단기적으로 자금을 지급해서 경제적 어려움을 줄일 수는 있어도 팬데믹으로 폐허가 된 모든 중소기업을 구제할 수는 없다. 특히 대면 서비스 업종은 팬데믹의 영향을 심각하게 받을 수밖에 없으므로 팬데믹이 다시는 발생하지 않도록 하는 것이 더욱 중요하다.

또한 팬데믹 이후에는 기업가정신을 발휘하기가 더 쉬워야 한다. 경제적 번영에 꼭 필요한 자유를 조금이라도 더 많이 끌어내기 위해 기업에 대한 규제는 비용-편익분석(cost-benefit analysis, 여러 정책 대안 가운데 목표 달성에 가장 효과적인 대안을 찾기 위해 비용과 편익을 분석하는 기법 - 옮긴이)을 반드시 거쳐야 하며 전 세계 도시에서 '원스톱(일괄) 허가제(one-stop permitting)' 같은 기업가 친화적인 제도들을 두루두루 실험해야 한다.

7장에서는 팬데믹의 장기적인 결과, 특히 재택근무로의 이행을 살펴본다. 앨빈 토플러(Alvin Toffler) 같은 미래학자들은 전자 방식의 상호작용(interaction, 이하에서는 경우에 따라 '소통'이나 '교류' 등의 단어로 번역했다 - 옮긴이)이 등장하면서 대면 회의가 필요없어지고, 그 결과 도시를 떠나는 행렬이 대규모로 이어질 것이라고 이미 40년 전에 주장했다. 그들의 주장은 40년 동안 틀렸었다. 그런데 갑자기 그 주장이 옳은 것으로 판명되었다. 줌(Zoom)과 같은 앱 도구들이 이미 대면 회의를 비대면 회의로 대체했으니 말이다!

이 증거는 기존 제도가 서서히 붕괴하고 있음을 암시하지만 역사의 물길이 완전히 방향을 틀었음을 뜻하지는 않는다. 콜센터 업무처럼 단순한 작업은 원격으로도 얼마든지 잘 수행할 수 있지만 재택근무자는 현장 근무자보다 학습량이 적다는 사실은 증거로 확인되었다. 최근 조사에 따르면 재택근무를 하는 사람이 현장 근무를 하는 사람보다 생산성과 충성도가 떨어진다. 건축가, 항공우주 엔지니어, 환경과학자 등을 포함한 재택근무 일자리의 신규 채용은 2020년 말까지 회복되지 않은 반면 화가, 배달원, 재고 담당자 등 현장 일자리의 신규 채용은 크게 회복되었다.

많은 직종에서, 심지어 고도로 지적인 일자리에서조차도 현장에서 대면할 때 생산성이 높아진다. 복도나 화장실 같은 공동 공간에서의 우연한 만남과 소통은 흔히 발전의 열쇠로 기능한다. 중요한 점은 동료들과 같은 공간에서 일하는 현장 근무만큼 즐거운 재택근무는 거의 없다는 사실이다.

궁극적으로는 도시가 여전히 강력하게 유지될 것이다. 도시야말로 사람들이 인간적인 연결성에 대한 깊은 애정을 발휘할 수 있는 곳이기 때문이다. 그러나 일부 창조적인 기업들이 얼굴을 맞대고 나누는 소통과 도시를 아무리 소중하게 생각한다고 해도, 기업은 본질적으로 어떤 특정 도시에 헌신하지 않는다. 게다가 뉴욕이나 샌프란시스코에서 마이애미나 오스틴으로 기업을 이전하는 일은 과거 그 어느 때보다도 훨씬 더 쉬워졌다. 기업의 이동성이 늘어났다는 건 도시들이 지역 경제를 움직일 글로벌 인재를 끌어들이기 위해 한층 치열하게 경쟁해야 한다는 뜻이다.

이 경쟁은 결국 도시 빈민을 돕는 재원으로 사용될 지방세를 인상할 여력을 제한한다.

8장에서는 도시가 가지고 있는 사회적인 힘을 살펴본다. 내부 갈등의 새로운 파도로 도시는 허약해졌으며 이로써 팬데믹에 대응하기도 어려워졌다. 예컨대 대중교통 담당자들은 마스크 착용 규정을 엄격하게 시행하기를 꺼렸다. 혹시라도 전에 필라델피아에서 백인 경찰이 버스에서 흑인 남성을 강제로 끌고 가는 것을 보여주는 것 같은 동영상이 나올지 모른다는 두려움도 한 가지 이유였다.[42]

우리 저자들은 로스앤젤레스에서 진행되는 젠트리피케이션 전쟁에 초점을 맞췄는데, 이 내용은 도시 공간에서 벌어지는 투쟁을 깊이 이해하는 데 도움이 될 것이다. 젠트리피케이션은 오랜 기간 지속된 문제지만 특별히 해결하기 어려운 문제는 아니다. 도시에 충분한 공간이 없다면 그런 공간을 더 많이 만들면 된다. 수요가 넘치는 곳에서 더 많은 공간을 확보하려면 밀집 지역에서 고층 건물을 짓지 못하도록 규제하는 법률이나 규정을 없애면 된다.

그러나 도시 공간에 대한 제약 말고도 도시의 분쟁을 유발하는 다른 원인들이 있다. 그중 상당수는 도시의 내부자와 외부자 사이에 벌어지는 싸움이다. 9장에서는 젠트리피케이션 전쟁처럼 손쉬운 입법적 해결책이 없는 두 가지 유형의 분쟁을 살펴본다. 바로 경찰과 학교를 둘러싼 분쟁이다. 2020년 여름에 격렬하게 일어났던 '흑인의 생명도 소중하다(Black Lives Matter)' 시위는 경찰관의 잔인한 행위 때문에 시작되었지만 여기에는 경찰 해체와 같은 단순한 법률적인 차원의 변화가 아니라 행정적인 차원의 개혁이 필요하다. 우리는 경찰의 보호를 필요로 하지만 차별 없이 모든 사람에 대한 존중 또한 필요로 한다.

이 문제에 대한 해결책은 안전과 시민권에 대한 책임성이라는 두 가지 정책 목표를 지향하는 강력한 개혁 프로그램을 도입하는 것이다. 안전과 시민권에 대한 책임성이라는 두 개의 지상 명령으로 우리는 경찰 서비스에 대해 범죄 대처 및 공동체 관련 만족도를 모두 측정해야 한다. 그리고 도시의 리더와 경찰에게 그 두 가지 결과에 대해 책임을 물어야 한다. 경찰에게 많은 것을 요구할수록 시민은 비용을 줄이는 것이 아니라 늘릴 것이다.

도시의 학교교육이 나아갈 길은 상대적으로 덜 명확하다. 시간이 지남에 따라 경찰서는 꽤 유연한 기관임이 입증되었다. 경찰 업무의 스타일과 범죄율은 빠르게 변화해왔지만 학교교육은 그렇지 않았다. 가능성이 있는 한 가지 방법은 외부자들이 (방과 후나 주말 혹은 여름방학 때) 직업 훈련 제공을 놓고 경쟁하게 하는 것이다. 직업 관련 기술은 쉽게 측정할 수 있으므로 성과에 따라 보상을 지급하기는 어렵지 않을 것이다. 그리고 직업 훈련이 곧바로 고용으로 이어지도록 하려면 도시는 창업 및 사업을 더 많이 허가해야 한다. 이는 코로나19 이후 엄청나게 많은 기업이 새로 생길 것을 고려한다면 특히 필요한 일이다.

마지막으로, 우리는 우리가 생각하는 정책 결론 및 근본적인 낙관론을 요약한 내용으로 10장을 채우고 이 책을 끝맺을 것이다. 도시는 소크라테스와 플라톤이 아테네 거리에서 논쟁을 벌인 뒤로 공동 창조의 수많은 기적을 만들어왔다. 도시의 기적이 끝나야 할 이유는 없다. 아니, 끝나서는 안 된다. 그리고 우리는 도시가 외부자들에게도 한층 개방되도록, 전염병이나 끔찍한 불평등 같은 온갖 악마에 덜 취약하도록 똑똑하고 실용적인 노력을 기울여야 한다.

SURVIVAL OF THE CITY

2장

세계화는 팬데믹으로
이어질 수밖에 없을까?

지금까지 자세한 기록이 남아 있는 최초의 도시 전염병은 기원전 430년 아테네에서 발생했다.[1] 역사가 투키디데스(Thucydides)에 따르면 이 전염병은 바다를 통해 아테네에 도달하기 전에 "이집트 위쪽의 에티오피아에서 시작해서 이집트와 리비아 그리고 페르시아 왕의 영토 대부분으로 퍼졌다."[2] 아테네는 지중해의 명실상부한 무역 수도이자 세계에서 가장 큰 도시였고 유럽에서 가장 국제적인 도시이기도 했다. 페리클레스는 "우리 도시는 세계에 개방되어 있다"라고 자랑스럽게 선언했는데,[3] 이는 사실이었다.

당시 아테네는 스파르타와 전쟁을 치르고 있었다.[4] 아테네는 지역 전체를 둘러싼 성벽 덕분에 적들로부터 안전했지만 그 장벽도 바다를 통해 침입한 질병은 막지 못했다. 전염병은 그 뒤 4년 동안 맹위를 떨쳤다. 아테네인의 4분의 1이 사망했고[5] 사망률은 코로나19의 25배나 되었다.[6]

결국 아테네는 404년에 항복했다.[7] 그러나 전염병이 돌지 않았다면 아테네가 펠로폰네소스 전쟁에서 승리했을지도 모른다.

지금까지 사람들은 도시에 사는 동안 줄곧 전염병과 싸워왔다. 최초의 농경축산인들은 이전의 수렵채집인들보다 더 많이 죽었던 것 같다.[8] 동물을 가까이 두고 살면서 사람들은 수면병[흡혈파리인 체체파리(tsetse fly)를 매개로 전염되는 열대 풍토병 – 옮긴이]에서부터 파상풍과 결핵에 이르는 다양한 질병과 접촉했다.

그러나 이런 위험에도 불구하고 사람들은 수천 년 동안 도시로 끊임없이 몰려들었다. 전쟁이 일어났을 때는 보통 도시가 시골보다 안전하다. 아닌 게 아니라 아테네에서 죽은 사람들 다수는 펠로폰네소스 군인들을 보고 도망친 농부들이었다.[9] 도시는 상업과 지식의 중심지 역할을 하며 상인들은 그런 도시를 찾아온다. 도시의 상인들은 사람들에게 일자리와 기회를 제공하지만 세계 무역과 여행은 병원균이 확산되는 경로가 되기도 한다.

이 장에서는 전염병, 즉 항구와 공항을 통해 유입된 뒤에 붐비는 거리로 확산되는 속수무책의 재앙에 도시가 취약할 수밖에 없다는 점을 집중적으로 살펴본다. 아테네는 소크라테스가 플라톤과 대화했던 것과 같은 물리적인 근접성 때문에 전염병이 쉽게 돌 수 있었다. 그러나 이 장에서는 이 도시적인 약점도 집단적으로 대처하면 얼마든지 극복할 수 있다는 사실도 이야기할 것이다. 이 집단행동이 현대 사회에서는 전 세계적인 차원에서 진행되어야 한다.

팬데믹의 확산을 막는 가장 오래된 방법은 격리다.[10] 즉 환자를 격리하거나 환자가 너무 많을 때는 건강한 사람까지도 격리하는 것이다. 아테네인은 격리를 시도하지 않았지만 베네치아인과 프랑스인을 비롯해 수많은 사람이 격리를 시도했다.[11] 격리 조치는 감염 가능성이 있는 사람들이 도시에 들어오는 것을 완벽하게 막아야만 효과가 있다. 조금이라도 틈이 생기면 전염병은 도시로 들어온다.

격리는 2020년에 표준화된 지침인 사회적 거리두기보다 쉽다. 어떤 전염병을 특정한 장소에 가두는 것은 사람들을 서로 멀리 떼어놓는 것보다 부담이 훨씬 적다. 그러나 격리의 역사는 수많은 실패 사례로 점철되어 있다. 당국자들이 격리 대상자인 상인들에게 불편을 끼치고 싶지 않았거나 모기나 쥐를 매개로 전염되는 질병이 격리 공간과 비격리 공간을 쉽게 넘나들었기 때문이다. 지금까지의 역사를 보면 효과적인 정부만이 효과적인 격리를 시행할 수 있었다.[12]

격리 모델은 우리의 도시를 보호할 수 있는 그럴듯한 경로를 제공하지만 이 방법이 효과를 볼 수 있으려면 신규 환자 발생을 모니터링할 수 있는 강력한 시스템 그리고 언제라도 세계여행을 중지할 수 있는 권한과 역량을 갖추고 있어야 한다. 현재 조건에서는 세계보건기구가 이 역할을 하기엔 시스템과 능력이 부족하다. 따라서 (적어도 초기에는) 그보다 훨씬 적은 수의 국가들에 의존하는 조직이 필요하다. 즉 유엔이 아니라 나토의 보건 버전이 우리에게 필요하다.

이런 조직 혹은 시스템을 만드는 방법에 대해서는 이 장의 마지막 부분에서 설명하겠다. 우선 고대 도시가 했던 흥정과 합의에서부터 이야기를 풀어보자. 이 이야기에서 도시는 전염병 감염에 따른 사망 위험을 껴안는 대가로 사람들에게 최고의 선물(사람들에게 기쁨을 주고 풍요롭고 창의적인 삶을 제공하는 상호작용)을 제공한다.

첫 번째 팬데믹과 아테네의 몰락

역사의 아버지라고 불리는 헤로도토스(Herodotos)는[13] 기원전 448년경에 아테네에 도착했다.[14] 아시아에 있던 그리스인 집단 거주지였던 할리카르나소스에서 태어난 그는 지중해 동쪽 지역을 두루 여행했다. 그가 남긴 역사 저작물에는 이 지역의 민속적인 내용이 풍부하게 담겨 있는데 아마도 그는 이런 지식을 티레(레바논 남부, 고대 페니키아의 항구 도시 – 옮긴이)와 바빌론, 이집트, 흑해 등을 여행하면서 얻었을 것이다.

그러다 마침내 그는 아테네에 왔고, 도시국가에 대한 열정적인 찬양과 페르시아를 꺾은 승리의 기록을 남김으로써 역사를 돈벌이 수단으로 삼았다. 이를 못마땅하게 여겼던 플루타르코스(Ploutarchos)는 헤로도토스가 "아테네 사람들에게 아첨한 대가로 많은 돈을 받았다"[15]라고 말했다. 아무튼 그렇게 헤로도토스의 역사적인 저작이 탄생했다.

헤로도토스의 유랑은 인류 역사상 최초의 세계화의 매력이 얼마나 반짝거렸는지, 아테네가 먼 곳에 떨어져 있던 인재들을 끌어당기는 힘이 얼마나 강력했는지 보여준다. 페리클레스의 아름답고 총명한 애첩 아스파시아(Aspasia)는 아시아에서 태어났다.[16] 그리고 아낙사고라스 (Anaxagoras)는 헤로도토스와 마찬가지로 당시 소아시아로 불린 아나톨리아에서 왔는데, 머릿속에 철학의 모든 학파를 담고 와서[17] 어린 소크라테스에게 영감을 주었다. 또한 수학자 테오도로스(Theodorus)는 북아프리카에서 아테네로 이주했다.[18] 플라톤에 따르면 트라키아 출신의 이민자였던 프로타고라스(Protagoros)는 소피스트(sophist)라고 알려진 철학자들 사이에서도 매우 탁월했다고 한다.[19]

기원전 5세기에 아테네는 지중해 세상에서 문화 중심지였다.[20] 모든 대도시와 마찬가지로 아테네는 철학을 가르치고 지역의 역사를 쓰는 것 같은 고도로 전문화된 직업들을 지원할 규모와 부를 갖추고 있었다. 재능 있는 수많은 사람이 아테네를 들락거렸고, 그들은 스페인에서 인도에 이르는 거대한 그리스 문화의 씨앗을 뿌렸다.

헤로도토스는 페리클레스의 식민지화 요구에 응해서 이탈리아 남부의 아테네 전초기지인 투리이로 갔다.[21] 프로타고라스는 나중에 투리이의 법칙(Thurii's Laws)으로 불리는 법칙을 만들었다.[22] 위대한 비극 작가 아이스킬로스(Aeschylos)는 아테네를 떠나 시칠리아에서 죽었다.[23] 한 세기 후에 살았던 아리스토텔레스는 아테네에서 가장 유명한 지적 수출품이었다.[24] 그는 플라톤의 제자가 되려고 아테네에 왔다가 나중에 알렉산더 대왕을 가르치는 스승이 되려고 북쪽으로 돌아갔다.[25] 그의 지적인 영향력은 아테네라는 도시의 범위를 넘어 인더스 계곡 깊숙한 곳으로 퍼져나갔으며, 다시 바그다드의 돔 건물들을 경유해 돌아오면서 구불구불한 서양 사상의 경로를 형성했다.

우리는 아테네의 지중해 네트워크를 뛰어넘은 여러 가지 발상을 가장 잘 기억하지만 이 네트워크의 주된 목적은 지적인 것이 아니라 상업적인 것이었다. 로마의 도로가 나타나기 이전 시대에 거대 무역도시는 오로지 물길에 의존해서만 존재할 수 있었다. 배는 유일한 장거리 운송 수단이었다. 대부분 대도시처럼 아테네도 도시 바깥에서 수입되는 식품에 의존했다.[26] 데모스테네스(Demosthenes)는 기원전 4세기 동안 크림반도에서 아테네로 수입된 곡물이 480만 리터나 된다고 썼다.[27] 아테네는 곡물을 수입하면서 반대급부로 올리브유와 화려한 그림이 그려진 꽃병 그리고 은화를 수출했다.[28]

기원전 5세기 중엽 아테네는 힘이 세지면서 제국 체제를 시도했다.

델로스동맹(Delian League, 페르시아전쟁 뒤에 아테네가 주축이 되어 페르시아의 재침공에 대비해 결성한 군사 동맹 - 옮긴이)은 "기본적으로 독립 국가들로 구성되었으며 전체 회의를 통해서 최종적인 의사결정을 내리는 동맹"으로 느슨한 형태의 반(反) 페르시아 연합으로 출발했다.[29] 이 동맹을 지배하는 아테네의 힘과 영향력이 커지자 그리스에서 지배적인 육상 강국이던 스파르타가 반격에 나섰다. 기원전 432년에 스파르타는 다른 나라들에 행사하던 통제권을 자기에게 넘기라고 아테네에 요구했다.[30] 페리클레스는 "그들에게 굴복하는 것은 그들의 노예가 되는 것이나 다름없다"라고 받아쳤고[31] 결국 전쟁이 시작되었다.

페리클레스의 전략은 어쩐지 어리석어 보였다. 그는 백성들을 도시 성벽 뒤로 대피시키고("이 성벽들은 스파르타인이 건설할 수 있는 그 어떤 것보다도 강하다")[32] 무적의 아테네 해군이 마음대로 공격하고 약탈할 수 있도록 내보냈다("우리로서는 그들의 해군을 두려워할 이유가 아무것도 없다").[33] 스파르타인이 아테네의 오지 지역으로 쳐들어온다고 해도 도시의 방어선만은 뚫을 수 없으리라고 페리클레스는 정확하게 예견했다. 스파르타의 함대가 "펠로폰네소스의 연안 국가들을 손쉽게 유린할 수 있을 것"[34]이라는 그의 말도 옳았다.

그러나 바이러스와 박테리아는 무장한 보병이 쳐들어갈 수 없었던 도시에 침투할 수 있었다. 아테네는 스파르타군의 공격을 받고 피신한 난민들로 가득 찬 상태였다. 게다가 당시 아테네는 피레우스 항구를 통해 바다로 연결되어 있었다.[35] 전염병이 아테네에 상륙해 살육을 시작했다. 그곳에 있던 아테네의 장군 투키디데스가 병에 걸렸다가 살아남아서 이 전염병에 대한 기록을 남겼다. 그러나 페리클레스는 운이 좋지 않았다. 그는 전염병으로 죽었고 그의 아들들은 그보다 먼저 죽었다.

아테네를 잠식한 그 질병이 림프절 페스트(흑사병)였는지, 발진티푸스였는지, 천연두였는지, 홍역이었는지, 아니면 또 다른 전염병이었는지는 아무도 모른다.[36] 증상으로는 고열, 설사, 두통, 근육통, 농포성 발진 등이 나타났다. 사실상 아테네에 거주하던 모든 사람이 그 병에 걸렸다. 투키디데스의 기록에 따르면 난민들이 "특히 이 전염병에 취약했는데 (…) 편하게 쉴 수 있는 집이 변변하게 없어서 무더운 계절이었음에도 통풍이 시원찮은 헛간 같은 곳에 거주했기 때문이었다. 그들은 파리처럼 죽어갔다."[37]

코로나19와 마찬가지로[38] 이 전염병 때문에 특히 의료 종사자들이 "다른 사람을 간호하다가 전염되어 양처럼 죽어갔다."[39] 하지만 이들의 노력은 소용없었다. 왜냐하면 그 전염병은 "특별한 관심과 치료와 간호를 받던 사람들도, 그렇지 않은 사람들과 똑같이 전염되어 죽어갔기 때문이었다."[40] 코로나19와 다르게[41] "아무리 체질이 강한 사람이라고 해도 저항력이 약한 사람과 비교해 나을 게 없었다."[42]

투키디데스는 전염병이 도시 질서를 파괴하는 모습을 자세하게 묘사했는데, 그중 가장 유명한 부분을 소개하면 다음과 같다.

> 사람들은 앞으로 자기에게 무슨 일이 일어날지 몰랐기에 종교나 법률상의 모든 규칙을 무시했다. (…) 이 전염병 때문에 아테네에는 역사적으로 유례가 없는 무법 상태가 시작되었다.[43·44]

전염병은 아테네인 수만 명을 죽였지만 인구밀도가 낮은 스파르타의 농촌 마을에는 거의 피해를 주지 않았다. 이 불가사의한 전염병은 "펠로폰네소스에는 전혀 영향을 주지 않았다. 적어도 심각한 영향은 주지 않았다. 이 전염병은 아테네에서 가장 강력한 위력을 떨쳤고 그다음으로는 인구가 밀집한 다른 도시들에서 맹위를 떨쳤다."[45]

모든 전염병은 인구밀도가 높을 때 쉽게 퍼지는데, 전염병이 초기에는 특히 도시에서 창궐하는 이유도 바로 여기에 있다. 오늘날에는 도시들이 서로 너무도 잘 연결되어 있어서 뉴욕과 시애틀을 통해 미국으로 들어오는 전염병은 다코타에도 큰 피해를 줄 수 있다.

그러나 전염병이든 패전이든 간에 이로 인해 아테네의 문화적 창조성이 파괴되지는 않았다. 플라톤은 그 전염병이 사라질 무렵 도시에서 태어나 80년을 살았다.[46] 그가 소크라테스와 나눴던 대화는 얼굴을 맞대고 이뤄지는 사람과 사람 사이의 소통이 역사의 흐름을 어떻게 바꿀 수 있는지 모범적인 사례를 제공한다. 하지만 아무리 그래도 그 뒤로 아테네는 페리클레스 시절의 위치로는 두 번 다시 오르지 못했다. 위대한 전염병 사학자 윌리엄 맥닐(William McNeill)이 말했듯이 "이 전염병은 아테네에 커다란 타격을 입혔고 아테네는 끝내 그 충격에서 회복되지 못했다."[47]

인류의 정착과 전염병

투키디데스가 남긴 기록은 아테네에서 전염병 양상이 어땠는지 놀랍도록 생생하게 들려준다. 그러나 전염병들은 기원전 430년 훨씬 이전에도 인간이 정착해 살던 곳에 출몰했었다. 고대 유골 및 그 밖의 다른 여러 증거를 분석해 인류의 건강 관련 역사를 추적하는 연구자들은 인류가 사냥과 채집 생활에서 벗어나 한곳에 정착해 농사를 지으면서부터 전염병이 늘어났다고 생각한다.[48]

최초의 호미니드(Hominid, 현생 인류를 이루는 직립 보행 영장류 – 옮긴이)에게도 질병은 있었다. 이, 요충, 살모넬라 같은 유기체들은 우리가 인간으로 진화하기 전부터 우리와 함께 있었던 것 같다.[49] 수면병이나 선모충병 같은 질병은, 심지어 인류가 가축을 기르지 않고 작은 무리를 지어 사냥하던 시절에도, 동물에게서 사람으로 전염되었을 수 있다.[50]

그리고 약 1만 2,000년 전 인류의 정착 생활로 이어졌던 농업혁명이 일어나면서 인구밀도가 높아졌고 사람이 가축으로부터 전염병에 걸릴 가능성도 그만큼 더 커졌다.[51] 사람이 돼지와 가까운 곳에서 살아가는 환경은 오랫동안 인간에게 위험 요소였다. 인류의 초기 질병 분야에서 저명한 인류학자인 조지 아르멜라고스(George Armelagos)는 "가축에서 나오는 우유, 모피, 가죽 같은 산물은 탄저균, Q열, 브루셀라병, 결핵 등을 전염시킬 수 있었다"라고 강조한다.[52]

도시가 등장하자 훨씬 많은 인간과 동물이 가까워졌고 또 서로의 배설물에 가까워졌다. 아테네 이전의 전염병 기록은 별로 없다. 그러나 성서 《탈출기》에 따르면 3,000년도 더 전에 이집트 도시에서 끔찍한 일이 있었다.[53] 일부 성서학자들은 이 기록에 나오는 사건들을 기원전 12세기로 추정하는데, 이는 열 가지 이집트 전염병이 청동기 문명의 붕괴와 동시에 일어났다는 뜻이다.[54] 트로이를 포위한 그리스 군대에 전염병이 퍼졌던 〈일리아드(Iliad)〉의 사건들도 같은 시기에 일어났을 수 있다.[55] 산스크리트어로 기록된 원전들이 동시대 바빌론에서 창궐했던 전염병을 언급했다는 주장도 있다.[56]

이런 증거들 때문에 몇몇 연구자들은 청동기 문명의 붕괴가 동지중해에 연결된 도시들에서 발생했던 팬데믹 때문이 아니었을까 하고 추정한다.[57] 만약 질병이 그 재앙에서 중요한 역할을 했다면 이는 도시에서 발생한 전염병이 인류에게 대혼란을 안겨준 첫 번째 사례다. 이보다 한층 치명적이었던 두 번째 사례는 아테네에서 전염병이 발생한 지 정확히 약 1,000년 뒤에 발생했다.

흑사병, 고대 유럽의 종말을 부르다

페리클레스를 죽음으로 이끌었던 전염병이 발생한 뒤 500년 동안 지중해 연안에는 팬데믹이 발생하지 않았던 것 같다. 토지에 기반을 둔 거대한 로마공화국은 원로원 의원들의 상거래를 금지하는 반(反) 무역 윤리로 무장하고 수백 년 동안 이웃 국가들을 정복했다. 외국에서 생산된 어마어마한 곡물이 로마의 수도에 점점 더 많이 들어왔지만 이 수입품들은 거미줄처럼 복잡하게 얽힌 무역 여행의 결과라기보다는 정복지였던 스페인과 이집트에서 보낸 공물이었다.[58]

　기원전 400년에서 기원전 100년 사이 수백 년 동안 사람들이 비교적 건강했던 요인이 무엇이었는지는 딱 꼬집어 말할 수 없다. 로마에 상수도 시설이 잘 갖춰져 있었다거나 외부인과의 접촉이 제한되었다거나해서 그랬을 수도 있고, 아니면 정말 운이 좋았기 때문일 수도 있다. 아무튼 전염병이 돌지 않은 덕분에 로마공화국은 국경을 멀리 확장할 수 있었다. 마리우스와 폼페이 그리고 율리우스 카이사르는 군대를 이끌고 지중해 연안 전역을 누비며 로마공화국을 로마제국으로 만들었다.

　로마제국은 군사 강국이었지만 로마라는 도시는 예술과 지식의 중심지이기도 했다. 판테온, 베르길리우스의 시, 키케로의 웅변, 플리니우스의 자연사 지식은 인간의 창의성을 가장 잘 보여주는 사례다. 어쩌면 로마의 천재성은 고대 아테네의 천재성에 비하면 덜 독창적일 수 있다. 그러나 테베레강 주변에 형성된 이 도시는 밀집된 도시에서 서로 연결된 인간 정신의 온전한 역량을 보여주는 눈부신 흐름을 만들어냈다. 도시적 근접성이 베르길리우스를 호라티우스, 프로페르티우스(Propertius)와 연결했으며 이들의 최대 후원자이자 아우구스투스의 문화적 조언자였던 마이케나스(Maecenas)와도 연결했다.[59]

로마제국이 확장되고 아시아 깊숙이 무역망이 확장되자 팬데믹이 다시 등장했다. "서기 166년 로마인들이 중국 영토까지 다다랐다고 중국 역사는 기록하고 있다. (…) 이 새로운 만남은 무역품뿐만 아니라 사상과 정보에서도 새로운 국제 무역의 시작을 알리는 것이어야 했다. 그러나 그 만남은 훨씬 더 불길한 어떤 사건의 전조였다."[60]

아시아에서 시작된 안토니우스 전염병(Antonine Plague)은 서기 165년에서 180년 사이에 로마 인구의 무려 10~14퍼센트를 줄여버렸다.[61] 이 전염병은 홍역이나 천연두였을 수 있는데 중국에서도 거의 같은 시기에 팬데믹을 겪었던 것으로 보인다.[62] 로마를 강타한 두 번째 팬데믹은 250년에 발생했다.[63] 어쩌면 이 팬데믹이 로마를 기독교로 개종시키는데 도움을 줬을지도 모른다. 왜냐하면 "기독교인들은 동시대 이교도들과 달리 강점이라고 할 수 있는 것 하나를 가지고 있었다. 바로 전염병의 시기에 환자를 돌보는 행위가 그들에게는 종교적 의무"였기 때문이다. 또 기독교인들로서는 "갑작스럽고 놀라운 죽음 속에서조차도 신앙을 가르치는 행위는 삶을 의미 있게 만들어주는 것"이었다.[64]

안토니우스 전염병은 로마의 황금기였던 5현제(네르바, 트라야누스, 하드리아누스, 안토니누스 피우스, 마르쿠스 아우렐리우스 - 옮긴이) 시대에 발생했다.[65] 결과적으로 보면 이 전염병으로 사람들이 많이 죽긴 했지만 사회가 불안정해지지는 않았다.

두 번째 전염병은 좀 더 불안정한 시기에 발생해 3세기의 정치적 혼란을 가중시켰다.[66] 이 혼란은 디오클레티아누스(Diocletianus)와 콘스탄티누스(Constantinus)의 길고 잔인했던 통치가 시작되면서 비로소 끝났다. 디오클레티아누스는 제국을 분할하는 과정을 시작했고 콘스탄티누스는 로마제국 동쪽의 수도 콘스탄티노플을 건설했다.[67] 비잔티움이라는 이름으로도 알려진 이 도시는 로마가 멸망한 뒤 1,000년 동안 로마제국의 중심적인 도시로 기능했다.[68]

아이작 아시모프는《파운데이션》 3부작에서 무너지는 은하제국의 지혜가 학자들과 상인들로 가득한 먼 곳에 있는 행성에 어떻게 보존되는지 묘사했는데,[69] 5세기에 콘스탄티노플이 로마를 위해 바로 그런 역할을 할 준비가 되어 있었던 것 같다. 서고트족(민족 대이동 시대에 활약했던 게르만의 한 부족으로 고트파의 분파 – 옮긴이)과 반달족(5세기에 서유럽에 침입해 로마를 약탈한 게르만의 한 종족. 로마 문화의 파괴자 – 옮긴이)이 로마를 약탈할 때 콘스탄티노플은 침입자들로부터 사람들을 보호하려고 높고 두꺼운 성벽을 쌓았다[그로부터 1,000년 뒤 오스만투르크의 메흐메드 2세(Mehmed Ⅱ)가 대포를 가지고 와서 콘스탄티노플을 점령했다].[70]

콘스탄티노플의 이 성벽은 "적절한 시기에 건설되었다."[71] 왜냐하면 훈족의 왕 아틸라(Attila)는 로마제국의 두 반쪽을 모두 제압하려고 시도했지만 "훈족은 기본적으로 장기간에 걸친 포위전에 필요한 인내심이나 기술을 가지고 있지 않았으며 이런 전투에 대비한 훈련을 받지 않았기 때문이다."

고전 세계 학문의 정수는 콘스탄티노플에 있던 판디다크테리온(Pandidakterion)에 보존되어 있었다.[72] 이곳은 그리스어와 라틴어를 유창하게 말하는 석좌교수 수십 명을 갖춘 대학교와 같은 곳이었다. 에드워드 기번(Edward Gibbon)이 했던 표현처럼 "이탈리아의 빈 왕좌가 야만인에게 짓밟혔다"[73]고 해도, 동방의 황제들은 새로운 법전들을 공포했다. 아시모프의 《파운데이션》과 마찬가지로, 콘스탄티노플은 빼앗긴 서로마를 되찾을 적절한 시기를 기다리며 지혜를 보존했다. 그런데 이 암흑기는 수백 년이 아니라 수십 년 뒤에 끝났다.

제국이 부활하는 시점은 533년이었던 것 같다.[74] 455년에 로마를 공격해서 약탈했던 반달족의 왕 게이세리쿠스(Geisericus)를 비롯한 야만인 정복자 1세대가 모두 죽고 나자 후손들 사이에서 싸움이 일어났다.

비잔틴제국의 유스티니아누스(Justinianus) 황제는 장군 벨리사리우스(Belisarius)를 파견해서 반달족을 물리치고 이탈리아반도 일부에 대한 로마의 지배권을 회복했다. 벨리사리우스는 예전에 서로마제국이 누렸던 부유함을 콘스탄티노플에 되살렸다. 이 부유함에는 "왕의 배우자가 타는 것이 관례였던 황금마차"와 "(로마제국의 아홉 번째 황제였던) 베스파시아누스의 아들 티투스가 예루살렘을 점령한 뒤 다른 여러 사람과 함께 로마로 가져왔던 유대인들의 보물" 등이 포함되어 있었다.[75] 그러나 비잔틴제국의 명장이었던 벨리사리우스는 그에게 주어진 영예를 유지하지 못했다.

이탈리아에서는 다시 왕실 사촌들 사이에 내분이 일어났고, 유스티니아누스는 벨리사리우스에게 다시 전투의 책임을 맡겼다. 이 비잔틴 장군이 고트족과 벌인 전투는 3년 동안 이어졌다. 마침내 그는 540년에 고트족의 수도 라벤나를 점령하고 콘스탄티노플로 돌아왔다. 그러나 그의 승리는 재앙으로 바뀌었다. 당대의 관찰자였던 프로코피우스(Procopius)는 "이 시기에 전염병이 돌았고 그 바람에 인류가 거의 전멸할 뻔했다"라고 썼다.[76]

프로코피우스는 투키디데스가 그랬던 것처럼 (아테네 방언인) 아틱 그리스어(Attic Greek)로 글을 썼다(그는 아테네인에게 커다란 영향을 받았었다). 투키디데스와 마찬가지로 그는 전염병이 "펠루시움에 사는 이집트인들에게서 시작되어 전 세계로 퍼져나갔다"라면서 아프리카에서 맨 처음 발병했다고 주장한다.[77] 그러나 현대의 과학 저작들은 그 병이 중앙아시아에서 처음 시작되었다고 주장한다.[78]

과거 아테네의 전염병과 달리 유스티니아누스 페스트에 대해서는 현재 많은 사실이 밝혀져 있다. 이것이 가능했던 이유는 주로 중세 초기 묘지에서 연구자들이 발견한 DNA 덕분이다.[79] 유스티니아누스 페스트는 인류의 대적이라는 흑사병으로, 관련 사실들이 잘 기록된 인류 최초의 전염병이다.[80] 이 연쇄 살육자는 청동기 시대에 유라시아인들을 감염시켰지만 상대적으로 덜 치명적이었던 박테리아 조상으로부터 진화한 것으로 보인다.[81] 이 전염병은 중앙아시아에서 나타나 실크로드를 따라 유럽으로 퍼졌다는 것이 정설이다.[82]

이 흑사병의 첫 번째 파도는 아시아와 아프리카 일부뿐만 아니라 다음 한 세기 동안 유럽을 휩쓸었다.[83] 흑사병은 주로 벼룩에 의해 퍼진다.[84] 벼룩이 사람을 물면 벼룩의 몸에서 역류한 피가 사람의 몸으로 들어온다. 이렇게 해서 일단 사람의 몸 안에 들어간 박테리아는 림프계로 들어가서 림프절에 자리를 잡는다. 그리고 여기서 인체 전체로 퍼지며 서식하고 번식한다. 부어오른 림프절은 '부보(bubo, 가래톳)'라고 불리는데 그래서 이 병은 '림프절 흑사병'이라고도 불린다(흑사병은 증상에 따라 가래톳 흑사병, 패혈증성 흑사병, 폐렴성 흑사병 등으로 분류된다-옮긴이). 발열, 오한, 쇠약, 내출혈 등의 증상이 일주일 안에 나타나며 피부와 다른 조직들이 검게 변하며 죽을 수 있어 흑사병이라는 이름으로 불렸다. 현대 의

학이 등장하기 전에는 이 병에 걸린 사람들의 약 절반이 죽었다.[85] 물론 특정한 환경에서는 치명률이 그보다 더 높았다.

흑사병 DNA는 5,000년 전 죽은 20세 스웨덴 농부의 치아에서 처음 발견되었다. 일부 연구자들은 이 증거를 토대로 흑사병이 청동기 시대의 "동유럽의 대규모 정착지"에 나타났다고 결론을 내렸는데 "이곳의 생활 조건은 높은 인구밀도와 동물과의 근접성 때문에 이전의 인간 개체군들에서는 유례가 없는 것이었다." 선사시대 농업 정착지의 높은 인구밀도 때문에 훨씬 이전에 전염병의 파도를 불러들였을 수도 있고, "이 전염병의 파도가 신석기 시대의 쇠퇴에 기여하고 (…) 나중에 나타날 유럽으로의 이동 경로를 열어줬을지도 모른다."[86]

고대 인류를 대상으로 하는 법의학자들의 말이 옳다면 인구밀도와 질병 사이의 치명적인 상관성은 5,000년 전으로 거슬러 올라간다. 쟁기 같은 농기구의 기술적 진보는 인구 증가와 도시화와 무역 발전으로 이어진다. 그리고 박테리아는 동물에게서 사람으로 숙주를 갈아타면서 사람과 함께 이동한다. 만약 이 팬데믹이 심각하다면 문명은 무너지고 인류는 인구밀도가 낮은 과거의 생활로 돌아간다. 아마도 5,000년 전에 우크라이나와 루마니아의 농촌이었던 '대규모 정착지(mega-settlement)'[87]에서 이런 일이 일어났을 것이다. 그러나 541년 유스티니아누스의 도시가 입었던 피해에 대해서는 훨씬 더 구체적인 기록이 남아 있다.

역병을 묘사하는 프로코피우스의 이야기는 끔찍하다.

어떤 경우에는 즉시 사망하기도 하고 며칠 뒤에 사망하기도 하며, 렌즈콩만 한 크기의 검은 농포가 생겨 하루도 살아남지 못하기도 했다. (…) 어떤 사람들은 눈에 보이는 뚜렷한 이유도 없이 피를 토하고 곧바로 사망했다. (…) 비잔티움에서는 이 병이 4개월 동안 계속되었는데 (…) 사망자가 매일 5,000명씩 나왔고 그러다 1만 명씩으로 늘어났으며 그 이상이 되기도 했다.[88]

프로코피우스는 투키디데스의 말을 그대로 인용해 "모든 곳에서 혼란과 무질서가 극도에 달했다"[89]라고 썼지만 콘스탄티노플에서 대중의 행동은 아테네보다 훌륭했다. 유스티니아누스의 대리인 한 명은 계속해서 "황제의 돈을 나눠 주고 (…) 아무도 보살피지 않는 시신을 묻었다."[90] 투키디데스는 도시 전체가 죽기 전에 즐기는 마지막 한 번의 흐드러진 놀이판을 벌이기에 바쁘다고 묘사했지만, 이와 달리 프로코피우스는 "예전에는 부끄러운 짓과 비열한 짓을 일삼던 사람들이 일상에서 벌어지던 온갖 부당함을 떨쳐내고 종교의 의무를 부지런히 실천했다"라고 썼다.[91] 저주에 대한 두려움은 "당장이라도 자기가 죽을 것이라고 생각하는"[92] 사람들 사이에서 놀라운 효과를 발휘한다.

2020년 봄 뉴욕의 거리는 섬뜩할 정도로 한산했는데[93] 1,500년 전 콘스탄티노플에서도 그랬다. 비잔티움도 전염병 확산을 막기 위해 사회적 거리두기를 실천했던 것 같다. 프로코피우스에 따르면 "비잔티움 거리에서 사람을 보기가 쉬운 일이 아닌 것 같았지만, 운이 좋게도 건강한 사람들은 모두 집에 틀어박혀서 환자를 간호하거나 고인을 애도했다."[94] 하지만 불행하게도 아무리 다른 사람들과 떨어져 있어도 벼룩에 물리는 걸 피할 수는 없었다.

이 전염병이 이탈리아를 재정복하려는 유스티니아누스의 시도를 완전히 끝장낸 것은 아니다. 그는 544년에 벨리사리우스를 돌려보냈지만 10년 전 자기가 북아프리카로 데려갔던 병력의 4분의 1밖에 되지 않는

4,000명이라는 작은 병력만 보냈다.[95] 벨리사리우스는 전투를 계속 이어갔다. 콘스탄티노플은 그 뒤로 2세기 동안 라벤나에서 그 존재를 유지했지만 이 도시는 새로운 로마의 황금기(Pax Romana)를 누린 게 아니었다. 이탈리아에 있던 비잔틴의 대표들은 롬바르드족 및 프랑크족과 다투며 중세 초기 유럽의 전반적인 혼란에 기여한 또 하나의 지역 교전 당사자가 되었다.

흑사병은 그 뒤로 2세기 동안이나 나타났다가 사라지기를 반복했다.[96] 흑사병의 첫 파도로 무려 5,000만 명이 사망한 것으로 추정된다. 이 전염병 때문에 로마제국과 페르시아제국 모두가 쇠퇴했고, 이는 7세기와 8세기에 아랍인들이 아시아와 북아프리카를 정복할 여행길을 열어주었다.[97] 질병의 파도와 전쟁의 파도는 로마제국의 도시 세계를 갈기갈기 찢어버렸고 수백 년 동안 유럽 농촌이 빈곤에 허덕인 주요 원인이 되었다.

고대 세상이 맞았던 종말을 이런 식으로 해석하면 팬데믹의 종말론적 전망이 드러난다. 번영하는 도시 문명은 처음에는 질병으로 쇠약해지고 그다음에는 정치적으로 분열된다. 그리고 외부의 습격자들이 취약한 반쪽을 무너뜨린 다음 한층 취약한 왕국으로 이를 대체한다. 상대적으로 강한 절반은 살아남아서 지배력을 재건하고자 준비하지만 전염병은 이런 노력을 물거품으로 만들어버리고 남아 있던 문명의 전초기지를 더욱 약하게 만든다. 사람들은 외진 농장들로 피신하지만 결국 떠돌아다니는 도적들의 먹잇감이 된다. 이 도적들은 나중에 정착 생활을 하면서 스스로 귀족이라고 부르며 도둑질을 품위 있게 한다.

최초의 사회적 거리두기는 언제 시작되었을까?

오늘날 흑사병은 일반적으로 치료할 수 있는 질병이다. 환자들은 대부분 항생제로 치료가 가능하다.[98] 그러나 알렉산더 플레밍(Alexander Fleming)이 페니실린을 발견한 것은 1928년이었다.[99] 따라서 그전에는 달리 치료 방법이 없었다. 중세 시대에는 사회적 거리두기가 유일한 대응책이었다. 2020년에 코로나19에 맞서 할 수 있었던 대응도 마찬가지였다.[100]

환자를 건강한 사람과 격리하는 것은 전염성 팬데믹에 대처하는 합리적인 대응책이지만 사회적 거리두기는 유형에 따라 비용이나 효과가 제각각이다. 사회적 거리두기의 가장 오래된 방식은 환자를 공동체에서 분리하는 것이다. "병이 남아 있는 사람은 깨끗하지 않다. 그는 깨끗하지 않은 사람이므로 사람들과 따로 떨어져서 혼자 살아야 한다"[101]라는 〈레위기〉 13장 46절은 인류의 가장 오래된 공중보건 경고문이라고 할 수 있다.

1898년에 제정된 인디언 나환자 법(Indian Lepers Act)은 "모든 경찰관에게 가난한 나환자로 보이는 사람을 영장 없이 체포할" 권한을 부여했다. 경찰관은 치안판사와 나병 검사관과 함께 몇 가지 관료적인 절차를 거친 뒤에 나환자를 나환자 수용소로 보내야 했다. 그리고 "나환자는 위원회 또는 지방 치안판사의 명령에 따라 퇴원할 때까지 그 수용소에 구금되어야 했다."[102] 이 법은 2016년에야 완전히 폐지되었다.[103]

지금은 중세 시대 나환자들이 겪어야 했던 참혹한 생활로 환자들을 몰아넣는 나라는 거의 없다. 게다가 개인적인 차원의 추방도 그다지 효과가 없다. 100년 전 뉴욕에서는 '장티푸스 메리'라고 불렸던 요리사 메리 말론이 강제로 격리되었다. 그녀가 질병과 죽음을 퍼트린다는 게 이유였다. 결국 그녀는 "요리사라는 직업을 포기하고 (⋯) 다른 사람의 음식을 다루지 않겠다"라는 서약을 하고서야 격리에서 풀려났다.[104] 그러나 "그녀는 서약의 모든 세부 사항을 어기고 (⋯) 호텔, 식당, 요양원에서 요리했다."

림프절 흑사병(가래톳 페스트)의 경우 벼룩과 쥐가 남아 있는 한 아무리 환자를 격리해도 그다지 도움이 되지 않는다. 사람에게서 사람으로 전염되는 질병의 경우 코로나19 경우처럼 무증상자가 바이러스를 퍼트릴 수 있다면 증상을 보이는 환자를 아무리 격리해봐야 건강한 사람을 지킬 수 없다.[105]

사회적 거리두기의 두 번째 형태는 프로코피우스가 "집에 틀어박혀서"[106]라고 묘사했던 비잔틴 사람들처럼 각 가족이 스스로 고립되는 것이다. 이 전략은 수백만 명이 개인적인 차원의 코로나19 봉쇄 조치(락다운)에 따르는 과정에서 막대한 비용이 든다. 이런 가족 단위의 고립에서 빚어지는 문제는 좁은 집 안에 갇힌 채 살아야 하는 가난한 사람들, 생계를 위해 다른 사람들과 부대끼며 일해야만 하는 사람들에게 더 극심하게 나타난다. 2020년 5월 한 달을 기준으로 했을 때 고등학교 졸업 이하의 학력을 가진 미국인 중 재택근무를 할 수 있었던 사람은 13퍼센트밖에 되지 않았다.[107]

부유한 나라들에서는 자원이 풍족하고 기술이 발전해서 자가격리를 하는 사람들도 음식이나 생필품을 보급받을 수 있다. 그러나 6세기의 콘스탄티노플에는 아마존 프라임과 같은 배송 서비스 체계가 없었다. 열량이 될 식품 저장소가 없으면 긴 자가격리를 하기가 불가능한데 도시 역사 대부분에서는 도시 거주자들에게 그런 저장소가 없었다.

근대 이전에 나타났던 대부분의 팬데믹 사례에서 가족 단위의 고립은 비용이 많이 들 뿐만 아니라 효과도 별로 없었다. 사람과 사람 사이의 거리를 아무리 멀리 떨어뜨린다고 해도 벼룩이나 쥐와의 거리가 그만큼 멀어질 수는 없었다. 황열병도 마찬가지다. 모기가 이 질병을 격리 중인 다른 건강한 가정 구성원에게 전파할 수 있다. 콜레라는 수도관을 통해 얼마든지 건강한 사람을 덮친다. 나중에 살펴보겠지만 19세기에 전염병 이론 전체에 의문이 제기되었는데, 사회적 거리두기가 황열병과 콜레라 확산 저지에 거의 도움이 되지 않았기 때문이었다.

사회적 거리두기의 세 번째와 네 번째 방식은 한층 효과적이고 개인적으로도 비용이 덜 드는데, 바로 사람이 아니라 장소를 격리하는 것이다. 세 번째 방식은 지역사회 주변에 격리 장벽을 세워 질병의 확산을 막는 것이며, 네 번째 방식은 전염병 발생지 주변에 방벽을 설치해 확산을 막는 것이다. 이 장에 마지막 부분에서는 미래에 발생할 팬데믹의 근원지에 그런 방역선(cordon sanitaire, 세균이나 바이러스 등의 질병을 특정 구역으로 제한하기 위한 가상의 선 – 옮긴이)[108]을 설치하는 게 과연 실현 가능할지 살펴볼 것이다.

인간에겐 자율성이 있다고 배우며 성장한 사람들에게는 장소 및 공동체의 관점에서 생각하는 일이 자연스럽지 않다. 사람은 누구나 공동체의 이익을 목표로 하기보다는 자신의 필요에 부응하는 사회적인 정책 및 제품을 기대한다. 하지만 전염과 관련된 문제에 관한 한 지역사회 공동체라는 개념은 매우 중요하다. 이웃 사람이 걸린 질병은 언제든 나에게 옮길 수 있기 때문이다. 따라서 좋은 방역 정책을 마련하려면 지역사회에 초점을 맞춰야만 한다. 이 주제에 대해서는 뒤에서도 자주 언급할 것이다.

격리를 발명하다: 두브로브니크와 베네치아

유스티니아누스 전염병(흑사병)의 여파로 무역이 붕괴되고 도시는 모두 작은 마을 규모로 쪼그라들었다. 율리우스 카이사르 시대에 100만 명이나 되던 로마의 인구는 1,000년 뒤 3만 명으로 줄어들었다.[109] 인류가 시골의 고립된 자급자족 공동체로 후퇴하자 전염병은 수그러들었다. 확실히 중세 농노들의 삶은 건강함과는 거리가 멀었다. 영양 상태가 엉망이었다. 위생 상태는 그보다 더 나빴다. 당시 팬데믹으로 발전하지 않았던 전염병이 많았는데 중세 유럽의 농민들은 수많은 전염병의 공격을 받았다.

그러다 점차 무역이 지중해 연안과 브뤼헤, 뤼벡 같은 북부 도시들에서 다시 시작되었다.[110] 유럽 도시들 사이의 연결성이 강화되었고 이 연결성은 콘스탄티노플을 거쳐 실크로드까지 확장되었다.[111] 13세기에 이르러 유럽은 고급 직물과 향신료를 멀리 이동시킬 수 있는 무역망에 접근했다. 베네치아와 아드리아해 연안 지방인 달마티아의 두브로브니크 같은 도시는 이 무역망의 핵심 연결점이었다. 하지만 양털 뭉치가 이동하는 무역망을 통해서는 흑사병을 옮기는 쥐와 벼룩도 함께 이동할 수 있었다.

두브로브니크의 그림 같은 붉은 지붕과 튼튼한 도시 성벽은 미국 드라마 〈왕좌의 게임(Game of Thrones)〉에 등장하는 가상 도시 킹스 랜딩(King's Landing)의 촬영지로 수백만 명 시청자들에게 알려졌다.[112] 그러나 두브로브니크는 가상의 용의 희생자라는 것보다 훨씬 더 중요한 역사적 의미를 지닌다. 이 도시는 무려 5,000년이 넘는 세월 동안 동양과 서양을 연결했다.[113]

두브로브니크는 유스티니아누스 전염병이 창궐한 뒤 비잔틴제국이 당한 수많은 침입으로 생겨났다. 고대 도시 로마에서 몰려온 난민들은 슬라브족의 초기 침략을 당한 뒤에 도망쳤고, 첩첩한 산들과 물길들 덕분에 안전한 곳에 피난처를 만들었다. 그리고 750년 이후 몇 세기에 걸쳐 유럽이 침체에서 회복하자 두브로브니크는 항구 도시로 성장했고, 당시에는 '라구사'라고 불렸다. 라구사는 1205년까지 비잔틴제국의 느슨한 지배 아래 있었고 고대 제국과 성장하는 이탈리아의 도시들을 연결하는 통로 역할을 했다.

라구사의 독립은 제4차 십자군 전쟁 때 해적질을 하던 베네치아인에 의해 종식되었다. 어떤 의미에서 보면 베네치아는 라구사의 훨씬 더 멋진 버전이었다. 이 도시는 동양과 서양을 잇는 가장 큰 연결점이었고 지중해 동부에서 가장 번창한 무역 중심지였다. 1204년 베네치아 사람들은 십자군과 손을 잡고 콘스탄티노플을 점령한 다음 로마제국의 나머지 땅을 정복했다.[114] 베네치아인과 그들의 십자가 동맹자들은 기독교에서 가장 큰 도시를 무너뜨리고 비잔틴의 보물들을 빼앗았다. 그렇게 빼앗은 보물들 중에는 산마르코 성당의 정면을 아름답게 장식하려고 베네치아로 가져온 네 마리의 청동 말도 포함되어 있었다.

라구사는 달마티아의 다른 해안과 함께 베네치아가 챙긴 전리품이 되었다. 라구사인은 과거 델로스동맹의 도시들이 아테네에 공물을 바쳤던 것처럼 베네치아 지배자들에게 153년 동안 공물을 바쳐야 했다. 그러나 라구사는 베네치아와 마찬가지로 세계에서 가장 잘 통치되는 도시 중 하나였다. 제도가 잘 정비되어 있었고 전염병에 대응하는 공중보건 시스템을 조직한 최초의 서구 도시였다.

흑사병은 500년이라는 공백을 끝내고 14세기 초에 아시아에 다시 나타났다. 우선 중국의 여러 도시를 빠르게 집어삼킨 다음 실크로드를 따라 콘스탄티노플 그리고 라구사로 퍼졌다. 흑사병을 옮기는 벼룩은 쥐를 타고 이동할 수 있었고, 중세 무역에서 큰 비중을 차지하던 양털과 같은 직물을 통해서도 이동할 수 있었다. 아마도 유럽 인구 4분의 1이이 두 번째 흑사병 팬데믹 첫해에 사망했을 것이다. 1348년에만 라구사 인구의 10~50퍼센트가 줄어들었다. 이 전염병은 1357년과 1361년, 1371년에 다시 이 항구 도시를 찾아왔다.

하지만 라구사인은 스스로를 보호하는 법을 배웠다. 1363년 5월 "이탈리아의 아풀리아와 마르케 두 지역에 전염병이 돈다는 소식이 전해지자 (…) 라구사의 지도자들은 해당 지역에서 오는 여행자들이 들어오지 못하도록 막았으며 (…) 라구사인이 해당 지역으로 여행하는 것을 금지했다."[115] 특정 지역을 콕 찍어서 여행을 금지하는 조치는 해당 질병이 어디에서 발병했는지 알 때 효과가 있다. 미국이 2020년 1월 31일에 중국 여행 금지 조치를 내렸을 때는 효과가 없었다.[116] 코로나19가 이미 미국 전역에 퍼졌기 때문이다.

라구사는 여행 금지 조치를 내린 지 14년이 지난 뒤에는 한 걸음 더 나아가 "전염병이 발생한 지역에서 온 여행자는 라구사 및 인근 지역에 들어올 수 없다"라는 최초의 격리 규정을 채택했다.[117] 그리고 이 규정은 격리 장소 두 곳을 선정했다. 산마르크에 있는 작은 바위섬과 차브타트(Cavtat)였다.[118] 라구사인은 이 격리 장소를 방문하지 못하게 했다. 심지어 그곳에 격리된 사람들에게 음식을 가져다줄 수도 없었다. 이 규정을 어기는 사람은 상당히 무거운 벌금을 내야 했다.

격리라는 조치가 지금은 너무도 일상화되어 있어서 이 혁신이 얼마나 탁월한 것이었는지(또 얼마나 행운이 따른 것이었는지) 간과하기 쉽다. 라구사인은 전염병이 아픈 사람뿐만 아니라 겉으로 건강해 보이는 사람, 즉 무증상자에 의해서도 전염될 수 있음을 알아냈다. 또 충분히 긴 시간 격리를 하면 전염병이 정해진 경로대로 진행되리라고 추측했다. 나중에야 드러난 사실이지만 페스트의 잠복기는 보통 7일 미만이다.[119] 그렇기에 당시 라구사에서 시행했던 2주 동안의 격리는 효과가 있었다. 라구사인은 왜 흑사병 환자들을 중요한 인구 중심지들에서 격리해야 하는지 충분히 이해했으며, 이 규정을 잘 지키기 위해 효과적이고 시행하기 쉬운 벌칙을 부과했다. 한편 영국은 1663년이 되어서야 비로소 처음으로 격리 규정을 마련했다.[120]

외부 방문자들을 물 해자로 둘러싸서 격리하는 방식도 있었는데 이 방식은 수백 년 동안 다양한 방식으로 재현되었다. 프랑스에서는 전염병이 발생한 항구에서 온 배들을 마르세유에 들이기 전에 우선 라토뉴섬에 격리했다.[121] 미국에서도 1954년까지 허드슨강 하구의 엘리스섬에 이민자들을 격리했다.[122] 영화 〈대부 2〉에서는 비토 코르레오네가 이민국 관리들로부터 천연두 진단을 받은 뒤 이 섬에서 외롭게 40일을 보내는 장면이 나온다.[123]

격리는 무역로의 완전한 개방과 전면적인 폐쇄라는 양극단의 중간에 있는 선택지를 제공했다. 1377년 이전에 라구사는 외부의 여행자들을 받아들이지 않고 돌려보냈는데[124] 이런 조치는 사실상 모든 무역의 종말을 뜻했다. 반면에 격리는 전염병의 유입을 줄이면서 무역을 일정 부분 허용했다.

귀항 선박과 이들을 기다리는 무역업자들은 늘 모든 게 빠르게 진행되길 바란다. 사회의 총체적인 관심은 고립에 집중하지만 개인적인 차원의 이익은 연결성에서 나온다. 개인의 이익과 집단의 이익 사이의 이런 갈등은 오늘날에도 여전히 중요한 문제다. 코로나19 위기 기간에는 많은 나라, 심지어 미국조차도 외국에서 들어오는 여행자들이 곧바로 자가격리를 하도록 요청했다.[125] 그러나 자가격리는 지켜지기 어렵다. 많은 사람이 이 규정을 무시했을 가능성이 크다.

라구사인은 유럽 최초로 격리 제도를 확립했다. 그뿐만이 아니었다. 그들은 도시를 보호하는 공동의 힘을 제도적으로 구축했다. 공중보건 업무를 전문적으로 맡을 관리들을 선출직으로 뽑은 다음 이들에게 방역 관련 규정을 집행할 광범위한 권한을 부여한 것이다. 1390년에 라구사는 전염병이 창궐한 지역에 머물다가 들어오는 사람들을 관리할 사람들을 따로 뽑았다.[126]

1397년 이후로 이 보건 관리들은 해마다 선출되었고 1426년 이후에는 무보수로 일했다. 라구사는 베네치아와 마찬가지로 귀족 공화국이었고 흑사병에 맞서 싸우는 사람들을 포함해 도시 지도자들은 대부분 귀족이었다. 베네치아는 1486년에 라구사의 선례를 따랐다. "16세기 중반 북부 이탈리아의 모든 주요 도시에는 공중보건을 담당하는 상설 부서가 마련되었다."[127]

라구사는 나중에 배를 타고 들어오는 여행자의 격리 기간을 40일로 늘렸다.[128] 아닌 게 아니라 이탈리아어로 '40'을 뜻하는 'quaranta'는 격리라는 단어 'quarantine'의 어원이기도 하다. 굳이 40일이라는 기간을 선택한 이유는 엄밀한 과학적 지식을 근거로 했다기보다는 성서의 권위에 기댔을 가능성이 크다. 예수는 광야에서 40일 동안 금식과 기도를 했으며[129] 모세는 구름이 잔뜩 낀 시나이산에서 40일을 보냈다.[130] 노아는 방주를 타고 40일을 여행했으며[131] 이스라엘의 자손은 광야에서 40년을 떠돌았다.[132] 사회적 고립이라는 의미를 담고 있는 성서의 이야기들 덕분에 전염병을 예방하려는 격리 조치는 견고한 정신적 토대를 바탕으로 하는 것처럼 보였을지 모른다.

베네치아는 고립된 섬을 라자루스[Lazarus, 죽었다가 살아난 사람이라는 뜻이 담겨 있다. 성서에는 라자루스(나사로)가 죽어 무덤에 묻힌 지 나흘 만에 예수가 그를 살려냈다는 내용이 나온다 – 옮긴이]를 본떠 라자레토(Lazzaretto)라고 불렀다. 라자레토는 오랜 역사의 세월 동안 여행자들과 병든 베네치아인들을 수용했다. 15세기에는 베네치아가 외부에서 들어오는 여행자들을 격리할 뿐만 아니라 도시 내부에 있던 환자들을 라자레토에 보내는 사회적 거리두기 조치를 마련했다. 때로는 "도시 내의 모든 구역이 격리되기도 했다."[133] 2020년에 그랬던 것과 마찬가지로 신체적 이동은 제한되었고 "여성과 아이들은 (…) 자기 집 바깥으로 나가지 못하거나 (…) 교구에서 벗어나서는 안 되었다." 그런데 이처럼 따르기 어렵고 매우 차별적이기까지 했던 규제들이 실제로 얼마나 많은 사람의 목숨을 구했는지는 확인하기 어렵다.

또한 베네치아는 의사들이 개인보호장비로 거리두기를 하는 관행과도 관련이 있다. 흑사병을 치료하는 의사들이 썼던 새 부리 형상의 가면은 오늘날 베네치아 카니발에서 멋진 소품으로 사용되지만 이 가면은 17세기 초 프랑스의 궁정 의사인 샤를 드롬(Charles de Lorme)이 발명했던 것으로 알려져 있다.[134] 드롬은 개인보호장비를 착용하면 팬데믹 상황에서 살아남을 가능성이 커진다는 걸 알고 있었던 것 같다.

베네치아는 지중해 지역에 있던 베네치아 영사들이 작성하는 일일 보고서의 정보망 그리고 베네치아 항구에 도착한 선원들을 대상으로 하는 상세한 심문을 통해 방역 체계를 강화했다.[135] 전염병이 어디선가 발생하면 베네치아 당국은 그 전염병에 어떤 배들이 노출되었는지 파악하고 즉시 격리 조치를 했다. 21세기에 방역선을 성공적으로 유지하려면 한층 정교한 조기경보 시스템이 필요할 것이다.

이 책에서 반복해서 강조하지만 질병의 확산을 늦추려면 의학 지식과 효과적인 정부가 동시에 필요하다. 개인의 이익과 사회 전체의 이익이 언제나 맞아떨어지는 것은 아니므로 격리 조치를 시행하기란 쉽지 않다. 15세기에 라구사의 무역상은 바위섬에서 한 달 동안 아무것도 하지 않은 채 기다리기보다는 빨리 자기 상품을 도시에 풀고 싶었을 것이다. 17세기에 베네치아의 환자들은 배를 타고 멀리 흑사병 병원으로 이송되기보다는 자기 집에 머무르고 싶었을 것이다. 2020년 8월에도 많은 미국인이 사회적 거리두기를 지키지 않고 사우스다코타의 스터기스 모터사이클 랠리(Sturgis Motorcycle Rally)에서 파티를 벌였다.[136]

베네치아 정부와 라구사 정부는 당대 가장 유능한 정부들이었기 때문에 방역에 성공할 수 있었다. 여러 면에서 이들은 코로나19 발생 당시의 21세기 미국 정부나 영국 정부보다 더 유능해 보인다. 정부의 역량이 떨어지면 격리나 사회적 거리두기는 그만큼 더 어려워진다.

흑사병 이후 유럽이 번영한 이유

흑사병은 유럽인 수백만 명을 학살했지만 유럽은 끝내 살아났다. 그리고 살아남은 유럽인들은 흑사병 덕분에 더 부유해졌다. 1인당 경작지가 늘어났기 때문인데, 여기에 대해서는 6장에서 자세하게 살펴볼 것이다. 1차 흑사병과 2차 흑사병의 차이는 각각의 결과로 나타난 정치적 사건에 있다. 이는 재난의 영향이 어떨 것인지는 시민사회의 힘이 어떤가에 따라 달라진다는 사실을 분명하게 보여준다.

1차 흑사병은 서로마의 유럽을 무너뜨렸던 외부 침략에 뒤이어 나타났다. 유스티니아누스는 질서를 재정립할 수 있었을지 모르지만 그의 전망은 늘 아슬아슬하고 불안했다. 게다가 로마제국의 초도시적이고 고도로 중앙집권화된 제국 통치 모델은 수도에 혼란을 가져다준 팬데믹에 특히 취약했다.

2차 흑사병은 유럽에서 권력이 분산되어 있고 공격 지향적이 아니라 방어 지향적이었을 때, 장기적으로 안정된 정치적 균형 상태에 있을 때 나타났다. 각국의 왕조 통치는 잘 확립되어 있었으며 봉건적 질서는 수백 년 동안 유지되고 있었다. 두 번째 흑사병은 이미 불안정하게 흔들리던 배를 흔든 게 아니었다.

550~1450년 사이에 유럽인은 서로 싸우느라 너무도 많은 시간을 허비했다. 그들은 성곽과 같은 군사 기술을 개발했고 실크로드를 따라 중국에서 들어온 화약과 같은 여러 기술을 가지고 있었다. 오스만제국의 술레이만 대왕이 1529년에 군대를 이끌고 오스트리아 빈에 도착했을 때는 성벽과 스페인식 머스킷 총병 및 독일식 장창병으로 구성된 방어군이 그를 기다리고 있었다.[137]

당시 유럽 대륙은 방어 준비가 되어 있었다. 전염병에서 살아남은 사람들은 비록 적었지만 자기의 성을 지킬 수 있었다. 1300~1400년 사이에 유럽의 국경선들은 거의 변하지 않았다. 수백만 명이 전염병으로 죽었음에도 그랬다. 이런 안정성은 전염병의 공포에도 불구하고 유럽 경제가 계속 성장할 수 있다는 뜻이었다. 두 차례의 흑사병을 비교하면서 우리 두 저자는 2021년의 세계가 과연 540년 유럽의 불안정한 모습을 띨지, 아니면 1350년 유럽의 안정된 모습을 띨지 궁금했다.

콜럼버스가 신대륙에 도착했던 1492년 이전 대부분 역사에서 우리는 유럽인들이 다른 곳에서 수입된 질병으로 고통을 받았다고 생각한다. 투키디데스는 아테네의 전염병을 에티오피아 탓으로 돌린다. 흑사병은 몇몇 연구자들이 고대 유럽에서 기원했다고 주장하지만[138] 대체로 중앙아시아에서 온 것으로 추정한다. 그러나 이런 관점은 유럽에서 일어난 사건을 바라보는 유럽 역사학자들의 시각이 편향되어 있다는 뜻이다. 6세기에 유럽인은 오랫동안 잊혔던 무역로를 통해 중앙아프리카에 전염병을 퍼트렸지만 이 내용을 기록한 역사 기록은 남기지 않았다.

하지만 프란치스코회 선교사가 남긴 기록 덕분에 우리는 스페인이 아즈텍인에게 끔찍한 팬데믹을 어떻게 안겨주었는지 알 수 있다. "천연두가 인디언들을 덮치기 시작했을 때 이 병이 얼마나 끔찍했던지 대부분 지역에서 인구의 절반 이상이 사망했다. (…) 뉴스페인(또는 멕시코)에는 사람들이 넘쳐났지만 (…) 스페인 사람들이 들어오기 전에는 천연두라는 것은 본 적이 없었다."[139] 그들은 천연두에 대한 면역력이 없었고 공동 목욕처럼 건강한 습관들 몇몇이 천연두 확산을 부채질했다.

미국 플리머스 식민지 지사였던 윌리엄 브래드퍼드(William Bradford)는 매사추세츠 원주민이 천연두로 입은 손실에 주목했다. "1633년에는 사람들이 서로를 도울 수도 없었고 불을 피울 수도 없었으며, 식수를 떠올 수도 없었고 죽은 사람을 묻을 수도 없었다. 그렇게 사람들은 속절없이 스러졌다."[140] 어떤 사람들은 전체 원주민의 90퍼센트가 유럽에서 들어온 질병으로 사망했다고 추정한다.[141] 이런 상황은 북아메리카에 이주한 소수의 초기 식민지 개척자들이 그 땅에 정착하는 데 유리하게 작용했다. 이들은 수백 년 동안 유럽의 도시들에 퍼졌던 질병을 대부분 비도시 환경의 북미 원주민들에게 퍼트렸다.

격리가 실패했을 때: 필라델피아 황열병

유럽인은 이전 시대의 세계화 시기에, 즉 새로운 팬데믹이 범선을 타고 이동하던 18세기와 19세기에 몇 번이고 격리에 눈을 돌렸다.[142] 그러나 이런 격리가 얼마나 효과가 있었을까? 코로나19 당시 여행 제한 혹은 금지 조치가 미국이나 영국에서 거의 도움이 되지 않았던 것처럼, 당시 진행되었던 격리 조치들은 황열병이나 콜레라를 막지 못했다. 필라델피아에서 발생한 황열병 사례는 여행 금지에 너무 의존하지 말라고 경고한다. 그리고 도시의 공공 수도시설 등에 투자하는 것이야말로 전염병이 방역선을 돌파했을 때 사람들의 생존에 커다란 도움이 될 수 있음을 상기시킨다.

범선이 대륙과 대륙을 연결하면서 더 많은 질병이 전 세계로 이동했다. 대서양을 건넜다가 다시 돌아간 유럽인은 미국의 질병을 유럽으로 옮겼다. 매독이 대표적인 질병이다.[143] 아프리카가 삼각무역로(삼각무역은 영국과 서아프리카와 카리브해를 세 꼭짓점으로 해서 이뤄졌던 무역이다 – 옮긴이)에 포함된 뒤로 황열병과 같은 아프리카 질병이 전 세계로 퍼졌다.[144]

황열병은 공기 중 비말이 아니라 감염된 모기로 전염되는 아르보바이러스(Arbovirus, 진드기나 모기 등 절지동물에 의해 전염되는 바이러스 총칭 – 옮긴이)다.[145] 이 바이러스와 이것을 옮기는 이집트 모기는 아프리카에서 유래한 것으로 추정되는데, 1937년에 백신이 개발되었지만 아프리카에서는 지금도 해마다 수만 명이 이 질병으로 사망한다.[146]

노예선들은 수백 년 동안 아프리카에서 아메리카 대륙으로 이어지는 끔찍한 중간항로(Middle Passage)를 오가면서 인간 화물(노예)과 물통을 싣고 다녔다. 그런데 나무로 만든 물통은 이집트 모기가 서식하기에는 더할 나위 없이 쾌적한 환경이었다.[147] 그래서 죽음을 부르는 이 모기들이 대서양을 건넜고 배에 있던 사람들도 죽었다. 이렇게 해서 황열병은 아메리카 열대 지방의 풍토병이 되었고 1691~1761년 동안 정기선을 타고 미국 도시들로 이동했다.[148] 그런 다음 30년 동안은 이 끔찍한 질병이 미국과 카리브해에서 멀리 떨어져 있었다.

역사가 빌리 스미스(Billy Smith)의 《죽음의 배(Ship of Death)》는 황열병이 어떻게 다시 미국의 도시에 들어왔는지 놀라운 이야기를 들려준다.[149] 18세기 런던의 세인트 마틴 거리에 있던 카페 '늙은 도살자의 커피하우스(Old Slaughter's Coffee House)'[150]에서는 시인 새뮤얼 존슨(Samuel Johnson), 화가 토머스 게인즈버러(Thomas Gainsborough), 극작가 존 드라이든(John Dryden) 그리고 대서양을 오가던 초기 여행자[151] 벤저민 프랭클린(Benjamin Franklin)에게 커피와 정보를 제공했다. 이 카페에서는 초기 노예제 폐지론자들의 주목할 만한 모임이 열리곤 했는데, 이들은 노예제 폐지론자들이나 먼 곳에 떨어져 있는 수천 명의 미국인 모두에게 끔찍한 결과를 안겨줄 잘못된 유토피아를 꿈꾸고 있었다.

그 계획은 해방된 노예들이 살아갈 식민지를 만들겠다는 것이었다. 대상지는 바로 현재 기니 영토의 일부인 아프리카의 볼라마섬이었다.[152] 그들은 영국이 이 섬을 매입하고 현지 아프리카인을 고용해서 섬에 나무를 심게 할 수 있다고 생각했다. 이렇게 하면 강제 노동 없이 자율적으로 운영되는 농장을 수익성 있게 키워나갈 수 있다고 봤다. 축축하게 비가 내리던 런던의 오후에 '늙은 도살자의 커피하우스'의 커피와 노예제 폐지론자들의 달콤한 꿈은 그렇게 멋들어지게 만들어졌다.

이들은 세 척의 배를 몰고 아프리카로 가서 볼라마섬에 상륙했다. 그러자 현지 주민들이 이들을 공격했다. 남자 일곱 명이 살해당했고 여자와 아이 여덟 명이 납치되었다. 그러나 이상주의에 빠져 있던 식민주의자들은 인내심을 가지고 버텼으며 마침내 그곳의 땅을 구입했다. 여자와 아이들도 대부분 돌아왔다. 그러나 불행하게도 모기는 원주민보다 더 치명적이었다. 묘지가 점점 늘어났다. 황열병이 계속되면서 정착지는 줄어들었다. 그들의 배 핸키(Hankey)는 대서양을 건너서 황열병을 카리브해로, 필라델피아로 옮겼다.

1793~1805년 사이에 맹위를 떨친 황열병은 신생국 미국이 맞이했던 첫 번째 보건 위기였다. 이 위기는 또한 그 질병의 본질을 놓고 세계 최고의 의학 사상가들이 한 세기 동안 벌일 거대한 논쟁의 시작점이기도 했다.

전염병과 관련해 두 가지 이론이 있었다. 나쁜 공기(miasma, 미아즈마) 이론과 전염 이론이었다.[153] 나쁜 공기 이론은 질병이 나쁜 공기에서 비롯된다고 강조했는데, 나쁜 공기는 악취가 나는 물과 오염된 공기를 포함한 열악한 환경 조건의 결과라고 바라봤다. 나쁜 공기 이론가들은 수도관 설치와 오물 근절이 필요하다고 주장했다. 한편 전염 이론은 다른 사람과의 근접성에서 비롯되는 위험을 강조하면서 격리 조치가 중요하다고 주장했다.

돌이켜보면 과학적으로는 전염 이론이 옳았지만 나쁜 공기 이론의 정책 권고는 종종 완벽하게 타당했다. 오물 그 자체가 전염병을 일으키지는 않지만 만약 오물을 제거해 줘도 함께 없앴다면 오물을 제대로 관리하는 정책은 전염병 예방에 확실히 도움이 된다.

저명한 의사였던 벤저민 러시(Benjamin Rush)는 미국 독립선언문에 서명한 인물이었고 독립전쟁 때는 대륙군의 외과 의사로 활동했다. 또한 그는 펜실베이니아대학교 교수이면서 '미국 정신의학의 아버지'이기도 했다.[154] 러시는 나쁜 공기 이론의 초기 신봉자였다. 젊은 시절에 황열병 환자들을 치료한 적이 있었기에 1793년에 필라델피아에 황열병 환자들이 나타나기 시작하자 그 증상들을 알아봤다. 그는 가족을 도시 외곽의 안전한 곳으로 보냈다. 2만 명이나 되는 다른 필라델피아 주민들도 황열병을 피해서 시골로 달아났다.[155] 러시는 이 전염병과 싸우기 위해 남았다. 그러나 그의 봉사와 노력에도 불구하고 황열병으로 사망한 사람은 필라델피아 전체 인구의 10퍼센트나 되었다.[156]

러시는 18세기 미국을 기준으로 보면 더할 나위 없이 훌륭한 의사였다. 그러나 황열병이 창궐하던 기간에 그가 저지른 실수는 성공만큼이나 컸다. 러시는 흑인은 황열병에 쉽게 걸리지 않는다고 믿었다. "지금 우리 도시에 만연한 악성 열병에 흑인이 걸린 경우는 단 한 건도 없다. 이 열병에 걸린 사람들을 간호하는 데 흑인을 고용하는 것이야말로 절대적으로 안전하고 또 타당하다"라고 강조했다.[157] 이 주장에 필라델피아 흑인 사회가 호응했다. 그들은 공공의 이익을 위해 전염병의 늪에 기꺼이 헌신했다.[158] 그러나 불행하게도 러시의 이론은 틀렸고 수많은 간병인이 희생되었다.

러시의 황열병 치료법은 다량의 피를 뽑아내는 방혈과 다량의 수은 복용이 있다.[159] 첫 번째 방혈이 효과가 없다면 그다음에는 더 많은 피를 뽑았다. 비록 그의 이론은 틀렸지만 전염에 관한 관찰은 통찰과 오류가 흥미롭게 뒤섞여 있었다. 그에게는 전염 이론이 필요 없었다. 1804년에 그는 이렇게 썼다.

환자와 건강한 사람을 분리하는 조치는 황열병의 진행 상황을 확인할 목적으로 우리가 여러 차례 시도했지만 효과가 없었다. (…) 이 병은 우리 도시에서 서로 멀리 떨어진 대여섯 곳에서 동시에 나타나곤 했다. (…) (그러므로) 황열병의 전염성과 관련된 얘기들은 틀렸을 뿐만 아니라 말도 안 되는 소리다. (…) 황열병은 부패한 동물 사체와 식물성 물질에서 배출되는 물질로 오염된 공기를 통해서만 퍼질 수 있다.[160]

이렇게 믿었기에 그는 격리가 불필요하고 무의미할 뿐만 아니라 오히려 끔찍한 조치라고 주장했다. 이는 비과학적인 주장이 아니었다. 그는 필라델피아의 황열병 확산과 관련해 자신의 수많은 관찰을 토대로 주장했다. 다만 그 병이 그에게는 전염병처럼 보이지 않았을 뿐이다. 물론 엄격하게 보면 사람과 사람 사이의 접촉으로 그 병이 전파된 것도 아니었다.[161]

황열병 논쟁에서 러시와 대비되는 또 한 명의 유명 인사가 있다. 바로 미국의 초대 재무부장관이었던 알렉산더 해밀턴(Alexander Hamilton)이다. 카리브해의 섬에서 태어난 해밀턴은 어린 시절의 경험을 토대로 이른바 '나무껍질 와인 치료법(bark and wine cure)'을 주장했다.[162] 키나나무의 껍질과 희석된 마데이라 와인을 사용하는 치료법이었다. 키나나무의 껍질에서 추출되는 키니네는 필라델피아를 덮친 질병이 말라리아였으면 효과가 있었겠지만 황열병에는 아무 소용이 없었다. 마데이라 와인 역시 의학적인 가치는 없었다. 물론 환자가 기운을 차리는 데는 조금이나마 도움이 되었겠지만 말이다.

최근의 경험을 생각하면 격리가 실패로 끝나는 이유는 이 조치에 구멍이 숭숭 뚫려 있어서일 수도 있고, 코로나19에 노출된 여행자들이 이미 활보하는 상황에서 여행 금지 조치를 내리듯 격리 조치가 너무 늦게 시행된 바람에 그랬을 수도 있다. 필라델피아의 격리 및 격리소가 실패한 데는 이 두 가지 이유가 모두 원인일지도 모른다. 모기는 물 위로 수백 미터까지 이동하므로[163] 황열병 방역에 필요한 거리는 전염병 방역에 필요한 거리보다 훨씬 더 멀어야 한다. 1793년에 격리되어 있던 배로 이동했던 감염 모기가 육지로 이동했을지는 확인할 수 없지만 충분히 가능한 일이다.

더 중요한 사실은 1793년에 필라델피아가 격리를 막 시행할 무렵 문제의 모기들이 이미 도시 전역에 자리를 잡고 있었다는 점이다.[164] 도시는 너무 늦게 행동했고, 모기들은 이미 많은 수의 인간 숙주를 포착했다. 모기가 매개하는 전염병의 팬데믹은 서리가 내리면 일시적으로 끝나지만 그렇다고 해서 완전히 끝난 것은 아니다. 겨울이 지나고 봄이 되면 외국에서 들어온 배가 아무리 검역을 받고 격리된다고 하더라도 전염병이 재발하기 일쑤다. 황열병과 지카바이러스 모두 감염된 이집트 모기에게서 그 자손으로 해당 바이러스가 전달될 수 있는데[165] 모기의 애벌레는 봄에 부화한다. 필라델피아는 여러 해 동안 황열병에 시달려야 했다.[166] 어떻게 보면 땅 자체가 질병의 근원이라는 러시의 주장이 틀린 것도 아니다.

황열병에 대한 진정한 이해는 1901년에 월터 리드(Walter Reed)가 등장하면서 시작되었다.[167] 1898년 미국-스페인 전쟁(쿠바섬의 이해관계를 둘러싸고 미국과 스페인 사이에 벌어졌던 전쟁 – 옮긴이) 이후 황열병 때문에 끔찍한 피해가 발생하자 이 병을 조사하기 위해 미육군황열병위원회(United States Army Yellow Fever Commission)가 만들어졌다. 세균학자였던 리드는 이 위원회의 위원장이었다. 당시 리드는 1881년에 모기가 황열병을 옮긴다고 했던 쿠바 의사 카를로스 핀레이(Charlos Finlay)의 주장이 올바르다는 가설을 실험하고 있었다.

벤저민 러시가 비록 황열병을 잘못 알고 있기 했지만 그의 정책적인 영향력은 막강했다. 정확히 말하면 러시가 황열병의 원인을 잘못 알고 있었기 때문에 필라델피아는 미국 상하수도 시스템의 선구자가 될 수 있었다.[168] 위생 상태를 개선한다는 건 모기가 번식하기 쉬운 고여 있는 물웅덩이를 없앤다는 뜻이기도 했으니 말이다. 나쁜 공기 이론가들이 강조했던 도시의 위생 개선은 비록 전염을 막는 확실한 방법은 아니라도 현명한 조언임에는 분명하다.

사람들은 나쁜 공기 이론에 열광했지만 격리는 계속되었다.[169] 이렇게 될 수밖에 없었던 건 달리 할 게 없었기 때문이다. 미국 남부에서는 황열병이 봄만 되면 나타나는 계절적인 사건이 되었다. 겨울이 포근한 지역에서는 감염된 모기들이(그들의 후손은 말할 것도 없고) 봄까지 생존한다. 황열병이 유행하는 시기가 되면 멀리 떨어진 지역사회들에서는 자기 구역으로 들어오는 모든 이동을 막고 남부 지역 전체의 상거래를 차단하는 이른바 '산탄총 격리(shotgun quarantine)'를 시행했다. 통합적으로 조정되지 않은 채 지역별로 진행되던 격리 조치에는 비용이 많이 들었다. 그래서 연방정부를 상대로 막 내전을 치렀던 남부인들이었지만 방역 정책에 관해서는 연방정부에 강력한 통제를 요구했다.

필라델피아는 격리 및 이동성 제한 등의 조치가 실질적으로는 한계가 있음을 보여준다. 질병이 나타나면 곧바로 격리가 이뤄져야 하며 매우 엄격하게 지켜져야 한다.[170] 질병이 발생하고 보름이나 지난 뒤에 내리는 어중간한 조치는 하나 마나 한 것이다. 두려운 점은, 어쩌면 현대의 세상에서는 미래의 재앙으로부터 스스로를 보호하기 위해 이동성을 제한하는 조치에 의존할 수 없을지도 모른다는 것이다.

필라델피아의 사례는 압도적으로 비관적인 전망 속에서도 희미하게

나마 희망이 있음을 보여준다. 과학적 오류(나쁜 공기 이론)와 상식(깨끗한 물은 좋은 것이다)이 결합한 덕분에 도시는 미래의 전염병에 더 탄력적으로 대처할 수 있는 공공수도 시스템에 투자했다. 다음 차례의 팬데믹을 막을 수 있을지 어떨지 확신할 수 없는 지금의 세상에서 우리는 미래의 전염병에 대비해 사회의 보건 시스템과 개인의 신체를 최대한 강화할 필요가 있다.

16세기의 용기 있는 결단, 방역선

격리는 질병의 접근을 막아 건강한 지역사회까지 고립시킨다. 통합적으로 조정되지 않은 채 지역사회가 각자 격리 조치를 시행하는 '산탄총 격리'가 이뤄지면 미로와 같은 지역 장벽들이 건강한 지역에서 다른 건강한 지역으로의 이동까지도 완벽하게 차단한다. 그러나 비용이 훨씬 적게 드는 격리 형태는 질병을 차단하는 것이 아니라 가둬두는 것이다. 이를 위해서는 강력한 조기경보 시스템과 이미 질병이 퍼진 도시에 사람들을 가둬둘 튼튼한 장벽을 세울 수 있어야 한다.

1523년 몰타의 도시 비르구에 전염병이 돌았을 때 정부는 경비병을 파견해서 마을 주민이 아무도 마을에서 벗어나지 못하게 막았다. 그 전염병은 도시의 성벽 안에 안전하게 갇혀 있었던 것 같다.[171] 그로부터 300년이 지난 뒤 몰타인들은 나폴레옹 시대 말기에 나타났던 전염병 발생에 대응해 대도시들에 바리케이드를 치고 예전의 방법을 반복해서 시도하려고 했다. 그러나 그때는 움직임이 너무 느렸다.

영국 더비셔에 있는 임(Eyam)이라는 마을은 자발적인 격리의 가장 영웅적인 사례로 남아 있다.[172] 1665년 런던 대역병(Great Plague of

London) 때 벼룩이 들끓는 옷감을 통해 전염병이 이 마을의 재단사에게 들어왔다. 마을에서 사망자가 발생하기 시작하자[173] 성직자 두 사람이(한 사람은 케임브리지대학교에서 교육을 받은 성공회 성직자였고, 다른 한 사람은 청교도 성직자였다) 마을 사람들에게 외부와 차단하는 바리케이드를 치고 스스로 격리하라고 촉구했다.

이는 용기 있는 조치였다. 그들은 인근 지역의 데번셔 백작으로부터 음식을 조달받기로 했다. 어차피 "전염병의 확산을 방지하려면 식초를 웅덩이에 뿌려야 하고 물길을 관리하는 데 돈을 들여야 하는데" 그 비용으로 자기들이 먹을 음식을 공급해달라고 요청했던 것이다. 성공회 신부의 아내는 전염병에 걸려 사망했다. 일설에 따르면 주민 330명 중 259명이 사망했다.[174] 그러나 이 마을 바깥에 있던 훨씬 더 많은 사람들이 목숨을 건질 수 있었다.

전염병이 도는 기간의 자가격리에는 청교도적인 자기희생이 전제된다. 그러나 마을에 전염병이 돌면 사람들은 필사적으로 마을에서 벗어나려고 하므로 대부분 경우 강제력이 필요하다. 1793년에 필라델피아에서 황열병이 유행할 때 이 도시에서 바깥으로 나가는 도로와 다리를 외부 사람들이 차단했다. 그러나 2만 명이나 되는 필라델피아 사람이 도시를 탈출했다.[175]

격리는 어떤 지역에 들어가는 데 대기 기간을 설정하는 것이지만 방역선은 전염병에 감염되었을지 모르는 사람이 전염병이 도는 지역 바깥으로 나가는 흐름을 차단하는 장벽이다. 방역선을 설정하기에 가장 자연스러운 장소는 국경선이다. 1770년에 합스부르크 공국의 여제 마리아 테레지아는 전염병의 확산을 막으려고 오스만제국과의 국경을 봉쇄했다.[176] 1821년에 프랑스의 리슐리외 공작은 바르셀로나에서 발생한 황열병이 북쪽으로 이동하는 것을 막으려고 피레네산맥을 따라 형성되어 있던 프랑스와 스페인 사이의 국경을 봉쇄했다. '방역선(cordon sanitaire)'이라는 용어도 이때 처음 사용되었다.[177] 코로나19 때도 여러 국가가 해외여행 금지 조치를 시행했는데, 덕분에 새로운 바이러스 변종이 전 세계로 확산하는 것을 어느 정도 지연시킬 수 있었다.[178]

한 국가 내에서 이동을 제한하기는 훨씬 더 어렵다. 중국은 2020년 우한에서 주민이 방역선 바깥으로 나가지 못하도록 안간힘을 써서 막았고[179] 그런 노력 덕분에 바이러스 확산을 효과적으로 억제했다. 그러나 중국 정부는 서방 국가들의 정부에 비해 훨씬 더 독재적이다. 마찬가지로 유고슬라비아의 티토 대통령은 강제적인 예방접종 및 봉쇄로 국내에서의 천연두 확산을 막았다.[180] 민주적으로 정당한 절차의 제약을 받지 않았기 때문에 가능한 일이었다.

글로벌 보건을 위한 또 하나의 나토

21세기에는 팬데믹의 확산을 막을 조기경보 시스템이 나타날 수 있을까? 이 거대한 과제가 해결되려면 두 가지 전제 아래 신속한 봉쇄(셧다운)가 이뤄져야 한다. 하나는 끔찍한 전염병이 발생했음을 즉각 대중에게 알릴 수 있어야 한다는 점이고, 다른 하나는 도시 전체 혹은 일부에 방역선을 설치할 필요가 있음을 대대적으로 알려야 한다는 점이다.

열린 사회는 정보를 전파하는 일은 잘하지만 이동의 자유를 제한하는 데는 서툴다. 반면 독재 사회는 이동을 제한하는 데는 능숙하지만 사회 내 문제점을 널리 알리는 데는 서툴다. 그러나 봉쇄 조치가 효과를 발휘할 수 있으려면 이 두 유형의 사회가 각각 가지고 있는 장점은 결합하고 단점은 고쳐야 한다. 이 문제와 관련해 도움이 될지도 모른다는 생각에 우리 두 저자가 제시하는 발상 네 가지를 소개하면 다음과 같다.

첫째, 새로운 질병에 대한 정보를 공유할 것을 요구하고 또 이런 정보 공유에 합당한 보상을 하는 국제적인 규범을 만드는 것이다. 의료 분야에서의 표준을 마련하는 것이 한 가지 방법이 될 수 있다. 만약 모든 병원이 국제적인 차원의 기관과 어떤 식으로든 연결되어야 한다는 것이 규범으로 정해진다면 또 그런 기관으로 묶이는 공동체의 구성원들이 헌신적으로 정보를 공유한다면 아마도 새로운 질병이 나타났을 때 이런 사실을 은폐하려는 경향은 억제될 것이다.

둘째, 정보 공유와 관련된 사항은 국제기구가 승인하고 조약을 통해 동의를 받아야 한다. 모든 병원에는 글로벌 감시 시스템에 새로운 전염병 발생을 보고하도록 훈련받은 직원이 적어도 한 명씩은 있어야 한다. 또 이 감시 시스템은 전 세계의 과학자들이 지켜볼 수 있어야 한다. 예를 들어 미국의 각 주는 전염병이 발생했을 때 주정부가 즉각 보고를 받을 수 있도록 강제하는 법률을 마련해두고 있다.[181] 만약 주정부가 이런 보고를 받으면 관련 자료를 즉각 미국 질병통제예방센터(CDC)에 전달한다. 이런 식으로 새로 발생한 전염병의 정보는 관계 당국에 전달된다. 이런 시스템은 미국 내에서뿐만 아니라 국제적으로도 얼마든지 가능하다.

셋째, 각 국가는 해외여행을 신속하게 금지하고 직접적인 전염원뿐만 아니라 간접적인 여러 전염원에도 초점을 맞출 준비가 되어 있어야 한다. 돌이켜보면 코로나19 팬데믹 초기에 중국을 오가는 여행을 금지하는 것이 합리적인 선택이었을 것이다. 그 조치의 시행을 1월 말까지 미루는 것은 전혀 효과가 없었다.[182] 바이러스가 이미 중국 밖에서 나타났기 때문이다. 효과적인 시스템이라면 어떤 전염병이 발생했다는 사실이 국제적인 감시 시스템에 보고되는 즉시 그 전염병의 영향을 받는 지역 출신의 국제 여행자들을 가려낼 수 있을 것이다. 이 시스템은 고위험 관행을 허용하는 국가들을 적극적으로 감시하고, 때로는 이들 국가 출신의 여행자가 입국하는 것을 막을 것이다. 방역에 구멍이 뚫리는 일은 언제나 팬데믹 가능성이 큰 지역에서 일어나기 마련이다.

넷째, 각 국가는 여전히 기본적인 인권과 존엄성을 존중하면서도 전염병 발병 지역을 격리하는 체계를 도입할 필요가 있다. 전염병이 발병할 때 신속한 행동이 가능하도록 법률적인 장치가 안전장치와 함께 미리 마련되어 있어야 한다. 이런 격리 조치는 전염병이 일찍 발견될 때만 의미 있지만 최소한 각 국가는 전염병이 발생하기 전에 필요한 대책을 확보하고 있어야 한다.

이런 정책들을 시행하려면 새로운 형태의 세계적인 보건 동맹이 필요하다. 전염병 확산을 감시하는 데 가장 책임이 있는 국제기구인 세계보건기구는 불행하게도 그 임무를 감당할 수 없다.[183] 세계보건기구는 1948년에 유엔의 한 기관으로 결성되었으며 대체로 보건 분야의 전문가들로 구성되어 있다. 이 기관은 오랜 세월 동안 많은 일을 했다. 천연두를 근절하기 위한 투쟁을 이끌었고 어린이들을 대상으로 하는 백신 접종을 추진했다. 또 전 세계에서 양질의 보건의료 서비스가 가능하도록 노력하고 있다.

그러나 세계보건기구는 질병 발생에 대처할 준비가 잘 되어 있지 않다. 예를 들면 2020년 1월 14일 세계보건기구는 트위터를 통해 "중국 당국이 실시한 예비 조사 결과 #중국 #우한에서 확인된 새로운 #코로나바이러스(2019-nCoV)의 인간 대 인간 전염에 대한 명확한 증거를 찾지 못했다"라고 밝혔다.[184] 이 발표는 중국이 공식적으로 발표한 내용과 단어 하나까지 똑같은 것이었다.[185] 그러나 그때 이미 우한에 있던 과학자들이나 다른 곳에 있던 과학자들에 의해 중국 당국의 발표 내용이 거짓임이 드러났다.[186] 실제로 태국에서는 이미 인간 대 인간 전염 사례가 있었다.[187]

이처럼 1월 초에 진실이 제대로 밝혀지지 않은 결과는 말 그대로 재앙이었다. 중국에서는 춘절을 맞아 엄청나게 많은 사람이 대이동을 했기 때문이다.[188] 방역선이 더 일찍 설정되었거나 중국 당국이 내놓은 주장에 의심이 제기되기만 했더라도 코로나19는 더 잘 억제되었을 것이다. 코로나19에 대한 중국 당국의 발표가 너무 액면 그대로 받아들여졌다는 점, 중국이 세계보건기구의 주요 자금 지원국이라는 점,[189] 이 두 가지 사실은 매우 중요하다.

또한 세계보건기구는 2014년 에볼라 경보도 뒤늦게 내렸다.[190] 그해 봄에 서아프리카에서 에볼라가 발생했음은 분명했다. 그러나 세계보건기구는 6개월이 지난 뒤에야 공식적인 조치를 내렸다. 세계보건기구는 상대적으로 가난한 지역에 발생할 수도 있는 경제적 충격을 완화하려고 노력했고, 그런 시도 속에서 뒤늦은 조치가 나타났다.

몇 가지 요인 때문에 세계보건기구의 전염병 예방 역량은 한계가 있을 수밖에 없다. 질병과의 싸움을 정치적 차원이 아니라 기술적 차원으로 바라볼 필요가 있다. 과학자들은 새로운 질병의 유독성을 판단하고 확산 가능성을 계산하며 관련 자료 및 지식을 전달할 필요가 있다. 그러나 세계보건기구는 기술 기관일 뿐만 아니라 전 세계의 중요한 보건 관련 문제를 다루는 정치 기관임을 자임한다. 그러나 정치와 과학은 좀처럼 잘 섞일 수 없는 이질적인 분야다.

세계보건기구는 대규모 자금 지원국인 중국이 전염병의 발생지로 지목되지 않기를 바랄 때 그런 나라의 의중을 따랐고, 서아프리카 국가들이 질병의 중심지로 인식되어 경제적인 손실을 입을 것을 두려워할 때도 그런 나라들의 의중을 따랐다. 그래서 코로나19, 에볼라의 공식적인 발병 선언이 지연된 것이다.

그런데 세계보건기구와는 다르게 미국 질병통제예방센터와 국립보건원(NIH), 독일의 로베르트코흐 연구소(RKI, 이 기관은 공중보건 관련 명령권을 가지고 있다), 영국의 국립보건연구원(NIHR) 같은 기술 기관들은 모두 과학적인 근거를 기반으로 운영되고 있다. 이런 기관들이 내리는 결정은 기술 전문가들이 엄격한 기준에 따라 내리는 것이다. 또 이들을 운영하는 데 필요한 자금은 이들이 내리는 특정한 결정에 영향을 주지 않는다(물론 이 기관들이 주어진 일을 제대로 해내지 못할 때 이해관계자들이 자금 지원을 줄이려고 나설 테지만). 그 결과 이 기관들은 다른 정치 기관들이 받지 못하는 신뢰를 받고 있다.

또한 세계보건기구는 조사 역량이 부족하다. 2021년 1월에 세계보건기구 사찰단이 코로나19 팬데믹의 기원을 정확하게 파악하려고 중국에 가려고 했지만 중국은 이들의 입국을 막았다.[191] 세계보건기구로서는 당사국이 제공하는 정보에 의존하고 접근 제한 요구를 받아들일 수밖에 없었다. 한편 세계보건기구는 이 기관의 헌장을 수용하는 모든 유엔 회원국에 개방되어 있다.[192] 그래서 유엔 총회처럼 강력하게 통제하기 어려운 구조로 되어 있다. 또한 유엔과 마찬가지로 실질적인 영향력을 행사할 권한을 거의 가지고 있지 않다. 전 세계가 직면한 팬데믹 위협의 규모로 볼 때 지금 필요한 것은 유엔보다는 나토를 닮은 더 강력한 글로벌 동맹이다.

나토는 강대국이 기술 지향적으로 맺은 동맹의 가장 성공적인 사례다. 나토의 목적은 "정치적 및 군사적 수단을 통해 회원국의 자유와 안전을 보장하는 것"이다.[193] 이 공동의 과제는 집단 방어와 위기 관리, 협력적 안보라는 전략적 개념으로 전환된다.[194] 나토의 사무총장은 종종 정치인이지만 군사 지도자들이 이 기관의 고위직을 차지하고 있다.[195]

이런 제약들 외에도 세계보건기구는 한심할 정도로 자금이 부족해서 운영 자금을 마련하는 데 애를 먹는다. 세계보건기구의 예산은 매년 약 25억 달러이며[196] 이 예산으로 팬데믹은 말할 것도 없고 전 세계의 다른 모든 보건 관련 사항들을 처리해야 한다. 미국에 있는 대형 병원 하나만 하더라도 이보다 더 많은 예산을 쓴다. 그렇다 보니 팬데믹 대비 목적으로 지출되는 자금은 예방접종 홍보 활동에 배정된 예산으로 집행된다.[197]

한편 나토의 연간 예산은 세계보건기구와 거의 같은데[198] 나토의 임무 규모가 훨씬 더 작음에도(나토가 수행하는 전쟁은 일반적으로 회원국의 인적·물적 자원을 사용한다) 그렇다. 심지어 미국 질병통제예방센터도 자금 부족에 시달리지만 세계보건기구의 세 배나 되는 예산을 집행한다.[199] 미국 식품의약국(FDA)의 예산은 세계보건기구 예산의 두 배다.[200]

마지막으로, 세계보건기구의 의사결정 과정은 신속한 행동을 하기에 적합하지 않다. 세계보건기구 이사회는 전 세계 6개 지역을 대표하는 이사 34명으로 구성되어 있다.[201] 세계보건기구의 중요한 운영상 결정은 모든 회원국을 대표하는 세계보건총회에서 이뤄진다.[202] 합의체는 종종 '최소공통분모'로 문제를 해결하는데 유엔의 시스템이 대표적인 예다.[203]

흥미롭게도 나토 역시 합의를 통해 의사결정을 내린다. 심지어 위원회에서도 모든 결정은 만장일치로 이뤄진다.[204] 이런 방식은 새롭게 개편될 세계적인 규모의 보건 기구가 채택해야 하는 최선의 모델이 아닐 수 있다. 차이점은 나토의 기본적인 결정(즉 어떤 국가가 공격을 받을 때는 어떻게 할 것인가 하는 결정)은 사전에 조율된다는 점이다. 나토의 헌장은 한 국가를 노리는 공격은 모든 국가를 노리는 공격이라고 규정한다.[205] 따라서 군사적인 공격을 나토가 어떻게 바라볼 것인가 하는 점에 대해서는 그 어떤 모호함도 있을 수 없다.

지금보다 더 나은 국제 팬데믹 기구는 조직의 목표와 운영이 명확하게 유지되도록 소수 회원국들에서 시작해야 한다. 이 기구는 전염병이 전 세계로 퍼지는 것을 막는다는 단일한 목표에 초점을 맞춰야 한다. 또한 과학적이어야 한다. 즉 팬데믹을 막을 모든 전략을 실천해야 한다. 그리고 그 어떤 제한도 없이 철저하게 조사할 수 있는 역량과 권한을 가져야 한다. 위험을 통제하지 않는 나라들은 마땅한 대가를 치르도록 해야 한다. 또한 충분한 자원을 가지고 있어야 한다. 제2차 세계대전 뒤에 서방은 나토라는 기구를 만들어 40년 동안 유럽을 구소련으로부터 방어했다.[206] 전 세계적인 팬데믹의 위협도 당시 소련이 제기하던 위협에 맞먹을 정도로 심각하며 따라서 그에 맞먹는 대응이 필요하다.

그런데 아무리 이런 기구가 마련된다고 하더라도 팬데믹은 얼마든지 나타날 수 있다. 위험은 결코 완벽하게 사라지지 않을 것이다. 이 장에서 우리는 도시 취약성의 첫 번째 원천을 살펴봤다. 도시는 글로벌 네트워크의 연결점이며 새로운 질병의 진입 통로 역할을 한다. 이 취약성에는 국가 간 연결성도 포함되는데 이 문제는 도시 혼자서 해결할 수 없다. 시장들이 한자리에 모인 기구는 국가 간의 인적·물적 이동을 제한하는 조약을 협상할 권한을 가지고 있지 않다. 그러나 나토의 보건 버전기구인 다국적 조직은 해외에서 발생한 전염병으로부터 도시를 안전하게 지킬 방도를 제공한다.

다음 장에서는 취약성의 두 번째 원인인 인구밀도가 높은 도시 및 빈민가에서 전염병이 쉽게 확산하는 문제를 살펴볼 것이다. 19세기 서구의 도시정부들은 스스로 전염병의 원천을 줄였다. 그러나 전 세계의 가난한 대도시들에서는 그 취약성이 여전히 남아 있다. 인도의 빈민가나 중국의 길거리 시장에서 진화한 질병들이 전 세계로 퍼질 수 있으므로 부유한 국가들은 스스로를 위해서라도 가난한 도시들의 전염병 취약성을 개선하도록 도와야 한다.

3장

인도의 하수도가 전 세계를 더 건강하게 만들까?

2020년 봄, 세상은 고립되기도 했고 동시에 하나로 묶이기도 했다. 사람들은 될 수 있으면 가족들끼리만 모이고 다른 사람은 피했다. 그렇게 전 세계는 똑같은 팬데믹에 맞닥뜨렸다. 미국 캘러머주의 엄마들이나 우간다 캄팔라의 엄마들이나 똑같이 아픈 아이를 병원에 데려가야 할지 말아야 할지를 고민했다. 실리콘밸리의 소프트웨어 엔지니어건 호찌민의 노점상이건 모두 마스크를 썼다. 물론 팬데믹은 가난한 사람들에게 훨씬 치명적이었고 경제적으로도 위험했다.[1] 이 주제에 대해서는 앞으로도 여러 차례 언급하겠지만 어쨌거나 그 누구도 코로나19의 영향권에서 벗어날 수 없었다. 부자든 빈자든 모든 사람이 공포와 혼란과 불편함에 사로잡혔다.

　자연재해의 범위는 지리적으로 한계가 있다. 심지어 대형 쓰나미조차도 그렇다. 전쟁이 났다고 해도 직접적인 피해는 대부분 직접 전투를 치르는 소수의 국가에 한정된다. 심지어 제2차 세계대전 때도 남아메리카와 사하라사막 이남의 아프리카에는 전쟁과 관련된 피해가 없었다. 그러나 코로나와 같은 팬데믹은 모든 지구인을 위협한다. 전 세계로 확산하는 질병의 위험은 인류가 하나로 연결되어 있음을 상기시킨다. 적어도 서로를 병들게 할 수 있다는 점만 놓고 보면 그렇다.

만약 지구상에 가장 가난한 지역에서 발생한 질병이 가장 부유한 지역을 위험하게 만들 수 있다면 부유한 지역은 스스로를 위해서라도 가난한 지역의 질병을 줄이는 데 투자해야 한다. 서구에서 사하라사막 이남의 아프리카와 인도의 하수도를 개선하는 사업에 원조 자금을 보내는 것은 인도주의적일 뿐만 아니라 서구의 이익에도 맞아떨어진다. 코로나19 팬데믹에는 비용이 수조 달러나 들고 있다.[2] 그러니 개발도상국의 질병 유병률(어떤 시점에 일정한 지역에서 나타나는 그 지역 인구에 대한 환자수의 비율. 발병률은 일정 기간에 모집단 내에서 특정 질병에 새롭게 걸린 사람의 비율이다-옮긴이)을 줄이는 데 수십억 달러를 쓰는 걸 아까워하지 않아도 된다. 비용이 훨씬 많이 들 미래의 팬데믹 위험을 줄일 수 있기 때문이다.

2장에서는 새로운 전염병이 발생했을 때 국가와 국가 사이 그리고 지역사회와 지역사회 사이의 연결성을 끊을 수 있을지에 대해 알아봤다. 우리는 이미 코로나19를 경험했기 때문에 세계적인 규모의 새로운 전염병이 발생하더라도 2020년 초에 그랬던 것보다는 더 잘 대처할 것이다. 그러나 새로운 바이러스가 나타나서 아무도 알아채지 못하는 사이에 전 세계로 확산할 위험 자체는 제거할 수 없다.

미국이나 영국처럼 어느 한 나라가 어떤 전염병으로 위험해진 나라들로의 여행을 영구적으로 금지한다고 해도 전염병은 국경을 열어둔 덜 위험한 나라들로 얼마든지 넘어갈 수 있다. 따라서 외부와의 연결을 완벽하게 차단하지 않는 한 결코 완전하게 고립될 순 없다. 외부와의 연결을 완벽하게 차단한다는 것은 플로리다와 캘리포니아와 같은 휴양지에서의 일자리가 대폭 줄어들고 더는 해외여행을 할 수 없게 된다는 뜻이다. 심지어 무역상품조차도 국경을 통과하기가 쉽지 않을 것이다.

21세기를 살아가는 세계의 가난한 도시들은 지금도 콜레라와 발진티푸스를 포함해 19세기에 서구 도시들을 괴롭혔던 여러 전염병으로 고통받고 있다. 그러나 오늘날 이런 질병으로 죽는 사람의 수는 예전에 비하면 훨씬 적다.[3] 항생제와 경구수액요법(구토와 설사 때문에 발생하는 탈수에 대해 당염분 용액이나 곡물을 기본으로 한 영양 용액을 알약으로 보충해서 치료하는 방법 – 옮긴이) 덕분에 우리의 의학적 대응 방법은 한층 개선되었다.[4] 그러나 온갖 질병이 발생하도록 방치하고 또 이런 질병들의 고통을 줄여주는 항생제를 마냥 신뢰하는 식의 공중보건 접근법은 모든 사람을 죽일 수도 있는 슈퍼버그를 낳을 수도 있다.

이 장에서는 콜레라를 비롯한 19세기 질병들 그리고 도시의 건강을 회복하기 위한 싸움을 살펴볼 것이다. 상하수도 시설을 도시 전체 차원에서 설계하고 마련한 것은 20세기 이전의 정부가 이뤄낸 가장 중요한 업적이었다. 이런 인프라를 구축하는 데는 운영과 관련된 주요한 문제들을 관리하고 막대한 금액의 자금을 확보할 강력한 기관들이 필요했다. 그리고 개인의 이익은 종종 사회 전체의 이익과 충돌하므로, 도시의 건강이 보장되려면 공공기관이 강제로 시행하는 위생 규정이 필요했다. 그 기관들은 지역사회가 규칙을 따르지 않는 사람들을 처벌해도 좋을 만큼 믿을 만해야 했다.

부유한 나라들에서는 사람이 박쥐나 원숭이 같은 동물과 접촉하지 않도록 하는 위생 관련 규정을 통해 이득을 볼 것이다. 하지만 브라질이 박쥐가 우글거리는 열대 우림 지역으로 농경지를 넓혀나가는 것은 어떻게 제한할 수 있을까? 또 어떻게 하면 아시아 국가들이 길거리 시장을 폐쇄하도록 유도할 수 있을까? 부유한 나라들은 가난한 나라들이 바이러스 확산을 줄이는 규정을 잘 지키는지 여부에 따라 공중보건 원조금 액수를 조정할 수 있다. 또 바이러스 확산을 줄이기 위한 규정을 위반할 경우 해당 나라를 여행 가능 지역 목록에서 제외하는 방식으로 불이익을 줄 수 있다.

19세기 도시들에서 나타났던 전염병의 확산은 가난한 이웃을 돌볼 필요가 있음을 부유한 미국 도시인들에게 가르쳤다. 21세기를 살아가는 사람들은 자국민뿐만 아니라 전 세계와 연결되어 있다. 따라서 개입의 규모와 강도는 점점 커지고 강해질 필요가 있다. 즉 자신이 건강을 유지하고 싶다면 전 세계 모든 사람이 건강하게 지낼 수 있어야 한다. 인도의 하수도와 중국의 길거리 시장에 관심을 기울여야 하며 로스앤젤레스에서의 프렌치프라이 소비 양상도 초조하게 지켜봐야 한다. 여기에 대해서는 4장에서 살펴보자.

식민지 전쟁과 콜레라의 등장

19세기 초에 어떤 나라의 정부가 가진 역량을 알아보는 기준은 수도관이 아니라 대포였다. 하지만 그 뒤 100년 동안 공공 부문은 전염병을 제한하는 일에 대한 책임을 점점 더 많이 떠안았는데, 이 책임성이 정부 역사의 전환점이 되었다. 1815년 이전에는 군주들이 영토를 확장하거나 정복자로부터 자신과 백성을 보호할 때 크게 칭송을 받았다.[5] 그러다 점차 정부는 국민에게 긍정적인 것을 제공하기 시작했다. 나폴레옹 1세는 초기의 화려한 전투와 최후의 패배로 사람들에게 기억되지만, 그의 조카인 나폴레옹 3세가 맞았던 군사적 재난은 1853년 이후 파리의 거리 및 하수도를 현대화한 그의 후임 황제의 업적에 가려졌다.[6]

프랜시스 로던 헤이스팅스(Francis Rawdon Hastings)는 정부가 군국화되어 있던 1815년 이전 시대의 공공서비스를 전형적으로 보여주었다. 그의 증조할아버지는 일찍이 잉글랜드 정부의 아일랜드 정복에 참여했고[7] 로던은 다운 카운티(북아일랜드의 여섯 개 카운티 가운데 하나 – 옮긴이)에서 성장했다.[8] 로던은 조상들이 그랬던 것처럼 육군 장교로 임관하면서 공직을 시작했다. 그는 벙커힐 전투(미국 독립전쟁 때 영국군과 대륙군이 맞붙은 전투. 영국군이 비록 이기긴 했지만 막대한 피해를 입었다 – 옮긴이)에서 세 번째이자 마지막으로 영국군의 공격을 이끌었고 조지프 워런(Joseph Warren, 미국인 의사로 민병대를 이끌었다 – 옮긴이)을 직접 처형함으로써 워런을 미국의 자유를 갈망하다 사망한 최초의 순교자로 만들었다.[9] 그러나 로던은 미국 식민지에서보다 인도에서 했던 여러 가지 모험으로 더 유명하다.

로던은 1813년에 인도로 건너가 얼마 뒤에 곧 전투를 치렀다. 처음에는 네팔인들을 상대로 싸웠고 그다음에는 가장 세다는 힌두교도 인도인 마라타족(Marathas, 17세기 중엽에는 독립 왕국을 세워 인도 최대의 세력이 되었으나 영국과 전쟁을 벌이면서 점차 쇠퇴해서 1818년에 멸망했다 – 옮긴이)을 상대로 싸웠다.[10] 로던은 병력 11만 명을 모았고 1817년 11월 초에는 산간지역인 분델칸드 전역을 장악하는 큰 성과를 거두었다. 그런데 1817년 11월 13일에 그는 "콜카타와 남부 지방에서 큰 피해를 준 끔찍한 전염병이 우리 부대에서 발생했다"라고 보고했다. 그는 그 질병이 콜레라의 한 종류임을 알고 있었는데, 이 질병은 너무도 치명적이어서 "곧바로 치료하지 않으면 3~5시간 안에 반드시 죽었다."[11]

이 콜레라 발병의 배경을 이해하려면 로던의 일기가 아니라 그보다 훨씬 더 젊은 영국 식민지 행정관이자 의사인 제임스 제임슨(James Jameson)이 쓴 보고서를 봐야 한다. 그에게 맡겨진 일은 적군을 칼로 죽이는 게 아니라 하수 시설을 보호하는 인도적인 일이었다. 1820년대에는 장군과 의사의 사회적 지위가 확연하게 차이가 났는데, 로던은 몰타에 있는 아름다운 정원에 화려하게 묻힌 반면 제임슨은 잡초가 무성하게 자란 콜카타의 늪지대에 묻혔다.[12] 그를 기리는 기념석에는 "외과 의사이자 의학위원회 비서였던 제임스 제임슨을 추모하며. 1823년 1월 20일 35세의 나이로 세상을 떠난 그는 재능과 업적 그리고 훌륭한 덕목을 쌓아 두루 존경을 받았다"라고 쓰여 있다.[13] 제임슨은 젊은 나이에 콜레라로 추정되는 질병으로 사망했고 당시 그에게는 스물세 살의 아일랜드인 아내가 있었다.[14]

제임슨은 기본적으로 1820년에 그가 작성한 〈콜레라 전염병 보고서(Report on the Epidemick Cholera Morbus)〉 때문에 오늘날 사람들에게 널리 알려져 있다.[15] 이 젊은 의사는 238개의 설문지를 인도 전역의 의료 전문가들에게 보내 그 질병에 대한 각자의 임상 경험에 물었다. 그러나 낮은 응답률에 그 역시 다른 사회과학 연구자들처럼 실망할 수밖에 없었다. 사실 그 설문지 응답률은 42퍼센트였는데 이는 전염병 확산과 1819년 당시의 인도 도로 상태를 고려하면 낮은 수준이 아니다.

제임슨은 1817년 이전에는 콜레라가 "벵골 지역 특유의 풍토병으로 (…) 그해에 특정 지역에만 국한되는 질병인데 (…) 일반적으로 치명적이라고 할 수 없다. (…) 콜레라 공격은 주로 하층민에게 국한되어 나타나는데, 이들의 몸은 변변찮은 음식과 뜨거운 태양 아래에서의 고된 노동으로 쇠약해져 있었다"라고 믿었고 이를 관찰을 통해 확인했다.[16] 콜레라와 비슷한 어떤 것이 오랜 세월 동안 갠지스 삼각주 주변에 존재했었음은 분명하다. 1543년에 포르투갈 상인들도 그들의 인도의 전초기지인 고아(Goa, 벵골에서 멀리 떨어진 곳이었다)에서 콜레라가 발생했다고 보고했다.[17]

그러나 그 질병을 온화하게 묘사하는 제임슨의 설명을 들으면 어쩌면 이 초기 형태의 벵골 콜레라는 1817년 이후에 인도를 황폐하게 만들었던 끔찍한 비브리오 콜레라(Vibrio cholerae)가 아니었을지도 모른다. 제임슨은 그 새로운 질병의 공포를 다음과 같이 기록했다.

> 그달(8월) 28일에 정부에 보고된 내용에 따르면 갠지스강 삼각주에 있는 인구 밀집 마을인 제소르에서 그 병이 갑자기 유행하면서 모든 계층이 무차별적으로 감염되었고, 날마다 20~30명이 사망했다. 정체를 알 수 없는 치명적인 이 병의 창궐로 주민들은 공포에 질려 마을에서 달아났다. 그들에게는 마을을 벗어나는 것만이 임박한 죽음에서 벗어나는 유일한 방법이었다.[18]

제임슨은 "강의 경로를 따라가는 질병의 뚜렷한 성향"을 언급했는데,[19] 이는 이 병이 물속에 있거나 물길을 따라 이동하는 뭔가에 의해 옮겨졌다는 뜻이다.

콜레라는 인구가 밀집한 지역이지만 대부분 시골 지역인 인도를 마치 저승사자처럼 휩쓸었다. "9월 중순 이후 병은 이제 모든 방향으로 퍼져나갔다. 불과 몇 주밖에 되지 않는 짧은 기간에 푸어니아, 디나게포르, 실헷 등 가장 동쪽 지역에서부터 발라소르와 쿠타크 같은 서쪽 끝까지 그리고 갠지스강 하구에서 줌나강과 합류하는 지점까지 퍼져나갔다"라고 제임슨은 당시 상황을 기록했다.[20] 한 달 만에 그 병은 500마일(약 800킬로미터) 이상을 이동한 것으로 보인다.[21] 이는 소달구지가 교통수단이었고 강의 유속도 느렸다는 점을 고려한다면 놀라운 일이다.

역사 속에 등장하는 대부분의 전염병 관찰자들과 마찬가지로 제임슨은 콜레라의 확산과 이동을 보고 혼란스러워하면서 "그것은 서로 먼 지역들에서 동시에 불길처럼 타올랐다. 어떤 특정한 지역에서 나타날 것이라는 예측을 전혀 할 수 없었다. 어떤 규칙적인 연속성도 없었다"라고 썼다.[22] 갠지스강 동쪽에서는 환자가 거의 발생하지 않았지만 다카 및 파트나 지역은 황폐해졌다. 콜레라는 이동하면서 돌연변이를 일으켰고, 그에 따라 새로운 변종의 치명률은 높아지기도 하고 낮아지기도 했을 것이다. 제임슨은 "현재 규칙적인 계승에 의해 전파된 것으로 보이는 새로운 전염성 바이러스의 흐름"이 알라하바드(지금의 프라야그라즈)에서 나타났다고 언급했다.[23]

이 전염병의 새로운 변종은 "큰 피해를 주지 않다. (…) 그러나 그랜드아미 중앙사단(Centre Division of the Grand Army)에 도달한 후 헤이스팅스 후작(프랜시스 로던 헤이스팅스)이 지휘하던 중앙사단에 침투하면서부터는 양상이 달라져서 가장 치명적이고 끔찍한 형태를 띠었다."[24·25] 질병과 전쟁이라는 두 개의 재난이 겹친 사례는 인류 역사에서 수없이 반복해서 나타난다.

로던과 제임슨 모두 이 콜레라가 어떻게 해서 가난하던 인도인에게서 좋은 음식을 넉넉하게 먹던 유럽인에게로 퍼졌는지 묘사했는데, 이런 양상은 코로나19가 연봉 수준이 높은 생명공학 연구원이나 이탈리아 여행객에게서 가난한 웨이터와 잡역부에게로 전염된 것과는 정반대 경로다.[26] 제임슨은 "이 질병은 부대에서 잡일을 하던 하층민들 사이에서 며칠 동안 의뭉스러운 모습으로 전파되다가 어느 한순간에 어디에서 그런 활력을 얻었는지 모르겠지만 갑자기 도저히 저항할 수 없을 정도로 강력하게 폭발했다. (…) 이 질병은 노인과 젊은이, 유럽인과 원주민, 군인과 잡역부를 가리지 않고 마구잡이로 공격했다. 모든 사람이 다 똑같이 몇 시간 만에 그 질병의 손아귀에 떨어지고 말았다"라고 썼다. 결국 이 콜레라는 "그동안 알려진 가장 치명적이었던 여러 질병을 파괴적인 속도로 앞질러버렸다."[27]

로던의 병사들 일부는 식수가 원인이라고 정확하게 지적했다. "우리가 사용할 수 있는 유일한 물인 탱크 안 물이 건강에 나쁘며 그 질병의 확산에 부채질한다는 의견이 있다."[28] 로던은 "그런 의견이 사실이라고는 생각하지 않는다"라고 하면서도 병사 1,000명을 파후즈강으로 이동시켰다. 그러나 이튿날 "행군은 끔찍했다. (…) 어제 해가 진 뒤로 500명 넘게 사망했다." 이 사망자들 가운데는 그의 시중을 들던 하인 10명도 포함되어 있었다.

11월 16일이 되자 병이 점차 누그러지기 시작했다. 로던은 사망자 발생 속도가 느려지는 것을 설명하면서 그 질병은 전염되기 쉬운 사람들을 먼저 감염시킨 뒤에 "신체의 기질이 자기를 받아들일 준비가 되어 있지 않은 사람들에게 더 늦거나 약하게 영향을 주었다"라고 썼다.[29] 콜레라는 코로나19와 마찬가지로 조건이 적합한 사람을 우선 표적으로 삼는다.[30] 로던은 "과거의 병력이나 낮은 생활 수준이 이 질병을 불러들인 것 같다"라고 썼다.[31]

마침내 11월 19일에 부대는 넓고 맑은 강에 도달했고 병사들과 잡역부들은 기쁨의 환호성을 질렀다.[32] 그들이 봤던 희망은 옳았다. 다음 날이 되자 추가 환자가 지금까지와는 비교할 수 없을 정도로 적게 발생했으며 증세도 그렇게 치명적이지 않은 것 같았다. 바로 그 시점부터 질병의 활동성이 뚜렷하게 감소했다. 로던은 그 끔찍했던 한 주를 버티고 살아남았고 마라타족과의 싸움에서도 승리를 거두었다. 그의 이 승리는 130년 동안 영국의 인도 지배로 이어졌고 그 기간 대부분에 인도는 극악한 공중보건 재앙에 시달렸다. 서구의 도시들에서는 시민의 지도력이 군벌에서 의사로 넘어갔지만 서구 국가들이 식민지로 삼은 나라들에서는 착취의 역사가 이어졌다.

콜레라는 여러 차례 반복해서 발생하면서 19세기의 100년 동안 인도인 약 3,500만 명의 목숨을 앗아갔다.[33] 그리고 1890년대에 시작된 세 번째 림프절 페스트(흑사병) 팬데믹으로 또다시 수백만 명이 죽었다.[34] 1918~1919년의 인플루엔자 팬데믹 때는 인도 일부 지역에서 사망자가 1,200만 명 넘게 발생했다.[35] 림프절 페스트와 인플루엔자 둘 다 다른 곳에서 인도로 들어왔는데 아마도 영국 선박을 통해서 들어왔을 것이다. 그러나 인도도 콜레라와 같은 질병을 미국과 유럽으로 수출해서 수많은 사망자를 발생시켰다. 세상이 하나로 연결되어 있으면 어디서 발생한 질병이든 지구 구석구석까지 퍼질 수 있다.

19세기의 세계화는 21세기의 세계화와 똑같은 문제를 일으켰다. 인도 갠지스강에서 영국 런던과 미국 시카고로 질병이 이동하면서 전 세계의 건강을 위협한 것이다. 그러나 서유럽과 미국에서는 위생 및 의학분야 혁신에 대규모 투자가 이뤄졌기 때문에 악성 전염병이 힘을 쓸 수 없었다. 가난한 지역 가운데서도 더 고립된 외진 곳들은 전염병으로부터 안전했을지도 모르지만, 인도는 새로운 질병에 취약할 수밖에 없을 정도로 외부 세상과 많이 연결되어 있었다. 그러나 인도를 통치하던 영국은 원주민을 보호하기 위한 대규모 투자에는 관심이 없었다.

19세기에 영국인 엘리트들은 델리 교외에 있는 영국인만을 위한 거주지 시빌 라인스(Civil Lines)에 살면서 깨끗한 물과 하수도 시설의 혜택을 누렸다.[36] 20세기에 영국인들은 원주민과 확실하게 분리되고 현대적으로 유럽화된 수도인 뉴델리로 이주했다. 그러나 가난한 원주민들이 살던 옛 델리에서는 "1928년까지도 인분과 쓰레기가 마을과 가까운 도랑이나 구덩이에 버려졌다."[37]

당시 델리에 필요했던 것과 현재 개발도상국 도시들에 필요한 것은 다르지 않다. 바로 부유한 나라들에서 콜레라를 예방할 목적으로 도입했던 것과 같은 깨끗한 물과 하수도에 투자하는 것이다. 물탱크를 가끔 교체한다거나 하수도를 청소하는 데 돈을 쓰는 것만으로는 19세기의 델리를 보호할 수 없고 또 21세기의 전 세계 가난한 대도시들을 전염병의 재앙으로부터 보호할 수 없다. 조심하지 않으면 부유한 나라의 사람들도 보호받지 못한다.

콜레라, 유럽에 상륙하다

1817~1923년 사이에 콜레라의 커다란 파도 여섯 개가 전 세계를 괴롭혔다.[38] 1817년 콜레라 박테리아는 돌연변이를 거친 뒤에 인도네시아와 근동 지역으로 퍼졌다. 첫 번째 파도는 1824년에 끝났는데 아마도 평년과 다르게 비정상적으로 겨울이 추웠기 때문이었을 것이다.

두 번째 파도는 1826년에 갠지스 삼각주에서 다시 나타나 내륙으로 퍼진 다음[39] 아프가니스탄의 산맥을 가로질러 1829년에 러시아까지 다다랐다.[40] 차르가 내린 검역 조치 및 방역선 설정이 시기적으로 너무 늦고 들쭉날쭉했던 바람에 러시아인 10만 명이 사망했다. 여기에 정치적 불신까지 더해져 음모론자들은 의사와 정부가 이 질병을 고의로 퍼트렸다고 속삭였다. 전염병에 시달리던 러시아 도시들에서는 2020년 미국 도시들에서 그랬던 것처럼 사람들이 시위를 벌이다 폭동까지 일으켰다. 러시아 영주들의 합법성을 줄곧 인정하지 않고 있었던 바르샤바의 폴란드인들이 1830년 11월에 반란을 일으킨 것이다.

로마노프 왕가의 차르들도 로던과 마찬가지로 전통주의자였으며 깨끗한 물을 주민에게 공급하겠다는 마음도 없었고 그럴 능력도 없었던 정복자일 뿐이었다. 그들은 군대의 총과 대포를 자국민에게 거리낌 없이 겨누었다. 이렇게 해서 러시아의 콜레라 폭동과 바르샤바의 반란은 진압되었지만 콜레라는 차르의 군대에 올라타고 계속 서쪽으로 진군했다.

1831년에 영국은 러시아 선박을 격리하는 조치를 취했다. 그러나 차르의 군대는 이미 발트 전역에 콜레라를 퍼뜨렸다. 이는 2020년에 미국이 중국 여행 금지령을 내렸을 때 이미 중국인 관광객이 북이탈리아를 통해 코로나19를 퍼트렸던 것과 똑같다.[41] 1831년 10월 8일에는 콜레라가 독일 함부르크까지 다다랐다.[42] 2주 뒤에는 방역이 특히 허술했던 선덜랜드 항구를 통해 영국으로 들어갔다.

영국은 300년 동안 본토의 섬을 가로지르는 도로들과 운하들을 건설했다. 영국의 선원들은 새로운 대륙을 탐험했으며 멀리 떨어진 지역들을 왕과 국가 그리고 상업의 이름으로 정복했다. 그러나 영국은 치명적인 박테리아들이 대륙에서 대륙으로 이동하면서 발생하는 전염병으로부터 스스로를 보호할 공중보건 인프라를 가지고 있지 않았다. 영국 정부는 1831년까지 400년이 넘는 기간의 방역 경험이 있었음에도 선덜랜드에서는 "효율적인 예방 조치가 채택되지 않았고 외국 항구에서 출발했던 선박들이 위어강으로 들어오는 데 아무런 제약이 없었다."[43] 결국 영국은 이런 부주의에 따른 대가를 혹독하게 치렀다. 1831~1832년에 콜레라로 2만 명이 넘게 죽었다. 런던에서만 5,000명 넘게 죽었고 글래스고에서는 2,000명 넘게 죽었다.[44]

프랑스에서는 콜레라가 3월 15일에 칼레 항구에서 처음 나타났다.[45] 프랑스의 격리 조치를 피해 몰래 들어온 영국 밀수꾼이 이 병을 옮겼을 것이라고 추정된다. 3월 24일에 콜레라는 파리를 강타했다. 1832년 4월에만 파리에서 3만 8,000명 넘게 콜레라에 걸렸고 1만 6,000명 넘게 사망했다고 당시의 소식통은 전했다. 이 소식통은 1832년 프랑스의 콜레라 사망자가 총 9만 4,666명이라고 전했는데,[46] 이는 사망률이 2020년 프랑스의 코로나19 사망률보다 세 배 넘게 높은 수치였다.[47] 파리 시민 50명 가운데 한 명꼴로 사망했으며[48] 특히 파리에 있던 두 개의 중심 지구에서는 사망률이 5퍼센트를 넘었다.[49]

독일 시인 하인리히 하이네(Heinrich Heine)는 이 공포를 직접 목격했다. 콜레라는 로던의 군대를 공격할 때와 마찬가지로 "처음에는 가난한 계층을 공격했다." 그리고 2020년에 뉴욕 맨해튼에서와 같이 "부자들은 도망쳤다. 의사와 약을 잘 챙겨서 공기가 깨끗한 곳으로 피신했다." 오노레 드 발자크, 알렉상드르 뒤마, 조르주 상드 등의 예술가들 덕분에 예술적 영예로 빛나던 파리였지만 "죽음조차도 부자와 빈자를 차별한다는 쓰라린 불만"이 파리 거리에 넘쳐났다.[50]

팬데믹은 전쟁이 벌어지던 도시를 공격할 때 한층 큰 피해를 안겨주었다. 1830년에 샤를 10세를 거꾸러뜨린 적이 있는 파리 시민들은 콜레라의 봄 이후 여름에 다시 바리케이드를 쳤다.[51] 그러나 이는 빅토르 위고의 소설《레미제라블》에서 매우 생생하게 묘사되듯이 실패로 끝난 봉기였다.

도시의 대응, 상하수도의 건설

콜레라는 1832년 봄에 신대륙에 도달했다. 방역이 제대로 이뤄졌다면 북아메리카는 콜레라로부터 안전했겠지만 허약한 정부들로서는 방역 규정을 강제할 역량이 부족했다.[52] 캐나다 검역소는 "누가 봐도 환자임이 분명히 사람들과 겉으로 보기에 멀쩡한 사람들을 분리했을 뿐이었다. 겉보기에 멀쩡한 사람은 곧바로 일상 활동을 할 수 있었다."[53] 미국의 방역도 별반 다를 게 없었다.

저명한 질병사학자인 찰스 로젠버그(Charles Rosenberg)는 1832년 여름의 뉴욕 외곽 풍경을 묘사하면서 "모든 도로가 모든 방향으로 마차와 버스와 승용차와 말로 가득 차 있었다. 모두 공포에 질린 채 도시를 빠져나가려는 사람들이었다. 어쩌면 고대 도시 폼페이의 주민들이 화산에서 분출된 용암이 자기 집 위로 쏟아질 때 이런 모습이지 않았을까"라고 썼다. 또한 2020년과 마찬가지로 오로지 "가난한 사람들만 선택의 여지도 없이 뉴욕에 눌러앉아 있었다. (…) 그들은 좁고 더러운 방에서 여러 사람이 함께 살았기 때문에 콜레라의 완벽한 희생자가 될 수밖에 없었다."[54]

1832년의 콜레라 창궐로 사망한 뉴욕 시민은 3,500명이 넘었다. 이는 뉴욕의 당시 인구 22만 명 중에서 1.5퍼센트를 약간 웃도는 수치다.[55] 그런데 이 수치는 같은 해 파리의 사망률보다 낮았을지 모르지만 2020년 코로나19로 인한 뉴욕의 사망률에 비하면 다섯 배나 된다.[56]

우리는 코로나19 팬데믹이 전 세계의 부유한 도시들에 어떤 영향을 줄지 궁금해할 수는 있다. 그러나 이 팬데믹 때문에 가난한 대도시들의 인구가 감소할 것이라는 생각은 하지 말아야 한다. 19세기 미국의 도시들은 오늘날 저소득국가의 도시들보다 훨씬 더 치명적인 환경이었지만 그래도 사람들은 여전히 수백만 명씩 도시로 몰려왔다. 케냐나 인도도 마찬가지였다. 비록 전염병이 도시 빈민가 거주자들을 상대적으로 많이 학살할지라도, 가난한 사람들은 여전히 나이로비와 뭄바이로 몰려들었고 부유한 이웃보다 전염병에 훨씬 많이 걸렸다.[57]

19세기 뉴욕에서 인구밀도라는 악마를 길들이기까지는 수십 년이 걸렸다. 또 부유한 사람들이 도시 전체를 강화할 필요가 있음을 이해하고 집단적인 노력을 기울여야 했다. 예를 들면 존 제이콥 애스터(John Jacob Astor)는 훗날 뉴욕 공립도서관(New York Public Library)에 재산을 출자해 뉴욕의 독서 대중에게 엄청난 선물을 남겼다.[58] 대통령의 아버지인 시어도어 루스벨트 시니어(Theodore Roosevelt Sr.)는 미국자연사박물관, 메트로폴리탄 미술관, 아동보호협회를 공동 설립했다.[59] 발명가이자 사업가인 피터 쿠퍼(Peter Cooper)는 교육을 통해 도시를 더 공평하게 만들려고 노력했다.[60]

스티븐 앨런(Stephen Allen)은 방금 언급한 유명 인사들보다는 덜 알려졌지만 뉴욕의 힘을 키우는 데 그들 못지않게 중요한 역할을 했다. 앨런은 1821~1824년까지 뉴욕의 초대 선출직 시장을 지냈으며 "19세기 미국에서 가장 위대한 공중보건 계획이라 할 수 있는 뉴욕 상수도 시스템 재구축을 주도했다."[61] 그는 크로톤 수로(Croton Aqueduct)를 건설한 위원회의 수장으로서 정부가 생명을 빼앗는 기관에서 생명을 구하는 기관으로 바뀌도록 도왔다.

앨런의 아버지는 매우 훌륭한 목수였는데 앨런이 두 살 때 플로리다에 주둔하던 영국군 군대에서 일하다가 황열병으로 사망했다.[62] 앨런은 돛을 만드는 사람 밑에서 견습공으로 일하게 되었고,[63] 그 뒤 세계에서 가장 위대한 항구로 성장하던 도시에서 돛 제작자로 빠르게 성공했다. 그의 첫 번째 아내는 1802년 그가 35세 때 죽었다. 그에겐 "기르고 가르쳐야 할 아이 일곱 명이 딸려 있었다."[64] 하지만 그는 육아를 무척 좋아해서 재혼하고 아이를 아홉 명 더 낳았다.

토크빌이 미국인들은 "끊임없이 하나로 뭉친다"라고 쓸 때 어쩌면 앨런을 묘사했을지도 모른다.[65] 그는 미국성경협회, 뉴욕 정신병원, 미국교도소규율협회 등 15곳의 조직을 이끌었다.[66] 그가 관여했던 기관이나 단체 중에서도 가장 중요한 것은 태머니 협회(Tammany Society)였는데,[67] 여기서 그는 회계책임자와 회장(회장보다는 우두머리라는 표현이 더 맞을지도 모른다)을 맡고 있었다.

'태머니 홀(Tammany Hall)'이라는 별칭으로 불리던 이 단체는 150년 동안 정치적인 배후 조율을 통해 정치인을 후원하기도 하고 이민자들이 정치에 참여하도록 유도하기도 했으며 때로는 뉴욕시를 상대로 사기를 치기도 했다.[68] '보스'라고도 불리던 윌리엄 트위드(William Tweed)가 태머니 홀과 뉴욕을 지배할 당시에는 뉴욕이 맺는 모든 계약이 부당한 이득을 취할 기회였다. 건축업자들은 공사에 들인 비용보다 훨씬 많은 돈을 뉴욕으로부터 받아 태머니 협회에 리베이트로 돌려주곤 했다. 옛 뉴욕 카운티 법원 건물인 트위드 코트하우스(Tweed Courthouse)는 지금도 여전히 부패의 신전처럼 서 있다(지금은 뉴욕 교육국 본부로 사용되고 있다 – 옮긴이).[69]

그러나 깨끗한 물을 주장했던 스티븐 앨런은 확고한 '태머니 맨'이었다. 그는 이 단체가 정치단체이자 자선 단체이며 목적은 "자유의 여러 원칙과 인간의 여러 권리를 사람들에게 심어주는 것, (⋯) 불행한 처지에 놓인 회원을 돕는 것"이라고 했다.[70]

태머니 홀은 훗날 트위드의 부패한 돼지저금통이 되었지만 앨런이 회장으로 있던 당시에도 이미 확실하게 정치적인 단체였다. 그러나 그 때도 앨런은 태머니라는 쓰레기 위에 둥둥 떠 있으면서도 이런저런 추문에 휘말리지 않았다. 콜레라가 창궐하던 1832년에도 그는 "올드 태머니의 이익을 위해 내가 할 수 있는 일을 기꺼이 할 것"이라고 약속하면서 태머니 은행의 설립을 위해 열심히 로비했다.[71] 심지어 태머니를 혐오했던 뉴욕의 정치인 서로 위드(Thurlow Weed)조차도 앨런이 뉴욕 주의원에 선출되었을 때 "정확한 머리와 건전한 마음을 가진 사람이며 (…) 근면함과 지성과 진실성을 갖췄다"라고 묘사했다.[72]

시장으로서 앨런의 임기는 1821~1822년의 황열병 발생과 겹쳤다. 1822년의 치명적인 여름 이후 앨런은 '건강하고 좋은 물 가져오기'라는 공중보건 어젠다를 채택했다. 그 문제가 "도시의 건강 및 번영과 연결되어 있고 (…) 이 목표를 달성하기 전까지는 결코 간과해서는 안 된다"라고 봤기 때문이다.[73] 앨런은 물을 최고의 수원지에서부터 뉴욕까지 끌어오는 경로를 조사하는 것에서부터 깨끗한 물 중심의 공중보건 사업을 시작했지만,[74] 그가 시장직에서 물러나면서 이 사업은 더는 진행되지 못했다.

맨해튼의 물은 대부분 마시기에 부적합한 상태로 또다시 10년 넘게 방치되었다. 필라델피아는 1799년 공공 급수 프로그램을 시작해 15년 뒤에 시스템을 개선했던 반면, 뉴욕은 도시의 물 수요를 해결하는 일을 맨해튼 컴퍼니(Manhattan Company)라는 민간 회사에 위탁했다. 이 회사는 뉴욕의 급수 문제를 해결하겠다는 뚜렷한 의식이나 사업 추진에 필요한 자원을 충분히 보유하고 있지 않았다.

맨해튼 컴퍼니는 애런 버(Aaron Burr)가 알렉산더 해밀턴의 도움으로 설립했다. 두 사람은 이 물 회사가 은행도 운영할 수 있도록 조치했다. 은행업이 깨끗한 물을 공급하는 사업보다 수익성이 좋았기에 맨해튼 컴퍼니는 배관 사업보다는 대출 사업에 주력했다. 나중에 맨해튼 컴퍼니 은행은 체이스 맨해튼 은행으로 합병되었고, 이 은행은 다시 JP모건 체이스(JPMorgan Chase)로 합병되어 지금까지 이어지고 있다.[75]

맨해튼 컴퍼니가 은행업으로 바쁘게 돌아갈 때 앨런은 깨끗한 물 사업을 계속 밀어붙였다.[76] 1831년 뉴욕 시의회는 브롱크스강에 수로를 건설하는 사업의 허가를 요청하는 초안을 뉴욕 주의회에 보냈다. 그러나 주의회는 관련 법안 마련을 거부했다. 1832년 콜레라가 뉴욕을 강타하자 위생 문제의 개선이 더욱 시급해졌다.

도시에 깨끗한 물을 공급해야 한다고 주장하는 사람들은 정치 세력을 규합했다.[77] 이리 운하(Erie Canal)를 건설했던 주지사 드윗 클린턴(DeWitt Clinton)의 아들들 중 한 사람은 공학 보고서를 써서 크로톤강에서 물을 끌어오는 송수로를 건설하면 비용은 최소로 들지만 편익은 어마어마할 것이라고 주장했다. 그의 이런 추정은 이때부터 지금까지 상식으로 통용되어온 인프라 사업들에 대한 낙관적인 전망의 초기 모델이 되었다. 깨끗한 물 사업을 추진하던 사람들은 부시장 및 보건위원장을 역임했던 민더트 반 샤이크(Myndert Van Schaick)를 주 상원의원으로 당선시켰다.

1833년에 뉴욕 주지사는 스티븐 앨런을 수자원위원회의 새로운 위원으로 임명했다.[78] 나중에 앨런은 이 위원회의 의장으로 선출되었고 이때부터 그의 위대한 업적이 시작되었다. 수자원위원회 위원들이 모두 동의하는 명확한 목표를 가지고 있었던 덕분에 수로 사업은 마침내 결실을 맺으며 성공했다. 평생에 걸친 정치적 인맥과 노하우, 실무자를 직접 고용하고 해고할 권한을 가진 유능한 지도자가 있었기에 가능한 일이었다. 위대한 일이 성공하려면 대개는 가장 먼저 실권과 끈기를 가진 지도자가 필요하다.

실제로 앨런은 그 수로 사업의 수석 엔지니어였던 웨스트포인트(West Point, 미국 육군사관학교의 통칭 – 옮긴이) 교수를 너무 굼뜨다는 이유로 해고했다. 그는 그 사람이 성숙하고 훌륭한 수학자라는 점에서 존경했지만 "뉴욕에 매우 중요한 사업을 수행하는 데 필요한 (…) 실용적인 지식을 가지고 있지 않다"고 판단했던 것이다.[79] 오늘날의 기준으로 보자면 선출직 정치인이 자기의 수석 엔지니어가 내리는 판단에 일일이 간섭하는 걸 상상하기 어렵지만, 앨런은 수로 사업의 모든 세부 사항을 엄격하게 검토했다. 그는 발 빠른 행동과 새로운 엔지니어를 원했고, 이 둘을 모두 얻었다.

1837년에 수로 건설 작업이 시작되었다. 깨끗한 물이 뉴욕으로 들어오려면 5년을 기다려야 했지만 그 사업이 완성되기 전에 앨런은 수자원 위원회에서 쫓겨났다.[80] 반 샤이크는 1840년에 정치적인 이유로 수자원 위원직에서 해촉되었지만 1860년까지 계속 남아서 그 사업을 지켜봤다. 유능하고 평판이 높으며 뚝심이 있는 지도자뿐 아니라 대규모의 공공 예산이 더해져 마침내 수로가 완성되었다. 크로톤 수로를 짓는 데는 900만 달러가 들었는데, 이 금액은 뉴욕의 6년 치 세입의 4퍼센트에 해당한다.[81]

다른 도시들 및 마을들은 필라델피아와 뉴욕의 모델을 따랐다. 이 책의 공동 저자인 데이비드 커틀러는 정수(淨水)와 같은 새로운 기술 도입의 시기 및 그 결과를 따져 19세기 미국 전역에서 깨끗한 물이 사망률에 미쳤던 효과를 자연실험(Natural Experiment, 관심 주제에 대한 변수를 연구

자가 인위적으로 조작하지 않고 경험이나 관찰을 통해서 분석하는 연구 방식 – 옮긴이)

방식으로 추정하는 논문을 15년 전에 공동으로 발표했다. 이 논문에 따르면 "미국의 주요 도시들에서 전체 사망률 감소의 약 절반, 영아 사망률 감소의 약 4분의 3, 아동 사망률 감소의 약 3분의 2가 깨끗한 물이 가져다주는 효과 덕분이었다."[82]

그리고 비용 대비 편익의 비율은 23배나 되어서 그 뒤로 모든 정부가 투자했던 사업들 중에서도 깨끗한 물 사업은 늘 투자 효과가 좋았다.[83] 가끔 인프라는 정말 혁명적일 수 있는데, 이런 인프라 사업을 통해 정부는 시민을 위해 엄청나게 좋은 일을 할 수 있다.

하수 시스템 역시 변혁적이었다. 지역의 우물들을 오염시키는 오물을 제거하는 하수도를 건설하면 송수관으로 공급되는 깨끗한 물의 중요도가 줄어든다고 생각하는 사람이 있을지도 모른다. 그렇지만 우리 저자들의 동료인 마르셀라 알산(Marcella Alsan)과 클라우디아 골딘(Claudia Goldin)이 수행한 연구는 전혀 그렇지 않음을 확인했다.[84] 하수도는 깨끗한 물이 있을 때 더 값지고, 깨끗한 물은 좋은 하수도가 있을 때 더 값지다. 박테리아가 사람의 몸으로 이동할 수 있는 모든 경로를 차단해야 건강이 보장되지, 수인성 전염병이 이동하는 경로의 절반만 차단한다고 건강이 보장되지는 않는다.

미국에서 하수도 시스템은 상수도 시스템과 마찬가지로 주로 도시정부의 공공 역량을 확장하는 지역 투자로 이뤄졌다. 이와 반대로 영국에서는 국가 지도자들이 하수도 시스템을 의제로 삼았으며 의회에서 논의했다. 런던을 가로질러 흐르는 템스강이 악취가 진동하는 늪으로 바뀌었을 때 여왕은 템스강 유람선 여행을 중단해야 했다. 게다가 악취는 템스강과 인접한 국회의사당에서까지 났다. 이른바 '런던 대악취'로 불리는 이 사건은 1858년 기록적으로 더웠던 여름에 발생했다. 당시 "200만 명이 넘는 주민이 템스강으로 오수를 배출했고 그 결과 이 강이 역겨운 냄새를 내뿜었"던 것이다.[85]

런던의 위생 시스템을 구축했던 조지프 배젤제트(Joseph Bazalgette)는 그 덥고 냄새나던 여름에 런던의 수도권사업추진위원회(Metropolitan Board of Works)의 수석 엔지니어였다.[86] 그는 1852년에 이미 런던 하수처리위원회의 수석 엔지니어였고 이때는 존 스노(John Snow) 박사가 콜레라의 비밀을 밝히기 2년 전이었다. 1858년 무렵에 배젤제트는 이미 런던의 쓰레기 문제를 해결할 계획을 세워두고 있었지만 이 계획을 실행할 돈은 가지고 있지 않았다.

런던 대악취는 런던의 오물을 위대하고 선량한 사람들의 코앞에 들이민 셈이었다. 재무부장관이자 천재 정치인이었으며 유명한 웅변가이기도 했던 벤저민 디즈레일리(Benjamin Disraeli)가 템스강과 하수도의 문제를 짚었다. 1858년 7월 3일, 그는 의회에서 이렇게 말했다.

이 고귀한 강, 오랜 세월 영국인의 자부심과 기쁨이었던 이 강은 지금까지 우리 상업이 이룩한 가장 고귀한 업적과 연결되었으며 시인이 노래했던 가장 아름다운 시들에서 등장했습니다. 그런데 지금은 이 강이 이 참을 수 없는 공포로 가득 찼습니다. 이 강은 그야말로 암울한 스틱스(Styx, 그리스 신화에서 저승을 둘러싸고 흐르는 강의 여신 – 옮긴이)의 웅덩이가 되고 말았습니다.

우리의 공중보건이 위태롭습니다. 템스강에 살던 거의 모든 생명체가 사라졌거나 파괴되었습니다. 이런 상황에서는 강물이 아니라 강둑 및 육지에 있는 생명체도 똑같은 운명에 놓일지 모릅니다. 또한 이 위대한 도시에 전염병이 퍼질 것이라는 말도 있습니다. 저는 그동안 너무나 불만족스럽고 공중보건을 그토록 위험하게 만든 잘못된 것들을 끝장내고자 오랫동안 품었던 계획을 시도하려 합니다. 그리고 이 시도가 반드시 성공할 것이라고 믿습니다.[87]

디즈레일리의 계획은 런던 주민이 내는 재산세로 비용을 충당하자는 것이었다. 부유한 도시들에서는 인프라 건설에 들어가는 비용을 인프라 사용자가 부담하는 것이 당연하다. 그러나 막대한 자금을 대출 방식으로 조달해줄 대부업체들은 수도권사업추진위원회를 신뢰하지 않을 것이기 때문에 정부가 그 대출을 보증해야만 했다. 디즈레일리는 그 비용이 300만 파운드(현재의 화폐가치로는 3억 6,000만 파운드)[88]를 넘지 않을 것이라고 확신했다.

이 자금으로 배젤제트는 "런던으로 공급되는 물을 하수로부터 보호하고 또 수인성 전염병으로부터 런던을 보호하는 시스템을 구축했다."[89] 이 하수도 시스템은 지금도 여전히 사용되는데,[90] 디즈레일리가 런던의 하수도에 투자하기로 했던 것은 그의 정치 경력에서 가장 큰 성과였다고 말할 수 있다. 이처럼 영국에서는 도시 위생을 국가적인 차원에서 해결했지만 미국 역사에서는 이런 유형의 사례를 찾아볼 수 없다. 이런 유산의 차이는 오늘날에도 확인된다. 2021년 초에 영국의 백신 출시 속도가 미국보다 빨랐던 것은[91] 50개의 주정부가 협력해야만 하는 절차를 거치지 않고서도 어떤 계획을 설계하고 실행할 수 있는 영국의 국민보건 역량을 반영한다.

미국의 도시를 안전하게 만들려면 정부 및 공공재정에서 모두 혁명이 필요했다. 크로톤 수로나 런던의 하수도를 건설하는 데 들어간 비용은 막대했지만 이는 깨끗한 물을 확보하는 사업에서는 드물지 않은 일이었다. 19세기에서 20세기로 막 넘어가던 시기에 미국의 도시와 마을은 연방정부가 우체국과 군대를 제외한 모든 것에 돈을 쓰는 것만큼 하수도 시설과 깨끗한 물에 많은 돈을 썼다.[92]

이런 지출이 가능했던 건 지방채 시장이 성장해서 정부 예산이 아닌 외부 투자 방식으로 자금을 조달할 수 있었기 때문이다. 디즈레일리가 배젤제트의 대출을 보증해야 했던 1858년에는 지방채라는 것이 아예 존재하지도 않았었다. 지방채 시장이 이렇게 성장한 것은 금융이 점차 글로벌화되었다는 점과 사람들이 이 지방채를 사도록 설득할 미국 지방정부의 역량이 그만큼 커졌기 때문이다.[93] 지방정부가 사람의 생명을 구하는 역량은 강력한 리더십과 훌륭한 공학 그리고 재정적 신중함에 달려 있다.

몇몇 경우에는 도시가 자기의 물 관리 시설을 직접 소유했다. 밀워키는 성공적인 '하수도 사회주의(sewer socialism)'[94]로 유명했다. 또 어떤 경우에는 크로톤 수로위원회(Croton Aqueduct Commission) 같은 준독립적인 공공기관이 깨끗한 물을 생산했다. 이런 독립적인 기관들은 관료주의의 비효율적인 규정들 혹은 자치행정에 있기 마련인 부패의 함정들을 뛰어넘으며, 오로지 스티븐 앨런처럼 유명하고 유능한 사람과만 손을 잡고 사업을 추진한다. 미국도 그렇지만 통치가 빠르고 원활하게 이뤄지지 않는 나라들이 썩 유능하지 않은 패거리들로 자리가 채워진 '독립적인' 준공기업을 설립한다면, 이는 선출직 공무원들에게 다른 누군가를 비난할 구실을 제공할 뿐이다.

민간 물 관리 회사들도 도움이 될 수 있지만 이런 회사들은 제도적인 장치를 통해 규제를 받아야 한다. 민간 기업 방식이 비용을 줄일 수 있겠지만 시민과 정부의 철저한 감시가 필요하다. 경제사학자 베르너 트로에스켄(Werner Troesken)의 저작을 보면 물을 관리하는 회사들이 일반적으로 흑인 소비자에게 제대로 된 서비스를 제공하지 않는다는 사실을 알 수 있다.[95] 가난한 사람들에게 깨끗한 물을 제공하는 사업은 원래 속성상 수익성이 좋지 않은데, 맨해튼 컴퍼니가 수도관을 건설하는 업무보다 돈을 빌려주는 업무에 더 많은 시간을 썼던 이유도 여기에 있다.

공공 부문이 취약할 때 민간이 개입하는 것이 당연해 보일 수 있지만 이런 결론이 잘못될 때가 종종 있다. 민간 물 관리 회사가 고객에게 부과하는 요금을 설정하는 공공 규제기관을 생각해보자. 만약 이 기관이 튼실하다면 이 시스템은 잘 굴러갈 것이다. 그러나 그 기관이 취약하다면 회사는 소비자에게 제공하는 물의 품질을 떨어뜨리면서도 요금을 올려달라고 정부를 설득하려들 것이다. 그런데 만약 공공 부문이 매우 취약하다면 정부는 그 민간 회사에 엄청난 금액을 보조금으로 지급할 것이고, 그럼에도 소비자의 수도꼭지에서는 물이 나오지 않을 것이다.

물이나 그 밖의 공공서비스를 반드시 공공기관이 공급해야 한다거나 민간 기업이 공급해야 한다거나 하는 절대적인 원칙은 없다. 덩샤오핑은 "검은 고양이든 흰 고양이든 쥐만 잘 잡으면 된다"[96]라는 격언을 현명하게 실천했다. 이 격언은 이념이 아니라 역량이 생산의 본질을 좌우한다는 뜻이다. 개발도상국이든 아니든 간에 물을 관리하는 시스템은 공공과 민간 중 어느 쪽이 더 낫다고 말할 수 없다. 해당 지역의 실정에 따라 적절하게 선택한다는 철저한 실용주의가 정답이다. 어떤 경우는 비용효율이 특히 중요해서 민간이 강점을 가지겠지만, 어떤 경우는 물이 절실히 필요한 사람에게 물을 공급하는 것이 중요한 과제라서 공공이 이 서비스를 맡는 게 타당할 것이다.

인센티브와 인프라: 스티븐 스미스와 보건국

오늘날 사하라사막 이남의 아프리카는 선의의 기부자들이 낸 돈으로 수돗물 급수 본관을 깔지만 본관에서 사용자 집으로 연결되는 수도관의 설치 비용은 사용자가 부담한다. 그런데 이 설치 비용은 1,000달러가 넘을 수도 있다.[97] 1인당 생산량이 2,000달러 미만[98]인 잠비아 같은 나라들에서 1,000달러는 큰돈이다. 그래서 가난한 가구는 이 깨끗한 물 서비스의 혜택을 누리지 못한다.

이것이 바로 최종적으로 해결해야 할 '마지막 1마일의 문제(a last-mile problem)'다. 사람들은 심지어 하수도에 대해서는 물보다 비용을 더 아끼려고 한다. 오물이나 쓰레기를 버리는 비용은 자신이 부담하지 않고 이웃에게 떠넘겨도 된다고 생각하기 때문이다. 도시를 건강하게 만들려면 사람들이 다른 사람을 보호하는 서비스에 기꺼이 비용을 지불하게 하는 정책이 필요하다.

크로톤 수로가 완성된 뒤 20년 동안 뉴욕은 그 '마지막 1마일의 문제'에 직면했고 사람들은 그사이에도 계속해서 콜레라로 죽어갔다. 두 번째 파도의 콜레라는 여러 해 동안 이어졌다.[99] 1846년경에 또다시 인도에서 시작된 세 번째 파도는 전 세계로 확산되었다.[100] 두 번째 파도가 비교적 가볍게 영국을 때렸다면 세 번째 파도는 1853~1854년 사이에 런던에서만 1만 명이 넘는 사람의 목숨을 앗아갔다.[101]

존 스노 박사는 콜레라의 비밀을 풀 당시에 런던의 중심부였던 소호 지역에서 가난한 사람들과 함께 일하고 있었다.[102] 스노는 특정한 양수기 주변에서 콜레라 환자들이 집중적으로 발생한다는 사실을 알아차렸다. 그리고 그 양수기로 퍼 올린 물을 마시지 않은 맥주 공장 노동자들은 콜레라에 걸리지 않는다는 것도 확인했다. 그래서 그는 양수기의 손잡이를 제거했고 그 지역에서는 콜레라 환자가 더는 나타나지 않았다.

이 간단한 실험을 통해 그는 콜레라가 물을 통해 전염된다는 결론을 내렸다. 이 성공으로 전염병학(epidemiology)이라는 학문 분야가 새롭게 열렸다. 물론 스노는 콜레라 박테리아를 실제로 보지 못했고, 질병의 세균 이론이 보편적으로 받아들여지기까지는 그로부터 50년이라는 세월이 더 흘러야 했다. 그럼에도 불구하고 1854년 이후 점점 더 많은 의사가 물과 콜레라가 관련이 있다고 믿었다.

한편 대서양 건너편에서는 크로톤 수로가 완공된 지 한참이 지난 뒤인 1849년에도 5,000명이 넘는 뉴욕 시민이 콜레라로 사망했다.[103] 이 사망자 집단에는 우리 저자 중 한 명인 에드워드 글레이저의 고조부[제임스 애슐리(James Ashley) 박사]도 포함되어 있었다. 크로톤 수로 시스템과 연결하는 시설을 설치하는 데는 비용이 많이 들었지만 뉴욕 시민은 대부분 가난했다. 맨해튼 전역에는 2,300개가 조금 넘는 무료 수도전이 곳곳에 놓여 있었지만[104] 물은 쉽게 운반할 수 없을 정도로 무겁다. 그래서 가난한 이민자 가구들은 얕은 우물과 구덩이 변소를 사용했고 그 바람에 줄줄이 콜레라에 걸렸다. 1850년대의 사망률은 크로톤 수로가 완공되기 전인 1830년대의 사망률보다 오히려 더 높았다.[105] 20년 사이에 인구밀도가 훨씬 더 높아졌고 깨끗한 물이 도시의 가장 가난한 지역까지는 닿지 않았기 때문이다.

19세기에는 지금까지도 우리의 상상력을 채워주는 의료계의 영웅들이 많이 나타났다. 루이 파스퇴르(Louis Pasteur) 덕분에 우리는 병원균이 없는 우유를 마실 수 있다.[106] 그의 경쟁 상대였던 독일의 로베르트 코흐(Robert Koch)는 콜레라균을 최초로 포착했다.[107] 플로렌스 나이팅게일

(Florence Nightingale)은 자신의 램프를 발진티푸스로 고통받는 병사들의 병상 옆으로 옮겼다.[108] 나이팅게일이 자기 팀에 넣어주지 않고 배척했던 메리 시콜(Mary Seacole)은(아마도 시콜이 흑인이라서 그랬을 것이다) 환자들에게 따뜻한 차와 편안함을 제공했다.[109]

스티븐 스미스(Stephen Smith) 박사는 상대적으로 덜 알려졌지만 공공부문을 의료 서비스를 제공하는 주체로 참여시킨 연구로 명예의 전당에 올랐다. 그는 상수도와 하수도를 훨씬 더 효과적으로 관리하는 기관을 만들어 뉴욕시라는 지방정부가 효과적으로 편익을 제공하는 주체로 진화하도록 도왔다. 또한 그의 저작이 뉴욕에서 성과를 거두자 그는 미국공중보건협회(American Public Health Association)를 설립했다.[110]

스미스는 뉴욕주에 있던 작은 고원 농장 출신이었고 1854~1891년까지 뉴욕 벨뷰 병원(Bellevue Hospital)에서 의사이자 교사로 일했다.[111] 존 스노와 마찬가지로 그는 질병과 도시 환경 사이의 여러 가지 연관성을 파악할 수 있는 공간적인 패턴들을 찾아 나섰다. 1850년대에 그는 "환자들의 입원 기록을 조사하면서 한 공동임대주택에서 100명이 넘는 환자가 접수되었다는 사실을 알았다."[112] 직접 그 주택을 찾아갔더니 그곳은 그야말로 '열병의 둥지'였다. "문이며 창문이 성한 것이 없었고 지하실에는 오물이 가득 차 있었다. 변변한 가구 하나 없는 방에서 아일랜드 이민자 가족이 바닥에 짚 더미를 깔고 빽빽하게 누워서 잠을 잤다."[113] 그는 곧바로 경찰에 가서 그 공동임대주택을 폐쇄하라고 촉구했지만 거절당했다.

당시 뉴욕에서는 정부 기관이 도움을 베풀 수 없었다. 어떤 법률도 경찰에게 공동임대주택을 폐쇄할 권한을 주지 않았던 것이다.[114] 게다가 경찰도 뇌물을 챙기는 따위의 일들로 무척 바빴다. 스미스는 그 공동

주택을 비우게 하려고 시인이자 〈뉴욕 이브닝 포스트(New York Evening Post)〉의 편집자였던 윌리엄 컬런 브라이언트(William Cullen Bryant)를 찾아갔다. 스미스는 브라이언트의 지지를 등에 업고 그 주택의 소유주를 만나 소송을 제기할 것이며 신문에도 폭로하겠다고 위협했다. 집주인은 소송에서는 이길 수 있을지 몰라도 신문을 통해 공개적으로 조롱당하는 것을 견뎌낼 자신이 없었고, 결국 그 주택은 폐쇄되었다.

그러나 그처럼 건물을 하나씩 일일이 방문하는 식으로 도시의 전염병을 청소할 수는 없었다. 그에게는 새로운 법률이 필요했고 기존의 법률을 효과적으로 집행할 공권력이 필요했다. 또한 대중적인 지지도 필요했다. 스미스는 브라이언트나 피터 쿠퍼처럼 강력한 영향력을 발휘하는 사람들을 광범위하게 끌어모았다. 그리고 이들과 함께 뉴욕 시민협회(Citizens' Association of New York)를 조직해 뉴욕의 위생 문제를 다루는 스미스의 기념비적인 1865년 보고서[115] 작성을 후원하게 했다. 이 보고서에는 28명의 다른 의사들의 저작도 포함되어 있었다.

이 보고서는 뉴욕을 위생 공포의 도가니로 묘사했다. 보고서 작성에 참여한 의사들은 가난한 사람들이 물을 길어 먹던 우물들 가운데 하나를 선정해서 조사했는데, "그 우물물 1갤런(약 3.8리터)에 최소 48개의 고형물이 발견되었다. 그중 절반은 부패한 유기물질이었다."[116] 의사들은 "이 물을 식수로 사용하는 사람들이 설사로 크게 고생하고 있다. (…) 이런 환경에서 건강하다면 그게 오히려 이상할 것이다"라고 날카롭게 지적했다.

환자 개개인을 묘사하는 표현은 이보다 더 강렬하다. 예를 들면 "해골처럼 수척해진 (…) 그리고 소모증(단백질 및 에너지 결핍으로 나타나는 영양실조증의 일종 – 옮긴이)으로 유령과 같은 표정을 한" 어린이를 묘사한 표현이 그렇다. "이 아이는 낡아서 금방이라도 부서질 것 같은 의자에 연약하기 짝이 없는 몸을 올려두고 자신을 향해 미소 짓는 하늘을 바라보려고 애쓰지만, 하늘의 햇살은 갈망하는 그 아이의 눈을 좀처럼 기쁘게 맞아주지 않는다."[117]

당시는 엄청나게 부패한 태머니 홀의 우두머리 윌리엄 트위드가 뉴욕을 장악하고 있었다. 트위드는 도시의 위생 개혁에 대해서는 거의 관심이 없었다. 스미스와 친구들은 주의회로 달려갔는데 이런 접근법은 태머니 홀을 우회하려는 도시 개혁가들이 밟던 표준적인 경로였다. 1866년에 뉴욕 주정부는 메트로폴리탄 보건법안(Metropolitan Health Bill)을 통과시켰고 다음 해에는 임대주택법(Tenement House Act)을 통과시켰다. 이 법은 거주자 20명당 한 개의 실내 화장실과 모든 방에 한 개의 창문이 있어야 한다고 규정했다.[118]

화장실 구비 규정은 도움이 되었다. 그러나 창문 구비 규정은 도움이 되지 않았다. 빈민가 주택의 소유자들은 창문 규칙을 쉽게 피하는 법을 알아냈다. 법률 조항에는 창문이 거리나 안뜰을 향해야 한다거나 '미소 짓는 하늘'을 바라볼 수 있도록 해야 한다는 규정이 없었기 때문이다. 법률에서는 모든 방에 창문이 최소한 하나는 있어야 한다고 규정했지만 건축주는 어두운 방에 내는 창문이 또 다른 어두운 방을 향하게 만드는 식으로 법률의 허점을 악용했다.

메트로폴리탄 보건법안이 의결됨으로써 트위드나 부패 경찰의 도움 없이도 법을 집행할 수 있는 메트로폴리탄 보건위원회(Metropolitan Board of Health)가 만들어졌다.[119] 이 위원회의 위원은 주로 의사들이었는데 스미스가 초대 위원장이 되었다. 이 위원회에는, 예전에 스미스를 무시했던 뉴욕 경찰관이 아니라, 의사가 선발한 검사관들이 소속되어 있었다.

비용을 아끼려고 상수도를 연결하지 않은 주택 소유자들이 이제는 벌금을 물게 되었다. 비위생적인 우물들은 차례대로 폐쇄되었다. 비록 아직 완벽한 위생 시스템이 갖춰지진 않았지만 사망률이 줄어들기 시작했다. 도시는 인프라뿐만 아니라 정책적 조치도 필요하다.

뉴욕의 이 보건위원회는 오늘날 전 세계 개발도상국 도시들에 하나의 모델을 제시한다. 이 도시들이 해결해야 할 마지막 문제를 해결하려면 수많은 가구가 상수도 본관에서 자기 집으로 상수도관을 연결하는 데 들어가는 엄청난 비용을 보조할 공적 자금의 재원을 마련하거나, 아니면 뉴욕의 선례를 따라 자기 주택으로 상수도관을 연결하지 않는 주택 소유자들에게 벌금을 부과해야 한다. 지역 경찰이 부패한 조건에서 법적 요건을 마련할 때는 부패한 경찰이 가난한 사람들을 갈취하기 위한 또 다른 구실로 그 요건을 악용하는 일이 일어나지 않도록 경계해야 한다. 그러나 벌금 액수가 그다지 크지 않고 또 이 벌금을 현명하게 부과한다면 아마도 더 많은 사람이 깨끗한 도시 환경을 추구하도록 유도할 수 있을 것이다.

그런데 스미스의 시도는 뉴욕에서는 성공했지만 전국적인 차원에서는 그다지 성공적이지 못했다. 1879년 초 연방의회는 주요 항구들의 검역을 감독하고 지역 보건위원회의 약점을 보완하는 역할을 할 국립보건위원회(National Board of Health) 설립을 승인했다.[120] 특히 루이지애나 같은 주의 보건위원회는 한 해 전인 1878년에 미시시피에서 황열병이 창궐하도록 방치했다는 비난을 받았던 터라 지역 보건위원회의 약점을 보완할 필요성이 절실했다. 국립보건위원회는 4년 동안 존속하면서 많은 성과를 거두었다. 그러나 꼭 필요한 권한을 아직은 부여받지 못했고 1883년에는 예산 배정이 갱신·연장되지도 않았다.

스미스는 이 기관이 항구적으로 지속되기에는 너무 허약하다는 사실을 깨닫고 공중보건에 대한 국가적인 차원의 강력하고 지속적인 조치가 마련되도록 더욱 밀어붙였다. 나중에 한 학자가 썼듯이 "위생학자들 가운데서도 특히 스티븐 스미스는 국립공중보건서비스(National Public Health Service)가 지닌 중요성을 꿰뚫어 봤다."[121] 또한 스미스는 "의회가 머지않아 국립보건위원회에 관심을 갖지 않겠지만, 정규직 공무원들로 구성되어 연방정부에서 없어서는 안 되는 조직으로 통합될 서비스 기관은 앞으로도 계속 지원할 것임을 알아봤다."[122] 스미스가 꾸었던 꿈에 대해서는 5장에서 다시 자세하게 살펴볼 것이다.

국립보건위원회의 사무총장은 조지 워링(George Waring)으로 곧 뉴욕에서 오물과의 싸움을 지휘할 인물이었다.[123] 벤저민 러시와 마찬가지로 워링은 나쁜 공기가 질병을 일으킨다고 믿었다. 역설적이게도 이 잘못된 믿음 덕분에 19세기 공중보건 분야의 가장 중요한 업적들 대부분이 이뤄졌다. 워링은 뉴욕 센트럴파크의 늪지대에 고여 있던 물을 퍼냈고 멤피스의 하수도 시스템을 설계했으며 1895년에는 뉴욕의 위생국을 맡아서 지휘했다.

1895년에 워링은 이미 전국적인 명성과 방대한 전문성을 모두 갖추고 있었다. 그는 도시의 거리를 깨끗하게 만들겠다는 생각밖에 하지 않았다. 그는 "직원을 임명하고 해임하는 문제에서 간섭을 받지 않을 것과 전체적으로 내가 나아가고 싶은 방향대로 조직을 이끌어갈 수 있을 것"을 보장한다는 조건으로 그 자리를 맡았다.[124]

워링이 뉴욕 위생국장으로 임명되기 전만 하더라도 "말의 배설물을 받아내는 장치를 달지 않은 마차로 공공 도로를 다녀도 아무런 문제가 되지 않았고 (…) 따라서 거리를 깨끗하게 청소한다는 것은 사실상 불가능했다."[125] 워링은 위생국장이 되자 환경미화원들에게 이런 마차를 압수하라고 지시했고 사람들은 이 조치에 반발해 폭동을 일으켰다.[126] 그러나 행정명령의 권한을 부여받은 워링은 "윌리엄 라파예트 스트롱(William Lafayette Strong) 시장이 취임한 지 6개월도 채 지나지 않아 이런 마차들은 모두 사라졌다"라고 주장했다.[127]

워링은 스미스와 마찬가지로 지방정부가 도시의 건강을 책임지는 수호자가 되도록 도왔다. 그런데 이렇게 하려면 스미스나 워링 모두 사람들을 찾아다니며 처벌해야 했다. 워링은 도로에 방치된 마차의 주인을 찾아다녔다. 스미스는 상수도 시설을 갖추지 않은 주택 소유주를 만나 직접 벌금을 부과했다. 폭동이 일어나기도 했지만 결국 이런 처벌이 필요하다는 것을 사람들이 받아들였다. 스미스와 워링을 신뢰했기도 했지만 거리 청소와 위생이 필요하다는 사실을 이해했기 때문이다. 그러나 일요일에 술집 출입을 할 수 없다는 규제는 받아들이지 않았다. 스트롱 시장의 개혁 운동은 당시 경찰국장이었던 시어도어 루스벨트가 안식일에 술집을 폐쇄하려고 했을 때 무서운 정치적 대가를 치렀다. 만일 시민들이 공공의 이익을 보호하기 위해 처벌이 집행된다는 것을 믿지 않는다면 도시는 어떤 과정을 거치게 될까? 여기에 대해서는 뒤에서 다시 살펴보도록 하자.

사회에 공정하게 봉사하는 공공의 힘을 창출하려면 목표를 달성할 권한이 있고 지역 차원의 불만보다 도시의 더 큰 이익을 우선시하는 지도자들이 있어야 한다. 또한 이들은 사회 전체에 해를 끼치는 행동을 처벌할 수 있어야 한다. 하지만 그 권한은 절대적일 수 없다. 워링은 지역 폭도들에 맞설 수 있었지만 한편으로는 스트롱 시장에게 해임당할 수 있었다. "나를 해고할 수 있는 시장의 권한은 무한하다. 그는 내가 자신과 맞지 않으면 언제든지 나를 해임할 수 있다. 그러나 내가 남아 있는 한 나는 내 부서의 진정한 우두머리가 되어야 했다."[128]

스페인 전쟁과 공기로 전파되는 전염병

19세기 후반과 20세기 초에 미국의 도시정부들은 더욱 강력해졌고 시민에게 봉사하는 쪽으로 방향을 잡았다. 그러나 국가정부는 외국과 관련된 여러 모험 속으로 휩쓸렸다. 시어도어(테디) 루스벨트는 스트롱 시장의 휘하에서 경찰국장으로 있다가 시 행정부에서 국방부 해군 담당 차관보로 자리를 옮겼다. 그는 스페인과의 전쟁에 맥킨리 대통령이 마지못해 휘말리는 것을 도왔다.[129]

'훌륭한 작은 전쟁(splendid little war)'[130]으로 불렸던 미국-스페인 전쟁에서 미국이 승리하면서 워링은 두 나라의 이해관계가 걸려 있던 쿠바의 아바나로 갔고, 그곳의 위생을 개선하라는 과제를 받았다. 워링은 쿠바에서 황열병으로 사망했는데 국가가 도발하는 군사적 모험에 종종 뒤따르는 질병의 또 다른 희생자였던 셈이다.

1914년 8월에 유럽이 전쟁의 광기에 휘말리면서 더욱 치명적인 재앙이 발생했다.[131] 인도에서 흑사병이 프랜시스 로던 헤이스팅스의 군대와 함께 이동했던 것처럼 제1차 세계대전은 진정한 글로벌 팬데믹을 가져왔다. 많은 사람이 지구의 넓은 지역을 이동했기 때문에 전염병이 더 널리 확산되었던 것이다.

1800년 이전에는 전염병이 대개 인간보다는 동물을 매개로 확산되었다. 북아메리카에 황열병을 가져온 모기나 유럽으로 흑사병을 몰고 왔던 벼룩과 쥐가 그랬다. 그런데 1910년 이후로는 사람이 대륙과 대류 사이에 전염병을 옮기는 주요 매개체가 되어 인플루엔자(독감, 유행성 감기)와 에이즈, 코로나19를 배와 비행기에 실어 바다 너머로 나르고 있다. 사람들은 이제 더 빠른 속도로 이동하고 교통수단은 더 위생적으로 바뀌었다. 오늘날 보잉 787 여객기에 쥐가 들끓고 대형 물통들에 모기 유충이 버글거리는 상황은 상상하기 어렵다. 그러나 프랑스 칼레에서 영국 런던의 템스강 하구로 이동하던 14세기의 상선에서는 이 두 가지가 일상적이었다.

　의사 제임슨의 이야기는 콜레라가 1817년의 그 끔찍했던 창궐 직전에 바뀌었음을 암시했다.[132] 1918~1919년의 인플루엔자(스페인독감) 팬데믹은 1916년경에 프랑스 에타플에 주둔하던 군대에서 동물에게서 사람으로 인플루엔자 바이러스가 전파되면서 시작되었을 수도 있지만 실제로는 캔자스에서 시작됐다는 의혹도 있다.[133] 비교적 분명해 보이는 사실은 스페인독감이 스페인에서 처음 시작되지 않았다는 점이다.[134] 이 독감이 스페인과 연관되는 것은 스페인 사람들이 이 문제에 대해 누구보다 큰 소리로 떠들었기 때문이다. 인구밀도가 높고 비위생적이었던 군부대 환경 때문에 전염병은 한층 활발하게 퍼질 수 있었다.

　스페인독감이 가져온 팬데믹은 2020년의 코로나19 팬데믹과 역사적으로 가장 비슷한 사례다. 둘 다 공기를 통해 사람에게서 사람으로 쉽게 전염되었다.[135] 또한 상하수도 시스템에 대한 대규모 투자도 이 전염병에는 소용이 없었다. 게다가 한번 걸리면 빨리 낫지도 않았다. 백신이 약간의 희망을 주긴 했지만 1919년에는 그 희망이 환상이었던 것으로 판명되었다. 그런데 한 가지 차이점이 있었다. 코로나19에는 특히 노인층이 취약해서 사망률이 높은 반면 스페인독감에는 청년과 건강한 사람이 특히 취약했다. 이런 현상이 나타난 것은 어쩌면 극단적인 면역체

계 반응으로 그랬을 수도 있고[136] 유사한 질병에 노출된 적이 적어서 그랬을 수도 있다.[137]

스페인독감은 코로나19보다 훨씬 더 치명적이어서 세계 인구 20억 명 중 약 5,000만 명이 사망했다.[138] 2020년의 세계 인구는 그때의 약 네 배이지만[139] 코로나19 사망자는 그때보다 90퍼센트 넘게 줄었다.[140] 인도만 떼어놓고 보면 스페인독감의 사망자는 약 1,500만 명이었고 코로나19 사망자는 약 15만 명으로 그 차이가 매우 크다.[141] 그러나 코로나19 팬데믹은 아직 끝나지 않았다.

스페인독감이 가져온 팬데믹은 몇 가지 중요한 교훈을 주었다. 우선 전쟁이 걸어가는 길에는 반드시 전염병이 뒤따른다는 사실이다. 이런 팬데믹에서는 전염병을 매우 빠르게 퍼트리는 사건들이 중요하다. 아마도 당시 필라델피아에서 진행되었던 자유공채운동(Liberty Loan Drive, 제1차 세계대전이 발발했을 때 미국 정부는 전시 공채의 일종으로 '자유공채'를 발행했고, 이 공채를 매입하자는 운동이 미국 내에서 대대적으로 일어났다 - 옮긴이)과 같은 대규모 집회가 수천 명을 감염시켰던 것 같다.[142] 마스크가 도움이 되었을 수 있었지만 그때도 지금처럼 일부 사람들은 목소리를 높여 마스크에 반대했다.[143]

스페인독감 당시 많은 도시가 (2020년에 시행되었던 것과 비슷한) 강제적인 봉쇄 조치(락다운)를 시행하려고 했다. 그러나 이 조치도 인플루엔자 사망률을 줄이지는 못했다. 경제학과 교수인 로버트 바로(Robert Barro)는 이런 비약물적 조치(Non-Pharmaceutical Intervention, NPI, 마스크 착용이나 사회적 거리두기처럼 치료제나 백신을 사용하지 않는 조치 - 옮긴이)를[144] 그 뒤에 나타난 사망률과 꼼꼼하게 연관시킨 끝에 "비록 NPI의 증가가 평균 사망률 대비 정점 비율을 줄여준다는 의미에서 곡선의 기울기를 낮추지만 전체 사망률에 대한 추정 효과는 작고 통계적으로도 미미하다"[145]
는 사실을 발견했다.

통계적인 차원에서 보면 그런 조치가 팬데믹으로 인한 사망을 지연시키긴 했어도 완전히 막아주지는 못했던 것 같다. 그렇다면 이는 봉쇄조치가 효과가 없다는 뜻일까, 아니면 보통 한 달 동안 시행되었던 봉쇄기간이 너무 짧았다는 뜻일까?

아마도 스페인독감의 가장 중요한 교훈은 공기로 전파되는 전염병이 인류 역사상 가장 치명적인 단일 사건[146]을 일으킬 수 있다는 사실이지 싶다. 지금까지 코로나19 팬데믹 사망자의 수는 훨씬 적지만 이런 종류의 팬데믹은 일단 발생하고 나면 도저히 막지 못한다. 따라서 우리가 해야 할 일은 단 하나뿐이다. 새로운 팬데믹 발생의 주요 경로를 제한하는 것이다. 즉 바이러스와 박테리아가 동물에게서 사람으로 전염되지 않도록 막아야 한다.

사람과 박쥐 그리고 오늘날 개발도상국에서의 팬데믹 위협

글로벌 팬데믹으로 나아가는 경로에는 세 가지 단계가 있다. 질병이 시작하는 단계와 이 질병이 국지적으로 퍼지는 단계 그리고 전 세계로 퍼지는 단계다. 앞서 2장에서는 팬데믹이 처음 나타나고 국가와 대륙을 가로지르는 사람들의 흐름을 끊는 문제, 즉 팬데믹 경로의 세 번째 단계를 차단하는 문제를 살펴봤다. 그런데 이를 보완하는 접근법은 애초에 그 질병이 사람에게 나타나지 않도록 하는 것과 지역 확산을 막는 것이다. 이런 조치에는 사람을 동물로부터 분리하는 것, 깨끗한 물 같은 보건 관련 인프라로 해당 지역의 보건 환경을 개선하는 것이 포함된다.

대부분의 팬데믹은 동물을 통해 감염되는 전염병에서 시작된다.[147] 쉽게 알 수 있듯이 포유류는 인간에게 코로나19(박쥐),[148] 에볼라(박쥐),[149] 에이즈(침팬지),[150] 라임병(사슴과 쥐),[151] 흑사병(설치류, 벼룩의 도움으로 전염)[152]을 전염시켰다. 모기는 황열병과 말라리아와 뎅기열을 옮긴다.[153] 조류는 인플루엔자의 가장 흔한 원인이다.[154] 홍역과 천연두의 기원은 역사 속에서 사라졌지만 동물에게서 비롯되었을 가능성이 있다.

대부분의 팬데믹 질병은 다른 곳으로 옮겨가기 전에 초기 인간 숙주들 주변에서 일정 시간 동안 순환한다. 그러나 여행의 빈도가 증가하면서 최초의 감염에서 글로벌 확산에 이르기까지 걸리는 시간이 대폭 줄어들었다. 천연두는 유라시아를 중심으로 약 1,500년 동안이나 돈 뒤에 비로소 북아메리카로 넘어갔다.[155] 에이즈는 1930년에 콩고에서 발생했지만 그로부터 반세기가 지난 뒤에야 비로소 미국에서 나타났다.[156] 그런데 코로나19는 우한에서 발생한 뒤 불과 몇 달 만에 유럽으로 넘어갔다.[157]

최근의 팬데믹들이 동물에게서 처음 비롯되었다는 사실은 사람과 동물(특히 야생 동물과 박쥐) 사이의 물리적 근접성을 줄일 필요가 있음을 시사한다. 가축은 일반적으로 이동성이 제한되고 건강 상태가 쉽게 확인되므로 덜 위험하다.[158]

오늘날 부유한 나라들에서는 대부분 인간과 야생 동물을 분리하는 데 꽤 능숙하다. 하지만 미국인은 도시를 벗어나 인구밀도가 낮은 곳으로 퍼져나가면서 야생 동물과 자주 접하게 되었다. 미국 북동부 지역에서는 여름만 되면 사람들이 사슴과 쥐에서 라임병을 옮기는 진드기에 물릴지 모른다며 두려움에 떤다.[159] 동부 말 뇌염은 뉴잉글랜드의 늪지대에서 발생하는 모기가 옮기는 전염병이며[160] 야생 조류는 전염병의 저수지 역할을 한다. 그러나 제1차 세계대전이 끝날 무렵 H1N1 인플루엔자 바이러스가 나타났던 사례 이후로는 부유한 나라에서 동물에게서 사람으로 전염되는 대규모 팬데믹은 나타나지 않았다.[161]

모기는 오랜 세월 인류의 가장 치명적인 적으로 존재해왔다. 다행히 공중보건 분야의 노력 덕분에 인간은 말라리아와 황열병을 옮기는 이 치명적인 매개체와 꾸준히 거리를 둘 수 있었다. 심지어 사람들이 실제로 그런 질병들의 속성을 이해하기 훨씬 전부터 그랬다. 고대 로마인은 거주 지역에 악취를 풍기는 물이 생기지 않도록 하려고 하수도 시설인 클로아카 맥시마(Cloaca Maxima)를 지었다.[162] 벤저민 러시 박사는 1790년대에 필라델피아 부두에 있던 썩은 물웅덩이들을 모두 제거해야 한다고 주장했다.[163] 조지 워링은 센트럴파크의 습지에서 물을 빼냈다. 무솔리니는 이탈리아 군병력 12만 4,000명을 로마 근처의 폰티노 습지(Pontine Marshes)에 투입해서 간척 사업을 벌였다.[164]

마오쩌둥도 이와 비슷한 노력을 기울이며 습지와 모기를 제거하려고 했는데,[165] 이런 노력은 기근 사태를 악화시키는 참새와 메뚜기의 개체수를 줄이려고 벌였던 노력보다 훨씬 더 성공적이었다(마오쩌둥은 곡식을 먹는 참새를 해로운 새로 규정하고 박멸하게 했는데, 그 바람에 메뚜기를 비롯한 해충이 만연하게 되었다 – 옮긴이).[166] 말라리아를 퇴치하려는 노력에는 비용이 많이 들 수도 있다. 그러나 '늪에서 물을 빼내는' 대중의 노력을 앞장서서 엎어버리는 사람은 없다. 자기 주변에 모기가 들끓길 바라는 사람은 없을 테니 말이다.

도시 주민은 도시 생활의 일부였던 말, 돼지, 양을 없애는 것을 대체로 덜 반겼다. 이런 것들은 오늘날의 교통체증만큼이나 없어서는 안 되는 도시 생활의 한 부분이었기 때문이다. 말은 교통수단이었다. 어디서나 젖소와 돼지를 키웠다. 가난한 사람들은 식품을 마련하고 생활비를 벌려고 양이나 염소를 키웠는데 주로 방목하는 방식으로 키웠다.

도시 건강을 중요시하는 사람들에겐 동물을 통제하기 위한 투쟁이 깨끗한 물을 확보하기 위한 투쟁만큼이나 중요했다. 펜실베이니아대학교의 도시계획 전문가 캐서린 브링클리(Catherine Brinkley)와 도미닉 비티엘로(Domenic Vitiello)는 "건강위원회들은 애초에 축산업 규제를 가장 큰 목표로 해서 만들어졌는데, 19세기를 통틀어 이 위원회들이 했던 일의 대부분은 가축을 감독하는 일이었다"라고 썼다.[167]

필라델피아는 1705년에 길 잃은 소와 돼지가 거리를 돌아다니는 것을 제한하는 법률을 제정했지만[168] 한 세기가 지난 시점에서도 돼지들은 '형제애의 도시(City of Brotherly Love)'인 필라델피아 거리를 자유롭게 배회했다. 돼지를 지지하는 사람들은 자유롭게 돌아다니는 돼지들이 도시를 깨끗하게 청소한다고 주장했다. 이런 주장이 일리가 있고 없고를 떠나 필라델피아는 수많은 유기 동물을 통제할 공공 치안 역량이 부족했다. 1860년대에 도시 개혁가들은 "하루 중 특정 시간대에 특정 거리에서는 동물을 몰고 다니지 못하도록 규정하는 조례를 반포했다."[169] 그러나 젖소와 돼지를 키우는 소규모 사육장은 그대로 남아 있었다. 뉴욕에는 1903년까지도 젖소가 2만 3,000마리나 있었다.[170]

그러나 운송비가 낮아지고 저온살균 방식이 확산되면서 땅값이 싼 먼 지역에서 우유나 쇠고기 등의 축산물을 도시로 운송하기가 쉬워졌다. 도시에서 운송 수단으로 사용되던 말들은 자동차에 밀려났다. 도시 동물의 수요가 감소하면서, 규제 당국은 광범위한 도시 공간을 대상으로 농업을 제한했던 1916년 뉴욕의 법률을 필두로 토지 용도를 지역별로 제한하는 법을 마련하고 시행하기가 한결 쉬워졌다.[171] 이런 법들은 건축 규제와 마찬가지로 훗날 저비용 주택의 건설을 막기 위한 도구로 변질되기도 했지만 입법 당시에는 공중보건을 개선하려는 취지였다.

최근에는 도시 농부들이 옥상이나 공원에서 텃밭의 즐거움을 재발견하고 있다.[172] 이런 활동들은 완벽하게 위생적이며, 도시 농업이 도시를 한층 아름답고 건강하게 만든다고 생각했던 18세기 도시 계획자들을 상기시키기도 한다. 나무는 산소를 공급한다. 도시의 텃밭은 인도 뭄바이의 다라비(아시아 최대의 빈민가로 꼽히는 지역이다 - 옮긴이)에서 자유롭게 거리를 배회하는 산양[173]과는 거리가 멀다.

수천 년 동안 사람과 함께 살아온 가축은 유인원, 박쥐, 낙타와 같은 야생 동물보다 근접성이라는 측면에서 덜 위험하다. 에이즈는 서아프리카에서 침팬지 고기를 찾던 사냥꾼들에게서 시작되었다고 추정된다.[174] 중동호흡기증후군(메르스)은 사람이 병든 낙타를 보살피는 과정에서 사람에게 전염되었을 수 있다.[175] 중국 우한의 길거리 시장에 있는 말레이천산갑(Malayan pangolin)은 박쥐에게서 사람으로 전염되는 코로나19의 경로를 제공했다고 추정된다.[176]

박쥐는 특히 사스, 메르스, 코로나19, 에볼라 등을 아우르는 바이러스의 거대한 저장고다. 이는 아마도 박쥐의 생활방식 때문이 아닐까 싶다. 몇몇 연구자들은 "박쥐는 비행을 통해 신진대사 체온이 높아지는데 이것이 열병 반응을 모방해" 바이러스를 안전하게 억제한다는 가설을 제시한다.[177] 또 어떤 연구자들은 질병에 감염된 곤충을 잡아먹는 박쥐의 생태를 강조한다.[178]

박쥐가 야기하는 위험 덕분에 바이러스 연구자들은 코로나19 팬데믹을 어느 정도 예측할 수 있었다. 우한 바이러스 연구소와 중국과학원대학 연구진이 2019년 3월에 발표한 기사는 "앞으로 사스나 메르스를 닭은 코로나바이러스의 발생은 박쥐에서 비롯될 가능성이 크고, 발생지는 중국이 될 가능성이 크다"라고 언급했는데[179] 이는 선견지명이 있는 추정이었다. 인간과 박쥐 사이의 물리적 거리를 늘리는 것은 이 두 종이 다른 포유류와 함께 공존하는 길거리 시장을 폐쇄하는 것을 포함해 훌륭한 첫 단계로 보인다.

최근의 한 연구 결과는 "토지의 사용 방식과 강도에서 세계적인 변화가 사람과 가축 그리고 동물성 질병의 저장고인 야생 동물 사이에 위험한 접점을 만들어내고 있다고 볼 수 있다"라고 썼다.[180] 생물다양성과 팬데믹을 주제로 열린 2020년의 한 워크숍은 "보호받는 지역들을 보존하는 조치, 생물다양성이 높은 지역을 지속 불가능한 방식으로 개발하는 것을 줄이는 조치는 야생 동물과 인간의 접촉을 줄이고 새로운 병원체의 발생을 예방하는 데 도움이 될 것"이라고 결론을 내렸다.[181] 동물이 옮기는 전염병의 위험 때문에 인간은 야생의 서식지를 침범하지 않는 빽빽한 도시 공간에 밀집해서 살아가는 생활방식으로 점점 더 옮겨가야 한다.

안전하지 않은 행동들을 목록으로 작성하는 기초적인 시도들은 지금까지도 계속되고 있는데 이런 노력은 계속 이어져야 한다. 이것 말고도 변호사, 경제학자, 역학자, 그 밖의 여러 분야 전문가가 머리를 맞대고 인간과 동물이 적절하게 분리되도록 강제하는 규정과 제도를 만들어야 한다. 첫 번째 단계는 일련의 규정을 놓고 국제적인 합의를 도출하는 것이다. 두 번째 단계는 지역 정부들이, 스티븐 스미스가 보건위원회를 만들었던 것처럼 그런 규정들을 집행할 기구를 만드는 것이다. 세 번째 단계는 국제 정부가 개별 국가의 정부를 감시하는 것이다. 이는 우리가 제안한 보건 버전의 나토가 수행해야 할 또 다른 과제다.

코로나19를 염두에 두고 박쥐의 코로나바이러스로 다시 돌아가 보자. 박쥐가 서식하는 동굴이 너무 가까워서 사람이 거주하거나 농사를 짓기에는 위험한 지역들이 분명히 있다. 이런 경우에는 지방정부를 설득해서 해당 지역을 일종의 국립공원으로 만들어 관광지로는 허용하되 영구적인 주거지로는 허용하지 않도록 해야 한다. 부유한 나라라면 미래의 팬데믹을 예방하기 위한 세계적인 합의를 통해 얻어낼 것이 많이 있을 것이고, 또 기꺼이 모범을 보여야 한다. 가난한 나라들에 대해서는 부유한 나라들이 농업 수입 손실을 보전해주는 보조금 형식으로 보상해줄 수 있을 것이다. 도시 위생 개선 프로젝트에 도움을 주는 것도 하나의 방법이 될 것이다.

콜롬비아 계획(Plan Colombia, 1999년 콜롬비아 좌익 민병대의 진압과 마약 카르텔 소탕 작전, 콜롬비아 경제 부흥을 목적으로 미국과 콜롬비아가 체결한 군사 및 외교 원조 6개년 계획에 대한 상호 협정 - 옮긴이)과 같은 미국의 해외 원조 패키지는 마약과의 전쟁을 지역 차원에서 지원할 목적으로 오랫동안 사용되어왔다.[182] 미국의 해외 원조는 유엔에서 다른 국가의 의결권을 사는 셈이기도 한데,[183] 이에 더해 다른 국가의 공중위생 개선도 살 수 있어야 한다.

미국의 현재 해외 원조 예산은 적정한 수준이지만 여전히 인기가 없다.[184] 그렇다 보니 미국이 개발도상국에 도움을 주는 만큼 거기에 맞게 특정 분야에 예산을 지출하도록 해당 국가를 강제하는 공격적인 선례는 거의 없다. 아울러 미국은 열전 상황에서든 냉전 상황에서든 동맹국들에 막대한 현금을 기꺼이 제공해왔다. 마셜 플랜(Marshall Plan, 제2차 세계대전 뒤에 미국이 서유럽 16개국에 했던 경제원조계획 - 옮긴이)은 관대했으며 인기도 높았다.[185] 존 F. 케네디는 1961년에 "자유를 위협하는 적들에 맞서는 단일한 가장 큰 대항체로서 우리의 정치적 의무들 가운데 하나"로 미국국제개발처(USAID)를 설립했다.[186]

이런 노력의 기본적인 토대는 이기심이다. 미국과 다른 부유한 국가들은 세계 공동체의 건강뿐만 아니라 자신의 건강을 위해서라도 이제는 팬데믹에 맞서 싸우는 사업을 해야 한다. 질병 확산 억제를 목적으로 하는 원조는 공산주의의 확산을 막는 원조만큼이나 가치가 있다.

인간과 동물을 강제로 분리하는 것 역시 어렵다. 부유한 나라에서는 법치가 잘 작동하고 부유한 농부는 대체로 질병이나 소송 관련 위협을 두려워하지만 가난한 나라에서는 강제적인 조치가 효과를 내기 어렵다. 그러나 기술 발전 덕분에 감시 체계를 얼마든지 개선할 수 있다. 예를 들면 요즘은 인공위성이나 드론을 이용해 황야 지역에 있는 인간이나 농업 거주지를 하늘에서 포착할 수 있다.[187] 부유한 나라에서는 통합 기관을 통해 보호 지역을 위성 감시 체계로 운영할 수 있다. 이 기관은 강제 조치를 이행하지 않는 위반 사항을 세계 공동체에 보고할 수 있으며, 세계 공동체는 지역 차원의 조치를 요구할 수도 있고 여행 금지나 원조액 삭감과 같은 벌칙과 제재를 가할 수 있다.

감시를 담당하는 외부 기관은 처벌을 권고할 수도 있다. 만약 해당 국가가 외국의 원조를 받는다면 원조 금액을 삭감하는 것이 처벌의 한 방식이 될 수 있다. 그러나 이런 위협은 그 기관이 신뢰를 받을 때만 효과가 있다. 원조는 해당 수혜 국가가 규정을 지키면 집행되고 규정을 어기면 중단되어야 한다. 규정 위반이 극심해져서 팬데믹 위험이 증가하면 해당 국가에 대한 여행 금지 조치를 내릴 수 있어야 한다.

이때는 여러 나라가 동시에 여행 금지라는 제재를 내리도록 국가 간 조율이 필요하다. 국제관계에서 배척될지 모른다는 위협을 받으면 지방정부와 국가정부가 나서서 박쥐 서식지 부근에 사는 농부들을 다른 곳으로 이주시킬 것이다. 게다가 사람들의 이동을 막는 제재는(설령 이런 조치가 사람들의 더 나은 행동을 유도하지 않는다고 하더라도) 팬데믹의 위험을 어느 정도까지는 줄일 수 있다.

아프리카에 깨끗한 물이 공급되어야 하는 이유

경제학자이자 전염병 전문 개업의인 마르셀라 알산은 미국 하버드대학교에서 강의하고 인도 하이데라바드에 있는 마하트마 간디 의과대학병원을 포함해 여러 병원에서 환자를 진료한다. 그녀는 해외 임상 작업을 통해 하이데라바드에서 진행된 항생제 내성균의 존재를 측정하는 연구에 참여하게 되었다.[188]

박테리아는 항생제 내성을 개발하기 위해 나름대로 다양한 전략을 구사한다.[189] 예를 들면 항생제가 돌연변이 표적에 약물을 부착시킬 때 이 기능을 하는 분자와 효소를 밀어내는 펌프들을 마련하는 전략이 있다. 이런 질병에 맞닥뜨리는 의료 서비스 제공자들은 혼합 약물이나 더 강력한 치료법을 사용한다. 아무리 강력한 항생제에도 저항하는 내성을 가진 슈퍼박테리아(슈퍼버그)가 나타날 것이라는 전망, 코로나19 또는 최근의 다른 바이러스들이 보여준 전 세계적인 위기가 또다시 나타나리라는 암울한 전망이 점점 현실이 되기 시작했다.

오늘날 인도에는 여전히 수인성 질병이 많이 발생하지만 콜레라를 비롯한 이런 질병들은 과거에 비해 치명률이 훨씬 낮다. 경구수액요법은 콜레라 치료에 효과가 있고, 항생제는 대부분의 다른 질병에 쉽게 사용할 수 있으며 때로는 콜레라의 2차 치료법으로도 사용할 수 있다.[190]

그러나 서구의 부유한 나라들에서처럼 인도에서도 항생제는 과도하게 사용된다. 그 바람에 항생제 내성을 가진 박테리아가 대량으로 번식할 위험이 커졌다.

한 연구는 2014년 인도에서 외래 환자를 대상으로 한 항생제 처방이 5억 1,900만 건, 즉 인도인 1,000명당 412건이라고 추정했다.[191] 제네릭 의약품(특허가 만료된 오리지널 의약품을 그대로 복제한 것으로 카피약 또는 복제약이라고도 불린다 - 옮긴이)은 넘쳐나고 또 값도 싸다. 하이데라바드는 강력한 신약 생산 도시로 머지않아 '파르마시티(Pharma City)'라는 쇼케이스를 주최할 예정이다(세계 최대의 제약회사들이 생산 기지를 건설하고 있는 하이데라바드는 '전 세계의 백신 수도'라는 별명이 붙어 있다 - 옮긴이).[192]

수인성 질병이 풍부하다는 조건과 항생제가 대량으로 생산된다는 조건이 결합하면 슈퍼박테리아가 생성될 완벽한 조건이 갖춰진다. 하이데라바드에서 알산 박사가 진행했던 연구 결과에 따르면 도시에 거주하며 건강해 보이는 사람들도 3퍼센트 이상이 항생제에 내성이 있는 박테리아를 가지고 있다.[193] 알산 박사의 연구는 조기 진단을 받으려고 병원을 찾은 임산부들을 대상으로 한 것이어서 그들의 소변에 그렇게나 많은 항생제 내성균이 들어가 있을 이유가 없음에도 그랬다.

이 임산부들은 어떤 사람들일까? 질병에 노출되어 있으며 한때 기적의 선물로 여겨졌고 지금은 강력한 보건 조치로 사용되는 약물에 쉽게 접근할 수 있는 도시에서 살아가는 사람들이다. 만약 항생제 남용이 계속 이어진다면 코로나19보다 훨씬 강력한 새로운 국제 살인마가 곧 출현할지 모른다.

미래의 팬데믹 발생 위험을 줄일 가장 자연스럽고 인도적인 방법은 전 세계의 도시를 한층 건강하게 만드는 것이다. 그러려면 알산이 하이데라바드에서 했던 것과 똑같은 의학 연구와 임상 작업이 필요하다. 또한 선진국의 도시들을 살기 좋게 만든 것과 같은 위생 시설이 필요하다. 부유한 나라들은 이 분야에 투자할 수 있고 또 그래야 한다. 이 자금 지원은 박쥐 서식지를 멀리하는 경우와 마찬가지로 새롭고 건강한 위생 규정을 채택하는 행동에 대한 보상 차원에서 진행되어야 한다.

이를 위해서는 상수도 본관 시설을 마련하기 위한 자금뿐만 아니라 지속적인 헌신이 필요하다. 오늘날 사하라사막 이남의 아프리카는 뉴욕이 크로톤 수로를 만든 뒤에 겪었던 것과 똑같은 '마지막 1마일의 문제'에 직면했다. 부유한 기부국들이 상수도 본관을 마련하더라도 가난한 주민은 이 본관에서 자기 집으로 수돗물을 끌어들이는 시설을 설치할 경제적인 여유가 없다. 국가와 국제 공동체는 건강해지기 위해 그 마지막 문제를 해결하는 데 필요한 돈을 보조금으로 지급해야 한다. 또는 스티븐 스미스가 뉴욕에서 그랬던 것처럼, 상수도 본관에서 주택으로 연결하는 수도관을 설치하지 않는 주택 소유자에게 벌금을 매겨야 한다.

수도 설비의 유지관리는 최초의 시공만큼이나 중요하다. 에드워드 글레이저는 잠비아의 상수도인 루사카의 수도 사정을 연구하고 있는데, 루사카에서는 상황이 아무리 좋은 날이라고 하더라도 물 사용은 낮에만 할 수 있다. 도시여도 상대적으로 가난한 지역에서는 수도관이 툭하면 고장 난다. 며칠 동안 물을 사용할 수 없을 때도 있다.[194]

루사카에는 물을 소비하는 방식이 두 가지 있다.[195] 어떤 사람들은 월별로 수도료를 내고 어떤 사람들은 갤런 단위로 수도료를 낸다. 수도관이 고장 나도 수도 회사는 여전히 월정금액을 소비자로부터 받기 때문에 갤런 단위로 수도료를 지불하는 고객은 끊어졌던 수돗물이 공급될 때까지 돈을 내지 않아도 된다. 이 회사는 갤런 단위로 요금을 받는 가구에 수도가 끊어지지 않아야 돈을 받을 수 있으므로 최대한 수도가 끊어지지 않도록 노력한다. 수돗물을 공급하는 곳은 최초의 설비 공사 못지않게 해당 설비의 유지보수가 중요하지만 기업은 적절한 재정적 동기가 있을 때만 설비의 유지보수에 투자하는 경향이 있다.

수돗물이 끊기면 사람들은 다른 급수원으로 눈을 돌려 딸들을 더 먼 거리로 보내 물을 길어오게 한다. 그래서 수돗물이 끊기면 젊은 여성이 학교 공부를 할 시간이 그만큼 줄어든다.[196] 수돗물이 끊겨졌을 때 아이들은 더 자주 설사를 하는데, 이는 우물에서 길어다 마시는 물이 그만큼 덜 안전하다는 뜻이다. 호흡기 질환은 일반적으로 물보다는 조리용 불이나 공기와 더 관련이 있지만 루사카에서는 수돗물이 끊기면 호흡기 질환이 늘어난다. 그만큼 손을 덜 씻기 때문이다.

사람들에게 깨끗한 물을 공급하는 일은 도시정부의 가장 기본적인 과제다. 개발도상국의 도시들이 수돗물 공급 문제에 대해 기본적으로 책임을 져야 한다고 말하기는 쉽다. 그러나 코로나19 팬데믹으로 수조 달러의 비용을 써야만 한다는 사실을 전제하면 개발도상국 도시들의 수돗물 공급 문제를 부유한 나라들이 마냥 외면할 수는 없다. 오히려 가난한 나라와 부유한 나라를 따지지 않고 모두 나서서 미래의 수인성 전염병을 예방해야 한다.[197]

다행히도 우리에게는 모범 사례가 있다. 부유한 나라들은 한 세기 전에 이와 똑같은 문제가 있었지만 결국 그 문제를 해결했다. 오늘날 우리에게 주어진 과제는 그때의 그 해결 과정을 가난한 나라들에 그대로 복제하는 것이다. 팬데믹 질병을 예방하려면 국제적 차원과 도시 차원에서 그리고 개인 차원에서 해야 할 일들을 모두 해야 한다.

다음 장에서는 인체 내부에서 질병이 퍼지는 과정을 살펴볼 것이다.

건강에 해로운 음식을 먹거나 불법 물질을 사용하는 걸 포함해 도시에서 나타날 수 있는 여러 가지 행동을 살펴본다. 이런 것들은 우리의 몸 그리고 우리가 사는 세상을 전염병에 한층 취약하게 만든다.

4장

우리의 신체는 팬데믹에
더 강해질 수 있을까?

2020년 3월에 코로나19가 볼티모어를 처음 강타했을 때 존스 홉킨스 병원의 의사들은 깜짝 놀랐다. 중국과 이탈리아에서처럼 환자들이 노인일 것이라고 예상했지만 그게 아니었기 때문이다. 볼티모어의 환자들은 훨씬 더 어렸고 특이하게도 비만인 경우가 많았다.[1]

모든 사람이 코로나19의 영향을 받았지만 상대적으로 더 크게 영향을 받은 사람들이 있었다. 미국에서는 흑인이 코로나19로 진단받을 가능성이 백인보다 40퍼센트 더 높았고 사망할 가능성은 거의 세 배나 되었다.[2] 히스패닉계 미국인도 코로나19에 걸리거나 이 병으로 사망할 가능성이 상대적으로 높았다.[3] 영국에서는 아시아계와 카리브해 지역 출신자의 위험도가 상대적으로 높았다.[4]

이런 차이가 나타나는 데는 많은 이유가 있지만 그중에는 전혀 이해할 수 없는 이유들도 있다.[5] 이번 코로나19 팬데믹에서는 다른 많은 전염병과 마찬가지로 기저질환이 이 질병의 확진율 및 치사율에 주요한 위험 요소였다. 2020년 매사추세츠에서 코로나19 사망자의 98퍼센트 이상이 기저질환자였다.[6] 거주 지역도 중요했다. 2020년 미국 코로나19 사망자의 약 40퍼센트가 요양원에서 발생했다.[7]

따라서 건강과 관련된 선택은 팬데믹에 누가 상대적으로 더 취약한지, 누가 살아남고 누가 죽을지를 상당 부분 결정한다.[8] 헤로인 주삿바늘은 1980년대에 에이즈 확산에 기여했는데, 처음에는 이 주삿바늘 사용자에게 에이즈가 전염되었고 그다음에는 에이즈 환자의 섹스 파트너에게 전염되었다. 오피오이드 유행병은 코로나19 봉쇄 기간에 계속해서 사람들의 목숨을 앗아가 "40곳이 넘는 주에서 오피오이드 관련 사망률이 늘어났다고 보고했다." 흡연은 코로나19를 더 치명적으로 만드는 조건에 기여할 뿐 아니라 공기로 전파되는 미래의 여러 전염병에서도 중요한 역할을 할 수 있다.[9]

앞서 2장에서 우리 저자들은 도시가 상품과 아이디어뿐만 아니라 박테리아와 바이러스가 바다와 대륙을 가로지를 수 있는 통로를 제공하기 때문에 전염병에 취약할 수밖에 없다고 강조했다. 3장에서는 도시의 밀집성 때문에 전염병이 더 쉽게 퍼지는 방식을 설명했는데, 특히 대도시의 저소득 빈곤층이나 쉴 곳을 마련할 여유가 없던 사람들 사이에서는 더욱더 그랬다. 이 장에서는 도시의 풍요로움과 불평등 때문에 우리의 신체가 전염병에(그리고 더 일반적으로는 죽음에) 취약해지는 생활방식이 형성되는 과정에 초점을 맞춰 살펴보려고 한다. 도시를 혁신하는 노력은 예술과 철학뿐만 아니라 오레오(Oreo) 쿠키와 길거리 마약 시장에서도 이뤄져야 한다.

식사량이 적고 운동을 자주 하는 사람들이 모여 사는 파크 애비뉴(맨해튼의 초고층 주상복합 아파트 건물 – 옮긴이)의 도시적 삶은 기름에 튀긴 저렴한 패스트푸드를 즐겨 먹는 사람들이 많은 가난한 동네의 도시 생활과는 대조적이다. 건강과 관련된 다른 모든 것과 마찬가지로 비만, 오피오이드 남용, 흡연 등과 관련된 성향은 학력과 소득 수준에 따라 다르게 나타난다. 조사에 따르면 대학 졸업자의 28퍼센트가 비만인 반면 학사학위가 없는 사람은 40퍼센트가 비만인 것으로 나타났다.[10] 또한 오피오이드 과다복용 사망률은 대학 학위가 없는 사람들 사이에서 훨씬 많았다. 흡연율도 고등학교 졸업자 또는 그 이하의 학력자가 대학교 졸업자의 세 배나 된다.[11]

우리가 사는 도시가 계층별, 문화권별로 분리되어 있다는 특성은 서로 다른 문화가 한 도시 안에 공존한다는 뜻이다. 엘리트들이 모여 사는 동네의 문화는 청교도적일 정도로 엄격한 경향인 데 비해 가난한 동네의 문화는 건강을 해치는 많은 행동을 너그럽게 받아들인다. 부자들이 보여주는 절제에는 나름대로의 희생이 뒤따르긴 한다. 맨해튼의 자살률이 뉴욕의 다른 네 개 자치구들의 자살률보다 33퍼센트나 높기 때문이다. 그러나 이 높은 자살률은 도시에 사는 부자와 빈자 사이의 기대수명 격차를 줄이는 데는 거의 영향을 미치지 않는데, 그 격차는 평균 10년쯤 된다.[12]

현대의 도시 불평등 정도는 매우 심각하며 도시의 큰 과제로 자리 잡았다. 이렇게 된 이유 중 하나는 시민 사이의 불평등 격차가 워낙 크다보니 운명 공동체라는 인식이 시민 사이에서 희미해졌기 때문이다. 부자와 빈자 사이의 사망률 격차는 특히 끔찍하다. 여러 세대에 걸쳐 아이들은 1912년에 빙산과 충돌해서 침몰했던 여객선 타이타닉호에서 "부자는 가난한 사람과 함께 타지 않겠다고 했고 (…) 그래서 부자는 가난한 사람을 아래쪽으로 밀어버렸고 결국 가난한 사람이 먼저 죽음의 길로 떠나야 했다"라는 내용의 슬픈 노래를 불러왔다. 삼등석 승객은 26퍼센트만 살아남았지만 일등석 승객은 62퍼센트가 살아남았다는 사실은 누가 보더라도 무언가 잘못되었다고 느낄 것이다.[13] 그렇다면 현대의 도시는 1912년의 여객선 타이타닉호와 과연 얼마나 다를까?

보건 분야의 불평등 격차를 줄이는 일의 가장 큰 과제는 누군가의 죽음 혹은 어떤 계층의 죽음은 정부 정책에 따라 얼마든지 바뀔 수 있는 의료 서비스 접근성뿐만 아니라 흡연, 비만, 불법 약물 사용 같은 행동에 따라서도 달라진다는 점이다. 가장 독재적인 정부만이 사람들이 각자 무엇을 먹을 수 있고 먹을 수 없는지 지정하고 강제할 수 있다. 역사적으로 볼 때 시민의 건강을 최우선시했던 시장으로 꼽히는 마이클 블룸버그(Michael Bloomberg) 뉴욕 시장조차도 설탕이 들어간 음료의 총소비량을 제한하려 하지 않았다. 다만 음료의 용량을 16온스(약 450그램) 이하로 제한하려고만 했을 뿐이다. 그런데도 뉴욕주 항소법원은 그의 편을 들어주지 않았다.[14]

건강과 관련된 여러 행동은 인구집단별 사망률 차이를 초래하는 원인으로 알려져 왔다. 약 50년 전 위대한 보건경제학자 빅터 푹스(Victor Fuchs)는 "미국 서부에는 소득과 의료 서비스의 수준이 거의 같고 많은 면에서 비슷하며 인접해 있는 두 주가 있다. 바로 유타와 네바다다. (…) 그런데 유타의 주민은 미국에서 가장 건강한 반면 네바다의 주민은 그 스펙트럼의 반대쪽 끝에 있다. (…) 생활방식의 차이가 사망률 차이를 설명해준다"라고 지적했다.[15] 술과 담배는 라스베이거스 카지노들에서는 일상적이지만 청빈한 생활을 하는 모르몬교 가정에서는 찾아볼 수 없다.

건강과 관련된 행동을 바꿀 수 있는 단 하나의 고정된 정책은 없다. 가장 손쉽게 실행할 수 있는 정책은 현재 상황을 더 악화시키는 정책을 재고해서 좋은 정책으로 바꾸는 것이다. 예컨대 옥수수 생산에 보조금을 지급하거나 불법적인 오피오이드 마케팅을 규제하는 정책이 그렇다. 오피오이드 구입비는 물론 민간 보험회사나 개인이 부담하기도 하지만 메디케이드나 메디케어 같은 공적인 보험제도가 부담한다. 사람들이 건강을 먼저 생각하게 만드는 여러 가지 넛지(nudge, 강압하지 않고 부드러운 개입으로 사람들이 더 좋은 선택을 할 수 있도록 유도하는 방법 – 옮긴이)도 유용한데, 특히 공립학교에서는 더욱 그렇다. 때로는 담배처럼 건강에 해로운 제품에 따르는 사회적 비용이 워낙 많다 보니 이런 제품에 무거운 세금을 부과하는 조치가 정당화되기도 한다.

그렇긴 하지만 건강한 행동들은 늘 사회에 어려움을 안겨준다. 사람들이 자신이 떠안을 위험을 고려해 건강에 나쁜 행동을 자제한다면 더할 나위 없이 좋겠지만 실제 현실에서는 그렇지 않다. 사람들이 자기 몸을 약간 해칠 수도 있는 자유를 누리는 건 마땅하다. 또 사람들은 실제로 그렇게 한다. 개인의 개성을 정부가 결정할 수는 없기 때문이다. 그러나 교실과 직장과 아침 식탁에서 바람직한 행동을 장려하는 것은 얼마든지 가능하다.

전 세계 어디서든 간에 학교교육은 개인적인 차원의 건강을 예측할 수 있는 가장 강력한 지표다.[16] 교육은 사람들에게 더 건강한 선택권을 줄 수 있다. 게다가 학교교육에 대한 투자로 사람들의 건강을 개선할 수 있다. 본인뿐만 아니라 주변의 다른 사람들에게서 올 위험도 줄어들기 때문이다. 사람들의 행동을 규정하는 사회적 규범도 사람들의 건강을 규정하는데 이런 사실은 특정 지역이 질병, 특히 코로나19에 상대적으로 더 취약한지 아닌지 알려줄 수 있다. 이런 사회적 규범을 통제하는 것이야말로 장차 닥칠 수도 있는 팬데믹에 대비하는 열쇠다.

건강 격차: 도시의 건강 그리고 당신이 어울리는 집단

그렇다면 어떤 도시, 어떤 장소가 죽음과 가장 자주 맞닥뜨릴까? 이 질문의 해답을 찾기 위해 우리 저자들 가운데 한 명인 데이비드 커틀러는 미국 사회보장제도의 기록을 포함해 엄청난 양의 자료를 분석하는 연구 프로젝트를 수행했다. 이 자료를 통해 우리 저자들은 각 도시에 사는 사람들의 연령대별 사망률을 파악할 수 있었다. 그리고 이 연령대별 사망률을 이용해서 전형적인 40세 사람이 앞으로 몇 년을 더 살지 추정했다. 예를 들어 표본의 절반이 그해에 사망하고 나머지 절반이 다음 해에 사망한다면 평균 기대수명은 1년이 된다(그해에 사망하는 사람의 평균 기대수명이 0.5년이고, 다음 해에 사망하는 사람의 평균 기대수명은 1.5년이기 때문에 이 둘을 평균하면 1년이 된다).

　지역 간 기대수명의 차이는 매우 크다. 미국에서 인구가 가장 많은 도시 100곳 중 40세인 사람의 기대수명이 가장 높은 곳은 캘리포니아의 새너제이로 45.4년이다. 가장 낮은 곳은 네바다의 라스베이거스로 41.0년이다. 각각 85.4세까지와 81세까지 산다는 이 4.4년이라는 차이는 미국에서 암으로 인한 모든 사망을 제외했을 때 얻을 수 있는 기대수명 연장보다 폭이 크다. 유방암, 폐암, 전립선암 등을 모두 치료한다고 하더라도 기대수명은 평균 3년 정도밖에 늘어나지 않는다. 즉 새너제이와 라스베이거스의 기대수명 차이는 암 사망에 따른 기대수명 차이보다 더 크다는 말이다.[17]

기대수명이 높은 도시들은 학력 수준이 높고 인구가 많다. 샌프란시스코, 보스턴, 뉴욕은 모두 새너제이와 함께 학력이 가장 높은 축에 든다. 학력 수준이 낮은 곳으로는 인디애나의 게리와 같은 러스트 벨트(rust-belt, 미국 북부의 사양화된 공업 지대 – 옮긴이)의 도시들과 버밍엄, 앨라배마, 오클라호마시티 같은 남부 도시들이 있다.[18] 이 지역들에는 학력이 낮은 인구집단이 많이 있는데, 고임금 공장 일자리가 정규 교육을 별로 필요로 하지 않기 때문이기도 하고 흑인과 백인의 분리를 규정한 짐크로 법의 유산 때문이기도 하다.[19]

건강한 행동이든, 그렇지 않은 행동이든 사람이 하는 행동은 친구 또는 이웃의 영향을 받는다.[20] 만약 내가 흡연자들을 알지 못한다면 담뱃불을 붙이는 나의 행동은 부자연스럽게 보일 수밖에 없다. 담배, 마리화나, 전자담배 또는 음주에 자주 노출되는 10대 청소년은 이런 것들을 시도할 가능성이 상대적으로 높다. 이 청소년의 친구들은 규칙을 바꾸거나 새로운 제품을 소개하거나 마약상과 거래함으로써 그 청소년의 행동에 영향을 미칠 수 있다.[21] 또한 동네에 있는 가게들은 그 동네에 사는 사람들의 선호를 반영한다. 패스트푸드를 좋아하는 사람들이 많이 사는지, 채식주의자들이 많이 사는지에 따라 동네 사람들이 구매하는 제품이 달라질 수 있다.

새너제이와 보스턴, 뉴욕에는 부자들이 많이 산다. 이 지역 사람들이 장수하는 이유는 아마도 부자들이 건강한 식품이나 체육관 회원권 등 수명 연장에 도움이 되는 것들을 구매할 여유가 다른 인구집단에 비해 높기 때문일 것이다.[22] 위에 언급한 연구에서 우리는 사망률 기록과 일치하는 소득세 기록도 확인할 수 있었다. 그리고 소득 수준의 차이에 따라 도시마다 기대수명이 다르다고 결론을 내릴 수 있었다.

놀랍게도 부자들의 평균수명은 어떤 도시에서든 매우 비슷하다. 톨스토이가 썼던 문장을 살짝 바꿔서 말하면 부자들은 모두 엇비슷하다.[23] 그러나 가난한 사람들의 사망률은 거주하는 도시에 따라 크게 다르다. 뉴욕에서 소득 분배 하위 4분의 1에 속하는 40세 시민은 앞으로 42년 더 살 수 있다고 기대된다.[24] 인디애나 게리에서는 이 기대수명이 5년이나 줄어든다. 그런데 소득분포 상위 4분의 1에 속하는 사람들의 기대수명 차이는 2년밖에 되지 않는다. 이는 특히 놀라운 일이다. 뉴욕의 주거지 임대료가 상대적으로 높기 때문에 소득이 똑같다고 가정하면 뉴욕에 사는 가난한 사람들이 게리의 가난한 사람들보다 불리하다.

다른 도시들 간 차이는 뉴욕와 게리의 차이를 반영한다. 이 상관성은 미묘하지 않고 매우 확연하다. 기대수명이 긴 도시들에서는 학력이 높은 사람이 많이 산다. 이 도시들은 상대적으로 더 부유하고 중산층도 많다. 기대수명의 차이는 가난한 사람들에게서 가장 뚜렷하게 나타난다.

그렇다면 장수와 관련이 없는 것은 무엇일까? 빈곤층의 수명은 보험에 가입한 사람의 비율이나 1인당 의료비 지출액과는 관련이 없다. 이런 것들이 건강에 중요하지 않다는 말이 아니다. 오히려 병이 났을 때 의료 서비스를 얼마나 쉽게 받을 수 있느냐는 매우 중요하다.

그러나 특정 개체군의 특성에서 가장 중요한 건 그 집단이 애초부터 쉽게 병에 걸린다는 점이며, 이는 주로 그들이 하는 행동으로 결정된다. 저소득층의 흡연율을 따져보면 뉴욕이 게리보다 30퍼센트 낮다. 비만율도 뉴욕이 30퍼센트 낮다.[25] 흡연율과 비만율이 낮다는 것은 심장병, 암, 근골격계 질환, 그 밖의 다른 질환에 걸릴 위험이 그만큼 낮다는 뜻이다.[26] 우리가 알 수 있는 모든 점에서 뉴욕은 게리보다 건강한 도시다.

몇몇 도시들이 다른 도시들보다 더 건강하다는 것은 전 세계적으로도 사실이다. 영국의 런던 사람들은 글래스고 사람들보다 평균 5년 이상 오래 산다. 영국인은 글래스고에 사는 사람들은 건강이 나쁘다는,[27] 이른바 '글래스고 효과(Glasgow effect)'를 이야기할 때 마치 '프랑스의 역설(French paradox, 프랑스인들이 기름진 음식을 그렇게 많이 먹어대면서도 심혈관 질병 발생률이 낮은 현상 – 옮긴이)'을 언급하는 전염병학자들처럼 말한다.[28] 런던과 글래스고에 사는 사람들은 모두 건강보험에 가입되어 있으며 사회안전망도 강력하지만(미국보다 강력한 건 분명하다) 런던 사람은 글래스고 사람보다 부유하고 학력도 높다.[29]

프랑스에서는 파리의 기대수명이 가장 높다.[30] 스페인에서는 마드리드가 그렇다.[31] 독일은 뮌헨이고 이탈리아는 트렌토이며 오스트리아와 인접한 높은 산 근처에 있는 지역이 부유하다. (이탈리아의 경제 수도로 불리는) 밀라노를 포함하는 지역의 위치도 가장 북쪽이다. 캐나다에서는 가장 건강한 사람과 가장 건강한 행동이 밴쿠버와 토론토, 오타와 주변 지역에서 발견된다.[32] 이 도시들은 모두 그 나라의 수도가 아니며 인구밀도가 높지도 않지만 모두 부유하고 학력이 높다.[33]

하지만 전반적으로 건강한 도시에서도 일찍 죽는 사람들이 많다. 가난한 사람들도 건강하게 살아가는 도시의 대표 선수라고 할 수 있는 뉴욕을 예로 들어보자. 맨해튼의 어퍼 이스트 사이드 지역의 기대수명은 86세. 그런데 여기서 지하철로 한 시간 거리인 브루클린의 브라운스빌로 가보자. 어퍼 이스트 사이드에서 19킬로미터 떨어진 이 지역의 기대수명은 약 11년이 줄어든다. 거의 2킬로미터에 1년씩 줄어든 셈이다.[34] 런던의 캠든 자치구에서는 여성의 기대수명이 87세인데 여기서 동쪽으로 26킬로미터 떨어진 바킹과 대거넘에서는 기대수명이 5년이나 줄어든다.[35]

맨해튼의 어퍼 이스트 사이드에는 없지만 브라운스빌에는 있는 사인(死因)은 무엇일까? 그 사인은 하나가 아니다. 두 지역의 사인은 비슷하지만 각각의 사인은 브라운스빌에서 더 많이 나타난다. 브라운스빌에서는 폭력으로 인한 사망이 더 흔하며 심장병과 암도 마찬가지다. 영아 사망률도 브라운스빌에서 더 높다. 실제로 브라운스빌에서는 살인보다 '자연사'의 수준이 특이할 정도로 높다.[36]

브라운스빌에서 사람들이 많이 죽어나가는 데는 그만한 이유가 있다. 브라운스빌 주민의 흡연율은 어퍼 이스트 사이드 경우의 두 배다.[37] 브라운스빌 주민의 비만율은 맨해튼에서 비만도가 낮은 가장 지역의 비만율의 10배나 된다. 또 브라운스빌은 뉴욕의 모든 지역을 통틀어 에이즈와 C형 간염 감염률이 가장 높다. 이 모든 요인이 작용해 브라운스빌의 기대수명을 갉아먹는다.

뉴욕에서 2020년 이전에 나타났던 건강 관련 패턴은 코로나19 팬데믹 기간에도 뚜렷하게 반복되었다. 이 도시에서 가장 가난한 지역의 코로나19 환자 발생 수는 가장 부유한 지역의 네 배나 되었다.[38] 필수노동자의 수, 여러 세대가 함께 사는 다세대 가구의 수, 대중교통의 이용도 등 여러 가지 이유로 코로나19는 어퍼 이스트 사이드보다 브라운스빌을 훨씬 강력하게 때렸다.

그 한 가지 이유는 맨해튼의 부유한 사람들은 회사로 출근하지 않고 재택근무를 하거나 아예 일을 그만둘 만큼 여유가 있었기 때문이다. 에드워드 글레이저는 두 명의 연구자와 공동으로 뉴욕의 코로나19 확진자들의 이동성을 휴대폰과 지하철 개찰구 기록으로 추적했다. 그 결과 2020년 4월과 5월 두 달 동안 한 지역에 사는 사람들의 이동 횟수가 10퍼센트 줄어들면 그 지역의 확진자 발생 수는 20퍼센트 줄어들었다.[39]

뉴욕의 부유한 사람과 가난한 사람 사이에는 일자리를 창출하지만 질병을 퍼뜨릴 수 있는 업종이 있다. 맨해튼에는 요식업 종사자 12만 7,500명이 일하는데 이 중 맨해튼에 거주하는 사람은 4만 명 미만이다. 어퍼 이스트 사이드의 스타벅스에서 일하는 바리스타는 아마도 브롱크스에 거주할 것이다.

뉴욕의 전체 요식업 종사자 중 7만 5,000명에 육박하는 사람들이 퀸즈에 살며 6만 5,000명은 브루클린에 산다.[40] 그리고 1만 명 이상은 퀸즈의 이웃 지역인 중산층 잭슨 하이츠와 노스 코로나에 거주한다. 이곳은 인구의 90퍼센트가 백인이 아니며 60퍼센트가 외국에서 태어나 미국으로 이주했다. 이곳의 중위가구소득(median household income)은 5만 5,000달러다.[41] 그리고 5,500명은 브롱크스의 헌츠포인트 지역에 사는데 이 지역의 중위가구소득은 2만 5,000달러 미만이다. 맨해튼에 사는 사람이라면 은둔 생활을 하지 않는 한 다른 지역에서 온 사람들을 피할 방법이 없다.

반대로, 부자도 가난한 사람에게 질병을 퍼뜨린다. 코로나19만 하더라도 부자가 대륙을 가로질러 이동하면서 질병의 씨앗을 저소득 지역에 뿌렸다.[42] 도시에서 도시로 이동하는 여행도 가난한 사람보다 부자가 더 많이 한다. 질병이 확산할 때 부자는 은둔 생활을 했지만 가난한 사람은 (다행히 일자리를 유지한 사람이라면) 일하러 다니느라 계속 이동할 수밖에 없었고, 그렇게 이동하면서 계속 바이러스에 노출되었다. 맨해튼의 부유한 지역 주민은 이동을 줄일 수 있다. 그러나 브라운스빌의 가난한 주민은 집세 낼 돈을 마련하기 위해 일해야 하며 그러려면 집 바깥으로 나서야 한다.

전염병이 확산할 때는 심지어 도시 근처에 사는 것만으로도 위험할 수 있다.[43] 웨스트 체스터 카운티의 뉴로셸은 뉴욕에서 코로나 확진자가 처음으로 발생한 지역이다. 이 첫 번째 환자는 뉴로셸에서 맨해튼 중심가에 있던 로펌 사무실로 출퇴근하던 변호사였다. 그가 맨해튼이나 다른 곳에서 코로나19에 감염되었는지는 알려지지 않았지만 어쨌거나 교외 지역도 안전하지 않은 건 분명했다. 이른바 6단계 분리 이론(six degrees of separation, 모든 사람이 여섯 단계를 거치면 서로 아는 사이라는 이론 – 옮긴이)이 보여주듯 모든 사람은 불과 몇 개의 연결 고리만으로도 다른 모든 사람과 연결될 수 있다.[44]

도시화와 노동자의 비만율

뉴욕 성인의 4분의 1은 비만이다. 그런데 2020년 3월 기준 코로나19로 입원한 사람의 절반 이상이 비만이었다.[45] 49세 이하 중에서는 60퍼센트가 비만이었다. 비만인 사람은 생물학적 특성상 코로나19에 취약할 수밖에 없다.[46] 예를 들면 안지오텐신 전환효소 2(ACE 2) 수치가 높아 바이러스가 세포로 쉽게 진입할 수 있고 횡격막이 폐로 밀려 들어가 폐의 부피가 줄어들어 있다. 또한 혈액 응고 가능성이 상대적으로 높고 면역 세포의 수도 적다.

미국 질병통제예방센터는 개인이 암, 만성적인 신장 질환, 호흡기 질환, 심각한 심장 질환, 당뇨병, 면역력 저하, 비만 같은 위험 요인 중 하나라도 가지고 있으면 코로나19에 걸려 중증도로 나아갈 위험이 매우 커진다고 말한다.[47] 비만은 직접적인 영향을 미치기도 하지만 다른 많은 위험 요소를 강화하기도 한다. 흡연도 마찬가지다.

전 세계의 부유한 도시에서는 높은 비만율이 코로나19를 한층 치명적으로 만들었지만 그렇게 보면 세계에서 가장 가난한 도시들은 낮은 비만율로 덜 치명적이었을 수도 있다. 2020년 7월 기준 뭄바이 빈민가 주민의 50퍼센트 이상의 몸에서 코로나19 항체가 생성되었는데[48] 뭄바이를 비롯해 인도 전역의 코로나19 사망률은 상당히 낮았다.[49] 그 이유를 추정할 때 인도의 빈민가 주민들이 가난하다 보니 살이 찔 수 없었기 때문이라는 가설은 상당히 설득력이 있다.

물론 도시에 산다고 해서 몸무게가 상대적으로 늘어나는 것 같지는 않다. 맨해튼의 비만율은 15퍼센트이며 뉴욕주 나머지 지역의 비만율은 26퍼센트다. 샌프란시스코의 비만율은 캘리포니아 전체 비만율보다 8퍼센트포인트 낮다.[50] 심지어 시카고의 고향이라고 할 수 있는 쿡 카운티도 비만율이 28퍼센트로 일리노이주의 다른 지역에 비해 낮다. 그러나 도시화와 번영의 오랜 역사는 광범위한 비만을 초래하는 환경을 조성한다. 도시는 인류를 부유하게 만들었지만 이제 사람들은(특히 도시에 사는 사람들은) 예전보다 더 많이 먹으면서도 땀은 예전보다 덜 흘린다.

사람의 몸무게를 결정하는 요인은 많다. 그러나 칼로리의 섭취 및 소비가 가장 중요한 요인이다. 소비하는 칼로리보다 많은 칼로리를 섭취할 때 남은 칼로리는 체내에 저장된다.[51] 1800년 그리고 1900년에도 유럽인과 미국인은 노동으로 많은 칼로리를 소비했다. 농부는 허리가 끊어지도록 일했고 초기의 산업노동자는 편안한 의자에 앉아 일하는 것은 상상도 하지 못했다.

도시는 사람들이 앉은 자세로 노동하게 만드는 기술의 등장에 큰 역할을 했다. 19세기 시카고에서 사이러스 맥코믹(Cyrus McCormick)은 밀과 옥수수를 베어내는 노동을 획기적으로 줄여주는 곡물수확기를 만들었다.[52] 디트로이트에서 포드자동차는 부품들이 움직이고 노동자는 자리에서 움직이지 않은 채 일하는 자동화된 조립라인을 만들었다. 그리고 여기서 생산된 자동차 덕분에 사람들은 기차역이나 식료품점까지 힘들게 걸어 다니지 않아도 되었다. 20세기의 100년 동안 기계는 인간의 에너지를 더 많이 대체했고 그에 따라 사람들이 소비하는 칼로리의 양도 많이 줄어들었다.[53]

하지만 칼로리 소비가 줄어들었다고 해도 적절한 수준으로 줄어들었다면 비만이 유행병으로까지 확대되진 않았을 것이다. 1920~1960년대에 미국에서는 1인당 칼로리 섭취가 약 10퍼센트 감소해 자동차의 증가와 육체적 노력의 감소를 상쇄했다. 1960년대까지 우리는 지금과 마찬가지로 앉아 있는 생활을 했지만 1970년대 후반까지도 비만율은 약 15퍼센트 수준을 유지했다. 그런데 이 비만율이 2015년에 이르러서는 40퍼센트까지 올라갔다.[54]

1960년대 이후 미국의 비만율이 증가한 이유는 거의 전적으로 사람들이 더 많이 먹고 마셨기 때문인 것 같다.[55] 우리 저자들은 제시 셔피로(Jesse Shapiro)와 함께 1970년대 중반에서 1990년대 중반 사이의 식품 소비 추세를 분석하는 논문을 썼다. 미국 정부는 전체 개체군의 무작위 표본집단에 섭취하는 음식을 기록하는 일지를 쓰게 해서 사람들의 식습관을 바꿀 전체적인 계획의 틀을 잡는다.[56]

물론 사람들은 자기가 먹은 음식을 모두 일지에 적지는 않는다. 설문조사의 응답 내용만 보면 칼로리 섭취량이 지나치게 적은 것처럼 보인다. 일지를 기록하는 사람들의 몸무게를 고려하면 특히 더 그렇다. 그러나 칼로리 소비에서 드러나는 그 추세들은 정확해 보이며 식품 생산에서 발견되는 추세와도 일치한다.

1970년과 2000년 사이에 미국인의 하루 음식 섭취량은 3,300칼로리에서 4,000칼로리로 늘어났다. 몸무게는 1인당 약 4.5킬로그램이나 늘어났다. 쓰레기로 버려진 음식을 고려해서 보정하면 하루 섭취 칼로리는 2,054칼로리에서 2,560칼로리로 증가했다. 하루에 500칼로리를 더 섭취했다는 것은 30년 동안 음식 섭취량을 20퍼센트나 늘렸다는 뜻이다.[57] 식품 일지 자료에 따르면 하루 칼로리 섭취량은 남성과 여성에게서 각각 268칼로리와 143칼로리씩 증가했다. 이것만으로도 몸무게가 4.5킬로그램이나 늘어난 현상을 설명할 수 있다. 대략적인 경험칙(經驗則)에 따르면 사람이 하루에 100칼로리씩 더 섭취할 경우 몸무게는 약 4.5킬로그램 늘어난다고 할 수 있다.

1970년 이후에는 왜 음식 섭취가 늘어났을까?[58] 19세기의 산업도시였던 맨체스터에서는 아마도 도시의 식단 대부분이 기본적인 녹말과 통조림 고기로 구성되었을 것이다. 당시에는 사람들이 가난했기 때문에 다들 말랐다. 마음껏 먹을 수 있을 정도로 경제적인 여유가 없었고 먹는 행위 자체가 그다지 재미있는 경험도 아니었다. 그러나 1970년이 되자 사람들은 풍부한 칼로리를 섭취할 경제적인 여유가 생겼고 맛있는 음식도 많아졌다. 사람들은 요리연구가인 줄리아 차일드(Julia Child)를 텔레비전으로 만나볼 수 있었고, 초콜릿 수플레로 마무리하는 완벽한 프랑스 요리를 직접 만들어 먹을 수 있었다.[59]

1970년에는 사람들이 돈을 더 많이 썼고 더 맛있고 좋은 음식을 만들 수도 있었다. 그러나 이보다 훨씬 커다란 유혹이 사람들 앞에 나타났다. 바로 맛있는 음식을 접하는 데 들어가는 시간 비용이 급감한 것이다. 이는 도시의 혁신적인 발명품인 가공식품이 등장한 덕분이었다. 미국에서 구매된 음식의 칼로리 중 4분의 3 이상이 중등도 또는 고등도 가공식품에서 나온 것이다.[60] 냉동 감자튀김과 디저트, 통조림 식품, 빵과 시리얼, 조리된 음식, 사탕, 탄산음료 등이 여기에 포함된다. 1950년대에 가공식품은 희귀했지만 지금은 손만 뻗으면 어디에나 있다.[61]

음식을 준비하는 시간이 줄어들자 간식을 먹기가 한결 쉬워졌다. 1970년대에서 1990년대 사이에 남자는 '스낵'을 하루에 240칼로리 더 많이 섭취했고 여자는 160칼로리 더 많이 섭취했다. 전형적인 간식 유형도 1970년대에는 버터를 바른 빵이었지만 1990년대에는 감자칩과 탄산음료였다.[62] 새로 개발된 여러 기술 덕분에 달고 짜고 맛있는 식품이 저렴해졌고 이런 식품들을 전 세계에서 자판기 및 슈퍼마켓과 편의점에서 쉽게 구매할 수 있었다.

다른 여러 나라의 데이터는 다소 덜 명확하다. 영국의 데이터는 시간이 지남에 따라 섭취 칼로리가 감소한 것으로 나타났는데[63] 아마도 음식 일지 작성자가 줄여서 보고했기 때문일 것이다. 집에서는 적게 먹고 바깥에 나가서 더 많이 먹는 경향이 뚜렷하게 나타나고 있고, 식당이나 술집에서 섭취하는 칼로리를 제대로 계산하지 않아 그런 결과가 나타났으리라 짐작한다. 게다가 이 문제에 초점을 맞춘 연구조사는 미국에서보다 더 적었다.

대량생산 쿠키가 가져온 혁신의 덫

사회가 도시화되면서 농업 생산물을 도시의 식탁으로 운송하는 과정이 시작되었다. 일반적으로 생계형 농부는 밀의 파종에서부터 빵 굽기까지 식품 생산 과정의 거의 모든 단계를 직접 맡아서 했다. 도시인은 자신이 먹을 식품을 다른 사람에게 의존한다. 19세기 말에 도시 거주자들은 밀가루와 냉동 소고기 같은 꽤 기본적인 제품들을 받은 다음 이것을 먹을 수 있는 음식으로 요리해서 먹었다. 그런데 20세기를 거치면서 식품 가공과 관련된 변화가 집 밖에 있는 공장이나 슈퍼마켓에서 점점 더 많이 이뤄졌다.

도시가 제공하는 이점 덕분에 도시에 사는 사람들은 더 맛있는 식품을 더 쉽게 얻을 수 있었다. 현재 구글이 소유한 쇼핑몰 건물인 첼시마켓(Chelsea Market)은 15번 스트리트에서 16번 스트리트, 9번 애비뉴에서 10번 애비뉴에 이르는 맨해튼 전체 블록에 자리를 잡고 있다. 오늘날 이 건물은 요리와 관련된 창의력으로 넘쳐나지만 나비스코(National Biscuit Company, Nabisco)의 대표 빵집으로서 훨씬 중요한 이력을 자랑한다. 이 공장은 나비스코의 경쟁자 및 노동자들의 지혜를 지렛대로 활용한 일종의 혁신 기계였다.[64]

나비스코에서 가장 유명하고 대단한 제품은 두 개의 초콜릿 비스킷을 흰색 크림으로 붙여서 만든 쿠키였다. 이 설명에 맞는 최초의 쿠키는 루즈-와일즈 비스킷 컴퍼니(Loose-Wiles Biscuit Company)가 캔자스시티에서 하이드록스(Hydrox)라는 이름으로 만든 것이었다.[65] 그보다 더 유명한 오레오라는 이름의 두 번째 쿠키는 나비스코가 뉴욕과 시카고에서 생산했다. 나비스코에서는 직원이면 누구나 자신이 만든 쿠키를 제안할 수 있었다. 《스튜어트 리틀》과 《샬롯의 거미줄》을 쓴 작가 엘윈 브룩스 화이트(Elwyn Brooks White)는 1931년에 나비스코 공장을 방문했는데 "누구나 맛볼 수 있도록 냉수기 옆에 선반에 놓여 있던" 쿠키 제품에 깊은 인상을 받았다.[66]

나비스코의 대량생산 쿠키 혹은 대량 가공식품의 핵심은 공장에서 고객의 입으로 이어지는 긴 여정 동안에도 맛을 안전하게 유지하는 것이다.[67] 그러려면 접촉되는 공기를 조절하고 미생물로 인한 부패를 방지하며, 풍미를 보호하고 습기를 보존하며 온도를 조절해야 한다. 지난 수십 년 동안 식품 가공과 포장 분야에서 나타났던 혁신들은 이런 각각의 문제를 해결할 역량을 높여왔다.

식품 제조업체는 공기 조절 포장(controlled atmosphere packaging, 축산물을 포장할 때 병원성 미생물의 성장을 억제하기 위해 산소와 질소와 이산화탄소를 주입하는 포장 방법 – 옮긴이), 더 최근에는 기체 조절 포장(modified atmosphere packaging, 포장 속의 산소와 질소, 이산화탄소의 조성을 조절해 식품의 저장 수명을 늘리는 포장 방법 – 옮긴이)을 통해 식품이 저장되는 공기의 환경을 조절할 수 있다.[68] 살아 있는 세포가 있는 과일이나 채소 혹은 그 밖의 다른 음식을 포장할 때는 이런 기술을 동원해서 식품의 숙성을 늦추고 부패를 방지한다. 신선한 파스타나 미리 만들어진 샐러드, 조리된 치킨과 같은 포장 제품은 포장 내부의 공기를 조절함으로써 음식의 내구성을 크게 높일 수 있다.

방부제는 식품의 유통기한을 늘리는 데 단단히 한몫했다. 예를 들면 빵 종류의 식품에서 곰팡이의 성장을 막는 방부제, 세균의 성장을 막는 방부제 등이 그렇다. 또한 과산화수소 멸균법(1981년 승인)과 스트레치 랩 필름(1976년 도입)을 적용함으로써 유해 미생물을 쉽게 제거하고 식품을 밀봉할 수 있게 되었다. 1970년대 이후로 식품조사(food irradiation, 살균·보존·발아 방지 등을 위해 식품에 방사선을 쏘이는 것 – 옮긴이) 기술이 발전했는데 이 기술은 느린 속도로 확산되다 1986년에 미국 식품의약국이 광범위한 사용을 허용한 뒤부터 빠르게 확산되었다.[69]

식품 가공의 주요 문제는 포장이 음식의 맛에 악영향을 미칠 수 있다는 점이다.[70] 향미 관련 화학물질이 식품에 침습하는 것을 막을 목적으로 특별히 제작된 재료를 첨가하는 '향미 장벽(flavor barrier)' 기술은 1980년대에 발전했다. 게다가 식품 산업은 소비자의 까다로운 기호와 변덕에 맞춰 맛을 설계하려고 화학자들을 점점 더 많이 채용하고 있다.[71] 이 화학자들은 특정한 음식이 사람의 입맛에 맞도록 실험실에서 화학적 합성 과정을 통해 만들어낸다. 그리고 식품 제조업체는 미리 준비된 음식을 더 맛있게 만들 목적으로 이런 인공 향료들을 첨가한다. '달콤한 마우이 양파 맛', '메스키트 불 향 바비큐 맛'이 나는 감자칩이 시중에 나와 있는데 대체 어떤 소비자가 이걸 마다하고 평범한 감자칩을 원하겠는가?

온도와 습기는 냉동식품이 극복해야 하는 과제다. 식품 포장 안에 수분이 모이면 얼음 결정이 형성되어 식재료가 분리되는데 그러면 음식의 질감이 바뀐다. 또한 냉동고에서 식품이 탈수되면 표면이 건조해지는[72] 이른바 냉동상(冷凍傷, freezer burn) 현상[73]이 일어나 음식의 맛과 풍미가 나빠진다. 그러나 폴리에틸렌 플라스틱을 비롯한 포장 재료 분야가 발전하면서 식품 포장의 내부에 있는 수분을 통제할 수 있게 되었다. 이로써 냉동 보관의 유효기간이 늘어나고 음식의 맛도 더 좋아졌다.

또한 가전제품에 적용되는 기술이 발전하면서 음식의 맛이 개선되고 음식을 준비하는 시간이 줄어들었다. 전자레인지는 레이더 기술 발전의 부산물로 1940년대에 개발되었다가 1970년대에 널리 사용되었다. 1978년까지만 해도 미국 가정의 8퍼센트만이 전자레인지를 사용했지만 1999년에 이 수치는 83퍼센트로 올랐다.[74] 한편 냉장고의 성능도 개선되었다.

평범한 빵 한 덩어리를 놓고 생각해보자.[75] 구운 빵은 마른 쿠키와 다르게 약간 축축한 환경에서 사나흘만 있으면 곰팡이가 핀다. 사나흘이라는 시간은 공장에서 빵을 구운 다음 식료품점을 거쳐 가정의 식탁에 오르기까지의 유통경로를 생각하면 충분히 긴 시간이 아니다. 빵이 대량생산되려면 유통기한이 훨씬 더 길어야 했다.

방부제는 밀과 빵을 대량으로 판매하는 사람들을 시간의 족쇄에서 해방했다. 가장 인기가 좋은 방부제는 소르브산(sorbic acid)인데 이는 자연적으로 발생한다. 이것을 분리하는 기술이 1859년에 개발되었다. 1930년대 후반 독일과 미국의 화학자들은 소르브산이 곰팡이의 성장을 늦춘다는 것을 발견했다. 미국은 1953년에 소르브산을 식품 첨가제로 승인했고 이제는 흔한 물질이 되었다. 오늘날 소르브산은 산업적으로 대량 매매되며 모든 종류의 빵 제품에 들어갈 뿐만 아니라 치즈와 와인에도 들어간다.[76]

그 결과 며칠 또는 심지어 몇 주 동안 상온에 두어도 변질되지 않는 제빵 제품들이 무제한으로 공급될 수 있었다. 이제는 거의 모든 곳에서 구운 제품을 공급한다. 방부제 덕분에 사람들은 정기적으로 쇼핑하지 않아도 되었는데, 이는 결국 음식에 들이는 시간 비용을 줄이는 효과로 이어졌다.[77]

헨리 포드 같은 산업혁명의 거물들은 부자와 가난한 사람 모두를 상대로 상품을 대규모로 판매함으로써 상품의 단가를 낮췄다. 나비스코도 바로 이런 모델을 따라 전 세계의 사람에게 오레오 쿠키를 팔았다. 그러나 대량으로 판매되는 맛있는 간식은 가난한 고객에게 더 특별한 매력으로 다가갔고, 이렇게 해서 빈부 간의 비만 격차와 사망률 격차는 점점 더 커졌다.

도시의 상징, 프렌치프라이의 탄생

많은 연구논문이 특정 지역의 빈곤과 패스트푸드의 이용 사이의 연관성을 다루는데, 일부 논문들은 로스앤젤레스 같은 대도시 지역에 초점을 맞춘 다음 "흑인 거주자의 비율이 상대적으로 높은 가난한 동네들은 선택의 폭이 상대적으로 적고 패스트푸드 식당은 상대적으로 많다"와 같은 결과를 보고했다.[78] 다른 논문들은 전국적인 관점에서 "흑인 인구가 압도적으로 많은 도시 지역에서는 전체 식당에서 패스트푸드 식당이 차지하는 비율이 통계적으로 높다"와 같은 결론을 내리고 있다.[79] 심지어 미국이 아닌 다른 나라에서도 연구자들은 1,000명당 평균 맥도날드 매장 수와 이웃 간 관계가 관련이 있다고 보고한다.[80]

그럼에도 패스트푸드의 본질적인 속성인 '속도'는 부자와 빈자 모두에게 매력적이다. 코로나19 이전에는 20세 이상 성인의 37퍼센트와, 연방이 정한 빈곤선(생계를 유지하는 데 필요한 최저 소득 기준 – 옮긴이)의 3.5배 이상을 버는 가정의 42퍼센트가 날마다 패스트푸드를 먹었다.[81] 즉 가난한 사람은 중간소득을 벌어들이는 미국인보다 패스트푸드를 덜 먹지만, 학력이 높은 사람은 허리둘레를 늘려주는 선택을 조금 더 많이 하는 것으로 나타났다.

맥도날드의 프렌치프라이는 맛있는 간식과 건강하지 않은 도시 음식을 동시에 상징하는 상징물이 되었다. 맥도날드의 프렌치프라이 라지 사이즈는 490칼로리인데 이는 1970~2000년까지 늘어난 음식물 섭취 칼로리의 양과 거의 같다.[82]

감자를 굽고 삶고 으깨서 만드는 요리는 수백 년 동안 미국 식단에서 중요했다. 그러나 제2차 세계대전 이전에 이 감자 요리는 일반적으로 가정에서 조리해 먹었다. 감자의 껍질을 벗기고 채를 썬 다음 기름에 튀기는 프렌치프라이는 집에서나 식당에서나 별미였다. 그런데 이런 관행을 바꾸는 어마어마한 일을 한 남자가 해냈다.

감자 사업가였던 존 리처드 심플롯(John Richard Simplot)은 아이오와에 있던 '뗏장으로 지붕을 덮은 통나무집'에서 태어나 나중에 '프렌치프라이의 왕'이 되었다. 그의 맞춤형 자동차 번호판에는 '미스터 스퍼드(MR. SPUD)'라고 쓰여 있다(미국에서는 일정한 금액을 내기만 하면 원하는 문구나 숫자로 자기만의 맞춤형 자동차 번호판을 만들 수 있다 – 옮긴이). 그가 어린아이일 때 그의 가족은 아이다호로 이사했다. 그는 농사일을 해야 했기에 열네 살에 학교를 그만두었다. 〈뉴욕 타임스〉에 실린 그의 부고에 따르면 "돼지를 쳐서 남긴 이득을 밑천으로 감자 농사를 시작했고" 20세가 된 1929년에 J.R. 심플롯 컴퍼니(J.R. Simplot Company)를 설립했다.[83]

심플롯은 도시인은 아니었지만 나비스코와 마찬가지로 식품 혁신가였다.[84] 그는 인건비를 줄이려고 감자 선별기를 샀다. 처음에는 생산량을 늘리려고 비료를 채택했고 그 뒤에는 인산염을 직접 채굴하기 시작했다. 1940년 무렵 그의 농장은 아이다호에서 감자를 가장 많이 생산할 정도로 덩치가 커졌다.

제2차 세계대전 때 유럽과 남태평양에 나가 있던 미군의 양식을 조달해야 했기에 식품은 예전보다 훨씬 더 먼 거리로 운송되었다. 심플롯은 채소의 수분을 제거하는 방식으로 장거리 운송을 가능케 했는데, 처음에는 양파부터 시작해서 나중에는 감자까지 그렇게 했다. 그는 세계에서 가장 큰 식품 건조 공장을 지었다. 군인들은 어차피 늘 배가 고팠기에 탈수 처리를 한 감자가 맛이 없어도 문제가 되지 않았다. 그러나 전쟁이 끝난 뒤 이 건조 공법을 거친 음식은 까다로운 소비자의 입맛에

는 맞지 않을 것 같았다.[85]

심플롯의 스타 화학자였던 레이 던랩(Ray Dunlap)은 1945년에 대량생산이 가능한 프렌치프라이의 비밀을 발견했다. 바로 냉동이었다.[86] 심플롯은 처음에는 냉동한 감자가 버섯으로 변하리라 생각하면서도 던랩에게 커다란 냉동고를 사주었다. 몇 달 뒤 던랩은 미리 익혀둔(혹은 데쳐둔) 감자튀김이 냉동 상태에도 맛을 유지한다는 사실을 알아냈다.

냉동 감자는 원래의 맛을 그대로 유지했고 튀기지 않고 오븐에서도 조리할 수 있었다.[87] 그래서 식료품점에서 프렌치프라이를 사서 집에서 요리해 먹기가 한결 간편했다. 1960년대에 심플롯은 맥도날드의 레이 크록(Ray Kroc)과 손잡고 맥도날드 프렌치프라이의 최대 공급자가 되었다. 심플롯은 이 거대 패스트푸드 회사에 프렌치프라이를 납품하기 위해 전용 공장을 지었다. 2008년 그가 99세의 나이로 사망했을 때 이 프렌치프라이 왕의 재산은 40억 달러였다.

심플롯은 악당이 아니었다. 그는 수십억 명이 즐겨 먹는 식품을 저렴하고 효율적으로 운송하는 방법을 알아낸 기업가였다. 그러나 불행하게도 대량생산된 프렌치프라이는 과거 집에서 요리해서 먹던 감자보다 건강에 나쁘다. 선택지가 많아질 때 사람들은 더 행복해질지 모르지만 날씬한 허리둘레는 유지할 수 없다.

중앙에서 음식을 만들어 사람들에게 개별적으로 전달할 수 있게 되면서 가공식품의 현금 비용 및 시간 비용이 줄어들었다.[88] 대형 생산 공장들은 가정이나 동네 빵집보다 적은 노동력을 들여 빵과 프렌치프라이를 만든다. 이렇게 해서 현금 비용이 줄어들었다. 그러나 이보다 더 중요한 사실이 있다. 식품의 산업적 생산이 식품에 접근하는 시간 비용을 낮춘다는 점이다. 자판기의 버튼을 누르는 데 드는 시간은 무언가를 직접 요리하는 데 드는 시간보다 훨씬 짧다. 사람들은 오늘도 줄리아 차일드의 요리 프로그램 재방송을 보면서 음식을 준비하고 요리하는 과정이 얼마나 많은 시간이 걸리는지 새삼 느낀다.

기술 변화와 비만율 증가 사이의 연관성은 전 세계 사람들의 몸무게 증가 현상을 설명해준다.[89] 비만은 모든 지역에서 증가했지만 특히 영어권 국가에서 크게 증가했다.[90] 미국, 영국, 캐나다, 호주는 일반적으로 유럽 대륙보다 규제가 약한데[91] 특히 음식 규제가 느슨한 편이다. 한 예로 독일의 맥주순수령(Reinheitsgebot)은 1516년에 만들어진 것으로 맥주를 만들 때 들어가는 원료로 홉, 보리, 물, 효모만 허용한다.[92] 영국이나 미국에서는 이런 규제가 따로 없다. 이는 규제보다는 소송에 더 많이 의존하는 관습법적인 전통 그리고 맥주 선적과 보존을 더 중요하게 여겨 농장보다는 공장을 중시하는 전통이 반영된 것이다.

영국 음식이 형편없다는 평판은 1980년대까지 이어졌는데 이는 영국의 급속한 산업화 때문이기도 하다. 19세기의 가난한 공장 노동자는 자기보다 더 가난한 프로방스 농민이나 바이에른의 농민이 먹던 신선한 음식보다 더 나쁜 음식, 즉 삶은 음식과 통조림 음식을 먹었다. 20세기에 프랑스와 독일은 전통 요리를 보호할 목적으로 관련 규정을 마련했는데,[93] 특히 방부제를 비판적으로 바라봤다.

더 빠르게, 더 많이 먹게 된 이유

패스트푸드가 비만율을 높이는 가장 큰 이유는 시간 비용 때문이다. 이 시간 비용이 적을수록 식품 소비량이 늘어난다. 실제로 1920~1970년 사이에 음식의 현금 비용이 줄어들었을 때도 칼로리 섭취량은 늘어나지 않았다. 밀가루와 베이컨과 달걀의 실질 가격은 1918~1970년 사이에 각각 33퍼센트, 31퍼센트, 59퍼센트 하락했다.[94] 그런데 섭취 칼로리는 오히려 줄어들었다.

맛있는 식품에 쉽게 접근할 수 있게 만드는 것은 그 식품을 싸게 만드는 것보다 해당 식품의 소비에 훨씬 큰 영향을 미친다.[95] 아마도 눈앞에 있는 유혹은 더 거부하기 어렵기 때문일 것이다. 담배나 술을 끊으려는 사람들에게 흔히 하는 조언은 집 안에 담배나 술을 두지 말라는 것이다. 왜 이 전략이 효과가 있을까? 어쨌거나 담배나 술은 몇 분 동안만 참으면 충분히 억제할 수 있기 때문이다. 그러나 손이 닿을 정도로 가까이 있는 담배는 너무도 유혹적이어서 뿌리치기 어렵다. 만약 흡연이 옷을 갈아입고 30분 동안 외출하는 것처럼 번거롭고 시간이 많이 든다면 선뜻 담배를 피우겠다는 사람이 얼마나 될까?

사람은 순간적인 만족감에 극도로 민감하다. 우리에게는 마치 두 개의 자아가 있는 것 같다. 하나는 눈앞의 쾌락에만 관심을 가지는 자아이고, 다른 하나는 현재의 선택과 미래의 결과 사이에서 합리적인 균형을 찾으려는 자아다. 전자는 쿠키가 가까운 곳에 있을 때 작동하고, 후자는 생각할 시간이 넉넉하게 있을 때 작동한다.

기업가들은 상품을 판매하기 위해 사람들의 충동을 이용하는 방법을 알아냈다. 맥도날드의 창업자 레이 크록이 패스트푸드 제국을 세운 것은 어쩌다 보니 그렇게 된 게 아니었다. 그는 사람들이 코앞에 있는 빅맥을 거부하지 못할 거라고, 그래서 잘 팔릴 거라고 생각했다. 기업가들이 과거보다 더 즉각적인 달콤함을 제공하는 방법을 개발했기 때문에 사람들은 더 과거보다 더 뚱뚱해졌다.[96] 사람들의 허리둘레가 예전보다 늘어난 것은 우리의 도시 세계가 좋은 쪽으로든 나쁜 쪽으로든 혁신을 만드는 기계이기 때문이다.

이런 기술적 이득은 음식을 준비하고 요리하고 설거지하는 데 들어가는 시간을 줄임으로써 사람들에게 많은 도움이 되었다. 오늘날 미국인은 1970년대에 비해 요리와 관련된 허드렛일을 하루 평균 20분 덜한다. 결혼한 여성의 경우는 허드렛일이 한 시간 가까이 줄어들었다.[97] 그리고 우리 중에서 1930년대에 흔하던 가정식 혹은 식당식 식단으로 돌아가고 싶은 사람은 아마 없을 것이다. 케첩만 바른 스파게티를 매일 먹고 싶은 사람이 있을까? 그러나 허드렛일하는 시간이 줄어들면서 평균 몸무게는 약 4.5킬로그램 늘어났다.

도시의 어두운 그림자, 마약

맨해튼의 로어 이스트 사이드에는 1번 애비뉴와 6번 스트리트에 있는 맥도날드에서부터 휴스턴 스트리트에 있는 카츠 델리카트슨(Katz's Delicatessen)의 전설적인 별미에 이르기까지 동맥경화를 부르는 식당이 엄청나게 많이 있다. 그러나 이 지역은 또한 불법 마약이 유통되는 중심지이기도 하다.

1980년대에 맥도날드에서 겨우 한 블록 떨어진 톰킨스 스퀘어 파크(Tompkins Square Park)에 악명 높은 길거리 시장이 열렸다. 당시 뉴욕 시장이었던 에드 코흐(Ed Koch)가 〈뉴욕 타임스〉에 쓴 글을 보면 알파벳 시티 인근 지역에서 "공공연하게 이뤄지는 마약 거래가 지역사회를 파괴하고 있다. 이런 짓을 하는 마약상들은 마치 역병처럼 완고하고 끈질기다"라고 나와 있다.[98]

도시에서는 거의 모든 것을 매매하는 시장이 생길 수 있다. 그리고 도시는 인구밀도가 높아서 마약처럼 운송과 광고와 유통이 어려운 불법 제품을 팔기에 특히 유리하다. 마약류, 특히 마약성 진통제인 오피오이드는 에이즈 전염병과 코로나19 팬데믹을 더욱 치명적으로 만들었다.[99] 헤로인을 주사하는 바늘은 과거에도 그랬듯이 지금도 에이즈 전염의 주요 경로다.[100] 코로나 격리 기간의 끔찍했던 사회적 고립 때문에 오피오이드 과다복용 사건이 예전보다 훨씬 많이 발생한 것 같다. 2015~2018년 사이에 25만 명이 약물 과다복용으로 사망했는데,[101] 공중보건의 관점에서 보면 오피오이드 과다복용 문제는 코로나19 팬데믹만큼이나 심각한 문제다. 마약 남용이 도시에서 빈번하게 일어난다는 사실은 도시를 취약하게 만드는 또 다른 요인이다.

아편과 아편 추출물들은 오랜 세월 인류와 함께했다. 기원전 3400년 경에 고대 수메르인은 양귀비를 '기쁨을 주는 식물'이라고 불렀다.[102] 고대 그리스인, 이집트인, 페르시아인, 인도인은 모두 양귀비가 가져다주는 즐거움과 위험을 잘 알고 있었다. 유럽의 대항해시대(15세기 초반부터 18세기 중반까지 유럽의 배들이 세계를 돌아다니며 항로를 개척하고 탐험과 무역을 하던 시기 – 옮긴이)에 아편은 훌륭한 무역상품으로 담배와 차의 대열에 합류했다. 범선이 파도를 가로지르며 빠르게 운반하던 수익성 좋은 약품들 중 하나였던 것이다. 보스턴 교외 지역에 있는 벨몬트라는 마을의 지명도 유명한 아편 상인의 사유지 지명에서 딴 것이다.[103] 영국은 1800년대에 두 번의 전쟁을 치른 끝에 인도의 아편을 중국으로 운송할 수 있었다. 20세기 초에는 중국 남성의 20퍼센트가 아편을 사용했을 것이라는 추정도 있다.[104]

오피오이드는 통증을 완화하고 행복감을 유발하며 호흡과 심장 활동을 억제한다.[105] 그렇다 보니 오피오이드 과다복용은 내성을 가진 사용자들 사이에서 쉽게 나타난다. 헤로인은 특히 아편의 재료인 양귀비의 치명적인 파생물이다.[106] 정맥주사로 헤로인을 사용하는 사람에게 치사량은 보통 용량의 여섯 배 정도밖에 되지 않는다.

아편은 바람직함과 치명성을 동시에 가지고 있다. 이런 이중성 때문에 중독과 회피라는 순환이 반복되었다. 일반적으로 이 주기는 어떤 기업가가 위험을 제거했다는 아편의 새로운 공식을 발견했다는 것에서 시작된다. 그러면 소비자는 그 이야기를 믿고 아편을 시작한다. 그러나 결국 새로운 오피오이드 역시 예전의 오피오이드와 마찬가지로 치명적이라는 것을 모든 사람이 알아낸다. 이런 깨달음이 중독자들에게는 도움이 되지 않지만 오피오이드 사용은 줄어들고 새로운 중독자도 줄어든다. 그러나 이런 현상은 잠시뿐이다.

1676년 런던의 의사 토머스 시드넘(Thomas Sydenham)은 아편과 알코올을 혼합해서 위험도가 낮으면서도 통증을 줄여주는 아편팅크라는 놀라운 약을 만들었다.[107] 그로부터 약 25년 뒤에 의사인 존 존스(John Jones)는 《밝혀진 아편의 미스터리(The Mysteries of Opium Reveal'd)》에서 그 약의 끔찍한 효과를 증언했다. 그는 "아편의 약효가 지속되는 동안에는 어떤 일도 할 수 없는 무기력감에 휩싸인다"면서 아편을 끊으면 참을 수 없는 불안에 휩싸이고 심지어 비참한 죽음을 맞을 수도 있다고 경고했다.[108]

1804년에 독일의 약제사 프리드리히 제르튀르너(Friedrich Sertürner)는 아편에서 모르핀이라는 알칼로이드를 분리했다.[109] 그는 거의 아무런 증거가 없었음에도 모르핀이 안전하기를 기대했다. 독일의 제약회사 메르크(Merck)는 이 약을 상업적으로 팔았고 제르튀르너는 결국 모르핀 중독자가 되고 말았다. 미국의 남북전쟁 당시 수천 명의 군인도 모르핀 중독자가 되었다. 1872년 〈매사추세츠 주정부 보건위원회 연례보고서 (Annual Report of the State Board of Health of Massachusetts)〉는 모르핀이 "아편에 있는 나쁜 특성들을 가지고 있지 않다"라는 진술로 잘못된 정보를 사실로 호도했다.[110] 그러나 이 보고서는 주정부 소속의 한 연구관의 발언도 함께 보고했다.

> 모르핀으로 만든 위험한 조제약 중에는 교육을 받지 못했거나 사악한 사람들이 아편에 대한 통제 불능의 갈망에 시달리는 사람들에게 '치료약'이라며 처방하고 판매하는 물질들이 있다.

1880년대에 이르러 모르핀이 피할 수 없는 중독과 죽음을 이끈다는 사실이 증명되었다. 피에르 장 로비케(Pierre Jean Robiquet)를 비롯한 화학자들은 보다 안전한 오피오이드를 오랫동안 찾고 있었다. 그러다 마침내 로비케는 1832년 파리에서 코데인을 발견했다.[111] 60년 뒤 펠릭스 호프만(Felix Hoffmann)은 더 강력한 모르핀을 만들 때 코데인을 생산하려고 노력했고 제약회사 바이엘(Bayer)은 이를 헤로인이라는 이름으로 팔았다. 바이엘은 "헤로인은 아편 추출물이 가지고 있는 불쾌하고 유독한 특성이 전혀 없다"라고 주장했다.[112]

1900년에 〈보스턴 의학 및 외과 저널(Boston Medical and Surgical Journal)〉[〈뉴잉글랜드 의학 저널(New England Journal of Medicine)〉의 전신]은 "헤로인은 (…) 호흡 진정제로서 모르핀에 비해 많은 장점이 있으며 (…) 특히 습관적인 복용에 따르는 위험이 전혀 없다"라고 언급했다.[113] 헤로인은 기침 억제제와 출산을 돕는 약으로 판매되었지만 분명 치명적이면서도 중독성이 있었다.[114] 바이엘은 펠릭스 호프만(Felix

Hoffmann)의 또 다른 진통제인 아스피린으로 더 나은 효과를 봤다.[115]

미국 의사들은 헤로인에 대한 나쁜 경험 때문에 약 80년 동안 오피오이드 복용에 거부감을 가졌다.[116] 헤로인이 거래되는 시장이 있었지만 이 시장은 불법이었다. 미국과 유럽의 경찰력은 마약 유통을 완전히 근절할 정도로 강력하지는 않았지만 개별적인 마약 조직들을 통제할 수는 있었다. 터키에서 수입한 아편을 마르세유에서 가공해 미국으로 팔아넘기던 프랑스의 마약 조직은 1970년대 초에 해체되었다. 그러나 아프가니스탄과 동남아시아는 양귀비를 재배해서 미국 시장에 수출했다.

뉴욕이나 마이애미 같은 대도시들은 마약이 몰래 들어오기에 매우 자연스러운 곳이었다.[117] 톰킨스 스퀘어 파크처럼 사람들로 붐비는 도시의 암시장은 마약을 더 쉽게, 들키지 않게 팔 수 있었다.[118] 그러다 1970년대와 1980년대에 미국과 유럽의 도시들에서 에이즈가 창궐하자 헤로인 중독자들의 존재가 훨씬 더 치명적이라는 것이 증명되었다.

에이즈 전염은 코로나19 전염보다 훨씬 더 어렵다. 그래서 에이즈는 코로나19만큼 도시의 생존에 강력한 위협이 되지는 않는다. 미국의 도시에서 에이즈 확산은 에이즈에 대한 올바른 이해가 정립되기 전, 즉 안전하지 않은 섹스가 건강에 안전하지 않음을 사람들이 알지 못했던 시기에 가장 끔찍한 공포였다. 그리고 마약 사용자들은 주사기를 함께 사용하는 것이 혈액을 매개로 하는 질병 확산에 도움이 된다는 것을 알지 못했다.[119]

주사기를 다른 사람과 함께 사용할 때 에이즈의 원인 바이러스인 HIV(인체면역결핍바이러스)는 매우 효과적으로 퍼져나간다. HIV 양성인 사람과 약 100번 주사기를 함께 사용하면 HIV 양성자가 될 확률은 50퍼센트나 된다.[120] 인디애나 남동부에 있는 스콧 카운티는 HIV 발병의 중심지였다. 2014년 마약 중독자 한 사람이 HIV에 걸렸고, 마약 중독자들 사이에서는 주사기 공유가 일상적이었기 때문이다. 결국 이 카운티에서는 전체 주민의 약 1퍼센트가 HIV에 감염되었다.[121] 상황이 너무 나빠져서 보수 성향의 공화당 주지사이자 나중에 부통령이 된 마이크 펜스(Mike Pence)조차도 마약 중독자들에게 기존에 사용하던 주사기를 한 번도 사용하지 않은 깨끗한 주사기로 바꿔주는 이른바 '바늘 교환 프로그램'을 승인했다.[122]

결과적으로 헤로인 남용은 에이즈의 공범이 되었다. 마약 합법화를 주장하는 사람들은 헤로인이 합법적이었으면 주사기를 공유하는 일이 훨씬 적었을 것이라고 주장한다. 물론 이렇게 주장할 수 있다. 그러나 1995년 이후 오피오이드 유행의 비극을 보면 오피오이드를 광범위하게 사용할 때의 위험을 결코 용인하지 못할 것이다. 오피오이드로 인한 사망자는 포르투갈과 스위스처럼 마약을 범죄로 바라보지 않는 나라에서 상대적으로 적다.[123] 하지만 이런 나라에서도 오피오이드로 인한 죽음은 재앙으로 남아 있다.

진통제에 숨은 거짓말: 옥시콘틴의 등장

1995년에 제약회사 퍼듀 파마(Purdue Pharma)는 옥시콘틴의 판매 승인을 받았다.[124] 옥시콘틴은 최근에 개발된 오피오이드로 위험도가 낮다고 평가를 받았다. 옥시콘틴의 안전성은 두 가지 특징에서 나왔다. 첫째, 이것은 약효가 방출되는 강도를 적정하게, 느리고 일정하게 조정해서 약물 의존도를 낮춘 이른바 콘틴(Contin) 시스템으로 작동한다.[125] 둘째, 옥시콘틴은 옥시코돈을 사용하는데 옥시코돈은 미국에서 남용된 사례가 상대적으로 적다. 나치 추종자들이 옥시코돈을 특히 선호하기 때문에 이 약물에 대한 매력이 미국에서는 크지 않았을 것이다(옥시콘틴 이야기를 하기 전에 우리 저자들 중 한 명인 데이비드 커틀러가 오피오이드 제조업체들과 유통업체들을 상대로 한 소송에서 여러 카운티 및 주의 편에 서서 전문가 증인으로 참여했음을 미리 밝혀둔다).

옥시콘틴의 길고 긴 여정은 브루클린에서 아서 새클러(Arthur Sackler)가 태어난 1913년부터 시작되었다. 새클러의 부모는 이민자였고, 그는 도시에서 계층 사다리를 타고 위로 올라가는 데 성공한 전형적인 인물이었다. 그는 의대를 다니며 의료 제품을 전문으로 하는 광고대행사에서 카피라이터로 일했다. 그 후 의사로 성공했지만 그의 진정한 천재성은 마케팅 분야에 있었다. 그는 1952년에 퍼듀 파마를 사들였고 1950년대에는 그만의 독특한 방식인 디테일링(detailing, 의사들을 직접 찾아가서 자기 약을 처방하도록 설득하는 것), 샘플 무료 제공, 무료 음식 및 음료, 화려한 잡지 광고, 우편물 광고로 합법적인 마약성 진통제 판매에 혁명을 일으켰다.[126]

마케팅은 퍼듀 파마의 오피오이드 뒤에 숨은 마법의 기술이었다. 매사추세츠 남동부 폴리버의 한 의사는 2008년 이후 퍼듀 파마가 600번 넘게 자기를 방문했다고 한다. 그는 "퍼듀의 오피오이드를 홍보해주는 대가로 최고 4만 8,000달러를 받는 컨설팅 계약"을 제안받고 옥시콘틴을 팔기 시작했다고 밝혔다. 결국 이 의사는 18만 개의 퍼듀 오피오이드 알약을 처방했는데 이 약값은 140만 달러가 넘었다.[127]

효과적인 마케팅은 흔히 진실성의 가장 엄격한 규칙을 무시한다. 퍼듀 파마는 의사들의 환심을 살 목적으로 1980년에 〈뉴잉글랜드 의학저널〉에 편지를 보내 "적어도 한 차례 마약 처방을 받은 1만 1,882명의 환자 중 마약 중독 이력이 없는 환자에게서 중독 사례가 나타난 것은 단 네 건뿐이다"라고 언급하며 오피오이드를 홍보했다.[128]

문제는 그렇게 인용된 수치가 오피오이드 투약을 철저하게 통제받는 입원 환자들을 대상으로 한 통계치였다는 점이다. 그런데도 퍼듀 파마는 이를 일반적인 안전 지표로 표현하고 홍보했다. 1998년에 촬영한 한 동영상에서도 어떤 의사는 "통증을 호소하는 환자들에게는 오피오이드를 더 폭넓게 사용해야 합니다. 왜냐하면 의사의 치료를 받는 통증 환자들에게 나타나는 중독률은 1퍼센트보다 훨씬 적은 수치이기 때문입니다"라고 주장한다.[129]

옥시콘틴이 안전하다는 주장은 5년도 채 못 되어 거짓말임이 드러났다. 사용자들은 빠른 효과를 느끼려고 서방정(time-release tablet)의 알약을 부숴서 복용하기 시작했다.[130] 사람들이 복용하는 알약의 수가 늘어나자 사망자의 수도 늘어났다. 미국에서 마약 과다복용으로 인한 사망률은 1990년 10만 명당 5명 미만에서 2015년 10만 명당 15명 이상으로 늘어났다.[131]

그런데 이 새로운 마약의 물결은 전적으로 합법적이었다. 따라서 도시의 마약 시장은 상대적으로 위축되었다(그러나 마약 시장은 이제 처방전을 가진 사람에게서 처방전이 없는 사람 중심으로 흐름이 바뀌었다). 대신 오피오이드 사망의 첫 번째 파도는 미국의 시골 중에서도 상대적으로 더 침체된 지역에서 일어났다.

2001년 미국국립마약정보센터 보고서는 "켄터키의 파이크 카운티 소속 검시관이 2000년 한 해 동안 옥시콘틴 관련 사망 사례가 19건이라고 보고했다"라고 밝혔다.[132] 2001년 7월에는 〈뉴욕 타임스〉가 '옥시콘틴의 연금술'이라는 제목의 기사에서 "옥시콘틴 남용 사례가 가장 먼저 보고된 지역은 메인의 시골 지역, 펜실베이니아 서부 지역에 있는 러스트 벨트의 카운티들, 오하이오의 동부 지역, 버지니아와 웨스트버지니아 그리고 켄터키의 애팔래치아 지역들"이라고 보도했다.[133]

드디어 정책 입안자들이 합법적인 오피오이드 시장을 규제하고 나섰다.[134] 2003년에 미국 식품의약국은 퍼듀 파마에 "귀사의 광고가 옥시콘틴의 안전성을 심각하게 과장하고 있다. (…) 이 서한에 응답하지 않으면 추가 통지 없이 압류나 금지를 포함한 규제 조치를 발동할 수 있다"라고 경고했다. 또 같은 해에 마약단속국(DEA)은 "특히 주사 방식의 옥시콘틴의 남용을 줄이기 위한 (…) 옥시콘틴의 신속한 재구성 개혁"을 요구했다.

2000년대 말에 각 주정부들은 의사들이 자기 환자가 처방받는 오피오이드의 수를 알 수 있는 처방약 모니터링 프로그램을 시작했다. 그리고 2006~2012년 사이에 미국의 모든 주는 81개의 새로운 규제물질 관련 법률을 제정했다.[135] 그러자 퍼듀 파마를 비롯해 오피오이드 제조업체들을 상대로 하는 소송들이 불붙기 시작했다.[136]

2010년 8월, 옥시콘틴은 남용 가능성을 줄이기 위해 재구성되었다.[137] 그리고 의사들은 새로운 환자들에게 오피오이드를 덜 처방하기 시작했다. 2010~2017년까지 전체 법정 오피오이드 출하량은 27퍼센트 감소했다.[138]

그러나 이런 개혁들만으로는 오피오이드로 인한 재앙을 끝낼 수 없었다. 왜냐하면 사람들은 이미 중독되었고 불법 공급자들은 약국을 대체할 준비가 되어 있었기 때문이다. 옥시콘틴이 재구성된 뒤에 오피오이드 사용자의 3분의 1이 다른 약으로 갈아탔다.[139] 이렇게 다른 약으로 갈아탄 사람들의 70퍼센트가 헤로인으로 갈아탔다. 처음에는 헤로인을 공급하기 위해 거의 기업화된 시스템이 나타나 구매자가 딜러에게 전화로 주문해서 배달받을 수 있었다.

그런데 몇 년 뒤에는 동아시아에서 저렴하게 생산된 대안 마약이 미국으로 들어오기 시작했다. 펜타닐은 완전한 합성 약물이며 헤로인보다 훨씬 더 강력하다.[140] 불법 마약은 합법 마약보다 강도와 순도를 예측하기 어려워서 우발적인 과다복용으로 이어질 가능성이 크다. 펜타닐은 미국 우편으로 발송될 수 있을 정도로 농축되어 있어서 이것을 잡아낸다는 건 거의 불가능했다.[141] 펜타닐의 마약 효과는 엄청나게 강력해서 밀수하기에 이상적인 약물이자 과다복용 사망의 주요 원인으로 자리를 잡았다.[142]

오피오이드가 대체로 합법적이던 시장에서 대체로 불법적인 시장으로 이동하면서 도시의 사망률은 더욱 증가했다.[143] 2005년 이전에 도시의 약물 과다복용률은 시골 지역보다 높았다. 2005~2015년까지 10년 동안 이 상황이 역전되어 의사의 처방에 따른 과다복용 사망률은 도시 카운티에서보다 시골 카운티에서 높았다. 그런데 2016년 이후에 도시 지역은 다시 한번 더 사망률이 올라갔다. 미국에서 도시와 시골의 펜타닐 격차는 과거 크랙 코카인(crack cocaine, 흡연 방식의 강력한 코카인 – 옮긴이)의 격차만큼 크지는 않지만 여전히 의미 있는 수준으로 크다.

오피오이드는 또한 미국의 건강 불평등을 강화했다. 오피오이드 과다복용으로 인한 사망률을 비교할 때 고졸 학력자가 대졸 학력자보다 세 배나 높기 때문이다.[144] 교육을 상대적으로 덜 받은 사람들은 육체적으로 더 힘든 일을 하므로 허리, 관절, 근육 등의 통증에 더 많이 시달린다.[145] 고급 학위가 있는 소수의 미국인도 일하는 동안에는 온종일 서 있어야 했고, 특히 비만인 사람들은 더욱 고통에 시달렸다.[146] 옥시콘틴이 육체적 고통에서 자신을 해방할 것이라는 희망은 힘들게 일하며 가난하게 살아가는 사람들에게 신의 선물처럼 보였다. 하지만 옥시콘틴은 선물이 아니라 저주임이 드러났다.

삶의 만족도가 낮을 때, 즉 절망에 휩싸여 있을 때 사람들은 출구를 찾기 마련이다. 오피오이드가 바로 그 출구들 가운데 하나가 될 수 있다. 개인이나 국가를 통틀어 소득이 높으면 행복감과 삶의 만족을 더 많이 느낀다. 불행과 늘어나는 사망률 사이의 연관성, 특히 중년의 저소득 미국 남성에게서 나타나는 이 연관성에 주목한 앤 케이스(Anne Case)와 앵거스 디턴(Angus Deaton)은 오피오이드 과다복용과 자살 그리고 술과 관련된 간 질환을 통틀어 '절망의 죽음'이라고 불렀다.[147]

불법 오피오이드가 공급되고 절망이 만연해진 도시에 코로나19가 닥치자 모두가 오피오이드 과다복용에 취약해졌다. 미국 질병통제예방센터는 2020년 수치를 아직 정식으로 발표하지 않았지만 예비보고서에 따르면 오피오이드 과다복용 사망자의 수가 신기록을 세울 것 같다. 한 기사에 따르면 "코로나19뿐만 아니라 경제적인 스트레스를 비롯한 팬데믹 관련 스트레스(관련 격리 및 약물 사용 문제가 있는 사람들의 치료와 지원을 방해하는 다른 요인)가 과다복용 사망자 증가에 기여했을 수 있다."[148] 오피오이드 중독은 팬데믹을 더욱 치명적으로 만드는 신체적, 정신적 취약성의 원천이다.

불법 약물은 다른 방식으로도 도시에 영향을 미친다. 1980~1990년대 크랙 코카인의 유행은 영역을 다투는 갱들이 서로 싸우면서 높은 살인율로 이어졌다.[149] 범죄율이 증가하자 사람들은 도시에서 탈출했고, 세수가 줄어들면서 도시에 남은 사람들이 감당할 재정 부담이 늘어났다.[150] 이렇게 해서 도시 탈출의 악순환은 반복되었다. 마약 범죄, 특히 크랙 코카인과 관련된 범죄에 중형을 선고하자 도시 지역을 찢어놓는 대규모 투옥이 시작되었다. 이 문제에 대해서는 9장에서 다시 살펴볼 것이다. 그러나 다행히도 오피오이드 유행은 크랙 코카인 유행만큼 폭력적이지 않아서 대규모 투옥이라는 사회적인 문제로는 이어지지 않았다.

마약 공범자들에서 도시 건강 책임자로

오피오이드의 유행에 책임을 져야 하는 공범자들은 많다. 연방정부는 1995년 이후 옥시콘틴의 처방을 허가했을 뿐만 아니라 실제로 메디케어 및 메디케이드를 포함한 공공건강보험을 통해 옥시콘틴 사용을 지원했다.[151] 환경적인 조건들도 중요했다. 시골 지역에서 더 많이 호소하는 신체적 고통, 도시에서 더 흔하게 나타나는 낮은 삶의 만족도는 오피오이드 과다복용을 부추긴다.

그러나 오피오이드 위기에 대한 책임은 퍼듀 파마를 포함해 이 회사를 모방한 다른 제약회사들에게도 물어야 한다. 안전성과 중독성을 숨기고 오피오이드를 홍보했기 때문이다. 또 오피오이드 유통업체들도 약물 남용을 경계해야 하는 의무를 다하지 않았다. 만약 이런 회사들이 적절한 조치를 취하기만 했어도 오피오이드가 가져온 재앙은 그토록 치명적이지 않았을 것이다.

안타까운 사실이지만 공중보건보다 사적인 이익을 우선하는 풍조는 이미 오래된 이야기다. 대형 담배 회사들 역시 수십 년 동안 흡연에 뒤따르는 건강 비용을 숨겼다.[152] 흡연이 폐암과 관련이 있음을 보여주는 1950년대 초의 획기적인 연구 결과가 나오자 담배 회사들은 여기에 대응해 흡연과 건강에 대한 진실을 찾는다는 명분으로 허울뿐인 담배산업연구위원회(TIRC)를 설립했다.[153] 당연한 일이지만 이 위원회가 수십 년 동안 진행했던 연구는 그 문제를 해결하는 데 아무런 도움이 되지 않았다. 2000년대 초반만 해도 대부분의 담배 회사 CEO들은 의회 청문회에서 흡연이 암을 유발한다는 사실을 인정하지 않았다.

식품 회사들에서도 똑같은 양상이 펼쳐졌던 것 같다. 식품 산업의 대표자들은 오랜 세월 동안 설탕과 비만의 위험성을 모호하고 복잡하게 만들면서 지방과 콜레스테롤이 심장병의 원인이라는 발상만을 밀어붙였다.[154] 육류 생산자들은 쇠고기와 돼지고기를 덜 먹으라는 건강 전문가의 권고가 힘을 쓰지 못하도록 자기가 가진 정치적 영향력을 이용했다.[155] 전자담배 제조사들이 니코틴 함량 및 중독성과 관련된 정보를 숨기고 10대 청소년에게 불법으로 마케팅한 혐의로 기소되는 일도 꾸준하게 일어났다.[156]

이윤을 추구하는 회사들은 대부분 자사 제품의 이점을 과장하고 중독이나 사망 위험과 같은 숨은 비용을 과소평가하려 한다. 사람에게서 욕심을 완전히 없앨 수는 없다. 또한 사람들이 이윤을 추구하는 과정에서 개인과 사회에 좋은 일들이 일어난다는 것을 우리는 잘 안다. 경제학의 아버지인 애덤 스미스가 "우리가 식사할 수 있는 것은 정육점 주인과 양조장 주인과 빵집 주인의 자비 덕분이 아니라 자신의 이익에 대한 관심 덕분이다"[157]라는 유명한 말을 남긴 것도 모두 그런 맥락과 연결된다.

그러나 더 많이 소비하도록 장려하는 제품이 중독성이 있거나 건강을 해치는 것이라면 치명적인 결과가 빚어진다. 어떤 회사가 소비자에게 결함이 있는 텔레비전을 사도록 잘못 유도했다면 소비자는 텔레비전을 반품하고 환불받을 수 있다. 그러나 어떤 회사가 소비자에게 건강을 해치는 제품을 사용하게 했다면 그 소비자가 입은 건강 피해는 돌이킬 수 없다. 게다가 그 제품이 중독성이 있다면 영구적인 위해를 입을 수도 있어 더욱 위험하다. 이런 경우 지속적인 손상은 잠깐의 불법 행위 때문에 발생할 수도 있다.[158]

오피오이드 제조업체들은 자기들로서는 헤로인과 불법 펜타닐을 직접 생산하지 않으므로 헤로인으로 인한 죽음에 대한 책임이 없다고 주장한다. 그러나 많은 사용자를 중독으로 몰아넣고 나중에는 불법 약물을 사용하게 만든 것은 바로 합법적인 마약이었다.

소비자를 잘못 유도한 책임을 물어 고소할 수 있는 법률은 마련되어 있지만 그 책임에 대한 대가가 너무 약해서 회사들이 중독성 높은 치명적인 제품을 판매하는 것을 도저히 막을 수 없는 듯하다. 지금까지 오피오이드 관련 불법 행위에 대한 책임을 물어 부과한 벌금은 그 불법 행위로 벌어들인 이익에 비하면 그야말로 사소한 수준이었다.[159] 담배의 경우 이 수익 대비 벌금의 비율이 훨씬 더 낮다. 이런 인센티브 구조가 존재하는 한 기업은 진실을 숨기고 속임수가 발각되지 않기를 바라며, 설령 발각되더라도 벌금을 내고 마는 편이 합리적이라고 여길 것이다.

한 가지 가능한 개혁 방안을 꼽자면 피해 보상금 액수를 높여 위법 행위에 따른 벌금이 이익을 초과하게 만드는 것이다. 해당 기업의 CEO에게 책임을 물어 징역형을 선고할 수 있게 한다면 효과는 훨씬 더 커질 것이다. 마약상은 길거리에서 옥시콘틴을 불법으로 판매한 일로 징역형을 선고받으므로, 똑같은 약을 불법적으로 홍보한 죄를 물어 제약회사 CEO에게 징역형을 선고할 수 있다.

사용자뿐만 아니라 그 주변 사람들까지 해당 마약으로 고통을 받을 때는 처벌 수위를 더욱 높일 수 있다. 흡연은 공기를 공유하는 비흡연자들에게 해를 끼친다. 2004년에 세계보건기구는 모든 원인으로 사망한 전 세계 사망자 가운데 1퍼센트가 간접흡연과 관련이 있다고 추정했다.[160] 미국에서 발생한 자동차 사고 네 건 가운데 한 건은 음주 운전자와 관련이 있다.[161] 그리고 과도한 오피오이드 사용은 HIV의 확산을 돕는다.[162]

건강한 습관은 교육이 만든다

어떤 의미에서 보자면 비만이 되는 이유는 날씬해지는 것보다 더 자연스럽다고 인식된다. 인류의 역사를 통틀어 사람들은 달고 짜고 지방이 많은 음식을 먹는 데서 즐거움을 얻었다. 우리의 신체는 먹을 게 있을 때마다 먹어두도록 진화했다. 다음에 또 언제 먹을 게 생길지 모르기 때문이다. 브라운스빌의 주민들은 파크 애비뉴의 고급 주택을 살 여유는 없을지 몰라도 평소 피자, 아이스크림, 패스트푸드를 포함해 많은 사람이 맛있다고 생각하는 온갖 음식을 사 먹을 여유는 있다. 이들은 저렴한 사치품을 소비하기로 선택한 것이며 이는 꽤 합리적인 선택이다.

그런데 이상하게도 어퍼 이스트 사이드의 주민은 그렇게 하지 않는다. 날씬해 보이고 또 건강을 염려해서 그렇다. 초콜릿칩 쿠키를 하나먹은 다음 두 번째 쿠키를 포기하는 건 자만심 때문일 수도 있고 그렇게 행동하도록 교육받았거나 자제력이 강해서다.

우리 저자들은 학교교육이 학생들에게 온갖 회사들이 떠벌리는 제품광고를 의심하도록 가르치길 바란다. 교육은 길어진 기대수명 그리고더 건강한 행동과 상호 관련되어 있다.[163] 고학력자들은 건강이나 도덕과 관련된 지식이 많아서라기보다는 의지가 약하거나 어리석어 보이지 않고 싶다는 욕구 때문에 더 건강한 행동을 하려는 듯하다. 예를 들어 보건경제학자가 담배를 피운다면 그의 학문적인 권위는 추락할 것이기 때문이다.

그러나 이유가 무엇이든 간에 흡연, 과도한 음주, 비만, 불법 약물 사용, 안전하지 않은 성관계 등은 다년간의 교육 덕분에 줄어들고 있다. 또한 학교교육 덕분에 사람들은 차 안에서 안전벨트를 매고, 집에 연기 감지기를 설치하고, 라돈 측정기를 비치하고, 납 페인트를 검사하고, (여성의 경우) 유방조영상 검사와 자궁경부도말 검사를 받고, 대장내시경 검사를 받고, 독감 백신을 맞고, 복약 지침을 준수하는 등의 행동을 하게 된다.[164]

물론 교육을 통해 건강을 해치는 습관을 아무리 잘 안다고 해도 이로써 건강한 행동을 하는 것은 아니다. 흡연이 해롭다는 것, 과체중이 건강에 해롭다는 것, 음주 운전을 하지 않으면 자동차 사고가 줄어든다는 것 등을 모르는 사람은 없다.[165] 그러나 교육은 다른 몇 가지 이유로 중요하다. 교육은 행동을 바꾸기 위한 정신적 대역폭을 넓히거나 건강을 개선하는 상품을 구입하도록 소득을 높일 수 있다. 학교교육을 받는다는 것은 미래의 이익을 위해 현재를 희생하는 경험을 더 많이 하고 과학적 과정에 대한 신뢰를 더 많이 쌓는다는 뜻이다.[166] 이유가 무엇이든, 건강을 개선하고자 하는 도시라면 모든 시민을 대상으로 강도 높은 교육을 시행해야 한다.

게다가 교육에는 파급 효과가 뒤따른다.[167] 예를 들어 저소득층 사람이라도 대학 졸업자가 많은 지역에 살면 더 건강한 행동을 한다. 이는 일부 공공정책의 시행 결과이기도 하다. 뉴욕에서 담배에 매기는 세율은 주세와 지방세를 모두 포함해 한 갑당 5.85달러다.[168] 인디애나에서는 이 세금이 한 갑당 1달러다.[169] 실내, 술집, 식당 등의 여러 조건에서 금연하도록 제한하는 규정은 대학교 졸업자들이 많은 여러 주에서 상대적으로 쉽게 찾아볼 수 있다.[170]

동료 효과도 중요하다.[171] 어떤 사람이 담배를 끊을 때 이 행동은 다른 사람들에게 파급된다. 사람들은 혼자 있을 때보다 동료들과 함께 있을 때 담배를 피우거나 술을 마실 가능성이 크다. 직장에서 동료가 담배를 피우지 않으면 신입사원이 담배를 피울 가능성은 적다. 동료들이 이미 담배를 끊었다면 금연이 한결 쉬워진다.

도시의 건강도가 팬데믹을 예방한다

팬데믹 기간에 어떤 도시의 건강 정도는 그 도시에서 가장 취약한 집단만큼 취약하다. 이는 심지어 국가 단위에서도 마찬가지다. 전 세계로 퍼져나간 전염병을 통해 우리는 사람들이 건강한 행동을 하도록 유도하는 일이 개인적인 차원뿐 아니라 시민적 차원에서도 꼭 필요한 문제임을 알게 되었다.

새로운 바이러스 변종이 발생하는 원천을 근원적으로 차단하고 개발도상국 도시의 하수도 및 위생 시설을 개선함으로써 전염병 발생을 막는 노력을 할 수 있다. 또한 현명한 검역 및 격리를 시행하고 사회적 거리두기를 신속하게 채택해서 전염병이 도시 전체로, 도시에서 도시로 퍼지는 속도를 늦출 수 있다. 그리고 백신과 치료약을 통해 팬데믹에 맞서 싸울 수 있다. 그러나 궁극적인 싸움은 면역체계가 질병에 맞서 싸우는 인간의 신체 안에서 일어난다. 따라서 팬데믹이 닥치기 이전에 건강을 유지하면 거의 모든 전염병을 극복하고 살아남을 수 있다.[172]

사람들의 행동을 바꾸는 일도 가능하다. 담배에는 지금까지 알려진 가장 중독성 높은 물질들 중 하나인 니코틴이 포함되었음에도 흡연 경험이 있는 미국인 중 절반만 금연했다.[173] 오피오이드 중독은 치료를 많이 받을 수 있게 된 일부 지역에서는 감소했지만, 안타깝게도 중독자가 많고 펜타닐 공급을 막을 수 없기에 이로 인한 사망률은 앞으로도 오랫동안 높게 유지될 것이다.[174] 행동은 언제든 변할 수 있다. 다만 어려울 뿐이다. 도시들이 해결해야 할 도전 과제의 핵심은 사람들의 행동을 변화시키는 것이다.

건강에 해로운 행동을 줄이는 것도 중요하다. 이런 행동은 다른 활동이나 서비스에 지출할 수 있는 자금을 소모하기 때문이다. 시간이 지나고 나이를 먹으면서 지출이 가장 많이 늘어나는 부분은 심장병, 몇몇 암, 근골격계 통증 등 신체의 의학적 상태가 나빠지면서 생기는 결과다.[175] 이 문제를 해결하려면 의료 제도를 바로잡아야 한다. 다음 장에서 이 문제를 살펴보자.

SURVIVAL OF THE CITY

5장

비싼 의료비가
도시를 구하지 못한 이유

전염병을 예방할 책임은 기본적으로 정부에 있다. 정부는 사람들이 공동 행동을 하도록 권고하고 사람들을 격리해야 하며 여러 가지 대응을 통합적으로 조정해야 한다. 14세기 라구사와 19세기 필라델피아에서 공공 부문의 대응은 매우 중요했는데, 이런 사정은 오늘날에도 마찬가지다. 그러나 미국의 경우 공공건강보험제도를 구축하고 해마다 3조 달러 넘게 의료비를 지출함에도[1] 대중의 건강을 온전하게 보호하고 증진하는 시스템을 구축한 적은 지금까지 한 번도 없다. 심지어 최근 몇 년 동안에는 팬데믹에 대비할 필요성이 명백해졌음에도 의료 및 보험 분야의 거대 세력들이 공공의 기능을 마비시키는 바람에 의료 제도의 방향을 재조정하기가 거의 불가능해졌다.

2020년에 미국은 코로나19로 35만 명 넘게 사망했다. 미국 전체를 놓고 봤을 때 이 사망률은 독일과 캐나다의 두 배에 해당한다. 독일이 지출하는 의료비가 미국의 3분의 2밖에 되지 않고, 캐나다가 지출하는 의료비는 미국의 절반밖에 되지 않음에도 그렇다. 또 미국의 사망률은 일본의 33배였으며 한국의 50배였다. 싱가포르와 대만을 합쳐 2020년에 코로나19로 사망한 사람은 40명도 채 되지 않았다. 그런데 텍사스의 러벅이라는 도시는 인구가 이 두 나라의 인구를 합친 것의 100분의 1밖에 되지 않지만 사망자가 10배나 더 나왔다.[2] 심지어 아시아의 도시들은 중국과 가까이 있어서 코로나 위험이 드러나기 전에 감염자가 입국했을 가능성도 훨씬 컸다. 따라서 미국의 도시들보다 상대적으로 불리했음에도 사망률은 미국보다 훨씬 낮았다.

이 책의 중심 주제는 규모가 크고 인구밀도가 높으며 서로 연결된 도시들은 전염병에 취약하므로 효과적이고 능동적으로 작동하는 공공 부문, 즉 모든 구성원을 위해 일하며 모든 구성원이 공유하는 힘이 필요하다는 것이다. 그 힘은 올바르게 설정된 목표에서 시작되며 자원을 충분히 보유한 책임 있는 지도자에게 달려 있다. 미국의 건강보험제도는 믿을 수 없을 정도로 잘 마련되어 있음에도 목표가 잘못 설정되어 있고 지도자의 권한이 거의 없을 때 어떤 일이 일어나는지 잘 보여준다.

팬데믹 기간에 미국이 보여준 성과는 한마디로 신통찮았다. 이를 질타하는 목소리가 트럼프 대통령과 그의 행정부에 집중되었다. 이 지적은 타당하다. 트럼프 행정부는 코로나19 위기를 맞아 위기관리의 모든 규칙을 어겼다. 그러나 이렇게만 말하면 불완전한 지적이다. 문제에 대한 책임을 개인에게 돌리면 잘못된 제도에 돌아갈 비판이 실종된다. 아닌 게 아니라 미국의 건강보험제도가 실패한 것이다.

건강보험제도의 세 가지 측면은 아무리 훌륭한 지도자가 있었더라도 코로나19 위기를 쉽게 관리하지 못했을 것임을 시사한다.[3] 첫째, 미국의 건강보험제도는 공중보건이 아닌 민간 의료에 초점을 둔다. 그래서 이 제도는 우리 모두를 위협할 수 있는 전염병이 아니라 개개인이 걸릴 수 있는 질병에 집중되어 있다. 둘째, 이 제도는 일반 시민의 건강을 증진하기보다는 환자를 치료하는 데 초점을 두고 있다. 그래서 예방보다는 급성 환자의 치료를 장려하고 전염성 질병보다는 만성 질병에 훨씬 많은 돈을 지출한다. 셋째, 미국은 보건의료 불평등 수준이 엄청나지만, 이런 문제에 관대하다. 미국인 수백만 명이 좋은 건강보험 혜택을 누리고 독일이나 스위스에서처럼 건강한 생활방식을 유지하지만 그 외의 미국인은 아무런 계획도 없이 벌거벗고 서 있다.[4]

미국 건강보험이 안고 있는 이런 허점은 팬데믹을 두 팔 벌려 환영하는 것이나 다름없다. 이런 문제들은 다른 나라에도 있지만 미국에 비하면 덜하다. 모든 나라의 건강보험제도가 공중보건보다는 개인의 질병 치료에 집중한다. 그러나 대부분이 미국보다 강력한 공중보건 시스템을 갖추고 있으며, 코로나19 사망자가 매우 적은 아시아 국가들은 특히 더 그렇다. 미국을 제외한 모든 선진국은 전체 국민을 대상으로 보편적 건강보험제도를 마련해두고 있는데, 이것이 건강 불평등을 줄이는 역할을 일정 부분 수행한다.[5]

비록 우리 저자들이 모두 이 주제에 대해 자기 견해가 있고 데이비드 커틀러는 이 주제를 다룬 책을 두 권 썼지만[6] 이 장에서는 건강보험제도를 개혁하기 위한 청사진을 제시한다거나 특정한 개혁의 근거를 제시한다거나 하지는 않을 것이다. 이 책은 건강보험 개혁과 관련된 장황한 논의를 다루는 책이 아니기 때문이다. 그러나 전염병을 예방하기 위해 정부가 무엇을 해야 하는지는 분명하게 다룰 것이다. 정부가 해야 할 일을 미리 간단하게 정리하면 전염병으로부터 국민의 건강을 보호하기 위한 국가의 임무를 더욱 강화해 성문화하는 것, 그에 상응하는 운영 능력을 갖추는 것이다.

건강보험제도가 아프다

코로나19 위기 당시 미국의 건강보험제도 성과가 저조했다는 것은 앞으로도 계속해서 실패할 것이라는 신호다. 최근 전 세계의 건강보험 만족도를 조사했는데 이 조사에서 미국은 전체 18개국 가운데 14위를 차지했다.[7] 다른 나라 사람들은 건강보험이 '조금만 개선되면' 좋겠다고 생각하는 반면 미국인은 자국의 건강보험이 '완전히 새롭게 구성되어야' 한다고 생각한다.[8] 심지어 미국의 보험 가입자들도 다른 나라의 보험 가입자들보다 불만이 더 많다. 미국은 경제협력개발기구(OECD) 회원국 중 가장 부유한 11개국 안에서도 기대수명과 영아사망률 부문에서 꼴찌를 기록하고 있다.

의료 분야에서 진정한 미국 예외주의(미국이 세계를 이끄는 세계 최고의 국가라는 뜻 - 옮긴이)가 발휘되는 부문은 의료비 지출 부문이다. 미국은 1인당 1만 1,000달러를 의료비로 지출한다.[9] 미국 다음으로 의료비 지출이 많은 나라는 스위스로 8,000달러 미만을 지출한다. 부유한 나라의 평균 지출액은 대략 6,000달러이며 영국은 5,000달러 이하다. 지출 수준이 이렇게 낮기 때문에 영국인들은 당연히 의료비 지출이 많은 나라보다 의료 접근성에 대해서는 걱정을 더 많이 하고 비용에 대해서는 걱정을 덜 한다.

미국인은 다른 나라 사람보다 의료비를 가구당 약 2만 달러 더 지출한다. 중산층의 소득증가분의 상당 부분이 임대료나 소비재, 교육이 아니라 의료비로 지출된다는 말이다. 전설적인 투자자 워런 버핏(Warren Buffett)은 건강보험을 '경제 시스템의 촌충'이라고 불렀다.[10] 이 기생충은 해가 갈수록 덩치가 커진다.

만약 미국의 건강보험이 다른 나라보다 실질적으로 우월하다면 높은 의료비 지출도 그러려니 하겠지만 그렇지도 않다.[11] 실제로는 고혈압, 고콜레스테롤, 당뇨와 같은 만성 질환조차 잘 잡지 못하고 있다. 급성 질환은 미국에서 훨씬 집중적으로 치료하지만 결과는 개선되지 않는다. 쉽게 비교할 수 있는 다른 나라들에 비해 누가 보더라도 미국이 우월하다고 할 수 있는 의료 부문은 단 하나도 없다.

건강보험이 제대로 작동하지 못하는 이유를 알고 싶다면 돈의 흐름을 따라가는 것이 가장 좋은 방법이다. 어떤 제도에서든 돈의 흐름이 해당 제도의 작동을 결정한다. 예를 들어 심장 질환이나 뇌졸중과 같은 심혈관 질환을 생각해보자. 어떤 미국인이 심장마비를 일으켜 병원으로 달려가 스텐트 삽입 시술을 받았다고 치자. 그러면 메디케어가 약 1만 5,000달러를 보험금으로 지급한다.[12] 만약 이 사람이 민간 보험에 가입했다면 그 보험금은 두 배가 될 수 있다. 이 시술에 걸리는 시간은 한 시간 정도이고 환자는 병원에서 하루나 이틀 입원했다가 퇴원한다.

그러면 이제 시간을 거꾸로 돌려서, 어떻게 하면 그 환자의 심장마비를 막을 수 있었을지 생각해보자. 많은 심장마비 환자는 고혈압이나 고콜레스테롤과 같은 병력을 가지고 있다. 그 환자가 아직 아프기 전에 자기 몸의 상태를 확인하려고 병원에 가서 한 번씩 진찰을 받을 때마다(이때 걸리는 시간은 대략 30분 정도다) 병원에 100달러를 내야 한다. 그런데 만일 환자가 정기적인 검진을 받아야 하는데도 병원에 오지 않는다면 병원에서는 환자에게 전화를 걸어 이 사실을 상기시켜야 하지만, 여기에는 아무런 보상 혹은 보험금 지급이 발생하지 않는다. 환자에게 약을 처방받으라고, 약을 제때 잘 챙겨 먹으라고 상기시키는 것은 사람의 생명을 구하는 활동이긴 하지만 '의료 행위'는 아닌 것이다. 거의 모든 병원이 심혈관 질환을 진료할 수 있는 훌륭한 역량을 지녔지만 환자들이 약을 제대로 복용하도록 관리해주는 병원은 거의 없다.

더 집중적인 치료를 받을 때 더 많은 보험금을 지급하는 미국의 제도는 합리적인 판단에 따른 결과가 아니라 어쩌다 보니 우연히 생겨났다.[13] 20세기 초 병원에서는 제각기 다른 서비스마다 비용을 다르게 책정했다. 그러니 자연히 집중적인 치료는 덜 집중적인 치료보다 보상을 많이 받았다. 1930년대 병원의 진료비는 병실의 병상 수와 병원의 위치에 따라 하루 입원비가 4~10달러였다. 수술실 비용은 가벼운 수술은 7.50달러, 큰 수술은 17.50달러, 저녁의 응급 수술은 20달러다. 출산 비용은 산모의 입원일과 병실의 병상 수에 따라 40~70달러 사이였다. 당시에 의사가 환자의 집으로 찾아가는 일상적인 내과 왕진료는 5달러 정도였다.

그런데 이 비용은 모두 환자의 주머니에서 나왔다. 1929년 텍사스의 베일러 병원(Baylor Hospital, 현재의 베일러 대학병원)은 대공황 기간에 환자의 치료비 지불 능력과 상관없이 환자를 치료할 필요가 있음을 깨달았고 이때 최초의 건강보험이 나타났다. 환자가 부담해야 하는 치료비 총액의 상한선을 정하기 위해 이 보험은 선불 방식의 치료비 조달 계획을 세웠다. 사람들은 한 달에 50센트만 내면 필요할 경우 병원에 3주까지 입원할 수 있었다.[14]

제2차 세계대전 때 고용주들은 임금 통제와 물가 통제를 회피할 목적으로 건강보험을 동원했다.[15] 연방정부는 직원에게 지급하는 현금 급여의 액수는 제한했지만 직원의 복리후생비는 제한하지 않았다. 고용주들은 직원에게 건강보험을 제공하는 방식을 동원해서 부족하던 노동자를 확보했다. 전쟁이 끝난 뒤에는 건강보험을 과세 대상에서 제외하도록 세법이 바뀌었다. 임금을 포함한 급여는 과세 대상이었지만 건강보험료 처리되는 복지 혜택은 과세 대상이 아니었기 때문에 직원은 직장에서 건강보험에 가입하면 세금을 절약할 수 있었다.

민간 보험회사들은 일반적으로 공공건강보험에 가입하지 않은 환자에게 병원이 청구하는 치료비를 지불했다. 자동차 보험회사들은 고급 차종인 뷰익에 지불하는 보험금을 고정하려고 하지 않았다. 그런데 왜 건강보험회사는 수술에 지불하는 보험금의 가격을 고정하려고 할까? 보험회사들은 위험 분산(risk pooling)에 집중했다.[16] 가능한 한 많은 사람을 가입시켜 건강한 사람들이 내는 보험료로 아픈 사람들을 치료하자는 것이었다. 그러나 점점 더 많은 사람이 보험에 가입하면서 병원이 수행한 의료 행위에 청구되는 치료비가 갖는 의미는 줄어들었다. 보험회사가 모든 비용을 부담하는 환경에서는 병원이 치료비(의료수가)를 얼마든지 올릴 수 있었고 그래도 상관없었다.

토머스 제퍼슨의 복지국가

이렇게 상승한 치료비는 환자가 병원에서 치료를 받으면 나을 수 있다는 인식의 확산과 함께, 노인과 가난한 사람들을 위한 건강보험을 더욱 더 발전시켰다. 연방정부는 메디케어와 메디케이드라는 건강보험을 통해 의료비로 막대한 돈을 지출하지만 이 제도에 대한 통제력은 거의 가지고 있지 않다.

미국 정부에서 단일 예산 기준으로 가장 많은 예산을 집행하는 기관은 메디케어 및 메디케이드 서비스 센터(Centers for Medicare and Medicaid Services, CMS)인데 이 기관이 그 두 건강보험을 운영한다. CMS의 예산은 연간 거의 1조 달러나 된다. 이 예산을 6,000명이 관리하는데 직원 1인당 평균 1억 6,700만 달러나 되는 정부 예산의 지출을 맡고 있다는 뜻이다. 이와는 대조적으로 미국의 군대는 그보다 적은 돈을 쓰면서도(2019년 기준으로 7,320억 달러를 썼다) 130만 명을 직원으로 고용하고 있다.[17] 이는 군사 부분의 자금 조성 및 집행에는 강력한 행정 역량이 개입하지만 의료 부문에서는 그저 청구서에 따라 예산을 지출한다는 사실을 보여준다.

이처럼 투입 예산과 예산 집행이 겉돌게 된 것은 우연이 아니다. 미국의 안전망을 구축한 정당은 토머스 제퍼슨의 정당이었다(토머스 제퍼슨은 "일할 의사가 있는 사람들의 재산을 빼앗아 일할 의사가 없는 사람들에게 줄 때 민주체제는 사라질 것"이라고 말했다 – 옮긴이). 19세기 내내 큰 정부를 주장한 주체는 알렉산더 해밀턴의 연방주의자들, 관세와 사회기반시설(인프라)을 숭상했던 휘그당원들(휘그당은 민주당과 함께 19세기 중반에 미국 정치를 이끌던 양대 정당이었으나 노예제 문제에서 당내 의견이 엇갈려 내분 끝에 붕괴했다 – 옮긴이) 그리고 반란을 일으킨 남부의 여러 주를 통제할 권한을 국가에 부여한 공화당원들이었다.

여기에 반대한 이들 중 토머스 제퍼슨과 앤드루 잭슨이 있었는데, 이들은 (백인에 한해) 평등주의에 가까운 자유지상주의(quasi-egalitarian libertarianism)를 지지했으며 연방 권력이 주로 부유한 내부자들 편만 든다는 이유로 연방 권력에 반대했다. 그들의 20세기 후계자인 우드로 윌슨(Woodrow Wilson)은 1912년 선거 구호를 '새로운 자유'로 정하고 특혜를 받으려고 정부를 통제하는 소수자들을 비난하고 나섰다. 그는 "전문가들이 워싱턴의 밀실에 모여 앉아 신의 섭리만을 읊조리는 것을 반대한다"라고 선언했다.[18]

그 선거에서 국민건강관리 및 건강보험에 대한 중앙집권적인 해밀턴식 접근법에 대한 진정한 전망이 제시되었다. 시어도어 루스벨트가 속해 있던 불무스당(Bull Moose Party)은 "연방정부에서 공공의 건강을 다루는 기존의 모든 기관을 하나로 통합할 것"을 공약으로 내세웠다. 이렇게 통합된 기관은 "예방 가능한 질병들로부터 대중을 보호하는 임무를 효율적으로 수행하기 위해 추가적인 권한들을 갖도록 할 것"을 주장했으며 "인구동태통계를 강화하고 이 통계의 적용 대상 범위를 넓히며 미국 내 여러 주와 도시가 벌이는 보건 관련 활동과 협력할 것"을 지지했다.[19] 그러나 루스벨트는 끝내 이 소원을 이루지 못했다.

우드로 윌슨이 그랬던 것처럼 해리 트루먼에게서도 토머스 제퍼슨의 발상이 드러났다. "우리가 자유를 유지하는 한 토머스 제퍼슨의 정신은 미국에 살아 있다"와 같은 지지 선언뿐 아니라 "평화 시기에 정부가 수행하는 모든 활동에 엄격한 경제가 적용되어야 한다고 나는 확신한다"와 같이 작은 정부를 지지하는 한층 진지한 선언에서도 그랬다.[20]

1945년에 트루먼은 국민건강보험을 요구할 때 "연방정부는 필요한 병원들을 짓는 사업에 재정적 지원 및 그 밖의 지원을 마땅히 제공해야 한다"라고 하면서도 "연방정부가 이런 병원들을 직접 세우거나 운영해서는 안 된다"라고 못을 박았다. 그는 "현행법에 따라 공중보건 서비스에 제공되는 것보다 더 관대한 보조금이 주정부에 제공되는 것"을 바랐지만 연방정부 차원의 공중보건 기관이 독자적인 권한을 갖는 것은 바라지 않았다.[21]

트루먼은 "기존의 의무적인 사회보험제도의 확대를 통해 (…) 모든 사람이 자기에게 필요한 의료 서비스에 즉시 접근할 수 있을 것"을 바랐다. 그러나 그는 사회화된 의료(socialized medicine)에 강력히 반대하면서 "우리의 자유로운 병원들과 우리의 도시와 카운티와 주에 있는 종합 병원들이 (…) 행정적인 독립성을 유지해 (…) 의사들이 정부에 고용된 직원 신분으로 일하지 않도록 할 것"을 약속했다.[22] 그는 공공 차원의 관리가 개입하지 않고서 예산 지출이 이뤄지길 바랐고 결국 미국의 건강보험은 이런 식으로 자리를 잡았다.

트루먼의 비전은 그 뒤로도 행진을 계속 이어갔다. 1960년에 민주당은 '적절한 치료를 받을 권리'를 야심적인 대통령 선거 공약으로 내세웠는데, 이 권리는 "이미 성과를 입증받은 사회보장보험제도(Social Security Insurance System)의 일부분으로 노령층을 대상으로 하는 의료 혜택"이라는 형식을 취하는 것이었다.[23] 그런데 "그 공약은 케네디가 대통령 후보 자격으로 다른 어떤 것보다도 엄숙하게 약속한 공약"이었다.[24]

즉 이것은 해밀턴식의 공공적인 행동이 아니라 제퍼슨식의 권리로 제시되었는데, '권리'이기 때문에 다른 단서 조항들은 따라붙지 않았다. 그 공약은 필요한 사람들에게만 서비스를 제공함으로써 비용의 한도를 정하려는 모든 시도를 거부하면서 "우리는 시민들이 자산 조사 결과에 따라 혜택(보험금)을 차등적으로 지급받는 치욕스러움에 굴복하라는 제안, 즉 '극빈자의 맹세(pauper's oath)'를 하라는 그 어떤 제안도 거부한다"라고 천명했다.[25] 여기서 말하는 자산 조사 방식은 내부자가 아닌 약자에게 더 많은 예산을 지출할 수도 있다는 뜻이었다. 그러나 이런 주장은 선거에서 이기는 길이 아니었다.

1962년에 의회는 킹-앤더슨 법안(King-Anderson Bill)을 채택했는데

이 법안은 건강보험을 사회보장보험에 포함하는 트루먼의 공식을 따르는 것이었다.[26] 미국의학협회(American Medical Association)는 이른바 "의학계가 현재 직면한 도전, 과거 그 어느 때보다도 치명적인 도전"에 맞서기 위해 전력을 다했다. 특히 혈기가 왕성하던 뉴저지의 의사 브루스 헨릭슨(Bruce Henriksen)은 "킹-앤더슨 법안이 정한 환자 진료 규정을 거부하고 (…) 과거에 그랬듯이 의료적으로 가난한 사람은 나이를 따지지 않고 계속해서 진료하겠다는" 의사들의 운동을 앞서 이끌었다. 그리고 이 법안은 1962년에 상원에서 근소한 표 차이로 부결되었다. 케네디로서는 "이 법안을 통과시키려고 개인적인 인기까지 총동원했지만" 역부족이었다.[27]

케네디 대통령이 사망한 뒤에 린든 존슨 대통령은 건강보험 문제를 우선순위 목록에서 높은 자리에 놓았다. 그는 "워싱턴에서 가장 영향력이 큰 인물"이었던 아칸소의 민주당 하원의원 윌버 밀스(Wilbur Mills)와 손잡았는데,[28] 밀스는 당시 강력한 힘을 발휘하던 하원 세입위원회(House Ways and Means Committee) 의장이었다. 존슨과 밀스는 둘 다 입법권을 가진 조직의 수장이었고 남부의 민주당원이었다. 제2차 세계대전 이후 미국의 입법부를 이끈 이 남부 출신 지도자들을 두고 한 정치학자는 다음과 같이 썼다.

미국 주정부들의 권한이 침해당할 수 있다는 우려는 컸다. 그러나 이 남부의 지도자들은 연방 차원의 공적 지원을 위한 실질적인 정책 우선순위를 밀어붙이기 위해서라면 주정부의 권한이라는 원칙을 몇 번이고 무시할 준비가 되어 있었다.[29]

마침내 1964년 3월, 존슨은 킹-앤더슨 의료법 문제에 대해 다음과 같은 발언으로 밀스의 옆구리를 찔렀다.

> 우리 당 차원에서 볼 때나, 당신이나 나 개인 차원에서 볼 때나 이 법안을 입법화하는 것보다 더 의미 있는 일은 내가 재임했던 6개월 동안 일어나지 않았으며 앞으로의 임기 동안에도 없을 것이다.[30]

그러면서 존슨은 밀스의 재정적 통찰력과 입법 권한에 따르겠다고 암시하면서 "만약 당신이 수단과 방법에 대해 나보다 더 많이 알지 못한다면 당신은 지금까지 노력하지 않았다는 뜻이다. 당신이 나보다 확실히 더 많이 알고 있음을 나는 잘 알고 있다"라고 말했다. 밀스는 존슨의 말에 귀를 기울였다. 특히 존슨이 1964년 선거에서 압도적인 승리를 거둔 뒤에는 더욱 그랬다. 밀스도 나중에 한 인터뷰에서 "알다시피 존슨은 선거운동 과정에서 메디케어를 지지한다고 공약했고 더블 스코어라는 압도적인 표 차이로 당선되었습니다. (…) 이제는 그 법안을 통과시킬 때가 무르익었다고 생각합니다"라고 말했다.

　메디케어와 메디케이드의 제한적이고 순수한 재정 구조가 정부의 개입을 최소화한다는 제퍼슨의 전통을 얼마나 반영했는지, 미국의사협회나 민간 보험회사 같은 이익집단의 반대를 얼마나 반영했는지는 알 수 없다. 그러나 이런 반대가 없었다면 존슨 대통령과 윌버 밀스는 1948년에 운영을 시작한 영국 국민보건서비스(National Health Service, 국민건강보험)[31] 모델이나 1955년에 시작된 스웨덴의 제도,[32] 비슷하게 시작된 캐나다의 제도[33]를 받아들였을 것이다. 원인이 무엇이었든 간에 결과는 미국인 대다수를 대상으로 하지 않는 건강보험제도였고, 이 제도에서는 정부가 개입할 수 있는 여지가 거의 없었다.

윌버 밀스는 '3단 케이크'라고 할 수 있는 법안을 만들었다. 병원비 보험이라는 킹-앤더슨 계획에 가난한 사람을 위해 1960년에 의결되었던 커-밀스 법(Kerr-Mills law) 그리고 병원비 이외의 비용에 대한 보험이라는 새로운 요소를 추가한 법안을 만든 것이다.[34] 이 법안은 하원과 상원을 통과했다.[35] 존슨은 미주리의 인디펜던스에 있는 해리 트루먼 도서관(Harry S. Truman Library)에서 그 법안에 서명했다. 이 자리에 참석했던 트루먼 전 대통령은 존슨이 서명에 사용한 펜을 건네받는 퍼포먼스의 주인공이 되어 메디케어에 등록한 최초의 미국인이 되었다.

제퍼슨식 안전망 모델에서는 정부가 시민의 적절한 보건 관리를 판단하고 결정하는 것이 아니라 그저 비용만 지불하면 되었다. 65세 이상 노인에게 정부가 의료보장을 해주는 건강보험인 메디케어와 65세 미만의 저소득층과 장애인을 지원하는 건강보험인 메디케이드는 이들에게 "의료적으로 필요한 치료나 적절한 치료"를 무제한으로 보장하겠다는 약속이다.[36]

이 제도들은 집중적이고 보편적인 치료에 더 많은 돈을 지불하는 기존의 민간 보험 제도를 기반으로 한다. 이 안전망은 연방정부의 소관이 국민의 건강을 보호하는 데까지 확대된 것도 아니고, 국민의 건강을 보호하기 위해 해당 예산을 효율적으로 배정할 권한을 연방정부로부터 부여받은 것도 아니다. 이 제도들의 설계상 결함은 시간이 지나면서 더욱 분명하게 드러났다. 미국이 안고 있던 정치적 병폐와 노인층의 정치적 힘 때문에 메디케어는 취약하고 돈이 많이 들었다. 또한 더 이상 수정하는 게 불가능할 것처럼 보였다.

메디케어와 메디케이드의 의료비 지출은 애초에 이 제도들을 설계할 때 예측했던 것보다 더 빠르게 증가했는데, 이는 놀라운 일이 아니었다.[37] 역설적이게도 메디케어에 들어가는 비용이 워낙 많아지다 보니 재정 문제에 보수적이기로 유명한 윌버 밀스조차도 단일보험자제도를 마련하기 위해 테드 케네디(Ted Kennedy)와 동맹을 맺었다(단일보험자제도에서는 하나의 기관이 모든 의료 제공자와 모든 가입 대상자의 계약을 독점하고 일괄적인 내용을 적용한다. 한국에서는 국민건강보험공단이 이 단일보험자다. 다보험자제도에서는 각각의 보험회사가 선별적인 의료 제공자와만 계약을 체결하고 다양한 보험 상품으로 가입 대상자의 선택을 유도한다 – 옮긴이).

그러나 밀스는 술을 좋아했고 판느 폭스(Fanne Foxe)라는 아르헨티나계 미국인 여성 스트리퍼도 너무 좋아했다. 새벽 두 시에 그는 차에 폭스를 태우고 음주운전을 하다 체포되었다. 그런데 폭스는 역설적이게도 제퍼슨 기념관 바로 앞에 있는 인공 호수인 타이들 베이슨(Tidal Basin)으로 도망치다 붙잡혔다. 그로부터 두 달 뒤 밀스는 세입위원회 의장 자리를 사임했고 의원직도 잃었다. 결국 단일보험자제도는 영원히 물 건너가고 말았다.

미국의 건강보험은 왜 그렇게 비싼 걸까?

메디케어와 메디케이드가 제정될 즈음인 1960년대 초반에 미국의 의료비 지출은 다른 나라들보다 조금 높은 수준이었다. 1960년에 미국과 캐나다는 국민소득의 약 4퍼센트를 의료비로 지출했는데 다른 부유한 나라들에 비하면 조금 더 높은 수준이었다.[38] 그러나 다른 나라들이 건강보험을 보편적으로 적용하는 제도를 시행하고 관련 사항들에 대한 통제권을 정부가 행사하면서 격차는 점점 크게 벌어졌다. 특히 미국의 의료비 지출은 캐나다보다도 더 늘어났다. 1980년대까지 미국은 캐나다보다 국내총생산(GDP)의 2퍼센트 더 많은 금액을 의료비로 지출했지만 지금은 6퍼센트가 넘는다. 그만큼 의료비 지출 격차도 훨씬 더 크게 벌어졌다.[39]

미국은 그 모든 의료비를 도대체 어디에 쓸까? 미국 정부가 건강보험에 지출하는 비용의 4분의 1이 행정 부문에 지출되는데, 이 비율은 심혈관 질환 보험금으로 지급되는 비용의 두 배이며 암 보험금의 세 배에 이른다.[40] 반면 캐나다는 행정 부문에 할애되는 비율은 미국의 절반도 안 된다.[41]

미국의 크고 작은 병원에서는 엄청나게 많은 직원이 일하고 있는데 이들의 유일한 업무는 서류 작업이다. 환자 관리와 관련된 그 모든 일을 보험회사에서 수행하는 게 아니다. 엄청난 에너지가 임상 기록을 하는 데 소비된다. 해당 환자에게 빈혈이 있었는지, 당뇨병 병력이 있는지 등과 관련된 정보를 각각의 보험회사마다 따로 요구하므로 병원의 행정 직원들은 보험회사별로 제각각인 양식을 작성한다. 또한 보험회사는 청구된 보험금을 지급하기 전에 의사가 환자에게 먼저 싼 약을 시도했으나 그 약이 듣지 않아서 어쩔 수 없이 비싼 약을 처방한다는 증거를 문서로 요청할 수 있다. 이렇게 해서 보험금 지급 승인이 났다고 해도 보험금 지급은 나중으로 미뤄지는데, 이 과정에서 해당 보험금 추적과 관련된 관리 비용과 시간이 또 들어간다.

더불어 보험회사들도 별도로 대규모 행정 군단을 꾸려야 한다. 가입자가 보험금을 청구할 때마다 그 청구가 정당한지, 처방된 약은 제대로 된 것인지, 병원이 청구하는 금액(의료수가)이 적절한 가격인지 등을 심사해야 하기 때문이다.

캐나다에서는 훨씬 단순한 규정을 마련하고 있어서 이런 서류 작업이 대폭 줄어든다. 병원이 받는 수입은 미리 정해져 있으며 그 한도 안에서 치료가 필요한 모든 사람을 치료한다. 따라서 병원은 환자 개개인과 관련된 개별적인 청구서를 작성하지 않아도 된다. 캐나다 의사는 미국 의사처럼 자신이 제공한 의료 서비스에 따라 보상을 받지만 의료수가나 보험금 지급 승인을 놓고 벌어지는 줄다리기가 미국보다는 덜하다.

캐나다 정부는 의료 서비스당 지급률을 정하고 모든 의사는 그에 따라 보상을 받는데 이는 연방정부의 개입을 최소화한다는 제퍼슨의 원칙과 정반대다. 의료비 지출을 줄일 필요가 있다면 정부는 의사에게 지급하는 금액을 일방적으로 줄일 수 있다. 예를 들어 MRI 장비 같은 어떤 의료 장비의 사용료(검사료)가 지나치게 높을 경우 정부는 병원이 해당 장비를 추가로 확보하려고 할 때 이를 승인하지 않는다.[42]

캐나다의 이런 제도는 어떻게 보면 강압적일 수 있다.[43] 그러나 행정 부문에 들어가는 비용은 확실히 줄일 수 있다. 우리가 말하고자 하는 핵심은 캐나다의 제도가 미국 제도보다 근본적으로 낫다거나 나쁘다는 것이 아니다. 단일보험자 방식의 제도에서는 행정 비용이 대폭 줄어든다는 말을 하고 싶을 뿐이다.

미국이 의료비 지출이 높은 두 번째 이유는 동일한 의료 서비스에 훨씬 많은 돈을 지급하기 때문이다. 전 세계의 의료비를 조사한 한 유명한 논문은 "멍청아, 가격이 문제야"라고 주장했다.[44] 특히 처방약을 가장 악명 높은 사례로 꼽는데[45] 미국에서 인슐린 한 병의 가격은 캐나다보다 10배나 비싸다. 일부 미국인은 이 비싼 약값을 부담할 수 없어 결국 죽음을 맞이한다.[46] 제약회사들은 다른 나라에서보다 미국에서 더 비싼 가격을 청구하는데, 그 이유는 그래도 괜찮기 때문이다.[47]

영국에서는 국립보건임상연구원(National Institute for Health and Care Excellence, NICE)이 새로운 약이 나올 때마다 해당 약의 가격 상한선을 정하고 제약회사는 그 한도 안에서만 그 약을 팔 수 있다.[48] 이 역시 제퍼슨 방식과는 다른 접근법이다. 대부분 약은 개발비가 많이 들지, 일단 개발에 성공하고 나면 생산비는 거의 들지 않으므로 가격을 낮게 매겨도 얼마든지 수익을 낼 수 있다.

그런데 미국에서는 보험회사와 병원을 한자리에 불러놓고 약의 가격을 놓고 협상을 이끌 권한을 가진 주체가 없다. 만약 A라는 보험회사가 제약회사가 주장하는 신약 가격을 받아들이지 않는데 B라는 보험회사가 그 가격을 받아들인다면 A 보험회사는 B 보험회사에 고객을 빼앗기고 만다. 이런 사정은 병원도 마찬가지다. 캐나다에서는 병원이 정부가 책정한 적정 진료비 이상으로 비용을 청구할 수 없으며, 캐나다 메디케어가 보장하는 서비스에 대해 환자에게 따로 비용을 청구할 수도 없다. 그러나 미국에서는 병원이 어떤 보험회사가 정한 의료수가가 마음에 들지 않을 때는 다른 보험회사의 환자들에게 자기 의료수가를 주장할 수 있다.

미국 제도에서의 비용이 몇 가지 측면에서는 분명 좋은 점이 있다. 제약회사들은 신약 개발에 필요한 재원을 마련하려면 높은 약값에서 비롯되는 수익이 필요하다고 주장한다. 또한 의사가 돈을 많이 벌 수 있도록 해서 성적이 좋은 학생들의 의대 지원을 장려할 수 있다. 미국의 고학력자들이 다른 나라의 고학력자들보다 돈을 더 많이 벌기 때문에, 만일 의사가 충분한 보상을 받지 못한다면 상위권 성적 학생들은 다른 직종으로 눈을 돌릴 것이다.[49] 경제에서는 모든 것이 비용-편익의 균형(트레이드오프)으로 환원되는데 의사가 받는 보상 또한 예외가 아니다.

미국과 캐나다의 세 번째 차이점은 두 나라의 의료 방식이다. 미국인은 캐나다인보다 병원에 덜 간다. 사실 대부분의 부유한 나라에 비해 미국의 1인당 병원 방문 횟수 및 입원 횟수는 적다. 팬데믹이 미국에서 더 위험한 데는 다른 부유한 나라들보다 1인당 병상이 적다는 사실도 여러 이유 가운데 하나로 작동하기 때문이다.[50]

그러나 미국에서 받는 치료는 한층 더 집중적이다. 요통 환자가 MRI 검사를 받을 가능성은 미국이 상대적으로 크다. 미국 환자는 오피오이드를 처방받을 가능성도 더 크고 허리 수술을 받을 가능성도 더 크다. 미국의 심장전문의는 다른 나라의 의사보다 가벼운 가슴 통증을 호소하는 환자에게 스텐트를 삽입할 가능성이 크다.[51] 캐나다에서는 식이요법이나 운동과 같은 처방이 훨씬 일반적이다. 미국의 병원 현장에서 나타나는 이런 모습들은 모두 돈을 따라 이뤄지는 것이다. 미국의 의사들은 다른 나라의 의사들보다 스텐트 삽입 시술로 돈을 더 많이 번다.

이런 차이점들은 모두 건강보험제도가 만들어지고 성장하는 과정에서 자연스럽게 나타났다. 린든 존슨과 윌버 밀스로부터 시작해서 오늘날까지 건강보험제도는 꽤 직선적으로 발전했다.

보험과 혁신의 인센티브

1950년대와 1960년대에 보험 적용 범위가 확대되면서 의료 서비스는 훨씬 많이 소비되었다. 물론 이는 건강보험이 설정했던 목표이기도 했다. 그런데 예상치 못한 부작용이 생겼다. 보험금 지급을 약속한 보험회사와 치료를 원하는 과학자, 수익을 원하는 기업, 이 세 주체에서 비롯된 혁신의 눈사태가 바로 그 부작용이다.[52] 예전에는 미처 알지 못한 사실인데, 환자에게 도움이 되는 새로운 치료 절차에 보험회사가 당연히 보험금을 지불할 것이므로 기업가들로서는 새로운 약과 장비와 치료법을 개발하겠다는 강력한 동기를 얻는다는 것이다.

이런 혁신에는 좋은 점과 나쁜 점이 함께 존재한다. 코로나19와의 싸움에서 가장 희망적인 부분은 2020년에 새로운 백신 후보들이 폭발적으로 늘어났다는 점을 들 수 있다. 백신 생산은 흔히 돈벌이가 되지 않는다고 한다. 백신은 일반적으로 건강한 사람이 맞는데 이들은 아픈 사람들만큼 많은 돈을 선뜻 지불하려들지 않기 때문이다(그러나 코로나19 때는 예외였다). 결과적으로 단일보험자제도에서는 해당 전염병이 발병하기도 전에 이 질병을 예방할 백신을 구매하려고 든다. 그래서 2020년 7월에 영국이 "개발 중인 유망한 코로나바이러스 백신 9,000만 개 구입 계약을 체결했을 때 아무도 놀라지 않았다".[53]

훨씬 더 의미 있는 선례가 같은 달에 있었다. 미국 정부가 화이자 및 바이오엔테크(BioNTech)를 상대로 2020년 12월에 19억 5,000만 달러를 지불하고 백신 1억 개를 받는다는 계약을 체결한 것이다.[54] 재앙과도 같은 팬데믹 앞에서 미국 정부는 연방정부가 협상한 가격으로 백신을 구입해 일반 시민들에게 무료로 백신을 제공하기로 했는데, 이는 결국 단일보험자제도를 채택한 것이나 다름없었다.[55]

이 원고를 쓰고 있는 시점인 2021년 1월에는 미국과 영국에서 백신을 사용할 수 있게 되었다. 비록 미국에서의 속도가 애초 계획보다 훨씬 느리게 진행되는 점이 아쉽긴 하지만 말이다. 영국이 미국보다 백신 보급이 빠르게 진행되는 것은 국민 건강에 대한 책임을 이미 1858년부터 중앙에서(즉 민간이 아닌 정부에서) 지기 시작했기 때문이다. 1858년은 벤저민 디즈레일리가 템스강과 하수도 문제를 지적했을 때다.

배신 개발의 빠른 속도를 보여주는 사례는 코로나19뿐만이 아니다. 2009년의 H1N1(A형 인플루엔자 바이러스) 백신도 비슷한 속도로 개발되었다. 그해 3월 멕시코에서 첫 번째 H1N1 사례가 발견되었고 4월 15일에는 첫 번째 미국 사례가 확인되었다.[56] 그런데 4월 24일에 H1N1 게놈이 해독되었고 9월 중순에는 네 개의 백신이 승인을 받았으며, 11월에는 다섯 번째 백신이 승인을 받았다.[57]

코로나19 백신 대금 선지급은 어려운 결정이 아니었다. 왜냐하면 백신의 사회경제적 가치가 엄청나기 때문이다. 메디케어가 다른 형태의 혁신에 대한 비용을 나중에 조정 가능한 방식으로 지불하겠다고 약속한 것은 비용과 편익을 동시에 고려한 것이다. 관대한 인센티브들에서 비롯된 수많은 이득이 미국의 보편적 의료 시스템의 한 부분으로 열매를 맺었다.[58] 그러나 그 인센티브들은 또한 미국의 의료 서비스를 놀라울 정도로 비싸게 만드는 데 일조했다.

의학 기술은 거의 모든 건강 문제의 치료법을 바꿔놓았다. 심장마비를 예로 들어보자. 해리 트루먼이 전 국민을 대상으로 하는 건강보험을 추진하던 1940년대 후반에 심장마비의 표준 치료법은 침대에 누워서 쉬는 것이었다.[59] 심장에 무리를 주면 상태가 악화된다는 이론이 표준이었기 때문이다. 관상동맥 조영술은 1950년대 후반에 개발되었는데 이 검사법 덕분에 의사들은 심장 근육을 촬영해서 손상 및 위험 규모를 확인할 수 있게 되었다.[60] 막힌 동맥을 우회하려는 시도는 1960년대에 성공했고, 건강보험 덕분에 관상동맥 우회 수술은 보편적인 치료법으로 자리를 잡았다.[61] 1980년대 초, 의사들은 폐색된 동맥에 끼워 넣을 풍선을 개발했다.[62] 동맥 안으로 넣은 풍선을 부풀려 피가 원활하게 흐르는 경로를 만드는 수술이었다. 와이어메시 스텐트는 동맥이 막히지 않도록 계속 열어둘 목적으로 개발되었다.[63] 이런 수술 기법은 비용이 상대적으로 많이 들지만 사람의 목숨을 구한다.

기술혁신 과정은 의학의 모든 분야에서 연달아 일어났다.[64] 실제로 의료 분야의 기술혁명은 완전히 새로운 전문 분야의 탄생을 이끌었다. 20세기 초에는 의사 한 사람이 환자를 치료하고 꼭 필요한 경우에는 수술했으며 산모의 출산을 돕기도 하는 '만능' 의사였다. 그런데 오늘날에는 미국내과학위원회(American Board of Internal Medicine)의 인정을 받은 전문 분야가 40개 있으며 하위 전문 분야도 87개가 있다. 이 전문 분야에 속한 의사들의 진료비는 특별히 비싸다.[65]

의사 전문 채용 중개사인 메리트 호킨스(Merrit Hawkins)에 따르면 응급의학 전문의는 연간 약 35만 달러, 피부과 전문의는 약 42만 달러, 정형외과 전문의는 약 54만 달러를 번다. 그리고 내과 계통의 평균적인 의사는 성인을 대상으로 하는 전형적인 1차 의료(동네의 병원에서 환자가 최초로 받는 의료 - 옮긴이)를 제공하는데 연간 약 25만 달러를 번다.[66]

더욱 집중적인 치료의 가치는 엄청나게 클 수 있다. 이 책의 공동 저자인 데이비드 커틀러는 시간이 흐를수록 새롭게 개발된 치료법에 더 많은 돈을 쓸 가치가 있다고 주장하는 책을 썼다. 본인이 그런 지출 덕분에 건강 상태가 좋아졌기 때문이다.[67] 위에서 언급한 심장 기술이 대표적인 사례다. 하지만 이런 기술이 과도하게 사용될 수도 있다. 캐나다에서는 미국에서보다 스텐트 삽입 빈도가 훨씬 낮지만 시술 뒤 환자의 생존율은 결코 미국에 뒤지지 않는다.[68]

새로운 수익을 창출하는 혁신들은 맹렬한 속도로 진행되고 있지만 의료 접근성 개선과 같은 '돈이 되지 않는' 의료 수요에 대한 대응은 느리기만 하다. 코로나19가 처음 시작되었을 때 사람들은 집에 머물라는 권고를 받았고 의사들은 환자를 병원으로 부르는 것을 조심스러워했다. 그러다 보니 수백만 건의 병원 방문 진료가 취소되었다. 그러나 대면 진료의 대안은 분명 있었다. 비대면 원격 진료다. 인터넷만 연결되어 있으면 누구나 쉽고 간단하게 원격 진료를 받을 수 있다. 전화 진료는 이보다 더 쉽다.

전체 원격의료 산업은 코로나19에 대한 대응 차원에서 하룻밤 사이에 발명되었다. 그리고 이제 원격의료는 어디서나 볼 수 있게 되었다.[69] 원격 진료를 가능하게 만든 의사들에게 환호성이라도 지르고 싶다. 하지만 스카이프로 의사를 만나 진료받을 수 있는 사람들이 왜 코로나19에 걸렸을까? 원격 진료로는 병원과 의사가 돈을 충분히 많이 벌지 못한다는 사실은 그 의문에 대한 여러 가지 대답 가운데 하나다.

의료에 대해 개방적인 특성, 제퍼슨식 대응 때문에 미국에서는 독특하게도 의료비가 비싼 경향을 띤다. 미국의 납세자는 그들을 대표하는 사람들이 비용을 통제할 권한이 없는 상태에서 병원이 청구하는 의료비를 그대로 지불한다. 이와 달리 단일보험자제도는 나름대로 이런저런 결함이 있지만 적어도 지출 결정을 하는 주체가 얼마를 지출할지 결정할 수 있다.

민간 보험회사도 비용 절감에 어려움을 겪는다. 만약 한 보험회사가 병원에 지불하는 금액을 줄이거나 전반적인 지출을 제한한다면 보험 가입자들은 각자 원하는 의사가 있어도 그 의사가 의료수가 문제로 치료를 거부할 수 있다. 메디케이드는 상대적으로 낮은 수가로 비용을 지불하는데, 그래서 전체 의사의 3분의 1은 메디케이드가 적용되는 신규 환자를 전혀 받지 않으며 나머지는 메디케이드 환자 중에서도 일부만 받는다.[70]

시간이 지나면서 의료비 지출은 아무런 제약도 없이 점점 늘어나 더욱 심각한 문제가 되었다. 1970년대에 있었던 두 번의 석유파동과 같은 불경기에는 이런 경향이 특히 심했다. 고용이 감소했고 경제는 심각한 불황에 빠졌으며 정부와 기업 모두 지출을 줄여야 했다.[71]

비용을 통제하겠다는 첫 번째 시도는 상대적으로 약했다. 공공 및 민간의 보험회사들은 의료비를 해당 지역의 "통상적이고 관례적이며 합리적인 수준"으로 제한하려고 했다.[72] 시간이 흘러 보험회사들은 환자에게 일어난 모든 일에 '의사의 진료(doctoring)' 비중이 얼마나 되는지 판정하는 시스템을 구축했다. 기본적인 원리는 의사의 진료 개입이 많을수록 의료비가 많이 지급되는 방식이었다. 연방정부는 1980년대에 병원을 대상으로, 1990년대에는 의사를 대상으로 이 시스템을 도입했다. 민간 보험회사는 일반적으로 공공 부문의 접근법을 따랐지만 의료 서비스 한 건당 지급되는 요율은 민간 부문에서 더 높았다.[73]

이런 노력은 의료수가라는 가격을 잡았지만 행정이라는 악몽을 낳았다. 정확히 누가 어떤 의료 서비스를 받을 자격이 있고 병원이나 의사에게 지불하는 금액이 얼마일지 판정하는 데 수십억 달러가 낭비되기 때문이다. 행정적인 차원의 고통스러운 노력이 각 보험회사가 부담해야 할 금액을 낮추긴 했지만 이것으로는 충분하지 않았다.

자유의 땅에서 일어나는 의료 서비스 배급제

미국도 다른 모든 나라와 마찬가지로 의료 서비스를 '배급(ration)'한다. 여기에 대해서는 우리가 줄곧 이야기를 해왔다. 정확하게 말하면 줄곧 비판적으로 이야기했다. 다음에 어떤 정치인이 당신에게 단일보험자제도는 배급제이므로 이 제도를 채택해서는 안 된다고 말한다면 그에게 절대로 표를 주지 마라. '어떤 나라가' 의료 서비스를 배급하느냐 여부가 중요한 게 아니라 그것을 '어떻게' 수행하느냐가 중요하기 때문이다.

단일보험자제도를 채택한 나라에서 배급은 총액 차원에서 이뤄진다.[74] 캐나다의 병원들은 고정된 총예산과 새 장비 구입 및 수술실 확장을 제한하는 규정 아래서 운영된다. 미국에서는 높은 의료수가를 적용해 의료 서비스 수혜를 줄이고 제한적인 의료 역량을 배급 방식으로 제공한다. 즉 중앙집권적인 배급 방식은 없지만 그럼에도 불구하고 의료 서비스를 배급한다.

보험회사들은 환자에게 자기부담금을 물리는 방식으로 환자가 될 수 있으면 의료 서비스를 적게 받도록 유도하는데, 이렇게 되면 사람들은 될 수 있으면 병원에 가서 치료를 받지 않으려고 한다. 비싼 약을 먹어야 할 때는 한 달 약값으로 수천 달러가 들어갈 수도 있다. 브랜드 가치가 아무리 높은 약이라고 해도 제조원가는 얼마 되지도 않는데 말이다. 또 응급실을 한 번만 사용해도 수천 달러를 내야 할 수도 있다.

미국은 민간 보험회사 가입자의 4분의 1이 고액 공제 건강보험(High Deductible Health Plan, HDHP)에 가입해 있다.[75] 이 보험은 공제금액이 높아서 그 기준에 이르기까지는 자신이 치료비를 부담해야 한다. 이 보험에 가입한 사람들이 자부담금에 대한 부담 때문에 비싸기만 하고 비생산적인 의료 서비스를 받는 횟수를 줄일 것이라는 게 희망이라면 희망이다.[76]

그러나 안타깝게도, 많은 연구에 따르면 수많은 의료 서비스 중 어떤 것이 가치가 있고 없는지 사람들은 잘 알지 못한다. 사람들은 치료비가 비싼 치료는 확실히 줄인다. 그런데 문제는 치료비가 저렴하고 꼭 받을 필요가 있는 치료까지도 줄이려고 한다는 점이다. 본인부담금이 늘어나면, 본인 재량으로 선택할 수 있는 영상 검사를(이것은 가성비가 낮다) 되도록이면 받지 않으려 하지만 콜레스테롤 수치를 낮게 유지하는 처방까지도(이것은 가성비가 매우 높다) 받지 않으려 한다.[77]

또 다른 배급제 방식은 의사의 진료 행동을 면밀히 조사해서 부적절하다고 판단되는 진료를 없애는 것이다.[78] '사전 승인'과 '활용 관리(utilization management)'가 바로 이런 것을 가리키는 표현이다. 의사가할 수 있는 진료의 선택지는 무수히 많으므로 의문을 품고 따질 대상도 너무 많다. 일반적으로 보험회사는 의료 서비스에 대한 사전 승인을 위해 수천 개의 규정을 마련해두고 있으며 처방 약제에 대해서도 역시 수많은 규정을 정해두고 있다.

보건 정책 분석가들은 중앙집중적인 배급 방식과 탈중심적 배급 방식 각각의 장단점을 놓고 끝없이 토론한다. 그러나 우리의 요지는 그중 어떤 것을 고르자는 게 아니다. 우리가 어떻게 생각하든 간에 팬데믹의 시대는 모든 계산법을 바꿔놓는다. 팬데믹의 시대에서 감염될 수 있는 사람들이 응급실 비용을 감당할 수 없다는 이유로 무작정 버티거나 약값이 무서워서 항생제를 복용하지 않으려는 일이 일어나서는 안 된다. 모두가 보호받을 수 있도록 각 개인이 지불하는 의료비는 낮아져야 한다.

재앙으로 끝난 공중보건 정책들: 리더십과 코로나19

코로나19에 대한 미국의 공식적인 반응은 강력하지도 않았고 효과적이지도 않았다. 미국은 문제의 심각성을 늦게야 깨달았고, 그 바람에 국경을 일찍 봉쇄했어야 함에도 그렇게 하지 못했다. 또 코로나19 바이러스 검사를 광범위하게 실시했어야 함에도 그렇게 하지 못했고, 무증상자를 대상으로 하는 무작위 검사의 필요성을 인정하지 않았다. 심지어 비싼 비용이 들어가는 병원들도 재앙을 알리는 조짐이 여러 차례 나타났음에도 불구하고 전혀 대비하지 않고 있었다.

2020년 1월 초에 많은 학자와 전문가들이 코로나19가 재앙으로 발전할 가능성이 있다고 봤다. 대만과 싱가포르는 중국에서 들어오는 사람의 입국을 막았다. 그러나 트럼프 행정부는 중국에 있던 자국의 전염병 전문가들을 철수시켰고, 국가안전보장회의(National Security Council, NSC)에서 세계적 차원의 팬데믹에 초점을 맞춰 활동하던 팀을 해체했다. 중국으로 가는 여행은 1월 31일에 금지했지만 이탈리아를 비롯해 확진자가 많이 발생한 지역으로 오가는 여행자들에게는 아무런 조처도 없었다.[79]

바이러스 검사는 훨씬 더 엉망이었다. 2020년 1월 말 세계보건기구는 코로나19 확진자를 가려내는 검사법을 확보했다. 그러나 미국 질병통제예방센터는 더욱 안정적인 검사법을 독자적으로 개발하기로 했다.[80] 세계보건기구가 선택한 검사법을 비롯해 대부분의 검사법은 코로나19 게놈 중 두 부분을 식별하는 데 초점을 맞췄는데, 미국 질병통제예방센터는 사스와 메르스까지 포함해서 훨씬 더 광범위한 코로나바이러스들을 식별할 세 번째 부분을 추가하기로 한 것이다. 그런데 이 세 번째 부분은 코로나19를 가려내는 데 굳이 필요한 게 아니었다. 게다가 그 세 번째 부분을 분석하는 시약도 오염되어, 코로나19 음성 판정을 받은 표본이 나중에 알고 보니 양성으로 밝혀졌다. 이 문제를 바로잡는 데 몇 주가 걸렸고 결국 미국 질병통제예방센터는 세 번째 부분에 대한 검사는 무시하기로 결정을 내렸다.[81]

그런데 이 지연에 따른 결과는 엄청났다. 그 기간에 각 대학 및 민간 연구소는 독자적으로 검사를 할 수 없었고 그 바람에 코로나19의 확산과 관련된 지식을 빨리 습득할 수 없었다. 미국 국립알레르기전염병연구소 소장이자 정부의 코로나19 대책위원회 위원이던 앤서니 파우치(Anthony Fauci)는 의회에 출석해서 이렇게 말했다. "다른 여러 나라에서 그렇듯이 미국에서도 누구나 쉽게 검사를 받을 수 있지 않냐고 생각할 수 있습니다. 그러나 우리는 그럴 준비가 되어 있지 않습니다. 우리도 그렇게 되어야 하는 것 아니냐고요? 맞습니다. 그래야죠. 그러나 우리는 그렇지 않습니다."[82]

코로나19 환자를 치료하는 과정도 준비가 미비했다.[83] 의사와 간호사는 마스크나 가운과 같은 적절한 보호장비를 공급받아야 했고 이 장비들을 올바르게 사용하는 방법을 교육받아야 했다. 그리고 감염을 차단하도록 엄격히 통제하는 한편 선택적인 수술이나 회진과 같은 필수적이지 않은 의료 서비스를 취소해야 했다.[84] 그러나 미국 병원들은 비상시를 대비하는 수준이 아니라 평소 필요한 수준의 개인보호장비와 인공호흡기만을 보유하고 있었다. 나중에 필요하면 얼마든지 구입할 수 있다고 여겼기 때문이다.

그러나 팬데믹 상황에서는 모든 병원 및 관련 기관이 개인보호장비를 구입하려고 한꺼번에 몰려든다. 시장이 이 갑작스러운 대규모 수요를 감당할 생산 시스템을 갖추고 있지 않을 경우에는 모든 기관과 사람들이 필요한 개인보호장비를 얻을 수 없다. 당시 많은 생산업체가 중국에 있었고 이 업체들이 자국 시장에만 장비를 공급하거나 중국 정부가 수출을 금지했기 때문에 수요를 감당할 수 없었다. 이는 많은 미국인에게 충격을 안겨주었다.[85]

연방정부는 더 많은 물자를 조달하지도 않았고 그나마 넉넉한 지역에서 그렇지 않은 지역으로 개인보호장비를 재배치하지도 않았다.[86] 그 결과 가격은 천정부지로 올랐고 가장 높은 입찰가를 부르는 기관이 개인보호장비를 독식하는 암시장까지 형성되었다. 많은 사람이 개인보호장비를 구하는 방법을 몰랐다.[87] 확진자가 많은 지역의 현장 의료 인력은 제대로 된 보호를 받지 못했다. 산소호흡기[88]뿐만 아니라 검사용 면봉과 시약[89]조차 구할 수 없는 상태였다.

트럼프 대통령은 어설픈 초기 대응으로 비난을 많이 받았다. 그는 사람들이 원하는 침착한 대응 능력과는 거리가 멀었다. 결국 유권자는 그의 일관성 없는 위기 대응에 대한 책임을 물어 대공황 때 허버트 후버(Herbert Hoover) 대통령에게 그랬던 것처럼 재임 실패라는 패배를 안겨주었다. 한 학술지는 "코로나19 확진자의 수가 5퍼센트만 낮았어도 트럼프는 재선에 성공했을 것"이라고 결론을 내리기도 했다.[90]

그러나 코로나19는 미국이 대응에 실패한 첫 번째 재앙이 아니다. 2006년에 미국은 허리케인 카트리나에 적절하게 대응하지 못했다. 그때 미국인은 실패를 똑똑하게 목격하고 충격을 받았다. 코로나19로 트럼프 대통령에 대한 비난이 줄을 이었던 것과 마찬가지로, 당시에도 부시 대통령을 향한 비난이 곳곳에서 터져 나왔다. 그때 우리 저자들의 동료인 '더치' 레너드('Dutch' Leonard)와 아른 하윗(Arn Howitt)이 2006년에 상원에 출석해서 다음과 같이 말했는데, 이는 지금도 여전히 유효하다.

2005년 8월 중순 당시 국가적인 차원 및 지역적인 차원에서의 준비(인프라, 대처 역량, 여러 시스템 그리고 사람들)를 생각해본다면 또 장차 닥칠 폭풍이 무슨 결과를 낳았는지 생각해본다면 그 누구도 그 폭풍을 막을 수 없었음을 알 것입니다. 성공은커녕 낙제점을 면할 수준으로도 이끌 수 없었을 겁니다. 바로 이런 사실을 깨닫는 것이 중요합니다.[91]

하윗과 레너드는 시스템의 문제를 들어 부시 대통령의 무죄를 입증하려 했던 게 아니다. 마찬가지로, 트럼프 대통령의 잘못된 위기관리는 비난받아 마땅하지만 이 문제를 개인 차원으로 돌리지 않는 것 또한 중요하다. 정치라는 영역에서는 최종책임자 한 사람에게만 초점을 맞추는 경향이 있다. 즉 지도자를 바꾸기만 하면 상황이 개선되리라고 생각한다. 하윗과 레너드는 위기관리에 대한 체계적인 투자가 따르지 않는 한 대통령을 바꾼다고 해도 아무것도 나아질 수 없음을 정확하게 짚었다.

훌륭한 위기관리 리더십은 마법의 카리스마처럼 보일 수 있다. 고대 로마 시대에 적병이 다리를 건너오지 못하게 막았던 호라티우스나 프랑스의 잔 다르크[92]가 전투 현장에서 보여준 리더십이 그렇다. 그러나 허리케인을 다루는 데는 영웅주의뿐만 아니라 그 이상의 계획이 필요하다. 대개 위기관리는 유사한 위기에 대한 전문 지식과 경험이 있는 전문적인 지도자에게 통제권을 위임하는 게 옳다. 캘빈 쿨리지(Calvin Coolidge) 대통령은 1927년 미시시피 대홍수 때 허버트 후버[93]에게 권한을 위임했다. 후버는 제1차 세계대전 당시와 이후에 벨기에를 비롯한 여러 나라에 식량을 원조할 때 탁월한 성과를 올렸기 때문이다. 여기에 대해 하윗과 레너드는 다음과 같이 말했다.

첫째, 기관들은 여러 가지 역량을 미리 개발해둔다. 이 기관들은 계획을 세우고, 절차를 설계하고, 필요한 장비를 조달하고, 실무자와 지도자를 훈련시키고, 작전 수행을 연습한다. 둘째, 이 기관들은 새로운 사건에 적응할 대응 노력을 신속하게 설계하는 방법을 개발한다. 셋째, 이 기관들은 자원 배치를 관리하기 위해 실시간으로 대응 조치를 구성하고 조정한다.[94]

재난을 사전에 성공적으로 대비한 사례는 많다. 예를 들어 우리 저자들의 고향인 보스턴은 경찰, 소방, 응급의료 인력 그리고 병원 간의 조정이 필요한 대규모 인명 피해 사건에 대비하는 준비를 오랫동안 해왔다. 그 덕분에 2013년 4월에 마라톤 폭탄 테러 사건이 발생했을 때 수백 명이 다쳤지만 사망자는 세 명에 그쳤다. 당시 살아서 병원에 도착한 사람은 아무도 죽지 않았을 정도로 준비가 철저했다.[95]

전염병은 홍수나 대규모 테러에 비해 느린 속도로 진행된다. 따라서 지도자는 여기에 대응할 시간적인 여유가 있다. 그러나 팬데믹은 모든 가정 및 사회의 기능에 깊숙하게 영향을 미치기 때문에 정부의 부담은 훨씬 클 수밖에 없다. 특히 어떤 위기가 들불처럼 번질 때는 미리 대비하고 계획하는 일이 위기 극복의 성패를 좌우할 만큼 중요하다.

실패한 미국 vs. 팬데믹을 이겨낸 나라들

미국이 팬데믹에 제대로 대처하지 못했다는 사실은 강력한 공중보건 시스템에 선제적으로 투자하지 못했다는 뜻이다. 강력한 공중보건 시스템은 시어도어 루스벨트가 바랐던 것이기도 하고, 코로나19를 예방하고 치료하는 일을 보다 잘해낼 수 있었던 대비책이기도 하다. 매사추세츠 주정부는 해마다 약 6억 달러 예산을 공중보건부에 배정한다.[96] 그런데 매사추세츠에서 가장 큰 민간 의료업체인 매스 제너럴 브리검(Mass

General Brigham)의 1년 예산은 140억 달러나 된다.[97] 2020년 이전에 매사추세츠에는 감염자의 동선을 추적하는 정직원이 없었다(이런 사정은 미국의 다른 주에서도 마찬가지였다). 팬데믹이 시작된 뒤에야 매사추세츠 주정부는 아이티와 레소토에서 일하는 한 단체와 협력함으로써 비로소 그 일을 전담하는 시스템을 부랴부랴 마련했다.[98]

미국의 의료비 지출은 필요하다면 언제든 가능하게 되어 있지만 이와 달리 공중보건 인프라는 바람 앞의 등불과도 같아서[99] 아주 작은 혼란에도 과부하로 멈출 수도 있다. 미국 질병통제예방센터의 예산은 국민 1인당 연간 약 22달러밖에 되지 않는다. 연방과 주, 지역 차원의 공중보건 시스템은 전체적으로 1인당 연간 약 300달러를 지출한다. 전염병 발생 감시에서부터 접촉자 추적, 아동 예방접종 보장, 비만 감소 프로그램 설계 등에 이르기까지 모든 것을 이 예산으로 감당해야 한다. 그런데 메디케어 제도의 자체 지출은 그 예산의 여덟 배나 되며, 메디케어 지출 예산은 전국 의료 서비스 지출 예산의 5분의 1에 불과하다. 또 다른 지표에 따르면 미국은 공중보건에 지출하는 예산이 캐나다보다도 적다.[100]

공중보건에 거의 돈을 들이지 않는 것은 이 예산이 실제로 효과가 없다면 현명한 선택이라고 할 수 있다. 그러나 그렇지 않다. 미국 질병통제예방센터는 공중보건을 담당하는 기관들 사이에서 세계적인 지도 기관으로 인정받고 있다. 실제로 20세기에 정부가 개입한 중요한 건강 관련 정책들 중 많은 정책이 공중보건에서 비롯되었다.[101] 새로운 백신,[102] 물의 안전성 개선,[103] 식품의 안전성 개선,[104] 자동차와 도로의 안전성 개선,[105] 흡연율 감소[106] 등이 그렇다. 정부에서 예산 지출이 늘어난 것처럼 보이는 부분이 있다면 아마도 공중보건 부문일 것이다.

공중보건 관련 예산을 마련하는 데 실패한 이유는 우리의 민간 보험과 공공 보험이 질병 예방이 아니라 주로 갑자기 발생한 질병 치료에 사용되기 때문이다. 사실 이 문제가 가장 심각하다. 콜레스테롤이 높은 사람은 식이요법, 운동, 약물요법으로 치료할 수 있다. 만약 잠재적인 환자가 이렇게 하지 않으면 심장마비나 뇌졸중에 걸릴 가능성이 크고 결국 질병을 치료하기 위해 돈을 써야 한다. 그러나 콜레스테롤 수치가 높다고 진단받은 사람의 절반만이 콜레스테롤 수치를 조절하려고 노력한다. 고혈압인 사람들도 마찬가지다. 당뇨병을 성공적으로 통제하는 사람은 소수에 지나지 않는다. 만약 사람들이 심혈관계 질병의 위험을 좀 더 잘 관리한다면 사람들은 더 오래 살 것이고 의료비 지출도 줄어들 것이다.[107]

좋은 보건 시스템은 피라미드와도 같아서[108] 공중보건과 기초의학을 포함하는 기본적이면서도 예방적인 의학의 폭넓은 기반을 토대로 한다. 그 위에는 규모가 상대적으로 작지만 일상적인 입원 치료가 있다. 이는 급성 질환이나 외상 치료 등을 치료하는 시스템이다. 그리고 이 피라미드의 맨 위에는 중증환자를 위해 전문 분야별로 나뉘는 치료가 있다. 그런데 미국의 보건 시스템은 역피라미드 형태다. 미국은 전문의가 많이 있지만 노인을 전문적으로 돌보는 노인 전문의 같은 1차 진료 의사가 부족하다. 캐나다에서는 전체 의사의 절반이 전문의이지만 미국은 이 비율이 3분의 2다. 하루에 1만 명이나 되는 베이비부머가 65세가 되는데도 미국에서 배출되는 노인 전문의는 연간 400명 미만이다.[109]

강력한 공중보건 시스템은 팬데믹 기간에는 필수적이다. 누가 바이러스를 보유하고 있는지 모를 때 감염 확산을 막는 유일한 방법은 모든 사람을 무기한 격리하는 것이므로 바이러스 검사는 매우 중요하다. 그러나 대규모 검사를 감독할 주체는 오로지 정부밖에 없다. 또한 누군가가 전염병에 걸렸다면 그의 가족과 친구, 대중교통을 함께 이용한 사람들을 포함해 그가 접촉한 모든 사람과 장소를 추적해야 한다. 바이러스 보균자와 접촉한 사람은 바이러스에 감염되지 않았음이 확인될 때까지 격리되어야 하며 코로나19의 경우에는 이 격리 기간이 약 2주였다. 오로지 정부만이 격리를 강요할 수 있다. 많은 사람이 확진자 판정을 받으면 병원이 수용할 수 있는 한도를 넘어설 것이고, 그러면 정부는 병원의 수용 한도를 늘릴 수 있도록 자원을 지원하거나 환자를 다른 지역으로 이동시켜야 한다.

그런 이유로 의료(개인 관리)와 공중보건(공중보건을 통해 전체 집단 관리)을 구분하는 건 이해할 수는 있어도 바람직하지 않다. 건강보험제도는 의사들과 협업할 목적으로 만들어졌다. 상하수도 시스템은 엔지니어들이 감독했다. 필요한 기술이 다르고 해당 기술을 익히는 훈련이 서로 다르므로 보건 분야의 두 영역을 하나로 합칠 이유는 없었다. 그러나 두 가지에 동시에 걸쳐 있는 현대적인 질병 영역에서 그 둘을(예컨대 담배를 끊어야 할 필요성과 심장병 환자를 치료할 필요성을) 분리한다는 것은 오히려 비효율적이다.

역설적으로, 한때 공중보건 영역은 의료 영역보다 훨씬 더 컸다. 앞에서 살펴봤듯이 19세기에 여러 나라는 상하수도 시설과 같은 보건과 관련된 인프라에 막대한 예산을 들였다. 월터 리드와 루이 파스퇴르를 포함해서[110] 19세기의 의학계 거인들은 전염병에 맞서 싸우는 데 일생을 바친 정부 소속 공무원이었다. 그러나 제2차 세계대전 이후에 (어쩌면 미국이 오랫동안 주요 전염병의 피해를 입지 않았다는 사실이 이유일지도 모르지만) 정부의 보건 정책은 거의 전적으로 건강보험에 초점을 맞췄다.[111] 그리고 의료수가가 오르면서 공공 의료비 지출이 늘어났고, 그 바람에 미국은 코로나19의 치명적인 확산을 막을 공공 부문의 의료 여력이 제한될 수 밖에 없었다.

코로나19는 충격이었다. 그러나 팬데믹은 언제든 올 수 있는 상황이었다. 전 세계는 지난 20년 동안 아슬아슬한 위기를 여러 차례 모면했다. 조지 W. 부시 행정부는 2005년 조류독감이 대부분 아시아에 국한되었기에 안도의 한숨을 내쉬었다.[112] 오바마 정부도 세 차례나 행운을 누렸다.[113] 2009년의 H1N1 팬데믹은 전보다 치명적이지 않았고 2012년의 메르스 사태는 주로 아시아에서만 일어났으며,[114] 2014~2015년의 에볼라 사태는 서아프리카에서 벗어나지 않았다.[115]

마이크로소프트의 빌 게이츠는 2014년에 했던 테드(TED) 강연에서 미국이 팬데믹에 대비하고 있지 않다고 주장했다.[116] 이 강연 동영상의 조회수는 무려 4,000만 회나 된다. 부시 행정부와 오바마 행정부는 각자 자기 경험을 토대로 팬데믹의 위험을 줄일 매뉴얼을 만들었는데[117] 두 정부 모두 코로나19와 기이할 정도로 닮은 바이러스가 발생한다는 전제 아래 대응책을 시뮬레이션했다. 그러나 두 정부 모두 빠뜨린 게 있었다. 팬데믹을 예방하는 작업을 오랜 기간 예산을 넉넉하게 투입하는 정부 주도의 공적 사업으로 만들었어야 했는데 그렇게 하지 않았던 것이다. 행정부뿐만 아니라 의회도 이런 노력에 관심을 기울이지 않았다.

그러나 다른 나라들은 팬데믹이 임박했다는 경고의 북소리를 들었고 코로나19에 더 잘 대비했다. 한국에서 메르스 사태 이후 정권이 교체된 데는 전 정권이 메르스 사태에 올바르게 대응하지 못했다고 유권자들이 판단했기 때문이기도 하다. 그래서 한국 정부는 코로나19 양성 판정을 받은 한 여성이 대구에서 교회 예배에 참석한 사실을 알았을 때 신속하게 대응했다.[118] 그 예배에는 1,000명이 넘는 사람들이 참석했고 코로나19가 전국으로 확산할 가능성이 컸다. 이때 한국 정부는 곧바로 확산 방지에 나섰다.[119] 그 예배에 참석한 모든 사람 및 이들과 접촉한 모든 사람을 추적해서 자가격리 명령을 내렸다. 그리고 대구 인구 전체를 대상으로 증상이 있든 없든 코로나19 바이러스 검사를 했다. 그리고 한 달 안에 코로나19의 확산세를 잡았다.[120]

한국만 이런 높은 성취를 이룬 게 아니다. 코로나19에 걸린 사람들을 검사하고 동선을 추적해서 접촉자를 격리하는 데 성공한 나라는 한국 말고도 독일, 호주, 뉴질랜드, 싱가포르, 대만, 캐나다 등이 있다.[121] 동아시아 국가들은 코로나19가 나타나기 얼마 전에 사스 때문에 팬데믹의 공포를 경험했고 그 덕분에 그들에게 무엇이 필요한지 더 잘 알았다.[122] 미국과 유럽의 여러 나라도 이 공포를 보긴 했지만 무시했고 결국 무서운 대가를 치렀다. 그런데 그 어떤 집단보다도 큰 대가를 치른 집단은 미국의 요양원 거주자들이었다.

요양원의 비극

코로나19 발생 후 요양원에서 수만 명이 사망했다. 이는 미국의 보건 시스템이 겪은 가장 큰 실패였다. 솔저스 홈(Soldiers' Home)[123]은 매사추세츠주의 홀리요크에 위치한 장기 요양 시설로 옷 갈아입기와 식사 등의 일상 활동 돌봄이 필요한 퇴역군인의 '명예와 품위를 지키는 것'을 사명으로 삼고 있었다.[124] 1952년에 문을 연 이 요양원의 최대 수용 인원은 248명인데, 최근 몇 년 동안에는 대략 150명이 수용되어 있었다.

코로나19 환자의 첫 번째 징후가 2020년 2월 말에 나타났다. 한 수용자가 다른 원인이 없음에도 계속 아프자 직원들은 그가 코로나19에 걸렸다고 의심했다. 그 노병은 치매와 호흡기 질환이 있었지만 요양원 측에서는 3월 17일에서야 검사를 했다. 격리실이 따로 마련되어 있었고 격리 매뉴얼이 정해져 있었지만 그는 세 명의 룸메이트와 함께 한 방에서 생활했다. 또한 자유롭게 돌아다니며 공동 공간에서 시간을 보냈는데, 격리 매뉴얼과는 다르게 그 공간은 다른 퇴역군인들과 직원들에게도 개방되어 있었다.

1호 확진자의 양성 결과가 3월 21일에 나왔다. 그제야 1호와 함께 생활하던 다른 세 사람이 다른 방으로 옮겨졌다. 1호가 생활하는 방의 방문을 비닐로 덮긴 했지만 1호는 여전히 격리 구역에 격리되지 않았다. 요양원의 간부들은 해당 공간에서 거주하고 일하는 사람들이 이미 환자에게 노출되었기 때문에 새삼스럽게 격리가 필요 없다고 생각했다. 이 1호를 치료하는 직원들은 요양원의 다른 여러 곳으로 돌아다니면서 바이러스를 전파했다. 솔저스 홈은 개인보호장비를 갖추고 있었지만 직원들은 장비의 사용법을 제대로 교육받지 못했고 제대로 사용하지도 않았다.[125] 어떤 사람들은 가운만 입었고 어떤 사람들은 마스크만 썼으며, 심지어 어떤 사람들은 아무것도 하지 않았다.

그다음 한 주 동안 이 치매 부대 소속 병사들은 더 많이 코로나19에 걸렸다.[126] 직원들은 환자의 가족에게 전화를 걸어 심폐소생을 거부하는 연명의료계획서를 놓고 의논했다. 이때도 코로나19 의심 환자와 직원은 여전히 격리되지 않았다. 그리고 3월 27일에는 제2 치매병동 환자를 제1 치매병동 환자와 합친다는 결정이 내려졌다. 이 결정에 책임을 지는 사람은 아무도 없었다. 주 20시간 근무하는 의료실장도 그 책임을 지지 않았다. 이런 조치의 근거는 많은 직원이 코로나19로 아파서(혹은 코로나19에 걸릴까 봐) 결근한 바람에 두 개 병동을 따로 운영할 여력이 없었기 때문이었던 것 같다.

그 조치로 악몽은 현실이 되었다.[127] 직원들은 요양원이 "마치 전투 현장처럼 보였다"라고 말했다. 두 병동이 하나로 합쳐지면서 환자들의 공간은 예전보다 협소해졌다. 증언에 따르면 그렇게 좁은 공간에 빽빽하게 수용된 상태에서 "한 사람이 커튼을 치지 않은 채 식사하고 있으면 옆자리에 있던 다른 사람이 인생의 마지막 숨을 고르고 있었다."

며칠 사이에 많은 수용자가 코로나19로 사망했고 엄청나게 많은 사람이 코로나19 증상으로 고통을 호소했다. 그러자 주정부는 주방위군을 불렀다. 주방위군은 통증을 호소하는 환자들을 병원으로 보내고 덜 심각한 환자들을 치료하며, 남은 환자들과 직원들을 대상으로 코로나 검사를 했다. 3월 말부터 6월 중순까지 솔저스 홈에서 94명이 사망했는데, 이는 애초에 예상했던 수치의 약 세 배였다.[128] 그리고 다른 수용자 73명과 직원 83명이 코로나19 양성 반응이 나왔다.[129]

늑장 대처에 대한 응징은 빠르게 이뤄졌다.[130] 6월 말에 이 요양원의 관리자와 주(州) 보훈처장이 해고됐다. 솔저스 홈의 관리자는(그는 법원이 해고무효를 선고한 직후 사임했다) "장기 요양 시설을 관리할 자격이 없다"는 평가를 받았다. 그는 24년 동안 쌓은 군 경력에 꽤 좋은 정치적 연줄도 있었지만 의료 시설 관리 분야에서는 아무런 경험도 없었다.[131] 나중에 이 관리자와 의료실장은 직무 태만 혐의로 기소되었다.

그러나 근본적인 문제는 그들이 아니라 인생의 마지막 시간을 보내는 사람들을 돌보는 시스템에 있었다.[132] 요양원을 운영하는 것이 급성 질환을 치료하는 병원을 운영하는 것만큼 복잡하지는 않지만 거의 비슷하다고 볼 수 있다.[133] 그러나 두 의료 기관에서 일하는 사람들이 받는 보수는 크게 다르다. 병원의 CEO는 1년에 약 100만 달러를 받지만 요양원 CEO는 병원 CEO 연봉의 약 3분의 1을 받는다.[134] 솔저스 홈의 관리자가 받는 연봉은 보스턴의 중환자실 간호사가 받는 연봉보다 낮은 12만 2,000달러였다. 그러니 요양원이 수준 높은 인재를 유치하기는 어려울 수밖에 없다.[135]

미국 전역의 코로나19 사망자 가운데 약 40퍼센트가 요양원 환자였다. 매사추세츠에서는 이 비율이 특히 더 높다.[136] 코로나19는 등급이 낮은 요양원과 등급이 높은 요양원 모두에서 발생했다. 취약층을 대상으로 하는 예방적 관리는 급성 질환자에 대한 집중적인 치료를 지향하는 의료 시스템에서는 관심 바깥에 놓일 수밖에 없다.

미국의 보건 시스템에서는 병원과 보험회사를 오가는 서류 작업은 끈질기게 추적하지만 요양원과 요양원 사이를 오가는 노동자들에 대해서는 거의 주의를 기울이지 않는다. 경제학자 키스 첸(Keith Chen), 주디 슈발리에(Judy Chevalier), 엘리사 롱(Elisa Long)이 코로나19 팬데믹 당시 요양원과 요양원 사이의 스마트폰 이동량을 살펴본 결과 한 요양원을 방문한 스마트폰의 5퍼센트 이상이 다른 요양원을 방문했다고 확인했다. 요양원들이 폐쇄된 상황에서도 이들은 여러 가지 일을 하면서 생계를 꾸려야 했기에 그렇게 이동했던 것 같다.

그런데 바로 이런 이동이 코로나19 확산의 통로였다. 위 세 사람의 논문은 "요양원 거주자 중 코로나19에 걸린 환자의 49퍼센트가 요양원에서 요양원으로 이동하는 직원에게서 바이러스를 옮겨 받은 것이다"라고 결론 내렸다.[137] 만약 이게 사실이라면 그 이동을 중단시킬 수만 있었어도 아마 10억 달러 미만의 비용으로 수만 명의 목숨을 구했을 것이다.

요양원 노동자 중 많은 사람이 최저임금에 가까운 돈을 받으면서 여러 가지 일을 동시에 하기 때문에 이동을 많이 한다. 그리고 많은 요양원이 시급 최하 15달러에 간호조무사와 간병인을 고용한다. 병원의 간호사 급여는 그보다 세 배가 많고 마취과 간호사를 비롯한 전문 간호사의 급여는 이보다 더 많다. 하지만 요양원은 인건비를 절약하려고 건강보험 혜택을 받을 수 있는 시간보다 적은 시간만 일하는 조건으로 직원을 고용하는 곳이 많다. 그렇다 보니 요양원 노동자들로서는 확진자와 접촉했을 때도 생계를 위해 검사를 받지 않거나 다른 요양원에서 일할 수밖에 없다.

가난한 요양원 노동자들은 대부분 가난한 도심 지역에 산다. 그렇기에 이들은 대중교통에 크게 의존할 수밖에 없고 전염병에 쉽게 노출된다. 그리고 이렇게 걸린 전염병을 요양원에 있는 환자나 직원에게 다시 옮긴다. 솔저스 홈 확진자 1호가 어떤 경로로 코로나19에 감염됐는지는 알려지지 않았다. 코로나19로 많은 환자가 사망한 뉴저지의 한 요양원 직원은 밴을 타고 직장으로 출근했는데 이 밴은 "당시에 에식스 카운티에서도 확진자와 사망자가 가장 많이 보고되었던 뉴어크에서도 사람들을 태웠다."[138] 코로나19 감염률이 높은 도시 안에서도 요양원의 코로나19 감염률은 단연 높았다.[139]

요양원의 많은 환자가 메디케이드 혜택을 받지만 이들은 늙고 가난하다. 매사추세츠주에서 메디케이드는 장기요양환자 앞으로 하루 평균 200달러를 지출하는데 여기에는 입원비와 식비, 간호 및 그 밖의 돌봄 비용이 포함된다.[140] 그런데 보스턴의 일반적인 호텔 객실료도 이보다는 훨씬 비싸다(일반 병원의 병실이 더 비싼 것은 말할 것도 없다. 일반 병실에서는 하루에 수천 달러가 들 수도 있다). 게다가 범죄 수사라는 이례적인 일이 일어나지 않는 한 요양원 운영자를 대상으로 책임을 묻는 경우도 사실상 거의 없다. 현재 미국의 건강보험제도는 갑작스러운 질병에서 비롯되는 의료비로부터 노인을 보호할 목적으로 설계된 것이지, 노인이 장기적인 노화와 쇠약을 겪을 때 돌볼 목적으로 설계된 것이 아니다.

팬데믹은 가장 약한 고리를 공격한다

팬데믹 질병은 표적의 사슬에서 가장 약한 고리를 찾아내고 공격하는 불가사의한 능력이 있다. 사슬은 고리 하나가 끊어지면 전체 구조가 무너진다. 싱가포르는 정부 역량의 모범을 보여주는 나라에서도 이런 일이 얼마든지 일어날 수 있음을 보여준 사례였다.

2020년 초 싱가포르는 코로나19 극복의 모범적인 성공 신화를 썼다. 중국과 지리적으로 가까웠음에도 코로나19를 잘 이겨내고 있었고 국경 통제로 외국인을 거의 입국시키지 않았다. 소수의 확진자가 나오긴 했지만 확진자 수는 늘어나지 않았다. 사람들은 자주 손을 씻었고 조금이라도 증상이 나타나면 집에서 자가격리를 했다. 당국은 코로나바이러스에 감염된 사람을 모두 격리했고 이들과 접촉한 사람들을 추적해서 그들 역시 격리했다.[141] 촘촘한 감시와 세계적으로 유명한 공중보건 시스템이 도움이 되었다. 감염되지 않은 사람들을 위해 일상생활은 평소와 다름없이 진행되었다.

싱가포르 정부는 연봉이 높고 유능한 관료들이 각자의 역할을 제대로 수행함으로써 협력의 힘을 만들어내는 진정한 모델이 어떤 것인지 보여준다. 그러나 이 도시국가의 정부는 투표권을 갖지 않은 외국인 노동자들, 즉 외부자들은 철저하게 차별해왔다.

싱가포르는 공사장 인부나 거리의 청소원 같은 일자리는 저임금 외국인 노동자에게 의존하는데 약 20만 명의 외국인 노동자가 도시 외곽의 아파트에 빽빽하게 밀집해서 살고 있었다. 이들은 자국에서보다 싱가포르에서 돈을 훨씬 많이 벌지만 싱가포르의 소득 기준으로 보면 그들이 받는 급여나 주거 환경은 매우 나빴다. 15~20명이 방 하나에서 생활하는 경우도 허다했다. 이런 상황에서는 사회적 거리두기가 불가능하고 코로나바이러스에 감염된 환자가 몇 명인지 파악하기도 어렵다. 아니나 다를까, 4월 상반기에 이들 사이에서 환자가 발생했다. 그리고 그 뒤 싱가포르에서 환자가 급증했다.[142]

싱가포르 정부는 재앙이 전국으로 확산하지 않도록 비상정지 명령을 발동했다. 외국인 노동자는 기숙사 바깥으로 나갈 수 없었고 이민자들이 모여 사는 구역은 격리되었다. 도시 전역에서 필수적이지 않은 가게나 사업장은 문을 닫았고 학교도 문을 닫았으며 마스크 착용이 의무화되었다.[143] 두 달이 지나자 코로나19 확진자 발생 건수는 누그러들었다. 6월이 되어 싱가포르는 천천히 예전의 모습으로 돌아가기 시작했다. 그러나 외국인 노동자들의 생활 여건을 개선하는 문제는 정부의 역량이 인상적일 정도로 탁월한 이 도시국가에 숙제로 남았다. 이 문제가 해결되지 않으면 또 다른 위험이 언제든 다시 나타날 수 있기 때문이다.

심장병이나 암과 같은 비전염성 질병이라면 비환자는 환자의 고통을 외면하고도 얼마든지 잘 살 수 있다. 그러나 전염병은 단 한 사람 때문에 사회 전체가 위험해질 수 있다. 19세기 뉴욕의 부유한 시민은 가난한 사람들의 건강에 관심을 가졌다. 콜레라든 뭐든 전염병이 돌면 가난한 사람에게서 부유한 사람에게로 병이 쉽게 퍼질 수 있기 때문이었다.

그러나 1965년부터는 만성적인 질환들이 사람들의 관심을 끌었다.

1965년에 부유한 미국인은 부모의 수술비 및 암 치료비를 걱정했으며 세계적인 차원의 전염병에 대해서는 걱정을 덜 했다. 만약 전염병을 걱정했다면 지역사회의 모든 사람이 전염이 쉬운 환경을 조심해야 한다는 이야기가 훨씬 더 강하게 나왔을 것이다. 전염병이 돌 때는 약한 고리 하나가 사슬 전체를 끊을 수도 있기 때문이다.

미국에는 직장인이 가입하는 민간 보험, 노인을 위한 메디케어, 저소득 노동자를 위한 메디케이드, 그 밖에 보험에 가입하는 매우 많은 방법이 있다. 그러나 미국의 건강보험제도에서는 사각지대에 놓인 많은 사람이 보험에 가입되어 있지 않다. 이런 보장부족(underinsurance, 수혜자에게 제공하는 적정한 보장금액과 현재 준비해놓은 보장금액의 차이를 뜻하는 용어로 준비부족으로 쓰이기도 한다 – 옮긴이)이 문제다. 바로 이것이 전염병을 통제하기가 어려운 이유이며 사슬의 약한 고리에 해당한다. 어떤 도시든 간에 전염병으로부터 보호되길 바란다면 사각지대가 없는 건강보험 및 공중보건 시스템을 갖춰야 한다. 싱가포르는 부유한 대부분 나라와 마찬가지로 그런 시스템을 갖추고 있다. 그런데 미국은 그렇지 않다.

경험과 용기로 팬데믹을 극복한 사람들

미국 건국의 아버지들은 대통령의 권한을 제한하려고 많은 노력을 기울였다. 그러나 역사적으로 보면 미국인은 국가가 위기를 맞을 때마다 국가 지도자나 대표자에게 의존했다. 영국에서 수상은 막강한 권력을 갖지만 의회에서 다수당의 지위를 유지해야 하기 때문에 늘 견제 대상이다. 그러나 큰 전쟁을 치르는 동안 링컨과 처칠, 프랭클린 루스벨트는 훗날 두고두고 존경받는 특별한 리더십을 발휘했다.

팬데믹도 몇 가지 점에서는 전쟁과 비슷하다. 한 나라의 거의 모든 국민이(아니면 상당한 비율이) 생명을 잃을지도 모르는 위험에 맞닥뜨리기 때문이다. 팬데믹이 닥치면 사람들은 보다 큰 공익을 위해 희생을 요구받는다. 자유와 안전성 사이의 적절한 균형은 늘 명확하지 않다. 지도자는 기술적 전문성과 도덕적 판단을 동시에 고려해 최선의 판단을 내려야 한다.[144] 감염자가 많이 나올 수 있는 종교 시설을 폐쇄해야 할까? 마스크 착용을 의무 사항으로 정해야 할까?

전쟁과 팬데믹 상황에서는 전쟁에서 이긴다거나 질병으로 인한 사망자의 수를 최소화한다는 분명한 목적이 있다. 또 경제적 피해를 최소화하고 기본적인 자유를 유지하며 대중의 사기를 높이는 등의 작은 목표들도 있다. 코로나19 기간에 미국의 리더십은 이 모든 차원에서 총체적으로 실패했다. 미국의 사망자 수는 많았고 경제적인 피해는 대학살이라고 할 정도로 처참했다. 그리고 미국인은 오늘날 다른 나라들이나 제2차 세계대전 같은 과거의 위기 때보다 연대감이 확연히 떨어졌다.

이와는 대조적으로 뉴질랜드와 대만을 포함한 일부 국가와 지역은 팬데믹 기간에 슈퍼스타 지도자를 배출했다.[145] 뉴질랜드에서는 2020년에 코로나19 사망자가 25명밖에 되지 않았고 확진자도 2,100명 미만이었다. 물론 뉴질랜드는 고립된 섬나라였기에 유럽이나 미국보다 봉쇄가 더 쉽게 이뤄질 수 있었다.[146] 그러나 그보다는 저신다 아던 총리와 애슐리 블룸필드 보건국장을 중심으로 한 환상의 팀 덕분에 뉴질랜드의 코로나19 사망자 수는 매사추세츠주의 요양원 한 곳보다 훨씬 낮게 유지되었다. 이 성과는 많은 찬사를 받을 만하다.

아던은 성인이 된 이후부터 매우 정치적인 삶을 살았다. 특히 아기를 안고 유엔 총회에 참석했다는 점이 그런데, 사실 이런 행동을 한 사람은 국가 지도자로서 그녀가 처음이었다.[147] 또 블룸필드는 의사로서 오로지 공중보건을 위한 인생을 살았다. 아던과 블룸필드는 매우 효과적인 파트너십을 통해 과학적이고도 훌륭한 판단으로 정책을 결정하고, 사람들이 이를 따르도록 설득했다.[148]

뉴질랜드는 2020년 2월 2일부터 코로나19에 대응하기 시작했다. 정부는 중국에의 출입국을 금지하고 '경보 1단계'에 돌입했다. 경보 1단계는 손 씻기와 사회적 거리두기를 홍보하는 것이었는데[149] 당시 정부의 이런 개입은 제한적이었다. 뉴질랜드에서 1호 확진자가 나오기까지는 그로부터 26일이 지난 뒤였다. 여행 제한 조치가 늘어나긴 했지만 8명의 확진자가 발생한 3월 15일까지도 뉴질랜드는 상당히 느슨한 상태를 유지했다. 그런데 그 무렵 이탈리아와 스페인에서 전개되던 상황은 팬데믹이 얼마나 끔찍할 수 있는지 생생하게 보여주었다. 물론 뉴질랜드도 그 위험 수준이 어느 정도일지 알고 있었다. 미국도 그런 사실을 알긴 했지만 전혀 다른 치명적인 경로를 택했다.

뉴질랜드는 3월 16일에서 3월 25일 사이에 코로나19 팬데믹 대응 수준을 한 단계 높여, 귀국하는 국민을 제외한 모든 사람에게 국경을 폐쇄했고(귀국한 국민들에게는 자가격리 조치를 내렸다) 대규모 집회를 금지하며 경보 단계를 3단계로 올렸다.[150] 3월 25일에는 확진자가 205명 발생했고 경보 단계는 4단계로 올랐다.[151] 뉴질랜드 의회는 일시적으로 자유를 포기하는 것은 목숨을 지키기 위해 치를 수밖에 없는 희생임을 천명했다.[152] 이렇게 해서 코로나19 대응의 전권을 부여받은 아던은 몇 가지 예외를 둔 전 국민 외출 제한 명령을 내렸다. 해외 입국 국민은 자가격리가 아니라 국가가 직접 관리하는 격리를 받았다.

뉴질랜드는 모든 나라의 과학자가 추천하는 정책과 조치를 실행했다.[153] 2월에 이미 확진자의 동선을 추적해서 접촉자를 확인했으며 이 접촉자 추적은 확진자 발생이 늘어나면서 한층 큰 규모로 확대되었다. 코로나19 바이러스 검사는 무증상자까지 포함해 폭넓게 이뤄졌는데, 이런 검사야말로 코로나19가 실제로 얼마나 확산되었는지 알 수 있는 유일한 방법이다. 4월 10일 이후로 신규 확진자의 수는 감소세로 돌아섰다.[154] 그러나 그 뒤로 검사량이 크게 늘었다.

결과적으로 뉴질랜드의 지도자들은 팬데믹과 관련된 의사결정에서 가장 중요한 '지식'을 가지고 있었다. 4월 28일이 되자 질병의 확산세가 누그러졌고 아던과 블룸필드는 경보 단계를 3단계로 낮춰 사람들이 누릴 수 있는 자유를 조금 허용했다.[155]

5월 첫 주에는 새로운 확진자가 나타나지 않았다.[156] 그럼에도 불구하고 검사는 하루에 수천 명을 대상으로 계속 이어졌다. 이 검사 덕분에 5월 중순에는 경보 단계를 2단계로까지 낮출 수 있었다. 그 시점 이후로 뉴질랜드에서는 8월 중순에 나타났던 경미한 수준의 확진자 증가 사례를 제외하고 전반적으로 확진자가 줄어들었다. 8월 중순의 그 특이했던 현상은 이상하게도 냉동 시설과 관련이 있었는데, 정부는 조금이라도 관련이 있는 사람이면 모두 코로나19 바이러스 검사를 받도록 대응했다. 그 덕분에 코로나19는 거의 완전히 사라졌다.

그해 말까지 뉴질랜드에서는 총 25명이 코로나19로 사망했다.[157] 이 숫자는 앞서 살펴본 솔저스 홈 한 곳에서 발생한 사망자 숫자보다 적다. 게다가 전체적으로 볼 때 봉쇄 조치로 발생한 손실 규모도 미국보다 적었다.[158] 4단계 경보의 락다운은 극단적이었지만 기간이 짧았다. 이에 비해 미국과 유럽에서는 거의 1년 동안 이동과 여가 활동을 제한해 사람들은 힘든 생활을 이어가야 했다. 한 가지 분명한 교훈은 일시적이고 극단적인 폐쇄 조치가 오래 이어지는 반쪽짜리 조치보다 훨씬 효과적이라는 것이다.

아던에게 바쳐진 헌사는 2020년 10월에 치러진 총선 승리로 나타났다.[159] 아던의 소속 정당인 노동당은 1949년 이후 치러졌던 의회 선거에서 그 어떤 정당보다 많은 표를 얻었다. 아던은 냉혹한 기술 관료가 아니었다. 그녀는 연민과 인간미를 발산했는데 특히 "이빨 요정과 부활절 토끼 둘 다 우리에게 꼭 필요한 필수 업무 종사자이므로 얼마든지 자유롭게 활동할 수 있다"[160]라는 말로 '외출 금지'에 겁에 질린 아이들을 안심시켰던 일화는 유명하다. 그러나 그녀는 대부분의 국가 지도자들보다 훨씬 많은 정보를 갖고 코로나19를 극복하자는 운동에 나섰기 때문에 성공할 수 있었다.[161]

과학의 힘은 중요하다. 하지만 그렇다고 해서 과학자가 언제나 옳다는 뜻은 아니다. 많은 과학자가 2020년 2월과 3월에 코로나19에 대해 잘못된 추측을 했다. 과학의 힘은 학습하는 능력과 자신의 의견을 상황에 맞게 조정하는 능력에서 나온다. 2020년 2월에는 과학적인 관점에서 볼 때 마스크 착용 여부나 국경 폐쇄 여부보다는 검사를 광범위하게 하고 확진자 동선 및 접촉자 추적이 필수적이었다. 무슨 일이 일어나고 있는지 알아야만 질병과 싸울 수 있다. 이 진리를 뉴질랜드는 알고 있었지만 미국은 알지 못했다.

코로나19 관리의 또 다른 슈퍼스타들은 동아시아에 있었다. 바로 한국과 대만이다. 파란이 있긴 했지만 싱가포르도 이들과 어깨를 나란히 한다. 이 나라들에는 전문성을 중시하는 강력하고도 유능한 정부가 있었다. 동아시아인은 대부분 공기로 전파되는 전염병 팬데믹의 위험이 있을 때 마스크 착용이 전염병 예방에 도움이 된다는 것을 잘 알고 있었다. 미국인은 이 교훈을 온전히 깨닫기까지 여러 달이 걸렸다. 대만은 사스에 잘 대처하지 못했던 경험 덕분에 코로나19에 잘 대처할 수 있었다.[162] 게다가 대만의 부통령은 역학자였다.[163] 싱가포르도 사스 때 제대로 대응하지 못했는데 이때 얻은 교훈을 코로나19 대응에 적용하고 증명했다.[164] 이 나라들은 모두 측정의 필요성을 강조했다.

코로나19에 성공적으로 대응할 수 있는 조처는 분명했다. 광범위한 검사, 전국적인 차원의 락다운, 국경 봉쇄다. 이 모든 것이 격리에 속하며 제대로 된 격리가 이뤄지려면 검사와 유기적으로 연결되어야 한다. 해당 질병이 이제는 사라지고 없음을 검사를 통해 확인한 다음에 격리를 해제해야 한다. 미국 및 유럽 여러 나라가 저질렀던 치명적인 실패는 측정의 실패였다. 한 차례 락다운을 시도한 뒤에 충분한 검사 없이 락다운을 풀었다가 코로나19가 다시 확산하자 또다시 락다운을 실시하는 상황이 이어졌던 것이다.

몇몇 유럽 국가는 다른 나라들보다 훨씬 더 잘했다. 독일과 캐나다 브리티시컬럼비아주는 코로나19에 대한 초기 대응이 매우 성공적이었다.[165] 비록 이 원고를 쓰는 현재 시점을 기준으로 놓고 보면 두 곳에서 모두 확진자가 급증하기 시작했지만 말이다. 앙겔라 메르켈 독일 총리는 화학 박사 학위가 있으며 15년 동안 독일과 유럽에 훌륭한 리더십을 제공해왔다. 메르켈과 독일 정부는 알프스산맥 남쪽에서 확산하는 전염병에 신속하게 대응하지 않았다.[166] 아닌 게 아니라 의학이나 과학 분야에 전혀 경력이 없는 보건부장관은 4월까지도 코로나19의 위협이 심각하지 않다고 평가절하했다. 독일 정부는 3월 22일에야 비로소 심각성을 느끼고 조치했지만 몇 가지 일은 정말 잘 처리했다.

독일은 미국처럼 강력한 연방식 정치 구조로 되어 있다. 이는 위기

대응 통제권을 주정부가 가진다는 뜻이다. 미국에서는 그 누구도 주정부들의 공동 대응을 시도하지 않았다. 아닌 게 아니라 연방정부는 북부의 여러 주에서 코로나19가 맹위를 떨치는 동안에도 확진자 발생 건수가 적은 선벨트 지역(미국 남부 15개 주에 걸쳐 있는 지역 – 옮긴이)의 주들에 락다운을 해제하라고 권고했다.

그러나 메르켈 총리의 독일은 달랐다. 3월 22일 메르켈은 독일의 모든 주가 식당 폐쇄나 공공장소에서의 1.5미터 거리두기(가족은 예외)와 같은 몇몇 규제를 함께 시행하도록 이끌었다.[167] 개별 주들은 각자의 판단에 따라 이보다 더 강력한 규정을 실행할 수 있었는데 실제로 몇몇 주는 철저한 락다운 조치를 실행하기도 했다.

미국이 검사 결과를 확인하는 데 한 주 넘게 걸리는 검사 시약을 제조하겠다고 허둥댈 때, 독일은 신속항원검사 방식으로 세 시간 만에 결과를 확인하는 방법을 개발했고 3월 26일부터 시행했다.[168] 다시 한번 무증상자들을 대상으로 하는 광범위한 검사가 이뤄졌고 4월 말에 독일은 다시 문을 열었다. 이 검사법을 개발한 회사인 보쉬(Bosch)는 자선재단 소유이며 미국인도 얼마든지 사용할 수 있었다. 그러나 미국인은 국가적 자부심 때문에 그렇게 하지 않았다.

코로나19 대응에서 독일이 초기에 성공을 거둔 이유는 짧지만 효과적인 락다운을 국가적 차원에서 조정했고 대규모로 코로나19 검사를 실시했기 때문이다. 그들은 처음에는 허둥댔지만 금방 빠르게 학습했다. 또한 그런 팬데믹에 미리 대비하고 있었으며 팬데믹에 맞서 싸우는 공공기관인 로버트 코흐 연구소(Robert Koch Institute)가 있었다는 점도 강점으로 작용했다.[169]

성공으로 나아가는 길

미국은 미래에 나타날 팬데믹에 대비하려면 단순히 환자 치료뿐만 아니라 사회 전체의 보건 환경을 확보하는 데 의료비를 더 많이 할당해야 한다. 이는 전체 의료비 지출을 줄이는 한편 지출의 가성비를 높여야 한다는 뜻이다.[170] 보건 관련 결과에 초점을 맞춘다고 할 때 핵심은 사회의 전반적인 공중보건, 특히 팬데믹에 더 많은 지출이 이뤄지도록 유도하는 것이다. 또한 모든 사람이 공중보건의 혜택을 받을 수 있도록 약한 고리들을 줄여나가야 한다.

부담적정보험법(Affordable Care Act, ACA, 버락 오바마 대통령이 주도했던 미국의 건강보험제도 개혁법으로 전 국민의 건강보험 가입을 의무화하는 내용이 핵심이며 2010년 3월에 승인돼 2014년 1월부터 시행되었다 - 옮긴이)은 과도한 의료비 지출을 유도하는 장려책을 줄일 목적으로 설계된 일련의 정책을 제정했다. 이런 정책들은 어느 정도 효과가 있어서 의료비 지출 증가세가 둔화되었다. 그러나 이런 변화들도 의료 제도의 문제를 근본적으로 바꾸지는 못한다. 미국에서 의료비는 여전히 너무 비싸고 전염병 예방 능력도 부족하다.

우리는 미래의 의료비 지출을 제한하기 위해 혹은 최소한 증가세를 누그러뜨리기 위해 더 강력한 개혁을 많이 이뤄내야 한다. 코로나19 팬데믹을 경험하면서 미국에서는 가난하고 소외된 외부자와 부유한 내부자 모두에게 최소한의 돌봄을 똑같이 제공할 필요가 있다는 전국민적인 공감대가 형성되었다.[171] 심지어 트럼프 행정부조차도 보험에 가입하지 않은 사람들에게도 코로나19 검사비 및 치료비를 정부가 부담하겠다고 발표했다. 부담적정보험법도 수혜 대상자를 확대하는 것에 초점을 맞췄다. 다음 차례의 팬데믹을 막기 위해서라도 건강보험이라는 울타리 바깥에 너무 많은 사람을 방치해서는 안 된다.

마지막으로, 심각한 팬데믹에 대한 대비가 절실하게 필요하다. 백신을 충분히 생산하고 공급할 역량을 갖춰야 한다. 검사는 전체 구성원을 대상으로 간편하게 이뤄져야 하며, 확진자와 접촉자의 동선을 추적하는 전담 인력이 마련되어야 하고, 격리는 경제적 측면에서 현실성이 있어야 한다. 한마디로 전반적인 역량을 강화하는 데 더 투자하고 새로운 계획을 마련해야 한다. 바보가 아니라면 비가 오기 전에 망가진 지붕을 고치는 게 당연하다.

우리는 개혁하고 투자해서 미래의 팬데믹 위험을 줄이고 사망자 수도 줄여야 한다. 또한 팬데믹은 경제적 피해를 엄청난 규모로 안겨줄 수 있다. 아무리 생각해봐도 미래에 발생할 수 있는 수조 달러 규모의 손실을 예방하기 위해 수십억 달러를 쓰는 것은 그럴 만한 가치가 있다.

• 6장 •

로봇이 질병을 확산시킬까?

코로나19 팬데믹은 건강의 재앙이자 경제의 재앙이었다. 2020년 2월까지 미국은 128개월 동안 꾸준히 경제 성장을 기록하고 있었다. 그런데 그해 4월에 실업률이 14.7퍼센트로 치솟았고 이는 대공황 이후 가장 높은 수치였다.[1] 미국의 국내총생산은 2020년 2분기 동안 약 10퍼센트나 감소했는데 사상 최대치 감소폭이었다.[2] 영국에서는 같은 분기의 국내총생산이 1년 전보다 20퍼센트 감소했다.[3]

과거 팬데믹 상황에서는 일자리가 사라지지 않았다. 흑사병에서 살아남은 중세의 농노들은 노동력이 부족해지고 임금이 오른 덕분에 오히려 더 잘살았다.[4] 콜레라나 황열병도 19세기의 제조업에 지장을 주지 않았다.[5] 2020년의 경제 혼란은 사람과 사람 사이의 접촉에 의존하는 세계 경제를 반영한 것이다. 이런 경제 아래에서는 사람에게서 사람으로 전파되는 전염병 때문에 우리 모두의 일자리와 생산성이 위험해진다.

도시의 대면 경제(face-to-face economy)는 호흡기 전염병과 전국적인 락다운에 치명적일 정도로 취약하다. 지난 수백 년 동안 기계는 육체적인 단순 작업을 요구하는 일자리를 없애왔다. 지난 30년 동안 컴퓨터는 사람이 하는 말을 문자로 전환하는 것 같은 "임금 수준이 중간 정도인 전통적 일자리의 단순 작업들"을 대체했다.[6] 이렇게 제조와 부기(장부 정리)가 자동화될 때 대면 서비스 산업은 노동자들에게 안전한 피난처가 되었다. 부유한 도시인은 똑같이 카푸치노 한 잔을 마시더라도 기분 좋은 서비스가 있다면 기꺼이 추가 요금을 지불했다.

대부분 역사에서 새로운 작업 형태는 소통의 새로운 형태를 동반한다. 헨리 포드의 조립라인에서 볼 수 있는 긴밀한 협력이나 맥도날드 매장에서 볼 수 있는 대면 서비스가 그런 사례다. 다대다든 일대일이든 이런 소통은 전염병 확산의 새로운 영역을 만들어냈다.

6장에서는 직원들로 붐비는 공장과 같은 일자리 창출 혁신 때문에 건강 분야에 새롭게 투자할 수밖에 없었던 이유가 무엇인지, 건강에 대한 투자가 새로운 고용 방식을 확대했던 과정이 어땠는지 살펴본다. 미래를 내다볼 때 일자리를 보장하는 경제에는 자동화로 사라져가는 단순하고 기계적인 작업들을 대체할 고용, 즉 사람과 사람 사이의 소통이 필요한 고용의 새로운 형태가 필요하다. 하지만 이런 일자리는 우리가 팬데믹의 위험을 제거할 때만 가능하다. 팬데믹의 위험을 줄이는 것은 우리의 건강뿐만 아니라 우리가 맞닥뜨릴 미래의 경제를 위한 것이기도 하다.

그러나 불행히도 기회를 창출하는 기업가정신은 수십 년 동안 쇠퇴해왔다. 이는 정부가 외부자보다는 내부자를 우대하는 정책을 법률로써 펼쳐왔기 때문이다. 푸드트럭을 금지하는 것은 기존 식당들을 보호하기 위함이다. 경매인이나 미용사라는 직업에 대해 면허제를 시행하는 것은 이런 직업에 진입장벽을 만들어 아무나 경매 활동 또는 미용업을 하지 못하도록 규제하기 위함이다.

최고의 교육을 받은 기업가들은 사이버 공간에서의 혁신을 통해 각급 행정 단위가 정한 규제의 늪에서 벗어나지만, 단순 업무에 관한 지식만 있는 평범한 사람들로서는 그런 선택권을 가질 수 없다. 그러나 만일 허가 과정을 원스톱으로 처리하는 부서를 만들면 창업 과정을 간소화할 수 있고 또 새로운 기업이 현실에 맞지 않는 구닥다리 일자리를 새로운 일자리로 한층 쉽게 대체할 수 있다. 이런 것들은 사람들과 경제에 늘 도움이 되는데, 특히 코로나19가 가져온 위기에서 회복되는 데는 필수적이다.

창업에 대한 규제뿐만 아니라 다른 여러 장벽도 다시 살펴봐야 한다. 부유한 도시민이 아름다운 경관을 누릴 수 있게 해주는 역사 유적지 보존 규정은 가난한 사람들이 식료품 가게를 새로 시작하거나 운영하는 것을 가로막을 수 있다. 공간에 대한 법률적인 차원의 규제에 대해서는 8장에서 살펴보기로 하고, 여기서는 기업가정신과 대면 경제의 취약성에 초점을 맞춰 살펴보자.

흑사병으로 늘어난 일자리들

팬데믹은 늘 끔찍했다. 그러나 팬데믹이 늘 가난을 불러오지는 않았다. 중세 유럽에서 사람들은 대부분 자급자족하는 농부였고 림프절 페스트(흑사병)는 사람들에게 기근이 아닌 번영을 가져왔다. 어떻게 그럴 수 있었을까?

이유는 간단하다. 농경사회에서는 한 사람당 먹을 수 있는 음식의 양이 한 사람당 농경지의 크기에 따라 결정된다. 농경지가 제한되어 있을 때는 인구가 적을수록 한 사람이 소비할 수 있는 음식의 양은 많아진다. 인구 대비 경작지 면적은 이웃 지역을 정복하거나 인구가 줄어들 때 늘어난다. 흑사병으로 유럽 인구의 3분의 1이 줄어들자[7] 살아남은 농부가 경작할 수 있는 농지는 1.5배로 늘어났다. 물론 토지를 소유한 귀족들은 될 수 있으면 소출을 많이 차지하려고 했겠지만 농경지를 경작할 농민을 확보하려면 어쩔 수 없이 농민들에게 대가를 예전보다 더 많이 지불해야 했다.

흑사병의 충격은 어마어마했다. 영국의 경제학자 스티븐 브로드베리(Stephen Broadberry), 브루스 캠벨(Bruce Campbell), 알렉산더 클라인(Alexander Klein), 마크 오버턴(Mark Overton), 바스 반 리우엔(Bas van Leeuwen)은 "흑사병 때문에 1348~1349년 사이에 영국 경제가 급격히 변화했고 18개월 만에 인구가 46퍼센트나 줄어들었다"[8]라고 설명하면서 "1인당 국내총생산은 곧바로 30퍼센트나 증가했다"라고 지적했다.[9] 농업 노동자의 수가 줄어들자 지주로서는 노동력을 확보하기 위해 더 많은 돈을 노동자에게 지불해야 했다. 탈곡 작업이나 쭉정이를 걸러내는 키질과 같은 기본적인 작업에 지불되는 가격은 1340년대 초에서 1370년대 초 사이에 35퍼센트 넘게 올랐다.[10]

귀족들은 낮은 임금 및 노동자의 이주 제한이라는 무기를 들고 수요공급의 법칙에 맞서려고 했다. 영국과 프랑스는 노동자가 받는 임금을 흑사병 발생 이전 수준으로 제한하는 조례를 1349년에 통과시켰지만 프랑스는 1351년 이 규정을 고쳐 3분의 1 수준의 임금 인상을 허용했다. 영국도 프랑스와 마찬가지로 임금을 제한하려는 시도가 실패했던 것 같다. 개별 귀족들이 자기 영지의 농민을 위협해 굴복시킬 수 있었을지 모르지만 시장의 힘에 맞서기는 어렵다.[11]

게다가 "지주들은 하나로 뭉칠 수 없었다. (…) 노동력 부족으로 별로 고통받지 않던 지주들이야 상관없었겠지만 가장 고통받은 지주들은 부족해진 노동력을 얻을 수 있다는 이유로 농민운동이 추구하던 자유를 환영했기 때문이다."[12] 오로지 러시아에서만 사정이 달랐다. 러시아의 귀족은 농민에게 '제2의 농노제'를 시행할 수 있었다. 러시아에서는 정복과 이민으로 노동력 대비 토지의 비율이 늘어났기 때문이다.

흑사병의 영향은 훨씬 더 멀리까지 미쳤다. UCLA의 니코 포크트렌더(Nico Voigtländer)와 취리히대학교의 한스요아킴 보스(Hans-Joachim Voth)는 여성의 고용 기회가 늘어나면서 "흑사병은 수백 년 동안 유럽이 비정상적으로 높은 1인당 소득을 유지할 수 있게 해준 고임금 및 출산율 감소의 선순환을 유발했다"라고 썼다.[13]

어떤 의미에서 보면 유럽 경제는(물론 유럽 사회 전체도 마찬가지지만) 540~1350년 사이에 한층 단순해지고 가난해지고 파편화됨으로써 전염병에 더 강력한 회복력을 갖게 되었다. 앞서 2장에서 유스티니아누스 페스트를 살펴봤는데 이 전염병은 모든 면에서 재앙적이었다. 콘스탄티노플의 경제는 인구 감소로 이득을 보지 못했다. 도시는 밀집성을 기반으로 번성하기 때문이다. 전쟁과 정복의 숱한 파도들과 그 뒤를 이은 치명적인 벼룩 때문에 유럽은 수백 년 동안 불안정과 가난이 이어졌다.[14]

14세기에는 농업의 부(富)가 늘어났고 덕분에 도시에서는 직물로 만든 옷과 같은 사치품의 수요가 늘어났다.[15] 이는 다시 15세기의 도시화를 자극해서 르네상스의 발판이 마련되었다. 이탈리아의 도시들은 흑사병으로 황폐해졌지만 그 여파로 1400년에 8.6퍼센트였던 도시화가

1500년에는 14.9퍼센트로 늘어났다.[16] 영국과 네덜란드와 벨기에를 포함한 북서부 연안 지역에서는 도시화가 1300년 3.9퍼센트에서 1400년에 6.3퍼센트로, 1500년에는 8.5퍼센트로 꾸준히 증가했다. 1700년이 되면 약 다섯 명 중 한 명꼴로 도시에 거주했다. 흑사병은 중세의 문을 열기도 했고 또 닫기도 했다. 로마의 질서를 회복하려는 유스티니아누스의 꿈을 끝장내면서 그 문을 열었고, 수백 년 동안 도시적 창조성을 일으킴으로써 문을 닫았다.

팬데믹은 일반적으로 시골보다는 도시에 경제적으로 더 해롭다. 도시의 인구가 감소하면 도시의 부동산은 더 여유로워지겠지만 이렇게 남아도는 사무실 공간은 농부가 경작하는 여분의 농경지보다 생산성이 낮다. 도시에서 나타나는 전염병 발병의 경제적 해악은 부분적으로 상업이 이 질병을 퍼트리는 정도에 따라 달라지는데, 그 정도에 따라 질병의 위협은 상업의 문을 닫아버릴 수도 있다.

산업혁명과 면직물이 도시를 구하다

흑사병 당시 베네치아, 제노바, 피렌체 등 유럽에서 가장 큰 상업 도시들은 남쪽에 있었다. 그러나 역사학자 조너선 스콧(Jonathan Scott)은 "유럽이 최초로 전 세계에서 식민지를 건설했던 1500~1800년 사이에 영국-네덜란드 북해 지역이 지중해를 제치고 물품과 문화의 중심지가 되었다"라고 썼다.[17] 서로 긴밀하게 연결되어 있던 두 도시 런던과 암스테르담은 공화주의자들의 반란을 이끌었으며 상선 함대를 전 세계로 내보냈다. 그런데 두 도시의 인구가 늘어남에 따라 두 지역의 경제는 더 긴밀하게 연결되었고 또 그만큼 전염병에 더 취약해졌다.

영국에서 흑사병이 마지막으로 크게 발병했던 때는 1665년인데 당시 런던은 이미 인구 46만 명의 대도시였다.[18] 부유한 도시민들은 인구밀도가 낮은 곳으로 피신했다. 의회 의원이자 해군 행정관이었으며 다작(多作)의 저술가였던 새뮤얼 피프스(Samuel Pepys)의 일기를 보면 전염병이 창궐하던 당시에 도시에서의 삶이 어땠는지 엿볼 수 있다. 피프스는 1660년부터 10년 동안 일기를 썼는데 1665년 7월 14일자 일기에서 그는 흑사병이 도시를 황폐하게 만들었을 때 "뱃길로 구거래소(Old Exchange)에 갔는데 아리따운 침모 아가씨가 만든 멋진 셔츠 두 벌이 있었다"라고 썼다.[19]

주변에서 수천 명이 죽어나가는 상황에서도 피프스는 매력적인 여성을 만나고 새 옷을 살 수 있어 무척 행복했던 것 같다. 그는 페스트의 원인을 정확하게 몰랐다. 그러나 아무래도 외출하면 병균을 옮기는 벼룩의 공격을 조금이라도 더 많이 받을 수 있으므로 그 침모를 만나려면 어떤 식으로든 위험을 감수해야 했을 것이다. 또 어쩌면 그는 젊은 여성이 공기 중에 떠다니는 미세한 물방울을 통해 사람과 사람 사이에서 전염될 수 있는 폐렴을 앓는다는 사실을 알았을지도 모른다. 만일 그랬다면 그는 그 여성을 멀리 피해 다님으로써 개인적인 접촉의 가능성을 줄였을 것이다. 피프스는 용감하게 그 셔츠를 샀지만 다른 일기를 읽어보면 셔츠뿐 아니라 다른 물건들도 매우 위험했던 것 같다.

페스트가 모두 끝난 뒤에는 어떤 패션이 유행할지 궁금하다. 예를 들어 가발만 하더라도 그렇다. 사람들은 가발을 사지 않을 것이기 때문이다. 왜냐하면 페스트에 걸려 죽은 사람의 머리에서 잘라낸 머리카락으로 만든 가발일 수도 있기 때문이다.[20]

그는 그전에 가발을 하나 샀었는데 "그 가발도 쓰지 못했다. 그 가발을 샀던 당시에 웨스트민스터에서 페스트가 발병했기 때문이다."[21] 런던에서 보내온 옷 하나가 임(Eyam)이라는 외딴 마을에 살던 사람들을 페스트 환자로 만들어버린 만큼(이 마을은 앞에서 선구적인 자가격리의 사례로 제시했던 마을이다)[22] 피프스가 벼룩을 옮기는 옷이나 직물을 두려워한 것은 잘못된 행동이 아니었다.

18세기 후반에 기계화가 이뤄지면서 옷감의 소재가 면으로 전환되어 직물이 전염병을 확산할 위험은 줄어들었다. 면은 고온 세척에도 손상되지 않아 삶아서 소독할 수 있었다.[23] 그렇게 해서, 감염된 직물을 두려워하는 마음조차도 초기 산업혁명 및 뉴욕과 리버풀 같은 항구 도시들의 성장에 중심적인 역할을 했던 직물 무역을 제지하지 못했다. 식품을 먼 곳으로 이동시킬 때 나타날 수 있는 위험을 제거할 수 있다는 점도 도시의 성장에 중요한 요인으로 작용했다.

피프스가 와인과 굴을 거래하는 상업 활동을 계속 이어가는 동안 런던의 경제는 가발 무역의 붕괴를 버텨냈다. 런던의 경제적 취약성은 일부에 국한되었다. 왜냐하면 다른 전근대적인 도시들과 마찬가지로 런던은 정치적 수도였기 때문이다.[24] 정부가 채권 금융이나 국내 거래에 대한 세금 같은 관세 수입에 의존하지 않는 다른 자원에 접근할 수 있다면 아무리 격리 때문에 외부와의 무역이 중단되더라도 도시에는 돈이 충분히 남아돌면서 유통된다. 피프스의 수입은 해군 총서기라는 지위 덕분에 확실하게 보장되었다.[25] 또 그는 자기 돈으로 기꺼이 지역의 물품을 샀고 이런 경제활동 덕분에 도시 노동자들은 일자리를 유지할 수 있었다.

공장이 노동자를 보호해야 하는 이유

산업혁명은 인간의 노동을 기계로 대체하고 강화함으로써 영원할 듯 이어지던 빈곤 문제를 종식한, 역사의 진정한 한 획이었다. 버밍엄과 맨체스터, 그 외 여러 공장 마을에서 시작된 창조적 폭발(creative outburst) 시점 이전까지 인간이 벌어들인 소득은 2,000년이라는 긴 세월 동안 거의 늘어나지 않았다.[26] 그러나 산업혁명 이후 경제 성장은 당연한 것으로 자리 잡았다. 수천 개의 오래된 일자리들이 직물 기기가 발명되면서 해체되었지만 1750년이 되자 누구도 상상조차 하지 못했던 상품과 서비스를 생산하는 수백만 개의 일자리가 새로 나타났다.

그러나 도시에 사람이 몰리는 것과 마찬가지로 공장에 노동자가 몰리는 것도 전염병을 확산시킨다. 1820년 영국의 공장 노동자들은 결핵으로 죽어갔다. 빽빽하게 붐비는 가금류 공장은 2020년에 코로나19의 온상이 되었다. 산업 시대가 온전한 승리를 거두려면 노동자와 소비자 모두의 안전을 위해 작업환경 위생이 개선되어야 한다. 19세기와 20세기에 대량생산 및 대량 분배 환경에서 질병의 위험을 줄이기 위해 민간 및 공공 부문이 협력했던 일은 오늘날 도시가 직면한 위험을 낮출 방법을 제시한다.

초기 산업혁명 기간에 플라잉 셔틀(flying shuttle, 직조기의 씨실을 자동으로 넣는 장치 - 옮긴이), 수력 방적기(water frame, 수력으로 작동하는 초기의 방적기 - 옮긴이), 제니 방적기(spinning jenny) 같은 기계적인 혁신이 이뤄졌는데 덕분에 인류의 가장 기본적인 생필품인 옷감 제조에 혁명이 일어났다. 이 혁신은 노동집약적 생산에서 자본집약적 생산으로 그리고 가내 수공업에서 공장제 생산으로의 전환을 뜻했다. 당시 이 기계들은 비쌌고 사업 시설이 점차 커지면서 더 효율적으로 바뀌었다. 공장은 인프라 공유와 분업을 가능하게 해주는 특수 목적 도시나 마찬가지였다.

코트노폴리스(Cottonopolis, 방적의 도시)가 된 맨체스터에서 초기의 산업혁명가들은 공장에서 일하는 노동자가 병에 걸릴 위험을 줄여야 할 재무적 이유는 거의 없다고 봤다. 공장주들은 위생 시설에 투자하든 투자하지 않든 간에 노동자에게 똑같은 임금을 지불했다. 건강하지 못한 환경에서도 기꺼이 일하겠다는 노동자가 넘쳐났기 때문이다. 선택의 여지가 없던 미성년 견습공은 더욱더 비참한 환경을 감수해야 했다. 심지어 성인 노동자조차도 18세기 맨체스터나 21세기 미국 모두에서 자신이 병에 걸리거나 아플 가능성이 얼마나 되는지 계산하기는 매우 어렵다. 정확히 무엇이 발진티푸스나 코로나19로부터 공장을 안전하게 지켜줄 수 있을지 전혀 모른다는 말이다.

맨체스터에서 필(Peel) 부자(父子)의 행적은 산업 일자리 창출과 공중위생이 하나로 얽히는 상태의 본질을 잘 보여준다. 1723~1795년까지 살았던 아버지 로버트 필(Robert Peel)은 자기가 만들어낸 파슬리 패턴의 옥양목 및 관련 생산 기술들을 개발한 혁신가였다.[27] 그는 이웃 사람이던 제임스 하그리브스(James Hargreaves)를 고용했는데 하그리브스는 제니 방적기를 발명했다. 그 외에도 필은 노동을 절약하는 온갖 기계와 장치를 들였다. 그 바람에 그는 기계파괴운동의 표적이 되기도 했지만 새로운 기술들 덕분에 생산성을 높일 수 있었고 공장을 23개나 소유할 정도로 부자가 되었다.

우리가 그냥 '필'이라고 부르는 그의 아들(1750~1830년)은 아버지보다 돈을 더 많이 벌었다. 그는 1799년에 영국의 백만장자 10명 안에 들었고 1,000명이 넘는 어린 견습공을 포함해 1만 5,000명이 넘는 노동자를 고용했다.[28] 1782년에 열병이 필의 공장 한 곳을 강타했을 때 처음에 그는 아무것도 하지 않았다.

그러나 맨체스터에는 악덕 공장주뿐만 아니라 선의의 개혁가들도 있었다. 당시 지역의 한 활동가는 그 전염병에 대해 200명 가까운 사람을 인터뷰했고 많은 사람을 규합해서 노동자들의 야간 근무를 중단해달라고 필에게 청원했다. 그러나 필은 화를 내면서 "제정신을 가진 사람이라면 그렇게 하지 않을 것이다"라고 대꾸했다.[29] 그러자 활동가들은 해당 지역의 치안판사들을 찾아갔고 치안판사들은 활동가들의 취지를 받아들여 수사를 지시했다.[30] 이 수사에 공중보건 운동의 선구자 토머스 퍼시벌(Thomas Percival) 박사가 참고인으로 소환되었는데, 그는 런던의 존 스노와 뉴욕의 스티븐 스미스의 탄생을 예감케 하는 인물이었다.

도시들 덕분에 지식의 확산은 가속화되었다. 퍼시벌은 이렇게 말한다. "이탈리아의 파도바에서 네덜란드의 레이던으로 흐르던 의학 지식의 드넓은 강이 에든버러로 흘러 들어가자 홍수가 났다. 이제 에든버러가 문명 세계의 선도적인 의과대학이 되었다."[31] 퍼시벌은 도도하게 흐르는 그 강물을 따라 에든버러대학교에서 공부했고 나중에는 레이던대학교에서 공부했다.[32] 그는 나중에 벤저민 프랭클린과 친구가 되었고 어린 제인 오스틴이 읽게 될 동화를 썼다.[33]

또한 그는 '의학윤리'라는 용어를 만들었는데[34] 이 의학윤리를 주제로 선구자적인 소논문을 써 훗날 미국의학협회에 커다란 영향을 미쳤다. 그는 맨체스터 주변에서 고대 로마의 전초기지를 확인하는 과학 논문을 쓰면서[35] 잉글랜드 남부 전역의 수질을 측정했다.[36] 1775년에는 "대도시는 아이들에게 특이할 정도로 치명적이다"라는 결론을 내린 논문을 발표했다. 그 논문은 당시로서는 획기적일 뿐만 아니라 관련 자료를 빽빽하게 동원한 매우 치밀한 것이었다.[37] 그는 또한 밀집도가 가장 높은 공공건물인 교도소의 공중보건을 개선하는 작업도 했다.[38]

퍼시벌은 필의 공장에서 발생한 전염병을 연구했다.[39] 그는 이 병이 그 공장에서 시작되었는지, 아니면 다른 곳에서 들어온 것인지 결론을 내리지 못했다. 하지만 밀집도가 높고 비위생적인 공장 환경이 그 병을 "지지하고 확산하고 악화시켰다"고 확신했다.[40] 그가 작성한 보고서는 공장의 청결도를 높이고 환기를 개선할 것을 제안했으며, 특히 어린 견습공의 노동시간을 제한해야 한다고 주장했다. 치안판사들은 이 제안에 동의했다. 그러나 그들에게는 공장 환경 개선에 간섭할 법적 권한이 없었다. 이는 스티븐 스미스가 건강한 환경을 위협하는 아파트를 폐쇄하라고 요구했을 때 뉴욕 경찰에게 들었던 말과 똑같은 것이었다. 그러나 치안판사들은 그 보고서가 널리 확산되도록 나서서 행동했다.

필의 평판은 나빠졌을지 모르지만 공장들은 어디까지나 필의 소유물이었다. 1784년에도 그는 자기 공장에 대해 마음대로 할 수 있었다. 1789년 필의 공장에 전염병이 또다시 돌자 퍼시벌은 이번에도 필에게 공장 환경의 위생 개선을 권고했다.

맨체스터에서는 퍼시벌의 영향력이 무척 높았으므로 로버트 필은 그저 싸우기만 하지는 않았다. 두 사람은 여러 개의 모임에 회원으로 함께 있었기에 자주 만나 대화를 나누었다. 도시는 사람들 사이의 소통을 원활하게 해서 사람들의 마음을 바꿔놓기도 한다. 1802년 당시 의원 신분이었던 필은 공장 규제를 반대하던 견해를 거둬들이고 '견습공에 대한 건강과 윤리에 관한 법(Health and Morals of Apprentices Act)' 제정에 앞장섰다.[41]

이 법은 공장이 환기를 개선하고 위생 조건을 강화할 것을 요구했다.

또 견습공의 노동시간을 제한했으며 공장주가 노동자에게 최소한의 기본적인 교육을 제공하는 것을 의무 사항으로 규정했다. 이 법은 지켜지기 어려운 작은 발걸음이었지만 노동자의 일터가 질병의 온상이 되는 것을 막고자 하는 공공적인 노력의 출발점이었다. 특히 어린 견습공에겐 뜻깊은 일이었다(이 법은 최초의 노동법으로 일컬어진다 – 옮긴이).

그런데 왜 필은 의회에서 위생 관련 규제를 지지하게 되었을까? 인간적인 차원에서 생각해보면 퍼시벌과 대화를 나누면서 그의 따뜻한 인품과 가르침에 매료되어 마음이 점점 따뜻해졌고, 그래서 공장에서 일하는 노동자를 따뜻한 마음으로 살피게 되었을 수 있다. 즉 퍼시벌의 호의적인 지도를 받는 동안에 필의 마음이 부드러워졌다고 볼 수 있다. 물론 이런 추론도 가능하지만 그렇다고 필이 온화하고 따뜻한 성품이었을 거라는 생각은 그 법안이 제정된 5년 뒤에 노예무역을 열렬하게 옹호했다는[42] 사실을 보면 개연성이 전혀 없다. 게다가 필이 정말 마음이 따뜻한 사람이었다면 경쟁자들이야 어떻게 하든 상관없이 우선 자기 공장들에서라도 노동 환경을 개선했겠지만 그렇게 하지 않았다.

그래서 또 다른 생각을 해볼 수 있다. 필은 사람들이 자신을 악당으로 바라보는 걸 좋아하지 않았지만 그렇다고 해서 경쟁자들에게 우위를 빼앗기고 싶지는 않았던 것이라고 말이다. 그는 경쟁자들이 공장의 노동 환경을 개선하는 비용을 부담하기만 한다면 자신도 그렇게 하겠다는 생각이었다. 당대의 거물 산업가였던 필은 아마도 공장을 청결하게 유지하는 비용을 부담하는 편이 한결 간편하고 비용도 적게 들어서 유리하다는 사실을 깨달았을 것이다. 해당 규제 법안이 의회를 통과하고 나면 자기보다 규모가 작은 경쟁자들을 밟고 유리한 고지에 올라설 수 있었기 때문이다.

규제 포획(regulatory capture, 규제 기간이 규제 대상의 이해관계에 구속되거나 규제 대상의 이해관계를 우선하는 결정이 이뤄지면서 나타나는 규제 실패 현상 - 옮긴이)이라는 개념에 초점을 맞춘 저작으로 노벨상을 받은 경제학자 조지 스티글러(George Stigler)는 필과 같은 강력한 시장 선점자들은 시장에 새롭게 진입하려는 경쟁자들과의 경쟁에서 자신을 보호할 목적으로 규제를 지지한다고 주장했다.[43] 오늘날 도시 번화가의 식당들이 도시 미관을 이유로 푸드트럭 영업을 금지하는 규제를 옹호하는 것이 그런 경우다.

정부 차원의 규제가 일상적인 개념으로 자리 잡기 이전 재산이나 건강상의 피해를 바로잡는 주된 수단은 소송이었다. 작업장에서 병에 걸리거나 다친 노동자가 고용주를 상대로 소송을 제기해서 잘못된 점들을 바로잡을 수 있다면 소송이라는 제도는 고용주가 일터를 한층 안전하게 만들도록 유도할 것이다.

그러나 19세기 미국은 '위험 인수(assumption of risk, 당사자가 자기에게 닥칠 위험을 구체적으로 알면서도 자발적으로 위험에 노출됐을 때 발생하는 피해에 대해서는 본인이 책임을 진다는 원칙이다 - 옮긴이)'라는 법률적 원칙이 자리 잡고 있었다. 그랬기에 작업장에서 노동자가 아무리 많이 사망해도 노동자는 고용주를 상해로 소송을 제기할 수 없었다.

1908년에 비로소 미국 연방고용주책임법(US's Federal Employers' Liability Act)이 제정되면서 작업장에서 사고로 다친 철도 노동자들이 소송을 제기해 보상을 요구할 수 있게 되었다.[44] 그 덕분에 철도와 기차는 좀 더 안전한 작업장으로 바뀌기 시작했다.

그렇다면 작업장이 안전해지면서 사람들은 산업 노동에 종사하겠다는 의지가 높아졌을까? 현대 사회에서는 육체적으로 위험한 노동을 하는 사람일수록 임금을 더 많이 받는다. 그런데 역사 자료를 보면 과거에는 별로 그렇지 않았던 듯하다. 한 연구에 따르면 "아동 노동자는 질병 발생이 잦은 산업 분야에서 상대적으로 높은 시급을 받았지만 성인 노동자는 그렇지 않았다."[45] 그럼에도 '물레의 도시'로 불리던 미국 로웰에서 한 면직공장이 젊은 여성 직원을 모집하려고 내건 포스터에는 '직원이 병에 걸리면 적절한 치료를 받게 해줄 것'과 '활동적이고 건강한 소녀들만 이 일을 하게 될 것'이라는 약속이 쓰여 있었다.[46]

찰스 디킨스의 소설들이 묘사했던 굶주리고 가난한 영국 사람들은 비록 열병에 걸릴 위험이 있더라도 공장 노동자라는 일자리에 감사했을지 모른다. 하지만 사회 전반적으로 죽음의 덫이 되어버린 공장을 인정하려들지 않는 분위기가 고조되고 있었다. 공장으로서는 사회적인 영향력이 점점 커지던 영국 중산층의 정밀한 조사와 감독에서 살아남으려면 안전 관련 규정을 세워야 했다. 사회적인 차원의 압력은 2020년에도 비슷하게 사업장의 안전을 요구했다. 도시의 서비스 노동자와 일부 고객이 코로나19의 위험성을 기꺼이 받아들이겠다고 했지만 정부는 팬데믹의 확산을 막기 위해 락다운을 강제로 시행했다.

아들 로버트 필은 '현대 경찰의 아버지'로서 도시의 안전을 위해 싸운 정치인이 되었고 나중에 그의 이름을 딴 인형들도 나왔다.[47] 또한 그는 영국으로의 곡물 유입을 제한하는 곡물법(Corn Law)을 폐지함으로써 자신의 소속 정당을 분열시킨 총리이기도 했다. 출하된 식품의 안전성 문제는 후기 산업 시대에 쟁점이 되었다. 도시는 도시화를 위해 자기 지역에서 생산되는 것보다 더 많은 양의 식품이 필요했고, 이 식품은 도시에서 멀리 떨어져 있고 인구가 적은 지역에서 운송되어야 했다. 그러나 식품 산업이 수요를 충족하려면 우선 장거리 운송되는 식품 때문에 질병이 확산되지 않을 거라는 사실을 사람들에게 설득해야 했다.

그런데 장거리 운송되는 면직물의 안전성을 보장했던 방법이 식품을 한층 안전하게 만드는 과정의 디딤판이 되었다. 역사적으로 영국은 양을 중심으로 하는 목축업이 전문이었다. 수백 년 동안 영국은 양모를 유럽 대륙으로 수출했다. 그런데 산업혁명의 기계들은 단단한 구조를 갖춘 섬유가 필요했고 맨체스터의 초기 공장에는 면화가 더 잘 맞았다. 모직물이 아닌 면직물로의 전환은 놀라운 효과를 낳았다.[48] 오랫동안 흑사병을 옮기는 벼룩의 숙주였던 모직물과 다르게 면직물은 뜨거운 물에 씻어도 모양을 유지했다. 즉 면직물을 뜨거운 물에 담가놓기만 해도 흑사병 전파의 위험을 제거할 수 있었던 것이다. 뜨거운 열로 전염병을 옮기는 매개물을 깨끗하게 씻어낸다는 기본 원리는 식품 안전성을 보장하는 선도적인 방법이기도 했다.

저온 살균법과 도시 운송의 발전

경제적 차원의 압력은 작업장의 안전성보다도 소비자를 위한 제조 과정의 안전성이라는 측면에서 더 중요했다. 소비자는 안전하지 않아 보이는 제품을 회피한다. 식품일 때는 특히 더 그렇다. 시카고의 쇠고기 판매 거물들은 미심쩍은 눈으로 자기를 바라보는 소비자에게, 중서부 지역에서 도축된 소고기가 냉동 시설을 갖춘 기차로 뉴욕까지 안전하게 운송된다는 사실을 알리려고 열심히 노력했다.[49]

식품의 대량생산 및 운송에서 건강과 관련된 위험을 통제할 수만 있으면 도시는 엄청나게 확장될 수 있었다. 뉴욕이 1830년까지도 그랬듯이 도시 인근에서 식품을 조달해야 하는 상황에서는 도시 인구가 특정한 한계 이상으로 늘어날 수 없었다. 그런데 도시에 사는 사람들이 점점 더 미국 전역에서 생산된 빵과 고기와 우유를 소비하게 되자 도시의 확장 가능성은 더욱 커졌다.

수천 년 동안 도시는 외부에서 수입한 곡물에 의존했다. 카이사르 아우구스투스가 다스리던 로마를 먹여 살린 것은 강을 건너온 밀이었고, 도쿠가와가 다스리던 도쿄를 먹여 살린 것은 바다를 건너온 쌀이었다. 곡물은 높은 온도로 요리하면 오염의 원인이 되는 해로운 유기체가 모두 죽는다. 맥각균이 호밀빵을 치명적인 음식으로 만드는 이유는 전염성이 있기 때문이 아니라 뜨거운 열로 요리해도 제거되지 않는 맥각 알칼로이드를 함유하기 때문이다.[50] 19세기 미국인은 신선한 토마토보다는 케첩을 먹었는데, 이는 위험해 보이는 붉은색 채소에 들어 있을 것이라고 여겼던 유독한 물질이 조리 과정에서 열과 식초에 의해 파괴된다고 믿었기 때문이다.[51]

북아메리카 대륙을 가로질러 육류를 운송하기 위한 투쟁은 미국의 역사에서 위대한 한 편의 서사시였다. 이 서사시를 다룬 예술 작품으로는 존 웨인과 몽고메리 클리프가 연기한 소몰이꾼들 사이의 오이디푸스적 전투를 묘사한 영화 〈붉은 강(Red River)〉[52]이 있다. 또 주인공들이 시카고로 와서 가축 사육장 근처에 살면서 겪는 일들을 다룬 시어도어 드라이저(Theodore Dreiser)의 소설 《시스터 캐리(Sister Carrie)》[53]도 있다. 미국 내륙 지역의 농업을 이용해서 부를 축적하려는 시도 때문에 캔자스시티와 신시내티 같은 도시 전초기지가 세워졌고 운하와 철도의 건설도 촉진되었다.

육류를 운송하는 가장 오래되고 합리적인 위생 기술은 살아 있는 가축을 도시의 도축장으로 이동시키고, 도축장에서 그 가축을 도축해 지역의 소비자에게 내놓는 것이었다. 19세기 월스트리트의 마법사들 중에서도 가장 성공한 인물이었던 대니얼 드루(Daniel Drew)의 첫 번째 직업은 바로 뉴욕을 향해 소를 몰고 가는 소몰이꾼이었다.[54] 그의 첫 혼수주(watered stock, 자산 가치를 훨씬 초과하는 가격으로 발행된 주식. 이 용어는 소를 팔기 직전 중량을 늘릴 목적으로 소금을 먹여 대량의 물을 마시게 한 데서 유래되었다 - 옮긴이)에는 문자 그대로 무게를 늘리기 위해 물을 먹인 소들이 포함되어 있었다. 그러나 가축을 산 채로 이동시키는 문제를 어떤 식으로든 해결해야만 했다. 그래서 염장(鹽藏) 보관과 철도와 냉장 시설이라는 대안적인 방식에 의존하기 시작했다.

염장 보관은 고대로부터 이어온 관습으로 박테리아가 서식할 수 있는 액체를 제거하는 방식으로 음식을 보존한다. 돼지는 소보다 더 효율적으로 곡물을 고기 칼로리로 바꾸기 때문에 오랫동안 소금에 절인 고기(염장육)의 지배적인 위치를 차지했다. 현재 미국인은 신선한 돼지고기보다 가공된 돼지고기를 50퍼센트 더 많이 먹는다.[55] 쇠고기의 경우는 소금에 절인 쇠고기보다 신선한 쇠고기를 훨씬 더 많이 먹는다. 특히 햄버거의 패티로 많이 먹는다. 그런데 소금에 절인 돼지고기의 매력은 고기 고유의 단맛에서 나온다. 미국에서 신시내티가 '돼지고기의 도시'로 일컬어질 정도로 돼지 도축지로 성공한 것은 풍요로운 오하이오 리버 밸리에서 자란 돼지를 수로를 이용해 동부에 있는 여러 시장으로 운송할 수 있었기 때문이다.

소가 돼지보다 유리했던 이유는 소가 이동성이 더 높기 때문인데 이는 존 웨인의 영화에 나오는 소몰이 장면에서 잘 드러난다.[56] 소를 이동시키는 기본적인 방식은 텍사스나 아이오와에서 애빌린이나 시카고 같은 철도망의 서쪽 종점까지 걸어서 이동한 다음 거기서 기차로 대륙의 동쪽까지 운송하는 것이었다(텍사스의 샌안토니오에서 북상해 캔자스의 애빌린에 이르는 목우 이송로는 1867년에 캔자스 퍼시픽 철도가 개통된 뒤로 약 20년 동안 사용되었다 – 옮긴이).

그러나 살아 있는 소를 운송하는 데는 비용이 많이 든다. 소몰이꾼들은 따로 먹을 것을 챙겨야 하며 이동하는 중에도 계속 소에게 먹이를 줘야 한다. 만약 소를 시카고에서 도축한 다음 뉴욕으로 운송한다면 뉴욕에 도착할 때쯤에는 고기가 다 썩어 있을 것이다. 도축한 고기를 위생적으로 안전하게 소금에 절여서 운송할 수도 있었지만 도시의 소비자들은 신선한 쇠고기를 살 수만 있다면 훨씬 비싼 가격에도 기꺼이 지갑을 열 준비가 되어 있었다. 어떻게 하면 이 문제를 해결할 수 있을까?

이 경우에 해법은 열기가 아니라 냉기였다. 여덟 살 때부터 정육점에서 일했던 구스타부스 스위프트(Gustavus Swift)는 매사추세츠 동부 지역의 운전사이자 도축업자였다.[57] 그는 대륙 동부의 도시를 향해 대규모로 이동하는 소 떼와 조금이라도 더 가까워지려고 서쪽으로 이동했다. 그러다 시카고의 유니언 스톡 야드(Union Stock Yards)까지 갔는데, 이곳은 철도회사들이 쇠고기의 이동성을 높이기 공동으로 만든 육류 포장단지였다. 이곳에서 스위프트는 철도로 이동하는 냉동 차량을 개발했다. 이것 하나만으로 그는 육류 포장의 역사에서 독보적인 존재가 되었다. 냉동 차량이라고 해봐야 처음에는 잘라놓은 쇠고기 위에 얼음덩어리를 올려두는 게 전부였다. 이렇게 하면 얼음의 냉기가 박테리아의 번식을 막아주었다. 위생적으로 안전하려면 섭취하기 전 고기를 높은 열로 가열해야 했지만 그래도 당시엔 획기적인 방식이었다.

사실 이보다 더 큰 도전 과제는 일반적으로 요리 과정을 따로 거치지 않는 와인이나 우유 제품을 도시인들이 소비할 수 있게 하는 것이었다. 프랑스의 과학자 루이 파스퇴르(Louis Pasteur)가 이를 해결했지만 동아

시아의 세련된 도시 사회는 이미 수백 년 전에 저온 살균 처리 과정을 발명했다.[58]

서구의 저온 살균법 채택은 박테리아와 같은 생물의 자연발생설을 둘러싼 과학적인 논쟁에 뿌리가 닿아 있다. 당시 파스퇴르는 자기보다 나이가 훨씬 많고 여러모로 훨씬 뛰어난 박물학자 펠릭스 푸셰(Félix Pouchet)와 프랑스 과학 아카데미(French Academy of Sciences)에서 맞붙었다.[59] 파스퇴르는 살균된 액체를 봉인된 유리 용기에 넣어두면 미생물이 추가로 성장하지 않고 외부로 노출된 용기에서만 미생물이 나타난다는 사실을 입증했다. 이 발견으로 그는 프랑스 과학 아카데미로부터 2,500프랑의 상금을 받았는데, 이 돈을 현재 가치로 환산하면 4만 달러가 넘는다.

파스퇴르는 와인과 우유가 상하는 이유가 박테리아 때문임을 정확하게 파악했다.[60] 그렇다면 그 액체를 살균한 다음 완벽하게 밀봉할 수만 있다면 더 오래 보존하고 멀리까지 운송할 수 있다. 하지만 라피트 로실드(Lafite Rothschild) 와인 같은 식품의 고유한 맛을 만들어내는 모든 미생물은 전혀 파괴하지 않고 그 미생물이 자기만의 진화 경로를 밟아나가도록 하는 것이 문제였다. 그래서 저온 살균법은 일반적으로 섭씨 100도 미만의 열을 짧은 시간 동안만 가한다.

가벼운 저온 살균법 충격과 초고온(UHT) 살균법의 충격이 어떻게 다른지 맛으로 비교하려면 파르마라트 초고온 살균 우유와 표준적인 '신선한' 우유의 맛을 비교하면 된다. 초고온 살균법으로 처리된 우유는 고온 때문에 한층 많은 미생물이 파괴되어 몇 달 동안 실온에 두어도 상하지 않는다. 그러나 저온 살균법으로 처리된 우유에 길이 든 미국인은 파르마라트 우유의 맛이 너무 산업적이라고, 너무 달다고 여긴다.

저온 살균법, 냉장과 냉동, 포장법의 발명 등으로 식품을 도시까지 멀리 운송하고 장기간 저장하는 일이 가능해졌다. 19세기의 도시 아이들은 우유를 마시고 탈이 나서 많이 죽었다. 그러나 21세기의 도시 아이들은 우유가 건강 식품이라고 생각한다. 위생 분야의 발전은 또한 식품 생산의 산업화를 유도했다. 그래서 지금은 우유 소량과 달걀 몇 개를 생산하는 소규모 농장 차원이 아니라 유제품 기업 파르마라트를 소유한 프랑스의 락탈리스(Lactalis) 같은 대기업들이 공장식으로 식품을 생산하기에 이르렀다.

락탈리스는 세계 최대의 유제품 생산업체이지만 포장을 뜯고 꺼내서 바로 먹을 수 있는 식품을 생산하는 거대 기업들에 비하면 규모가 작은 수준이다. 네슬레와 나비스코의 모회사인 몬델리즈(Mondelez)가 바로 그런 회사다. 시카고의 사우스사이드에는 나비스코의 아이콘이라고 할 수 있는 빵 공장이 있는데 한때 180만 평방피트(약 5만 평)의 건물에서 직원 2,400명을 고용해 연간 1억 9,200만 파운드(약 54만 톤)의 쿠키를 생산했다.[61] 앞서 4장에서 살펴봤듯이 오레오나 뉴턴과 같은 나비스코의 베스트셀러 제품들은 미리 조리되어 대량생산되는 식품들 가운데 하나일 뿐이다. 나비스코는 제빵사들에게 일자리를 제공하고 전 세계 도시의 식객에게 식품을 제공했다.

나비스코가 유니더 비스킷과 오레오 쿠키를 대량으로 생산하던 바로 그 시기에 작가 업튼 싱클레어(Upton Sinclair)는 시카고의 육류 포장 산업을 다룬 장편소설 《정글》[62]을 발표했다. 애초에 그가 생각했던 집필 의도는 노동운동에 대한 공감을 드러내는 것이었으나 나중에 회고했듯이 "이 소설로 나는 대중의 심장을 노렸는데 우연히도 대중의 배를 명중시키고 말았다."[63]

육류 포장에 대한 그의 혐오스러운 묘사 덕분에 1906년 육류검사법 (Meat Inspection Act)과 순수식품의약품법(Pure Food and Drug Act)이 의결될 수 있는 사회적 공감대가 형성되었다.[64] 아울러 미국 및 다른 여러 나라에서 식품이 적절하게 분류되고 위생 기준을 준수하도록 감독하는 공공기관이 등장했다. 순수식품의약품법은 또한 '마약과의 전쟁'으로 발전하는 법률적 장치의 토대를 마련했다.

이런 규제들은 식중독을 없애는 데 얼마나 많이 기여했을까? 나비스코와 같은 장수 소비재 기업은 제품 품질에 대한 좋은 평판을 구축하고 유지할 이유가 있었다. 또한 손해배상소송은 덜 알려진 회사들이 안전하지 않은 제품을 판매하지 못하도록 막을 수 있었다. 그러나 2008년에도 멜라민에 오염된 유아용 분유 때문에 중국에서 5만 명 넘게 탈이 났다.[65] 만약 미국에도 미국 식품의약국의 감시가 없었다면 안전하지 않은 제품으로 돈을 벌었을 회사들이 분명히 있었을 것이다.

식품의 안전성에 대한 경각심이 높아지면서 도시는 더욱 성장했고 이는 다시 더 큰 규모의 경제적 확장으로 이어졌다. 식품으로 인한 질병이 지속적인 위협으로 존재할 때 도시인의 메뉴는 안전하고 간단한 식품으로 제한되고 도시의 높은 밀집성이 갖는 매력은 줄어들 것이다. 안전한 식품이 건빵과 죽밖에 없다면 도시에서 살기를 바라는 사람은 별로 없을 테니까 말이다.

2020년에는 육류 포장 공장이 질병 전파의 온상이 되었음에도 식품 운송이 안전하게 유지되었다. 자동차나 냉장고와 달리 육류 포장 산업은 자본집약적이 아니라 여전히 노동집약적이다. 닭과 소가 갖는 특이점은 도축하지 않고서는 기계적인 처리 과정이 어렵다. 그래서 육류 포장 업체는 저임금 노동자를 고용하고 이들은 밀집된 환경에서 일한다.

로버트 필이 운영하던 공장의 현대적 버전인 직물 공장에서조차도 직원 1인당 공간이 평균 1,500평방피트(약 42평)가 넘는다.[66] 그런데 평균적인 식품 공장에서는 직원 1인당 공간이 570평방피트(약 16평)에도 미치지 못한다.[67]

이런 밀집성 때문에 전염병 확산의 가능성은 여전히 존재한다. 특히 고용주가 직원을 보호하려는 노력을 거의 하지 않을 때는 더욱 그렇다. 그럼에도 여전히 수백만 명이 노트북이나 스마트폰으로 아마존닷컴에서 식료품을 구매하기 때문에 소비자가 식품 때문에 병에 걸리지 않도록 보호하고자 하는 온갖 혁신적인 조치가 이뤄지고 있다.

도시의 경제는 팬데믹에서 자유롭다

1918~1919년 인플루엔자(독감, 유행성 감기) 팬데믹은 코로나19보다 훨씬 치명적이었다. 미국에서 약 67만 5,000명이 이 전염병으로 사망했는데[68] 이 숫자를 인구 비율로 따지자면 오늘날의 200만 명과 맞먹는다. 정확한 숫자는 알 수 없지만 당시 세계 인구의 3분의 1이 이 독감에 걸렸던 것으로 추정된다.[69] 코로나19 팬데믹처럼 사람들은 어디서나 천 마스크를 썼고[70] 각 국가는 국경을 폐쇄했으며 도시들은 사회적 거리두기를 강제로 실시했다.

사망자 수와 전파 방식만 놓고 보면 인플루엔자 팬데믹은 2020년의 코로나19만큼이나 지역 경제에 파괴적인 영향을 미쳤을 것 같지만 실제로는 그렇지 않았다. 시카고 연방준비은행의 프랑수아 벨데(François Velde)는 인플루엔자 팬데믹이 경제에 미친 영향을 조사했다. 그리고 "산업 생산량이 급격히 감소했지만 몇 달 안에 반등했으며 (…) 소매업은 거의 영향을 받지 않은 것 같다. (…) 회사가 망하거나 금융이 경색되었다는 어떤 증거도 없다"라고 판단했다. 그러면서 1946년 경기 순환의 선구적인 분류자들이었던 웨슬리 클레어 미첼(Wesley Clair Mitchell)과 아서 번스(Arthur Burns)가 내렸던 결론을 확인하며 당시의 경기 하강이 "예외적일 정도로 짧았고 폭도 그다지 크지 않았다"라고 결론을 내렸다.[71] 그렇다면 1918~1919년과 2020~2021년의 차이를 어떻게 설명할 수 있을까?

인플루엔자 팬데믹에 따른 불황은 매우 가벼웠다. 1918년 당시의 업무 성격이 오늘날과는 매우 달랐기 때문이다. 1910년에는 미국인 31퍼센트가 농장에서 일했고 38퍼센트가 육체노동자였다.[72] 2015년에는 상황이 많이 바뀌어서 미국에서 농부가 차지하는 노동력은 전체의 1퍼센트 미만이고 육체노동자의 비율도 20퍼센트로 줄어들었다.[73] 1910년 기준으로는 미국의 전체 비농업 노동자의 44퍼센트가 제조업과 운송업과 공공시설 분야에서 일했다.[74] 그런데 이 비율은 2015년에 12.5퍼센트로 떨어졌다.[75]

인플루엔자가 무서워서 문을 닫는 농장은 없었다. 공장도 대부분 계속 가동되었는데 이런 상황은 2020년과 마찬가지였다. 2020년 제조업 노동자의 실업률은 6월 내내 9퍼센트라는 낮은 수준을 유지했다.[76]

어떤 형태의 소매업은 1918년에 인플루엔자 때문에 불황을 경험했지만 오늘날과 마찬가지로 다른 분야의 회사들은 성장했다. 벨데는 울워스와 J.C. 페니와 크레스지의 1918년 10월 매출액이 두 달 전인 8월에 비해 13퍼센트 감소했다고 보고했지만 시어스와 로벅과 몽고메리 워드의 통신판매 사업은 호황을 누렸다.[77] 약국과 백화점 모두 팬데믹 기간에 매출액이 상승했다.

1918년에는 사람들이 오늘날처럼 부유하지 않았고, 따라서 소득의 많은 부분을 생필품을 사는 데 썼다. 기본적인 욕구에 대한 지출은 (비록 식료품 구매에서 약간의 위험이 있더라도) 팬데믹 기간에도 꾸준히 유지되었다.[78] 그러나 사람들 사이의 교류가 동반되는 사치품에 대한 지출은 팬데믹이 발생하면 극적으로 줄어든다. 과거보다 훨씬 부유해진 2020년에는 사교적 활동 또는 고급스러운 취미 활동이 한층 중요해졌다.

1910년에는 비농업인의 14퍼센트만이 집 바깥으로 나가서 서비스업에 종사했고 반면에 농장에 있지 않은 노동자의 14.5퍼센트는 '가사 서비스업' 또는 '개인 서비스업'에 종사했다.[79] 엄청나게 많은 수의 입주 가사도우미가 포함되어 있던 그 범주들이 지금은 거의 완전히 사라졌다. 부유한 가정에서는 지금도 여전히 보모나 유모를 두고 있지만 이런 노동자의 수는 상대적으로 제한되어 있다. 부유한 미국인은 지금도 여전히 다른 사람에게 자기가 먹을 음식을 요리하게 하고 자기가 입을 옷을 다리게 하는 데 돈을 지출하지만 이런 일들은 집 바깥에서 일하는 전문가가 하는 것이지 집에 상주하는 하인이 하는 일이 아니다.

널리 퍼져 있던 가사 서비스가 사라진 것은 인간의 존엄성이 승리했다는 인상을 준다. 그러나 서비스 경제가 전문화되면서 이 경제는 전염병에 한층 취약해졌다. 1918년에는 인플루엔자가 입주 가사도우미들의 대량 해고로 이어지지 않았다. 오히려 부유한 가정은 쇼핑의 위험 때문에라도 이들에게 더 많이 의존했다. 그렇지만 2020년의 서비스 경제는 고도로 전문화되어 많은 수의 고객이 다수의 서비스 전문가와 교류한다. 이런 관계망(네트워크)은 효율적이고 생산적이면서 동시에 사회적으로 예전보다 훨씬 긴밀하게 얽혀 있어서 쉽게 질병을 전파할 가능성이 크다.

도시 노동자, 제조에서 서비스로

인플루엔자 팬데믹 이후 한 세기 동안 부유한 세계는 극적으로 바뀌었다. 사람들은 이제 소득의 많은 부분을 필수품이 아닌 선택적인 사치품이나 경험에 지출한다. 또 제조업보다는 서비스업에 더 많이 종사하는데 그런 서비스들의 많은 부분이 대면(對面)으로 제공된다. 그런데 대면으로 고급 서비스를 제공하는 비중이 큰 경제는 공기로 전파되는 전염병이 돌 때는 거의 붕괴할 수밖에 없다.

지난 20년 동안 기계학습 및 로봇공학 시대에 닥칠 일자리의 미래를 두고 불안감이 고조되었다. 기계가 모든 일을 다 맡아서 하는 세상에서 인간이 할 수 있는 일은 무엇일까? 그런데 기계가 인간을 대체하는 것은 결코 새로운 추세가 아니다. 아버지 로버트 필이 제니 방적기를 공장에 도입해 해당 지역의 손재주 좋은 장인들의 분노를 샀을 때도 바로 그런 일이 일어났으니 말이다.

그러나 필의 기술혁신은 사람들의 실직으로 이어지지 않았다. 이는 볼턴과 와트가 만든 증기기관이 석탄 절약으로 이어지지 않은 것과 마찬가지였다. 영국의 위대한 경제학자 스탠리 제번스(Stanley Jevons)는 150년 전에 효율적인 엔진일수록 석탄을 더 많이 소비하게 된다고 지적했다.[80] 사람들이 연료 효율이 높아서 비용이 적게 드는 증기기관의 용도를 더 많이 알아냈기 때문이다. 제번스의 역설은 거의 모든 곳에서 적용된다. 예를 들면 오늘날 전기자동차는 기존의 자동차보다 탄소를 적게 배출하면서도 비용이 적게 든다. 그래서 운전자는 에너지 비용을 절약했다는 생각에 기존의 자동차였다면 하지 않았을 주행을 더 많이 하게 된다.

19세기와 20세기 초에는 전 세계적으로 산업이 호황을 누렸다. 수천 가지 제품과 새로운 제품을 생산하기 위한 기계 사용이 엄청나게 늘어난 결과였다. 산업화의 첫 번째 파도는 맨체스터의 공장들에서 시작되었다. 이 공장들은 면직물 제품을 전 세계로 수출했고 모든 사람이 예전보다 옷감을 많이 소비했다. 두 번째 파도는 미국 대륙을 횡단하는 철도가 깔리면서 시작되었는데 이 대륙 횡단 철도로 운송이 활성화되었다. 기차는 또한 도시들의 확산을 도왔다. 도시들은 지하철과 자동차를 매개로 점점 더 튼튼하게 조직화되었다.

기계가 일부 사람을 대체하긴 했지만 한편으로는 새로운 일자리를 엄청나게 많이 창출했다. 사람들은 더 부유해졌고 더 많이 먹었다. 옷을 더 많이 입고 더 먼 거리로 이동했다. 새로운 기계의 탄생은 일자리의 소멸로 이어질 수 있었지만 인간의 독창성과 물질적 욕망이 결합해서 공장의 작업장을 노동자로 가득 채웠다. 그리고 아들 로버트 필이 주도했던 '견습공에 대한 건강과 윤리에 관한 법'을 시발점으로 여러 규제 장치가 생긴 덕분에 노동자들은 질병으로부터 상당히 안전하게 보호를 받았다.

20세기 중반까지 도시의 성장은 첼시와 시카고의 나비스코 빵 공장들과 같은 제조업 공장을 중심으로 이뤄졌다. 게다가 제2차 세계대전에서 연합군이 승리하려면 제조업이 폭발적으로 성장할 수밖에 없었다.[81] 영국에서는 1940년과 1941년에 항공기 생산량이 급증했고 덕분에 영국은 브리튼전투(1940년에 런던 상공에서 벌어진 영국과 독일의 전투 - 옮긴이)에서 독일을 꺾었다. 미국의 여러 공장에서도 1943년과 1944년에 더 많은 비행기를 생산했다.

이처럼 대규모 군비 확충이 이뤄졌다는 것은 그만큼 많은 인력이 제조업에 종사했다는 뜻이다. 아닌 게 아니라 1944년 1월 기준으로 미국인 1,650만 명이 제조업 부문에 종사했는데, 이 수치는 미국의 민간 부문 유급 인력의 45퍼센트였다.[82] 미국의 산업 인력은 제2차 세계대전이 한창일 때 육군과 해군을 합친 군인보다 40퍼센트나 더 많았다. 그런데 전쟁이 막바지로 치닫자 공장의 고용은 급감했다. 그렇게 많은 탱크와 비행기와 총을 만들었던 여성 노동자들이 공장을 떠나 가정으로 들어앉았기 때문이다. 그러다 제조업이 다시 성장하기 시작했다. 미국에서 제조업 부문 노동자는 1979년 6월에 2,000만 명 조금 못 미치는 숫자로 최대치에 도달했다.[83]

하지만 그 수치는 거기에서 더 오르지 않았다, 영원히.[84] 아닌 게 아니라 영국에서도 전체 비농업 부문 노동자 중 제조업에 종사하는 노동자 비율은 1943년 11월에 39퍼센트로 최고점을 찍었다. 그때는 맨체스터 외곽에서 만들어진 영국 비행기들이 베를린을 폭격하기 시작했던 무렵이었다. 전쟁이 끝난 뒤 비농업 부문 노동자 중 제조업에 종사하는 노동자 비율은 1953년 여름까지 32퍼센트였지만 그 뒤로 이 비율은 줄어들기 시작했다.

10년쯤 뒤 존 F. 케네디가 베를린에서 연설할 무렵에는 제조업 노동자 비율이 27퍼센트로 떨어졌다. 그리고 사이공이 북베트남에 함락된 1975년 4월에는 22퍼센트 미만이었다. 이후 제조업에 종사하는 노동인구의 비율은 1990년에 16퍼센트, 2001년에 12퍼센트, 2009~2020년 사이에는 8~9퍼센트로 떨어졌다. 이런 양상은 다른 부유한 나라들에서도 비슷하게 나타나는데 현재 영국과 프랑스는 각각 10퍼센트 미만[85]과 12퍼센트 미만[86]이다.

산업 고용이 감소했다고 해서 미국이 실물 상품 생산을 중단했다는 뜻은 아니다. 사람 대신 기계가 더 많이 투입되었을 뿐이다. 자본집약적이고 기계집약적인 제조업 부문은 옷, 식품, 자동차 같은 핵심적인 소비재를 미국 전역에 공급할 수 있었다. 이렇게 되자 미국의 노동자들은 다른 일들을 하기 시작했다. 그들은 더 흥미롭고 다양한 소매유통 분야로 눈을 돌렸다. 그리고 더 많은 여가 활동과 즐거움을 누리기 시작했다. 사람들은 제조업 부문에서 빠져나와 다른 사람과의 접촉이 일상적으로 이뤄지는 서비스업 부문으로 옮겨갔다.

서비스를 직업적으로 제공하는 미국인은 1944년에 2,400만 명에서 2020년 초에 1억 3,100만 명으로 늘어났다.[87] 미국 노동자의 86퍼센트가 서비스업 부문에 속하는데 영국에서도 이 비율은 비슷하다. 판매원, 계산원, 주식중개인으로 소매유통업 분야에 종사하는 미국인의 수는 1945~2004년에 350만 명에서 1,580만 명으로 늘어났다.[88] 같은 기간에 식당과 호텔을 포함한 여가 및 접객 분야에 종사하는 미국인의 수는 220만 명 미만에서 1,200만 명 이상으로 늘어났다.[89]

소매유통업 부문의 고용은 2004~2020년에 정체했지만 여가 및 접객 부문 고용은 계속 늘어났다. 코로나19가 시작되기 직전에 이 부문의 노동자는 1,690만 명이었다. 그러니까 2020년 초를 놓고 보자면 공장에서 일하는 사람(1,280만 명)[90]만큼이나 많은 사람(1,230만 명)[91]이 식당에서 일했다는 뜻이다.

만약 소매유통 부문과 접객 부문과 여가 부문을 대면 서비스 경제라는 범주로 묶는다면 이 범주에 속한 노동자는 1939년의 500만 명 미만에서 2020년에 3,200만 명 이상으로 늘어난 것이다. 코로나19 이전에는 이 부문이 미국 전체 노동자의 5분의 1을 고용했다. 1953년에는 대학교를 졸업하지 않은 미국인이 공장의 조립라인에서 일하며 많은 돈을 벌 수 있었던 반면, 2020년에 머리를 싸매고 공부하고 싶지 않은 사람들은 공장 조립라인보다 훨씬 매력적인 대면 서비스 경제 분야에서 일할 수 있었다.

작업 환경이 비위생적이었던 18세기에는 대면 경제가 경제의 주요 부문으로 새롭게 떠오를 때 건강과 관련된 문제가 분명 나타났을 것이다. 그러나 2020년까지도 사람들은 대면 서비스 분야가 전염병을 퍼트리거나 이로써 일자리가 사라질 수 있음을 알아차리지 못했다.

상대적으로 덜 취약한 부문 두 곳이 미국의 노동시장을 계속해서 지배하고 있다. 전문적이고 사업적인 서비스 부문과 교육 및 보건 부문인데, 코로나 이전에 전자에 종사하는 사람은 2,150만 명이었고[92] 후자에 종사하는 사람은 2,450만 명이었다.[93] 변호사나 건축가처럼 전문적이고 사업적인 서비스를 제공하는 사람들은 대개 학력이 높다. 이들은 코로나19 이전에는 일반적으로 재택근무를 하지 않았지만 팬데믹 이후 실제로 많은 사람이 그렇게 하고 있다. 그런데 문제는 이들이 사무실로 출근하지 않으면서 이들에게 서비스를 제공하던 식당이나 상점에서 수요가 형성되지 않아 파리를 날리게 되었다는 점이다.

교육 및 보건 서비스 종사자들은 흔히 공무원 신분으로 납세자가 낸 세금으로 급여를 받는다. 아이들은 끊임없이 태어나서 교육을 받아야 하고 사람들은 호경기든 불경기든 가리지 않고 이런저런 질병에 걸린다. 그렇기에 이 두 산업은 전통적으로 경기 침체 환경에 그다지 영향을 받지 않았다. 그런데 과거와는 다른 일이 일어났다. 보건 분야 종사자가 팬데믹 초기에 많이 해고되었다. 교사도 나중에 정부의 가용 예산이 줄어들면 더 많이 정리해고될 것이다.

기계는 일상적인 작업, 즉 주변 환경의 변화와 상관없이 어떤 물리적인 결과물을 생산하는 작업을 수행하는 데 매우 능숙하다. 로봇은 자동차 부품을 조립하는 데 뛰어나다. 컴퓨터는 기본적인 회계를 포함한 일상적인 지적 작업을 멋지게 잘 수행한다. 그러나 현재까지 인간은 다음 세 가지 영역에서 기계보다 우월하다. 바로 창의성이 필요한 일, 얼굴을 맞대고 진행되는 교류 그리고 일상적이지 않거나 고도의 신체 활동을 요구하는 작업이다.

극단적인 창의성은 앞으로 수백 년 뒤까지는 장담하지 못하더라도 적어도 수십 년 동안에는 인간의 전유물로 남을 것이다. 기계가 다빈치나 아인슈타인이 보여주었던 것 같은 창의성을 발휘하지는 못할 테니 말이다. 몇몇 까다로운 인지 작업들은 아무리 똑똑한 기계라도 혼란스러워한다. IBM의 슈퍼컴퓨터 왓슨(Watson)은 인간 의사가 수행하는 암 진단을 개선하지 못했다.[94] 그러나 생일 파티 때 부를 노래들을 선정하는 것처럼 다소 덜 창의적인 작업들은 적절히 훈련된 기계가 수행할 수 있다. 토론토대학교의 경제학자 리처드 플로리다(Richard Florida)가 주창한 '창조 경제'[95]는 앞으로도 계속해서 남아 있겠지만 이 영역은 기계학습으로 쪼그라들 것이고 인간만이 가지고 있는 기발함이 필요한 작업들로 한정될 것이다.

이런 창의적인 일자리는 기계의 위협으로부터 안전하며 적어도 대면 소통을 너무 많이 요구하지 않을 경우는 전염병으로부터도 안전할 것이다. 사람들 사이의 무작위적이고 직접적인 만남은 오랫동안 인간에게 창의적인 과정의 한 부분으로 자리를 잡았다. 그러나 천재는 아무리 기계에 포위되어도 가상 세계에서조차 살아남는다.

일상적이지 않은 육체적 일 또는 사회관계 속에 녹아 있는 일에는 잔디 깎기부터 태양 전지판 설치나 라떼 만들기에 이르기까지 모든 것이 포함된다. 그러나 라떼 만들기는 잔디 깎기나 태양 전지판 설치와는 다르다. 대면 소통이 동반되기 때문이다. 사람과 사람 사이의 소통이 동반되지 않는 일을 하는 사람들은 그 사람만이 가진 탁월한 개성이 아니라 신체적 기술 때문에 고용된다. 유능하고 정직한 배관공을 인간적인 매력이 없다는 이유로 해고하지는 않는다. 반면에 식당에서 손님을 응대하는 직원은 손님과의 소통에서 얼마나 사교적이고 상냥한가에 따라 유능함이 결정된다.

건설 공사를 포함해 실외의 비일상적인 육체적 작업은 팬데믹 기간에도 이뤄질 수 있지만, 이런 작업들은 결코 가볍거나 쉬운 작업이 아니다. 건설 현장의 작업은 육체적 작업 중에서도 가장 전형적인 비일상적 작업으로 노동 강도가 매우 강하다. 건설 부문의 고용은 코로나19에 따른 경제 혼란에도 불구하고 비교적 안정적으로 유지되고 있다. 2019년 7월 기준으로 미국인 775만 명이 건설업에 종사했고 1년 뒤에는 이 숫자가 4.3퍼센트 줄어들어 742만 명이었다.[96] 저장 및 창고 분야의 종사자는 118만 1,000명에서 117만 8,000명으로 줄어들었다.[97]

로봇의 성능이 점점 더 좋아지면 이런 직업들 중 과연 몇 개가 살아남을까? 자율주행 자동차의 증가로 미국에서 트럭 운송 관련 일자리 150만 개가 위태롭지만[98] 배관공과 전기 기술자는 살아남을 것이라고 장담할 수 있다. 일반적인 건물은 말할 것도 없고 심지어 고층 건물조차도 자본집약적인 공장에서 지은 다음 최소한의 인간 노동으로 원하는 위치에 옮겨놓을 수 있어 건설 부문의 노동자 수요 역시 줄어들 것이다. 물론 그 수요가 제로가 되지는 않겠지만 말이다.

기계화 및 자동화에서 그나마 안전해 보이는 세 번째 직업군은 사람과 사람 사이의 개인적인 접촉이 가져다주는 즐거움과 관련된 일자리다. 훌륭한 바리스타는 거품을 아름답게 빚어내는 일을 잘한다. 그러나 거품을 아름답게 빚어내는 모습을 바로 앞에서 지켜볼 수 있을 때 그 경험은 한결 가치가 커진다. 누군가가 나를 위해 노력한다는 사실에 소비자는 언제든 기꺼이 돈을 지불한다.

대면 서비스를 멋지게 제공하는 사람들은 고객이 자신의 가치를 느끼고 즐기게 만드는 방법을 아는 사람이다. 사람과 사람 사이에서 빚어지는 소통을 다루는 예술가라고 할 수 있다. 피렌체에 있는 해리스 바(Harry's Bar, 이곳은 베네치아에 있는 다른 해리스 바보다 훨씬 우아하다)는 아버지 레오가 수십 년 동안 운영해온 곳인데, 레오는 독서 안경을 목걸이로 우아하게 늘어뜨린 한결같은 모습을 한 채로 이 술집을 관리했다.[99]

그에게는 부유한 중년 여성 여행객은 모두 백작 부인이었고 청년 여행객은 모두 19세기 초에 유럽 대륙 여행(그랜드 투어)에 나섰던 시인 바이런이었다. 물론 그 모두가 여행이 끝나면 사라지는 신기루 같은 것이었지만 그는 손님들에게 특별한 경험을 선물했다. 많은 사람이 이런 경험에 돈을 지불할 가치가 있다고 본다.

해리스 바의 레오만큼은 아니라고 해도 레오의 기술과 비슷한 기술들은 거대한 도시 서비스 경제의 곳곳에서 발휘된다. 사람들에게는 저마다 자기가 좋아하는 서비스 공급자가 있으며 그는 자신의 작업을 고객과의 관계 속에서 시뮬레이션되는(그리고 어쩌면 실제일 수도 있는) 우정으로 바꿔놓는다. 사람들 대부분은 모든 종류의 유쾌한 인간관계 경험에 얼마든지 추가 비용을 지불할 준비가 되어 있다.

지난 30년 동안 식당에서 일하는 미국인의 수는 1990년 650만 명에서 2020년 2월 1,230만 명으로 두 배 가까이 늘어났다.[100] 바텐더의 수는 2010~2020년 사이에 약 50퍼센트 늘어났는데[101] 이 기간에 술 소비량이 오히려 줄어들었음에도 그랬다.[102] 웨이터와 웨이트리스의 수는

2010~2019년 사이에 18퍼센트 늘어났다.[103] 이런 일자리들은 보수가 높거나 평판이 높은 최고의 일자리는 아니다. 그러나 평범한 미국인 수백만 명에게 신뢰할 수 있는 일자리가 되었다. 특히 학력이 높은 사람들이 개인적인 차원의 유쾌한 교류에 기꺼이 돈을 쓰는 도시에서 그랬다.

미국에서 서비스업 부문으로 일자리 전환이 이뤄진다는 사실은 그저 좋은 것만은 아니다. 생계를 위해 고객의 비위를 맞추려고 노력한다는 것 자체가 기본적으로는 자존감을 갉아먹는 행동이기 때문이라고 비평가들은 지적한다. 이런 서술은 2020년 이전의 상태에 찬사를 보내는 게 아니라 단지 사실을 있는 그대로 묘사할 뿐임을 염두에 두기 바란다.

우리 저자들이 말하고자 하는 핵심은 경제 전반이 서비스 경제로 전환하면서 미국을 비롯한 전 세계 부유한 나라들이 팬데믹에 과거보다 훨씬 더 취약해졌다는 사실이다. 도시의 서비스산업은 코로나19 팬데믹 기간에 경제적 혼란의 진원지였으며 도시에 사는 서비스업 종사자들은 다른 어떤 집단보다 코로나19에 취약했다.

코로나19에 노출된 대면 서비스 노동자들

코로나19가 만연하자 도시의 서비스 노동자들에게 경제적 고통의 홍수가 몰아닥쳤다. 미국은 국경을 폐쇄했고 소규모 회사들은 문을 닫았다. 이 책의 저자들 중 한 명인 에드워드 글레이저는 리서치 회사인 얼라이너블(Alignable, 중소기업을 대상으로 하는 온라인 리서치 업체로 회원의 수가 500만 명이 넘는다)과 손잡고 여러 차례에 걸쳐 설문조사를 했고 이를 바탕으로 여러 논문을 공동 집필했다. 참고로 우리는 설문조사 응답자들이 미국 전역의 소기업주들을 합리적으로 대표한다고 확신한다.

2020년 4월 1일을 기준으로 우리가 가지고 있던 표본집단 소매점의 절반이 문을 닫았고[104] 그들이 제공하던 일자리의 절반이 사라졌다. 식당 54퍼센트가 문을 닫았으며 예술 및 연예 사업을 전문으로 하는 사업체의 71퍼센트가 자발적으로 문을 닫거나 정부의 명령에 따라 문을 닫았다. 그리고 저학력 미국인을 고용했던 평범한 서비스직 일자리 수백만 개가 사라졌다.

많은 저소득 미국인이 가망 없는 상황에 직면했다. 사회에 꼭 필요한 필수노동을 하는 사람은 계속해서 일할 수 있었지만 코로나19에 걸릴 위험에 노출되었다. 반면 필수노동이 아닌 일을 하던 사람은 집에서 안전하게 지낼 수 있었지만 고정적인 소득이 끊어졌다.

직업과 질병 사이의 연관성은 3월과 4월 그리고 5월 초에 확진자가 대규모로 발생한 도시들에서(뉴욕, 필라델피아, 시카고 등이 그랬다) 뚜렷하게 드러났다. 필수노동 업종이나 재택근무가 불가능한 직종의 노동자가 많은 뉴욕에서는 사람들의 이동성이 훨씬 높았고 코로나19 확진자와 사망자가 더 많이 나왔다. 우리는 이동성이 10퍼센트 감소할 때 코로나19 확진자가 20퍼센트 감소한다고 추정했다.[105] 재택근무 사례는 고학력자들이 많은 산업과 경제적으로 부유한 동네에서 훨씬 더 많았는데[106] 이는 딱히 놀라운 결과도 아니었다.

4월에는 많은 소기업 소유주가 자신의 사업체가 예전 모습을 회복할 것이라고 믿지 않았다.[107] 우리가 확보한 표본에 속하는 소매유통업자들의 44퍼센트는 12월까지 계속 문을 닫아야 할 것으로 예상했다. 요식업자들은 54퍼센트가 그런 암울한 상황을 예상했다. 전형적인 소기업 소유주가 불황에 대비해 가지고 있는 여유 자금은 많지 않다. 우리 표본에서 평균적인 회사는 약 2주 동안 버틸 수 있는 자금을 여윳돈으로 가지고 있었다. 고객이 코로나19가 무서워 외출하지 않으면 그 회사들은 정부의 지원 없이는 살아남을 가능성이 거의 없었다.

결국 정부 지원금이 대규모로 풀렸다. 과거 마지막으로 경제가 거대한 충격을 받았던 2007~2009년의 대침체 때 연방정부는 경기부양 목적으로 7,870억 달러를 시중에 풀었는데[108] 이를 2020년의 화폐가치로 바꾸면 9,650억 달러다. 오바마 정부는 방만한 재정 운용이라는 비판을 피할 목적으로 일부러 그 금액을 8,000억 달러 미만으로 잡았다.[109] 하지만 이런 노력에도 불구하고 그 경기부양 예산안에 찬성표를 던진 상원의원은 61명밖에 되지 않았다.[110] 2020년에는 2조 2,000억 달러라는 어마어마한 규모의 경기부양책을 담은 '코로나바이러스 지원, 구호, 경제안전 보장법(Coronavirus Aid, Relief, and Economic Security, CARES)'이 상원을 96대 0으로 통과했다.[111] 이 법안은 미국 역사상 가장 규모가 큰 연방정부 지원금을 책정했고 단 한 명의 상원의원도 이 법안에 반대하지 않았다.

소기업이 이 법의 급여 보장 프로그램(Paycheck Protection Program, PPP)으로 가장 많은 혜택을 받았는데 이 프로그램은 2020년에 직원이 500명 미만인 기업에 6,490억 달러를 빌려줬다.[112] 전국의 모든 남자와 여자와 어린이 한 명당 2,000달러씩 돌아갈 정도였으니 그 규모가 정말 놀라울 뿐이다. 게다가 그 대출금은 코로나 이전 수준의 고용을 유지하고 임금 지불이나 핵심 사업을 진행하는 데 들어가는 비용으로 지출하는 한 상환이 유예되었다.

현금 지원은 두 번에 걸쳐 진행되었다. 1차 지원의 수혜는 지독할 정도로 적었지만 2차 지원의 끝 무렵에는 온라인으로 자격을 확인받고 서류 작업을 마친 모든 사람에게 제공되었다.[113] 1차 지원금 대출은 은행이 맡아서 했는데, 우리가 했던 설문조사에 따르면 코로나19에 영향을 거의 혹은 전혀 받지 않는 기업이 대출 혜택을 받을 가능성이 더 큰 것으로 나타났다. 은행은 현금을 상대적으로 많이 보유한 회사, 이미 신용 대출을 받고 있는 장기 대출자에게 대출을 더 많이 해주는 경향이 있었다. 수천억 달러가 금융 서비스 산업에 별다른 조건 없이 주어질 때 은행들은 그들이 보기에 가장 건전한 고객들에게 먼저 돈을 돌린다.

우리 저자들은 여러 가지 기법을 동원해서 미국이 6,490억 달러어치의 신용으로 무엇을 샀는지 알아봤다. 2020년 4월 말 기준으로 대출을 받은 회사는 미래를 다소 낙관적으로 전망했다. 대출을 받은 회사들은 7월에도 영업을 계속 이어갈 가능성이 14퍼센트 더 컸다.[114] 이 회사들이 스스로 평가하는 생존 확률도 약 15퍼센트포인트 올라갔다. 그러나 고용에는 이렇다 할 변화가 없었다. 그러니까 그 대출이 많은 중소기업의 생존에 도움이 되긴 했지만 엄청난 비용이 들었다는 말이다.

연방정부의 이런 지원에도 불구하고 실업률은 계속 치솟았다. 특히 도시의 서비스업 부문에서 그랬다. 앞에서도 언급했듯이 전반적인 실업률은 2월에 3.5퍼센트였던 것이 4월에 14.7퍼센트로 올라갔다. 그러다 7월에 10.2퍼센트로 내려왔다가 12월까지 6.7퍼센트에 머물렀다.[115] 이 전반적인 수치는 1918년처럼 전염병에 강했던 과거의 경제와 그렇지 않은 현재의 경제 사이에 놓인 극단적인 차이를 감춘다. 2020년 7월에 여가 및 접객 산업 부문의 실업률은 25퍼센트였다. 이에 비해 농업과 제조업 부문의 실업률은 각각 5.7퍼센트와 8.6퍼센트밖에 되지 않았다.[116]

어떤 사람들은 경제 불황이 전염병에 대한 정부의 신경질적인 반응 때문에 발생했다고 생각했다. 즉 정부가 락다운 조치를 내려 기업 활동이 위축되었다는 것이다. 2020년 4월 29일에 플로리다 주지사 론 드산티스(Ron DeSantis)는 락다운을 해제하면서 "지난 6주 동안 우리 문화에

스며든 암울함과 히스테리로 촉발된 공포"가 가장 큰 장애물이라고 선언했다.[117]

아닌 게 아니라 파티를 벌이려고 모인 사람들에겐 공포 그 자체 외에는 두려울 게 없었다. 이렇게 플로리다는 갑자기 넘쳐나는 낙관적인 분위기 속에서 다시 문을 열었다. 당시까지 플로리다는 총 2,150만 명 인구 중 확진자와 사망자가 각각 3만 3,000명과 1,200명 발생하는 데 그쳐 코로나19에 거의 면역이 된 것처럼 보였다.[118] 그러나 경제 분야의 결과는 참담할 정도였다. 2~4월 사이에 플로리다의 여가 및 접객 부문 종사자의 약 3분의 1이 일자리를 잃었다.[119]

주지사가 괜찮다고 선언했다고 해서 모든 사람이 다시 예전의 모습으로 돌아가지는 않을 것이다. 휴대전화 데이터에 따르면 대부분 주에서 사람들은 락다운 명령이 떨어지기도 전에 이미 이동을 멈췄는데[120] 이는 정부의 명령 때문이 아니라 공포 때문에 집에 머물렀다는 뜻이다.

주목할 만한 연구 하나는 사회적 거리두기 규칙을 엄격하게 적용한 덴마크와 그렇지 않았던 인근 국가인 스웨덴을 놓고 코로나19의 영향을 비교했다. 은행 계좌 자료에 따르면 덴마크에서는 소비지출이 29퍼센트, 스웨덴에서는 25퍼센트 각각 감소했다. 이 결과를 두고 연구진은 "대부분의 경제 위축 현상은 전염병 때문에 발생하며 사회적 거리두기와는 무관하다"라고 결론을 내렸다.[121] 브라질에서는 정부의 규제와 사람들의 이동성 사이에 연관성이 거의 없었는데[122] 이 역시 정부의 명령보다는 공포에 따른 결과인 것 같다.

그러나 드산티스 주지사가 락다운을 해제했을 때 사람들은 다시 집 바깥으로 나가기 시작했다. 아마도 플로리다 사람들은 다른 사람과의 만남을 간절히 원했을 수도 있고, 안전한 상황이니까 주정부가 락다운을 해제했을 것이라고 확신했을 수도 있다. 드산티스는 4월 28일 백악관에서 플로리다가 미국의 다른 주들보다 더 잘했다고 장담하면서 그 이유를 다음과 같이 설명했다.

우리는 잘 계산된 맞춤형 접근법을 가지고 있었습니다. 이 접근법 덕분에 플로리다에서는 확진자와 사망자가 예측보다 적게 발생했을 뿐 아니라 플로리다의 발전을 가로막는 피해도 적었습니다.[123]

'잘 계산된 맞춤형 접근법' 덕분에 플로리다에서 락다운이 해제되어도 외출과 외식이 위험하지 않다는 뜻이었다. 그런데 만약 뉴질랜드에서 저신다 아던 총리와 애슐리 블룸필드 보건국장이 그랬던 것처럼[124] 플로리다가 무증상자를 대상으로도 검사를 진행했더라면 정말로 이 지역에서 코로나19가 사라졌는지 아니면 조용히 힘을 모으고 있는지 알았을 것이다. 그러나 플로리다는 그렇게 하지 않았다. 나중에야 코로나19가 여전히 확산되고 있었음이 밝혀졌다.

외식과 관련된 최고의 데이터는 데이터 분석 업체인 세이프그래프가 코로나 팬데믹 기간에 수집해서 공개한 휴대전화 이동성 기록이다. 2020년 4월 21일 기준으로 플로리다에서 좌식 레스토랑 방문자는 코로나 이전보다 68퍼센트 줄어들었고 술집 방문자는 80퍼센트 가까이 줄어들었다. 그런데 6월 22일이 되자 이 수치는 각각 87퍼센트와 74퍼센트로 회복되었다.[125]

락다운이 해제되자 확진자와 사망자가 증가했다. 6월 22일까지 플로리다에서는 코로나19 확진자 10만 명이 발생했고 결국 주정부는 다시 규제에 나섰다.[126] 플로리다는 6월 26일에 술집을 폐쇄한다는 명령을 내렸다.[127] 그러나 7월 11일까지 확진자 수는 이미 25만 명으로 늘어났다.[128] 플로리다에서 가장 큰 카운티인 마이애미 데이드에서는 7월 6일에 모든 식당이 폐쇄되었다.[129] 그럼에도 전염병의 확산세는 누그러들지 않았고 8월 5일까지 확진자는 50만 명이나 되었다.[130]

그날로부터 두 주 뒤에 플로리다의 사망자 수는 1만 명을 넘어섰고 2020년 말까지 2만 명을 넘어섰다.[131] 주민 1,000명 중 한 명 이상 사망했다는 뜻이다. 플로리다는 '잘 계산된 맞춤형 접근법'을 더는 자랑할 수 없었다. '햇살이 따사로운 주'라는 별명을 지닌 플로리다는 경제를 건강보다 우선하면 결국 둘 다 놓친다는 교훈을 얻었다. 정부는 질병의 유병률을 측정해 판단해야 하며 낙관적인 희망을 근거로 행동해서는 안 된다.

회사가 고객에게 제공하는 몇몇 서비스에서 직원의 안전을 충분히 고려하고 보호할 수 있겠지만 고객은 여전히 위험에 노출될 수밖에 없고 고객의 수요 역시 여전히 낮을 것이다. 바텐더야 깨끗하고 투명한 비말 차단막 뒤에서 자기 할 일을 할 수 있겠지만 모든 사람이 차단막으로 칸막이가 쳐진 공간에서 술을 마신다면 자기 집 옷장에 들어앉아서 술을 마시는 것과 무엇이 다르겠는가? 대면 서비스 경제의 핵심은 사람들과 어울리는 것이다. 대면 서비스업은 치명적인 전염의 위협에서 살아남을 수 없다. 따라서 질병의 위험을 없애는 것이 미래의 대면 일자리를 창출하는 첫걸음이다.

도시에서 사라진 기업가정신

코로나19로 수천 개 회사가 영원히 문을 닫았다. 그렇다면 새로운 회사가 그 자리에 들어서야 하는데 과연 그렇게 될 수 있을까? 안타깝지만 쉽지 않을 것이다. 미국인은 그들이 역동적이고 기업가정신으로 충만해 있다고 생각하지만 실제 현실은 그렇지 않다. 미국에서 새로 설립되는 회사의 숫자는 지난 수십 년 동안 꾸준히 줄어들고 있다.

역사적으로 보면 기업가정신은 도시 재건에 매우 중요한 역할을 했다. 경제학자 벤저민 치니츠(Benjamin Chinitz)는 1950년대 후반에 쓴 글에서 뉴욕이 피츠버그보다 더 회복력이 높다면서 그 이유로 뉴욕 사람들이 아침 식탁과 길거리에서 배우는 기업가정신의 문화를 들었다.[132] 1950년대에 뉴욕의 의류 산업은 피츠버그의 철강 산업이나 디트로이트의 자동차 산업보다 더 많은 노동자를 고용했다.[133] 그리고 더 중요한 사실은 가먼트 지구(Garment District)엔 다른 곳보다 기업가가 훨씬 더 많다는 점이다.

이곳에서는 좋은 아이디어와 재봉틀을 가진 사람이라면 누구나 드레스를 만들어 팔 수 있었다[여기에 대해서는 아마존 프라임의 드라마 〈마블러스 미세스 메이즐(The Marvelous Mrs. Maisel)〉에서 미세스 메이즐의 시아버지가 운영하던 꾀죄죄한 가게를 보면 알 수 있다].[134] 그러나 과연 누가 피츠버그에 있는 유에스 스틸(U.S. Steel)이나 디트로이트의 빅 3(크라이슬러, 포드, 제너럴 모터스)와 경쟁하겠다고 나서겠는가? 피츠버그와 디트로이트는 회사원들을 훈련시켰지만 뉴욕에서는 기업가들을 훈련시켰다.

의류 산업에 뛰어든 사업가들은 의류 외에도 다른 것들을 만드는 회사를 많이 설립했다. 폴란드 출생의 영화 제작자이자 연출가인 새뮤얼 골드윈(Samuel Goldwyn)은 재봉질을 하다가 장갑을 팔았으며 나중에 영화사 골드윈 픽처스를 세웠다. 뉴욕의 유명한 부동산 개발업자인 에이브러햄 레프코트(Abraham Lefcourt)는 의류업을 하다가 부동산업으로 갈아탔다. 그리고 씨티그룹의 창업자 샌디 웨일(Sandy Weill)을 비롯해 뉴욕 의류업 종사자의 아들들은 결국 월스트리트의 거물이 되었다.[135]

피츠버그와 뉴욕의 이런 차이는 다른 곳에도 적용할 수 있다. 100년 넘게 석탄과 철광에 쉽게 접근할 수 있었던 도시들은 더 큰 회사들을 만들어냈고 이는 경쟁이 적은 환경으로 이어졌다. 그리고 결국 신생 회사가 줄어들고 성장이 둔화되는 결과를 낳았다.[136]

불행하게도 미국 경제의 역동성은 떨어지고 있다. 경제학자들은 일자리 창출, 즉 신규 또는 확대된 사업장의 일자리가 전체 일자리 중 얼마나 큰 비중을 차지하는지 추적했다. 이 일자리 창출 비중이 "1980년대 말에는 평균 18.9퍼센트를 기록했고 그 뒤에는 불황으로 단계적으로 줄어들어서 2004~2006년에는 평균 15.8퍼센트를 기록했다."[137] 이는 20년 동안 일자리 창출 속도가 16퍼센트 감소했다는 뜻이다. 설립된 지 5년 미만 기업이 차지하는 일자리 비중은 "대공황 이전의 절정기를 기준으로 할 때 1980년대 후반의 평균 18.9퍼센트에서 대공황 이전 절정기에 평균 13.4퍼센트로 감소했는데 이는 17년 동안 29퍼센트 감소했다는 뜻이다."[138]

미국의 창업률이 하락한 이유에 대해서는 연구자들 사이에 아직 과학적인 합의가 이뤄지지 않았다. 전국적인 증거를 놓고 보면 "정부의 규제가 창업을 방해한다"는 사실을 알 수 있지만[139] 어떤 논문은 미국에서 "연방정부의 규제 강화가 경제 역동성의 추세 변동을 설명할 수 없다"고 결론을 내린다.[140] 연방정부의 규제가 가장 많이 강화된 업종에서 창업률이 더 빨리 하락하지는 않았던 것이다.

그러나 신규 창업자가 직면하는 가장 큰 규제 부담은 대부분 연방정부가 아닌 주정부 및 지역정부에서 정한 규제다. 보스턴의 점검 목록은 다소 시대에 뒤떨어지긴 하지만 여전히 유용한데, 이 표에는 '중량 및 측정 검사치'와 매장 간판 검토 절차, 대형 쓰레기통 설치 허가 등이 포함되어 있다.[141] 뉴욕의 예비 자영업자가 창업을 완료하기까지는 제각기 다른 인허가 및 확인 절차를 요구하는 8개의 개별 규제기관을 거쳐야 한다.[142]

많은 규제는 불필요할 뿐이다. 이런 규제들은 내부자를 보호하기 위해 외부자를 희생시키는 역할만 한다. 플로리스트나 인테리어 디자이너처럼 안전과는 거의 관련 없는 직업에 대한 면허는 주로 현직자들을 경쟁으로부터 보호하는 역할을 한다. 당국의 허가가 필요한 직종에서 일하는 사람의 비율은 1950년대에 5퍼센트였지만 지금은 20퍼센트가 넘는다.[143] 직업 면허는 일반적으로 제품이나 서비스의 품질을 높이는 것 같지 않다. 그러나 해당 제품이나 서비스의 가격을 높이는 건 분명하다. 이렇게 해서 내부자가 이기고 외부자는 질 수밖에 없다.

우리 저자들 중 한 명인 데이비드 커틀러는 간호사의 의료 활동을 제한하는 규제를 연구 주제로 삼았는데, 미국에서는 1차 의료(동네의 병원에서 환자가 최초로 받는 의료 – 옮긴이) 제공자가 부족함에도 많은 주에서 간호사가 자신의 의료 기술을 100퍼센트 사용하지 못하도록 제한한다. 이 정책은 의사의 지위를 높이기만 할 뿐 일반인들이 필요한 의료 서비스를 쉽게 받지 못하게 한다.[144]

잘못된 규제를 반대하는 것은 자칫 공적인 모든 규제나 규정을 맹목적으로 반대하는 것으로, 즉 반대를 위한 반대로 이어질 수도 있다. 그렇게 되면 안 되는 이유로 식품 안전성 및 공장 안전성과 관련된 규제를 들 수 있다. 효과적인 공적 규제는 비용보다 편익이 큰 규칙만 설정하고 이 규칙을 사람들이 비교적 쉽게 지킬 수 있도록 한다. 그러나 안타깝게도 오늘날 도시의 지도자들은 원론적으로는 기업가정신을 수용하면서도 창업을 어렵게 만드는 지역 규제의 그물망을 들이댄다.

그렇지만 정책을 개선할 방법은 있다. 규제 대상에 대한 의사결정을 더 적절하게 내리고 허가 과정을 더 쉽고 투명하게 만들면 된다. 이에 우리 저자들이 제안한 사항이 하나 있다.[145] 연방정부가 의회예산국과 마찬가지로 독립적인 평가팀에 예산을 지출해서 지방정부의 규제를 놓고 비용편익분석을 수행하게 하는 것이다. 그런 다음에는 이렇게 해서 나온 결과, 즉 규제에 대한 전문가의 분석 결과를 주정부와 지방정부에 무료로 제공한다. 그러면 주정부와 지방정부는 각각의 규제 중 어떤 것이 바람직하고 어떤 것이 그렇지 않은지 알 수 있을 것이다.

물론 주정부와 지방정부가 이 분석 결과의 조언을 반드시 따라야 할 의무는 없다. 하지만 적어도 유권자들은 독립적으로 이뤄진 평가를 확인할 수 있다. 국립 의학 아카데미(National Academy of Medicine) 같은 전문가 단체들뿐만 아니라 민주당 정부와 공화당 정부 모두 과도한 규제가 부끄러운 정책이라고 여겨왔지만 지역 차원의 규제에 대해 신뢰할 만한 평가는 아직도 이뤄지지 않고 있다.[146]

둘째, 허가 과정은 원스톱 방식과 같은 혁신을 통해 더 효율적으로 만들 수 있다. 매사추세츠주를 예로 들어보자. 매사추세츠 주정부는 제1차 세계대전 이후 인플루엔자 팬데믹의 중심지였던 데븐스 육군기지를 1996년에 폐쇄한 뒤 데븐스 기업위원회(Devens Enterprise Commission)를 설립했다. 효율적인 원스톱 허가 절차로 창업을 촉진하는 것이 이 위원회의 목표였다.[147]

비록 이 실험적인 시도를 학술적으로 평가한 자료는 없지만 상당한 성공을 거둔 것 같다. 애초에 기대했던 만큼은 아니지만 많은 일자리가 창출되었고 주택이 건설되었기 때문이다. 지역 신문 〈로웰 선(Lowell Sun)〉은 최근 "데븐스 기업 지대(Devens Enterprise Zone)는 이미 합리적인 허가 절차 및 다양한 편의시설을 제공하는 역량이 경제 개발의 강력한 자석 역할을 할 수 있음을 증명했다. (…) 그 공식은 지금까지 규모가 제각각인 100개 이상의 기업을 자족적인 지역사회(커뮤니티) 안으로 끌어들였다"라고 썼다.[148]

허가는 도심 지역뿐 아니라 인구밀도가 낮고 혜택을 덜 받는 지방에서도 똑같이 투명하게 이뤄져야 한다. 아닌 게 아니라 소득과 고용률이 상대적으로 낮은 지역에서 더 강력한 혁신을 수행하겠다는 목표를 세워야 한다. 왜냐하면 규제는 부자의 기업가정신보다 가난한 사람의 기업가정신에 더욱 가혹하기 때문이다. 예컨대 규제라는 측면에서 볼 때 하버드대학교 기숙사에서 선거에 영향을 줄 정도로 규모가 큰 사회관계망 서비스를 시작하는 것이(하버드대학교 학생이었던 19세의 마크 저커버그와 에드와도 새버린은 이렇게 페이스북을 만들었다 – 옮긴이) 도심에서 몇 블록 떨어진 곳에 작은 식료품점 하나를 시작하는 것보다 훨씬 쉽다. 이런 차별이 있어서는 안 된다는 말이다.

개혁을 허용하는 것이 특히 중요한 이유는 코로나19로 소기업이 절멸했기 때문이기도 하다. 팬데믹으로 인한 파산의 폐허에서 멀쩡한 모습으로 다시 일어서기까지는 여러 해가 걸릴 것이다. 코로나19 팬데믹의 영향을 받은 모든 회사를 구제하기란 불가능하다. 솔직히 말하면 그런 시도를 해서도 안 된다. 모든 사람이 기아와 빈곤으로부터 보호받을 권리가 있지만 모든 회사가 계속 살아남아서 유지되어야 할 이유는 없다.

기업 활동에 대한 허가와 관련된 전면적인 개편이 이상적이지만 그렇게 하려면 시간이 너무 오래 걸릴 수 있다. 단기적으로 도시의 행정

당국은 창업이 최대한 빠르게 이뤄질 수 있도록 관련 허가 과정을 원스톱으로 처리하는 부서를 만들 수 있다. 이렇게 한 다음에 이 부서가 허가와 관련된 개혁을 장기적으로 수행하는 모델을 제공할 수 있다.

코로나19 때문이 아니더라도 허가와 관련된 개혁은 필수적이었다. 코로나 이전 시대에 규모가 점점 커지던 해안 도시들은 일자리가 풍부했지만 오하이오, 웨스트버지니아, 미시시피 같은 미국 동부의 주요 주들, 영국의 오래된 산업 지역들, 사하라사막 이남 지역의 아프리카에서 규모를 키워가던 도시들은 일자리가 훨씬 적었다. 지금 이 지역들은 기업가정신이 더 많이 필요하다.

토지 이용과 관련된 정책도 중요하다. 일자리가 넘쳐나는 지역에서는 생활비가 너무 많이 든다. 일자리가 없는 미네소타의 이발사가 일자리를 찾아 샌프란시스코로 이사한다고 하더라도 가격이 적절한 주거 공간이나 상업 공간을 마련하려면 행운이 따라줘야만 가능하다. 부동산 가격 문제는 더욱 복잡한데, 여기에 대해서는 8장에서 자세히 살펴볼 것이다.

실업률이 높은 곳에서는 행정 당국의 정책이 일자리 창출에 많은 역할을 할 수 있다. 고용세액을 공제한다든가, 장애가 있는 노동자라도 돈을 많이 벌 수 있게 해서 장애보험금을 따로 받지 않아도 되게 한다든가 등이 그런 정책이 될 수 있다.

팬데믹 이후 서비스업의 미래

미국을 비롯해 부유한 나라들은 이제 일자리가 많은 제조업 고용 중심 체계로 되돌아갈 수 없다. 예전처럼 농업을 중심 산업으로 삼을 수도 없다. 따라서 대면 서비스업 경제에 집중해 컴퓨터과학 관련 학위가 없는 사람들에게 일자리를 계속 제공해야 한다. 그러나 오늘날 체육관의 개인 트레이너와 비슷하면서 1918년의 가정부와는 전혀 다르게 매일 낯선 사람들과 얼굴을 맞대고 대화를 나눠야 하는 일자리는 전염병에 취약할 수밖에 없다.

코로나19가 발생하기 이전, 로봇의 등장으로 사람이 할 일이 없어질 때를 대비하는 올바른 정책 대응을 두고 활발한 토론이 있었다. 2020년 미국 대통령 선거 당시 민주당 후보 경선에 뛰어들었던 기업가 앤드루 양(Andrew Yang)은 일자리가 모두 사라지면 정부는 모든 사람에게 보편적인 기본소득을 제공해야 한다고 주장했다('보편적'이라는 말은 '누구에게나 지급한다'는 뜻이다 – 옮긴이).

만약 많은 미국인이 아무 일도 하지 않고 생활비를 받는다면 경제는 전염병의 영향에서 완전히 해방될 것이다. 일하는 사람이 있다고 해도 상대적으로 적을 것이고, 이들이 로봇을 통제하면서 고도로 지적이고 창의적이며 좋은 보상을 받는 일을 할 것이다. 그리고 나머지 사람들은 수표를 현금으로 바꿔 비디오게임을 마음껏 즐길 것이다.

미국과 유럽은 아직 이 정도로 넉넉한 복지를 감당할 만큼 부유하지 않지만 아마도 우리 저자들이 지금 학교에서 가르치는 학생들이 살아 있는 동안에는 분명 그런 일이 일어날 것이다. 일자리가 없는 사람들이 사용할 자원은 한정되어 있겠지만 그래도 이들에게는 음식과 의료 서비스와 인터넷 접속이 제공될 것이다. 그들은 또한 집 바깥으로 나갈 필요가 없고(본질적으로 보면 영원히 집 바깥으로 나갈 일이 없다) 따라서 전염병에 걸릴 일도 없을 것이다.

언뜻 보면 이런 시나리오는 무척 매력적이다. 위대한 경제학자 존 메이너드 케인스(John Maynard Keynes)가 90년 전인 1930년에 〈우리 손주 세대의 경제적 가능성(Economic Possibilities for Our Grandchildren)〉[149]이라는 에세이를 발표할 때도 그런 생각을 했다. 하지만 데이터는 그럴 일은 없다고 말한다. 일자리의 박탈은 특히 장년 남성을 비참한 삶과 자살, 이혼으로 이끈다.[150] 사회적 고립과 자신이 가치가 없는 존재라는 자존감 결핍은 물질적인 박탈만큼이나 심각하다. 사람이 목적성과 사회적 소통을 잃어버리면 보통은 표류하거나 낙담의 늪에 빠진다.

성별과 관련된 규범 때문에 여성의 상황은 다소 다르다. 심지어 공식적으로는 '노동하지 않는' 여성도 사실은 아이와 가족을 돌보며 지역사회에서 봉사활동을 하면서 많은 일을 한다(남성 실업자들은 하루 평균 다섯 시간씩 텔레비전을 본다[151]). 여성과 일을 다루는 쟁점들은 너무 깊고 중요해서 우리 저자들이 여기서 충분히 다룰 수 없는 문제들이지만 많은 비노동 남성이 자신의 삶을 즐겁고 생산적으로 만들 수 있을 것 같지는 않다는 게 우리의 생각이다.

결국 강력한 서비스업 부문을 대체할 수 있는 실행 가능한 대안이 없다는 말이다. 따라서 죽음을 막고 참혹함을 예방하기 위해 일자리를 유지해야 하며 팬데믹에 대비해 두 배로 노력해야 한다.

그러나 서비스업 부문의 일자리들이 남는다고 해도 우리는 그 일자리들이 어디에 놓여 있어야 할지를 두고 걱정해야 한다. 도시에서 살고 일하는 사람 수백만 명은 가난하다. 부자들은 이들을 도시에 버려둔 채 화상 대화나 회의를 할 수 있는 인터넷 접속 시스템을 갖춘 교외로 빠져나갈까? 이 가능성에 대해서는 다음 장에서 살펴보자.

· 7장 ·

도심의 미래는 어떤 모습일까?

40년 전 미래학자 앨빈 토플러는 굴뚝과 조립라인이라는 산업의 '제2의 물결(second wave)'에 이어 "새로운 생산 시스템이 나타나, 제2의 물결이 집을 휩쓸고 공장과 사무실에서 수백만 개의 일자리를 창출했던 곳을 '제3의 물결(third wave)'이 다시 휩쓸어 예전의 집에 새로운 일자리들을 만들어낼 것"이라고 예측했다('wave'를 '파도'라고 쓰는 게 의미상 정확하지만, 통상적인 용례를 따라서 '물결'로 쓴다 – 옮긴이).[1]

2020년까지만 하더라도 일터로서의 사무실 공간은 대체 불가능한 공간처럼 보였다. 심지어 기술 분야에서조차도 그랬다. 구글은 구글플렉스(Googleplex, 구글의 본사 단지 – 옮긴이)를 젊은 사람들이 즐겁게 일할 수 있는 공간으로 만들려고 노력했다. 2013년 야후의 CEO 마리사 메이어(Marissa Mayer)는 "우리는 하나의 야후가 되어야 한다. 그러려면 물리적으로 함께 있는 것에서부터 시작해야 한다"라고 선언하면서 원격

작업을 금지했다.[2]

하지만 코로나19가 시작되면서 사무실 중심으로 이뤄지던 직장 생활의 풍경은 사라졌다. 구글은 직원들에게 2021년 여름까지 재택근무를 할 수 있다고 말했다.[3] 페이스북도 같은 말을 했다. 에드워드 글레이저가 분석 작업에 동참했던 연구조사에 따르면 고용주의 40퍼센트 이상이 팬데믹 기간에 직원 40퍼센트 이상이 사무실 근무 대신 재택근무를 할 것이라고 예상했다.[4] 화상회의 앱 줌은 어디에나 존재하는 명사가 되고 동사가 되고 생활 방식이 되었다.

일부 직원은 출퇴근 의무에서 면제될 때 오히려 생산성이 높아진다. 하버드대학교 경제학과 박사과정 학생들이었던 나탈리아 이매뉴얼(Natalia Emanuel)과 엠마 해링턴(Emma Harrington)은 미국의 주요 온라인 소매유통업체 한 곳의 데이터를 분석하는 작업을 했다.[5] 2018년 초에 이 소매유통업체는 콜센터의 공간이 부족해서 재택근무를 예전보다 더 많이 허용했는데, 이매뉴얼과 해링턴은 재택근무를 하게 된 직원의 재택근무 전후의 업무 통화량을 비교했다. 그런데 다른 특별한 이유가 없었음에도 "재택근무 이후에는 시간당 통화량이 7.5퍼센트 늘어났다"라는 사실을 확인했다.[6] 또한 무단결근이 줄어들었으며 고객이 매기는 서비스 평점도 거의 변하지 않았다. 마찬가지 맥락으로 콜센터 직원들이 코로나19 때문에 재택근무를 해야 할 때도 생산성은 오히려 8퍼센트 올랐다.

만약 사람과 기업이 재택근무가 더 생산적인 환경이라고 결론을 내린다면 도시는 결국 파편화될 것이다. 부자들은 화상회의 친화적인 지역에서 다른 부자들과 함께 살 것이고, 중산층도 비록 부자들보다는 덜 사치스러운 환경이겠지만 부자들과 똑같이 할 것이다. 반면에 가난한 사람들은 도심의 남아 있는 것들을 물려받을 것이다. 근무 공간의 이런 급격한 변화는 전 세계의 도시를 근본적으로 바꿔놓을 것이다. 그런데 정말 그렇게 될까?

코로나19로 도시가 변할 것은 확실하다. 그러나 우리는 그 변화의 폭이 사람들이 예상하는 것보다는 크지 않으리라고 예상한다. 몇몇 도시가 위험에 처해 있긴 해도 대부분 도심이 기능을 잃고 사망 판정을 받기까지는 아직 요원하다. 일상적이고 쉬운 업무는 일주일에 한두 번 집에서 수행되겠지만 가장 중요한 일은 여전히 동료들과의 대면을 통해 이뤄질 것이다. 상업용 부동산의 임대료는 떨어질 것이고, 일부 상업 공간은 주거지로 전환되거나 아직 자리를 잡지 못해 꾀죄죄한 꼴을 벗지 못한 신생 기업이 들어설 것이다. 그러나 도시 자체는 여전히 부자와 가난한 사람의 집으로 남을 것이다.

재택이라는 원격 작업보다 현장에서의 대면 작업이 내용상 훨씬 풍부하기 때문에 사무실이라는 공간은 없어지지 않을 것이다. 콜센터 업무 같은 일은 비교적 독립적이고 산출물을 쉽게 평가할 수 있는 재택근무 환경에서 할 수 있고, 또한 아시아 국가들에 아웃소싱하거나 기계화될 수 있다. 하지만 대부분 노동자는 계량화가 상대적으로 어렵고 혼자 수행할 수 없는 산출물을 생산한다. 중간관리자와 임원 보좌관 그리고 건축설계사는 모두 대면 과정에서 일어나는 소통 속에서 성과를 만들어낸다. 6장에서 살펴본 것처럼 사람들이 하는 업무가 대면 소통에 더 많이 의존하고 또 즉각적인 것으로 계속 진화한다면 사무실이라는 공간은 훨씬 중요해질 것이다.

근본적으로 사람들은 도시가 개인적인 연결성을 소중하게 여긴다는 이유로 도시를 소중하게 여긴다. 화상회의 기반의 일자리들은 거래 차원의 만남으로 빠르게 전환할 수 있는 반면 개인적인 차원의 교류와 소통은 더 많은 영감과 즐거움을 가져다준다. 어떤 사람들은 전염병 공포 때문에 도시를 떠나겠지만 어떤 사람들은 그렇게 떠나는 사람들의 자리를 대신하기 위해 도시에 남을 것이다.

지금의 상황은 많은 도시정부에 위기의 순간인 동시에 기회의 순간이다. 코로나19 때문에 대기업의 재배치 가능성이 예전보다 훨씬 더 커졌다. 일부 재택근무자들은 팬데믹이 위세를 부리던 기간에 주변 환경이 더 좋고 주거비용이 적게 드는 지역으로 이사했다. 만약 기업들이 뉴욕이나 샌프란시스코에 남아 있을 이유가 없다고 결정한다면 결과적으로 엄청난 규모의 이동이 발생할 수 있다. 지방정부가 세금을 올리기라도 하면 기업으로서는 다른 곳으로 옮기는 게 훨씬 매력적인 선택지일 것이다.

부자와 기업이 영구적으로 도시에 남을 것이라는 생각은 이제 더 이상 통하지 않는 시대가 되었다. 그들이 모두 도시를 떠날 수도 있다. 앞으로 몇 년 안에 도시들은 유목민 인재를 끌어들이기 위해 고군분투하는 일이 벌어질 것이다. 부자를 도시에 붙잡을 필요가 있다는 건, 가난한 사람을 위해 더 많은 일을 해야 하는 도시로서는 단순히 소득 재분배를 넘어 가난한 사람들의 역량을 높여야 한다는 뜻이기도 하다.

모든 곳으로 연결되는 도시의 힘

도시의 근접성이란 물리적인 거리의 부재를 의미한다. 도시는 연결 비용을 줄이기 위해 존재하며, 그렇기에 도시의 운명은 운송 기술에 따라 결정된다. 사람이나 상품 또는 아이디어를 이동시키는 능력이 바뀌면 도시의 물리적 근접성에도 영향을 미친다.

　노벨 경제학상 수상자인 폴 크루그먼(Paul Krugman)은 약 30년 전에 경제지리학(경제활동 및 경제적 현상을 지역, 장소, 공간 등 지리적 측면에서 바라보고 연구하는 학문 분야 - 옮긴이)의 기본적인 원리를 정립했다. 그의 논문은 사람들을 도시로 끌어들이는 구심력(도시화의 힘)과, 사람들을 도시 바깥으로 밀어내는 원심력(분산화의 힘) 사이의 균형에 초점을 두었다.[7] 크루그먼의 첫 번째 공간 모델은 제조된 상품을 기업과 노동자 사이로 운송하는 데 드는 비용을 줄이려는 욕구(구심력)와 농산물에 접근할 필요성(원심력) 사이의 균형을 이룬 것이었다.

　이 모델의 틀은 시카고 같은 19세기 도시들의 경험과 일치했는데, 이런 도시들은 서로 가까이 모여 있는 기업들 및 아이오와의 풍부한 농지에 근접해 있음으로써 이득을 봤다. 그러나 구심력과 원심력 사이에서 펼쳐지는 이 춤이 지금은 바뀌고 있다. 근접성과 밀집성의 이점을 줄이려는 자동차나 텔레비전 같은 혁신은 탈도시화로 이어진다. 반면에 근접성과 밀집성의 가치를 높여주는 획기적인 발전은 사람들을 도시로 끌어당긴다. 19세기에는 강력한 구심력이 작동했고 전차, 증기기관차, 엘리베이터, 고층 건물 등을 포함해 도시화의 획기적인 혁신이 19세기를 지배했다. 상하수도 시스템 역시 이 과정에 힘을 보탰다.

　20세기는 원심력의 시대였다. 내연기관과 라디오와 텔레비전 등 사람들을 더 넓은 지역으로 분산시킬 혁신적인 발명품들이 등장한 미국에서는 더욱 그랬다. 범죄율이 높아지고 학교에서 온갖 문제가 발생하는 등 도시정부의 실패 사례들이 연이어 드러나면서 사람들은 도시를 벗어나 교외 지역으로 나갔다. 이처럼 어떤 시대가 원심적이었는지, 구심적이었는지는 오랜 시간이 지나고 나서야 알게 되며 당시에는 그 바람이 어느 쪽으로 부는지 알기 어렵다.

비행기 창가 좌석에 앉아 맨해튼섬을 내려다보면 19세기의 운송 기술이 도시를 어떻게 형성했는지 알 수 있다. 통근자들이 오르내릴 수 있는 엘리베이터는 도시에 수직성의 높이를 부여했다. 지하에서 빠르게 이동하는 기차는 도시가 배터리 파크에서 클로이스터까지 수평적으로 뻗어나가게 해주었다.

뉴욕 상공에서는 쌍둥이 빌딩이 쉽게 눈에 들어온다. 맨해튼의 아랫부분에는 낮은 건물들이 남쪽 무리를 형성하고 있고, 42번 스트리트 주변으로는 높은 건물들이 집중되어 있다. 도시 투어 안내자들은 종종 럿거스대학교의 경제학자 제이슨 바(Jason Barr)의 말을 인용해 "고층 건물이 다운타운과 미드타운에 밀집한 것은 쉽게 접근할 수 있기 때문"[8]이라면서 맨해튼의 지층이 기반암으로 되어 있기 때문에 맨해튼을 '기반암의 신화(Bedrock Myth)'라고 부른다고 설명한다. 그러나 기반암이 없더라도 고층 건물은 얼마든지 지을 수 있다. 고층 건물이 즐비한 도시인 시카고도 진흙 위에 건설되었다.[9]

맨해튼의 건축 양식은 지층의 암반보다 섬을 둘러싼 바닷물에 힘입은 바가 크다. 상대적으로 오래된 지역인 다운타운은 한때 이 도시의 남쪽에 정박했던 배들을 중심으로 해서 성장했다. 뉴욕의 증권거래소는 월스트리트의 버튼우드 나무 아래에서 에프라임 하트(Ephraim Hart) 같은 상인들이(그들은 모두 남자였다) 서명했던 합의문에서부터 시작되었는데[10] 그들의 생애는 부두와 떼려야 뗄 수 없는 것이었다. 1816년에 하트는 자기 직업을 부두 건설업자라고 적었다.[11]

미드타운 지역은 맨해튼의 두 주요 철도역인 그랜드 센트럴 터미널 (철도왕 밴더빌트가 1896년에 증기기관차 역으로 개장했으며 뉴욕의 상징적인 건물이다-옮긴이)과 펜실베이니아 역이 튼튼하게 받쳐준다. 펜실베이니아 역이 위치한 곳은 맨해튼을 롱아일랜드와 브롱크스와 분리하는 맨해튼의 평범한 수로보다 훨씬 건너기 어려웠던 허드슨강과 연결되어 있다. 한때 뉴욕에서 막강한 힘의 중심지였던 가먼트 지구에 세워진 A. E. 레프코트(A. E. Lefcourt) 같은 고층 건물들은 통근자들과 상품들이 쉽게 이동할 수 있도록 이런 철도 중심지들 부근에 건설되었다.

이 고층 건물들에는 19세기의 도시화 혁신 장치 두 가지가 필요했다. 바로 안전한 엘리베이터와 금속 프레임의 마천루였다. 마천루의 역사는 꽤 오래전으로 올라가는데 영국의 정원사이자 건축가, 의원이었던 조지프 팩스턴(Joseph Paxton)이 1851년에 열린 런던 만국박람회장의 수정궁을 설계할 때 온실의 철골 구조 방식을 빌렸다.[12] 그런데 이 수정궁은 프랑스 건축가 빅토르 발타르(Victor Baltard)에게 영감을 줬던 것 같다. 발타르는 파리의 중심부인 레알에 있는 시장 및 생토귀스탱 교회를 지을 때 바로 이 철골 구조를 차용했다.[13] 파리에서 공부한 미국의 건축가 윌리엄 배런 제니(William Le Baron Jenney)는 시카고의 홈 인슈어런스 빌딩에 부분적인 철골 구조를 삽입했는데[14] 이 건물은 흔히 세계 최초의 마천루로 불린다. 고층 건물들은 수평 공간을 수직의 높이로 대체한다.

엘리베이터가 등장한 뒤로 층수가 많은 건물에 대한 수요가 나타났다. 엘리사 오티스(Elisha Otis)는 최초의 안전 엘리베이터를 제작했는데 우연히도 1853년 뉴욕에서 열린 만국박람회장에서 시연했다.[15] 그는 엘리베이터를 타고서는 엘리베이터를 매달고 있던 유일한 밧줄을 자르는 퍼포먼스를 했다. 그곳에 모인 군중은 오티스가 만든 기계 장치가 서서히 아래로 내려간 다음에 멈춰서서 발명가를 안전하게 이동시키는 모습을 감동적으로 지켜봤다. 제니가 홈 인슈어런스 빌딩을 완공하기까지는 30년이 넘는 세월이 걸렸지만[16] 1853년에 뉴욕은 이미 금속 골조와 안전한 수직 이동 기계를 가지고 하늘 높이 올라갈 수 있었다.

맨해튼을 상공에서 내려다보면 섬 윗부분으로 길고 좁게 뻗어나가는 건물들이 보인다. 도시의 이 북진 현상은 그 자체로 19세기와 20세기 맨해튼의 역사다. 이 건물들은 처음에 브로드웨이와 애비뉴들의 경로를 따라서 건설되다가 나중에는 지상과 지하로 달리는 기차의 노선을 따라 건설되었다(맨해튼에서 스트리트는 동서로, 애비뉴는 남북으로 통하는 도로에 각각 붙여진다 - 옮긴이). 에이브러햄 브라우어(Abraham Brower)는 1827년 뉴욕에서 대중교통을 개척했는데 이때 말 한 마리가 끄는 마차(옴니버스)를 배터리에서 블리커 스트리트까지 브로드웨이 위쪽으로 약 2마일 정도 보냈다.[17]

뉴욕의 아일랜드 이민자 존 스티븐슨(John Stephenson)은 전차와 철도를 연결하는 인간 연결 고리였다.[18] 스티븐슨은 브라우어의 견습생으로 시작해 브라우어에게 마차를 납품하는 사업을 시작했다. 그런데 1832년에 프린스 스트리트에서 할렘강까지 8마일(약 13킬로미터) 구간에 철도 부설 허가증을 소유한 은행가가 그에게 접근했다. 스티븐슨은 말이 여전히 마차를 끌긴 해도 마차를 레일 위에 올려놓고 끈다면 마찰력이 훨씬 적어 운송 효율이 높을 것이라고 생각했다. 스티븐슨의 철도 설계가 완성되기까지 20년이라는 세월이 걸렸지만 결국 이 철도는 맨해튼섬을 종단해서 달리게 되었다. 도시 북쪽 끝 인구밀도가 낮은 지역에는 철도 건설에 대해 논란의 여지가 없었지만, 인구밀도가 높은 남쪽 지역을 철도가 가로지를 수 있기까지 철도 헌장은 여러 차례 개정되었다.

대서양 반대편인 영국에서는 조지 스티븐슨(George Stephenson, 이 사람은 존 스티븐슨과 아무런 관계가 없다)이 말이 아닌 증기기관으로 움직이는 기차를 발명하려고 고군분투했다.[19] 스티븐슨은 영국 북부 출신의 기술자였고 정규 교육을 많이 받지 않은 그저 그런 땜장이였다. 그런데 그가 만든 증기기관은 인구밀도가 높은 도시에서는 성가신 존재로 여겨졌다. 1844년 뉴욕 시의회는 32번 스트리트 이남에서는 증기기관의 기차 통행을 금지했다. 그리고 10년 뒤에 뉴욕 시의회는 그 제한선을 북쪽으로 10블록 높였고 덕분에 그랜드 센트럴 역이라고도 불리던 그랜드 센트럴 터미널의 위치가 결정되었다. 나중에 이 역 주변으로 고층 건물들이 들어섰지만 역 주변 공간에 대한 수요가 높아져 초고층 건물이 들어서기까지는 80년을 기다려야 했다.

부동산과 교통의 연결성은 처음부터 존재했다. 역사학자 해리 카먼 (Harry Carman)은 "어빙플레이스와 렉싱턴 애비뉴 근처에 있는 3번 애비뉴와 4번 애비뉴 사이의 대규모 부동산 소유자였던 새뮤얼 러글스 (Samuel Ruggles)가 (…) 철도에 대한 대중의 지지와 승인을 얻기 위해 1830년대에 (…) 지칠 줄 모르는 노력을 기울였다"라고 썼다.[20] 러글스가 이런 노력을 기울인 데는 그만한 재정적 동기가 있었다. "그는 거대한 토지를 가진 지주였을 뿐 아니라 뉴욕 할렘 철도회사(New York and Harlem Railroad Company)의 이사이자 최대 주주"였기 때문이다.[21]

코닐리어스 밴더빌트(Cornelius Vanderbilt)는 뉴욕 할렘 철도회사의 또 다른 이사였는데 나중에 그랜드 센트럴 역이 될 그랜드 센트럴 디포 (Grand Central Depot)의 건설을 추진했다.[22] 철도가 그랜드 센트럴에서 북쪽으로 뻗어나가면서 도시는 철로를 따라 확장되었다.

모든 도시는 전 세계에 걸쳐 있는 거대한 교통망의 연결점이자 대도시 지역을 횡단하는 지역 교통 시스템의 중심축이다. 19세기에 세계 무역은 처음에는 배가, 이어서 철도가 도시에서 다른 도시로 이동하면서 엄청나게 확장되었다. 두 교통수단 모두 대형 차량과 값비싼 지역 인프라를 포함하고 있었다. 그런데 둘 다 규모가 컸기 때문에 도시화와 구심력이 필요했다. 사람이 많지 않은 곳에 거대한 터미널을 짓는 것은 아무런 의미가 없었다.

철도와 전차는 도시 연결성의 범위를 확장함으로써 19세기에 도시가 확장할 수 있도록 했지만 그럼에도 여전히 빽빽하게 밀집된 사무실 및 주거지와 아파트와 가장 잘 맞아떨어졌다. 지하철은 맨해튼과 그 너머까지 전 구간을 아우르긴 했지만 지하철 통근자들은 역에서 내린 다음에는 최종 목적지까지 도보로 이동해야 했다. 이 도보 이동으로 건물들은 역 주변으로 빽빽하게 들어찼으며 도시는 일관된 전체성을 유지할 수 있었다.

원심력의 20세기: 부자들이 교외로 빠져나간 이유

19세기의 구심적인 운송 기술이 도시 성장을 견인했다면 20세기의 경이로운 원심력은 도시 탈출을 가능하게 했다. 시카고 또는 미국의 거의 모든 비(非) 해안 대도시 상공에서 아래를 내려다보면 이런 변화를 쉽게 확인할 수 있다. 거미줄처럼 방사형으로 뻗어 있는 거대한 회색빛 리본의 중심부에는 고층 건물들이 서 있다. 그리고 그 회색 리본의 측면에는 주택들이 들어서 있다. 이는 19세기 도시 거주자들의 붐비는 아파트나 제2차 세계대전 뒤에 중산층 도시민들을 위해 지어진 오지벽돌 건물이 아니라 겉보기에는 영원히 사라지지 않을 것 같은 단독주택들이다. 이 집들은 모두 통근자들을 도시 중심부로 실어 나르는 거대한 회색 리본으로 이어지는 작은 도로를 따라 배열되어 있다.

미국 북동부 지역에는 목장주 주택과 식민지 시대의 저택이 풍부한 녹지 사이에 드문드문 서 있는데, 남서부 지역에서는 집들이 훨씬 효율적으로 모여 있다. 텍사스에 살던 사람이 비행기를 타고 처음으로 매사추세츠로 가면 나무가 많다는 사실에 깜짝 놀란다. 매사추세츠의 보스턴과 텍사스의 휴스턴은 기후도 다르지만 토지 시장도 다르다. 매사추세츠의 토지 시장은 엄청난 규제를 받는데, 그래서 매사추세츠에서는 휴스턴 사람들이 저렴하게 확보하는 밀집성을 확보하려면 매우 비싼 비용을 부담해야 한다.

시카고 교외에는 녹지가 적고 집들이 빽빽하게 들어차 있다. 중서부 지역에서는 교외 주택이 넉넉하게 공급되기 때문에 가격이 적정한 수준으로 유지된다. 시카고 도심 지역의 중간 가격 주택은 2020년 1분기에 27만 달러였다.[23] 그런데 보스턴에서는 이런 주택의 가격이 49만 4,000달러였고[24] 샌프란시스코에서는 98만 5,000달러였다.[25] 샌프란시스코 베이에어리어는 특히 주택 가격이 비싼데 이는 기술직 일자리와 쾌적한 지중해 날씨로 수요가 높은 반면 신규 공급을 대폭 제한하는 지역 정책 때문이다.

대부분의 미국 교외 지역은 땅값이 싸다. 제2차 세계대전 이후 고속도로가 촘촘하게 건설된 덕분에 주택지로 사용할 수 있는 토지의 공급이 거의 무제한으로 느껴지기 때문이다. 1949년 기준으로 미국 국토의 1퍼센트 미만, 즉 전체 22억 7,000만 에이커(약 920만 제곱킬로미터)에서 1,800만 에이커(약 7만 3,000제곱킬로미터)가 '도시적인' 생활 용도로 사용되었다.[26] 도시에 대한 공식적인 정의에 따르면 거의 모든 미국 교외 지역이 도시에 포함된다. 1949년 기준으로는 도시 면적보다 시골 도로의 면적이 더 넓었다. 그러나 그로부터 60년이 지난 뒤에 미국의 도시 면적은 7,000만 에이커(약 28만 제곱킬로미터)로 늘어났다. 그런데 이것도 여전히 미국 전체 면적의 3퍼센트에도 미치지 못하는 수준이며 콩을 재배하는 토지 면적보다도 더 적다.

주간(州間) 고속도로 시스템 덕분에 도심지로 출퇴근할 수 있는 거리의 주택지가 풍부하게 공급되었고, 여러 기술 혁신 덕분에 이 교외 지역들은 더욱 매력적인 토지로 변모했다. 라디오는 1930년대에 어디서나 볼 수 있었고 텔레비전은 1950년대에 미국 전역에 깔렸다. 1900년 당시만 해도 농장에서 산다는 건 황량함 그 자체였다. 그러나 1960년에 교외의 목장 주택에서 산다는 건 텔레비전과 라디오 그리고 TV 디너(TV dinner, 알루미늄 통에 냉동 보관되어 있어서 전자레인지로 데우기만 해서 바로 먹을 수 있는 식품 - 옮긴이)의 즐거움을 풍성하게 누린다는 뜻이었다.

교외 지역이 비록 완벽한 에덴동산은 아니었을지 모르지만 풍부한 오락거리가 먼 지역까지 확대된 덕분에 사람들은 더 넓은 세상과 연결될 수 있었다. 즉 물리적인 거리는 아무런 장애가 되지 않았다. 이는 인구밀도가 낮은 지역에서 사는 사람들에게는 오늘날의 인터넷만큼이나 중요한 요소였다.

연방정부는 고속도로 시스템에 예산을 지원하는 한편 주택 보유에 대한 세금에 혜택을 제공함으로써 도시화가 아닌 교외화를 지원했다. 토론토대학교의 너새니얼 바움스노(Nathaniel Baum-Snow)는 대도시 지역을 통과하는 고속도로가 도시 중심지의 인구를 18퍼센트 줄였다고 추정했다.[27] 연방정부 차원의 고속도로 보조금은 시간이 지나면서 증가했는데, 고속도로 신탁기금에 예산을 지원하는 유류세가 1993년부터 지금까지 1갤런당 18.4센트로 고정되어 있기 때문이다.[28] 인플레이션으로 이 세금의 실질적인 가치가 잠식되면서 연방정부는 일반 세수를 도로 건설 예산으로 사용했고, 이것이 자동차 운행 및 에너지 사용을 효과적으로 보조하는 역할을 했다.

주택담보대출 이자 공제는 애초부터 세법의 일부였다. 가구가 내는 모든 이자는 공제 가능하기 때문이었다. 1986년 조세개혁법(Tax Reform Act)은 일반적인 이자의 공제 조항을 폐지했지만 주택 소유자에게 주어지는 혜택은 여전히 유효했다. 제2차 세계대전 이후 연방정부는 재향군인관리국(Veterans Administration)에서 대출을 받아 주택을 구입하는 귀환 군인들을 위한 지원을 확대했다.

1940~1960년 사이에 주택 소유율은 44퍼센트에서 62퍼센트로 늘어났다.[29] 당시의 소유 유형과 주택 구조 유형 관계를 살펴보면 단독주택의 82퍼센트가 자가주택이었지만 아파트 등 다세대주택의 87퍼센트는 임대주택이었다.[30] 그래서 연방정부가 주택 소유에 보조금을 지급하는 정책은 미국인이 도시의 임대주택을 떠나 교외의 주택으로 이사하도록 장려하는 효과가 있었다.

연방정부가 암묵적으로 교외화에 보조금을 지급하고 있었기에 도시 정부로서는 사람들을 도시 경계 안에 거주하도록 하는 데 어려움을 겪었다. 1960년대와 1970년대에 미국의 수백만 학부모는 교외에 거주하는 것이 자녀의 교육에 유리하다고 생각해서 주거지를 교외로 옮기고 고속도로로 출퇴근을 했다. 일부 부모들은 인종차별을 피해 교외로 주거지를 옮기기도 했지만 하버드대학교의 경제학자 라즈 체티(Raj Chetty)와 여러 저자들이 함께했던 연구에 따르면 대도시 교육구(school district) 바깥에서 성장한 아이들은 (부모의 수입에 따른 영향이 동일하다는 가정 아래서도) 그렇지 않은 아이들보다 더 많이 성공했다.[31] 또한 나이 든 부모 세대나 기업도 도시에서는 범죄가 늘어나고 세금이 높다는 이유로 도시를 떠나서 교외를 거주지로 선택했다.

부가가치를 기준으로 했을 때 시카고의 가장 위대한 19세기 산업은 육류 포장 산업이었다. 이 업종은 철도역 바로 옆에 있던 거대한 시설인 유니온 스톡 야드를 중심으로 그 주변에 모여 있었다.[32] 소를 이동시키는 것은 도축된 소라고 해도 여전히 쉽지 않은 일이었고 도축장에서 철도까지의 거리가 될 수 있으면 가까운 것이 좋았다. 미국의 모든 오래된 도시들은 회사와 운송(교통)과 교통의 밀접한 관계로 형성되고 또 유지되었다.

그러나 원심력이 작용하는 20세기의 운송 혁신 덕분에 공장들은 도시에서 빠져나올 수 있었다. 시카고 상공에서 바라보면 수많은 공장이 단독주택들을 따라서 이어져 있다. 이렇게 된 이유 가운데 하나는 기술 덕분이었다. 초기의 공장들은 밀집해 있었으며 노동집약적이었다. 그랬기에 이 공장들은 구심력이 작용하는 도시에 적합했다. 그런데 제2차 세계대전 이후 수십 년 동안 기계가 인간의 노동을 점점 더 많이 대체하면서 공장들은 더 넓은 공간이 필요해졌다.

2006년에 평균적인 제조업 공장은 노동자 1인당 892평방피트(약 25평)를 사용했는데, 이는 일반적인 사무실이나 소매유통점에 비하면 훨씬 넓은 공간이다. 공장들은 더 넓은 공간을 확보하기 위해 조금이라도 싼 땅을 구하려고 도심을 떠났다. 2006년에는 시카고의 전체 일자리 중 68퍼센트 이상이 도심에서 10마일(약 16킬로미터) 이상 떨어져 있었다.[33] 그 결과 웨스트버지니아의 휠링과 오하이오의 해밀턴 등 제조업이 절정기에 도달했던 때보다 규모가 훨씬 작은 도시들이 미국 중서부 지역에 많이 생겨났다.

6장에서 살펴본 뉴욕의 의류 산업만큼 급진적이고 빠르게 움직였던 산업은 없다.[34] 1947년 뉴욕에는 여성 겉옷을 만드는 노동자가 14만 명 있었는데 이 수치는 해당 산업에 종사하는 미국 전체 노동자의 45퍼센트였다.[35] 그런데 1982년에 뉴욕에서 여성 겉옷을 만드는 노동자의 수는 7만 명 아래로 떨어졌다.

뉴욕은 항구와 철도역을 끼고 있어서 한때 직물을 수입하고 완성된 의류를 수출하기 쉬워 의류를 제작하기에는 안성맞춤인 곳이었다. 이민자가 많아서 노동력이 풍부했고 인건비가 적게 들었다. 그리고 의류는 거대한 기계 장치가 아니라 작은 재봉틀로 만들 수 있었으므로 커다란 공장이 아니라 좁은 집에서도 의류 제작 작업을 할 수 있다. 뉴욕을 방문하는 사람들은 당시 전형적인 의류 공장이 그토록 작다는 사실에 모두 깜짝 놀랐다.

사람들로 꽉 들어차고 세련된 뉴욕의 시장은 디자이너들이 새로운 아이디어를 시도할 수 있는 좋은 환경이었다. 도시의 광고 회사들은 이런 사실을 창의적으로 마케팅했고, 수많은 잡지에서 이런 뉴욕의 풍경을 사랑스럽고 멋지게 묘사했다.

랠프 로런[Ralph Lauren, 원래의 성은 리프시츠(Lifshitz)다]은 의류와 창의성을 동시에 만들어내는 가먼트 지구에서 가장 성공한 사례라고 할 수 있다.[36] 그의 아버지는 미장 일을 했지만 그는 옷을 좋아했다. 그의 친구들 부모는 모두 봉제공장에서 옷을 만들었다. 로런은 처음엔 브룩스 브라더스(Brooks Brothers)에서 넥타이를 팔았고, 나중에는 엠파이어 스테이트 빌딩의 보 브럼멜(Beau Brummell) 매장에서 넥타이를 팔았다.

보 브럼멜은 그에게 독자적인 사업부를 내주겠다고 했지만 그는 오하이오에서 보 브럼멜의 넥타이를 생산하자는 제안에 반대했다. 로런은 자신의 비전을 실크로 표현할 수 있는 생산자들이 가까이 있기를 바랐다. 그리고 블루밍 데일의 백화점과 제휴해 대성공을 거두었다. 로런은 다른 의류 산업 선구자들과 마찬가지로 맨해튼의 어퍼 이스트 사이드에 사는 까다로운 고객들에게 엄청나게 많은 옷을 팔면서 그의 상업적 능력을 증명했다. 또 옷뿐만 아니라 다른 수많은 상품을 파는 분야로 나아감으로써 기업가적 재능을 증명했다.

로런의 경력은 전설이 되었고 뉴욕에서는 계속해서 걸출한 패션 디자이너들이 배출되었는데 도나 카란(Donna Karan)과 마크 제이콥스(Marc Jacobs)가 대표적이다. 그러나 실제로 의류를 생산하는 공장은 뉴욕의 다섯 개 자치구에서 떠났다. 근로권법(Right-to-work Act, 미국에서 노동조합 가입과 노조 회비 납부를 강제하는 것을 금지하는 법 - 옮긴이)이 지켜지는 주들에는 노동조합이 없으므로 노동자의 임금과 복리후생이 낮아서 생산비가 그만큼 절감되기 때문이었다.

한편 중국과 방글라데시는 인건비가 훨씬 낮았다. 컨테이너 화물 운송비가 워낙 싸다 보니 노동집약적인 산업은 세계 시장에서 임금이 가장 낮은 곳으로 밀려났다. 이런 변화가 광범위하게 이뤄지면서 아시아의 저비용 노동자들에 대한 수요가 몰려 과거 가난한 지역의 임금이 올라갔고 결과적으로 전 세계의 불평등은 줄어들었다. 그러나 제조업 일자리가 뉴욕 바깥으로 빠져나가자 뉴욕은 위기를 맞았다.

제조업의 붕괴에는 또 다른 도시 트라우마들이 뒤따랐다. 1960년대에는 도시들이 인종 폭동으로 요동쳤다. 1970년대에는 범죄가 꾸준하게 증가했다. 도시정부로서는 도시 내 불평등과 무질서를 통제하기 위해 예산 지출을 늘려야 했지만 세수 기반은 점점 더 취약해졌다. 뉴욕과 같은 대도시들이 기업과 부자에게 세금을 부과하려고 하자 납세자들은 세율이 낮은 지역으로 도망쳤다. 1장에서 다뤘던 바로 그 문제인 악순환은 도시들이 맞이할 암울한 미래의 전조처럼 보였다. 이것이 1980년에 앨빈 토플러가 앞으로는 재택근무 방식이 대세가 될 것이라고 예견한 배경이다.

앨빈 토플러와 재택근무의 승리

앨빈 토플러는 뉴욕의 진정한 후손이었다.[37] 그의 아버지는 모피를 만들었는데 뉴욕의 모피 의류 산업은 17세기 초 네덜란드인들이 구매했던 비버 가죽으로까지 거슬러 올라가기 때문이다. 앨빈 토플러는 뉴욕대학교에서 하이디를 만나 결혼했다(하이디는 그의 저작에 크게 기여했다). 두 사람은 뉴욕을 떠나 클리블랜드로 가서 술 취한 치안판사 앞에서 결혼했고 경제 관련 글을 쓰면서 경력을 쌓았다.

1970년에 토플러는 《미래 쇼크》를 출판해 대성공을 거두었다. '미래'와 '충격'이라는 두 단어는 "덜 성숙한 미래가 다가오면서 생기는 어지러운 방향감각"으로 정의되는데 토플러는 이것이 "미래의 가장 중요한 질병이 될지도 모른다"라고 주장했다.[38] 그는 1960년대에 글을 쓰면서 "엄청나게 가속화된 사회의 변화 속도"를 감지했는데 이런 현상은 "불만, 집단 신경증, 비합리성 그리고 걷잡을 수 없는 폭력" 때문에 빚어졌다고 봤다. 더불어 "미래 충격 현상의 유일한 치료법은 (…) 미래에 나타날 것들에 관해 한층 명확하고 강력한 개념을 형성하는 것"이라는 처방을 내렸다.[39] 세상은 미래학자가 필요했고 토플러가 바로 그 미래학자였다.

토플러가 《미래 쇼크》에서 제기한 주장들에는 다소 덜 정확한 주장들이 있는데 그중 하나가 '주택의 임대 추세'다. 그는 이것이 "물리적 환경과의 관계가 한층 짧아지는 경향을 강조한다"라고 주장했다.[40] 실제로 교외화가 급격히 진행되면서 임대주택에 사는 미국 가구의 비율은 1940년 56퍼센트에서 1970년 37퍼센트로 꾸준히 감소하고 있었다.[41] 토플러가 썼듯이 "새로운 유목민 종족이 번성"하는 게 아니라[42] 오늘날 미국인의 지리적 이동성은 1970년보다 훨씬 줄어들었다.

1970년대는 미국 도시 대부분에게 재앙과도 같은 10년이었다. 토플러는 1980년에 《제3의 물결》을 출간했는데 이 책에서 도시의 생존 가능성에 대한 확신은 《미래 쇼크》 때보다도 훨씬 줄어들었다. 《제3의 물결》의 요지는 인류가 1,000만 년 전 농업혁명 때 첫 번째 물결을 경험했고 산업혁명 때 두 번째 물결을 경험했으며 세 번째 물결은 "산업주의의 죽음과 새로운 문명의 부상"인데,[43] 여기에는 "정보화 시대나 전자 시대 혹은 지구촌"이라는[44] 문구로밖에 이름표를 붙일 수 없다는 것이었다.

토플러는 상품의 손쉬운 선적이 도시의 제조업을 죽이는 것처럼 서술했다. 그래서 지식의 전달이 한층 쉬워지면 정보집약적인 도시의 여러 산업도 비슷한 영향을 받을 것이라는 가설을 세웠다. 그러나 우리가 지금까지 살펴봤듯이 사건이 진행되는 현재 시점에서는 구심력이 작용하는지, 원심력이 작용하는지 알기 어렵다. 그리고 정보 기술은 재택근무가 가능해진 것 이상의 결과를 낳았다.

한편 《제3의 물결》은 옳은 것으로 판명 난 거대한 예측 하나를 했다. 컴퓨터가 세상을 근본적으로 바꿔놓을 것이라는 예측이었다. 그러나 제3의 물결이 어떤 과정을 통해 "관료 체제를 무너뜨리고 민족국가의 역할을 축소하며 제국주의 이후의 세계에서 반(半)자율적인 경제(semi-autonomous economy)를 낳을 것인가?"에 대한 부수적인 예측[45]은 제대로 들어맞지 않았다. 지난 40년 동안 실리콘밸리의 수많은 기술 엘리트들이 그랬던 것처럼 토플러는 관료와 민족국가를 포함해 오래된 정치제도들이 지닌 끈질긴 힘을 과소평가했다. 그러나 "오늘날 우리가 알고 있는 것보다 한층 단순하고 효과적이지만 더욱 민주적인 미래의 정부"에 대한 그의 예측을 사람들이 거의 지지하지 않았다는 사실은 특히 안타깝다.

또한 토플러는 도시의 끈질긴 힘을 과소평가했다. 그는 세 번째 물결을 거대한 원심력을 가진 사건으로 바라보면서 "세 번째 물결은 인구를 집중시키기보다는 분산시킴으로써 사람들의 공간 경험을 바꿔놓는다"라고 썼다.[46] 또 그는 "규모가 작은 도시 및 시골 생활의 새로운 매력"을 제시함으로써 자신의 주장을 강화했다.[47] 어쩌면 뉴욕에서 오하이오로 거주지를 옮겼던 젊은 시절의 결정이 이런 주장에 반영되었을지도 모른다. 그는 "도시 거주자 수백만 명이 시골 생활을 갈망하며 도시토지연구소(Urban Land Institute)도 시골 지역으로의 인구 이동 현상이 두드러지게 나타난다고 보고했다"라고 썼다.[48]

그러나 문제가 많았던 1970년대에도 미국의 도시 인구는 시골 인구보다 더 빠르게 증가했다. 《제3의 물결》이 출간된 뒤 20년 동안 뉴욕, 보스턴, 샌프란시스코 등을 포함한 많은 도시가 경제 부흥을 경험하면서 미국의 도시화율은 74퍼센트에서 79퍼센트로 올랐다.[49] 1970~2010년까지 40년 동안 미국의 도시 인구는 거의 1억 명 늘어난 반면[50] 농촌 인구는 600만 명 미만 수준으로만 늘어났다.[51] 영국처럼 인구증가율이 둔한 나라들에서는 같은 기간에 농촌 인구가 오히려 줄어들었다.

토플러가 도시가 몰락할 것이라고 바라본 이유는 미래의 작업장은 도심의 사무실이 아니라 재택근무가 가능한 '전자 오두막집(electronic cottage)'이 될 것이라는 세 번째 물결의 관점 때문이었다.[52] 〈이코노미스트(Economist)〉는 1974년에 "통신비가 거리에 비례해 달라져야 할 논리적 이유가 없으므로 1980년대 후반까지 꽤 많은 사람이 태평양에 있는 섬에 살면서 날마다 런던 사무실로 연결되는 재택근무를 하게 될 것"이라고 예측하면서 전자 오두막집이라는 용어를 사용했다.[53] 토플러는 《제3의 물결》에서 한 장을 할애해서 "세 번째의 물결은 (…) 새롭고 높으며, 전자적인 기반 위에서 가내공업으로의 회귀를 뜻한다. 이로써 (가내공업이 이루어지는 작업장으로가 아니라) 사회의 중심으로서 가정이 새롭게 강조된다"(괄호 안은 옮긴이)라고 주장하면서 〈이코노미스트〉의 예측을 일축했다.[54]

"실제로 물리적인 상품을 조작해야 하는 노동자의 수"가 줄어드는 등의 이유로 점점 더 많은 일자리가 집에서 이뤄질 것이라는 토플러의 예측[55]은 옳았다. 그는 재택근무가 운전에 필요한 "에너지의 양을 줄여서" 환경보호에도 도움이 되리라고 봤다.[56] 또 "데이터 입력, 타이핑, 검색, 숫자열 집계, 송장 작성 등 비교적 쉬운 사무 업무를 수행하는 일자리들이 가장 먼저 전자 오두막집으로 이동할 것"이라고 정확하게 예측했다.[57] 그러나 그는 기계의 행진이 그런 일자리들을 완전히 없애버리리라고는 예측하지 못했던 것 같다.

토플러는 "직장에서의 인간적인 교류가 간접적인 소통으로 바뀌고 가정에서 감정 대 감정의 대면 소통이 심화될 때 사회에는 어떤 일이 일어날까?" 하고 걱정했다.[58] 그러나 그는 코로나19 팬데믹이 전 세계를 휩쓴 2020년에 혼자 살면서 다른 동료와 교류하지 못하는 수백만 명이 겪을 외로움을 예상하지 못했다. 물론 그는 사회적 거리두기가 아닌 재택근무만이 사회에 널리 자리를 잡을 것이라고 상상했기 때문에 그랬다.

토플러는 "지금 있는 가장 큰 공장들과 고층 건물은 우리의 생애가 끝나기 전에 반쯤 빈 공간으로 남거나 유령 창고로 쓰이거나 생활 공간으로 개조될 수 있다"라고 생각했으며[59] 심지어 "현재 노동인구로 분류되는 노동력의 10~20퍼센트만이 전자 오두막집으로 이동하더라도 그렇게 될 것"이라고 말했다.[60] 그러나 코로나19 이전에 이미 네덜란드와 핀란드에서는 노동인구의 10분의 1 이상이 재택근무를 했지만[61] 그 나라들에서는 토플러가 예측한 것처럼 "우리의 인식과 상상을 초월하는 변화"[62]가 나타나지 않았다. 다른 여러 쟁점이 있긴 하지만 특히 그는 수요 감소를 상쇄하기 위해 사무실 임대료가 내려갈 것이라는 점은 생각하지 못했다. 하지만 어쨌거나 우리는 궁극적으로는 평형 상태에 도달할 것이다.

코로나 이전에 미국인의 재택근무 비율이 얼마였는지는 정확히 알려지지 않았다. 여러 가지 이유가 있겠지만 그중 하나는 많은 사람이 재택근무와 사무실 근무, 심지어 가끔은 스타벅스 근무까지 섞어서 한다는 점이다. 2018년에 진행되었던 한 인구조사에 따르면 미국인의 5퍼센트가 재택근무를 한다고 답했는데 이는 나머지 95퍼센트가 주중에는 집 바깥에 있는 사무실이나 현장으로 가서 일한다는 뜻이다.[63] 그러나 여기에는 노트북을 들고 사무실이 아닌 다른 공간에서 업무를 보는 원격근무 형태도 포함되어 있다.

미국노동통계국(Bureau of Labor Statistics)에 따르면 2019년의 어느 하루에 전체 노동자의 5분의 1이 자택에서 일정 부분의 업무를 수행했으며 84퍼센트는 일을 하러 집을 나섰다.[64] 2016년 갤럽에서 진행한 한 여론조사에 따르면 미국 노동자의 43퍼센트가 "근무시간 중에 적어도 일정 시간 이상을 동료들과 다른 곳에서 일하며 보내는데" 이들의 55퍼센트는 근무시간의 40퍼센트 이상을 "원격으로 근무했다."[65] 그러나 코로나19 이전에는 많은 고용주가 사무실에 출근할 수 있는 모든 중간직급 직원들이 일할 공간을 제공했다. 이는 경영 컨설팅 업무처럼 이동성이 높은 직종에서 실제로 사용되지 않는 부동산 공간이 많이 있다는 뜻이다.

인구조사 수치는 아니지만 미국노동통계국의 수치와 갤럽의 수치는 미국인의 5분의 1 이상이 코로나 팬데믹 이전에는 집에서 일했음을 시사한다. 토플러가 예측한 것처럼 상업용 고층 빌딩을 "유령 창고"로 바꾸거나 "우리의 경제, 도시, 생태, 가족 구조, 가치관, 심지어 우리의 정치"[66]를 바꿔놓지는 않았다.

왜 정보기술은 컨테이너 화물 운송이 도시 의류 노동자들의 삶을 바꿔놓았던 것처럼 도시 지식 노동자들의 삶을 바꿔놓지 않았을까? 그리고 왜 재택근무는 토플러가 예상했던 것보다 사회를 덜 바꿨을까?

두 번째 질문에 대한 답은 노동인구의 규모가 지속적으로 증가한다는 사실을 설명하지 못했기 때문이라고 말할 수 있다. 1980년부터 코로나19 발생 직전인 2020년 2월까지 미국인의 전체 취업자는 9,000만 명에서 1억 5,200만 명으로 68퍼센트 늘어났다.[67] 그런데 토플러는 다른 모든 것, 특히 노동인구가 일정하게 유지된다는 전제 아래 도시 공간에 대한 수요를 분석했다. 만약 노동인구가 늘어나지 않고 그중 5분의 1이 재택근무자가 되었다면 빈 사무실이 1,800만 개 생겼을 것이다. 그러나 실제로 발생한 노동인구의 증가를 고려하면 전체 노동인구의 20퍼센트가 재택근무로 전환하더라도 미국에는 여전히 3,000만 개의 사무실이 추가로 더 생겨야 했다.

토플러의 예측은 더 깊은 이유에서도 틀렸다. 그는 컴퓨터가 전신과 같이 주로 장거리 통신을 가능하게 할 것이라고 생각했다. 하지만 컴퓨터가 한 역할은 그뿐만이 아니었다. 기술 변화는 경제를 훨씬 더 지식 집약적이고 연결집약적으로, 심지어 불평등하게 만들었다. 그런 힘들이 《제3의 물결》이 출간된 이후 지금까지 40년 동안 구심력과 도시화의 시대를 만들어냈다.

토플러는 "우리가 몇 가지를 잘못 짚은 것은 사실이다"라면서 예측 실패를 선선히 인정했다. 그러나 그 뒤에도 그는 "우리 미래학자들은 마법의 버튼을 가지고 있다. 그 버튼은 '아직은'이라는 말이다. 우리는 예측이 실패했다는 주장을 인정하면서도 여전히 '아직은'이라고 말하면서 (…) 사람들의 비웃음을 받아들이는 운명을 짊어지고 있다"라고 말했다.[68] 말년에 그는 전자 오두막집의 예측을 고수했다. 비록 도심지를 벗어난 곳에서 일하는 근무 형태보다 집에서 일하는 근무 형태를 더 많이 강조하긴 했지만 말이다.[69]

도시의 귀환: 창의성이 폭발하는 공간

1990년대로 접어들자 기술 발전이 대면 접촉 혹은 사람들 사이의 접촉을 용이하게 하는 도시를 없애버릴 것이라는 토플러의 가설을 반박하는 증거가 점점 더 많이 나타났다. 1980년대에 정보집약적인 금융 회사들이 금융업을 주도하면서 월스트리트가 호황을 누렸다. 영국의 마거릿 대처 총리는 1986년에 규제 완화라는 '빅뱅' 정책을 펼쳐 그때까지 시들하던 런던의 금융 서비스 산업이 훨훨 날아가도록 만들었다. 런던은 얼마 지나지 않아 과거의 명성을 되찾는 길로 열심히 달려갔다.[70]

1980~1990년 사이 10년 동안 미국 로스앤젤레스의 주택의 명목가치는 132퍼센트 올랐다. 인플레이션을 고려해서 보정하더라도 실질가치가 35퍼센트나 올랐다.[71] 도시는 토플러가 예측한 것처럼 유령이 사는 공간으로 바뀌지 않았다.

그러나 토플러의 지적 탁월함이 가장 두드러지게 드러난 곳은 실리콘밸리였다. 1980년대 초 실리콘밸리에서 지리적으로 가깝고 관련이 깊은 회사들은 산업 클러스터화의 세계적인 모범 사례가 되었다. 전 세계 모든 나라가 각자의 실리콘밸리를 만들려고 노력했다. 버클리대학교의 도시개발학과 교수 애너리 색스니언(AnnaLee Saxenian)은 저서 《지리적 강점(Regional Advantage)》에서 실리콘밸리가 성공을 거둔 수수께끼를 풀면서, 이 도시가 지배력을 확보할 수 있었던 것은 "비공식적인 소통과 협업 관행"을 통해 "실험과 기업가정신을 장려하는 (…) 지역 밀착형 사회관계망(소셜 네트워크)과 개방된 노동시장" 덕분이라고 설명했다.[72] 비공식적인 소통과 협업 관행의 의사소통은 사무실에서뿐만 아니라 마운틴 뷰의 술집과 같은 공간에서도 대면 접촉을 통해 이뤄졌다.

토플러가 썼듯이 "한 연구자의 표현을 빌리자면 사람들이 '컴퓨터 주변에 옹기종기 모여 있는'이라고밖에 표현할 수 없는 산업이 있었다."[73] 그러나 "사람들은 저마다 집에 컴퓨터를 둘 것이며 이제 더는 옹기종기 모여 있을 필요가 없다"[74]라는 토플러의 주장이 잘못되었다는 걸 실리콘밸리가 입증했다. 지하실마다 서버를 두고도 사람들은 여전히 한자리에 모였던 것이다. 토플러는 실리콘밸리의 이런 수수께끼를 설명할 수 있을지도 모르는 면피성 문구 하나를 《제3의 물결》에 남겼다.

연구자, 경제학자, 정책입안자, 조직설계자 등 고도의 정신노동을 하는 노동자들에게는 동료와 함께하는 밀도 높은 접촉 그리고 혼자 일할 시간, 이 두 가지가 모두 필요하다.[75]

토플러는 이런 노동자를 드문 예외적 존재로 봤으나, 컴퓨터와 세계화가 기술과 혁신으로의 회귀를 강화하던 1980년 이후 수십 년 동안 이런 양상은 바뀌고 있었다. 중간 정도의 기술과 사무직 일자리는 기계로 대체되었고 이런 환경에서 노동자가 살아남아 성공하려면 한층 혁신적이어야 했다. 심지어 혼자 해야 하는 깊은 생각조차도 다른 사람이 곁에 있을 때 더 나은 결과가 나온다. 최근의 한 연구에 따르면 코로나 팬데믹 때문에 대면 경기를 치를 수 없어 온라인으로 경기할 수밖에 없었던 체스 선수들은 상대방을 직접 바라보면서 하던 때에 비해서 행마(行馬)의 질이 나빠졌다.[76]

업무의 성격이 바뀌면서 더 많은 사람, 특히 실리콘밸리에 있는 사람들은 대면 소통을 통해야만 하는 어렵고 협력적인 일을 하게 되었다. 문제가 복잡해질수록 비대면 상황에서는 놓칠 수밖에 없는 미묘한 차이가 늘어난다. 실시간 대면 소통 과정에서 제공되는(비대면 과정에서는 도저히 파악할 수 없는) 추가적인 힌트나 암시는 더욱 중요해졌다.

복잡한 내용을 소통할 때는 토플러의 표현을 빌리자면 "대면 접촉에 수반되는 모든 잠재적이고 비언어적인 의사소통 수단"[77]이 도움이 된다. 예를 들어 기하학의 기본 정리를 증명하는 방법을 이메일로 누군가에게 가르친다고 생각해보자. 한 연구에 따르면 영국 맨체스터에서 긴급전화에 대응하는 데 걸리는 시간이, 그 전화를 받는 사람과 경찰을 출동시키는 사람이 같은 방에 있을 때 더 짧았으며 두 사람 사이의 거리가 가까울수록 더 짧았다.[78]

복잡한 업무일수록 종종 결과의 성과를 측정하기 어렵다. 그렇기에 커피를 마시면서 휴식을 취한다거나 팀의 사기를 높이고자 할 때 관리자와 부하직원이 물리적으로 가깝게 있는 것이 그만큼 더 중요해진다. 과거에 뉴욕의 가먼트 지구에서 봉제 노동자는 자기가 만든 옷의 수량에 따라 보수를 받았다. 자기가 몇 벌을 만들었는지 세는 일은 어렵지 않았고 노동자들은 성과급으로 동기부여가 되었으며 옷은 집에서도 만들 수 있었다. 이런 특성은 오늘날의 콜센터 직원이 하는 수행하는 업무와 다르지 않다. 그러나 야후의 CEO 마리사 메이어가 야후의 부흥을 꾀하기 위해서는 고도의 사고와 정교한 조정이 필요했는데, 이런 작업은 성과급으로는 보상할 수 없다.

심지어 똑같은 일자리라고 하더라도 소통 정도가 달라졌다. 경제학 교수라는 우리 저자들의 직업을 놓고 살펴보자. 1960년대에 경제학자는 기본적으로 논문을 혼자서 썼다. 그런데 1995년까지 약 30년 사이에 여러 명이 하나의 논문을 공동으로 쓰는 경우가 급격히 늘어났다. 이렇게 바뀔 수 있었던 건 통신 기술의 개선으로 저자들 사이의 의견 조정 작업이 쉬워졌기 때문이었다. 또한 논문은 예전보다 훨씬 복잡해졌는데, 이런 요건을 채우려면 논문 작성자는 더 넓은 범위의 기술을 확보하고 있어야 했다.

공동 저자들 대부분은 같은 도시나 같은 건물에 있었으며 이들 사이에 많은 대면 접촉이 이뤄졌다. 심지어 함께 일할 때조차도 생산성이 높아지려면 실시간 대면 접촉을 하고 데이터와 초고를 전자적인 방식으로 공유해야 한다. 증거에 따르면 근접성은 품질에 중요하게 작용한다. 공동 저자들이 함께 작성한 논문은 이들이 같은 건물에 있더라도 연구실이 가까이 있을수록 더 많이 인용되었다.[79]

이후 25년 동안 경제학 연구는 실험실에서 점점 더 많이 이뤄졌는데, 생물학을 모델로 한 이런 연구 방식은 1990년대에 있었던 2인 공동 저자 방식보다 소통이 훨씬 더 긴밀하게 이뤄졌다. 경제학 실험실은 인간 존재에 관한 새로운 사실들을 밝혀낼 방대한 데이터를 분석하기 위해 기술, 특히 컴퓨터에 의존한다. 코로나19 팬데믹 이전까지만 해도 이 실험실에 있던 사람들은 거의 늘 무릎을 맞대고 앉아서 방향을 모색하고 정보를 공유하며 서로에게 힘을 북돋웠다.

비대면으로 이뤄지는 전자적 소통이 얼굴을 맞대고 진행하는 회의를 대체할 것이라는 발상은 매우 단순하고 정적인 견해로, 의사소통 기술이 인간적인 연결 전반에 미치는 영향을 놓치는 견해이기도 하다. 상대적으로 싼 에너지가 사람들이 더 에너지 집약적인 생산수단을 사용하도록 이끌었듯이, 상대적으로 싼 의사소통이 한층 전반적인 의사소통으로 이어지면서 결국 더 중요해졌다.

이메일과 트위터, 페이스북은 기존 친구들과의 만남을 저장할 수도 있지만 더 많은 친구를 사귀게 할 수도 있다. 또 그중 많은 사람은 얼굴을 맞대고 직접 만나길 원할 수도 있다. 1980년대에는 장거리 출장 여행이 급증했는데 이런 여행을 대신할 수 있는 전화와 팩스가 이미 있었음에도 그랬다. 토플러가 만든 컨설팅 회사를 포함해 사업과 관련된 서비스를 제공하는 회사들은 최첨단 정보기술에 접근할 수 있음에도 불구하고 해마다 수백 명의 고객과 만나 얼굴을 본다.

경제학의 논리로 말하자면 전자적 소통은 단지 대면 회의를 대체할 뿐만 아니라 그 회의를 보완한다. 그리고 도시에 산다는 것은 얼굴을 맞대는 만남을 더 쉽게 진행할 수 있다는 뜻이다.

새로운 미디어 형태가 흔히 대면 소통을 보완한다는 증거는 많다. 심지어 1980년에도 그랬다. 전화 통화도 그렇다. 자주 만나는 사람일수록, 가까이 사는 사람일수록 전화를 더 자주 하게 된다. 오늘날의 페이스북 같은 소셜 네트워크상의 우정도 가까운 곳에 사는 사람들 사이에서 더 흔하게 볼 수 있다.

먼 거리를 뛰어넘어 지식을 전달하는 인간의 능력은 수백 년 동안 개선되어왔다. 2020년까지 이런 소통 기술의 발전은 도시에 큰 해를 끼치지 않았던 것 같다. 구텐베르크 성경[15세기에 요하네스 구텐베르크(Johannes Gutenberg)가 인쇄한 라틴어 성경 - 옮긴이]이 멀리 떨어진 농장 공동체들에 전파된 것은 16세기 초에 저밀도 생활을 하던 사람들에게는 축복처럼 보였을지도 모른다. 시골의 성직자들은 복음서나 최근의 루터교 기도문을 정확하게 암송하기가 예전보다 한결 쉬워졌다. 그러나 농부의 아이들도 성경을 읽기 시작했고, 점점 더 많은 사람이 글을 읽으면서 프랑크푸르트나 베를린 같은 도시에서 부를 추구하고 재산을 일구었다.

19세기의 예언자들은 전화가 20세기에 도시의 성장을 제한할 것이라고 생각했다. 하지만 그런 일은 일어나지 않았다. 1980년 이후로 컴퓨터는 전 세계의 도시를 해치기보다는 오히려 돕겠다고 나섰다.

불평등과 재택근무 붐

코로나19 팬데믹이 발생하자 앨빈 토플러의 분산된 세계에 대한 예측 전망이 되살아났다. 2020년 5월에 미국 노동인구의 35퍼센트에 해당하는 4,900만 명이 팬데믹 때문에 재택근무를 한다고 미국노동통계국에 보고했다.[80] 이 숫자는 코로나19가 발생하기 전에 이미 원격으로 근무하던 사람을 포함하지 않기 때문에 이들까지 합치면 미국인 재택근무자는 40퍼센트가 넘는다(이 수치는 스탠퍼드대학교의 경제학자 니컬러스 블룸이 보고한 것이다[81]).

5월의 상황은 특히 주목할 만했는데 인구 약 3억 3,000만 명인 미국에서 5,000만 명이 팬데믹으로 일자리를 잃었다고 보고했기 때문이다.[82] 이는 두 달 동안 약 1억 명의 미국인이 직장의 사무실로 출근하지 않게 되었다는 뜻이다. 이 엄청난 숫자는 화상회의를 하면서 편안하게 급료를 받는 행운아들과 연방정부가 나서서 사라져버린 임금을 보전해주기를 기대하는 불우한 사람들로 똑같이 반반으로 나뉜다.

그러나 집에서 일하는 사람들의 수는 서서히 줄어들었다. 11월이 되자 코로나로 재택근무를 하는 사람의 비율은 22퍼센트로 감소했는데 이는 미국인 3,300만 명이 재택근무를 한다는 뜻이었다. 일부 실업자들이 일자리를 찾아 다시 일하러 나갔고 재택근무를 하던 사람들은 사무실로 출근했기 때문에 그 비율이 줄어들었던 것이다. 11월에 코로나19 때문에 일자리를 잃은 미국인은 1,500만 명으로 줄었다.

5월에 코로나19로 재택근무를 했던 사람의 수와 일을 전혀 하지 않았던 사람의 수가 거의 같다는 사실은 팬데믹으로 초래된 전혀 다른 경제적 경험을 상기시킨다. 운 좋은 재택근무자들 중 많은 사람이 일로 인한 스트레스를 덜 받았다. 통근자들에게 재택근무는 확실히 편했다. 그러나 실업자들은 스트레스를 많이 받았다. 두 집단에 속한 인구수는 모두 거대했고 두 집단이 속한 계층의 교육 및 소득은 전혀 달랐다.

2020년 5월 기준으로 보면 재택근무자 4,900만 명 중 3,600만 명이 미국노동통계국에서 경영, 전문직 관련 직종이라고 부르는 일자리 집단에 속한 사람들이었다. 이 선택받은 집단은 2020년 2월에 미국 노동자의 42퍼센트, 5월에 재택근무자의 73퍼센트를 차지했다.[83] 관리직과 전문직 종사자 중 코로나19로 일자리를 잃은 사람은 2020년 5월 기준으로 15퍼센트밖에 되지 않았다. 같은 달에 금융 및 보험 부문에서는 전체 직원의 7퍼센트만이 코로나19로 일자리를 잃었다.

그 스펙트럼의 다른 쪽 끝에서는 사정이 전혀 달랐다. 5월에 2,200만 명이었던 서비스업 부문의 노동자 중 150만 명만 재택근무를 하고 있었다. 여가 및 접객 부문의 노동자는 40퍼센트 넘게 일자리를 잃었다.

직종에 따른 이런 차이는 학력의 차이로 해석할 수 있다. 2020년 5월을 기준으로 놓고 볼 때 석사 이상의 학위를 가진 성인 취업자의 3분의 2가 재택근무를 한 데 비해 고등학교 중퇴자 중에서는 겨우 5퍼센트만 재택근무를 했다. 대학 학위를 가진 성인은 54퍼센트, 고졸자는 15퍼센트가 각각 재택근무를 했다. 2020년 11월을 기준으로 놓고 보면 재택근무자의 비율이 전체적으로 줄어들긴 했지만 학력에 따른 격차는 여전히 남아 있었다. 석사 이상의 학위를 가진 노동자는 거의 절반이 재택근무를 했는데 고졸 이하 학력의 성인이 재택근무를 한 비율은 10퍼센트 미만이었던 것이다.

우리 저자들의 경험도 아마 일반적인 대표성을 가지지 않을까 싶다. 데이비드 커틀러는 2020년 3월 초부터 2021년 새해 벽두까지의 기간에 딱 한 번 대학교의 자기 연구실에 갔다. 그것도 우편물을 가지러 갔다가 30분만 머물고 나왔다. 에드워드 글레이저는 그 기간에 연구실에는 한 번도 가지 않았다.

토플러가 예측했던 전망 어디에서도 재택근무로의 전환이 끔찍한 불평등 속에서 이뤄진다는 언급은 없다. 그럼에도 지난 40년 동안의 거의 모든 주요 기술 혁신과 마찬가지로, 사람들을 서로 연결해주는 인터넷 환경은 부유하고 학력이 높은 사람들에게 매우 유리했다. 재택근무는 보편적인 만병통치약이 아니다. 재택근무는 줌이라는 앱으로 자기 업무의 서비스를 제공할 수 있는 운 좋은 사람들만 보호했다.

재택근무는 미국인 14퍼센트와 아프리카계 미국인 21퍼센트에겐 별로 큰 도움이 되지 못했다. 이들은 2020년 12월의 인구조사에서 지난주에 자기의 가족이 음식을 충분히 섭취하지 못했다고 밝힌 바로 그 사람들이다.[84] 게다가 학력이 높은 사람들의 재택근무는 경제 전반에 파문을 일으켰다. 왜냐하면 사람들이 더는 거리의 푸드트럭이나 식당에서 점심을 사 먹지 않았고 스타벅스에서 커피를 사 먹지 않았기 때문이다. 이는 학력이 낮은 사람들의 실업률이 훨씬 더 커질 수밖에 없었다는 뜻이기도 하다.

학력이 낮은 사람들의 실업에는 또 다른 이야기가 담겨 있다. 덜 부유한 미국인 수백만 명은 필수 산업 분야에서 일하며 이들은 일자리를 잃지 않았다. 이들은 마트 계산대에서 바코드를 찍었고 양로원에서 청소를 했다. 그랬기에 이들은 코로나19에 걸릴 확률이 상대적으로 높았다. 게다가 나이가 많거나 만성적인 질병이 있을 경우는 코로나19에 걸려 사망할 확률도 높았다.

중세에 흑사병을 유럽의 항구로 처음 들여온 배들은 대부분 부자가 소비할 사치품을 싣고 있었다. 오늘날에도 이런 사정은 마찬가지여서 세계에서 부유하고 학력이 높은 세계 시민이 전염병을 퍼뜨릴 가능성이 가장 크다. 미국의 코로나19는 중국에서 돌아오는 고소득자 여행객과 북부 이탈리아에서 휴가를 보내던 부유한 관광객이 전파했다.[85] 보스턴에서 딱 한 차례 열린 어떤 보건 관련 컨퍼런스 때문에 수십만 명이 코로나19에 걸렸다.[86] 그러나 정작 전염병이 유행하자 부자들은 재택근무로 자신을 보호했다. 반면에 부유하지도 않고 학력도 낮은 사람들은 직업을 잃거나 현장 근무로 전염병에 자주 노출되었다. 부자들이 즐거움을 누린 대가를 가난한 사람들에게 강요한 적은 로마의 네로 황제 이후 단 한 번도 없었다.

대면 근무의 가치

코로나19 팬데믹은 생산성에 어떤 영향을 미쳤을까? 앞에서 우리는 나탈리아 이매뉴얼과 엠마 해링턴이 발견했던 내용을 잠깐 살펴봤다. 재택근무가 콜센터의 생산성 향상에 기여한다는 내용이었다. 이런 사실은 무작위 실험에서도 유효하다. 스탠퍼드대학교의 경제학자 니컬러스 블룸과 존 로버츠(John Roberts)는 중국에 있던 동료들과 함께 한 중국 여행사가 했던 재택근무 실험의 자료를 분석했다.[87] 이 실험에서는 재택근무에 관심이 있는 직원들을 무작위로 두 집단으로 나눠 한 집단은 집에서 근무하게 하고 다른 집단은 사무실에서 근무하게 했는데 결과적으로 재택근무 직원의 생산성이 13퍼센트 더 높았다.

콜센터 업무를 집에서 수행할 때 생산성이 더 높다면 왜 콜센터를 운영하는 기업은 코로나19 때문에 어쩔 수 없이 재택근무를 도입할 때까지 기다렸을까? 이매뉴얼과 해링턴이 확보한 데이터는 그 질문에 대답한다. 물론 이 대답은 가능한 여러 가지 대답 중 하나다. 콜센터 회사가 애초부터 재택근무를 할 사람을 고용할 때는 생산성이 낮은 사람들이 채용되는 경향이 있었다.

즉 사무실에서 근무하던 직원이 재택근무로 일할 때 생산성이 향상되지만 "애초부터 재택근무를 한 사람은 코로나19 이전의 사무실 근무자보다 수신 콜 횟수가 9~11퍼센트 적다. (…) 재택근무자들은 통화마다 45~61초나 시간을 더 길게 끌었다. (…) 통화 시간은 훨씬 더 길었지만 고객에게 더 많은 만족을 주지는 않았다." 또한 "코로나19 때문에 모든 직원이 재택근무를 하던 2020년에 애초부터 재택근무를 하기로 하고 채용된 사람들은 사무실 근무를 하다가 재택근무를 하게 된 사람들보다 생산성이 12퍼센트 낮았다." 이매뉴얼과 해링턴은 "재택근무는 눈에 띄지 않을 정도로 생산성이 낮은 직원을 끌어들인다"라고 결론을 내렸다.[88]

이 선택 효과(selection effect, 선택지가 많을 때 선택의 부담 때문에 결과에 대한 만족도가 오히려 떨어지는 현상 – 옮긴이)는 코로나 팬데믹 이후 재택근무가 광범위하게 지속되는 것을 가로막는 장애물이다. 어떤 회사가 집이 아닌 회사의 사무실에서 일할 직원으로 열심히 일하는 사람을 뽑는다고 하자. 내부적인 동력을 중요시하는 이 회사는 사무실 공간을 계속 유지하려고 할 것이다.

게다가 집에 적절한 작업 공간을 가지고 있는 사람은 많지 않다. 미국인의 4분의 1은 집에 인터넷 통신망을 갖추고 있지 않으며 설령 통신망을 갖추고 있어도 재택근무를 하기에는 통신망의 속도가 너무 느리다.[89] 또 재택근무를 하는 사람은 심심해하는 아이들이나 그 밖의 요인들로 방해를 받아서 일에 집중하기 어렵다.

경제학자 크리스토퍼 스탠턴(Christopher Stanton)의 연구논문에 따르면 "팬데믹 이전에 재택근무 가구의 주거비 지출 비중은 비슷한 조건의 비재택근무 가구의 주거비 지출 비중보다 8퍼센트 이상 높았다."[90] 이는 재택근무자들이 업무를 처리하기에 효과적인 작업 공간을 따로 마련해야 했기 때문일 것이다. 런던처럼 비좁은 아파트가 빽빽하게 들어선 도시에서는 회사 사무실이 없어지는 것을 반길 사람이 거의 없을 것이다. 게다가 재택근무 제도를 시행한다고 사무실 공간이 아예 필요없는 것도 아니다. 다만 그 공간을 부담하는 책임이 회사에서 직원에게 떠넘겨질 뿐이다.

마지막으로, 겉으로 보기에는 판에 박힌 듯한 업무라고 하더라도 중요한 조정이 필요한 작업이 있다. 심지어 이매뉴얼과 해링턴이 연구한 콜센터에서도 경험이 많은 상급자일수록 복잡한 사항을 처리해야 하는 고객 전화를 더 많이 배정받는다. 경험이 많은 동료 근처에 자리를 배정받은 신참자는 까다로운 요구를 하는 고객을 능숙하게 응대하는 그 동료를 바라보며 많은 것을 배울 것이다.

물론 이런 요인들이 파트타임 재택근무를 가로막게 해서는 안 된다. 사실 우리는 전 세계 수많은 지식 노동자가 앞으로는 화상회의를 하면서 재택근무를 할 것이라고 매우 확신하는 편이다. 그러나 토플러와 다르게 이런 변화가 혁명적이라기보다는 주변적인 현상으로 그치리라고 예상한다. 재택근무 때문에 교통난이 해소된다거나 고층 건물의 사무실들이 텅텅 비리라고는 생각하지 않는다는 말이다.

재택근무가 산업 전반에 미치는 다차원적인 영향을 조사한다는 목적으로 두 차례의 설문조사가 팬데믹이 한창일 때 실시되었는데 에드워드 글레이저가 그 결과를 분석하는 작업에 동참했다. 첫 번째 설문조사는 앞에서 언급한 온라인 리서치 회사인 얼라이너블에 가입한 중소기업 CEO들을 대상으로 했고, 두 번째 조사는 전미실물경제협회(NABE)에 소속된 대기업의 경제 전문가들을 대상으로 했다.[91] 연구자들은 얼라이너블의 회원 CEO들에게는 재택근무자가 경험하는 생산성 변화를 수치로 알려달라고 요청했고, 대기업의 경제 전문가들에게는 폭넓은 범주들로 결과들을 분류해달라고 요청했다.

경제 전문가들은 대부분 재택 작업이 생산성에서 상당한 손실을 발생시킨다고는 생각하지 않았다. 이들의 28퍼센트는 재택근무로 효율성이 높아졌다고 생각했는데 이는 블룸과 로버츠, 이매뉴얼과 해링턴이 각각 조사했던 결과와 일치한다. 그러나 CEO들은 29퍼센트가 재택근무로 생산성이 높아졌다고 응답했지만 상당수는 업무에 지장을 받는 상황이나 혼란을 경험했다고 답했다.

평균적으로 CEO들은 재택근무 때 직원의 생산성이 20퍼센트 떨어진다고 생각했다. 기술 수준이 낮은 직종에서는 특히 문제가 컸다. 생산성 감소는 규모가 큰 기업일수록 심했는데, 이는 인터넷으로 많은 직원을 관리하기가 어렵다는 뜻이다.

온라인 구인 광고를 보면 재택근무의 미래에 대해 많은 것을 알 수 있다. 호세 라몬 모랄레스아릴라(José Ramón Morales-Arilla)와 공동 저자 카를로스 다보인(Carlos Daboin)은 노동시장 전문 분석 업체인 버닝 글래스 테크놀로지스(Burning Glass Technologies)가 집계한 구인구직 광고의 양상이 시간이 흐르며 어떻게 달라지는지 살펴봤다.[92] 이들은 광고에 나온 일자리들을 원격으로 할 수 있는 일과 사람들끼리 얼굴을 바라보면서 해야 하는 일로 나눴다. 앞에서 살펴봤던 것처럼 홀서빙처럼 대면이 필요한 일자리들은 팬데믹 초기에 가파르게 줄어들었다. 그러나 회계 일자리처럼 인터넷으로 할 수 있는 일자리는 그다지 줄지 않았다. 팬데믹 초기에는 대면 일자리와 잠재적인 재택근무 일자리 모두 구인 광고가 줄어들었다. 원격으로 할 수 있는 일은 재택근무로 바뀌었지만 신규 채용은 중단되었다.

2020년 9월이 되자 대면 일자리의 고용은 상당한 수준으로 회복됐다. 구인 광고도 다시 올라왔고 대부분 팬데믹 이전 수준을 넘어섰다.

2020년 9월에는 산업용 트럭 운전사 및 트랙터 운전사를 채용한다는 광고가 2월보다 66퍼센트 늘어났다. 식품 공장에서 직원을 채용하겠다는 광고도 42퍼센트 늘어났는데 식재료를 혼합하는 일의 구인 광고가 특히 많았다.

그러나 재택근무를 주로 해야 하는 일자리의 구인 광고는 예전 수준으로 회복되지 않았다. 2020년 9월의 재택근무 일자리 구인 광고는 2월보다 3분의 1 이상 줄어들었다. 마이크로소프트의 연구자들은 "엔지니어링 시스템 데이터를 사용해서 측정한 생산성은 변동이 없거나 약간 개선된 것으로 보인다"라고 밝혔지만[93] 버닝 글래스 테크놀로지스가 수집한 소프트웨어 엔지니어 구인 광고는 2월보다 42퍼센트 줄어들었다. 같은 기간에 재무분석가 구인 광고는 40퍼센트 줄어들었다.

그중 일부는 직원을 교체할 필요성이 줄어들었다거나(팬데믹 초기의 몇 달 동안에는 퇴직률이 줄어들었다) 전체 작업량이 줄어들었다거나 같은 상황이 반영되었다고 볼 수 있다. 그러나 고령 노동자의 꾸준한 고용과 신규 고용도 급격히 감소했는데 이는 기업들이 고령 노동자 고용을 유지하기 위해 여러 해에 걸친 인간적인 사회적 자본에 의존할 수는 있어도 화상회의 같은 비대면 방식으로 새로운 관계를 맺어나가는 것을 두려워한다는 사실을 암시한다.

100년이 넘는 세월 동안 경제학자들은 밀집한 산업단지에서는 "거래의 미스터리는 수수께끼가 아니다. 그 비결은 공기 중에 있다"[94]라고 썼던 영국의 위대한 경제학자 앨프리드 마셜(Alfred Marshall)의 의견에 대체로 동의했다. 사람은 누구나 자기 주변에 있는 동료들에게서, 점심 식사 자리나 휴게실에서 우연히 이뤄지는 소통에서 많은 것을 배운다. 그리고 임금 수준이 낮은 도시에서 임금 수준이 높은 도시로 이사하면 자신의 임금도 점점 오른다(하지만 단번에 인상되는 것은 아니며 몇 달 혹은 몇 년에 걸쳐 오른다). 아마도 자신을 둘러싼 환경에서 배우기 때문이 아닐까 싶다.

이매뉴얼과 해링턴은 "집 혹은 그 밖의 다른 곳이 아니라 회사의 사무실 현장에 있는 직원이 더 높은 수준의 의사결정을 내리고 더 많은 고객을 처리하는 더 높은 직위로 승진할 가능성이 크다"라는 사실을 확인했다.[95] 그런데 블룸과 로버츠가 진행한 중국 여행사의 연구에서도 재택근무자들의 생산성이 일정한 수준으로만 유지되고 승진 가능성이 낮았는데, 이는 재택근무자들이 회사 대표와의 유대감을 형성하지 못한 것과 관련이 있었다.

사람은 주변에 있는 사람들로부터 지식을 흡수하는 엄청난 능력이 있다. 심지어 이 학습 과정을 전혀 의식하지 못할 때조차도 지식을 흡수한다. 정보기술과 세계화가 기술과 혁신이 가져다주는 편익을 강화하면서 대면 접촉은 점점 더 가치가 커지고 있다. 대면 학습의 가치가 가상으로도 실현될지는 확인해야 하겠지만 우리 저자들로서는 과연 가능할지 의심스럽다. 인터넷이 다른 사람들과 함께 일하는 기쁨 혹은 실제 도시에 있을 때의 기쁨을 대체할 수 있다는 전망에 대해 우리는 매우 회의적이다.

사회적 동물이 자기를 숨길 때

인간은 사회적 존재이며 살아 있는 인간과 어울리는 것을 소중하게 여긴다. 온라인으로라도 교류하는 게 아무런 교류도 하지 않는 것보다야 낫겠지만, 온라인에서만 소통하는 것보다는 직접 만나서 소통하는 게 더 많은 행복감을 가져다줄 것이다. 이런 사실을 입증하는 연구는 미국,[96] 캐나다,[97] 중국[98]을 포함한 많은 나라에서 이뤄졌다. 연구 결과 사람들은 온라인 만남보다 실제로 얼굴을 맞대는 만남을 선호했다.[99] 사람들은 개인적인 환경에서뿐만 아니라 직업과 관련된 환경에서도 직접적인 만남을 선호한다.[100] 심지어 갈등을 해결할 때도 서면을 통한 소통보다 직접적인 소통이 효과적이다.[101]

대면 접촉이 이뤄질 때 정서적으로도 서로 연결된다는 것은 사람들이 완전한 고립감을 두려워하는 이유이기도 하다. 다른 사람을 직접 만나는 것은 인생뿐만 아니라 일조차도 훨씬 더 즐겁게 만들어준다. 사람은 대부분 더 많은 사회적 유대감을 원하며 아무리 소소한 소통이라도, 심지어 의도적으로 연출된 소통이라도 도움이 된다.[102]

실제 현실에서의 만남이 가져다주는 즐거움은 기술 기업의 사무실에 게임기와 푹신한 소파가 비치된 이유, 1980년 이후 많은 도시가 부흥의 길을 걸었던 이유를 설명해준다. 〈프렌즈(Friends)〉, 〈사인필드(Seinfeld)〉, 〈섹스 앤 더 시티(Sex and the City)〉 같은 1990년대의 도시를 배경으로 한 TV 드라마들은 대부분 커피숍과 술집에 모여서 느긋하게 노닥거리는 즐거움을 소중하게 여긴다.

구글, 애플, 우버와 같이 고도로 숙련된 젊은 기술직 직원을 채용한 회사들은 모두 사무실을 놀이터로 만들려고 노력했다. 일이 즐거울 때 직원은 회사에 더 오래 머무르고 불평도 덜 하며 더 열심히 일한다. 우리의 동료 로버트 퍼트넘(Robert Putnam) 교수의 말을 빌리면, 혼자서 프로그래밍 작업을 하는 것이 업무라면 이는 그저 봉급을 받기 위한 것일 뿐이다. 어떤 과제를 다른 사람들과 함께 수행한다는 사명감이 없다면 사람들은 일이 매우 단순하거나 성과급을 받는 게 아닌 한 그저 최소한의 노력만 들이고 만다. 이런 상황에서는 신규로 채용한 직원이 수행하는 업무의 질도 떨어진다. 이와는 대조적으로 어떤 회사가 도시에 비싼 사무실 공간을 마련한다면 창의적인 팀의 일원이 되고자 하는 젊은 직원을 직원으로 끌어당길 수 있다.

비대면 만남보다 실제적인 만남을 선호하는 정도는 나이 혹은 인생 단계에 따라서도 다르다. 아내나 남편, 자녀, 그 밖의 여러 인간관계가 많이 쌓여 있는 중년 직원은 밤늦도록 회사에 붙들려 있는 것을 좋아하지 않는다. 이렇게 보면 재택근무로의 전환은 젊고 힙한 계층보다는 우리 저자들 같은 중년층이 상대적으로 더 많이 반길 것 같다.

대면 접촉의 유쾌한 측면은 또한 뉴욕, 런던, 샌프란시스코 같은 도시들이 부흥한 배경을 설명해준다. 경제학자들은 임금과 물가를 이용해 도시의 매력도를 측정한다. 만약 어떤 곳의 물가 수준보다 임금 수준이 높다면 날씨와 같은 여러 요인과 더불어 그곳의 매력도가 낮다는 것이다. 예컨대 알래스카는 임금 수준이 높을 수밖에 없다. 따라서 어떤 곳의 물가 수준이 임금 수준보다 높다면 사람들은 그곳의 노동시장이 아니라 다른 것을 좋아한다고 유추할 수 있다. 하와이나 지중해 연안의 휴양지 코트다쥐르가 이런 곳이다. 여러 해에 걸쳐 물가 상승이 임금 상승을 초과하는 도시에는 그곳을 더 멋지게 만드는 무언가가 있다.

1980년 이후 25년 동안 뉴욕, 런던, 샌프란시스코 같은 도시에서 물가상승률은 소득증가율을 앞질렀다.[103] 사람들은 이 놀이터 같은 도시 공간에서 살고 싶어 했다. 1970년대에는 노동자들이 뉴욕에 사는 것을 버틸 수 있도록 고용주가 물가보다 높은 수준의 임금을 지급해야 했다. 그런데 2005년이 되자 노동자들은 드라마 〈섹스 앤 더 시티〉에서 묘사하는 기쁨과 즐거움의 장소에서 살고 싶어서 임금이 줄어드는 것도 기꺼이 감수했다.

도시 혁신에는 여가 활동도 포함된다. 도시의 식당 사업가는 이민자인 경우가 많은데, 이들은 모든 가격대의 음식을 제공하는 훌륭한 식당을 만들어낸다. 또한 도시에는 인구가 많으므로 공동의 기반시설에 들어가는 고정비용을 분담할 수 있어서 박물관이나 공연장 같은 문화를 풍족하게 누릴 수 있다. 그런데 도시에서 가장 중요한 점이 하나 있다. 젊은 사람들이 밀집된 장소에 모여든다는 사실 자체가 다른 젊은 사람들에게 엄청난 매력 요소라는 점이다.

10년쯤 전이었는데, 경제경영 분야의 전문 저널리스트들은 징가(Zynga)나 세일즈포스(Salesforce) 같은 몇몇 기술 기업의 사무실이 실리콘밸리가 아니라 샌프란시스코 도심에 있다는 사실을 깨달았다. 반면 구글 같은 회사들은 버스로 직원들을 도시에서 태워 교외 지역으로 데려갔다. 징가 같은 회사와 구글의 직원들은 항구나 철도역에 가까이 있으려고 도시에 있었던 게 아니라 도시 생활이 재미있었기 때문에 도시에 있었던 것이다.

일부 기술 기업들은 이미 뉴욕에서 코로나19 이후 입지를 넓힐 계획을 발표했다.[104] 팬데믹을 거치면서 경험했지만 사람들이 서로 소통하고 동일한 경험을 공유하는 즐거움을 누릴 수 있게 해주는 도시 역량이야말로 사람들이 도시를 떠나는 걸 막아주는 가장 큰 보호막이 될 수 있다.

얼굴을 맞대는 소통과 서로 연결되는 즐거움은 초등학교와 중고등학교에서도 나타난다. 이는 우리 저자들도 직접 경험했다. 학교가 온라인 비대면 수업으로 학사 일정을 진행할 때도 아이들이 받는 수업 내용은 대면 수업 때와 다르지 않았다. 부모로서 우리는 아이들이 팬데믹의 와 중에서도 여전히 학습을 이어간다는 게 고마웠다. 그러나 아이들의 얼굴에서는 기쁨이 사라졌다. 친구들과 함께 어울려 놀면서 깔깔거리던 재미가 대부분 사라져버렸다.

세상이 점점 더 부유해지면서 일은 임금보다는 즐거움이 중요해졌다. 이미 재택근무를 할 역량이 있었던 운 좋은 지식 노동자들은 힘들고 단조로운 일에는 거의 종사하지 않는다. 코로나19가 발생하기 전에도 이미 기업들은 업무 공간을 생산적일 뿐만 아니라 즐겁기까지 한 곳으로 만들어 인재 유치 경쟁을 벌였다. 기업들은 앞으로도 그렇게 할 것이다. 그것도 기술력이 허용하는 최대한으로 말이다.

균형을 갖춘 도시의 미래

인간적인 교류가 가능하다는 점에서 도시는 미래에도 사무실 공간을 유지할 것처럼 보이지만, 그 어떤 도시도 확실하진 않다. 재택근무가 늘어난다는 것은 기업이 예전보다 쉽게 자리를 옮길 수 있다는 뜻이다. 나이가 많고 부유한 사람들 일부는 분명 도시로 출퇴근하기보다는 재택근무를 선호할 것이다. 이는 도시가 세금 기반을 유지하려면 1970년대보다 더 열심히 노력해야 한다는 걸 뜻한다. 도시의 성공 여부는 지성과 품위를 갖춘 공공서비스를 제공하는 데 달려 있으며 이는 과거 그 어느 때보다도 절실해졌다.

전미실물경제협회에 소속된 대기업의 경제 전문가들과 얼라이너블의 회원 CEO들을 대상으로 했던 설문조사는 재택근무자의 20퍼센트가 여전히 재택근무자로 남을 것임을 시사했다. 얼라이너블의 설문조사에서는 일자리의 약 4분의 1이 재택근무로 전환되었다. 만약 이런 예측이 전체 경제에도 적용된다면 코로나19 이전의 약 700만 개 일자리가 (이는 미국 전체 노동인구의 5퍼센트에 조금 못 미치는 숫자다) 재택근무로 바뀐다는 뜻이다.

그렇다고 해서 비어 있는 사무실이 엄청나게 늘어난다는 말은 아니다. 미국 전체의 일자리는 2016~2020년 사이에 700만 개 넘게 늘어났다.[105] 이는 재택근무로의 전환 규모가 아무리 크더라도 5~10년 뒤에 통상적인 사무실 출근 일자리가 늘어나서 상황이 다시 역전될 것임을 시사한다.

그러나 이런 일자리 증가가 노동자가 재택근무를 하는 바로 그 도시에서 일어날 이유는 없다. 창업은 어디에서든 가능하다. 많은 신생 기업이 텍사스의 오스틴처럼 물가가 낮고 세금이 적은 곳으로 이끌릴 것이다. 콜로라도의 베일과 볼더는 자연의 아름다움을 제공한다. 또 캔자스시티는 치열한 기업가정신이 불을 뿜는다. 새로 단장한 혁신 경제는 세계 전역으로 눈을 돌릴 것이다. 미래의 사업가들은 전혀 불편함이나 어색함 없이 줌으로 화상회의를 할 수 있기 때문이다.

그렇다면 이런 일은 어떻게 전개될까? 더 많은 사람이 재택근무를 하면서 도시의 부동산 수요는 줄어들 것이다. 도시 입장에서 반가운 소식은 임대료가 유동적이라는 점이다. 보스턴이나 시카고에서 재택근무자가 급증해서 사무실 수요가 줄어들면 부동산 소유주는 임대료를 내릴 것이다. 이렇게 되면 제공되는 서비스들이 업그레이드될 텐데 이는 품질이 보정된 단위면적당 가격이 내려간다는 뜻이다. 그러면 도시 공간은 한층 저렴해질 것이고 사무실 건물을 임대하려는 사람을 제외하면 모두에게 반가운 일일 것이다.

그렇다면 40년 전 토플러가 예측했던 것처럼 도시 공간에 대한 수요가 너무 많이 줄어들어서 상업용 고층 건물이 텅텅 비게 될까? 건물 임대료가 건물 운영비보다 높게 유지되는 한 건물은 여전히 임대되겠지만, 언젠가는 공공요금과 관리비와 세금 등의 부담으로 부동산 소유주가 항복할 시점이 올 것이다. 미국의 주요 사무실 임대 시장의 약 4분의 1이 2020년 3/4분기에 평방피트당 임대료가 평균 24달러 미만이었다.[106] 오하이오의 클리블랜드와 미시간의 그랜드 래피즈 같은 지역들은 장기 공실이라는 엄청난 위기를 맞고 있다. 그러나 사무실 시장의 약 5분의 1이 임대료는 평방피트당 42달러가 넘고 뉴욕은 평방피트당 60달러가 넘으며(100평방피트는 약 2.8평이다 – 옮긴이) 샌프란시스코는 이보다 더 비싸다. 이런 곳들에서는 코로나 팬데믹 이후 가격이 재설정되더라도 사무실 건물의 공실 사태는 일어나지 않을 것이다.

도시가 아닌 지역에서는 일부 건물의 수요가 급격히 줄어들면서 공실 위험이 커질 것이다. 그러면 가장 오래된 사무실 건물들, 즉 편의시설이 가장 적고 위생 설비가 부족한 건물들이 가장 크게 피해를 입을 것이다. 반면에 환기 설비를 잘 갖춘 새 건물들은 임대료를 더 비싸게 받을 것이다.

사무실 공간이 저렴해지면 비용 때문에 도시 바깥으로 밀려났던 회사들이 도시로 들어오려고 할 것이다. 10년 전 보스턴 시장 토머스 메니노(Thomas Menino)는 해안 지역에 혁신지구를 설립했다.[107] 창의성에 전념하는 기업 단지를 만들어 보스턴의 기업가 공동체 형성을 촉발하겠다는 게 목적이었다. 이 혁신지구의 구호 '일하라, 생활하라, 놀아라 (Work, Live, Play)'는 창업을 계획한 만큼 개인적인 생활에서도 즐거움을 추구하는 기술 분야 힙스터들을 끌어들이기 위해 고안되었다.

이 지구는 대성공을 거두었다. 보스턴은 비좁았고, 세련된 새로운 도시 공간에 대한 강력한 수요가 있었다. 하지만 신생 기업들은 도시에서 가장 좋은 공간을 빌릴 수 있을 정도로도 부유하지 않았다. 결국 신생 기업들이 아니라 은행들이 그 지구를 차지했다. 메니노 시장은 새로운 금융지구를 원하지 않았지만 2020년 이전에는 그것이 혁신지구의 미래처럼 보였다. 기업가들은 도시에서도 더 싸고 가난한 지역으로 이주했고, 이는 다음 8장에서 다룰 젠트리피케이션을 둘러싼 싸움으로 이어졌다.

하지만 은행이 재택근무를 채택하거나 다른 도시로 이사하면 그 공간은 다시 사용할 수 있게 된다. 작가이자 언론인이며 활동가였던 제인 제이콥스(Jane Jacobs)는 20세기의 미국 도시를 가장 정확하게 관찰했다. 그녀의 1961년 저서 《미국 대도시의 죽음과 삶》은 걸작 논픽션 중 하나다. 이 책에서 그녀는 도시에서 새로운 사업들이 성장하려면 "싸고 쉽게 바꿀 수 있는" 공간이 필요하다고 썼다.[108] 그녀의 이 진단은 옳았다. 비록 역사적 보존이 싼 가격을 촉진할 것이라고 잘못 생각했지만 말이다. 만약 도시에서 창업이 쉬워진다면 재택근무로 오래된 일자리들이 다른 지역으로 이동할 때 새로운 일자리들이 그 자리를 차지할 것이다.

일부 도시에서는 사무실이 아파트로 용도가 바뀔 수도 있다. 기업주들은 대면 접촉 공간이 그렇게나 많이 필요하지 않다고 판단할 수도 있지만, 젊은 미국인은 얼굴을 맞대고 직접 만나는 것을 간절하게 바란다는 사실을 분명히 보여주고 있다. 사람들이 직접 만나서 교류하고 싶어 한다는 사실은 플로리다에서 2020년 5월에 폐쇄 조치가 해제된 뒤 식당가가 인파로 미어터졌던 모습에서도 알 수 있다. 또한 많은 대학생이 자유로운 캠퍼스 생활을 박탈당한 채 부모의 집에서 온라인 비대면 수업을 하면서 느끼는 분노로도 확인할 수 있다. 문제는 온라인 수업의 질이 낮다는 것이 아니라(비록 모든 교수가 온라인 강좌의 슈퍼스타는 아니었지만 그래도 강의를 준비하는 데 엄청난 노력을 기울였다) 다른 학생들과 떨어져 고립된다는 것이었다. 사회적인 경험을 쌓는다는 점에서 보면 집에서 생활하는 것과 대학교 캠퍼스에서 생활하는 것은 하늘과 땅 차이이다.

중장년층이 도시를 떠나고 청년층이 도시로 들어오면 도시의 인구구성 자체가 바뀔 것이다. 물론 이것이 나쁜 건 아니지만 도시정부의 입장에서는 심사숙고해야 할 문제다. 코로나 팬데믹이 발생한 2020년 이전에는 도시가 성공한 부자들의 전유물처럼 느껴졌다. 엄격한 건축 법규 때문에 집값은 청년층이 감히 꿈도 꾸지 못할 정도로 올랐고 심지어 임대조차 할 수 없었던 경우도 많았다. 청년층은 중장년층보다 이런 제한을 완화하는 데 신경을 많이 쓸 것이다.

도시들은 혜택을 덜 받는 외부자를 돕는 일과, 결과적으로 부자가 쫓겨 나가는 현상 사이에서 균형을 잘 잡아야 한다. 미국 사회는 오늘날 매우 양극화되었는데, 이는 오래전부터 좌경화된 미국의 도시들이 과거 그 어느 때보다 진보적이라는 뜻이다. 기후변화와 소득 불평등 같은 문제를 해결하려는 조치를 연방정부가 내놓지 않는 한 도시의 시민들은 정부가 나서서 이 문제에 대응하기를 기대할 것이다. 지구의 불안한 미래와 가장 가난한 미국인의 운명을 위해 싸우는 시민운동에는 감탄할 만한 부분이 많다. 그러나 이 시민운동은 도시가 직면하는 한계를 분명하게 인식해야 한다. 특히 과세기준이 풀릴 때 더욱 그렇다.

50세가 넘는 미국 도시인이라면 뉴욕이나 디트로이트에서 진보적인 시장이 부유한 시민의 거주지 관련 선택지를 무시했을 때 어떤 일이 일어났는지 생생하게 기억할 것이다. 사람들은 떼를 지어 그 도시를 떠났다. 만약 도시가 부자들을 돈을 뜯어낼 돼지저금통으로만 여기거나 도시가 제공하는 공공서비스의 질이 떨어진다면 똑같은 일이 또다시 나타날 것이다.

다행히도 도시 진보주의자들은 지방세율을 크게 올리지 않고도 많은 편익을 창출할 수 있다. 그들은 모든 아이가 학교를 더 효과적으로 활용할 수 있도록 싸울 수 있다. 그들은 저렴한 주택을 짓는 것을 가로막는 장벽, 가난한 사람이 기업가정신을 발휘하는 것을 막는 장벽을 없애기 위해 목소리를 높일 수 있다. 또 그들은 범죄 및 경찰의 권력 남용으로부터 자신이 사는 동네의 안전을 드높이는 지역사회 조직을 만들 수 있다.

줌 화상회의 및 재택근무의 등장은 도시 생활 전체를 위험에 빠뜨리지는 않겠지만 특정한 개별 도시가 직면한 위험을 더 위험하게 만들 수 있다. 또한 오랫동안 부글부글 끓던 도시 문제들이 쇠퇴의 악순환으로 이어질 위험을 촉발할 수 있다. 도시의 부실한 학교, 경찰 폭력, 대량 투옥 등 여러 가지 도시 문제에 대해서는 다음 장에서 살펴볼 것이다. 먼저 도시에서 시민이 부담할 수 있는 경제적 지불 능력(urban affordability)이라는 더욱 큰 위기를 반영하는 젠트리피케이션부터 살펴보자.

• 8장 •
외부자 대 내부자의 전쟁, 젠트리피케이션

"어떤 테러도 우리를 막을 수 없음을 우리 뉴욕 시민이 모든 미국인과 전 세계 사람들에게 입증하기를 바랍니다."[1] 2001년 9월 11일 오후 2시 35분, 루디 줄리아니 뉴욕 시장이 CNN에서 한 말이다. 뉴욕은 세계 테러의 새로운 시대를 열 수도 있을 것 같은 무시무시한 공격을 받았다. 이 공격으로 도심지 건물들이 파괴되었다. 또한 뉴욕 경제를 지탱하는 관광객 수입이 위기를 맞았다. 뭄바이에서 런던과 마드리드에 이르는 전 세계 주요 도시가 반(反)민주주의자들의 표적이 될 것 같았다. 뉴욕은 생존 자체가 위협받는 것 같았다. 이는 코로나19 팬데믹만큼이나 무시무시한 것이었다.

사실 위협받는 것 '같은' 게 아니라 실제로 생존 자체가 어려웠다. 우리가 유스티니아누스 페스트에서 봤듯이 부정적인 충격의 영향은 시민사회가 이전부터 가지고 있는 힘에 따라 달라진다. 2001년에 뉴욕은 1970년대에 시작되었던 최악의 상황 이후로 상승 궤도에 올라탔다. 1990년대의 뉴욕에서는 범죄율이 급감하고 인구가 증가했다.[2] 금융 서비스 부문의 경제 엔진은 문제 발생 조짐이 보이자마자 곧바로 도망치지 않아도 될 만큼 튼튼했다. 그러나 유권자들은 여전히 도시가 세수를 확보하기 위해서는 핵심적인 서비스들을 제공해야 한다는 걸 알고 있었다. 시민들 사이에서는 실용적인 노선의 도시 지도력을 지지하는 정치적인 동의가 형성되어 있었고, 이는 9.11 테러 이후 더욱 강력해졌다. 그랬기에 뉴욕은 테러 공격의 여파에도 살아남았으며 심지어 번창하기까지 했다.

그러나 20년이 지난 지금, 그런 동의는 줄리아니 시장이 테러 공격 이후 누렸던 전 세계적인 찬사만큼이나 낯설어 보인다. 공동의 목적을 가진 운명 공동체라는 믿음은 사라지고 현재 상태에 대한 분노만이(이 분노는 대부분 충분히 그럴 만하다고 이해할 수 있는 것이다) 그 자리를 대체했다. 그동안 불평등이 심화되었고 사람들은 이제 경찰관을 바라볼 때 화염에 싸인 쌍둥이 빌딩에 뛰어들어 시민을 구하다 죽은 시민의 보호자가 아니라 시민을 짓밟고 죽이는 억압자를 보듯 했다. 세계에서 가장 부유한 도시들에서는 젠트리피케이션이 갈등을 낳았다. 결국 희망이 있던 자리에는 악감정만 남았다.

이런 불협화음 때문에 뉴욕을 비롯해 서구 여러 도시는 2001년 9월 11일 당시보다 코로나19 팬데믹에 훨씬 더 취약해졌다. 도시 및 환경 경제학자 매튜 칸(Matthew Kahn)의 연구논문은 똑같은 지진이라고 해도 정부가 허약하고 국민이 교육을 제대로 받지 못한 나라에서는 그렇지 않은 나라에서보다 사망자가 많이 발생한다는 사실을 입증했다.[3] 오랫동안 교육 개혁을 진행했던 칠레에서는 2010년에 지진이 발생했을 때

525명이 사망했고, 같은 해 아이티에서 지진이 일어났을 때는 사망자가 10만 명 넘게 발생했다.[4] 서기 541년 콘스탄티노플을 강타했던 전염병은 이미 혼란의 소용돌이 속으로 들어가기 시작했던 지중해 연안을 강타했기 때문에 한층 심각한 재앙을 안겨주었다. 이에 비해 19세기에 발생했던 콜레라는 급속하게 산업화 과정을 걸어가던 서구의 도시들에 큰 위협이 되지 않았다.

2020년의 미국 도시들은 541년의 로마보다 여러 측면에서 상태가 더 좋기는 했지만 힘든 도전 과제들을 앞두고 있었다. 주택 공급량이 제한되어 물가가 상승하고 젠트리피케이션으로 악다구니 싸움이 벌어졌다. 형사 사법 기구는 아프리카계 미국인들에게 특히 잔인하게 대응했고 사회의 불평등은 갈수록 깊어졌다. 많은 사람이 도시를 지탱하는 시스템이 망가졌다고 생각했고 조지 플로이드가 살해된 뒤로는 그 분노가 길거리 시위로 번졌다. 이런 심각한 문제들에 정치적 차원의 들불까지 겹쳐 코로나 이후의 도시 풍경은 더욱 위험천만해졌다.

이 장은 젠트리피케이션과 로스앤젤레스의 보일 하이츠 같은 동네를 일촉즉발의 화약고로 바꿔놓은 여러 경제적 요인에 초점을 맞춘다. 다음 장에서는 인종 문제와 경찰의 공권력, 사회적인 계층의 상향 이동을 가로막는 제한 요소들을 집중적으로 살펴볼 것이다. 이런 트라우마들의 공통 주제 그리고 지역적 차원의 규제가 가난한 사람들의 기업가정신에 가하는 한계들, 이 두 가지는 우리의 도시들이(우리의 도시들뿐만 아니라 사회 전체도 마찬가지다) 내부자는 지나치게 보호하는 반면 외부자에게는 힘을 실어주지 않는다는 사실을 여실히 보여준다.

지금 우리는 새로 건설되는 건물이 부유한 아파트 소유주가 누리는 조망권을 침해하지 않도록 보장하고 있다. 도시에 거주할 경제적인 여유가 없는 젊은 부부들이야 어떻게 되든 말든 신경을 쓰지 않는다. 잔혹한 공권력 행사는 치안 유지를 위해 당연히 치러야 하는 대가라고 생각한다. 잘못된 수감 제도 때문에 교도소에서 몇 년씩 허비하는 청년들이 외면당한다. 나쁜 교사들은 감봉이나 해고의 처벌을 받지 않도록 보호받는다. 가난한 가정의 자녀는 부실한 교육의 피해자가 되는 게 당연하다고 여긴다. 모두가 외부자보다 내부자를 우선하고 있다. 지금 우리는 이런 도시에서 살고 있다.

현재 우리가 맞닥뜨린 도시 생활의 갈등을 흑인과 백인 사이의 싸움이나 라틴계와 미국인 사이의 싸움으로 간단하게 규정하려는 이들도 있다. 이런 대립 구도는 역사에 비춰 보면 맞는 말이긴 하다. 백인은 수백 년 동안 아프리카인을 노예로 삼았고 토착 미국인을 살육했으니 말이다. 그러나 이 대립 구도는 근본적인 경제적 관점이나 도시의 본질적인 성격이라는 관점에 비춰 보면 잘못된 것이다.

젠트리피케이션으로 벌어지는 싸움을 기존 주민을 쫓아내려는 백인 개발업자와 그 지역에 오래 살았던 인종 집단 사이의 싸움으로 묘사할 수도 있다. 그러나 사실 이 두 집단은 도시 공간의 총량이 늘어날 때 함께 이득을 볼 수 있다. 그런 점에서 보면 두 집단이 공동으로 맞서야 할 적은 바로 개발을 가로막는 반(反)성장 운동가들과 토지 이용 규정을 다루는 관료들이다.

마치 우리가 인종 간 대립이라는 낡은 틀의 싸움에 갇혀 있는 것처럼 보일 수도 있다. 그러나 진정한 싸움은 변화를 거부하고 변화에 저항하는 현재의 상태를 타개하는 것이다. 도시의 성장을 가로막는 적들에 맞서 도시를 확장하는 것이 진정한 싸움이다.

도시주의(urbanism)의 본질은 기회 창출이다. 도시는 백인, 흑인, 멕시코계 미국인, 중국계 이민자들을 위해 공간을 확장해왔고 이들에게 경제적 기적의 혜택이 돌아가도록 기능해왔다. 젠트리피케이션으로 벌어지는 싸움을 평면적으로만 바라보면 현재 시점의 고정된 자원들만 눈에 들어오지만 실제로는 그렇지 않다. 도시는 제로섬 게임의 현장이 아니다. 우리는 도시를 한층 공정하고 인간적인 공간으로 만들 수 있다. 그러나 이는 도시가 스스로 바뀔 때만 가능하다. 우리는 도시를 모두를 위한 공간으로 만들 수 있다. 그러나 이는 우리의 진짜 적이 피부색이 다른 우리의 이웃이 아니라 성장을 가로막는 규제임을 분명하게 깨달을 때만 가능하다.

젠트리피케이션의 시작: 보일 하이츠의 형성 과정

오늘날 우리의 도시들에서는 인종과 민족 분열이 매우 심각하다. 도시의 밀집성 때문에 서로 다른 유산을 가진 사람들이 가까이 살을 부대끼며 살아야 하기 때문이기도 하고, 도시의 역사가 인종적인 배제와 차별로 점철되어 있기 때문이기도 하다. 보일 하이츠는 젠트리피케이션 싸움의 진원지인데 그 이유는 이 마을이 차별과 관용의 역사를 동시에 가지고 있기 때문이다. 보일 하이츠는 또한 밀집성이 높아서 차별에 반대하는 시위를 발전시켜 나가는 주민 조직화가 용이하다.

이스트 로스앤젤레스에 있는 이 마을의 이름은 19세기의 아일랜드 이민자 앤드루 보일(Andrew Boyle)의 이름을 따서 지어졌는데, 보일은 캘리포니아 남부의 언덕에서 생애를 마감했다.[5] 보일은 황금광 시기에 황금을 찾던 사람들에게 신발을 팔려고 서쪽으로 왔다. 나중에는 로스앤젤레스강 동쪽에 최초의 앵글로(유럽 출신 백인) 정착민이 되었다. 보일의 딸 마리아는 미국 중서부 지역에서 온 이민자 윌리엄 워크맨(William Workman)과 결혼했다.[6] 워크맨은 로스앤젤레스에서 부동산 붐이 한창이던 1880년대에 마을 이름을 보일 하이츠로 짓고 토지를 잘게 쪼개서 매각했던 열정적인 개발업자였다.

'엉클 빌리'로 불리던 워크맨은 로스앤젤레스 전설의 강력한 건설자 중 한 명이었다. 그는 부동산 투기를 정치뿐 아니라 이기적인 자선사업과도 결합시켰다. 예를 들면 로스앤젤레스에 부동산 광풍이 몰아치던 1888년에 오웬스강에서 물을 끌어와 한창 빠르게 성장하던 보일 하이츠로 물을 공급할 송수로 공사의 첫 번째 채권 발행을 감독했다. 또한 교회들과 공립학교들을 지을 땅 및 공공시설을 지을 땅을 기부하기도 했다.[7] 이 기부는 분명 자선사업의 일환이겠지만 그가 소유한 부동산의 가치를 높여주는 효과도 있었다.

영화 산업은 이 악명 높은 로스앤젤레스 부동산 개발업자를 모델로 영화 〈차이나타운(Chinatown)〉에 등장하는 노아 크로스라는 악당 캐릭터를 창조했다. 도시 건설자들은 종종 윤리적인 문제를 손쉬운 방식으로 처리하곤 한다. 그러나 어떤 개발업자가 탐욕 때문에 어떤 행동을 선택했는데, 결과적으로는 그 선택 덕분에 수백만 명의 사람들에게 집을 제공하는 도시가 형성될 수 있다.

워크맨이 했던 개발 사업 덕분에 보일 하이츠의 포도밭은 다양한 인종이 뒤섞여서 사는 활기찬 마을로 바뀌었다. 만약 당시에 그 땅을 오늘날 샌프란시스코 외곽의 일부 카운티처럼 용도별로 지역 규제를 엄격하게 적용해서 보호했다면 지금쯤 그 땅은 부유한 백인의 주말 별장지로 남아 있을지도 모른다. 그러나 지금 그 땅에는 수많은 사람이 살고 있다. 보일 하이츠 개발 덕분에 로스앤젤레스는 멕시코계 미국인들에게 중요한 관문이 되었다. 뉴욕의 허드슨강 하구에 있는 엘리스섬이 한때 아일랜드계 미국인들에게 그랬던 것처럼 말이다.

다소 놀라운 사실은 19세기에 보일 하이츠를 개발하고 나섰던 사람들이 어느 정도의 인종적 다양성은 유익하다고 바라봤다는 점이다. 1899년에 발간된 팸플릿 〈로스앤젤레스의 아름다운 하이랜드(Beautiful Highlands of Los Angeles)〉는 이 지역의 여러 강점을 칭송하는 한편 워크맨을 "보일 하이츠의 아버지이자 설립자이며, 모든 사업에서 이 구역의 이익을 가장 먼저 보장하는 인물"이라고 찬양한다.[8] 그러나 이 팸플릿에는 워크맨의 웅장한 저택 사진과 함께 챈 킨 싱(Chan Kin Sing)이라는 주민의 수수한 집 사진도 함께 수록되어 있었다. 싱을 묘사하는 부분은 거드름을 부리며 뻐기는 듯한 내용이지만("미스터 싱은 아내와 예쁜 동양인 아이들과 함께 아늑한 작은 오두막집에 살고 있다") 다른 한편으로는 매우 긍정적이었다("우리가 함께 사는 인구집단에는 흥미로운 인종 집단이 있는데 바로 중국인이다").[9] 싱은 법원 통역관으로 중산층에 속하는 공무원이었다.

멕시코계인 J. A. 버널의 집도 같은 면에 수록되어 있었다. 버널은 그 팸플릿에 소개된 다른 사람들과 마찬가지로 긍정적으로 묘사되었지만("그는 유명한 측량사다")[10] 그가 멕시코 출신이라는 사실은 언급되지 않았다. 예를 들면 그를 소개할 때 멕시코 발음 그대로 '호세 아돌포(José Adolfo)'가 아니라 'J. A.'라는 이니셜을 사용했다.[11] 워크맨은 멕시코계 미국인에게 땅을 팔면서도 홍보 자료에는 이 사실을 밝히지 않았던 것이다.

보일 하이츠의 인구구성은 점점 더 다양해졌고 결국 라틴계가 많이 거주하게 되었다. 1899년 당시 보일 하이츠는 로스앤젤레스의 중심부에 있지 않았으며 이 도시만의 "건강함과 유쾌함"이라는 매력은 워크맨과 그의 친구 존 홀렌벡(John Hollenbeck) 같은 상류층에게 먹혀들었다.[12] 물론 이 매력은 싱이나 버널 같은 평범한 사람들에게도 통했다. 19세기 후반에는 도시의 전염병이 뉴욕처럼 인구밀도가 높은 도시들을 여전히 괴롭히고 있던 터라 공기 좋고 건강에도 좋을 것 같은 로스앤젤레스의 언덕배기에 산다는 것은 누가 봐도 멋진 일이었다.

하지만 그 뒤 50년이라는 세월이 지나는 동안 상황이 바뀌었다. 자동차 덕분에 상류층은 도시를 벗어나 교외 지역에서 살기 시작했고, 가난한 사람들이 보일 하이츠로 이주해 빈 곳을 메웠다. 이런 과정은 1900~1970년까지 미국의 도시 대부분에서 일어났는데, 여러 가지 힘이 작용해서 도시와 가까운 지역은 가난한 도시인의 거주지로 바뀌었다. 어떤 의미에서 보면 오늘날의 젠트리피케이션 과정은 100년 전 보일 하이츠에서 일어난 진화 과정, 즉 부유한 사람에게서 가난한 사람으로 주민이 바뀌는 과정이 역전되어 나타나는 현상이라고 볼 수 있다.

주택의 주인은 부유한 사람에게서 가난한 사람에게로 옮겨갔다. 이는 자연스러운 과정이며 도시경제학자들은 이를 '필터링(filtering)'이라고 부른다. 흔히 가난한 사람은 부유한 사람이 소유했던 오래되고 낡은 자동차를 사는데, 자동차처럼 집도 꼼꼼하게 정비하지 않으면 시간이 지날수록 망가진다. 사람들은 대부분 집에 작은 문제가 생기더라도 고치지 않고 방치하기 때문에 시간이 지날수록 가치가 떨어진다. 그래서 부유한 집주인은 낡고 초라한 집의 불편함을 기꺼이 감수하겠다는 사람에게 집을 넘기고 다른 새집으로 이사한다.

20세기 전반에 수많은 저소득자와 중간소득자가 로스앤젤레스 같은 도시에 들어와서 살고 싶어 했다. 이들 대부분은 자동차를 살 돈이 없었다. 그랬기에 도심과 가깝고 대중교통이 잘 마련되어 있던 보일 하이츠 같은 지역으로 이주했다. 당시 로스앤젤레스는 버스 노선의 중심지였다. 로스앤젤레스의 전차는[대형 전차인 레드카(Red Car)가 있었고 소형 전차인 옐로우카(Yellow Car)가 있었다] 정기적으로 보일 하이츠를 관통했는데, 그래서 이곳에 사는 중간소득자들은 굳이 자동차를 소유할 필요가 없었다.

로스앤젤레스의 부유한 시민은 1920년대에 자동차를 소유했고 덕분에 조금 더 먼 곳까지 쉽게 이동할 수 있었다. 워크맨이 보일 하이츠에서 살고 죽는 동안 부동산 개발업으로 성공한 다음 세대 사람들은 그보다 더 멀리 떨어진 곳에서 살았다. 처음에는 도시 서쪽의 윈저 스퀘어에 살았고, 그다음에는 블레어힐스와 베벌리힐스에서 살았다. 그러나 그들은 여전히 보일 하이츠에서 개발과 건설 사업을 했다. 덕분에 로스앤젤레스에는 새로 유입되는 주민 수천 명(대다수가 유대인이었다)이 거주할 공간이 마련되었다.

이민자들은 경제적으로 넉넉한 자원이 있어도 제한 규정이라는 법률적 장벽 때문에 새로 지은 교외의 깨끗한 주택으로는 이사할 수 없었다. 그러다 1917년에 대법원은 지방정부가 인종에 따라 거주 지역을 명시적으로 지정할 수 없다는 결정을 만장일치로 내렸다.[13] 그러나 이 결정도 민간이 진행하던 주택 개발에서의 인종차별을 막지는 못했다. 민간 건설업자들이 소수민족에게 주택을 판매하는 것을 금지하고 잠재적인 주택 구매자들에게 동질적인 지역사회를 보장하기로 자기들끼리 담합했던 것이다. 많은 백인 구매자들은 인종적 동질성이 보장된다는 점을 매력적으로 받아들였는데, 그 이유는 인종주의자였거나 나중에 집을 되팔 때 백인 구매자가 유색인종 이웃을 원하지 않으리라고 생각했기 때문이다.

담합의 토대가 되었던 그 협약들은 수십 년 동안 효력이 유지되었다.

1948년에 대법원은 인종을 배제하는 협약을 작성할 수는 있지만 국가의 공권력으로 시행할 수는 없다고 판결했다.[14] 이후 1968년에 정부는 공정주택법(Fair Housing Act)을 도입해 인종차별에 맞서는 일을 더 많이 했다. 하지만 그전의 판결은 상대적으로 적게 일함으로써 약자에게 이득을 주는 자유지상주의적 진보주의(libertarian progressivism)의 사례였다. 인종차별적이었던 그 협약이 당시 사람들에게 얼마나 매력적이었는지는 대법관 세 명이 그런 협약이 적용되는 부동산에 산다는 이유로 해당 사건을 다루는 자격에서 물러난 일에서도 여실히 입증된다.[15]

또한 도시정부는 가난한 시민이 매력적이라고 느낄 수 있는 고밀도 주택을 특정한 지역에 짓지 못하도록 제한함으로써 인종별 분리를 촉진했다. 1921년 이후 로스앤젤레스는 도시 지역에서도 가장 좋은 구역에서는 다세대주택을 짓지 못하도록 했다.[16] 심지어 오늘날에도 다세대주택이 허용된 도시 지역은 단독주택만 허용된 인근의 다른 지역보다 다양성 수준이 훨씬 더 높다.[17] 그러나 1921년 무렵 보일 하이츠는 이미 인종적으로 충분히 많이 섞여 있었고, 단독주택 건설 제한 구역의 적용을 받을 수 없을 정도로 서민적으로 바뀌어 있었다.

미국 정부가 연방주택국(Federal Housing Administration)과 주택소유자대출공사(Home Owners' Loan Corporation)를 통해 시민에게 주택 마련 대출을 지원하기 시작할 때 보일 하이츠는 연방정부의 대출 지원 자격을 받을 수 있는 지역에서 제외되었다.[18] 이유는 백인이 많이 살지 않기 때문이었다. 연방정부의 관리자들은 어떤 사람이 사는 동네에 백인이 많이 살고 있지 않으면 그 사람의 신용을 신뢰할 수 없다고 봤다.

보일 하이츠에 대한 주택소유자대출공사의 보고서는 이 지역의 계급과 직업을 "유대인 전문직 및 사업가, 멕시코 노동자, 공공사업진흥국

(WPA) 노동자 등"이라고 묘사했다. 그리고 그 지역의 인구가 "다양하고 불온한 인종적 요소들로 말 그대로 벌집처럼 구성되어 있으며 이 지역에 해로운 인종적 요소가 없는 블록이 단 하나라도 있는지" 의심했다.[19] 그런데 이 보고서는 미국이 나치 독일의 인종차별 정권에 맞서 전쟁을 벌이기 2년여 전인 1939년 4월에 작성됐다.

보일 하이츠는 주택담보대출 대상 지역에서 제외되었고 연방정부로부터 썩 좋지 않은 평가를 받았다. 주택소유자대출공사의 보고서는 "연방정부가 도시정부와 연계해 이 지역의 북동부 끝부분에 있는 41에이커(약 5만 평) 규모의 빈민가를 정리하는 사업을 진행하고 있다"라고 별다른 논평 없이 언급했다.[20]

빈민가가 정리되면서 라모나 가든스(Ramona Gardens)와 에스트라다 코츠(Estrada Courts) 같은 저소득자 대상 공공주택 프로젝트가 진행되었다. 제인 제이콥스가 20년 뒤에 경고했듯이 밀집한 슬럼가를 새로운 주거지로 대체하면 비록 거칠기는 하지만 기능적이던 도시 공간이 우범지대로 뀌는 경우가 많다.[21] 그 프로젝트들은 나름대로 자기 몫을 하긴 했지만 공동주택의 벽을 장식했던 웅장한 벽화는 도시의 창의력이 전후에 이뤄진 도시계획에서도 살아남을 수 있음을 상기시킨다.

연방정부가 보일 하이츠에 가장 크게 했던 투자는 해당 지역을 가로지르며 공기를 오염시키는 고속도로였다. 주간(州間) 고속도로 건설에 대해서는 논란의 여지가 없었으며 아이오와의 시골에서는 비용이 상대적으로 적게 들었다. 그러나 이미 존재하는 도시 공간에 거대한 콘크리트 구조물을 건설하는 일은 19세기에 맨해튼 남부에 철도를 부설할 때처럼 여간 복잡한 문제가 아니었다.

도로는 일반적으로 상대적으로 가난하고 힘없는 시민이 사는 도심

지역을 통과하도록 설계된다. 뉴욕의 건설 분야 거장 로버트 모제스(Robert Moses)는 브롱크스에서 중간소득자가 주로 거주하던 지역인 트레몬트를 크로스-브롱크스 고속도로로 둘로 뚝 잘라버린 것으로 유명하다.[22] 보스턴의 도로 건설업자들도 이런 짓을 했는데 상대적으로 가난한 지역인 보스턴의 노스 엔드를 그 도시의 다른 지역들과 고가도로로 분리해버렸다.

보일 하이츠에는 그런 도로가 쉽게 날 수밖에 없었는데, 도시의 중심부에 위치했고 정치적 영향력이 거의 없었기 때문이다. 1944~1965년 사이에 연방정부는 인프라 건설에 예산을 투입해서 그 지역에 연면적이 135에이커(약 17만 평)나 되는 도로를 덮고 최대 규모의 고속도로 나들목을 만들었다.[23] 역사학자 길버트 에스트라다(Gilbert Estrada)는 "이 거대한 구조물을 건설하기 위해 엔지니어들은 다리 32개와 담장 20개를 지었으며 흙 150만 입방야드(약 115만 입방미터)를 파냈다. 그리고 콘크리트관 2만 3,545피트(약 720미터)를 묻고 구조강 420만 야드(약 384킬로미터)와 철근 1,320만 파운드(약 6,000톤)를 사용했다"라고 썼다.[24]

5번, 10번, 60번, 101번 고속도로가 모두 보일 하이츠를 지나며 서로 교차한다.[25] 어떤 추정에 따르면 보일 하이츠를 운행하는 자동차는 하루에 240만 대나 된다. 한때 윌리엄 워크맨과 홀렌벡의 부인이 기증한 아름다운 자연의 한 조각이었던 홀렌벡 파크는 현재 5번 고속도로와 맞닿아 있다. 초기에 보일 하이츠 개발업자들이 그토록 자랑스럽게 내세웠던 맑은 공기는 그야말로 아득한 추억일 뿐이다.

보일 하이츠의 일부 주민은 1953년에 고속도로 건설을 반대하며 싸웠다. 이와 관련해 에스트라다는 "'브루클린 애비뉴 사업가 협회', '고속도로에 반대하는 이스트 사이드 시민위원회', '골든스테이트 고속도로 반대위원회' 같은 단체들은, 고속도로가 들어서는 것에 반대하고 나선 다문화 및 노동계급의 이스트 사이드 지역사회 구성원을 하나로 묶은 집단으로 조직화가 가장 잘 된 조직이었다"라고 썼다.[26] 이들은 마지막 패배의 순간까지도 목소리를 낮추지 않았다.

그러나 이들보다 더 많은 사람이 고속도로 건설에 반대하며 그 지역을 떠났다. 다양성과 유대인이 특징이던 이 옛날 동네는 라틴계가 압도적으로 많은 동네로 바뀌었다. 2000년에는 보일 하이츠 거주자의 95퍼센트가 히스패닉 또는 라틴계였고[27] 1960년에는 멕시코인과 멕시코계 미국인을 합쳐 100만 명이 로스앤젤레스 동부 지역에 살았던 것으로 추정된다.[28] 보일 하이츠는 여전히 센트럴 로스앤젤레스에 근접해 있었고 이곳의 주택 가격은 고속도로의 스모그와 소음 때문에 예전보다 훨씬 더 저렴해졌다.

보일 하이츠의 새로운 거주자들은 거주지를 다른 곳으로 쉽게 옮길 수 있을 만큼 부유하지 않았다. 따라서 더 나은 정치적 결과물을 얻으려면 목소리를 높여야 했다. 보일 하이츠와 이스트 로스앤젤레스의 다른 지역은 열악한 학교 환경에 대한 분노로 목소리를 점차 높여갔다. 1930~1940년대에 이 지역에서 성장한 아이들은 1960년대에 지역 시민운동의 지도자가 되었다.

살 카스트로, 줄리안 나바 그리고 이스트 로스앤젤레스의 시위

이민자는 누구나 자신의 인종적 유산과 사회 동화의 필요성 사이에서 갈등한다. 그러나 어떤 이민자 인구집단이든 간에 보통은 미국 사회의 주류에 합류하는 이들과 민족의 공동체에 뿌리를 두는 이들이 동시에 나타남으로써 이익을 최대치로 확보한다. 보일 하이츠는 나중에 멕시코 주재 미국 대사가 된 로스앤젤레스 교육위원회 위원 줄리언 나바(Julian Nava) 박사와 이스트 로스앤젤레스의 시위를 이끌었던 불같은 성격의 고등학교 교사인 살 카스트로(Sal Castro), 두 사람이 보여준 놀라운 협력 관계를 통해 확실히 그런 이익을 얻었다. 그 시위는 미국 도시에서 라틴계의 정치적 역량을 축적하는 역사적 전환점이 되었다.

영화 〈워크아웃(Walkout)〉[29]에서 살 카스트로의 역할은 마이클 페냐가 연기했고(페냐는 〈앤트맨〉에서 사랑스러운 루이스 역할을 한 배우로 아마 가장 많이 알려졌지 않을까 싶다) 줄리언 나바의 역할은 이 영화의 연출자이기도 한 에드워드 제임스 올모스가 연기했다. 이 영화는 복수언어 병용 교육과 시설 개선, 정치 보복 금지를 요구하면서 로스앤젤레스 공립학교 바깥으로 나가 거리를 행진했던 수천 명의 라틴계 학생과 교사들의 이야기를 다뤘다.

이 대규모 봉기에 나선 학생들은 어렸다. 그러나 카스트로처럼 나이가 많고 기민한 지도자들이 있었고 내부자 집단에도 나바 같은 친구들이 있었기 때문에 봉기의 함성은 컸다. 카스트로와 나바는 각각 1933년과 1927년에 보일 하이츠에서 태어났다. 나바는 회고록에서 "나의 기억은 우리가 보일 하이츠 지역의 이스트 로스앤젤레스에 살던 때부터 시작된다. (…) 학교에 가면 온갖 나라 출신의 이민자 아이들이 있었기 때문에 보일 하이츠는 마치 유엔과도 같았다"라고 묘사했다.[30] 나바는 열일곱 살 때 제2차 세계대전에 참전하려고 용감하게 지원했지만 그가 훈련을 마쳤을 때는 이미 전쟁이 끝나 있었다. 그는 루스벨트고등학교를 졸업할 때까지 해군 제복을 입었다. 그의 경력은 군대 경험과 캘리포니아에서 받은 대학교육의 성공적인 결과(어떻게 하면 뛰어난 인재들이 성공하고 더 넓은 세상을 위해 봉사할 수 있는지)를 보여주는 교과서적인 사례다.

나바는 이스트 로스앤젤레스 주니어 칼리지, 포모나 칼리지를 거쳐 나중에 하버드대학교에서 장학금을 받고 대학원까지 마쳤다. 그는 추운 동부 지역에서 지내는 동안 늙은 신문기자에게서 모직 코트를 얻어 입기도 했다. 이후 뉴잉글랜드의 추위를 피해 베네수엘라로 가서 19세기 독재자를 다루는 논문을 준비했다. 1955년에는 하버드대학교에서 박사 학위를 받았으며 2년 뒤 캘리포니아 주립 노스리지대학교에 가서 이후 43년 동안 강의를 했다.

나바가 미국 기득권 집단의 한 모퉁이로 들어가는 동안 그의 형 헨리는 보일 하이츠에 기반을 둔 지역사회 서비스 기구(Community Service Organization)의 수장으로서 스페인어 사용자 거주 지역에 뿌리를 내리고 있었다. 헨리는 처음에 로스앤젤레스 시의회에서 보일 하이츠를 최초로 대표하던 에드워드 로이발(Edward Roybal)의 동맹자 역할을 했다.

지역사회 서비스 기구는 지역사회의 조직가들을 위한 일종의 훈련장이었다. 노동운동가이자 시민운동 활동가로 이름을 날린 세자르 차베스(Cesar Chavez)도 이스트 로스앤젤레스 지역사회 서비스 기구에서 정치 기술을 익힌 다음 남서부 전역에 걸쳐 라틴계 농장 노동자들을 조직했다. 나바는 차베스와 매우 친하게 지냈고 나중에 차베스의 장례식에서 관을 운구하기도 했다.

1967년 나바는 로스앤젤레스 교육위원회 선거에 출마했다. 그는 유권자들로부터 폭넓은 지지를 받았는데, 위대한 사람들과 평범한 사람들 사이에서 골고루 지지를 받은 덕분에 교육위원회 역사상 첫 멕시코계 미국인 위원이 되었다. 나바는 "내가 자기와 같은 '러프 라이더(Rough Rider, 미국-스페인 전쟁 때 미국의 의용기병대원 – 옮긴이)'라는 이유만으로 루스

벤트고등학교의 수많은 졸업생이 나를 도우려고 모여들었다"라고 회상했다.[31] 다른 한편에서는 영화배우 그레고리 펙과 텔레비전의 선구자 스티브 앨런이 나바와 차베스 두 사람을 위한 기금 마련 행사를 열었다. 나바가 교육위원회의 위원으로 당선된 것은 현직 대통령이 "멕시코계 미국인 아이들이 성적이 나쁜 것은 게으르기 때문이다"[32]라는 망언을 해서 유권자들의 반발을 산 덕도 있었다.

1968년 "라틴계 학생 수천 명이 교육의 질과 차별에 항의하며 거리를 행진할 때" 나바는 교육위원회 위원이라는 지위 때문에 곧바로 폭풍의 눈 속으로 빨려 들어갔다.[33] 당시 그는 기득권층에 속하는 내부자라고 할 수 있었다. 그러나 그는 학생 시위자들에게 조언해주던 교사 살 카스트로를 "책에서 배우지 않은 것을 학생들에게 가르치는 (…) 영웅"으로 바라봤다.[34] 카스트로도 보일 하이츠에서 성장했는데 그의 아버지는 그가 어릴 때 멕시코로 강제 송환되었다. 그는 오로지 가난에서 벗어나고 싶은 마음 하나로 공부했다. 또한 그는 나바의 위원회 활동에 참여하기도 했다. 그리고 나바처럼 군인으로 복무했지만 하버드대학교 박사 학위를 가지고 있지 않았으며 대학교가 아닌 고등학교에서 학생들을 가르쳤다.

나바에 따르면 "로스앤젤레스 경찰과 교육구 경찰이 공조에 나섰고 곧 링컨고등학교의 교사 한 명이 학생들에게 조언해주고 있음을 알아차렸다."[35] 교육위원회의 위원이기도 했던 나바는 카스트로에게 공중전화로 이런 사실을 알리며 경고했다. 군이 공중전화를 이용한 것은 "전화가 도청될지도 모른다는 생각에 두려웠기 때문"이었다.[36]

교육구 보안팀에 있던 친구 하나가 전화 도청 이야기를 귀띔해주었기 때문에 나바는 "도청자를 헷갈리게 만들려고 (…) 사무실 전화로 시위와 관련된 가짜 정보를 흘렸다." 그는 카스트로에게 "학생 시위를 진압하기 위해 법 집행 기관이 긴밀하게 움직이고 있다"라고 말했으며 카스트로에게 도청을 조심하라고 경고했다. 그런데 카스트로는 웃으면서 이미 오래전부터 자신은 전화기를 사용하지 않는다고 대답했다.

나바는 카스트로가 해고되지 않도록 백방으로 노력했다. 그러나 카스트로에게 붙은 혐의는 평화를 해치려는 음모 15건과 학교를 파괴하려는 음모 15건이었고, 카스트로가 체포되었을 때 나바가 할 수 있는 일은 아무것도 없었다. 카스트로는 유치장에서 닷새 동안 잡혀 있었다. 결국 기소가 취하되긴 했지만 교육구에서는 여전히 그를 배척했다. 나바는 카스트로가 교사 신분을 유지할 수 있도록 관계자들을 찾아다니면서 설득했지만 아무 소용이 없었다. 그러나 스페인어 사용자 거주 지역에 사는 수천 명의 친구가 교육위원회 위원 한 명보다 더 영향력이 컸다. 그들은 카스트로를 위해 거리를 행진했고 연좌 농성을 벌였다. 학생들은 심지어 교육위원회 강당에서 철야 농성을 했다.[37] 이렇게 해서 카스트로는 복직되어 다시 교단에 섰다.

그러나 이스트 로스앤젤레스의 시위는 수백 년 동안 사람들이 멕시코계 미국인에게 품었던 편견을 털어내지 못했다. 시위는 로스앤젤레스 교육구의 불의와 부정을 끝장내지는 못했지만 사람들에게 희망을 불어넣었다. 〈로스앤젤레스 타임스〉는 "시위의 가장 큰 성과는 멕시코계 미국인 사회에 가능성을 심어준 것이며 (…) 그 시위가 일어나고 1년 뒤 UCLA의 멕시코계 미국인 입학생 등록자 수가 과거 100명에서 1,900명으로 급증했다"라고 썼다.[38] 한편 나바는 "그 시위 덕분에 나는 훨씬 많은 것을 쉽게 얻을 수 있었다. 이제 교육위원회는 교육 개혁으로 나아가는 대안을 볼 수 있게 되었다"라고 말했다.[39]

카스트로의 저항은 학교들이 바뀌는 데 도움을 주었다. 이렇게 될 수 있었던 이유 가운데 하나는 나바처럼 권한을 가진 내부자들이 그 뒤로도 여러 해 동안 노력을 기울였기 때문이었다. 저항과 시위를 통해 오늘날 학교와 경찰을 개혁하고자 하는 사람들은 희망이 지속적인 변화로 결실을 맺으려면 나바와 같은 사람이 필요하다는 사실을 알아야 한다.

이 시위는 멕시코계 미국인 운동가 세대를 자극했고 남서부 전역에 비슷한 시위가 일어났다. 살 카스트로는 1967년부터 '브라운 베레(Brown Beret)'라고 불리는 젊은 저항자들로부터 집단적인 지지를 받았다. 도시의 밀집성은 흔히 정치적으로 비슷한 생각을 지닌 사람들의 무작위적인 만남 및 대중운동의 조직화를 가능하게 한다.

'브라운 베레'라는 표현은 로스앤젤레스에서 열린 학생 회의에서 멕시코계 미국인 청년들이 나누던 대화에서 나왔다. 브라운 베레 회원들은 나바가 교육위원회 위원으로 당선되도록 강력하게 지지했고 학생들의 시위를 부추기고 자극했다. 이 단체의 지도자 중 한 사람인 카를로스 몬테스(Carlos Montes)에 따르면 "브라운 베레는 '나가자! 나가자!'라고 외치며 고등학교로 뛰어든 첫 번째 사람들이었다."[40] 카스트로와 마찬가지로 브라운 베레 역시 나바가 제공하는 내부자 정보 덕분에 조직을 보호할 수 있었다.

한번은 나바가 교육위원회 회의를 하다가 브라운 베레의 본부를 경찰들이 급습할 것이라는 정보를 입수했다. 나바는 곧바로 브라운 베레의 지도자인 데이비드 산체스에게 전화하고 그를 만나려고 소토 스트리트와 브루클린 애비뉴의 교차로로 달려갔다(브루클린 애비뉴는 현재 나바의 친구 세자르 차베스의 이름으로 불린다). 나바는 산체스에게 경찰의 계획을 알려주었고 산체스는 급히 본부로 돌아갔다.

당시를 회상하면서 나바는 "몇 분 뒤 경찰이 브라운 베레 본부 사무실을 덮쳤지만 그때는 회원 청년들이 이미 사무실을 샅샅이 뒤져 변기 물탱크 안에 들어 있던 마약 봉지를 발견하고 치워버린 뒤였다"라고 말했다.[41] 온건한 내부자와 급진적인 외부자가 손잡고 외부자가 경찰에 체포되는 것을 막았던 것이다.

또한 브라운 베레는 1970년에 치카노 모라토리엄(Chicano Moratorium, '치카노'는 멕시코계 미국인을 일컫는 표현이다 - 옮긴이)이라는 시위를 조직하는 데 큰 역할을 했다. 이 시위에서는 라틴계 미국인 수만 명이 거리를 행진하면서 베트남전 반대를 외쳤다. 이 시위가 시작되었던 곳은 보일 하이츠의 끝자락에 있는 라구나 파크(Laguna Park)였는데 지금 이곳은 멕시코계 미국인이었던 〈로스앤젤레스 타임스〉 기자 루벤 살라자르(Ruben Salazar)의 이름으로 불린다. 그 시위 때 살라자르가 경찰이 쏜 가스통에 맞아서 숨졌기 때문이다.

그러나 시위와 정치 활동의 기억은 남는다. 그리고 살 카스트로라는 이름은 그 기억 속에서 여전히 살아 있다. 보일 하이츠에서 가난하게 성장한 청년들은 지금도 사회적인 혁명을 꿈꾸고 있다. 그런 기억들은 백인 개발업자들이 보일 하이츠의 부동산을 대거 사들이기 시작할 때 다시 소환되어 새로운 불꽃으로 타올랐다.

나바와 카스트로가 만들어낸 보일 하이츠의 성공 스토리는 라틴계 미국인의 성공 스토리가 되었다. 적어도 사회적 계층의 상향 이동이라는 점에서는 확실히 그랬다. 우리 저자들과 하버드대학교의 라즈 체티 교수, 너새니얼 헨드런(Nathaniel Hendren) 교수와 공동 저자들은 1978~1983년 사이에 미국에서 태어나 제각기 다른 지역에서 성장한 아이들이 계층의 사다리를 얼마나 올랐는지 측정했다. 이 측정의 가장

표준적인 지표는 이 아이들이 성장해서 성인이 되었을 때 받는 평균소득이다.[42]

이 지표로 보면 도시의 많은 지역, 특히 소수민족이 모여 사는 지역의 수준은 참담할 정도다. 그러나 보일 하이츠는 예외였다. 자료에 따르면 가난한 히스패닉계 가정에서 성장한 아이가 성인이 되었을 때 연평균소득은 3만 5,000달러였는데 이는 로스앤젤레스 카운티에서도 마찬가지였다.[43] 센트럴 로스앤젤레스의 일부 지역에서는 가난한 히스패닉계 아이가 성인이 되었을 때의 연평균소득이 3만 달러 이하였다. 하지만 보일 하이츠는 3만 9,000달러였다. 그리고 로스앤젤레스에 사는 가난한 백인 아이의 경우는 4만 1,000달러였다. 다시 말해 보일 하이츠에 사는 가난한 아이들이 성장해서 평균적인 히스패닉계 저소득 가구의 아이와 평균적인 백인 저소득 가구의 아이 사이의 차이를 3분의 2나 따라잡았다는 뜻이다.

보일 하이츠는 끔찍한 폭력을 비롯해 미국 도심에서 일어날 수 있는 온갖 고약한 일들을 경험했지만 지역사회의 위대한 힘을 보여주기도 했다. 차별에 반대하는 시위 운동을 탄생시켰고 에스트라다 코트 주택의 프로젝트에서 비롯된 벽화나 마리아치 플라자(Mariachi Plaza, '마리아치'는 멕시코 전통 음악을 연주하는 유랑 악사라는 뜻이다 – 옮긴이)의 연주자들에게서 볼 수 있듯이 지역공동체의 정체성과 이어지는 예술적 전통이 있었다. 그리고 지역사회의 공동체 조직이라는 전통에 힘입어 상당한 수준의 계층 상향 이동도 가능하다는 것을 보여주었다. 히스패닉계가 아닌 로스앤젤레스 시민들이 보일 하이츠를 매력적인 주거지역으로 꼽는 것도 놀라운 일이 아니다.

젠트리피케이션이 폭발하다

백인과 유대인 주민이 보일 하이츠를 탈출했던 시기는 여기저기에 고속도로와 주택이 마구 건설되면서 캘리포니아 남부 지역에 주택 공급이 폭발적으로 늘어나던 때였다. 1950~1970년 사이에 로스앤젤레스 카운티의 주택 수는 140만에서 250만으로 76퍼센트 늘어났다.[44] 대도시의 중심을 관통하는 새 고속도로들을 따라 거대한 규모의 주택 단지가 들어섰다. 주택이 이렇게 대규모로 공급되다 보니 야자수가 한가롭게 늘어서 있고 길거리에서 영화배우들을 쉽게 볼 수 있는 매력적인 환경이었음에도 불구하고 주택 가격은 쌀 수밖에 없었다.

다이아몬드와 물의 역설이 있다. 물이 인간의 생존에 필수적이고 다이아몬드는 그렇지 않음에도 다이아몬드가 물보다 훨씬 비싸다는 것이다. 이 역설을 설명할 수 있는 단서는 희소성이다. 물은 어디에나 널려 있지만 다이아몬드는 희소하다. 어떤 것을 얻거나 만들기 쉽다면 아무리 필수적이거나 아름다워도 가격은 낮게 매겨질 수밖에 없다. 1970년에 로스앤젤레스의 주택 가격이 낮았던 것은 제2차 세계대전이 끝난 뒤 캘리포니아가 건설업자들의 천국이 되었기 때문이다.

그런데 2010년에 캘리포니아 연안은 건설업자들의 지옥으로 변했다. 집을 지으려면 해당 지역의 토지 이용 규정에 따라 최소부지(minimum lot size)를 확보해야 했다. 또 캘리포니아 대법원은 모든 주요 신규 건설 프로젝트는 환경영향평가를 거쳐야 한다고 판결했다.[45] 환경영향평가 때문에 비용이 늘어나고 새로운 프로젝트는 무산되었다. 게다가 이런 조치는 끔찍할 정도로 일방적이었다.

캘리포니아 연안의 건물은 본질적으로 친환경적이다.[46] 이 지역의 지중해성 기후 덕분에 미국의 다른 지역보다 인공적인 냉난방이 덜 필요하기 때문이다. 그러므로 캘리포니아에 건축물을 짓는 것은 탄소배출을 줄이는 일이며 환경보호론자들이라면 당연히 지지할 일이다. 그러나 법원이 명령한 환경영향평가는 탄소 발생량이 상대적으로 적은 지역에 건축물을 지음으로써 발생하는 이익이 아니라 해당 건축물이 지역 환경에 끼치는 위험, 즉 손실만을 따진다.

성장에 반대하는 지역사회 활동가들은 미국에서 이뤄지는 모든 개발 사업을 막을 수 없으며 오로지 자기 지역에서 개발이 일어나지 않도록 할 수 있다. 샌프란시스코나 로스앤젤레스 인근에 있는 기본적으로 친환경적인 지역에 건물이 들어서지 않으면 이 건물들은 그 도시에서 한층 멀리 떨어진 곳이나 휴스턴, 라스베이거스에 지어질 수밖에 없다. 여기서는 그런 건물들이 환경적으로 훨씬 더 해롭다.

1990~2015년 로스앤젤레스 카운티의 주택 수는 11퍼센트, 즉 34만 채밖에 늘어나지 않았다.[47] 신규 주택 공급이 미미하다 보니 캘리포니아 연안의 기후 및 경제 호황에 따른 강력한 수요를 충족할 수 없었다. 그러자 센트럴 로스앤젤레스는 햇빛과 해변과 밀집성, 힙한 환경을 원하는 청년층에게 한층 매력적으로 보였다. 2009년에 전철 노선인 골드 라인(Gold Line)이 개통된 뒤 보일 하이츠는 도심과 직접 연결되었고 젠트리피케이션의 온상이 될 수밖에 없었다.[48]

도시경제학자들은 가난한 곳에 대한 투자가 가난한 거주자들을 더 가난하게 만들 수 있으며 이들이 자기 집에 사는 것이 아니라 남의 집을 빌려서 살 경우는 더 그렇다는 역설적인 주장을 한다. 새로 생긴 지하철역이 해당 지역에 활기를 불어넣을 수도 있지만 그 지하철역을 이용하고 싶지 않은 장기 거주자들에게는 두통과 높아진 생활비 부담만 안겨줄 뿐이다. 실제로 2009년에 보일 하이츠에 지하철 골드라인 노선이 신설된 이후 이 지하철 노선은 보일 하이츠에서 젠트리피케이션이 시작되는 출발점으로 자주 언급되었다. 로스앤젤레스의 핵심 지역은 점차 보행자 친화적이고 대중교통 친화적인 장소로 거듭나고 있다. 그래서 힙한 문화를 찾는 많은 사람이 지하철로 쉽게 접근할 수 있는 보일 하이츠 같은 인근 지역들을 둘러보길 열망하게 되었다.

보일 하이츠의 초기 이주자들은 이 지역의 접근성과 낮은 물가 수준, 문화적 유산을 좋아했던 부유한 라틴계 사람들이었다. 현지인들은 그 과정을 '젠트리피케이션(gentrification)'이라고 불렀는데, 이 단어에는 '사람'을 뜻하는 스페인어 'gente'가 들어 있다.[49] 2016년에 '보일 하이츠 도처에서 젠트리피케이션의 징후를 볼 수 있다'[50] 같은 문구들이 인터넷 공간을 가득 채웠다. 2017년에는 재기와 유머가 넘치는 기획자 마빈 레무스(Marvin Lemus)가 보일 하이츠를 배경으로 한 코미디 웹드라마인 〈헨테파이드(Gentefied)〉를 제작했다(2020년에 넷플릭스에서 다시 제작되어 공개되었다).[51]

이 드라마는 보일 하이츠의 젠트리피케이션을 소재로 금전적으로 보상받는 통합과 사회적으로 보상받는 지역사회 충성도 사이의 갈등을 다룬다. 그런데 사실 이 갈등은 많은 도시가 오래전부터 안고 있는 것이다. 세계 최초의 유성영화 〈재즈싱어(The Jazz Singer)〉의 핵심 갈등은 유대교 가정에서 성장한 주인공이 아버지의 뒤를 이어 속죄일 콜니드레(Kol Nidre, 유대교에서 속죄일 전야의 예배 때 부르는 기도문 – 옮긴이)를 부르며 칸토르(cantor, 유대교의 예배에서 노래를 부르는 선창자 – 옮긴이) 자리를 물려받을 것인지, 아니면 브로드웨이에서 노래를 부르는 재즈 가수가 될 것인지 이 둘 사이에서 벌어진다.[52] 결국 주인공은 콜니드레를 부르게 되지만 행운을 노래하는 할리우드 영화답게 재즈 가수 경력을 회복한다. 〈헨테파이드〉에서도 주인공 크리스 모랄레스는 할아버지의 타코 가게를 살리는 것과 제빵제과 및 와인 전문학교인 파리의 르 코르동 블루(Le Cordon Bleu)에 다닐 것인지를 두고 〈재즈 싱어〉의 주인공과 비슷한 고민을 한다.

라틴계 사람들 사이에서는 라틴계가 백인 연기를 하는 것에 대한 고민이 있지만, 보일 하이츠의 비(非) 멕시코계 개발업자들을 바라보는 시선이 모호한 경우는 드라마에서나 실제 생활에서나 훨씬 적다. 드라마 〈헨테파이드〉에서 그들은 일반적으로 저속하거나 부자이거나 바보로 묘사되며, 현실에서는 흔히 순수한 악당으로 여겨진다. 반(反) 젠트리피케이션 단체인 '보일 하이츠를 지켜라(Defend Boyle Heights)'는 "젠트리피케이션은 가장 극악한 형태의 증오 범죄"라고 선언했는데[53] 20세기에 있었던 대학살의 역사를 생각해보면 이는 매우 심각한 주장이다.

줄리언 나바가 브라운 베레에게 경찰의 습격이 임박했음을 귀띔해주었던 장소 인근에서 2017년에 커피숍 하나가 문을 열었다. 위어드 웨이브 커피(Weird Wave Coffee)라는 이 커피숍은 "문을 열자마자 거의 곧바로 젠트리피케이션에 대한 공개적 논의의 출발점이 되었다."[54] 홈스펀(homespun, 거칠고 딱딱한 모직물 - 옮긴이)으로 장식되어 있고 문어 모양의 로고가 있으며 '지역사회 공동체를 단단하게 묶기'라는 과제를 내세운 이 커피숍은 젠트리피케이션에 반대하는 사람들이 치를 떨며 증오하는 악당과는 거리가 멀어 보인다.[55] 그럼에도 이 커피숍은 시위와 기물 파손이 일상적인 모습이 되어버렸다. 이 커피숍의 전면 유리창이 깨졌을 때 '보일 하이츠를 지켜라'는 자기들이 그랬다고 주장하지는 않았지만 그 일을 응원했다.[56]

위어드 웨이브 커피는 지금도 여전히 영업 중이다. 맛집을 소개하는 앱 엘프(Yelp)는 이 커피숍을 검색하는 사람들에게 "이 커피숍의 여러 주인 중 한 명이 엘살바도르인임을 알지도 못하고 그런 사실에는 신경도 쓰지 않는 시위꾼들은 그냥 무시하세요"라고 소개한다.[57] 젠트리피케이션에 동조해서 개발 사업에 뛰어든 다른 사람들은 이 커피숍에 날아든 돌들보다 더 거친 대응에 결국 포기하고 물러났다.

젠트리피케이션이 진행되는 동네에서 고급으로 꾸미며 새롭게 문을 여는 커피숍 주인은 그 지역의 주민뿐만 아니라 외부 방문객이 들어와서 음료와 머핀을 마시고 먹을 것이라고 기대한다. 또 이런 동네에서 문을 열려고 하는 아트 갤러리라면 다른 곳에서 찾아온 고객에게 비싼 상품을 보여줄 저렴한 공간을 찾을 게 당연하다. 아마도 그 지역의 기존 업체 몇몇은 그 새로운 변화로 이득을 보겠지만 그 지역의 주민은 물가가 올라 손해를 볼 가능성이 크다. 2016년부터 보일 하이츠에 미술관들이 들어와서 문을 열기 시작했는데 이때 그들은 위어드 웨이브 커피의 문을 열었던 힙스터들보다 훨씬 더 쉽게 악마로 지탄받았다.

보일 하이츠에서 강 건너편에 있는 로스앤젤레스의 미술(art) 지구에서는 젠트리피케이션이 수십 년 동안 진행되었다. 도심 지역은 공업지역이었는데 미술가들이 비어 있던 창고 건물들로 들어오기 시작했다. 그들은 허가를 받지도 않고 벽화를 그리기 시작했고 이 벽화들은 지금도 공공건물의 벽을 장식하고 있다. 미술관 소유자들은 비싸지 않은 공간을 매입했다. 그 지역은 주민이 오랫동안 거주한 주택이 아니라 창고들로 채워져 있었던 터라 별다른 저항이 없었다.

현대적인 감각에 맞는 식당과 클럽들이 문을 열었다. 현대미술연구소(Institute of Contemporary Art)와 A+D(Architecture and Design Museum, 건

축디자인박물관)을 비롯한 미술관과 박물관이 자리를 잡았다. 이 미술 지구는 로스앤젤레스의 모든 고속도로와 지중해 스타일의 주택들 속에서 진정한 도시 경험을 제공하는 것처럼 보였다. 그런데 2015년이 되자 기술 기업들도 들어오기 시작했다. 곧 원룸의 월세가 2,000달러로 치솟았고 침실이 하나 있는 조금 나은 집조차도 매매가격이 100만 달러를 훌쩍 넘어섰다.[58]

현대미술연구소에서 위어드 웨이브 커피까지의 거리는 4킬로미터밖에 되지 않았다. 젠트리피케이션의 기운이 모든 곳으로 스며들었다. 싼 곳을 찾는 회사와 주민은 아직 가격이 오르지 않은 가장 가까운 옆 동네를 기웃거렸다. 보일 하이츠는 미술 지구보다 훨씬 저렴했고 결국 조직적 시위 전통이 여전히 살아 있는 보일 하이츠로 미술관의 파도가 몰아쳤다.

브라운 베레 회원들이 입었던 것과 비슷한 군복과도 같은 제복이 '미술관을 이용한 밀어내기에 반대하는 보일 하이츠 동맹(Boyle Heights Alliance Against Artwashing and Displacement, 이하 BHAAAD)'의 활동가들에게서 다시 보이기 시작했다. BHAAAD의 전사들은 검은색 점프슈트와 빨간색 스키 마스크를 착용한다. 이 단체는 미술관에 반대하는 목소리를 매우 거칠고도 크게 냈다. 예를 들면 보일 하이츠에 미술관을 소유한 사람이 뉴욕의 휘트니 미술관에서 전시회를 열면 이를 방해하기 위해 대륙을 가로질러 뉴욕까지 원정 가기도 했다. 당시의 시위 동영상을 보면 심드렁한 표정의 뉴욕 시민들이 태평양 연안에서 대서양 연안까지 찾아와 시위를 벌이는 이 침입자들을 무시하려고 최선을 다하는 장면이 나온다.[59]

한 미술관 웹사이트는 해킹을 당해서 "우리의 미술관으로 보일 하이츠를 식민지로 만든 힙스터 형제 젠트리피케이션 찬성자들"이 썼다는 가짜 공식 사과문이 게재되었다.[60] 미술관 소유자들 몇몇은 심지어 살해 협박을 받았다고도 했다. 2018년까지 미술관 네 곳이 더 버티지 못하고 다른 곳으로 떠났다.[61] 1세대 보일 하이츠 시위대는 로스앤젤레스 경찰과 수백 년에 걸친 백인의 지배를 상대로 전쟁을 벌였다. 그러나 새로운 세대의 시위자들은 미술관 소유자들을 상대로 삼는 편이 훨씬 더 쉽다는 것을 알았다. 심지어 살해 위협을 심각하게 여기지 않는 사람들조차도 정치적 올바름(political correctness, 편견이 섞인 일체의 표현을 쓰지 않겠다는 신념 – 옮긴이)에서 벗어났다는 평판으로부터 자기를 보호하고 싶어 했다.

젠트리피케이션을 둘러싼 싸움은 매우 격렬했는데, 로스앤젤레스에서는 저렴한 공간의 공급이 수요보다 많이 부족했기 때문이다. 전미부동산협회(National Association of Realters)에 따르면 2019년의 로스앤젤레스 아파트의 매매가격 중간값은 47만 달러가 넘었다. 이는 샌프란시스코를 제외한 미국의 다른 대도시에서보다 높은 수준이었다.[62] 로스앤젤레스의 평균 주택 가격은 60만 달러가 넘었는데 이는 뉴욕의 평균 주택 가격보다 60퍼센트 높은 수준이었다.[63]

로스앤젤레스는 독특한 문화와 기후 그리고 다양성이 확보된 강력한 지역 경제를 자랑한다. 또 이 도시는 멕시코 이민자들이 자연스럽게 유입되는 도시다. 그렇다 보니 이 '천사의 도시'를 찾는 수요는 상당했다. 공급이 부족하면 가격이 오르고 공간을 놓고 갈등이 생기기 마련이다. 그런데 로스앤젤레스는 그렇게 비쌀 필요가 없다. 사실 1970년대 이전만 하더라도 그다지 비싸지 않았다. 그때는 아직 새로 건물을 지을 땅이 많이 남았었다.

1970년 캘리포니아의 평균적인 주택 가격은 2만 3,100달러였는데, 인플레이션을 고려해서 2020년 기준으로 보정하면 15만 8,000달러다.[64] 이 가격은 전국 평균보다는 36퍼센트 높았지만 뉴저지와 코네티컷 같은 주의 주택 가격 중간값보다는 낮았다. 1990년에 캘리포니아의 주택 가격 중간값은 전국 평균보다 145퍼센트나 높은 19만 6,000달러로 올랐고 2020년에는 40만 달러로 치솟았다. 1970년 당시 캘리포니아는 평범한 주였고 로스앤젤레스도 평범한 도시였다. 그러나 1990년에 이르러 '황금의 주(Golden State)'로 일컬어지는 캘리포니아와 이 주의 해안 대도시들은 그동안 한 번도 경험하지 못했던 부동산의 성층권으로 진입했다.

캘리포니아의 기후는 1970~1990년 동안 변하지 않았다. 캘리포니아의 경제는 1970년에 이미 튼튼했다. 이 지역의 경제는 이후 20년 동안 미국의 다른 주들보다 훨씬 성공적이었지만, 앞에서 이미 언급한 주택 건설 분야가 붕괴되면서 커다란 변화를 겪었다. 로스앤젤레스 카운티에 새로 공급된 주택은 1940~1970년 사이에 해마다 5만 채가 넘었지만 이후 30년 동안에는 절반 이하로 떨어졌다.[65]

로스앤젤레스 카운티의 건설 수준이 낮은 이유는 건설 부지가 부족하기 때문이 아니다. 로스앤젤레스 카운티의 면적은 놀랍게도 300만 에이커(약 36억 평)나 된다. 현재 1에이커(약 1,200평)당 주택의 수는 1.38채밖에 안 되는데 여기에는 콘도미니엄까지도 포함된다.[66] 로스앤젤레스는 대도시로 1에이커(약 1,200평)에 50명을 수용할 수 있다. 하지만 로스앤젤레스는 이런 사실에 눈을 감았다. 로스앤젤레스는 빌리 워크맨이 보일 하이츠를 처음 개발에 나섰을 때처럼 여전히 오렌지 숲과 완만한 언덕의 땅인 것처럼 행세하기로 결정을 내렸고 이를 밀어붙이고 있다.

부동산을 꽁꽁 묶는 법에 돌을 던져라

보일 하이츠의 시위대가 주장하는 내용은 일리가 있다. 그들이 사는 집의 집세가 너무 비싸다. 하지만 그들은 임대료를 더 내려고 하는 외부자를 거부한다. 임대료가 오를 수밖에 없게 만드는 법률적인 규정이 아닌 엉뚱한 대상에게 항의하는 것이다. 이는 21세기 도시 정치학의 근본적인 문제를 무시하는 실수다. 우리의 법과 제도는 교외의 주택 소유자든 지역의 활동가든 내부자를 보호할 목적으로 발전해왔다. 우리는 도시 공간을 꽁꽁 묶어버림으로써 도시가 모든 사람에게 공간을 내주도록 성장하는 것을 막는다. 제한된 자원을 놓고 벌어지는 경쟁은 토지 이용 규제 때문에 더욱 심각해진다.

시위대는 로스앤젤레스에서 주택과 건물이 적정하게 건설되지 않은 바람에 피해를 입은 당사자인 젠트리피케이션 찬성자들을 상대로 싸울 게 아니라 모든 사람이 이용할 공간을 제한하는 님비주의자(NIMBYist, 'NIMBY'는 'Not in My Back Yard'의 약자다 – 옮긴이)를 상대로 싸워야 한다. 또한 더 많은 건물과 주택 건설을 허용하고 새로운 건축을 허용하는 임비주의자(YIMBYist, 'YIMBY'는 'Yes in My Back Yard'의 약자다 – 옮긴이)와 손잡고 경제 저널리스트 코너 도허티(Conor Dougherty)가 광범위하게 기록하고 있는 임비 운동에 동참해야 한다.

로스앤젤레스 카운티에는 보일 하이츠를 건드리지 않고 미술관과 아파트를 지을 땅이 많이 있다. 그런데 이 땅의 지나치게 많은 부분이 토지 이용을 제한하고 현재의 상태를 유지해야 한다는 법률적인 규정 때문에 50년 동안 묶여 있다. 그런 결정들은 1970년 당시 로스앤젤레스 카운티에 집을 산 사람들에게는 훌륭한 것이었지만 이후 새로 유입된 사람이나 임차인에게는 불리하다. 나이가 많고 부유한 교외의 주택 소유자들을 보호할 목적으로 만들어졌던 규정이 여러 인종이 섞여 있는 가난한 로스앤젤레스 시민 내부의 갈등으로 전환된 현장이 바로 보일하이츠다.

주민발의 13호(1978년 미국 캘리포니아 주정부가 주민투표를 통해 재산세의 상한선을 정한 법 – 옮긴이)는 캘리포니아 주정부가 내부자들을 보호하고 외부자에 대항하기 위해 어떤 터무니없는 조치를 했는지 잘 보여준다. 미국 대부분 지역에서 주택 소유자들은 부동산세 인상으로 가격 상승에 대한 대가를 치르지만 1978년에 주민발의 13호 찬반 투표에 나섰던 캘리포니아의 유권자들은 주택 소유자에게 안전책을 마련해주었다.

그해에 통과된 주민발의 13호는 "부동산에 대한 종가세(과세단위를 금액에 두고 세율을 백분율로 표시한 조세 체계 – 옮긴이) 최고액은 해당 부동산의 1퍼센트를 초과하지 않아야 한다"라고 규정하고 있으며[67] 여기서 전체 현금 가치(full cash value)는 1975~1976년 세금계산서에 표시된 전체 현금 가치처럼 카운티 평가자가 내린 해당 부동산의 평가액 또는 그 이후의 매입, 신축 또는 소유권 변경 때 발생한 해당 부동산의 평가액을 뜻한다.

주민발의 13호가 내부자에게 지나치게 유리하게 설정되었다는 건 세금 상한선이 1퍼센트로 정해져 있기 때문이 아니라 전체 현금 가치에 대한 규정 때문이다. 그런데 이 전체 현금 가치는 1970년대 중반에 평가된 가치로 연간 최대 2퍼센트의 범위 안에서 늘어나지만 신축이나 주택이 매매될 때 새로 설정된다. 로스앤젤레스 주택의 명목 가격은 1975~2020년 사이에 19배나 올랐는데[68] 이는 그때 이후로 주택을 팔지 않은 고령의 집주인이면 최근에 주택을 산 집주인보다 세금을 10분의 1밖에 내지 않는다는 뜻이다. 그래서 주민발의 13호는 내부자와 외부자 사이의 엄청난 격차를 조장하고 내부자가 집을 팔지 않도록 유도하는 강력한 동기가 되어 결국 로스앤젤레스의 부동산 시장을 더욱 얼어붙게 만들었다.

로스앤젤레스의 부동산이 꽁꽁 묶인다면 보일 하이츠는 늘 위협을 받을 것이다. 그러나 가격이 상승하는 장소에 건물이 많이 들어선다면 임대료는 안정될 것이고 강을 건너 이스트 로스앤젤레스로 들어가려는 압력은 줄어들 것이다. 만약 미술 지구에 주택과 건물이 쉽게 들어설 수 있었다면 거기에 있던 많은 미술관 소유주들은 기꺼이 거기에 계속 머물렀을 것이다. 그리고 보일 하이츠에서 일어나는 변화가 임대료 상승을 동반하지 않는다면 이 지역의 거주자들은 변화에 훨씬 더 개방적일 것이다.

드라마 〈헨테파이드〉에서 다루는 정체성 갈등의 기폭제는 임대료 상승으로 위기에 처한 타코 가게를 살리려는 할아버지의 싸움이다. 멕시코인의 뿌리를 지키겠다는 것과 미국 사회에 동화해야 한다는 것 사이의 갈등은 피할 수 없지만, 그래도 생활하고 일하는 공간이 풍부하고 비용이 적게 든다면 주민으로서는 훨씬 덜 고통스러울 것이다. 만약 시위대가 로스앤젤레스에서 살 수 있는 공간의 총량을 넓히는 데 집중한다면 타코 가게와 미술관을 모두 수용할 공간이 충분히 생길 것이다.

내부자와 외부자 그리고 대도시의 변두리 지역

도시는 도시적 문화와 법 집행 체계 그리고 자기가 좋아하지 않는 것을 남에게 팔아서라도 돈을 벌려는 인간의 욕구 등을 하나로 결합해서 전혀 다른 사람들끼리도 평화롭게 공존할 수 있도록 한다. 그러나 도시의 밀집성은 언제든 갈등이 생길 수 있는 토양이다. 특히 한 사람의 행동이 이웃의 행복에 영향을 미치는 경우가 너무도 많다. 아이오와의 한 농장에서 라디오를 아무리 크게 틀어도 이웃 농장이 방해를 받을 일은 없겠지만, 많은 사람이 밀집해서 살아가는 도시에서는 그런 행동이 이웃에게 소음 공해를 유발한다. 쓰레기를 길거리에 함부로 버린다거나 잘못된 운전으로 교통이 혼잡해진다거나 남의 물건을 훔칠 때 도시는 쉽게 지옥으로 바뀐다.

밀집성의 이런 부정적인 영향은 하수도 시스템에 예산을 투입한다거나 운전자에게 혼잡 통행료를 부과한다거나 야간 순찰 인력을 고용하는 등 집단행동을 통해 해결된다. 그러나 이렇게 할 수 있는 도시의 역량은 경제학자 맨슈어 올슨(Mancur Olson)이 '무임승차자 문제(free-rider problem)'라고 불렀던 행동으로 훼손된다. 집단행동의 이익이 집단 내의 모든 사람에게 골고루 돌아갈 때, 집단 내 개인은 다른 사람들이 노력을 기울일 때 함께 노력을 기울일 개인적인 동기가 생긴다. 이 무임승차자 문제는 고등학교의 과학 동아리부터 대도시에 이르기까지 모든 집단의 공동 노력을 방해하며 집단의 규모가 커질수록 더 악화된다.

올슨은 《국가의 흥망성쇠(The Rise and Decline of Nations)》에서 "집단행동을 따르려는 동기는 집단의 규모가 커질수록 줄어들기 때문에 규모가 큰 집단은 작은 집단에 비해 공동의 이익을 위해 행동하는 능력이 떨어진다"라고 썼다.[69] 어떤 일을 공동으로 도모하기에는 13명이 함께하는 것보다 세 명이 함께하는 것이 더 쉽다는 것을 모든 사람이 어느 시점에선가 깨닫는다. 집단의 규모가 커질수록 합의점에 도달하기가 어려워지고 각자 자신의 역할을 하기가 어려워진다. 이런 사실은 규모가 작고 구체적인 목표 아래 잘 조직된 이익집단이 변화가 없이 안정된 사회를 지배할 것임을 암시한다고 올슨은 주장했다. 올슨은 또한 이런 집단들의 힘이 결국에는 경제 침체와 쇠퇴를 부를 것이라고 주장했다.

올슨의 견해에 따르면 내부자 집단은 변화와 경쟁을 두려워한다. 그들은 푸드트럭을 금지하는 것처럼 다른 사람의 성공을 방해하거나 최소한 자기의 권위가 땅에 떨어지는 것을 막으려고 곳곳에 장벽을 설치한다. 이 과정이 역사 속에서 꾸준하게 반복되었다고 그는 말한다. 로마공화국이 몰락한 것도, 일본의 막부 정권이 몰락한 것도, 1970년대에 영국의 고통을 당했던 것도 모두 이런 맥락 속에서 일어난 일이었다.

올슨은 강력한 내부자들(전근대적인 일본의 장인 조합이나 영국 노동조합)이 혁신을 가로막고 외부자들에게 해악을 끼치는 규칙을 시행했다고 주장한다. 그런 내부자들은 전체 시스템이 커다란 충격을 받고 무너질 때까지 권력을 놓지 않는다. 독일과 일본이 제2차 세계대전 뒤에 누렸던 호황은 전쟁에 지면서 내부자 권력이 일시적으로 사라졌기 때문에 가능했던 일이라고 올슨은 말한다.

1800~1970년 사이에 미국은 너무도 빠르게 변화하면서 내부자들은 미래를 통제할 수 없었다. 매사추세츠 주의회에서 기존의 다수당이 다시 또 다수당이 되어 권력을 잡으면 외부자들은 오하이오강 유역의 더 비옥한 땅을 향해 서쪽으로 이동한다. 면화 산업을 소수의 대농장주와 면화 무역상들이 지배하면 기업가들은 앨라배마의 버밍엄에서 철강 공장을 시작한다.

게다가 몇몇 내부자 집단은 외부자의 입맛에 맞는 강력한 재정적 인센티브를 가지고 있었다. 하비 몰로치(Harvey Molotch)와 존 로건(John Logan)은 영향력 있고 통찰력 넘치는 저서 《황금도시: 장소의 정치경제

학》에서 선벨트(미국의 노스캐롤라이나에서 태평양 연안의 남부 캘리포니아에 이르
는 북위 37도 이남의 지역으로 15개 주에 걸쳐 있다 – 옮긴이)의 도시들이 확장하
는 동안에 이 지역을 지배했던 "도시 성장 기계(urban growth machine)"
에 대해 설명했다.[70]

한때 보일 하이츠를 소유했던 로스앤젤레스 시장인 '엉클 빌리' 워크
맨은 이 기계들의 꼭대기에 자리를 잡고 앉은 재정적 힘과 정치적 힘이
어떻게 하나로 결합했는지 생생하게 보여주었다. 이 도시 성장 기계들
은 그 도시의 가장 부유한 은행가와 고용주 그리고 부동산 개발업자의
이해관계에 부합하는 작은 이익단체들이었는데, 이들은 모두 도시가 성
장하기를 원했다. 도시가 성장한다는 것은 은행가들이 대출 사업을 더
많이 할 수 있고 고용주는 노동자를 더 많이 고용할 수 있으며 부동산
개발업자는 더 많은 토지를 개발할 수 있다는 뜻이었다.

몰로치와 로건이 정확히 지적했듯이 그들에게서는 이타적인 것은 찾
아볼 수 없었다. 그들은 농부들의 물을 훔치는 것부터 지역의 수로를 오
염시키는 것까지 온갖 부도덕한 짓을 했다. 그들은 오로지 자기의 이익
을 위해 사회 시스템을 이용했다. 그러나 그들이 가지고 있었던 근본적
인 목표가 달성되려면 도시가 외부자를 끌어들여야 했기에 도시를 매
력적으로 만들고 새로운 주택을 지었다. 각 도시의 도시 성장 기계는 다
른 모든 도시의 도시 성장 기계와 경쟁해야 했기에 그들은 외부자들에
게 저렴한 주택을 제공할 필요성을 강력하게 느꼈다.

수백 년 동안 미국의 도시들은 서부의 황무지 개척지보다 훨씬 더 중
요한 대도시의 변두리 지역을 사람들에게 제공했다. 1893년에 역사학
자 프레더릭 잭슨 터너(Frederick Jackson Turner)는 "오늘날까지 미국의
역사는 대서양을 식민지로 만드는 역사였다. (…) 놀고 있는 땅이 있다

는 사실과 그 땅이 지속적으로 쇠퇴한다는 사실, 미국인의 국경 지역 개척지 정착촌이 서쪽으로 확장했다는 사실이 미국의 발전 과정을 설명해준다"라고 주장했다.[71] 역사가들은 터너가 말했던 "미국 역사에서 국경 지역 개척지가 가지는 중요성"을 놓고 수십 년 동안 토론했지만 사실은 1890년 기준 미국 10개의 주 및 영토의 인구는 맨해튼섬의 인구와 거의 같았다.[72]

터너의 머릿속에는 국경 지역 개척지가 크게 보였을지 모르지만 일반 사람들에게는 성장하던 미국 도시들이 훨씬 더 중요했다. 미국의 도시 인구는 1860~1890년까지 30년 동안 620만 명에서 2,200만 명으로 늘어났으며 터너의 논문이 발표되고 30년 뒤에는 6,900만 명으로 늘어났다.[73] 작은 이익집단이 그들이 안고 있는 무임승차자 문제를 해결함으로써 종종 사회 전체를 지배할 수 있다는 올슨의 말은 옳았다. 뉴욕의 태머니 홀은 공공 일자리와 무료 칠면조를 제공하겠다는 약속을 내걸어 그들의 정치적 보병들이 일하게 만들었다. 그러나 제1차 세계대전 이전에 그 이익집단들은 도시가 성장하면서 함께 따라올 부(富)를 기대했다. 이는 그들이 전형적으로 가지고 있었던 바람이다.

그러나 새로운 반(反)성장 모델이 미국 교외에서 서서히 나타나고 있었다. 1873년에 번영을 이어가던 브루클린이 보스턴이라는 용광로에 함께 섞이기를 거부했다.[74] 그 마을의 부유한 시민들은 도시의 우두머리들에게 압도당하고 싶지 않았고, 물밀듯이 밀어닥칠 아일랜드 이민자들에게 압도당하고 싶지도 않았던 것이다. 19세기 브루클린은 합병을 중단했지만 새로운 건물이 들어서는 것을 막을 법률적인 자원은 제한되어 있었다. 이런 법률들은 20세기 초 용도지역제 법률로 나타났다.

1922년 오하이오의 유클리드에서 앰블러 부동산회사(Ambler Realty)

가 이 규제 때문에 소유지의 일부에만 주택을 지을 수 있게 되어 재산권을 침해당했다면서 소송을 제기했다. 지루한 공방이 이어진 끝에 1926년 대법원은 해당 규제가 앰블러의 재산권을 부당하게 탈취한 게 아니라고 판결을 내렸다. 주택들을 산업공해 및 유해한 활동으로부터 물리적으로 분리하는 것이 적법한 공권력 사용이라고 판단한 것이다.[75] 대법원은 그전에 이미 거주 인종에 따라 명시적으로 구역을 구분하려는 지방정부의 시도를 번복했었다. 당시 많은 사람은 유클리드 용도지역제 규정은 인종과 소득을 기준으로 토지 이용을 구분했기 때문에(예를 들어 부유한 교외 지역에 저소득층을 수용하는 아파트를 짓지 못하게 하기 때문에) 인기가 있다고 생각했다.

이 용도지역제 규제는 애초에 시민의 건강을 우려하는 차원에서 시작되었다(적어도 그렇게 알려졌다). 예를 들면 시카고의 도축장과 어린아이들이 물리적으로 멀리 떨어져 있도록 법률적인 장치를 마련할 필요가 있었던 것이다. 그런데 이 규제가 어느 지역에서나 허용되는 활동들을 대상으로도 폭넓은 통제권을 행사하게 되었다.

게다가 여기에는 성차별의 요소도 포함되어 있었다. 교외에는 공장뿐만 상가도 들어설 수 없었는데, 이런 곳은 제2차 세계대전 이후 여성이 주요 고용되어 있던 공간이었다. 이런 점을 두고 영국의 작가이자 기자인 캐럴라인 크리아도 페레즈(Caroline Criado Perez)는 "여성은 가정에서 아이와 노인을 보살펴야 하는 책임을 우선적으로 지기 때문에 집과 직장을 법률적으로 분리하는 법률적인 규정은 여성의 삶을 엄청나게 힘들게 만들 수 있다"라고 썼다.[76]

집과 직장을 법률적으로 분리한다는 것은 또한 교외 지역이 주택 소유자들로만 가득 차게 된다는 뜻이다. 이들은 새로운 개발과 건설로 자신이 사는 동네가 혼잡해지고 불편해지는 것을 원하지 않았다. 지역의 고용주들이 바라는 것처럼 임금이 낮아지는 것을 원하지 않았으며 개발 효과로 지역 은행들의 대출 사업이 번성하든 말든 신경 쓰지 않았다. 때때로 교외 지역에는 여전히 대규모 부동산 개발업자들이 있었는데, 이들은 자기가 소유한 부동산이 온전히 개발될 수 있도록 싸움에 나서곤 했다. 그러나 그런 개발이 한 차례 이뤄지고 나면 이후 새로운 개발이 가져온 긍정적인 효과를 주장하고 나서는 사람이 아무도 없었다.

어떤 의미에서 보면 미국 대도시의 정치 구조는 내부자들로 구성된 이익집단이 드넓은 토지 지역을 쉽게 통제할 수 있도록 되어 있었다. 미국에도 역사가 아주 오래된 지역들이 있다. 그러나 이런 지역은 자동차와 기차가 등장하기도 전에, 즉 15킬로미터 거리만 하더라도 매우 먼 거리로 여겨지던 시대에 형성되었다. 그러므로 미국에서 가장 오래된 대도시 지역들은 한때 작은 지방정부의 작은 지역 경제가 점차 확장해서 지금의 모습으로 바뀌었다고 볼 수 있다. 이렇게 해서 그 작은 마을들이 뉴욕으로, 보스턴으로, 필라델피아로 확장된 것이다. 뉴욕만 보더라도 그렇다. 1898년에 당시 독립적으로 존재하던 뉴욕과 리치먼드와 퀸스가 하나로 합쳐져서 지금의 뉴욕이 되었다.[77]

그러나 브루클린의 사례에서 알 수 있듯이 부유한 교외 지역은 거절하는 법을 알고 있었다. 케네스 잭슨(Kenneth Jackson)이 미국 교외 지역의 법률적인 판례 역사를 서술한 글에서 썼듯이 1900년 이전에는 교외 지역이 지역의 합병에 대해 대개는 찬성했지만 이후로는 점점 더 반대하고 나섰다.[78] 그래서 대도시 지역은 자동차를 소유할 만큼 부유한 사람들을 끌어들이는 땅을 가진 작고 독립적인 정치체들이 따로 또 함께 묶인 벌집 모양을 하게 되었다. 1920년대부터 미국 전역에서는 사람들이 도시에서 교외 지역으로 이동하는 대규모 재배치가 이뤄졌다. 이런 이동에 따른 정치적인 결과로 부유한 주택 소유자들은 지방정부를 통제할 수 있게 되었다.

그 정부들은 이후 주택 소유자들의 협동조합 역할을 했다. 즉 상류 중산층의 조종대로 움직이는 일종의 작은 마을인 셈이었다. 정부들은 학부모들의 사교육비를 아껴줄 목적으로 좋은 학교에 예산을 투입했고 부유한 사람들에게 사유재산을 보호하는 경찰관들을 제공했다. 그리고 새로운 건설과 개발을 제한했다. 특히 세금을 덜 내는 가난한 주민이 유입될 수 있는 소규모 주택과 아파트의 신축을 제한했다. 거기에 들어갈 예산은 차라리 공공서비스 부문으로 돌리고 말았다.

이 과정은 1960년대까지 잘 진행되었다. 그러나 대도시 미국의 예산은 여전히 새로운 건설과 개발을 향해 열려 있었다. 자동차 시대에 형성된 선벨트 지역 도시들은 미국 동부 지역의 도시들보다 훨씬 크다. 보스턴의 면적은 48평방마일(약 3,750만 평)이지만 피닉스의 면적은 517평방마일(약 4억 500만 평)다.[79]

결과적으로 대도시권의 중심 도시 안에는 개발의 여지가 있었고 그 중심 도시들에서는 도시 성장 기계인 은행가와 고용주, 부동산 개발업자들의 목소리가 작지 않았다. 게다가 교외 지역이 끝나는 부분에서도 개발의 여지가 있었는데, 여기에는 개발업자들이 땅을 사서 주택이나 건물을 지을 때 부수적인 효과를 기대하는 농민들이 있었다. 또 라스베이거스 카운티처럼 도시로 편입되지 않은 채 개발업자들에게 개방된 정치적인 무법 지대도 몇 곳 있었다.

그런데 1970년 이후로는 대도시 경계 지역에 남아 있던 땅들을 내부자들이 점점 더 많이 매입했다. 한편 도시의 경계 안에서는 제인 제이콥스를 비롯한 지역사회 활동가들이 자기가 사는 지역을 권력을 가진 내부자들이 불도저로 갈아엎는 것을 투쟁으로 저지하는 방법을 배웠다. 제이콥스는 올슨이 제기했던 무임승차자 문제를 직관적으로 이해하고 로어 맨해튼 고속도로 건설에 반대하는 운동으로 그리니치 빌리지 사람들을 이끌었다.[80] 이 투쟁은 더 부유하고 잘 조직된 지역사회에서 고속도로 건설에 반대하며 나선 투쟁의 초기 사례였다.

자기 지역을 관통하는 고속도로 건설에 반대하며 싸우는 것은 조금 더 가난한 사람들에게 집을 제공하는 중밀도 주택(아파트) 건설에 반대하며 싸우는 것보다 훨씬 큰 정당성을 확보한다. 그러나 고속도로 반대 투쟁에서 사용한 조직 전략은 아파트 건설 반대 투쟁에 사용될 수 있다. 제이콥스가 살던 지역이 1969년 '그리니치 빌리지 역사 지구(Greenwich Village Historic District)'로 지정되었을 때 이 지역은 로버트 모제스의 고속도로 건설뿐만 아니라 사실상 모든 개발과 변화로부터 안전하게 보호받게 되었다.

모든 도시에서 현재의 주택 소유자들(때로는 주택 임대인들)에게 혜택을 주는 결정, 즉 도시에 들어오는 외부자들의 이익에 반대되는 결정이 잇달아 등장했다. 이런 정치적인 변화와 함께 사람들이 자신이 살고 있는 방식을 유지하며 살아갈 권리가 있다는 발상을 받아들이는 사고방식의 변화도 나타났다. 즉 어떤 사람이 자기가 사는 집에서 창문 바깥으로 공원이 보인다면 그 누구도 다른 건물을 지어 그가 지금까지 누렸던 조망권을 침해할 수 없다는 것이다. 설령 그 공원이나 그의 집과 공원 사이의 땅을 개발업자가 살 때 조망권을 해치지 말아야 한다는 구체적인 규제가 없다고 하더라도 조망권을 침해할 수 없다는 사고방식을 사람들이 갖게 되었다. 이는 어떤 사람이 사는 집 부근에 미술관이 없었다면 그는 미술관이 자기 집 부근에 들어오는 것을 막을 권리가 있다는 말이기도 하다.

대도시의 경계선이 더는 확장될 수 없게 되자 미국의 역동성은 힘을 잃었다. 경제학자 레이븐 멀로이(Raven Malloy)와 크리스토퍼 스미스(Christopher Smith), 애비게일 워즈니악(Abigail Wozniak)은(앞의 두 사람은 위싱턴 연방준비제도이사회 이사이고 워즈니악은 미니애폴리스 연방준비제도이사회 이사다) 1970~2010년 사이 주간(州間) 이주율이 절반으로 떨어졌고 주 내 이주율은 3분의 1로 떨어졌다고 기록했다.[81] 사람들은 다른 곳에서 자기 운명을 개척하는 데 익숙했지만 이제는 점점 더 자신이 사는 자리를 가만히 지키며 살게 되었다. 이런 점을 들어서 미국 경제 지형에서 장기 실업이 영구적으로 고착된 이유를 설명할 수도 있다.

실업자가 일자리를 찾아 경제적으로 더 역동적인 지역으로 이동하지 않는 이유는 높은 주거비용이 장벽으로 작용하기 때문이다. 그런 비용을 부담하느니 차라리 가만히 있겠다는 것이다. 많은 실업자가 부모와 함께 살고 있는데 이는 다른 지역에 기회를 찾으러 나서려면 우선 공짜 주거지를 포기해야 하기 때문이다. 1980년 이전에 학력이 낮은 미국인들은 소득이 높은 주로 이주했다. 그러나 경제학자 피터 가농(Peter Ganon)과 대니얼 쇼그(Daniel Shoag)는 이제 이런 이주는 사라졌으며 이는 고임금 일자리를 제공하는 장소들이 더 많이 생기지 않기 때문이라고 지적한다.[82]

가난한 사람이 생산적인 장소로 이동하는 것은 처음부터 미국 역사의 한 부분이었다. 농부는 19세기 초에 바위투성이의 뉴잉글랜드를 떠나 비옥한 땅이 있는 오하이오 리버밸리로 갔다. 남부 지역에 살던 아프리카계 미국인은 짐 크로 법을 피해 높은 임금과 정치적 자유를 찾아

북부 지역의 도시로 향했다. 1930년대에 가뭄으로 오클라호마의 토양이 불모지로 바뀌었을 때 그곳에 살던 수천 명이 캘리포니아로 이주했다. 그런데 생산적이었던 지역에서 개발과 건설이 제한을 받자 생산적인 장소를 찾아 이동하는 현상이 사라지기 시작했다.

역사적으로 보면 가난한 사람이 부유한 지역으로 이주하면 지역별소득 격차가 완화되곤 했다. 임금 수준이 높은 지역에 신규 노동자가 유입되면 그 지역의 임금이 낮아지고, 반면에 그렇게 일정한 수의 노동자가 떠나간 저임금 지역에서는 임금이 오른다. 미국은 140년 동안 부유한 지역에서보다 가난한 지역에서 소득이 더 빠르게 늘어났다.[83] 그런데 1980년 이후로 소득의 이런 지역 간 수렴(regional convergence)이라는 균형화 과정이 중단되었다. 1980년에 장기 실업률이 높았던 러스트벨트, 애팔래치아, 미시시피 델타 등의 지역은 2015년에도 여전히 장기실업률이 높았다.

미국에서 가장 생산적인 도시들도 더 큰 경제 규모를 형성하지 못하고 있다. 다른 이유도 있겠지만 평범한 보통 사람이 살아갈 공간을그 도시들이 제공하지 못하기 때문이다. 시카고대학교의 창타이 시에(Chang-Tai Hsieh)와 UC버클리대학교의 엔리코 모레티(Enrico Moretti)는사람들이 뉴욕이나 샌프란시스코 같은 생산적인 지역으로 더 쉽게 이동할 수 있다면 미국 경제의 규모가 훨씬 커질 것이라고 추정한다.[84] 실리콘밸리의 노동자가 디트로이트의 노동자보다 30퍼센트 더 생산적이면 미국에서 사람들이 서쪽으로 이주할 때 미국의 전체 생산성은 자동으로 올라간다. 그러나 사람들은 그렇게 하지 않는다. 임금 수준이 아무리 높아도 주거비용이 너무 높아서 남는 게 별로 없기 때문이다.

로스앤젤레스 같은 지역들에서 주택 가격이 치솟을 때 미국은 엄청난 부(富)가 청년층에서 노인층으로 이동했다. 1983년에 35~44세의 미국인이 가지고 있던 주택자산의 중간값은 2013년 기준의 화폐가치로 보정했을 때 5만 6,000달러였다. 그런데 그로부터 30년 뒤인 2013년에 같은 연령대의 주택자산 중간값은 6,000달러밖에 되지 않았다. 반면 65~74세 미국인의 중위수는 같은 기간 동안 주택자산이 20퍼센트나 늘어났다. 이 연령대의 주택자산 변동을 인플레이션을 고려해서 보정하면 이 연령대의 95퍼센트가 42만 7,000달러에서 70만 1,000달러로 늘어났다.[85] 이런 재분배는 내부자가 부유해지고 외부자가 손해를 보는 사례다.

신규 개발 및 건설은 집값 변동을 줄여준다. 주택 신규 공급 능력이 수요를 충족하기 때문이다. 주택 공급이 제한되면 가격 폭등이 더욱 심해진다. 더 크고 파괴적인 주택 가격 거품은 내부자들의 신규 주택 건설을 억제하는 데서 비롯된 또 다른 부작용이다.

40년 전 올슨의 주장은 미국의 역동성을 담아내기에 적합하지 않아 보였지만 지금은 다르다. 40년 전의 올슨이 지금은 매우 현명해 보인다. 미국의 도시들과 주들은 지금까지 줄기차게 내부자들을 보호하고 그들에게 권한을 부여해왔다. 지역 규제의 거미줄이 기업가정신을 가로막고 있으며 미국의 전체 창업률은 1980년대보다 지금이 훨씬 낮다. 그리고 대개는 외부자인 청년층이 그 대가를 치르고 있다. 새로운 성장을 억제함으로써 비롯되는 높은 주거비용을 이들이 치르고 있다.

다음 장에서는 경찰의 전술들과 장기 징역형 그리고 제 역할을 하지 못하는 도시의 학교들에서 파생된 문제들을 살펴볼 것이다. 이 역시 모두 본질적으로는 내부자를 보호하고 외부자를 처벌하는 장치라고 할 수 있다. 그러나 이 근본적인 문제와 학교 및 경찰 문제는 중대한 점에서 다르다. 근본적인 문제는 간단하고 자연스러운 해결책으로 얼마든지 바로잡을 수 있다. 바로 도시가 계속 성장하도록 허용하는 것이다. 이렇게 하면 문제를 해결할 수 있다.

그러나 도시 범죄 및 경찰의 잔혹성은 그렇지 않다. 이는 간단한 해결책으로 바로잡을 수 있는 문제가 아니다. 도시는 폭력으로부터 아이들을 보호하고 시민들을 폭력적인 경찰들로부터 보호할 의무가 있기 때문이다. 학교를 바로잡는 일은 훨씬 더 어렵다. 이 문제를 해결하려면 제도 개혁과 정부 정책의 재설계라는 복잡한 영역을 파고들어야 하는데 그 모든 것을 바로잡기란 여간 어려운 문제가 아니다.

SURVIVAL OF THE CITY

9장

치안과 교육, 도시의 미래를 위한 투자

2020년 5월 25일, 젠트리피케이션이 진행되고 있던 미니애폴리스의 한 편의점에서 일어난 일이다.[1] 편의점 직원이 위조지폐로 의심되는 20달러짜리 지폐를 내놓은 사람이 있다며 경찰에 신고했다. 용의자는 조지 플로이드였다. 경찰이 출동해서 플로이드에게 차에서 내리라고 지시했다. 경찰관들은 특별히 예의 바르지도 않았고 잔인하지도 않았다. 플로이드는 겁에 질려 몸부림쳤지만 경찰관을 때리지는 않았다. 그는 미국 시민이라면 누구라도 의심받을 수 있는 범죄 행위로 체포되는 비무장 용의자일 뿐이었다.

미니애폴리스 경찰서 소속으로 19년 경력의 베테랑이었던 데릭 쇼빈 (Derek Chauvin)은 현장에 도착해 용의자를 제압해야겠다고 마음먹었다. 그는 자기 왼쪽 무릎에 체중을 실어 플로이드의 목 뒷부분을 눌렀다. 뒤로 수갑이 채워진 상태였던 플로이드는 숨을 쉬려고 발버둥을 쳤다. 주변으로 모여든 사람들이 사진을 찍기 시작했으며 쇼빈에게 제발 플로이드가 숨을 쉴 수 있도록 해달라고 애원했다. 그러나 쇼빈은 그런 말들을 모두 무시하고 8분 넘게 플로이드의 목을 눌렀다. 플로이드는 그 자리에서 죽었다.[2]

독립적인 기관인 '경찰 폭력 지도 만들기(Mapping Police Violence)'의 자료에 따르면 2018년 한 해에만 경찰관에게 살해당한 아프리카계 미국인이 259명이며 그중 28명은 플로이드처럼 비무장 상태였다.[3] 그러나 이런 사건은 대부분 상황이 모호하고 증거가 없으므로 경찰관이 유죄 판결을 받지 않는다.

그러나 쇼빈의 경우는 달랐다. 플로이드가 완전히 무저항 상태였으며 쇼빈이 다른 경찰관들에게 둘러싸여 있었음을 증명하는 동영상이 여러 개 있었기 때문에 정당방위를 주장할 수 없었다. 이 목격자 동영상들이 저항의 불씨를 빠르게 확산시켰다. 2020년 12월 1일 기준 플로이드의 사망 현장을 찍은 동영상 중 조회 수가 가장 많은 유튜브 동영상 다섯 개의 총 조회 수는 5,000만 건을 넘었다.[4]

이 동영상들이 사람들에게 안겨준 충격과 공포는 사건을 규탄하며 폭발적으로 일어난 시위의 연료가 되었다. 코로나19의 위험이 엄혹했음에도 불구하고 사람들은 거리로 쏟아져 나왔다. 사회가 갈등으로 분열되면 전염병이나 자연재해에 한층 취약해진다. 조지 플로이드의 죽음에 분노한 사람들은 공기로 전파되는 전염병이 창궐하고 있었음에도 거리로 뛰쳐나왔다.

우리는 그 시위들이 코로나19를 확산시켰는지 어땠는지 모른다. 그러나 1918년에 일어났던 애국 집회들은 "전쟁을 끝내는 데는 거의 도움이 되지 않았으며 치명적인 스페인독감을 확산하는 데 크게 기여했다"라는 평가를 받았다.[5] 2020년의 한 연구는 조지 플로이드 관련 시위가 발생한 뒤 "분석 대상이었던 8개 도시에서 감염률이 비정상적으로 높았다"라는 사실을 확인했다.[6] 그러나 다른 논문은 "도시에서 일어난 시위들이 코로나19 확진자 증가를 재점화했다는 증거는 없다"라고 결론을 내렸는데 시위에 나서지 않은 사람들이 예전보다 더 조심했기 때문에 그런 결과가 나온 것일지 모른다고 연구자들은 추정했다.[7] 사람들이 경찰을 불신해서 집회에 참석한다거나 인파가 몰린 곳에서 마스크를 착용하지 않는 등 공중보건 규정을 어기며 시민 불복종 행동을 하고 나서면 팬데믹을 극복하기가 어려워질 수 있다.[8]

도시가 모든 시민이 다 함께 번영을 누리도록 허용하지 않는 한 도시의 다양성은 불신과 갈등으로 쉽게 바뀔 수 있다. 도시에서 나타나는 부의 불평등은 도시가 가난한 아이들을 부유한 성인으로 성장시키는 역할을 할 때만 용인된다. 하지만 라즈 체티, 존 프리드먼(John Friedman), 너새니얼 헨드런, 그 외 공동 저자들이 확인한 사회적 계층의 상향 이동 데이터를 놓고 보면 미국의 도시들이 가난한 아이들을 부유한 성인으로 제대로 성장시키지 못하고 있음을 알 수 있다.[9] 대도시 교육구의 경계 바깥에서 성장한 아이들은 대도시 교육구에서 성장한 아이들보다 돈을 더 많이 벌고 교도소에 수감될 가능성이 훨씬 낮았다.[10] 제 역할을 하지 못하는 도시의 학교들, 지나치게 징벌적인 법 집행 기관, 이 두 가지가 하나로 결합해서 가난을 대물림한다.

도시의 학교와 법 집행 기관은 모두 외부자보다 내부자 편을 든다. 법 집행 기관을 놓고 보면 내부자는 안전을 요구하는 도시의 부유한 사람들, 폭력적인 경찰관이 처벌받지 않도록 보호하는 경찰노동조합이다. 반면에 외부자는 저지당하고 몸수색을 당하고 종신형을 선고받는 청년층이다. 학교에서는 교외 지역에 거주하는 고소득층 학부모와 교사가 해고되지 않도록 보호하는 교사노동조합이 바로 내부자이며 저소득층 자녀가 외부자다.

울분과 분노만으로는 이 문제들을 해결할 수 없다. 공중보건과 마찬가지로 학교와 경찰도 제도 개혁이 이뤄지려면 진지하고 지속적인 노력이 필요하다. 정치적으로 간단한 지름길의 해결책은 '삼진아웃 제도'나 '경찰 예산 삭감' 같은 제도나 규정을 도입하는 것이다. 그런데 정부는 직업과 관련된 허가 요건을 추가하거나 메디케어 비용을 삭감하는 것 같은 쉬운 일은 빨리 처리하면서도 기능적인 공중보건 시스템을 구축하거나 도시의 학교들이 안고 있는 문제를 바로잡는 것 같은 어려운 일에는 굼뜬 경향이 있다.

개발이나 창업을 제한하는 규칙을 바꾸면 주택과 일자리가 새로 많이 생겨날 것이다. 민간 부문에서 새로운 주택을 공급하고 나설 것이며 많은 회사가 창업할 것이기 때문이다. 그러나 민간 부문이 그냥 나서서 가난한 사람에게 교육 기회를 제공한다거나 이런저런 위해로부터 그들을 보호하지는 않는다. 이 장에서 우리는 경찰과 학교 모두에 필요한 '사회 구성원이 공유하는 공동의 힘(shared public strength)'을 중점적으로 살펴보고자 한다. 도시에 궁극적으로 필요한 것을 단독으로는 결코 제공하지 못하는 하향식 규제와 어렵긴 하지만 꼭 필요한 저소득층 관리, 이 두 가지를 경찰과 학교 두 영역 모두에서 살펴볼 것이다.

우리는 1980년대 이후에 나타났던 법 집행의 극적인 변화에서부터 이야기를 시작하려고 한다. 1988~2006년에 미국에서 교도소에 수감된 사람의 비율은 두 배 넘게 늘어났다.[11] 미국연방수사국(FBI) 소속의 법무통계국(Bureau of Justice Statistics)에 따르면 1993~2008년만 놓고 볼 때 14~17세에 살해된 아프리카계 미국인 비율은 10만 명당 13.1명에서 4.6명으로, 약 3분의 1 수준으로 줄어들었다.[12] 앞으로 우리는 공격적인 치안 방식과 장기 징역형 쪽으로 정책 방향이 전환되는 현상을 살펴보면서, 청년들을 그렇게나 많이 교도소에 가두지 않고도 도시의 거리를 안전하게 지킬 방법이 없을지 살펴볼 것이다.

삼진아웃 제도의 탄생

1988년 9월 26일 오후 5시 30분, 29세의 광고 담당 임원이었던 다이앤 발라시오테스(Diane Ballasiotes)는 회사에서 나와 주차되어 있던 자동차로 걸어갔다. 그 차는 시애틀의 파이어니어 스퀘어 인근에 주차되어 있었다. 발라시오테스는 "어깨까지 내려오는 적갈색 곱슬머리에 (…) 네이비 색 스커트와 테니스 스웨터"를 입은 프레피 룩[아이비 스타일을 기본으로 한 캐주얼하고 모던한 패션 스타일. 프레피(preppy)는 미국의 명문 사립고등학교 학생들을 가리키는 말이다 – 옮긴이] 차림의, 전형적인 레이건 시대의 커리어 우먼이었다.

그녀는 안타깝게도 자동차까지 가지 못했다. 그리고 실종되었다. 곧 그녀를 찾는다는 전단이 나붙었다. 이 전단이 붙어 있지 않은 곳을 찾기가 어려울 정도였다. 그녀는 실종된 지 일주일이 지난 뒤에 "도시의 다른 곳에 버려질 쓰레기를 찾던 (…) 공원 관리 직원"에 의해 시신으로 발견되었다.[13]

진 레이먼드 케인(Gene Raymond Kane)이 범인으로 체포되어 유죄 판결을 받았다. 케인은 "성범죄자로 13년 복역했으며 사건 당시 노동석방제도(work-release program, 죄수가 주간에 교도소 바깥으로 일을 하러 나가는 것을 허용한 제도-옮긴이)에 따라 시애틀 시내에서 일하고 있었다.” 그가 일하던 곳은 파이어니어 스퀘어와 발라시오테스의 자동차가 주차되어 있던 곳에서 한 블록 거리였다.[14]

당시 레이첼 블레이처는 머서대학교 로스쿨 학생들이 편집·발행하던 신문인 〈머서 로 리뷰(Mercer Law Review)〉에 “케인은 성범죄를 저지른 사이코패스였지만 사이코패스를 치료하는 프로그램을 진행하던 정신병원에서 치료를 받기에는 너무 위험해서 해당 치료를 받지 못했다”라고 썼다.[15] 그런데 이런 죄수가 노동석방제도로 교도소 바깥에서 일했다는 건 교도소 당국이 케인이 감독을 받지 않는 상태에서도 매우 위험하다고 보지 않았다는 뜻이다.

다이앤의 어머니 아이다 발라시오테스(Ida Ballasiotes)는 이후 풀뿌리 사회운동 활동가가 되어 제인 제이콥스가 그리니치 빌리지를 보존하기 위해 투쟁했던 것만큼이나 열성적으로 투쟁하고 실제로 성과를 거두었다. 〈로스앤젤레스 타임스〉에 따르면 “자기 딸을 살해하고 강간한 남자의 범죄 경력을 듣고 아이다가 처음 생각한 것은 (…) 이 남자가 교도소 바깥에서 무엇을 하고 있었을까 하는 것”이었다.[16] 아이다는 ‘고의적 불법 행위’의 책임을 물어 주정부의 교정 당국에 소송을 제기해서 이겼다.

더 중요한 사실은 그녀가 범죄자에게 더 긴 징역형을 워싱턴 주정부에 요구하는 운동에 앞장섰다는 점이다. 결국 그녀는 워싱턴주 당국에 주민법안발의 593호를 제안했다. “‘중대범죄’로 세 차례 유죄 판결을 받은 범죄자에게는 (…) 가석방 없는 종신형을 선고할 것”을 규정한 이 법안은 1993년에 3 대 1이라는 압도적인 찬성 비율로 통과되었다.[17]

다이앤 발라시오테스 살인 사건이 사회적으로 그런 영향을 미칠 수 있었던 것은 그 사건이 정치적 공백기에 일어난 게 아니었기 때문이다.

다이앤이 살해되기 닷새 전에 공화당의 정치행동위원회는 '주말 석방(Weekend Pass)'이라는 네거티브 정치 광고를 하기 시작했다.[18] 매사추세츠 주지사이자 민주당 대선 후보였던 마이클 두카키스(Michael Dukakis)가 매사추세츠주 교도소에서 유죄 판결을 받은 살인자 윌리 호턴(Willie Horton)에게 주말 특별석방 혜택을 주었는데 결국 호턴이 다른 주로 도망쳐 강간과 무장강도 범죄를 저질렀다는 내용이었다. 사실 두카키스는 주지사 첫 임기(1975~1979년) 때 "1급 살인자에게 특별 휴가를 주는 제도에 거부권을 행사했다. 그 제도가 자칫 교도소에서 진행되는 갱생 노력에 찬물을 끼얹을 수 있다"고 생각했기 때문이다.[19]

사실 미국의 살인율은 1984~1989년 사이에 10만 명당 7.9명에서 8.7명으로 늘어나는 데 그쳤다. 그러나 아이다 발라시오테스가 1957년에 21살이 된 이후로 살인율은 118퍼센트 늘어났다.[20] 그녀 세대의 많은 미국인에게 미국은 질서가 무너져 혼란의 구렁텅이로 빠져든 것처럼 보였다. 그런 미국인에게는 피고의 권리보다는 자녀의 안전이 더 중요했다. 두카키스는 살인범이라고 하더라도 구제받고 갱생하기를 바랐지만 유권자들은 범죄자에 대한 복수와 가족의 안전을 추구했다. 다이앤 발라시오테스가 살해된 이후 며칠 동안 윌리 호턴을 내세운 정치 광고가 매일 방송되었고, 아이다 발라시오테스는 '다이앤의 친구들(Friends of Diane)'이라는 단체를 조직하는 작업을 도왔다. 이 단체는 "집회를 열고 탄원서를 돌리기 시작했다."[21]

새로운 범죄가 하나씩 발생할 때마다 그들이 내세운 명분은 점점 더 확고해졌다. 1988년 12월에 워싱턴에서 23세 여성이 강간당한 뒤 '도살'되는 사건이 벌어졌다. 이 사건의 범인인 개리 미닉스(Gary Minnix)는 "1986년에 칼을 사용한 네 차례의 강간으로 기소되었고, 시애틀 경찰과도 22건의 그런 다른 사건들과 관련이 있는" 범죄 경력을 가지고 있었다.[22] 그는 정신병원에 수감되어 있다가 주말 특별석방으로 풀려난 상태에서 그런 범죄를 저질렀다. 그가 정신병원에 수감된 이유는 지능지수가 너무 낮아서 "재판을 받을 능력이 없는 것으로 판명되었기" 때문이다.

1989년 5월 20일 토요일 "타코마의 자기 집 부근에서 자전거를 타던 7세 소년이 근처 숲으로 끌려가 강간당하고 성기가 훼손되었으며 질식사할 뻔했다."[23] 이 소년은 얼 슈라이너(Earl Shriner)라는 연쇄 성범죄 살인범을 범인으로 지목했다. "슈라이너의 신발은 흙과 피로 얼룩져 있었고 (…) 현장에 나 있던 족적과도 일치했다."[24] 슈라이너는 1급 살인미수와 1급 강간 및 폭행 혐의로 기소되었다. 그다음 한 주 동안 언론에서 떠드는 온갖 이야기들은 "수많은 관계 공무원이 슈라이너가 어떤 짓을 했으며 앞으로 어떤 짓을 저지를지 이미 잘 알고 있었다는 사실에만 초점을 맞췄다."[25]

그러나 슈라이너는 지능지수가 낮았기 때문에 유죄 판결을 받지 않았다. 아이다 발라시오테스의 53번째 생일이었던 5월 25일 목요일 〈시애틀 타임스〉는 "슈라이너가 기소된 1987년과 1988년의 중범죄 혐의는 '피해자인 어린이가 법정에서 범인에게 불리한 증언을 할 수 없었다는 이유로' 경범죄로 축소되었다"라고 보도했다.[26]

조지 플로이드 살해 동영상이 보여주듯이 단 하나의 생생한 사건이 산더미처럼 쌓인 통계수치보다 훨씬 더 강력한 힘을 발휘한다. 〈시애틀 타임스〉의 그 기사가 나간 다음 날 "한 무리의 시위대가 올림피아 국회의사당 계단에 모여 성범죄자에게는 종신형을 포함해 더 강력한 처벌을 제정할 특별회의를 소집할 것을 주지사에게 요구했다."[27] 그 시위대를 조직한 사람들 중에는 다이앤 발라시오테스의 오빠도 있었다. 민주당 주지사는 특별위원회를 소집했는데 이 위원회는 지난 선거에서 그를 낙선시키려고 노력했던 공화당원 지방 검사가 이끌었다. 아이다 발라시오테스는 대책위에 합류한 두 명의 피해자 어머니 중 한 명이었으며 역시 즉각적인 입법을 요구했다.

위원회는 성범죄자에게는 양형 및 등록을 한층 엄격하게 하도록 권고했다. 성폭력 범죄자는 선고된 형기를 모두 복역했다고 하더라도 여전히 같은 종류의 범죄를 저지를 수 있다고 본 것이다.[28] 워싱턴주 의회는 1990년에 만장일치로 이 권고안을 법으로 제정했다. 그러나 아이다는 〈로스앤젤레스 타임스〉 인터뷰에서 이 법률의 제정은 그저 "좋은 첫 번째 걸음일 뿐"이라고 말했다.[29]

아이다는 1992년에 워싱턴 하원의원으로 선출되었고 66세가 될 때까지 의원 활동을 했다. 그녀는 존 칼슨(John Carlson)이라는 이름의 우파 라디오 및 텔레비전 해설자와 짝을 이뤄 범죄자에게 더 엄격한 형량을 선고하도록 추진하는 투쟁을 이끌었다. 또 그들은 삼진아웃 제도를 도입하기 위해 25만 명이 넘는 사람들로부터 서명을 받았고 이 법안을 투표에 부쳤다.[30]

캘리포니아를 비롯한 다른 여러 주에서도 아이다의 이 법률을 잇달아 제정했다. 연방의회에서도 1994년에 1994년 폭력범죄처벌법(Violent Crime Control and Law Enforcement Act of 1994)을 의결했고 클린턴 대통령은 여기에 열정적으로 서명했다. 클린턴은 윌리 호턴 광고를 봤고 민주당이 범죄에 대해 온건하게 접근할 때 무슨 일이 일어났는지 잘 알고 있었다. 그는 폭력범죄처벌법에 서명하면서 "강도와 마약이 우리의 거리를 점령하고 우리의 학교를 훼손했습니다. (…) 이 법률은 우리의 법률이 우리 국민의 가치관에 부합하는 방향으로 나아가는 큰 걸음이 될 것입니다"라고 말했다. 또한 삼진아웃 조항이 "처벌이 더 확실하게 이뤄질 것이라고 말할 수 있는 수단"이 되었다면서 기뻐했다.[31] 심지어 1995년에는 여러 주에서 중범죄를 두 번만 어겨도 종신형을 선고할 수 있도록 종신형 선고 기준을 더욱 낮췄다.

그러나 클린턴은 2015년에 이 법안을 지지했던 일을 사과했다. 그때 그는 민주당 전당대회에서 "나는 문제를 더 악화시킨 법안에 서명했는데 지금은 그게 나의 잘못이었음을 인정한다"라고 말했다.[32] 그렇지만 과거 1994년의 클린턴은 유권자의 표를 얻기 위해 더 강력한 처벌을 할수록 범죄가 줄어들 것이라는 주장에 동의했다.

이 역사는 오늘날 조지 플로이드를 위해 복수하고 싶은 마음을 가진 사람들에게 경고를 날린다. 그렇게 많은 청년을 교도소에 몰아넣은 엄격한 법률이 제정되도록 노력했던 활동가들 또한 충분히 공감할 수 있는 분노를 자기 활동의 연료로 삼았다. 그들의 눈에는 다이앤 발라시오테스 같은 피해자가 나오지 않도록 보호할 수만 있다면 아무리 무거운 처벌의 책임을 지우는 정책도 지나쳐 보이지 않는다. 그런데 다른 한편으로 오늘날 일부 시위자들은 미래에 다시 반복될 수 있는 조지 플로이드 같은 피해자를 보호할 수만 있다면 아무리 가혹한 법률이라도 기꺼이 수용해야 한다고 생각하는 것 같다. 서로 반대편에 서 있는 두 관점 모두 충분히 이해할 수 있다. 그러나 안타깝게도 둘 다 틀렸다. 둘 다 극단적이기 때문이다. 우리는 우리 아이들을 개인적인 폭력 및 경찰의 폭력으로부터 보호할 중간 지점을 찾아야 한다.

형량이 늘어나면 범죄가 줄어들까?

마치 미리 약속이라도 한 듯 삼진아웃 제도를 규정한 법안이 통과되자마자 범죄는 줄어들었다. 1993~2000년 사이에 미국 전체의 살인율은 해마다 줄어들어 클린턴 대통령 임기 마지막 해에는 10만 명당 5.5명을 기록했다.[33] 뉴욕만 따로 떼어놓고 보면 1990년에 2,245건이었던 살인 사건이 2000년에는 673건으로 줄어들었다.[34] 2016~2019년에 뉴욕에서 발생한 살인 사건은 연간 350건이었는데, 이는 10만 명당 4명이라는 비율보다 낮은 비율이다.[35] 확실히 뉴욕은 예전보다 훨씬 안전할 뿐만 아니라 살인 사건만 놓고 본다면 전체 미국 평균보다 더 안전하다.

그런데 1993년 이후 미국 도시들이 예전보다 더 안전해진 것은 삼진아웃 제도와 길어진 형량 덕분일까? 이 질문에 대해 뭐라고 딱 부러지게 대답할 수는 없다. 범죄 감소 요인으로는 그것 말고도 여러 가지가 있기 때문이다. 경찰관 인원 증가, 경찰 전략의 변화, 마약과 관련된 조직폭력 집단 사이의 갈등 감소, 낙태 합법화, 아이들의 납치 노출 감소 등이 그 요인들이다. 심지어 비디오게임이 범죄를 줄였다고 주장하는 사람들도 있다.

대량 투옥(mass incarceration)은 서로 다른 세 가지 경로로 범죄에 영향을 미칠 수 있다. 첫째, 형량이 길어지면 범죄자들이 체포될 위험에 더 조심하게 되므로 그만큼 범죄를 예방할 수 있다. 둘째, 교도소는 범죄를 저지르기 쉬운 사람들을 무력화할 수 있다. 아이다 발라시오테스는 진 케인과 얼 슈라이너가 겁먹었을 것이라고 믿지 않았지만, 만약 이런 사람들이 교도소에 갇혀 있다면 선량한 시민에게 덜 해로울 것이라고 믿었다. 셋째, 교도소에서 석방된 사람이 합법적인 직업을 얻기 어러울 때 수감 생활 과정에서 다른 범죄자들과 만나는 경험은 나중에 더 많은 범죄로 이어질 수 있다.

클레어몬트 맥케나 칼리지의 에릭 헬런드(Eric Helland)와 조지메이슨 대학교의 알렉스 타바록(Alex Tabarrok)의 최근 연구는 삼진아웃 제도의 억제 효과에 초점을 맞췄는데 그 방식이 무척이나 기발했다.[36] 이 연구는 두 집단의 범죄자를 비교한다. 두 집단의 표본은 모두 중범죄로 기소되었다. 그런데 한 집단은 두 가지 범죄로 유죄 판결을 받았고 한 번만 더 유죄 판결을 받으면 종신형을 선고받는다. 그런데 다른 집단은 한 번은 중범죄로 유죄 판결을 받았고, 한 번은 경범죄로 유죄 판결을 받아서 다음에 한 번 더 중범죄로 유죄 판결을 받더라도 종신형을 선고받지는 않는다. 연구자들은 이 두 집단을 비교해 종신형 위험이 갖는 억제 효과를 추정했다.

추정 결과 삼진아웃 제도로 두 집단의 범죄율은 약 5분의 1로 줄어들었다. 그런데 죄수 한 명을 교도소에 수감하는 데 들어가는 공공비용은 연간 약 3만 5,000달러다. 여기에는 죄수 본인이 부담하는 더 많은 비용은 포함되지 않는다. 따라서 비용과 편익을 놓고 비교할 때 또다시 수감되지 않아 절약되는 비용은 거의 15만 달러에 육박한다.[37]

다른 추정들은 추가 범죄를 저지르지 않을 때 3만 4,000달러의 사회적 이익이 발생한다고 주장한다. 양형 관련 논문들을 대상으로 한 어떤 메타 분석은[이 연구는 교도소 개혁을 목적으로 하는 재단인 '열린 자선사업(Open Philanthropy)'이 연구 자금을 지원했다] "그런 추정치가 지나치게 낮다"라고 지적한다.[38] 길어진 형량으로 발생하는 범죄 억제 효과는 기껏해야 조금 나아진 정도밖에 되지 않는 것 같다.

이런 점은 교도소 수감과 범죄 사이의 연관성에서 더욱 강력하게 맞아떨어진다. 시카고대학교의 경제학자 스티븐 레빗(Steven Levitt)은 미국 시민자유연맹(American Civil Liberties Union)이 교도소 과밀과 관련된 소송을 제기한 후 수감자들이 석방되었을 당시의 범죄율 증가 양상을 살펴봤다.[39] 이 소송으로 수감자들이 석방되자 인근 지역에서 범죄가 늘어났다.

레빗의 연구 방법론을 복제한 분석가들은 교도소에서 석방되는 사람이 10퍼센트 늘어나면 폭력 범죄와 재산 범죄가 각각 4.5퍼센트와 2.5퍼센트 늘어난다고 추정한다.[40] 즉 폭력적인 범죄자를 교도소에서 내보내는 행위가 폭력 범죄를 늘리는 것처럼 보이는데 이는 그다지 놀라운 일이 아니다. 이런 일은 2020년에 코로나19를 이유로 교도소에서 수감자를 석방했을 때도[41] 일어났을 것이다.

그러나 범죄자에게 더 긴 형량을 선고하면 나중에 석방되었을 때 오히려 더 활발하게 범죄 활동을 할 것이므로 수감 기간의 무력화 효과(incapacitation effect, 범죄자가 교도소에 수감되면 더는 범죄를 저지를 수 없는 것을 뜻한다 – 옮긴이)가 상쇄되는 게 아닐까? 아이다 발라시오테스는 범죄자를 평생 교도소에 가둬두자는 운동을 벌였는데, 이 경우 범죄자가 교도소 바깥으로 나오지 않을 것이므로 상쇄 효과는 문제가 되지 않을 것이다. 그러나 범죄자는 대부분 경미한 범죄를 저지른 사람들로 언젠가는 교도소 바깥으로 나간다. 따라서 긴 형량은 오히려 상습적인 범죄자를 더 많이 만들어낼 수 있다.

이 점에 대해서는 증거가 명확하지 않다. 많은 연구논문은 수감 기간이 상대적으로 길 때 그 수감자는 석방되더라도 다시 범죄를 저지르고 교도소에 수감될 가능성이 크다고 본다.[42] 그러나 법원이 한층 공격적이거나 재범 가능성이 큰 범죄자에게 형기가 긴 징역형을 선고하는 행위가 범죄자를 사회에 더욱 해로운 존재로 만든다는 착각을 불러일으킬 수 있다. 어쨌거나 범죄 성향이 있거나 공격적인 사람이라면 미래에 법을 어길 가능성은 상대적으로 더 크기 때문이다.

그런데 더 다양한 형기 사례를 무작위로 사용한 다른 연구들은 반대 결론에 도달한다. 프린스턴대학교의 경제학자 일리야나 쿠지엠코(Ilyana Kuziemko)는 징역형과 재범 사이의 관련성을 살펴봤다. 그녀는 가석방 자격 요건의 무작위적인 변화가 범죄자의 교도소 수감 기간과 얼마나 관련이 있는지, 수감 기간의 변화가 그 범죄자의 재범과 얼마나 관련이 있는지 살펴본 끝에 "교도소 수감 기간이 재범 위험을 줄여준다"라고 결론을 내렸다.[43]

사회과학에서 가장 중요한 단계는 자기 지식의 한계를 깨닫는 것이다. 결론이 다른 연구논문들이 너무나 많이 있으므로 범죄자의 교도소 수감 기간이 석방된 뒤에 범죄자의 행동에 어떤 영향을 미치는지는 딱 부러지게 말할 수 없다. 그러나 교도소가 잠재적 범죄자를 일상의 거리에서 격리함으로써 범죄를 줄여준다는 사실은 엄정한 통계 작업 및 상식으로 뒷받침된다. 진 케인이 감옥에서 바깥으로 나오지 않았더라면 다이앤 발라시오테스는 죽지 않았을 테니 말이다.

하지만 그렇다고 해서 삼진아웃 제도가 좋은 정책이라는 뜻은 아니다. 오히려 어떤 절충점이 있을 것이라는 사실을 시사한다. 형기가 길어질수록 외부 세계는 그만큼 안전해지겠지만 수감자뿐만 아니라 납세자도 비용을 부담해야 한다. 분명 약간의 균형은 필요하다. 수천 명이나 되는 청년을 평생 교도소에 가둬두는 일은 잔인하고 비인간적이다. 그렇지만 케인이나 슈라이너 같은 이들은 자유가 주어질 때 끔찍한 짓을 저지른다.

지난 수십 년 동안 시계추는 한 방향으로만 움직였다. 그 방향은 바로 범죄자의 형기를 늘려야 하며 최대한 많은 범죄자를 교도소에 가두는 것이었다. 2018년에 200만 명이 넘는 미국인이 수감되었고 그 외에도 440만 명이나 되는 미국인이 보호관찰과 가석방을 받았다는 사실은 끔찍하다.[44] 또한 미국인의 약 50만 명이 마약 범죄로 수감되었다. "폭력과 관련이 없는 마약범에 대한 유죄 판결은 연방 교도소 시스템의 결정적인 특징이다."[45] 어떤 민주주의 국가에서도 이 정도로 많은 사람을 오래 교도소에 수감하지 않는다.

교도소 수감의 유해한 측면은 또 있다. 교도소에는 수감자 1인당 공간이 워낙 좁기 때문에 교도소와 수감자는 전염병에 특히 취약하다. 폭력과 관련이 없는 마약범의 처벌 수위를 낮추면 교도소 수감자가 획기적으로 줄어들 것이고 공중의 안전이 위협받을 위험도 그만큼 줄어들 것이다.

대량 투옥이 문제가 있다고 해서 범죄자를 교도소에 가두는 모든 행위가 잘못되었다는 뜻이 아니다. 진 케인이나 얼 슈라이너 같은 범죄자는 교도소에 갇혀 바깥으로 나오지 말았어야 했다. 맞다. 그러나 문제는 그게 아니다. 종신형을 선고받은 사람들의 장기적인 복지에는 신경 쓰지 않은 채 그저 범죄자를 교도소에 수감하는 데만, 수감자의 숫자를 늘리는 데만 집중했다는 점이 문제다.

그동안 우리는 내부자의 안전이 무엇보다 중요하며 외부자의 권리 따위는 아무런 가치도 없는 것처럼 행동했다. 길을 걸어가는 소수민족 청년을 경찰이 붙잡아서 조사해도 괜찮다면 똑같이 편향된 접근법을 따라가는 셈이 된다.

레이 켈리의 경찰 개혁

아이다 발라시오테스가 삼진아웃 제도를 법률로 제정하는 데는 정치적인 역량이 필요했지만 그 법률은 정부의 관료 기관에 대한 지속적인 감독을 요구하지는 않았다. 규정을 바꾸는 것은 상대적으로 간단하다. 최근의 역사가 보여주듯이 사람을 교도소에 가둬두는 정책과 교도소 바깥으로 내보내는 정책은 쉽게 바꿀 수 있다. 그러나 범죄 건수와 교도소 수감자 수를 모두 줄이는 방향으로 치안 문제를 개선하기란 훨씬 어렵다. 그러려면 보다 명확한 책임과 개선된 관리 역량을 갖춘 강력한 공공 기관들이 필요한데 이런 기관들을 구축하기란 쉽지 않다.

다행인 점은 비록 지금의 경찰이 바람직해 보이진 않지만 과거에는 여러 차례 개선과 개혁이 이뤄졌다는 것이다. 1970~1980년대에 경찰은 긴급전화에 대응할 목적으로 시스템을 재조직했다. 1990~2000년대에 들어서는 범죄율 감소에 능동적으로 대응하기 시작했다. 그 결과 인구 100만 명이 넘는 도시에서 1991년에 10만 명당 35건이었던 살인 사건 발생률이 2008년에는 12명 이하로 떨어졌다.[46] 그런데 이런 변화의 공로가 전적으로 경찰에 있지는 않다. 물론 약간의 공로가 있는 건 분명하지만 말이다.

레이먼드 켈리(Raymond Kelly)의 경력을 놓고 생각해보자. 켈리는 1992년에 뉴욕의 경찰국장으로 임명되었다. 이때 경찰 예산은 2020년 화폐가치로 31억 8,000만 달러였고[47] 뉴욕 시민 1,995명이 살해되었다.[48] 켈리의 두 번째 임기는 2013년에 끝났는데 이때 뉴욕의 경찰 예산은 2020년 화폐가치로 52억 7,000만 달러였으며 살인 사건은 333건밖에 일어나지 않았다. 켈리는 데이비드 딘킨스(David Dinkins) 시장 밑에서 2년, 마이클 블룸버그 시장 밑에서 12년 동안 경찰국장으로 지냈다. 그리고 임기 말에 켈리는 "뉴욕 경찰국장으로서 역대 가장 높은 지지"를 받았다.[49]

켈리의 인기는 아이다 발라시오테스의 삼진아웃 제도로 다수의 지지를 받은 경우의 행정적 버전이라고 볼 수 있다. 범죄 때문에 겁에 질린 대중은 강경한 치안 방식에 동반되는 인적 비용에 대해서는 거의 신경 쓰지 않았다. 그러나 켈리는 아이다와 다르게 5만 명이 넘는 사람을 고용한 뉴욕 경찰국이라는 공공기관을 운영했고 800만 명이 넘는 사람의 안전을 보호하는 책임을 졌다.[50] 그는 단순히 범죄를 막는 인물이라는 이유뿐만 아니라 "자기가 통제할 수 있는 모든 것을 통제한다는 신념을 가진 (…) 행정의 귀재"라는 점에서 박수를 받았다.[51]

켈리는 1963년에 맨해튼 칼리지에서 경영학 학위를 받았다. 그는 베트남전쟁 때 군대에서 장교로 복무했고 수십 년 동안 해병대 예비역으로 대령으로까지 승진했다. 1966년 뉴욕으로 돌아왔을 때 그는 어퍼 웨스트 사이드를 7개월 동안 순찰한 뒤에 승진했다.[52] 그 뒤 25년 동안 브루클린 관할구와 퀸스 관할구를 지휘했고 하버드대학교에서 석사 학위를 받았으며, 컴퓨터가 등장하기 전에 경찰국의 통계 담당 부서였던 관리분석기획실(Office of Management Analysis and Planning)을 지휘했다. 그다음에는 "여러 상급자를 제치고 경찰국의 2인자인 1차장으로 승진했다." 1992년 뉴욕 경찰의 1인자인 경찰국장으로 임명되었을 때 켈리는 브롱크스에서 동남아시아에 이르기까지 오랜 세월 리더십 훈련을 쌓은 상태였다.

한편 유능한 지도자는 강력한 참모가 만들어내기도 한다. 캐시 라이언(Kathy Ryan)은 켈리 휘하에서 가정폭력 전담 부서를 책임지고 있었다. 이 시기에 "가정폭력 전력이 있는 가정을 경찰이 방문한" 횟수는 2002년 3만 3,400건에서 2007년 7만 6,000건으로 늘어났다.[53] 2001~2007년 사이에 뉴욕에서 살해된 여성의 수는 38퍼센트 감소했고[54] 잡지 〈뉴욕〉은 "경찰이 이미 파악해서 주시하던 가정에서 발생한 폭력 및 살인 사건은 크게 감소했다"라고 보도했다.[55]

경찰이 가정폭력 발생 가정을 방문하는 것은 가해자의 행동을 방해하는 효과가 있다. 경찰이 설정한 목표 가운데 하나는 "가해자들에게 자기가 감시받는다는 느낌을 주는 것"이다. 이런 방문은 또한 "가정폭력 피해자에게 자기를 돕는 사람이 있다는 느낌을 줄 수 있으며 (⋯) 심지어 법원 명령으로 금지된 행동을 해서 가족을 억누르는 범죄자를 체포할 수 있다."[56]

또한 라이언은 전자발찌를 사용하는 "엄중하고 미래적인" 실험의 선구자였다. 만약 가정폭력범이 "법원이 접근금지 명령을 내린 피해자의 집이나 학교나 직장에 너무 가깝게 접근하면 현장 근처에 있는 순찰차가 자동으로 현장에 출동하고 위험한 상황에 놓인 피해자에게 전화를 걸었다." 라이언과 켈리는 남성의 폭력으로부터 여성을 보호하는 데 경찰의 힘을 이용했다. 그들은 당시의 상태를 어쩔 수 없는 조건으로 받아들이지 않고 취약 계층을 보호하기 위해 공권력 사용을 혁신했다.

그와 더불어 켈리는 테러리즘에 맞서는 혁신적인 투쟁을 이끌었다. 2010년 5월 1일 사람들로 붐비는 타임스 스퀘어에 자동차가 한 대 정차되어 있었고 거기에는 폭탄이 설치되어 있었다. 노점 상인 두 명이 "시동이 켜진 채로 인도에 걸쳐 아무렇게나 정차되어 있던 패스파인더에서 연기가 새어 나오는 것을 발견하고는 마침 그 주변을 지나가던 기마경찰관을 멈춰 세웠다."[57] 제인 제이콥스에 따르면 일반 군중이 '도로의 감시자(eyes on the street)' 역할을 해서 범죄를 목격할 때는 곧바로 고함을 지른다고 한다.[58]

신고가 접수되자 켈리의 최첨단 폭탄 처리반이 "달 탐사 로봇처럼 생긴 로봇"을 들고 나타났고[59] 폭탄은 제거되었다. 이 사건은 53시간 만에 해결되었는데 용의자는 두바이로 향하는 비행기를 끝내 타지 못하고 체포되었다. 켈리는 불발로 끝난 그 테러 시도를 구실 삼아 "4,000만 달러를 들여 도심에 감시 카메라를 증설했다."[60]

켈리의 반(反) 테러 노력은 기술뿐만 아니라 조직의 변화로도 이어졌다. "뉴욕 헌장은 뉴욕경찰국에 소속된 경찰관이 다른 관할 구역에서 일할 수 없도록 금지하고 있다." 이 규정은 아무리 테러 관련 사건을 수사하려고 하더라도 외국의 다른 도시들에서는 관련 수사를 할 수 없다는 뜻이었다. 그래서 켈리는 비영리 민간단체인 뉴욕 경찰재단(New York City Police Foundation)을 통해 이 문제를 해결했다. 이 단체가 "국제 연락 프로그램(International Liaison Program)에 자금을 후원해서 뉴욕 경찰국 소속 형사들이 텔아비브, 암만, 런던 등의 다른 도시로 가서도 수사를 진행할 수 있도록" 한 것이다.[61] 이런 세계적인 연결망 덕분에 뉴욕 경찰국은 테러 관련 정보를 전 세계에서 수집할 수 있게 되었다.

흑인만 당하는 불심검문의 오류

켈리가 도입했던 조치들 가운데 가장 논란이 많았던 것은 길거리에서 이뤄지는 불심검문(stop and frisk, 정지 및 신체 수색 명령권)제도였다. 이 전술은 이른바 '충격 작전(Operation Impact)'과 관련이 있었는데, 이 작전은 "범죄율이 높은 우범지역인 '충격 구역(Impact Zone)'들에 경찰관을

상대적으로 많이 배치함으로써 도시 전체의 범죄를 줄이겠다는 것"이 목표였다.[62]

충격 구역에서 경찰관은 범죄자로 의심되는 사람을 불러세워서 질문하거나 무기 또는 밀수품을 숨기고 있는지 수색할 수 있었다. 경찰 당국은 이 작전이 자기들이 "유례가 없는 높은 성과"를 거두는 데 "꼭 필요한 것"이라고 주장했다.[63] 그런데 실제 현장에서 이 길거리 불심검문은 무장하지 않은 아프리카계 미국인과 라틴계 미국인 수백만 명의 몸을 아무런 방해도 받지 않고 합법적으로 수색하겠다는 뜻이었다.

연구 저작들은 일반적으로 범죄율이 높은 지역에 경찰 자원을 집중적으로 배치하는 것이 범죄를 줄여준다는 점에 동의한다. 최근의 메타 분석은 "우범지역 순찰은 효과적인 범죄 예방 전략"이라고 결론을 내린다.[64] 펜실베이니아대학교의 존 맥도널드(John MacDonald), 컬럼비아대학교의 제프리 페이건(Jeffrey Fagan), 뉴욕대학교의 어맨다 겔러(Amanda Geller)가 공동으로 진행한 연구는 "충격 지역에서 총기 범죄, 폭력, 강도, 마약 관련 범죄, 경범죄, 중대 재산 범죄, 절도, 중대 폭력 범죄 등의 범죄율이 줄어들었으며 (…) 강도, 무기 관련 범죄, 경범죄, 재산 관련 범죄 등에 대한 체포율이 늘어났다"라고 보고했다.[65]

그러나 이 연구는 우범지역의 경찰 대응 전략으로 채택된 불심검문의 효과에 대해서는 대체로 회의적이다. 연구자들은 충격 지역 설정 및 관리에 호의적인 결론을 내렸지만 "불심검문 대부분이 범죄 감소에 중요한 역할을 하지 않았다"라고 지적했다.[66] 뉴욕대학교의 프랭클린 짐링(Franklin Zimring)이 했던 또 다른 연구는 "2009년에 50만 건이 넘는 불심검문과 20만 건의 경범죄 체포가 (…) 예방적 개입의 효과를 높이는 데 도움이 되지만 뉴욕에 어느 정도의 부가가치를 가져다주는지 보여주는

확실한 증거는 없다"라며 경찰조차 이렇게 믿고 있다고 지적한다.[67]

불심검문에 담긴 인종적 함의는 특히 눈에 띄었다. 2013년에 뉴욕의 소수 시민이 연방 차원의 집단소송을 제기했고, 피고인은 뉴욕 경찰국장이었던 레이 켈리와 뉴욕 시장이었던 마이클 블룸버그였다. 이 재판의 판사는 맨해튼의 연방판사 시라 샤인들린(Shira Scheindlin)이었다. 그녀는 "2004년 1월부터 2012년 6월까지" 뉴욕 경찰이 불심검문을 440만 회 했는데 "그중 80퍼센트 이상이 흑인 또는 히스패닉을 대상으로 한 것"이라고 지적했다.[68]

1978년부터는 텔레비전의 코미디 프로그램인 〈새터데이 나이트 라이브(Saturday Night Live)〉에서 끔찍할 정도로 정곡을 찌르는 패러디 극을 방송했다.[69] 여기서 댄 애크로이드가 연기한 노련한 수하물 검사원은 신참 훈련생에게 "항상 흑인들을 검사하라!"라고 말한다. 그리고 두 사람은 개럿 모리스가 연기한 흑인 남성의 셔츠에서 누가 보더라도 아무것도 아닌 씨앗 하나를 발견하고는 그것이 마리화나라고 주장하면서 그 흑인을 정밀 수색한다. 그러면서도 줄줄 흘러넘치도록 코카인을 많이 들고 다니는 백인 존 벨루시는 그냥 보내준다.

이런 풍자는 불심검문이 소수 인종을 대상으로 더 많이 이뤄지는 게 아닌가 하는 상식적인 질문, 사회과학적인 방법론으로 해결이 필요한 질문을 던진다. 만약 경찰이 범죄율을 고려해서 소수 인종을 지나치게 많이 불심검문 대상으로 삼는다면 불심검문을 당하는 사람들은 개럿 모리스가 연기한 무고한 여행자처럼 아무런 죄도 짓지 않았을 가능성이 크다. 반대로 불심검문 대상이 인종적인 차이를 고려하지 않고 이뤄진다면 불심검문 이후의 체포 비율이 인종별로 비슷해야 한다.

연구자들은 여기에 초점을 두고 살펴봤는데 불행하게도 상반된 결과를 받아 들였다. 캐나다 응용경제연구소(Institute of Applied Economics)의 데시오 코비엘로(Decio Coviello)와 노스웨스턴대학교의 니콜라 페르시코(Nicola Persico)는 편견의 증거를 찾지 못했다. 백인 보행자는 "아프리카계 미국인 보행자에 비해 불심검문 뒤에 체포될 가능성이 아주 조금만 낮을 뿐이다"라는 결과가 나왔던 것이다.[70]

하지만 하버드대학교 박사과정 학생인 존 테베스(John Tebes)는 연구 조사를 통해 불심검문을 당한 흑인이 무죄일 가능성이 더 크다는 사실을 발견했다.[71] 물론 불심검문에 따른 체포 자체가 불심검문 정책이 편파적이지 않음을 증명하는 것은 아니다. 그 체포 판단 또한 인종적인 이유로 내려질 수 있다.

샤인들린 판사는 판결문에서 "범죄를 저지하거나 퇴치하는 데 있어 불심검문의 효과"에 대해서는 어떤 의견도 표명하지 않았다.[72] 그러나 그녀는 "뉴욕 경찰이 시민을 상대로 위헌적으로 정지 명령을 내리고 심문하는 관행에 대해 뉴욕은 아무런 관심을 기울이지 않았다"라고 판결하며 켈리와 블룸버그를 질책했다.[73] 그리고 "집 바깥으로 나가 일상생활을 하는 사람이면 그 누구도 불심검문을 받을지 모른다는 두려움에 떨지 말아야 한다"며[74] "경찰은 인종을 기준으로 불심검문 대상자를 결정해서는 안 된다"라고 판결했다.[75]

실제로 불심검문의 규모는 어마어마했다. 샤인들린 판사는 "230만 건의 불심검문 가운데 98.5퍼센트에서 무기가 발견되지 않았고 (…) 2004~2009년 사이에 불심검문을 수행한 경찰관이 특정한 범죄를 확인하지 못한 비율이 1퍼센트에서 36퍼센트로 올랐으며 (…) 40만 건의 불심검문 88퍼센트에서는 추가적인 법 집행 조치가 이어지지 않았다"라고 지적했다. 또한 판사는 "모든 불심검문은 모욕적이고 굴욕적인 경

험이다"라고 언급했다.[76]

불심검문을 당한 사람의 80퍼센트 이상이 아프리카계 미국인과 히스패닉계였기 때문에 소수 인종이 당한 굴욕은 전체의 80퍼센트 이상을 차지한다. 이런 심각한 불균형 현상은 영국도 마찬가지다. 비록 경찰의 공격성을 제한하는 유산이 로버트 필 영국 총리(재임 기간은 1834~1835년, 1841~1846년이다)까지 거슬러 올라가긴 하지만 말이다.

어쨌든 블룸버그 시장이 빌 드 블라지오(Bill de Blasio) 시장으로 교체되면서 샤인들린의 판결에 대한 공식적인 반대는 모두 끝났고 레이 켈리의 시대도 그렇게 끝났다. 켈리가 남긴 유산은 앞으로도 계속 불심검문 때문에 퇴색되긴 하겠지만 그는 분명 뉴욕 경찰국을 이끈 비상한 능력의 지도자였다. 게다가 그는 뉴욕이 원하는 것을 제공했다. 만약 유권자들이 공격적인 경찰에는 반대한다는 뜻을 분명히 밝혔다면 아마 켈리는 2013년 이후 후임자가 그랬던 것처럼 다른 전술을 사용했을 것이다.

앞으로 유권자들은 범죄와 싸우는 동시에 모든 시민의 존엄성을 존중하라는 이중의 명령을 경찰국장에게 분명하게 제시해야 한다. 그러나 경찰의 폭력성을 줄일 개혁이 이뤄지려면 켈리만큼 조직을 효과적으로 통솔하는 유능한 지도자가 필요하다.

경찰노동조합과 내부자들

미니애폴리스 경찰연맹(Police Officers Federation of Minneapolis)은 "우리의 임무는 미니애폴리스에서 일하는 경찰관들의 근무 환경을 개선하고 그들이 누려야 할 권리를 보호하는 것이다"라고 선언했다.[77] 조지 플로이드가 살해된 뒤 미니애폴리스 경찰노동조합 대표 밥 크롤(Bob Kroll)은 경찰관 네 명이 정당한 절차 없이 해고되었다면서 이들의 복직을 위해 싸우겠다고 밝혔다.[78] 크롤은 언론이 조지 플로이드의 폭력 범죄 이력을 은폐한다고 비난하면서 시위대가 테러 운동을 벌이고 있다고 주장했다.[79] 그런데 크롤 본인도 22건의 내부고발 대상이었다.[80]

〈월스트리트 저널〉은 "1995~2019년 사이에 경찰노동조합과 미니애폴리스가 맺은 계약서 분량이 40쪽에서 128쪽으로 늘어났다. (…) 지금이 계약서에는 부정행위와 기타 사안에 대해 경찰관이 관련 조사를 받기 전에 이틀이라는 대기 기간을 보장할 것, 중요한 사건에 관련된 경찰관에게 유급휴가를 보장할 것, 민원이 징계로 이어지지 않았을 때는 경찰관의 위법 행위와 관련된 기록을 삭제할 것 등의 내용이 담겨 있다"라고 보도했다.[81] 〈로이터〉에서 진행한 한 연구는 경찰노동조합이 각시와 맺은 계약들 다수는 "징계를 받고 6개월이 지나면 징계 기록을 지우도록 해서 비위 전력이 있는 경찰관을 해고하기 어렵게 하고 있다"라는 사실을 확인했다.[82]

2014년 10월 20일 시카고의 경찰관인 제이슨 반 다이크(Jason Van Dyke)가 라쿠안 맥도널드(Laquan McDonald)를 향해 16발의 총격을 가해 살해했다. CNN은 "반 다이크가 경찰관으로 복무했던 14년 동안 시민들은 약 20차례나 그를 고소했다"라고 보도했다.[83] 그 뒤에 이어진 시카고의 경찰책임특별조사단의 보고서에 따르면 "경찰노동조합과 시카고 사이의 단체교섭 협정은 '침묵 코드(동료 경찰관의 비리 사실을 알면서도 말하지 않아도 되는 권리 – 옮긴이)'를 공식적인 것으로 인정했으며 (…) 또한 불법적인 행위로 인한 고소가 접수된 뒤에도 해당 경찰관에게 그 문제를 원만하게 처리할 수 있는 수단을 제공해서 처벌 정도를 완화하거나 처벌 자체를 받지 않도록 돕는 처리 절차를 제공하기로 약속하고 있다."[84]

시카고대학교의 담미카 다르마팔라(Dhammika Dharmapala), 리처드 맥애덤스(Richard McAdams), 존 래퍼포트(John Rappaport)는 2003년에 있었던 어떤 사법적인 결정을 면밀하게 살피는 방식으로 경찰노동조합의 계약서가 몰고 오는 충격을 조사했다. 그 사법적인 결정은 "카운티의 보안관보(sheriff deputy)들이 단체교섭을 위해 동료를 조직할 수 있는 권리를 가진다"라고 규정한다.[85] 이런 점은 "해당일 전후로 단체교섭을 할 수 있다"라고 규정한 경찰의 경우와 비교되는데 "이런 내용의 단체교섭권 때문에 보안관은 경찰에 비해 폭력적인 불법 행위를 더 많이 저지른다"라고 연구자들은 추정한다.[86]

경찰노동조합은 앞으로도 계속 조합원을 보호하려고 노력할 것이다. 그런데 왜 시나 카운티는 경찰관이나 보안관의 징계 관련 기록을 6개월이 지난 뒤에 삭제한다는 내용의 단체협약을 체결할까? 간단하게 말하면 공공 부문의 노동자는 복잡한 연금 관련 약속이나 나중에 받을 수도 있는 징계로부터의 보호와 같은 모호한 편익으로 보상받거나 임금 인상과 같은 명백한 편익으로 보상받는다. 그런데 시나 카운티 같은 지방 정부는 유권자에게 예산을 충분히 절약해서 잘 집행하고 있음을 과시하고 싶다. 그래서 경찰노동조합을 상대로 체결하는 단체협약을 통해 임금 인상과 같은 명백한 방식보다는 나쁜 경찰을 감싸주는 불명확한 방식으로 조합원에게 혜택을 제공한다. 그런데 만일 유권자가 정직하고 책임성이 있는 경찰관을 채용하기 위해 기꺼이 더 많은 세금을 내겠다고 나선다면 좋은 경찰관이 그 혜택을 받을 수 있을 것이다.

보스턴에서는 경찰관이 보디캠을 착용하기로 했는데 이는 경찰노동조합들도 모두에게 이익이 되는 현명한 개혁은 받아들일 것임을 보여준다. 보스턴 순찰관협회(Boston Police Patrolmen's Association)는 처음에 "경찰관에게 보디캠 착용을 요구하는 프로그램"을 중단시키려고 소송을 제기했다.[87] 그러나 윌리엄 에번스(William Evans) 경찰국장과 노동조합 모두 더 많은 것을 배울 필요가 있음을 겸손하게 받아들였다. 그래서 무작위로 선정한 100명만 시범적으로 보디캠을 착용해서 효과가 어떨지 살펴보기로 했다. 그런데 "카메라 덕분에 경찰관들에게 쏟아지던 불만과 소송의 부담이 사라지자"[88] 노동조합은 카메라 때문에 드러나는 투명함을 긍정적으로 바라보기 시작했다. 게다가 무작위의 시범적인 실시를 통해 보디캠이 "경찰과 시민이 서로를 대하는 방식에서 작지만 의미 있는 정중함을 유도한다"는 사실도 확인했다.[89] 그래서 노동조합은 보디캠 도입을 받아들였다.

경찰 예산을 깎아야 할까?

경찰 예산을 깎는 것은 비무장의 민간인 조지 플로이드를 살해한 경찰관 데릭 쇼빈의 극악한 불법 행위에 대한 자연스러운 대응처럼 보일 수 있다. 그러나 예산이 부족한 경찰이 소수 인종이 모여 사는 지역을 더 안전하게 만들지는 못할 것이다. 만약 경찰관의 숫자가 줄어들어서 범죄가 더 많이 발생한다면 가난한 사람이 부유한 사람보다 훨씬 큰 고통을 받을 수밖에 없다. 게다가 박봉과 과도한 업무로 스트레스를 받는 경찰관은 전보다 더 폭력적으로 바뀔 것이다.

2018년에 경찰관에게 살해된 사람은 아프리카계 미국인이 259명이고 백인이 490명이다.[90] 같은 해에 아프리카계 미국인 7,407명과 백인 6,088명이 경찰이 아닌 사람에게 살해되었다.[91] 경찰이 아닌 사람이 저지르는 살인 사건은 경찰이 저지르는 살인 사건보다 훨씬 빈번하며 아프리카계 미국인을 대상으로 삼을 가능성이 더 크다. 범죄가 약자나 소수 인종 사회에 끼치는 끔찍한 피해를 생각한다면 공권력을 허약하게 만드는 것은 현명한 선택이 아니다.

하버드대학교의 경제학자 롤런드 프라이어(Roland Fryer)와 우리 저자들의 학생인 타나야 데비(Tanaya Devi)가 공동으로 진행한 연구에 따르면 경찰관이 가질 수 있는 편견을 조사하기 시작하면 경찰관은 소수 인종이 거주하는 지역을 일부러 피하게 된다. 그러면 그 지역은 더 많은 피해와 고통에 시달릴 수 있다.[92] 법무부 산하의 시민권리부(Civil Rights Division)는 연방법을 위반하는 "법 집행관의 행동 패턴이나 관행"과 관련된 사건을 수사할 권한을 가지고 있다.[93] 프라이어와 데비는 "볼티모어, 시카고, 신시내티, 리버사이드, 퍼거슨 등에서 경찰관이 치명적인 폭력을 행사하는 일이 벌어졌으며 관련 경찰관을 대상으로 해당 사건을 조사하면 나중에 해당 지역에서 살인 사건 및 전체 범죄가 뚜렷하게 증가하는 양상을 보인다"고 밝혔다.[94]

두 사람은 "이런 양상에 대한 가장 설득력 있는 설명은 경찰이 조사를 받은 뒤에는 경찰 활동의 총량이 뚜렷하게 줄어들기 때문"이라고 말한다.[95] 또한 시카고에서 경찰관을 대상으로 치명적인 총기 사건을 조사한 뒤에는 "경찰관과 민간인 사이의 소통"이 89퍼센트 줄어들었음을 확인했으며 "우리가 자료를 확보할 수 있었던 모든 도시에서 경찰 활동이 뚜렷하게 줄어들었다"라고 보고했다.

두 사람은 이런 범죄 급증의 주된 원인이 과도한 폭력을 휘두른 경찰관을 향한 분노인지 확인하기 위해 "경찰관의 과도한 총기 사용이 있었지만 여기에 대한 조사가 이뤄지지 않았던 도시들"도 살펴봤다. 그 결과 이 도시들에서는 비록 경찰관을 향한 분노가 널리 퍼지긴 했지만 "살인 사건을 포함한 범죄 발생 건수가 의미 있는 수준으로 뚜렷하게 증가하지 않았다." 두 연구자가 어림잡아서 살펴본 계산으로는 경찰관이 치명적인 폭력을 휘두른 일로 조사를 받았던 그 도시들에서 모두 합쳐 1,200건이 넘는 과잉 대응에 따른 살인 사건이 일어난 다음에야 비로소 그런 조사가 있기 전의 수준으로 돌아갈 것이라고 한다.[96]

살인 사건이 일어나는 것을 멈추려면 이미 발생한 살인 사건을 경찰이 해결해야 한다. 1990년대 초반 10만 명당 30건 이상이었던 시카고의 살인 사건 발생률은 2005~2014년 사이에 15명 정도로 줄어들었다가 그 뒤에 다시 급상승해서 2015년에는 17명으로, 2016년에는 27명으로 늘어났다.[97] 역사적으로 형사 기소로 이어지는 살인 사건의 비중은 미국에서 60퍼센트가 넘지만 시카고의 살인 사건 해결률은 2016년에 30퍼센트 아래로 떨어졌다.[98] 시카고는 2017년부터 형사를 꾸준하게 추가 고용해왔고 그 덕분에 해결률은 약 50퍼센트까지 올라갔으며 살인 사건 발생률도 낮아졌다.[99]

경찰 개혁은 단순히 예산을 줄인다거나 법 집행 자체를 없애거나 하는 차원이 아니라 그 이상을 해야 한다. 범죄를 줄이는 것만이 아니라 그 이상에 관심을 가져야 함을 인식하는 것이 경찰 개혁의 핵심이다. 예일대학교 로스쿨의 트레이시 미어스(Tracey Meares)가 썼듯이 "정부의 과도한 간섭과 억압에서 벗어나는 것이 치안의 핵심 요소다."[100] 이런 인식은 그 어떤 우파 자유지상주의자도 반기는 태도다.

미어스는 조지 플로이드가 살해된 뒤에 다른 연구자와 함께 썼던 논문에서 "경찰의 권한 일부를 지역사회가 주도하는 조직으로 넘기는 것에 초점을 맞추고 주정부와 지역사회가 함께 치안을 도모하는 관계"가 필요하다고 주장한다.[101] 경찰과 지역사회가 공동으로 치안에 힘쓰는 이런 모습은 일반 시민이 경찰에 협조하도록 유도하는 지역 차원의 치안 유지의 목표와도 잘 들어맞는다.

사람들이 보복을 두려워할 때 협력은 특히 어렵다. 1980년대 후반에 살인 사건이 급증한 것은 마약 유통을 놓고 싸움을 벌였던 블러드파와 크립스파, 코브라파 같은 갱 조직과 관련이 있었다. 자기 목적을 효과적으로 달성하는 갱은 사람들이 느끼는 공포와 호의를 적절하게 이용해서 지역사회에 뿌리를 내린다. 그래서 조직범죄를 수사하는 경찰은 지역 주민들을 탐문해봐도 결국 침묵의 벽에 부딪히고 만다.

지역사회 경찰은 경찰과 지역 주민 사이에 신뢰를 쌓아 그 침묵의 벽을 깨뜨리고자 하는 목적으로 만들어졌다. 그래서 경찰은 종종 지역에 있는 단체와 협력한다. 예를 들어 보스턴에서는 1992년 갱 조직들 사이에서 벌어진 전쟁에 어떤 교회 하나가 표적이 된 일이 있고 난 뒤에 종교 지도자들이 모여 텐포인트 연합(TenPoint Coalition)을 결성했다.[102] 이 연합은 보스턴 경찰국이 편협한 근성 및 인종차별적인 사고방식에 사로잡혀 있다는 평판을 떨쳐내고 평범한 사람들을 친구로 사귀는 기술들을 개발하는 데 도움을 주었다.

이런 기술들은 관심 있는 시민들과의 일상적인 소통으로 형성된다. 예를 들어 2011년 캘리포니아 호손에서 시작된 '경찰관과 커피 한잔(Coffee with a Cop)' 프로그램과 같은 것이 그런 소통 방식이다. 지금은 '경찰관과 커피 한잔'이라는 비영리단체도 있어서 시민과의 쌍방향 소통 훈련을 제공한다(물론 경찰관은 커피를 주문하는 방법 정도는 이미 알고 있을 것이다). 지역에 있는 스타벅스 매장과 던킨 도너츠 매장은 무료로 공간을 제공하고 약간의 유쾌한 홍보 기회를 대가로 받는다. 이 프로그램의

엡사이트는 "'경찰관과 커피 한잔' 행사가 현재 50개 주 모두에서 진행되고 있으며 (…) 이 행사는 치안 프로그램을 지향하는 전국적인 행사 중에서도 가장 성공한 행사다"라고 주장한다.[103]

어떤 사람들은 '경찰 예산 축소'에 담긴 뜻을 경찰에 배분되던 예산을 줄이고 그 대신 폭력을 줄일 다른 정부 기관에 그 예산을 지원하자는 것으로 해석한다. 브루킹스 연구소(Brookings Institution)의 라숀 레이(Rashawn Ray)는 "경찰 서비스를 요청하는 10건 가운데 9건은 폭력과 관련이 없으며 (…) 경찰은 길거리의 땅 꺼짐 현상부터 고양이가 나뭇가지에 끼어서 빠져나오지 못하는 상황에 이르기까지 모든 것에 대응한다고 지적한다." 또 레이에 따르면 "경찰관은 대부분 전술 구사 훈련을 가장 많이 받으며 잠재적인 위협의 수준을 낮추기 위해 최악의 시나리오에 대비한 훈련도 받는다. (…) 그러나 시민과 나누는 소통은 대부분 대화에서 시작된다"라고 지적했다.[104]

그리고 이런 소통 가운데서도 훨씬 많은 것이 무기를 소지하지 않은 비경찰 공무원을 통해서 이뤄져야 한다. 트레이시 미어스는 더 안전한 거리를 공동으로 만들 수 있는 예산 지원 비정부기관을 지지하는데[105] 이런 비정부기관으로는 뉴욕의 라이프 캠프(LIFE Camp), 시카고의 업스웰(Upswell), 캘리포니아 리치먼드의 어드밴스 피스(Advance Peace) 등이 있다.

몇몇 도시들은 실제로 이런 방침에 따라 행동한다. 예를 들어 볼티모어는 "휴양 센터와 외상 센터, 흑인이 소유한 사업체에 제공하는 상환 면제가능 대출(forgivable loan, 애초에 의도했던 목적의 사회적 가치가 충족되었을 때 대출금을 기부금으로 바꿔 상환 의무를 면제해주는 대출 - 옮긴이)" 등으로 경찰 예산을 전용할 계획이다.[106] 유아기 프로그램이 가져다주는 커다란 보상들 중 하나는 이런 프로그램을 경험한 아이들이 성인이 되었을 때 범죄를 저지를 가능성이 그만큼 줄어든다는 것이다.[107] 그러나 상환면제 가능 대출이 범죄를 줄인다거나 해당 비용을 상쇄할 정도의 편익을 가져다줄지는 분명하지 않다.

정부는 빈곤율이 높은 지역에 편의시설을 더 많이 지원해야 한다. 이렇게 해서 범죄가 줄어들 때 얻는 것은 두 배가 된다. 그러나 치안 이외의 활동에 더 많은 돈을 쓰기로 하는 결정은 치안 활동에 얼마나 많은 돈을 쓸 것인가 하는 결정과 분리되어야 한다. 이 두 영역의 활동을 지원하는 시 예산 규모가 고정되어 있지 않으며, 경찰 예산은 다른 목적에 필요한 자금을 빼먹을 수 있는 돼지저금통이 아니기 때문이다.

안전과 자유, 두 마리 토끼를 잡으려면

우선 경찰 개혁을 예산 문제가 아니라 조직과 시스템의 문제로 생각하는 것부터 시작해야 한다. 사회는 두 가지 목표를 가지고 있다. 하나는 범죄 발생을 최대한 막는 것이고, 다른 하나는 모든 시민이 존엄과 공정함으로 대우받도록 보장하는 것이다. 둘 가운데 하나를 선택하는 문제가 아니라 동시에 두 가지를 다 해야 한다. 그러려면 예산이 더 많이 필요하고 존엄과 공정함을 계량적으로 측정해야 한다.

범죄는 유권자와 경찰의 행동을 이쪽으로 몰고 갈 수도, 저쪽으로 몰고 갈 수도 있다. 부분적인 이유겠지만 범죄는 수치로 명확하게 표시되기 때문이다. 지난 30년 동안의 개혁은 수치로 표시되는 범죄 데이터와 경찰 감독자 및 책임자가 거둔 성공 사이의 연관성을 강화해왔다. 범죄율을 낮게 유지해야 하고 좋은 경찰 행동을 시민에게 보여야 한다는 이

중적인 의무를 경찰이 수행해야 한다면, 경찰 행동을 측정하는 것도 한층 체계적으로 이뤄져야 한다.

경찰 행동을 관찰하는 데는 관료주의 및 정치의 어떤 기본 원리가 반영된다. 즉 측정 대상에는 관심이 집중되지만 측정 대상이 아닌 것들은 평가절하되고 만다. 만약 우리가 안전과 평등한 보호 사이에 적절한 균형이 이뤄지길 바란다면 이 두 가지를 종합적으로 측정할 필요가 있다.

경찰이 사람들과 어떻게 소통하는지 측정하려면 몇 가지 차원을 염두에 둬야 한다. 우선 경찰에 대한 지역 주민의 만족도를 측정하는 독립적인 연례 설문조사는 경찰이 수행하는 지역사회 참여의 질을 측정할 수 있다. 이런 설문조사는 지역사회 구석구석을 모두 아우를 정도로 규모가 커야 한다. 그래야 전체 경찰에 대한 평가뿐만 아니라 구역별 평가에도 그 조사의 결과를 활용할 수 있다. 또한 지역사회의 만족도를 측정하는 다른 지표들과 더불어 경찰의 각 단위 책임자들에게 전반적인 성과에 대한 책임을 묻는 데 사용할 수도 있다.

설문조사에서는 정확한 질문을 해야 하는데 정확한 질문이란 어떤 것일까? 이것을 파악하려면 몇 가지 실험이 필요하다. 사람들이 사소한 위반 사항 때문에 얼마나 자주 경찰에게 제지를 당하거나 검문을 받았는지 물을 수 있다. 또한 경찰 혹은 경찰의 신뢰와 관련된 전반적인 만족도를 물을 수 있다. 경찰관 때문에 불쾌하거나 즐거웠던 경험이 몇 번이나 있었는지 물을 수도 있다.

각 도시는 우선순위를 스스로 결정할 수 있다. 그러나 설문조사가 매번 새롭게 설계될 필요는 없다. 뉴욕이나 로스앤젤레스 같은 몇몇 대도시가 설문지 유형을 선도하고, 다른 도시들이 그 모델을 자기 사정에 맞게 수정해서 사용하면 된다. 또는 연방정부가 이 설문조사의 표준 모델을 개발하는 일을 지원할 수도 있으며 이때 각 도시는 자기 지역의 상황에 맞게 그 모델을 수정하면 된다. 이 설문조사는 지역 주민으로부터 독립성과 무결성에 대해 확실한 신뢰를 받아야 하므로 경찰에 소속된 부서 혹은 관련 기관이 설문조사를 관리해서는 안 된다.

어떤 설문조사도 완벽하지는 않다. 그러나 이 조사는 범죄를 줄이고 시민의 존엄성을 유지해야 한다는 이중적인 과제를 부여할 것이다. 지역사회의 만족도를 최대한 정확하게 측정한 다음에는 시장과 경찰국장은 그 이중적인 과제를 어떻게 매끄럽게 수행할 것인지 결정해야 한다. 이 일은 조직의 가장 높은 곳에서부터 시작되어야 한다. 경찰의 수장이라면 그 두 가지 과제에 대한 목표를 정해야 하고 만약 이 목표를 달성하지 못하면 경찰 조직에서 떠난다는 데 동의해야 한다.

지역사회 복지에 관해서는 할 수 있는 것은 무엇이든 하는 게 좋기 때문에 감시 단체가 나서서 그 설문조사를 보완해야 한다. 이런 단체들은 시민에게 안전을 제공하는 경찰 활동을 지원할 수도 있고 경찰을 감시한 결과를 보고할 수도 있다. 그리고 이런 단체들이 어떤 경찰관이나 경찰 부서가 용납할 수 없는 행동을 했다는 강력한 증거를 제시할 때 시장은 해당 부서의 책임자를 처벌할 재량권을 가지고 있어야 한다.

경찰의 성과를 측정하고 지역사회의 감시 단체를 만드는 것을 넘어 시와 경찰의 책임자들은 운영 및 감독 시스템을 스스로 설계해야 한다. 만약 경찰의 수장인 경찰국장이 어떤 아이디어가 마음에 든다면 그는 이견이나 관련 세부 규정을 무시하면서까지 마구 밀어붙일 것이다. 그러나 마음에 들지 않는 아이디어라면 아무리 시장이나 시민단체가 요구하더라도 하는 둥 마는 둥 흉내만 내고 말 것이다. 지금까지의 경찰 징계 절차는 흔히 경찰을 통제하지 못했는데 이는 그 징계 절차가 경찰 조직의 지원을 받지 못했기 때문이다. 이 지원은 맨 위에서부터 시작되어야 한다.

훌륭한 경찰 책임자라면 관료적 통제의 표준 도구들(감시, 장려책, 교육, 채용, 해고, 승진 등)을 사용해서 경찰 조직의 틀을 자기가 원하는 모습으로 만들 수 있다. 보디캠은 그 경찰관과 맞닥뜨리는 모든 사람과 상황을 촬영하기 때문에 데릭 쇼빈 같은 경찰관들에게는 확실한 통제 수단이 된다. 지역사회 공무원 중에서도 자기가 책임지는 지역 주민의 만족도를 높이지 못한 사람은 강등될 수 있다.

경찰관은 엄격한 훈련을 거쳐야 할 수도 있다. 경찰관 채용 기준이 업무 수행 능력뿐만 아니라 지역 주민과의 소통 능력이 될 수도 있다. 좋은 경찰관은 올바른 목표만 가지고 있다면 어떤 것이 효과가 있는지 알아차릴 것이다. 올바른 측정이 동반된 두 가지의 과제는 경찰 임원들에게 더욱 인간적인 치안 활동을 이끌어나가도록 동기를 부여할 것이다.

걱정되는 점이 한 가지 있다. 경찰이 현재의 문화에 너무 고착되어 있어 아무리 좋은 경찰관이라고 하더라도 그 문화를 바꾸지 못할까 하는 것이다. 이 점과 관련해서는 공짜 점심은 없다는 진리를 받아들일 필요가 있다. 경찰이 더 많은 일을 하기를 원한다면 경찰에 더 많은 돈을 지불해야 한다. 경찰노동조합도 경찰관이 잘못된 행동을 하면 그에 걸맞은 처벌을 받고 해고까지 당할 수 있다는 점을 받아들여야 한다.

기회 격차: 도시의 학생들이 성적이 나쁜 이유

경찰국의 DNA는 고대 로마 군단에 뿌리를 두고 있다. 그러나 공립학교의 선례는 아테네의 아고라(광장)에서 이뤄진 무질서한 소크라테스식 대화다. 아닌 게 아니라 하향식 개혁은 상향식 개혁보다 훨씬 일반적이고 자연스럽다. 그래서 그런지 레이 켈리가 뉴욕 경찰국에서 휘두른 것 같은 권한을 가졌던 교육구 수장은 없다. 교육 부문에서 개혁을 이룩하기란 어려운데, 사람마다 저마다 원하는 것이 다르고 학교가 거둔 성취를 측정하는 일이 경찰관이 시민에게 보여주는 예의를 측정하는 일보다 훨씬 더 어렵기 때문이다.

1960년대 이후로 학부모들은 더 나은 공립학교에 자녀를 보내려고 교외 지역으로 이사했다. 이 과정은 그 어떤 외부 개입도 없이 자발적으로 이뤄졌다. 중산층 학부모들이 떠나자 남아 있던 학부모들도 도시 탈출을 점점 더 많이 생각했다. 그들이 내야 하는 세금 부담은 무거워졌고 도시 학교의 질은 떨어졌다. 인종 문제는 이 과정을 한층 가속화했다. 특히 대법원이 내놓은 두 가지 판결은 점점 더 많은 백인 학부모가 도시를 떠나도록 등을 떠밀었다.

1971년 '스완 대 샬럿-메클렌버그 교육위원회 사건(Swann v. Charlotte-Mecklenburg Board of Education)'의 최종 판결문은 비록 아이들이 장거리 버스 통학을 하는 한이 있더라도 여러 교육구는 인종 분리가 이뤄지는 학교를 없애야 한다고 판결했다.[108] 그리고 3년 뒤 '밀리켄 대 브래들리 사건(Milliken v. Bradley)'에서 대법원은 아이가 거주하는 지구 내에서는 버스 통학이 절대적으로 필요하지만 다른 지구로까지 버스 통학을 하도록 아이에게 강요할 수는 없다고 판결했다.[109]

교외 지역으로 이사하지 않고 도시에 남은 학부모들은 아이가 인종이 혼합된 학교로 버스를 타고 통학해야 한다는 사실을 받아들여야 했다. 한편 교외로 이사한 백인 학부모들은 집에서 가깝고 또 전교생이 거의 백인인 학교에 아이를 보낼 수 있었다. 참고로 우리 두 저자의 고향

인 보스턴에서도 통학버스를 타는 시간은 전쟁터를 방불케 했다.[110]

도시의 고등학교 학생들은 표준화 시험(standardized test, 같은 날 같은 시각에 모든 학생이 같은 문제로 치르는 시험 – 옮긴이)에서 오랫동안 낮은 점수를 받고 있다. 이는 학교가 문제여서 그럴까, 아니면 도시 아이들이 끔찍할 정도로 불이익을 안고서 공부하기 때문일까? 앞서 8장에서 간략히 언급했던 라즈 체티, 존 프리드먼, 너새니얼 헨드런 등이 함께 만든 '기회 지도(The Opportunity Atlas)'는 이 질문에 대답하는 데 도움이 된다. 이 지도는 미국의 모든 지역에서 사회계층의 상향 이동 수준이 얼마나 되는지 측정하려는 기념비적인 시도다.

이 연구는 1978~1983년 사이에 태어난 아이들을 평생 추적하고 있으며 '기회 지도'는 이 아이들이 태어난 해를 기준으로 소득이 백분위로 하위 25퍼센트 수준인(즉 전체의 4분의 1보다는 부유하고 4분의 3보다는 가난한) 부모에게서 태어난 아이들이 성인이 되었을 때 소득이 얼마인지 따져본다.[111]

이 데이터는 미국의 도시에서 성장하는 아이들이 누리는 기회가 얼마나 끔찍한 수준인지 보여준다. 만약 지금의 미국 인구 3억 3,000만 명의 소득 기준으로 순위를 매긴다면 1980년에 미국 대도시의 도심지 밀집 지역에서 태어난 저소득층 부모의 자녀는 오늘날 미국에서 인구밀도가 낮은 지역에서 태어난 저소득층 부모의 자녀보다 1,300만 명 뒤에서게 된다.[112] 이 결과를 놓고 판단한다면 미국에서 도시의 밀도가 높다는 점이 생산성에는 유리하지만 계층의 상향 이동에는 불리하게 작용하는 것 같다.

하버드대학교의 대학원생인 브랜던 탠(Brandon Tan)은 에드워드 글레이저와 함께 '기회 지도'를 사용해서 도시에서의 계층 이동과 관련된 많은 사실을 확인했다. 그 내용을 보면 전형적인 대도시 지역에서도 인구 밀도가 높은 지역에서 성장한 아이는 같은 도시의 인구밀도가 가장 낮은 지역에서 성장한 아이보다 약 1,500만 명 뒤로 소득 순위가 밀린다. 또 도시 중에서도 도심에서 태어난 아이는 도심에서 10마일(약 16킬로미터) 떨어진 지역에서 성장한 아이보다 약 2,000만 명 뒤로 소득 순위가 밀린다.[113]

도심에서 멀리 떨어진 지역에서 성장하는 아이일수록 그 아이에게 제공되는 기회는 꾸준히 증가하는데, 도심 교육구를 벗어나자마자 기회 증가의 폭이 갑자기 뛰어오른다. 도시에서 가장 가까운 교외 지역에서 성장한 아이는 바로 그 이유만으로도 성인이 되었을 때 600만 명을 앞선다.[114] 성인이 되었을 때 교도소에 수감되는 비율도 도심 교육구에서 벗어난 아이들은 약 2.1퍼센트, 도심 교육구에서 자란 아이들은 약 2.75퍼센트였다.[115]

기회 지도는 동일한 교육구 내에서조차도 거주 지역이 사회계층의 상향 이동에 중요하게 작용한다는 사실을 보여준다. 평균적으로 센트럴 로스앤젤레스의 스키드로 지역에서 성장한 가난한 히스패닉계 아이는 성인이 되었을 때 연평균 2만 4,000달러를 벌었다. 반면에 여기서 북쪽으로 몇 블록 떨어진 리틀 도쿄에서 성장한 아이들은 성인이 되었을 때 연평균 3만 달러를 벌었다. 그런데 만약 올림픽대로를 따라 스키드로에서 조금 남쪽에 있는 지역에서 성장했다면 그 아이는 성인이 되었을 때 연평균 3만 6,000달러를 벌었다.[116]

거주 지역은 아프리카계 미국인, 특히 아프리카계 미국인 소년에게 중요하다. 인종 차별은 도시의 치안을 유지하는 문제와 마찬가지로 도시 교육구의 좋지 않은 점들을 한층 악화한다. UC버클리대학교의 경제학자 엘로라 데레논코트(Ellora Derenoncourt)는 제2차 세계대전 직후에 미국 북부 지역의 도시들이 아프리카계 미국인들에게 제시했던 장밋빛 약속이 어떻게 끔찍한 악몽으로 바뀌었는지 보여주는 연구를 수행했다.[117] 북부 지역의 도시들이 인종을 분리하는 정책을 폈고, 그 바람에 범죄가 전혀 통제되지 않은 채 폭주하는 가난하고 소외된 지역들이 나타났다. 미국 도시의 산업화는 정규 교육을 덜 받은 사람들에게 특히 큰 피해를 안겨주었다.

남부 도시에서 북부 도시로 이동한 아프리카계 미국인들은 수입이 극적으로 증가했다. 도시 주민과 비도시 주민 사이의 소득 격차가 워낙 컸기 때문이다. MIT의 경제학자 데이비드 오터(David Autor)에 따르면 1970년에 고졸 이하의 학력을 가진 도시인은 같은 학력의 비도시인보다 소득 수준이 높았으며 디트로이트에서부터 댈러스에 이르는 거의 모든 도시에서 대체로 그렇게 나타났다.[118]

그런데 2020년에 학력 수준이 낮은 도시들에서는 도시의 임금이 상대적으로 높은 현상이 사라졌다. 또 이런 도시들에서는 일반적으로 저학력 노동자가 살기 때문에 이들은 시골의 일반적인 임금보다 더 많은 돈을 벌지 못했다. 뉴욕, 보스턴, 시애틀 등 학력 수준이 높은 '슈퍼스타' 도시들은 적어도 코로나19 팬데믹 이전까지는 정보화 시대의 중심지로 탈바꿈했다. 이런 도시들에서의 임금은 모든 사람에게 높았다. 심지어 저소득 노동자에게도 그랬다. 부유한 사람이나 가난한 사람 모두 주변 사람들의 학력 수준에 따라 임금이 똑같이 증가했는데, 이런 현상은 특히 개발도상국에서 두드러지게 나타난다.[119]

그러나 좋은 점만큼이나 나쁜 점도 있다. 학력이 높은 지역에서는 주택 공급이 제한된다는 점이다. 저소득층은 시골에서보다 학력 수준이 높은 도시에서 돈을 더 많이 벌지만 주거비 및 물가 수준이 높아서 자기가 부유하다고 느끼지 못한다.[120]

도시는 오랜 세월 불평등으로 들끓어왔다. 플라톤이 《국가론》에서 썼던 것처럼 도시는 부유한 사람과 가난한 사람을 가리지 않고 모두 끌어들이기 때문이다.[121] 가난한 도시 아이들이 높은 소득을 벌어들이는 성인으로 성장할 수 있다면 도시의 그런 불평등은 한층 큰 목적을 가진다고 할 수 있다. 그러나 앞에서도 살펴봤듯이 현실은 그렇지 않다. 바로 이것이 문제다. 도시들이 코로나19의 충격에서 회복하고 예전보다 더 발전하려면 무엇보다도 가난한 부모에게서 태어난 아이들에게 지금보다 더 많은 기회가 돌아가도록 제도적인 장치를 마련해야 한다.

도시에서 사회계층의 상향 이동 가능성이 낮은 문제를 해결할 한 가지 정책적 접근법이 있다. 성공을 낳는 것처럼 보이는 지역으로 저소득 가구가 이주하도록 인센티브를 제공하는 것이다. '공정 주택을 위한 기회로의 이동(Moving to Opportunity for Fair Housing, MTO)' 실험은 지금으로부터 거의 30년 전인 1994년에 다양한 지역의 가난한 4,600세대에게 무작위로 주택 바우처를 할당한 다음 충분히 오랜 세월이 지난 뒤에 어떤 결과가 나타나는지 분석했다.[122]

처음 이 실험에 대한 전망은 긍정적이지 않았다. 왜냐하면 해당 가구의 10대 청소년들로서는 더 나은 지역으로 이사 간다고 해서 특별히 더 좋을 게 없어 보여서 그들의 미래가 과연 얼마나 달라질 수 있을까 하는 의구심이 앞섰다. 그러나 예상과 다르게 그 아이들은 성인이 되어 큰 성공을 거두었다. 이 결과를 근거로 라즈 체티와 동료들은 어린 자녀를 둔 부모들에게 주택 바우처를 제공해서 기회 수준이 높은 지역으로 이사하는 것을 돕는 프로그램을 시애틀에서 시작했다.

'정상을 향한 경주'와 하향식 교육 개혁

어린 자녀를 둔 부모에게 주택과 관련된 지원을 하는 것도 그들의 자녀에게 기회를 지원하는 한 가지 방법이지만 교육은 여전히 경제적 성공 가능성을 높이기 위한 기본적인 공공 도구다. 스웨덴이나 독일에서 태어난 가난한 아이들은 미국에서 태어난 가난한 아이들보다 상향 이동 가능성이 훨씬 크다. 다른 이유들도 있겠지만 이는 스웨덴이나 독일이 불우한 환경에 놓인 아이들을 미국보다 훨씬 잘 교육하기 때문이다.

학교교육은 미국 도시들의 가장 큰 실패 사례다. 어쩌면 도시뿐 아니라 미국 전체에서도 가장 큰 실패 사례일지 모른다. 학교는 형편없는 교사들을 비롯해 종신재직권을 가진 내부자들을 보호하는 한편, 가난한 가정의 자녀들과 같은 외부자들을 실패의 길로 유도한다. 법 집행 분야의 개혁과 마찬가지로 학교 개혁도 '아동낙오방지법(No Child Left Behind)'이나 '정상을 향한 경주(Race to the Top)'와 같은 법률적인 장치, 학교장이나 교육구 책임자가 맡아서 해야 하는 제도 구축 등의 과제를 안고 있다. 법률 제정은 이해하기도 쉽고 몇 글자만으로 국가적인 차원에서 어떤 영향이 있을지 그 가능성을 제시하지만, 기초적인 제도를 개혁하는 노력을 기울이지 않고는 학교와 학교교육은 지금보다 더 나아지지 않을 것이다.

범죄와 관련된 문제를 살필 때 그랬던 것처럼 법률 제정에서부터 이야기를 풀어보자. 2008년 민주당의 정강 정책은 "우리는 공립학교 내에서 혁신을 촉진하는 것을 원한다. 왜냐하면 연구 결과를 놓고 볼 때 필요한 자원들을 확보하는 것만으로는 우리의 아이들이 성공하도록 도울 학교를 만들 수 없다는 것이 밝혀졌기 때문이다. (…) 또 우리는 21세기

가 요구하는 것에 맞게 커리큘럼과 학사일정을 조정하기를 원한다"라고 밝혔다.[123]

그러나 학교교육은 토지 이용 규제와 마찬가지로 미국에서는 지방정부 소관이다. 학교를 바꾸고 지역별 용도 규제를 바꾸려면 연방정부가 나서서 우선 주정부들을 참여시키고 그런 다음 주정부가 완강히 저항하는 지역들에 변화를 강제해야 한다.

오바마 행정부의 '정상을 향한 경주' 프로그램은 "예산을 찾고 있는 주정부들에 서로 연결된 네 가지 핵심 개혁을 실행하도록 압력을 가하는" 대신 43억 5,000만 달러를 제공했다.[124] 주정부들은 이 프로그램을 "연방정부가 미국의 학교들이 엄청난 영향을 받을 개선에 나설 수 있도록 동기를 부여할 일생일대의 기회"로 여겼기에 연방정부의 예산을 따내려고 열성적으로 나섰다. 특히 금융위기로 주정부의 세수가 대폭 줄어들었기 때문에 더욱 그랬다.

교육부장관이었던 안 던컨(Arne Duncan)이 우선적으로 제시한 "서로 연결된 네 가지 핵심 개혁"은 "학업 수준과 성적의 만연한 하향 평준화 추세를 역전하는 것, (…) 학생의 학습 성장을 감시하고 효과적인 교육 방안을 가려내는 것, (…) 유능한 교사 및 교장을 가려내는 것, (…) 성과가 가장 낮은 학교들의 성과를 높이는 것"이었다. 이 프로그램이 바랐던 것은 연방정부의 현금 한 방울이 미국 전역에 뿌리 내리고 있는 제도를 혁명적으로 바꿔놓는 것이었다. 즉 "모든 주와 모든 교육구가 개혁을 실행할 준비를 갖추고 직원을 교체하며 학교 문화를 완전히 바꾸는 것"이었다.[125]

이 경주 프로그램에 참가한 경주자들은 점수제로 철저하게 평가되었다. 만점은 500점이었는데 그중에는 '주정부의 교육 개혁 의제 설정 내용 및 지방 교육기관의 참여도'가 65점, '성과를 토대로 교사 및 교장의 역량 개선'이 58점, '모든 학교가 사용할 수 있는 표준의 개발 및 시행'이 40점이라는 항목이 들어 있었다.[126]

이 경주 프로그램의 단기적인 효과는 놀라웠다. "총 46개의 주 및 컬럼비아 특별구가 포괄적인 교육 개혁안을 마련해서 '정상을 향한 경주' 1차와 2차에 지원했다."[127] 승자는 1차에서 두 곳과 2차에서 10곳이 나왔는데 여기에는 뉴욕(7억 달러)과 워싱턴D.C.(7,500만 달러)가 포함되었다. 교육부는 이 경주 프로그램이 계기가 되어 "35개 주와 컬럼비아 특별구가 읽기 및 수학에서 대학교 진학 및 취업 준비와 관련된 엄격한 공통 기준을 채택했으며 34개 주는 교육을 개선할 목적으로 관련 법률이나 정책을 바꿨다"라고 주장했다.[128] 당시 이것은 기적과도 같은 성과였다. 이런 성과 속에서 학교의 꿈은 약간의 예산 지원 및 토너먼트 경연이라는 참신한 설계 덕분에 점차 현실로 바뀌고 있었다.

그러나 주정부가 참여하는 동안 교육 현장에서는 반발이 일어났다. 서류상으로는 아무리 훌륭해 보이는 시스템이라고 하더라도 현장에서는 얼마든지 실패할 수 있는데, 교사와 교장이 공모해서 성적을 조작할 수도 있고 공통의 표준이 현지 학교에 맞지 않을 수도 있기 때문이다.

각 주들은 상당히 많은 주가 참가하는 컨소시엄에 제각기 참가함으로써 '모든 학교가 사용할 수 있는 표준의 개발 및 시행'이라는 평가 항목에서 만점을 받았다. 저마다의 컨소시엄에 참가한 주들은 "국제적으로 벤치마킹되고 있으며 대학 진학 및 취업 준비에 초점을 맞춰 구축되었다는 여러 가지 근거를 이유로 좋은 평가를 받는 K-12(유치원에서 고등학교까지의 정규 교육 과정 - 옮긴이) 표준을 공동으로 개발하고 채택하려고 노력하고 있었다."[129]

2009년에 이 규정에 부합하며 복수의 주정부가 참가하는 유일한 컨소시엄은 47개 주와 컬럼비아 특별구가 포함된 주공통교과과정(Common Core State Standards, CCSS)이었다. 이 공통교과과정은 원칙적으로 주정부가 이끌었으며 전국주지사협회(NGA)의 최고실천센터(Center for Best Practices)와 전국주교육감회의(CCSSO)가 소집했다.[130]

전국주지사협회의 최고실천센터와 전국주교육감회의는 교육 개혁에 헌신하는 단체들, 특히 게이츠 재단으로부터 지원을 받았다. 게이츠 재단은 2005년 전국주지사협회의 최고실천센터에 "주정부가 고등학교 재설계를 위한 종합적인 계획을 개발하고 시행하기 위한 보조금과 지원금을 지원한다"라는 명목으로 1억 9,600만 달러를 지원했다.[131] 그리고 2009년에는 전국주교육감회의에 "표준 마련 평가, 데이터 시스템, 교육자 개발 그리고 학생들의 학습을 위한 새로운 지원 시스템 마련 등에 집중함으로써 교장의 지도 역량을 높인다"라는 명목으로 997만 달러를 지원했다.[132] 에드워드 글레이저는 게이츠 재단의 '미국 프로그램 자문 패널'의 일원 자격으로 그 과정에 어느 정도 참여해서 사정을 알고 있었다.

그 표준을 개발하는 데는 '핵심적인 대학교 진학'의 표준화 작업을 시작한 2009년 5월부터 전국주지사협회의 최고실천센터와 전국주교육감회의가 최종적인 주공통교과과정을 발표한 2010년 6월까지 13개월밖에 걸리지 않았다.[133] 이 과정은 포괄적이었으며 "피드백위원회와 검증위원회, 전국주지사협회의 최고실천센터와 전국주교육감회의 산하의 여러 교육자 단체를 포함하는 수많은 조직이 보내준 피드백, (⋯) 개인과 단체가 제시한 1만 개의 공개 댓글"을 모두 아울렀다.[134] 수학 주공통교과과정을 다룬 2012년의 어떤 논문은 "수학 주공통교과과정과 싱취도가 가장 높은 국가들의 공통교과과정이 매우 비슷하다"라는 사실을 확인했는데[135] 이는 한국이나 네덜란드처럼 높은 성과를 낸 국가들[136]을 따라잡기 위함이었다.

미국에서 교육과정의 표준을 설정하려면 반드시 세 가지 문제에 부딪힌다. 첫째, 성과가 좋은 지구나 교육구는 기존의 교과과정이 다른 어떤 새로운 공통교과과정보다 엄격하므로 '하향 평준화'를 원하지 않는다고 불평할 것이다. 둘째, 양적으로 노력을 아무리 많이 기울여도 완벽해지기 어려운 공통교과과정은 필연적으로 사회적 이질성과 관련된 문화적 논란을 불러일으킬 것이다. 셋째, 어떤 공통교과과정이든 간에 학교 현장에서 잘 시행되어야 하는데 이는 관리 및 행정 관련 작업이 무척 어려울 수밖에 없다는 뜻이다. 즉 규칙과 규정을 바꾼다고 해서 조직과 학교 현장에 어떤 변화가 저절로 생기지는 않는다.

2010년 이전까지 높은 수준을 유지했던 매사추세츠[137]에서 파이어니어 연구소(Pioneer Institute)의 제임스 스테르지오스(James Stergios)는 '정상을 향한 경주'를 방어하고 나섰던 사람들에게(여기에는 에드워드 글레이저도 포함된다) 맞서 소송을 제기하면서 "매사추세츠를 비롯해 성과 수준이 높은 주들에서는 (⋯) 그 공통교과과정이 (⋯) 표준적인 교습의 수준을 떨어뜨린다"라고 주장했다.[138] 파이어니어 연구소는 〈목표 기준 낮추기: 수학 공통교과과정이 고등학생의 과학·기술·공학·수학 실력을 어떻게 떨어뜨렸을까?〉라는 제목을 붙인 백서 제작에 들어갔는데, 이 백서는 공통교과과정에 참여한 한 집필자가 "대학교 진학을 준비한다기보다는 비선발제(non-selective) 대학에 초점을 맞춘다"라고 인정한 사실을 강조한다.[139]

이런 말은 보스턴 교외 지역의 교육열 높은 학부모들 사이에 공포를 불러일으켰다. 공통교과과정은 검증을 받기도 전에 전국에 공개되었는데, 그 바람에 스테르지오스로서는 "검증도 되지 않아서 학생들의 성적을 높이는 데 오히려 방해될지도 모르는 것을 연방정부가 마구 밀어붙인다"[140]라는 그럴듯한 주장을 할 수 있었다.

매사추세츠를 포함한 몇몇 주들은 공통교과과정으로 하향 평준화가 일어날지 모른다고 두려워할 만했다. 대부분의 다른 주들은 그렇지 않았지만 공통교과과정에 연방정부가 권한을 남용했다고 반대할 수는 있었다. 그리고 이 공통교과과정이 과학·기술·공학·수학(STEM)이 아닌 인문사회과학 분야를 확장하자 사람들은 태평양과 대서양 연안 지역에 사는 엘리트들이 그들의 가치관을 다른 지역에 강요한다고 비난했다.

공통교과과정을 비판적으로 바라보는 보수주의자들은 이것을 '진보주의 교육자들의 도구'라고 부르면서 "진보주의 교육자들은 공통교육과정을 통해 자기의 태도와 가치관과 신념을 아이들에게 주입해서 아이들이 전통적인 견해를 가진 부모에게 맞서게 한다"라고 비난한다.[141] 예컨대 보수적인 방송사인 폭스 뉴스(Fox News)의 선동가였던 글렌 벡(Glenn Beck)은 2014년에 《순응: 공통교과과정과 공교육에 대한 진실을 폭로한다(Conform: Exposing the Truth about Common Core and Public Education)》라는 책을 출간해서 공통교과과정이 정보 텍스트에 초점을 맞춘 것은 "학생들에게 지식을 더 쉽게 주입해서 창의적인 과정을 밟지 못하게 만들어 부모와 아이 사이를 갈라놓을 목적으로 설계된 체계적인 접근법"이라고 주장했다.[142]

그러나 공통교과과정의 가장 큰 문제는 입법에서 행정으로 전환되는데서 나타났다. 2010년 6월 1일 무려 449쪽이나 되는 뉴욕주의 '정상을 향한 경주' 신청서는 "모든 학교가 2011~2012학년도까지 새로운 공통교과과정을 시행할 것, (…) 교사와 교장은 2011~2012학년도부터 학생의 성장 데이터를 기준으로 평가를 받을 것"을 약속했다.[143] 엄청난 파장을 불러일으킬 이 약속에 대한 보증으로 뉴욕은 7억 달러의 보조금을 연방정부로부터 받았는데 이는 '정상을 향한 경주'와 관련된 단일 보조금으로는 최대 금액이었다.

수천 명을 고용하고 수백만 명을 교육하는 학교 시스템을 바꾸는 일은 어떤 법안을 마련하거나 제안서를 작성하는 일보다 훨씬 어렵다는 사실이 새삼스럽게 확인되었다. 2015년 뉴욕의 앤드루 쿠오모 주지사가 이끄는 대책위원회는 다음과 같이 보고했다.

교육자들은 2009년 벽두부터 뉴욕에서 공통교과과정을 구현해야 했지만 이런 새로운 접근 방식을 커리큘럼에 어떻게 녹여내야 할지, 학생들에게 어떻게 가르쳐야 할지 전혀 알지 못한 채 온갖 혼란스러운 정보와 새로운 자료들에 파묻혔다. (…) 게다가 이런 헛발질들 때문에 수천 명의 학부모와 교육자 및 교육 분야 관계자들은 이제 '공통교과과정'이라는 문구를 볼 때마다 이 성급하고 설부른 시도가 학교에 얼마나 혼란을 가져왔는지를 떠올린다."[144]

뉴욕 주정부는 2011년 초에 공통교과과정을 채택했지만 교육부는 "2012~2013학년도가 시작하기 전에 공통교과과정과 연계된 전체 커리큘럼 자원의 대부분을 게시하지 않았다. 그래서 교사가 커리큘럼을 선택하거나 응용할 수 없었고 강의 계획 및 학생 학습에 대한 일상적인 평가를 업데이트할 수도 없었으며 공통교과과정과 일치하도록 재조정할 수도 없었다."

뉴욕의 '정상을 향한 경주'를 분석한 어떤 논문은 관리상의 다섯 가지 실패 요인을 꼽는다.[145] 첫째, 지역 예산이 막혀버렸다. 왜냐하면 '정상을 향한 경주'는 "상대적으로 적은 연방정부 예산을 지렛대 삼아 지방정부 예산을 끌어다가 원하던 개혁 정책들을 실행하고자 했기"때문이다. 둘째, 그 정책을 서둘러 시행했다는 것은 "새로운 커리큘럼을 현장에서 시범적으로 시행해보지도 않았고 검증도 하지 않았다"라는 뜻이다. 특히 수학 공통교과과정에서는 몇 가지 오류가 걸러지지 않은 채 남아 있었다.

셋째, 표준화 시험이라는 제도를 도입한다는 것은 학년별 및 과목별로 고도로 정밀하게 작성된 수업 계획을 제공함으로써 "교습을 미시적으로 관리하는 방식에 (전적이라고까지는 할 수 없더라도) 크게 의존할 수밖에 없다고 많은 교육구가 현장에서 느낄 수밖에 없었음"을 뜻했다. 넷째, 이 성급함은 부정확한 자료로 이어졌다. 예를 들어 주정부의 어떤 보고서는 사우스 오렌지 지구의 2012년 고등학교 졸업생 중 62퍼센트만이 대학에 재학 중이라고 보고했지만 "해당 지구는 그 비율을 89퍼센트로 보고했다." 다섯째, 표준화 시험에 소비되는 시간에 학부모들이 거세게 반대했으며 이 시험과 관련된 교사 급여에 대해서도 교사노동조합이 거세게 반대했다.

이런 대참사에 주정부의 수장이었던 쿠오모 주지사는 2014년의 한 정치토론에서 "나는 공통교과과정과 아무 관련이 없다"라고 선언하면서 손을 뗐다.[146] 그가 소집한 대책위원회는 실행하긴 하되 조금 늦추면 좋겠다면서 "2019~2020학년도가 시작될 때까지 기다렸다가 (…) 현재의 공통교과과정에 대한 평가 결과가 나온 다음에 (…) 교사나 학생 개개인이 거둔 성과를 평가하는 데 이용해야 한다"라고 제안했다.[147]

'정상을 향한 경주' 실험은 비록 당혹스러운 순간들을 만나기도 했지만 전체적으로 보자면 끔찍한 실패는 아니었다. 또한 교육부장관 안 던컨이 2009년에 선언했던 것과 같은 '교육 개혁의 획기적인 조치'[148]도 아니었다. 교육부의 국가학력평가(NAEP)는 여러 과목에 걸쳐 4학년과 8학년과 12학년 학생들을 평가하면서 "미국 전역의 학생들이 알고 또 알 수 있는 것들에 대한 가장 규모가 큰 전국적인 평가 기회"를 제공한다.[149] 12학년의 수학 국가학력평가 평균 점수는 2009~2013년 사이에 변화가 없었고 그 뒤로는 떨어졌다. 12학년의 읽기 점수는 2019년이 2009년보다 낮았다.[150]

어떤 규정을 기반으로 하는 저비용의 접근법이 도시의 학교 문제를 과연 어떻게 해결할 수 있을지 생각하긴 어렵다. 교육을 개선하는 데는 철두철미한 관리가 필요하다. 아무리 똑똑한 스타 관리자나 정치인이라도 대도시의 학교교육을 둘러싼 거친 정치판에서는 쉽게 살아남지 못한다.

미셸 리의 교육 개혁이 남긴 교훈

미셸 리(Michelle Rhee, 한국 이름은 이양희다 - 옮긴이)는 교육 경영의 거인과 같은 모습으로 2008년 12월 8일자 〈타임〉의 표지를 장식했다. 표지에는 '미국의 학교를 바로잡는 방법'이라는 문구가 커다랗게 박혀 있었는데 이는 "나쁜 교사들을 상대로 리가 벌이는 싸움이 (…) 공교육을 바꿔놓을 수 있음"을 암시했다.[151] 당시 리는 워싱턴D.C. 공립학교 시스템의 수장인 교육감이자 학교 개혁의 슈퍼스타였다.

그녀는 한국 이민자의 딸로 티치 포 아메리카(Teach for America, 미국의 대학 졸업자가 교사자격증 소지와 관계없이 2년 동안 교육 여건이 나쁜 미국 각지에서 학생들을 가르치는 프로그램을 운영하는 비영리단체 – 옮긴이)에서의 교사 경험을 발판으로 자기만의 프로젝트인 뉴 티처 프로젝트(New Teacher Project)를 시작했고 성공을 거두었다. 그녀는 재능과 카리스마가 있었지만 레이 켈리처럼 수십 년간의 행정 경험은 없었다. 이 행정 경험 부족 때문에 그녀는 복잡할 뿐만 아니라 고도로 정치화된 기관을 운영하는 너저분한 일을 수행할 준비가 되어 있지 않았다.

누군가가 미국의 대도시 교육구들을 책임지는 수장이 되는 경로는 두 가지다. 로스앤젤레스의 줄리언 나바처럼 대중적으로 선출된 이사회의 의결로 선출되거나 시장으로부터 직접 임명되거나 시장이 구성한 이사회를 통해 간접적으로 임명되는 방식이다. 2007년에 워싱턴D.C.는 시카고와 뉴욕의 선례를 따라 시장이 도시의 교육 행정을 책임지는 교육감을 직접 임명했다. 시민이 아니라 시장이 직접 교육감을 통제해야 한다는 발상은 유권자가 학교 및 학교교육의 질에 대해 시장에게 책임을 물을 수 있어야 한다는 발상의 연장선에 있다. 즉 시장은 누가 학교를 운영하는지 통제해야 한다는 것이다.

워싱턴D.C.의 학교 운영에 대한 통제권을 시장에게 위임한 2007년 법률 개정의 한 가지 강점은 이 법률이 워싱턴D.C.의 공립학교에 대한 상세한 평가를 요구한다는 것이었다. 그래서 2015년 정식으로 300 쪽이 넘는 심층적인 평가 및 보고 문서가 시의적절하게 나올 수 있었다.[152] 이 평가 내용이 법안에 포함되도록 한 점, 미국 국립 과학 아카데미(NAS)라는 유능하면서도 독립적인 기관에 평가를 의뢰한 점에 대해 워싱턴D.C. 의회는 칭찬을 받을 만하다. 2007년의 그 통제권 전환 이후로 미셸 리와 그녀의 후임자가 교육 행정을 이끌었기 때문에 미국 국립 과학 아카데미의 보고서는 본질적으로 두 사람이 각자 임기 동안 했던 일들을 평가하는 보고서라고 볼 수 있다.

평가 결과는 약간 긍정적이었다. 구체적인 내용을 보면 다음과 같다.

> 대부분의 학생 집단에서 2007~2014년에 학생들이 받은 시험 점수가 올라갔는데 (…) 읽기 과목보다 수학 과목에서 상승폭이 크고 (…) 두 과목에서 모두 숙련도 지표가 낮게 유지되었다. (…) 졸업률은 해마다 들쭉날쭉 변동하는데 이 변동에 뚜렷한 패턴은 없지만 불안할 정도로 낮은 수준으로 유지되었다.[153]

또한 워싱턴D.C.의 학생과 미국 전체 학생은 국가학력평가 8학년 수학 시험에서 점수 차이가 32점에서 23점으로 28퍼센트나 줄어들었는데, 이런 결과를 실패라고 할 수는 없지만 개혁의 엄청난 성과라고도 할 수 없었다.

국가학력평가 시험은 개별 학교의 개입 없이 객관적이고 독립적으로 치러진다. 그래서 이 시험은 학교에서 이뤄지는 학습 정도에 대한 믿을 만한 척도를 제공한다. 그러나 대부분의 표준화 시험은 학교의 자율적인 감독 아래 치러진다. 경험이 많은 관리자 혹은 스티브 레빗의 《괴짜 경제학》에서 교사의 부정행위 관련 부분을 읽은 사람이라면 시험 결과를 놓고 교사들을 평가하거나 판단하면 아무래도 문제가 생길 수밖에 없음을 진즉에 알아봤을 것이다. 미셸 리가 바로 그렇게 교사들 사이에서 이뤄지던 부정행위를 포착했다.

〈USA 투데이(USA Today)〉의 심층보도는 워싱턴D.C.에 있던 크로스비 스튜어트 노예스 교육 캠퍼스(Crosby S. Noyes Education Campus)에 초점을 맞췄다(지금은 '노예스 초등학교'로 개명했다). 2006년에 이 학교 학생의 10퍼센트만이 "연방정부의 아동낙오방지법이 요구하는 표준화 시험에서 수학 과목에서 '숙련' 또는 '고급' 점수를 받았다. 그런데 2년 뒤이 비율은 58퍼센트로 늘어났다."[154] 그러자 교육부는 이 학교에 전국에서 가장 우수한 초등학교에만 주는 '국립 블루 리본 학교(National Blue Ribbon School)'라는 명칭을 부여했다. 리는 노예스의 직원에게 금전적으로 보상해서 "2008년과 2010년에 교사들과 교장은 보너스로 각각 8,000달러와 1만 달러를 받았다." 이 돈은 대부분 자선모금에서 나왔고이 모금 활동을 리가 주도했다.

〈USA 투데이〉에 따르면 "지난 3년 동안 노예스의 학급 대부분에서는 표준화 시험에서 부정행위가 저질러졌다. (…) 오답을 지우고 정답을 다시 써넣는 방식의 부정행위였다." 비록 오답을 지운 매우 많은 사례가 부정행위로 입증되지는 않았지만 정황상 부정행위가 명백하다. 이기사는 이 학교의 교장 에이델 코돈(Adell Cothorne)이 교사 세 명과 함께어떤 방에 들어갔는데 "그 방에 있던 책상에는 시험 답안지 200장이 펼쳐져 있었고 (…) 교사 한 명은 '아, 교장 선생님, 저는 이 아이가 시험지에서 거미를 그렸다는 것을 믿을 수 없습니다. 이건 지워야 합니다!'라고 말했다"라고 보도했다.[155]

교사들로서는 학생들이 받는 점수가 높으면 보너스를 받을 수 있었지만 점수가 낮으면 일자리를 잃을 수 있었다. 이런 상황이 교사들에게부정행위를 하게 되는 동기로 작용했다. 미셸 리는 "교장 수십 명을 해고하고 교사는 최소 600명을 해고했다."[156]

나쁜 교사를 해고하는 것은 좋은 교사들이 채용될 수 있도록 길을 터준다는 뜻이다. 교육경제학자 에릭 하누섹(Eric Hanushek)이 한 논문에서 지적했듯이 최악의 교사들과 평균적인 교사들 사이의 질적 차이는 의미가 있을 정도로 크다. "하위 5~8퍼센트에 해당하는 교사들을 평균적인 교사들로 대체할 때 수학과 과학 과목에서 미국이 국제적으로 상위권에 가깝게 다가갈 수 있다."[157] 또한 그는 이로 인해 발생할 추가적인 가치는 (현재의 통화가치로 환산할 때) 대략 100조 달러나 될 것이라고 계산했다.

그러나 이 길은 여전히 어렵기만 하다. 전형적인 이유를 들자면 노동조합과의 단체협약 때문이다. 이 협약 내용이 인사 문제를 근본적으로 해결할 수 없게 가로막는다. 그러나 미셸 리는 "교사가 받는 연봉 총액을 대폭 인상하는 대가로" 워싱턴D.C.의 교사노동조합 조합원들이 교사 업무수행평가(IMPACT)에서 '효과적이지 못함'이라는 평가를 받은 교사는 해고할 수 있도록 하는 단체협약에 동의하게 했다. 2010년 여름에 이 업무수행평가 점수가 발표되자 "리는 '효과적이지 못함'이라는 평가를 받은 교사 165명 및 자격을 갖추지 못한 교사 76명을 해고할 계획이라고 밝혔다."[158]

그전에도 행정적인 차원의 문제나 정치적인 차원의 문제로 단체협약의 보호를 받지 못하는 새로운 교사들을 해고하려는 리의 시도가 방해받은 적이 있었다. "2009년 2월 한 독립적인 중재 재판관은 그녀가 2008년 교사 75명을 해고했던 결정을 뒤집으면서, 비록 리가 교사의 2년 수습기간 안에 문제가 있는 해당 교사를 해고할 권리를 가지고 있지만 학교장으로부터 부정적인 평가를 받아야 비로소 그 해고가 유효하다고 판결했다. (…) 또 이 중재 재판관은 리의 행보에서 드러난 '눈이 번쩍 뜨이는 치명적인 결점'은 단체협약이 명시한 것처럼 해고 사유를 제시하지 않았다는 점이라고 말했다."[159]

이에 리는 "나는 아이들을 때린 교사, 아이들과 성관계를 가진 교사, 78일이나 결석한 교사를 해고했다"라고 대응했다. 그러나 이 대응이 사태를 더 악화시켰다. 사람들이 그렇다면 해당 교사들을 형사 고발해야 옳은데 왜 해고하느냐고 묻고 나섰던 것이다. 그리고 교사노동조합은 미셸 리의 처사에 반대하는 집회를 잇달아 열었다.

미셸 리가 〈타임〉의 표지에 등장하고 2년이 지난 뒤 워싱턴D.C.의 민주당 지지자들은 차기 시장 선거에서 리를 임명했던 에이드리언 펜티 (Adrian Fenty) 시장의 재임을 무산시켰다. 〈워싱턴 포스트〉는 "펜티 시장이 임명한 미셸 리 교육감은 성과가 좋지 않다는 이유로 교사 수백 명과 교장 수십 명을 해고했고 (…) 이는 민주당 유권자가 등을 돌리게 만들었다"라고 썼다.[160]

공공 부문의 지도자들이 맞닥뜨리는 근본적인 정치적 문제 한 가지는 공공 부문에서 일하는 사람도 유권자라는 사실이다. 심지어 도시정부에서 교사가 아닌 다른 직종에서 일하던 공무원들도 일자리를 불안하게 만드는 파도가 자기에게도 덮치지 않을까 하고 걱정했을 것이고, 그래서 결국 펜티에게 표를 주지 않았을지 모른다. 시장이 바뀌고 그다음 달에 리는 사임했다.

결국 미셸 리는 워싱턴D.C. 주민들에게 해를 끼치지는 않았지만 그렇다고 영웅이었다고 할 수도 없었다. 리는 탁월할 정도로 재능이 넘쳤고 교사노동조합이 임금을 더 많이 받는 대가로 더 무거운 책임을 져야 한다는 걸 증명했다. 그러나 그녀가 세운 업적이 한계에 부딪혔다는 사실은 학교 개혁이 얼마나 어려운지 보여준다. 교육 현장은 복잡하다. 중앙에서 작성되어 하달된 원고를 외워서 달달 읊어대기만 하는 교사가 학생들에게 건설적인 영감을 줄 수는 없다. 그리고 오늘날 학생들을 지도하는 일은 더 어려워졌다. 온라인으로 비대면 수업을 하는 경우는 특히 더 그렇다.

교사 vs. 학생: 코로나 시기, 교실에서 벌어지는 젠트리피케이션

코로나19 팬데믹 기간에 교실에서 벌어지는 내부자와 외부자 사이의 싸움은 더욱 어렵고 고통스럽게 바뀌었다. 교사노동조합이 학교 수업 재개가 교사의 안전을 보호하지 못한다고 주장하면서 학교 수업 재개 계획을 중단하라며 소송을 제기하는 일이 플로리다와[161] 조지아에서[162] 일어났다.

직장에서의 안전 문제는 노동조합이 당연히 걱정할 문제지만 대면학습을 대체하는 온라인 비대면학습은 나이가 어린 학생들에게는 특히 좋지 않은 대안이다. 아직 10대가 되지 않은 아이들과 집에 인터넷이 깔려 있지 않은 아이들은(이 아이들이야말로 진정한 외부자다) 학교가 문을 열지 않을 때 가장 큰 고통을 겪는다. 물론 노동조합이 우려하는 바는 충분히 공감할 수 있다. 그러나 노동조합은 여전히 내부자를 위해 외부자와 싸운다.

이 두 소송 모두 항소법원에서 기각되었다. 플로리다 법원은 "교사가 강제로 교단에 서야 했다거나 교육 당국에 협의를 제안했지만 거부당했다거나 또는 피해를 입었다"는 증거를 찾을 수 없었다고 판결문에 썼다.[163] 학교는 다시 문을 열었고, 다행히 학교는 꽤 안전했던 것 같다. 브라운대학교의 경제학자 에밀리 오스터(Emily Oster)가 시작한 '코로나19 학교 대응 대시보드(COVID-19 School Response Dashboard)'는 2020년 12월 8일 기준으로 초등학교 교사 가운데 1퍼센트의 4분의 1에 조금 못

미치는 사람들이 코로나19 양성 판정을 받았다고 발표했다. 그리고 초등학생 중에서 양성 판정을 받은 비율은 1퍼센트의 8분의 1도 되지 않았다.[164]

2020년 여름에 캘리포니아 교사협회가 취한 입장에서도 학교 개혁이 교사노동조합을 통과하기가 쉽지 않음을 잘 보여준다. "교사가 온라인 실시간 교육을 하도록 교육구가 강요하거나 이 교육 내용을 나중에 사용할 목적으로 녹화할 권한을 교육구가 전적으로 가지고 있지는 않다"라는 게 그들의 입장이다.[165] 캘리포니아 교사협회의 클로디아 브릭스(Claudia Briggs)는 "교사가 반대 의사를 명백하게 밝혔음에도 불구하고 강제로 온라인 실시간 수업을 하도록 강요받아서는 안 된다는 것이 우리의 입장이다"라고 밝혔다.[166]

문제의 그 법률은 1976년에 제정된 프라이버시 규정인 캘리포니아 교육법 51512 조항인데, "교육 목표를 증진한다는 목적으로 교사와 교장의 사전 동의를 얻지 않았다면 초중고교 어느 교실에서든 학생을 포함한 모든 사람이 전자적인 방식의 청취나 기록을 하는 것은 교육 절차에 지장을 준다고 입법부는 판단하며, 따라서 이런 것들은 금지한다"고 명시한다.[167] 통상적인 상황에서라면 교사는 이런 규정에 따라 동영상을 통해 자기가 하는 수업을 감시하려는 어떤 시도도 거부할 권리가 있다. 그런데 팬데믹 시기에 캘리포니아 교사협회는 이 규정을 교사가 화상회의 앱인 줌을 사용해서 비대면 온라인 수업을 하지 않아도 된다는 뜻으로 해석했다.

다행히도 이런 주장이 터무니없음은 법률적으로 확인되었다. 2020년 9월에 캘리포니아는 "51512 조항 또는 다른 법률에도 불구하고 원격수업을 위한 동영상 녹화에는 해당 교사나 교장의 사전 동의가 필요하지 않다"라는 내용의 법안을 의결했다.[168] 이 법률에 따르면 교사가 자기의 안전을 보장받기 위해 교실에 들어가지 않는다고 하더라도 적어도 비대면의 원격수업은 제공해야 한다.

교사의 건강과 관련된 우려는 현실적인 문제다. 하버드대학교는 건강 대책으로 2020~2021학년에 대면 수업을 모두 중단했다. 우리 교수들도 코로나19 바이러스에 노출되는 것을 피하려고 노력했다. 또한 이 주제를 다루는 토론의 성격이 비록 초현실적이긴 하지만 그렇다고 해서 캘리포니아 교사들 대다수가 비대면 온라인 수업을 진행하기 위해 그 어느 때보다도 많은 노력을 기울였음을 잊어서는 안 된다. 많은 교사는 비대면 수업의 한계를 보완하려고 예전보다 훨씬 더 많은 시간을 학생들에게 쏟았다. 그야말로 영웅적인 노력을 기울였다. 교직에 있는 사람은 대부분 좋은 사람들이다. 그러나 어떤 대가를 치르더라도 조합원을 보호하겠다는 교사노동조합의 태도는 교육 개혁을 어렵게 만들고 있다.

교사에게 주어지는 보상은 노동조합이 협상 과정에서 드러내는 요구가 일방적으로 내부자의 편을 드는 또 다른 사례를 제시한다. 공공 부문의 노동조합 협약으로는 고령의 퇴직자는 민간 부문의 고령 퇴직자보다 돈을 훨씬 더 많이 받는데 젊은 사람은 훨씬 더 적게 받는다. 코넬대학교의 정치학자 마리아 피츠패트릭(Maria Fitzpatrick)의 논문에 따르면 젊은 교사들일수록 연금을 적게 받더라도 봉급을 많이 받는 것을 선호한다. 일리노이의 교사들을 대상으로 한 실험에서 젊은 교사들은 봉급을 조금 적게 받는 대신 나중에 연금을 많이 받을 기회를 거부했다. 그들은 지금 당장 더 많은 돈을 받기를 원했지, 40년 뒤에 연금을 더 많이 받기를 원하지 않았다.[169] 따라서 공립학교들이 젊고 이상적인 교사를 유치하고 싶다면 젊은 교사에게 더 많은 급여를 지급해야 한다.

공립학교의 급여 체계는 경찰노동조합의 단체협약이 조합원의 불법 행위 기록을 삭제할 것을 요구하는 것과 똑같은 이유로 연금 및 건강보험에서 누릴 수 있는 혜택을 강화하는 쪽으로 초점을 맞춘다. 유권자들은 미래에 지급받을 연금과 여기에 동반되는 비용 사이의 관계를 쉽게 이해하지 못한다. 사실 연금과 관련된 예측이나 가정은 분석가들이 생각하는 것보다 더 낙관적이어서 연금에 들어가는 비용이 실제보다 훨씬 적어 보인다. 나중에 공공 부문의 연금을 납세자의 세금으로 메워야 하는 일이 일어날 수도 있지만, 공립학교 교사라는 공무원의 입장에서 보면 어디까지나 남의 문제일 뿐이다.

만일 교사가 민간 부문의 노동자처럼 상대적으로 높은 연금보다는 상대적으로 높은 임금을 받는다면 자주 근무지를 바꿀 것이다. 또는 교직을 버리고 다른 직종으로 뛰어다닐 것이다. 여러 가지 면에서 이런 모습은 건강한 것이라고 말할 수 있지만 한편으로는 교사들과 교사노동조합 사이의 유대관계가 약해질 수밖에 없다. 공공 부문의 노동자가 나중에 받게 되는 연금은 공무원의 이직률이 민간 부문의 이직률보다 낮은 이유를 설명해준다.[170]

사람들이 공공 부문의 연금 제도를 싫어하는 마지막 이유가 있다. 야근을 해야 하는 일자리일 때 사람들은 특히 더 이 연금 제도를 싫어한다. 하버드대학교 경제학과 박사과정 학생들이었던 나탈리아 이매뉴얼과(앞에서 우리는 이매뉴얼이 재택근무와 관련된 자료를 분석한 내용을 살펴봤다) 발렌틴 볼로트니(Valentin Bolotnyy)가 공동으로 진행한 연구는 비록 단체협약 내용상으로는 성별에 따른 차이를 두지 않았음에도 보스턴의 남성 운송 노동자가 여성 운송 노동자보다 훨씬 더 많은 돈을 번다는 것

을 보여주었다.[171]

이렇게 된 이유는 나이 든 남성 노동자가 초과 근무를 더 많이 했기 때문이다. 그와 대조적으로 나이 든 여성 노동자는 집안일을 도맡아야 하는 책임에 짓눌려서 주말에 일하기가 쉽지 않았다. 초과근무수당의 차이는 결국 생애소득의 엄청난 차이로 이어진다. 병약한 부모나 자녀를 돌봐야 할 의무를 덜 느끼는 남성을 우대하는 보상 시스템에는 성차별적인 불평등이 녹아 있다.

공립학교의 대안, 도제식 직업 훈련

지난 30년 동안 변화를 막았던 정치적 장벽을 넘어 도시의 공립학교를 개혁할 기적의 만병통치약이 우리에게는 없다. 그러나 우리는 연방정부가 사람들에게 제공할 기회를 창출할 제도적인 역량을 스스로 구축할 수 있도록 해줄 방안 하나를 제안할 수는 있다. 바로 개선된 형태의 직업 훈련 시스템을 마련하는 것이다.

예측 가능한 규칙성이라는 점에서 미국인은 독일의 도제 제도를 재발견할 수 있다. 이 제도는 학술적인 차원의 학문과는 거리가 먼 아이들이 일자리를 찾도록 도와줄 수 있다. 독일 중고등학생의 절반 이상이 이 도제 제도에 등록해서 교실에서의 직업 훈련과 현장 실습을 병행한다. 독일의 사례를 따라 14세 아이들이 학문적인 차원의 학습에서 벗어나 고도로 실용적인 학습을 받을 수 있도록 하자는 요구는 충분히 일리가 있다.[172]

도제 제도는 가치 있는 기술을 노동시장에 제공하는 것이 중요함을 일깨워준다. 그러나 독일에서 수백 년에 걸쳐서 발전해온 제도가 아무

뿌리도 없는 미국이라는 환경에 쉽게 이식될 수 있다고 생각하면 안 된다. 이제 막 14세가 된 아이가 대학 교육을 받기에 적합한지 아닌지를 파악할 수 있다는 발상은 미국이라는 환경에서는 타당하지 않다.

방과 후나 주말 혹은 방학을 이용해서 직업 훈련을 짬짬이 제공하는 것이 가장 자연스러운 대안이다. 이렇게 하면 학교의 기존 시설을 활용할 수 있지만 그래도 예산 지원 및 관리를 맡아서 수행하는 주체는 학교 시스템 바깥에 있어야 한다. 교사노동조합과의 껄끄러운 논쟁이나 여러 부정적인 가능성을 피하려면 직업 훈련이 현재의 교육을 보완하는 것이 되어야지, 노동조합에 가입한 교사의 일자리를 위협하는 대체 수단이 되어서는 결코 안 된다.

차터 스쿨(charter school, 교사, 학부모, 지역 단체 등이 공적자금을 지원받아서 설립한 학교 - 옮긴이)과 마찬가지로 직업 훈련은 모든 대도시 지역에 존재하는 경쟁 에너지를 활용할 수 있다. 도시 규모가 크면 학교나 지역에 해로운 인종 차별도 생기지만 유익한 경쟁도 가능해진다. 직업 훈련 프로그램이 민간이나 공공의 영리단체나 비영리단체 등 모든 제공자에게 개방되어 있을 때 이 프로그램은 사회의 형평성을 높이려고 노력하는 기업가적인 에너지를 방출할 수 있다.

영리를 추구하는 학교의 단점 중 하나는 학생들에게 기술을 제공하기보다는 학생들을 돈벌이 수단으로 삼는 데 집중할 수 있다는 점이다. 직업 훈련의 성과는 훈련이 끝난 직후 분명히 드러나므로 해당 성과에 따라 예산 지원을 명확하게 할 수 있다. 즉 학생들이 그 일을(컴퓨터 프로그래밍이든, 배관 작업이든 간에) 할 수 있음을 독립적인 평가 기준을 사용해 증명해야만 직업 교육 주체는 그 교육에 대한 대가를 받을 수 있다.

직업 교육을 외주화(아웃소싱)해서 기존의 교육 시스템 바깥으로 위탁

하면 변화하는 경제 상황에 더 즉각적으로 대응할 수 있다. 2035년에는 어떤 기술이 가장 가치가 높을지 지금으로서는 아무도 모른다. 그래도 기존의 교육 환경 바깥에서 이뤄지는 직업 교육은 변화하는 조건에 그나마 쉽게 적응할 수 있다.

우리 저자들이 하는 이런 제안은 국가적인 차원의 새로운 교육 프로그램을 주창하는 게 아니다. 오히려 우리는 실험과 평가를 옹호한다. 이 책을 관통하는 공통의 주제는 코로나19에 맞섰든 도시 불평등에 맞섰든 간에 21세기의 위대한 싸움은 겸손한 마음으로 시작해야 한다는 것이다. 우리는 무엇이 효과가 있을지 모르고, 지금 효과가 있는 것이 미래에는 효과가 없을지도 모른다. 그러나 최고의 과학을 이용해 혁신하고 검증하고 계속해서 고쳐나가야 한다.

도시의 미래를 위한 장벽 무너뜨리기

미국의 도시뿐 아니라 미국 전체가 치안과 학교교육, 기업 및 주택에 대한 규제 영역에서 외부자를 희생양 삼아 내부자를 보호한다. 집단이든 사회든 국가든 간에 부유한 사람들은 부를 지키기 위해 장벽을 높이 세운다. 그리고 이런 장벽들은 도시의 내부자와 현직자들만을 보호한다.

공정한 몫을 요구하는 것은 외부자의 당연한 반응이자 권리다. 만약 부유한 사람이 주택 공급 규제의 혜택을 누린다면 가난한 사람은 주택 보조금의 혜택을 누려야 한다. 새로운 기업을 만들어 시장에 진입하려 할 때 이를 가로막는 장벽이 있다면 경우에 따라 상환을 면제할 수 있는 창업 대출을 정부가 신규 창업자에게 해줘야 한다. 노인층이 건강보험을 통해 수십억 달러를 혜택받는다면 청년층에게는 상환을 면제할 수 있는 학자금 대출을 해줘야 한다.

그러나 '눈에는 눈, 이에는 이'와 같은 맞대응(tit-for-tat) 접근법은 사회를 구성하는 모든 사람이 이용할 수 있는 자원의 총 규모를 확장하는 사회가 아니라 고정된 자원을 놓고 싸우는 제로섬 게임의 사회를 낳는다. 공정하면서도 역동적인 도시를 건설하려면 좀 더 똑똑해질 필요가 있다. 주택 신규 건설 및 기업가정신을 제한하는 규제를 줄이는 한편 더 많은 사업이 이뤄지도록 장려해야 한다. 그리고 경찰과 학교를 지금보다 더 강화하는 변화를 기꺼이 감수해야 한다.

코로나19 팬데믹은 우리의 도시와 건강보험 시스템, 공공 부문이 얼마나 허약한지 생생하게 보여주었다. 형평성이 부족하다는 것만이 문제가 아니다. 역량이 부족하다는 것이 문제다. 코로나19의 터널에서 벗어나 예전만큼 혹은 예전보다 더 번영을 누리려면 공정하고 효과적인 정책을 마련해야 한다. 그리고 개개인이 나서서 세상을 바꾸도록 권한을 부여하려면 더 유능한 공공 부문을 확보해야 한다.

SURVIVAL OF THE CITY

· 10장 ·

미래의 도시,
두려움보다 기대를

2020년에 코로나19로 미국인은 30만 명 넘게 사망했고 전 세계적으로 300만 명이 사망했다.[1] 수십억 인구가 친구와 가족으로부터 또 삶의 원천인 사회적 연결로부터 차단당했다. 2021년 1월 14일에 〈월스트리트 저널〉은 "정부의 공식 코로나19 사망자 수에 포함되지 않은 사망자는 82만 1,000명이 넘는다"라고 보도했다.[2] 이 추가 사망자는 공식적인 집계에 포함되지 않은 사망자거나 코로나19 환자인지 확인되지 못한 채 적절한 치료를 받지 못하고 사망한 사람 혹은 자살한 사람일 것이다. 많은 사람이 그렇듯이 우리 저자들 역시 코로나19로 가까운 친구들을 잃었다. 고인과 마지막 인사를 나누지도 못했으며 고인의 가족 곁에서 함께 슬픔을 나누지도 못했다.

사람은 혼자 살도록 진화하지 않았다. 우리는 고립된 개인일 때 신체적, 정신적으로 약할 수밖에 없다. 우리 종족의 가장 중요한 특징인 언어 및 소통 능력 덕분에 우리는 집단으로 생존하며 위대한 성취를 이뤘다. 우리의 원시 조상들이 살았던 아프리카에는 줌이라는 온라인 소통 도구가 없었다. 우리는 사이버 공간에서뿐만 아니라 물리적으로도 서로 함께하도록 진화했다.

백신이 개발되고 사람들이 격리에서 해제되어 거리로 나온 이후부터는 살아 있는 인간적 소통의 중요성을 인식하는 것부터 새롭게 시작해야 한다. 모든 미소는 선물이며 모든 악수는 연결 고리다. 모두가 함께 웃는 웃음은 축복이다.

이런 것들 없이 너무 오랫동안 지내왔던 우리는 그 이상하고 고통스러운 날들을 다시 겪지 않기 위해 할 수 있는 모든 것을 다 해야 한다. 다시 세울 세상은 미래의 팬데믹에서는 더욱 강인할 수 있도록 확실한 조치를 취해야 한다. 우리는 보건과 교육 두 영역에 모두 투자해야 한다. 또한 외부자가 누릴 공간을 더 많이 만들기 위해 지금까지 만들어온 규칙을 과감하게 개혁해야 한다. 기업가는 지금보다 더 많아야 하고 교도소에 수감된 사람은 지금보다 더 적어야 한다.

인류는 누가 뭐라고 하지 않아도 스스로 도시 세계를 만들었다. 대면 소통 덕분에 인간은 창의성의 고리를 만들어냈고 이로써 고대 아테네의 철학과 암스테르담의 황금시대 예술이 탄생했다. 도시에는 사람들이 몰려 상업과 기업가정신과 즐거움이 흘러넘쳤다. 그런데 불행히도 이 도시 세계는 사람들 사이의 접촉을 통해 사람과 함께 이동하는 바이러스와 박테리아에 열려 있다. 우리는 나쁜 것들의 위험을 무릅쓰지 않고는 도시의 좋은 것들을 즐길 수 없다. 우리의 도시 지역은 밀집성에 동반되는 온갖 악마들, 즉 범죄, 교통 체증, 높은 주거비용, 전염성이 높은 질병 등과 싸워 이겨야만 번영을 누릴 수 있다.

코로나19는 하나로 연결된 우리의 세상이 팬데믹을 가능케 할 뿐만 아니라 실제로 나타나게 했다는 사실을 가르쳐준다. 사망률이 상대적으로 낮은 질병조차도 경제적으로나 사회적으로 끔찍한 결과를 가져올 수 있다. 흑사병과 콜레라의 치명성과 코로나19의 전염성 때문에 인류가 새로운 위협에 직면했던 상황을 상상해보라. 그러나 한편으로 우리는 놀라운 과학기술로 1년 만에 효과적인 코로나 백신을 대량생산하는 기적과도 같은 일을 해냈다. 이런 사실은 공공 부문과 민간 부문의 노력이 올바르게 결합하기만 하면 미래에 나타날 전염병에 얼마든지 효과적으로 대처할 수 있다는 희망을 안겨준다.

결론에 해당하는 이 마지막 장에서 우리 저자들은 이 세상을 위해, 우리의 나라와 우리의 도시들을 위해, 우리와 같은 평범한 사람들을 위해 다 함께 앞으로 나아갈 몇 가지 길을 제안하고자 한다. 이 제안 가운데 몇몇은 미국의 제도 및 미국이 안고 있는 문제에 초점을 맞췄지만 다른 제안들은 다른 나라에도 충분히 적용될 수 있다.

먼저 보건 및 팬데믹과 직접 연결되는 정책들부터 살펴볼 것이다. 이것이 우선순위가 가장 높기 때문이다. 그다음에는 사회의 기반이 되는 시설과 제도, 즉 인프라를 강화하는 정책을 살펴볼 것이다. 2020년에는 수천 명이 코로나19의 위험을 무릅쓰면서까지 한자리에 모여 경찰의 치안 정책에 항의했다. 사람들은 지금 서로의 운명이 하나로 이어져 있다는 생각을 더 강하게 가지고 있으므로 미래에 나타날 팬데믹들은 코로나19 팬데믹보다 훨씬 덜 위협적일 것이다.

우리 저자들이 제안하는 이 정책들은 모두 이 책의 중심 주제 세 가지와 연결되어 있다. 이 세상은 미래의 전염병으로부터 우리를 보호할 만큼 강력하지만, 대중에게 봉사하라고 준 권력을 남용하지 않을 만큼 책임감 있는 공공 부문의 행정 역량이 절대적으로 필요하다. 공권력은 궁극적으로 개인의 자율성, 즉 번영을 누릴 수 있는 자유를 제한하기보다는 개인에게 권한을 부여해야 한다. 우리는 모든 답을 다 알고 있지 않음을 깨달아야 하며 효과 있는 접근법을 찾아내기 위해 공격적으로 나서야 한다. 즉 학습하는 겸손함, 끊임없이 학습하는 겸손함을 가져야 한다.

우리가 맨 처음 제시하는 제안은 나토의 보건 분야 버전이라고 할 수 있는 세계 기구를 만들자는 것이다. 구체적으로 말하면 부유한 나라들이 가난한 나라들에 보건 관련 인프라 원조를 제공하고, 가난한 나라들은 상하수도 및 새로운 전염병 발생원으로부터 사람들을 멀리 떼어놓는 규칙에 동의하는 세계적인 보건 조직을 만들자는 것이다. 그리고 미국은 다음 차례에 발병한 전염병과 싸우기 위해 공공 의료 부문, 특히 인공호흡기 및 개인보호장비와 함께 안전성이 검증된 백신 생산 도구에 선제적으로 투자해야 한다. 이 제안은 다른 부유한 나라에서도 비슷하게 적용할 수 있을 것이다.

하지만 우리는 보건 차원에 그치지 않고 이를 넘어서야 한다. 어떤 것이 되었든 간에 약한 고리는 사회를 위험에 빠뜨린다. 정부는 약한 고리의 숫자를 줄여나가야 한다. 미국은 취약성이나 잃어버린 기회의 수준이 너무나 방대하므로 대대적인 변화가 필요하다. 50년 전에 미국인은 연구 분야 및 로켓 제작에 엄청난 노력을 기울인 덕분에 달에 인간을 올려놓을 수 있었다. 오늘의 아이들이 내일의 전투에 참여할 수 있도록 더 많은 자원을 미래 세대에 투입해야 한다. 무엇이 효과가 있는지 파악하고 최대한 빠르게 확장해야 한다.

미국의 주들과 도시들은 전 세계적인 전염병을 막을 수는 없지만 억제하기 위해 노력할 수 있고 시민사회를 강화할 수 있다. 주정부는 커뮤니티 칼리지(community college, 미국의 대학교육 확충 계획의 하나로, 지역사회의 필요에 부응해 지역 주민에게 단기 대학 정도의 교육을 제공하는 교육과정 – 옮긴이)를 관리하는데, 이 교육과정은 보유한 자원이 적거나 고등학교 때 방황의 길을 걷거나 걸었던 학생에게 기회를 제공한다. 주정부는 창업과 신규 주택 공급을 강화하기 위해 해당 법률을 재정비해야 한다. 또한 도시는 항의와 폭동의 원인이 되었던 불만의 뿌리를 해결해야 한다. 경찰은 범죄가 늘어나지 않도록 하고 지역사회의 안전과 번영에 대해 더 많은 책임을 져야 한다.

시민 개개인도 행동에 나서야 한다. 자선사업가는 의학 및 교육 분야 연구에 자금을 지원할 수 있다. 일반 시민은 스스로 배우고 가르치며, 사람들을 분열시키는 문제보다는 모두가 정부에 바라는 서비스들에 초점을 맞춤으로써 지도자가 더 많은 책임감을 갖도록 해야 한다.

도시는 이 전염병에서 살아남을 것이고 많은 도시가 번창할 것이다. 그러나 코로나19는 존재론적 위협에 대처할 방법을 일러주는 일종의 힌트였다. 코로나19로 우리가 경험한 고립과 죽음은 끔찍했지만, 그 끔찍함이 훨씬 심하게 나타났을 수도 있다. 공공 부문이 그토록 취약한 상태로 놓인다거나 우리의 도시가 그토록 참혹하게 짓밟히는 일이 다시는 일어나지 않도록 해야 한다.

이 세상을 위해서, 더 강력한 세계보건기구가 필요하다

팬데믹의 본질은 전 세계의 어느 한 곳에서 시작되는 질병이 모든 나라에 위기를 가져온다는 데 있다. 모든 국가가 완전히, 영구적으로 국경을 폐쇄하지 않는 한(이런 상황은 상상만 해도 끔찍하다) 카자흐스탄의 아제르바이잔에서 전염병이 발생하는 것을 감시하는 일은 미국의 애틀랜타에서 전염병이 발생하는 것을 감시하는 것만큼이나 중요하다. 전염병을 추적하고 신속하게 억제할 효과적인 세계 조직은 팬데믹으로부터 자유로운 미래를 향한 첫걸음이다.

미래의 전염병 위험을 줄이는 것은 세계적인 차원의 문제다. 핵전쟁을 예방하고 기후변화 문제를 해결하는 것과 마찬가지로 전염병 예방은 너무도 거대한 과제라서 어떤 나라도 혼자서는 해결하지 못한다. 핵낙진과 탄소배출 그리고 코로나19에 관한 한 모든 나라가 서로 얽혀 있으므로 각각의 문제에서는 다자간 조치가 필수적이다. 전 세계적인 팬데믹을 예방하려면 핵 기술을 통제하거나 온실가스 배출량을 줄이는 것보다 훨씬 많은 국가를 포괄해야 한다. 전 세계의 가난한 나라들은 핵무기 개발에 돈을 쓰지도 않고 탄소를 많이 배출하지도 않지만 새로운 질병을 확산시킬 가능성은 그 어떤 나라보다도 크기 때문이다.[3]

기술적인 차원에서만 보자면 팬데믹의 위험을 줄이기 위해 무엇을 해야 하는지 우리는 알고 있다. 세계는 위험한 교류를 방지하고 전염병 발생을 조기에 발견하며 팬데믹으로 발전하기 전에 차단해야 한다.[4] 전염병을 예방하는 일에는 이 질병을 전파할 가능성이 있는 동물 종과 인간 사이의 밀접한 접촉을 피하는 것이 포함된다.[5] 봉쇄 조치에는 광범위한 질병 검사, 확진자의 동선 추적, 확진자 격리, 환자의 안전한 치료가 포함된다. 이 모든 것은 그야말로 상식이다.

그런데 전 세계가 해결해야 할 문제의 핵심은 전염병을 줄이는 우리의 과학이 미흡하다는 게 아니라 우리의 관계 기관들이 적절한 조치를 취하지 않는다는 점이다. 2014년에 에볼라 사태가 발생한 후 세계보건기구는 전 사무총장이며 현 노르웨이 총리인 그로 할렘 브룬틀란(Gro Harlem Brundtland)과 국제적십자사의 사무총장을 역임했던 엘하지 아 시(Elhadj As Sy)가 이끄는 글로벌 준비태세 감시위원회(Global Preparedness Monitoring Board, GPMB)를 산하에 조직했다. 코로나19의 발생 직전인 2019년 9월에 이 위원회는 〈위기에 직면한 세상(A World at Risk)〉이라는 보고서를 발표했는데, 여기서 "너무 오랜 세월 동안 팬데믹에 대해 우리는 공황과 방치의 악순환이 이어지도록 허용했다. 우리는 심각한 위협이 있을 때 급하게 노력을 기울이고, 위협이 진정되면 언제 그랬냐는 듯이 그 모든 것을 금방 잊어버린다. 우리가 행동으로 나서야 할 때는 이미 지났다"라고 밝혔다.[6]

팬데믹 대비를 철저하게 하려면 비용이 많이 든다. 컨설팅 회사 맥킨지(McKinsey)의 추정에 따르면 우선 1,000억 달러를 미리 집행해야 하고 그 뒤로도 해마다 200~400억 달러를 지출해야 한다.[7] 백신 개발은 팬데믹 대비 사업의 중요한 부분이며 의료 종사자나 장비가 매우 부족한 저소득국가의 의료 시스템을 강화하는 것 역시 중요한 부분이다.[8]

그러나 어떤 지표에 견줘 보더라도 이렇게 지출하는 비용은 우리가 얻을 수 있는 잠재적 이득에 비하면 매우 적다. 예를 들어 코로나19 하나 때문에 미국이 부담한 비용은 16조 달러나 된다.[9] 치사율이 더 높은 미래의 질병에서는 비용이 훨씬 더 많이 들 것이다. 팬데믹에 대비하는 비용 전액을 미국이 부담한다고 하더라도 연방정부의 세출 증가율은 0.1퍼센트밖에 되지 않지만 그에 따르는 이득의 증가 폭은 엄청나다.[10]

돈이 부족한 게 아니라 리더십이 부족하다. 전 세계의 정부가 행동에 나서도록 강제하는 기구는 지금까지 없었다. 세계보건기구가 내놓은 보고서 〈위기에 직면한 세상〉은 "우리에게 필요한 것은 리더십과 강력하고 효과적으로 행동하려는 의지"라고 결론을 내렸다. 하지만 안타깝게도 세계는 행동에 나서지 않았다. 그 결과 우리는 코로나19에 막대한 비용을 물었다.[11]

미래에 대비해 우리는 돈을 써야 한다. 하지만 그냥 쓰는 게 아니라 효율적으로 써야 한다. 메디케어처럼 병이 생기고 나서 의료비가 발생할 때마다 그 비용을 지원하는 식으로 돈을 써서는 안 된다. 전 세계인의 보건을 보호할 수 있는 효과적인 국제기구를 만들어야 한다. 세계보건기구는 올바른 모델이 아니다. 세계보건기구는 쟁점 사안을 논의한 다음에 어떤 해결책을 권고할 수는 있지만 강제할 권한은 가지고 있지 않다.

세계보건기구는 또한 과학과 정치가 불편하게 뒤엉켜 있다. 과학에 입각해서 판단하면 중국처럼 전염병을 과소평가한 전력이 있는 정부가 내놓는 주장은 믿을 게 못 된다. 따라서 에볼라 때처럼 발병이 확인되자마자 곧바로 긴급 상황임을 선언해야 한다. 그러나 정치는 이것과 반대 방향으로 상황을 끌고 간다. 정치가 과학을 밟고 설 때 사람들은 죽어나간다.

정치적 목적이 아닌 과학적 사명을 내세우는 강력한 국제기구가 필요하다. 이 조직의 목표는 전염병을 예방하는 것이지, 회원국의 심기를 부드럽게 어루만지는 것이 아니다. 모든 나라는 이 조직에 가입할지 말지를 분명하게 정해야 한다. 이 조직에 가입한 나라는 조직으로부터 지원을 받게 되는데, 이 지원에는 미래의 전염병에 대비하는 지원뿐만 아니라 의료 훈련과 위생 인프라 지원도 포함된다. 그러나 이 조직의 회원국은 팬데믹 위험을 줄이기 위한 지침을 철저하게 지켜야 한다. 예를 들면 인간과 박쥐 사이처럼 이종간 감염(cross-species infection) 가능성을 제한해야 하며 가난한 사람들의 주택이 외국 원조로 건설된 상하수도 시설과 연결되도록 해야 한다. 그리고 모든 질병의 발생을 정직하게 보고해야 한다.

회원국으로 가입하지 않는 나라들은 지원을 받지 못할 뿐만 아니라 다른 여러 규제를 받도록 해야 한다. 즉 해외 여행객들은 여행국에 입국할 때 의료 검사를 받아야 하고 의료비를 자기가 부담해야 한다. 수출입 상품의 운송 과정에서 추가 검역을 받아야 할 수도 있다. 전염병 확산을 방지하자는 국제적인 규정을 채택하지 않는 나라를 출입하는 사람이나 물품은 상대적으로 더 위험할 수밖에 없다.

제2차 세계대전 뒤에 유럽은 20세기에 또다시 세계가 전쟁의 참화에 휩쓸리지 않도록 하자는 취지에서 국제기구 두 개를 만들었다. 바로 유엔과 나토였다. 유엔은 전 세계의 국가를 아우르는 폭넓은 연합체인데 공격이 아닌 방어 및 제재 차원의 전쟁과 전투를 허용하지만 행동을 직접 수행할 역량은 거의 가지고 있지 않았다.

한편 나토는 스탈린과 소련의 위협에 대항하려면 의회 형식의 느슨한 결합만으로는 충분하지 않다고 생각했던 12개국의 연합체로, 적어도 유럽에서는 냉전 기간에 서방과 소련 사이의 무력 충돌을 억제하는 데 중요한 역할을 했다.[12] 그리고 냉전이 끝난 뒤에는 테러와 사이버 보안 등 회원국을 위협하는 다른 영역으로도 관심 분야를 넓혔다.[13] 유럽 연합이 서방 강대국들의 평화를 유지하는 데 더 큰 역할을 했을 수도 있지만, 나토는 동방의 위협에 대해 적절하게 균형을 맞출 수 있는 군사력을 가지고 있었다.

제2차 세계대전 이후 발칸반도를 제외한 유럽 지역에서는 전쟁이 한 차례도 일어나지 않았다. 이것이 순전히 나토 덕분이라고는 할 수 없지만(사실 유럽연합도 결정적으로 중요한 역할을 했다) 그래도 어쨌거나 중요한 역할을 했음은 분명하다. 나토의 성공을 가늠할 수 있는 한 가지 척도는 더 많은 나라가 이 기구에 가입하기를 바란다는 사실이다. 나토의 회원 국은 1949년에 12개국이었지만 2020년에는 30개국이다.[14]

조지 W. 부시 대통령은 "나토는 세계 역사상 가장 성공한 동맹이다. (…) 나토 덕분에 유럽은 하나로 통합되었고 평화를 유지한다"라고 말했다.[15] 오바마 대통령도 연설에서 "이 불안한 세계정세 속에서도 우리가 평화와 안보를 지키고 수십 년 동안 범대서양 관계의 특징이었던 번영을 계속 지킬 수 있었던 것은 나토와 범대서양동맹(Transatlantic Alliance)의 힘 덕분이라고 확신한다"라고 말했다.[16]

나토를 모델로 삼아 보건 버전의 나토를 만들어야 한다. 부유한 나라와 가난한 나라가 모두 회원국으로 가입한 국제기구라면 부유한 나라만으로 구성된 기구와 당연히 다르게 운영되어야 한다. 게다가 보건 관련 문제들은 군사 문제들과 다르다. 그러나 원칙은 동일하다. 팬데믹에 대비하는 일은 군사적인 방어와 똑같이 긴급하게 진행되어야 한다. 효과적인 팬데믹 대비 조직은 회원국이 충분히 시행할 수 있는 일들을 요구해야 한다. 부유한 나라들이 비용을 대부분 부담하겠지만 부유한 나라와 가난한 나라 모두 전염병 감염의 위험을 최소화하고 전염병의 확산을 막는 일에 동의하고 함께 실천해야 한다.

효율적이고 포괄적인 의료 시스템의 구축: 미국의 경우 1

미국은 팬데믹 대비 태세를 강화하기 위해 국내에서 해야 할 행동이 있다. 보건의료 분야의 가장 근본적인 과제는 보건 시스템을 민간 중심에서 공공 중심으로 전환하고, 만성 질환에 초점을 맞춘 의료 연구 예산을 전염병과 관련된 일에 더 많이 배정해서 이 분야에서 더 많은 일이 이뤄지도록 하는 것이다.

코로나19 환자가 처음 서방에 나타났을 때 폐쇄와 격리로 나아갈지, 아니면 전염병이 사람들 사이에서 제 갈 길을 가도록 둘지를 두고 논쟁이 벌어졌다. 이는 논쟁할 만한 가치가 있는 것이었다. 대부분의 부유한 나라는 자연면역이 생길 때까지 버티려면 수많은 사람이 죽는 것을 지켜봐야 하지만 그렇게 할 수 없다면서 재빠르게 봉쇄 결정을 내렸다. 이때 그들이 가졌던 희망은 코로나19가 돌연변이 과정을 거쳐 그다지 위험하지 않은 전염병으로 바뀌면 좋겠다는 것 혹은 효과가 높은 백신이 개발되면 좋겠다는 것이었다.

미래에 코로나19보다 훨씬 더 치명적인 전염병이 나타난다면 사람들은 집단 면역을 놓고 논쟁을 벌이지 않을 것이다. 치사율이 50퍼센트인 전염병을 앞에 둔다면 집단 면역을 주장하는 사람은 더 적어질 것이다. 안전하고 효과적인 백신이 보급되기까지 시간이 얼마나 걸리느냐에 따라 사람들이 견뎌야 하는 고통의 정도가 결정될 것이다.

이와 관련해 좋은 소식과 나쁜 소식이 있다. 좋은 소식은 미국의 제약업체인 모더나(Moderna)와 미국국립보건원(NIH)이 중국 과학자들로부터 2020년 1월 11일에 코로나의 유전자 배열을 제공받은 뒤에 백신을 설계하기 시작했는데, 정확하게 이틀 만에 설계를 끝냈다는 점이다.[17] 나쁜 소식은 그 백신이 검증과 승인 절차를 모두 끝내기까지는 11개월 넘게 걸렸다는 점이다. 모더나는 백신을 만드는 데 25일이 걸렸고 1단계 임상시험을 시작하기까지 42일이 걸렸다. 미국에서 코로나19 환자가 점점 많아지기 시작할 때 이미 백신은 사용 가능한 상태였다. 그렇지만 백신은 임상시험이라는 절차를 거쳐야 했고 8개월이 걸린 그 시험 기간에만 미국인 약 240만 명이 코로나19로 사망했다.[18] 게다가 백신을 전 세계에 배포하는 데도 비록 여러 해까지는 아니더라도 여러 달이 걸렸다. 임상시험 기간에 백신을 더 많이 제조했더라면 승인이 난 뒤에 백신 배포는 훨씬 더 빠르게 이뤄졌을 것이다.

미래의 팬데믹 위험을 줄이기 위한 한 가지 핵심적인 조치는 백신을 개발한 시점과 백신이 실제로 사람들에게 배포되는 시점 사이의 기간을 줄이는 것이다. 이 문제를 해결할 대안으로는 비상시에 사용할 수 있는 추가 생산 공장을 미리 지어두도록 제약회사들에 관련 자금을 지불하는 것인데, 이 지불 방식은 직접 지불도 가능하고 세금공제도 가능하다. 또 다른 대안으로 생각해볼 수 있는 것은 수많은 백신 후보를 동물을 대상으로 미리 시험하는 것이다.

효율적으로 운영되는 제조업 분야의 공장이라면 생산 과정의 모든 단계를 분석해서 낭비 및 비효율성 요인을 찾아낸다. 백신 생산도 마찬가지여야 한다. 어떻게 하면 백신의 생산 및 배포가 조금이라도 빨리 진행될 수 있을지 미국 식품의약국의 임상시험 및 승인 과정을 꼼꼼하게 살펴봐야 한다. 그리고 어떤 자금이 미리 투자되어야 한다면 그렇게 투자해야 한다.

또한 미국은 고위험의 인간-인간 접촉 및 동물-인간 접촉을 줄여야 하고 효과적인 질병 감시 시스템을 구축해야 한다. 또한 발병이 감지되었을 때 내려지는 봉쇄 절차를 개선해야 한다. 많은 나라, 특히 에이즈 바이러스의 확산을 예방한 경험이 있는 나라들과 다르게 미국은 환자가 접촉한 사람이나 장소를 추적하는 데 능숙하지 않다. 이 추적 시스템을 갖추려면 아마도 더 많은 예산이 소요되겠지만 팬데믹에 뒤따르는 비용이나 미국의 통상적인 건강보험 비용에 비하면 지극히 미미한 수준일 것이다.

현재 공중보건 관련 지출은 전체 보건 관련 지출의 2퍼센트밖에 되지 않는다. 이는 정부의 전체 지출에서 차지하는 비율로 따지자면 매우 적다.[19] 미국 전역의 지방정부들이 이 부문의 예산을 조금만 늘려도 전체 예산 지출에 상대적으로 적은 영향을 주면서도 공중보건에 지출되는 금액은 지금보다 몇 배로 늘어날 수 있다. 실제로 공중보건 예산은 2001년의 9.11 테러 이후 몇 년 동안 상당한 수준으로 늘어났다가 다시 줄어들었다.[20]

미국은 공중보건에 필요한 여러 가지 자원을 늘리는 것 외에도 보건 시스템의 다른 측면들을 개선해야 한다. 사람들은 자신이 부담해야 하는 의료비가 무서워서 병원에 가기를 꺼린다. 그런데 우리는 지금 무서운 전염병이 언제 창궐할지 모르는 세상에 살고 있다. 가장 최악의 상황은 본인부담금이 너무 높아서 제대로 진료받지 못하는 것이다.

미국은 전문의는 넘쳐나지만 1차 진료를 담당하는 의사와 병원이 턱없이 부족하다. 사람들이 어떤 전염병에 걸려 1차 진료를 받아야 한다면 의료 시스템은 급격하게 과부하 상태에 빠질 수 있다. 일반적으로 의료 기록은 여러 기관이나 병원 또는 이해 당사자들 사이에 공유되지 않는다. 그래서 어떤 사람이 1차 진료 병원에서 전염성 질병을 진단받았다고 하더라도 이런 사실을 그 지역의 다른 병원 응급실 의사가 알지 못한다. 보건 당국도 의료 기록 열람을 통해 전염병의 동향을 실시간으로 감시할 수 없다.[21]

의료 분야에 개혁이 필요하다는 인식은 어제오늘의 일이 아니다. 실제로 이 책의 공동 저자인 데이비드 커틀러는 이 주제를 놓고 책을 두

권 썼고 논문도 여러 편 썼다.[22] 코로나19 덕분에 보건의료 시스템을 손 봐야 할 필요성에 대한 인식이 한층 강화되었다. 우선순위가 높아져야 하는 영역들도 두드러지게 드러났다. 개인의 의료 정보를 여러 기관이 공유할 수 없다는 사실은 만성 질환자에게는 성가신 일 정도로만 끝날 지 몰라도 전염병이 만연하는 상황에서는 치명적인 결과를 낳을 수 있 다. 앞으로 다가올지 모를 팬데믹을 대비하기 위해 의료 시스템을 재정 비한다는 것은 의료에 대한 관점을 바꾼다는 뜻이다.

게다가 미국은 그렇게나 많은 질병의 원인이 되는 건강 관련 행동을 더 심각하게 다룰 필요가 있다. 우리 저자들은 자유지상주의자다. 그래 서 우리는 사람들이 자기가 무엇을 하고 있는지 알고 있고, 자기가 한 선택이 사람들에게 해를 끼치지 않는다는 걸 안다면 자유롭게 선택하 고 행동할 수 있어야 한다고 믿는다. 그러나 코로나19는 어떤 사람의 선택이 다른 사람들에게 해를 끼치는 방식으로 진행되는 외부적 피해 가 생각보다 컸다. 비만, 흡연, 안전하지 않은 성행위, 불법 약물 사용 등 은 모두 전염병 확산에 기여했다.[23]

미국에서 지난 몇 년 동안 비만을 줄이는 활동이 효과적으로 이뤄졌 더라면 코로나19 사망자가 그렇게나 많이 발생하지는 않았을 것이다. 사람들이 전염병 확산과 관련된 제품에 중독되도록 조장했던 담배 회 사와 식품 회사, 제약회사는 모두 우리의 건강을 위태롭게 만든다. 그 런데 안타깝게도 공중보건을 보호하기 위한 규제와 처벌은 미미하기만 하다. 교육도 중요하다. 학력이 높은 사람일수록 건강한 행동을 하는데, 이는 학교가 단지 경제적·사회적 상향 이동뿐만 아니라 질병으로부터 의 보호라는 측면에서도 중요한 역할을 하기 때문이다.

건강한 도시를 위한 아폴로 프로그램: 미국의 경우 2

앞에서 우리는 건강 문제를 직접적으로 다루는 정책 개혁에 초점을 맞춰 살펴보았다. 여기서는 사람들을 더 건강하게 만들고 도시들을 강화하는 비의료적인 정책을 살펴보자.

코로나19는 이미 이런저런 문제가 많이 쌓여 있던 곳에 가장 큰 피해를 주었다. 예를 들면 많은 학생에게 제대로 된 교육을 하지 못했던 도시의 학교들이 그랬다. 지난 몇 년 동안 미국에서 학생들의 성적은 계속해서 나빠졌다.[24] 몇몇 보고서가 지적했듯이 로스앤젤레스와 보스턴의 아이들 10분의 1 이상이 2020년에 온라인 비대면 수업에서 배워야 할 것들을 제대로 배우지 못하고 낙제한다면 또 하나의 잃어버린 세대가 나타날 수 있다(‘잃어버린 세대’는 일반적으로 제1차 세계대전 후에 환멸을 느낀 미국의 지식층 및 예술파 청년들을 가리키는 명칭이다 – 옮긴이).[25] 이런 혼란스러운 양상은 전 세계의 학교교육을 개선하는 것이 얼마나 긴급한 과제인지 말해준다.

우리 저자들은 사람에 투자하는 것이 중요하다고 믿는다. 태아 이전 단계부터 사망에 이르기까지, 유치원에서 대학원에 이르기까지 모든 사람에게 투자하는 것이 중요하다고 믿는다. 그러나 가장 중요한 보건 관련 교육 투자는 가장 가난한 지역을 우선으로 이뤄져야 한다. 너무 많은 미국인이(영국인과 스페인인도 마찬가지다) 경제적, 사회적으로 뒤처져 있다. 이들이 배제되고 단절되면 세상은 그들의 기술과 아이디어를 그만큼 잃는 셈이다.

어떤 개인이 경제적인 생산 능력 부족으로 고통을 받으면 사회 전체가 손해를 본다. 그들이 벌지 못한 소득을 손해 보고, 그들이 내지 못한 세금을 손해 본다. 그들이 건강하게 살아남아 가치를 생산할 수 있도록 지원해야 한다. 그렇게 하지 않을 때 그들은 건강보험을 포함한 우리 사회의 의료 시스템에 부담을 줄 수 있다. 심지어 그들은 전염병의 잠재적인 원천이기도 하다.

부유한 나라들에서 교육은 국가적인 차원에서 진행되어야 하는 사업이다. 그러나 미국에서는 학교교육이 지역정부 소관이다. 미국의 학부모는 지역 차원에서 관리되고 운영되는 교육구에 속한 학교에 자녀를 보내고 싶어 한다. 그러나 이런 지역 차원의 교육은 불행한 부작용을 초래한다. 성적이 좋지 않은 교육구의 학교에 다니는 저소득층 아이들이 나중에 성장해서도 빈곤에서 벗어나지 못한다는 게 그런 부작용이다. 결손가정에서 성장하면서 공부해야 하는 이유를 알지 못하는 아이들이 널려 있는 가난한 동네의 학교에서 아이를 가르치는 일이 훨씬 어렵다는 것은 모든 교육자가 다 안다. 이처럼 현재의 교육 시스템은 매우 취약하다. 도저히 그냥 둘 수 없을 정도로 취약하다. 도시에 사는 아이들에게 도움이 절실하게 필요하다.

국가가 나서서 모든 아이에게 힘을 주고 북돋워줘야 하는 이유가 무엇일까? 첫째, 미국의 청소년에게 필요한 대규모 투자를 할 수 있는 여력은 오로지 연방정부만이 가지고 있기 때문이다. 둘째, 아이들에게 기회를 제공하기 위한 우리 시대의 아폴로 프로그램(Apollo Program, 1961~1972년까지 미국 항공우주국의 주도로 이뤄진 미국의 유인 달 탐사 계획이다 – 옮긴이)은 새로운 해결책을 찾아내는 우리의 역량에 달려 있으며, 그렇게 할 수 있으면 전국적으로 연결된 실험의 연결망이 필요하기 때문이다. 셋째, 개별 지역들로서는 사회적인 정의를 실천하는 정책을 개발해서 실행할 수 없기 때문이다. 지방정부가 부유한 사람의 지갑을 털어서 가난한 사람에게 기부하겠다고 나서면 부유한 사람은 모두 그 지역을 떠나버릴 것이다.

가난한 아이들이 기술을 익히도록 투자하는 것은 경제적 역동성을 파괴하지 않고서도 더 정의로운 사회를 만드는 방법이며 실현 가능성이 가장 큰 방법이기도 하다. 이런 일을 할 수 있는 주체는 국가다.

그런데 문제는 우리가 마셜 플랜 때나 메디케어의 경우처럼 큰돈을 쓸 수 없다는 점이다. 학교 예산 관련 자료로 얻을 수 있었던 교훈은 돈만으로는 문제를 해결할 수 없다는 것이었다. 지난 20년 동안 교육 분야에서 연방정부가 가장 중요하게 개입했던 것은 아동낙오방지법인데,[26] 이는 연방정부가 예산을 조금 더 지원해서 지방정부의 강력한 정책 추진을 유도하자는 것이었다. 즉 이 계획은 적절한 인센티브와 자원이 있으면 해당 교육구에서 스스로 문제를 해결할 것이라는 표준적인 경제 논리를 따랐다. 그러나 전체적으로는 도움이 되었을 수도 있지만 미국 사회의 불평등을 뿌리 뽑지는 못했다.

혁신적인 교육 계획을 제시하면 거기에 따라 연방정부가 지원금을 제공하겠다고 했던 오바마 정부의 '정상을 향한 경주'도 마찬가지다. 이 프로젝트는 제한된 금액의 연방정부 예산으로 기대하는 결과를 이끌어 낼 좋은 방법이었다. 그러나 이 프로젝트의 토너먼트식 구조가 교육 혁신에 보상을 제공하는 좋은 모델이긴 하지만 장기적인 제도 개혁을 지원하는 것은 아니었다.

2020년에 미국은 급여보장 프로그램(Paycheck Protection Program)을 통해서 소규모 기업들에 6,490억 달러를 대출해주었지만[27] 그 예산의 많은 부분이 낭비되는 것은 막지 못했다. 우리는 제대로 훈련받지 못한 어른의 수를 줄이기 위해 해마다 1,000억 달러 예산을 더 지출하고 있다. 미국 항공우주국이 달 착륙을 위해 지출한 예산은 1966년에 거의 60억 달러로 역대 최대치를 기록했는데 이를 2020년 화폐가치로 환산하면 450억 달러다.[28] 그 금액은 당시 미국 정부 예산의 거의 5퍼센트나 되었다. 만약 우리가 미국 정부 예산의 5퍼센트를 '기회를 위한 아폴로 프로그램'에 쓴다면 이 금액은 2,500억 달러가 넘을 것이다.

우리 저자들의 동료 교수인 너새니얼 헨드런과 벤저민 스프링카이저(Benjamin Sprung-Keyser)의 연구가 입증했듯이, 아이들에게 투자하는 것은 장기적으로 볼 때 저절로 돈을 벌어들이는 상당히 가치 있는 투자다.[29] 헨드런과 스프링카이저는 교육에 대한 투자가 높은 세수 및 낮은 사회 프로그램 경비 덕분에 비용을 상쇄한다는 것을 입증했다. 미래에도 이런 일이 일어나지 않을 이유는 없다. 그리고 교육 투자는 팬데믹 위험을 줄여준다.

교육에 대한 연방정부 예산 지출이 1,000억 달러 늘어나면 교육부 예산이 세 배로 늘어나는데[30] 이는 연방정부 차원에서는 혁명적이지만 교실에서는 그렇지 않다. 주정부를 포함한 지방정부는 2017년에 학교에 6,600억 달러 예산을 지출했다. 학교에 대한 총지출을 15퍼센트 늘릴 때 그리고 이 예산이 정말 효과적으로 지출될 때만 교육 분야에서의 판도가 바뀔 수 있다.

현재 상황에서 미국 학교에 1,000억 달러를 들여 학교를 엄청나게 발전시킬 방안은 그 어떤 경제학자나 교육자도 알지 못한다. 테네시에서 실시되었던 획기적인 실험을 통해 학급의 규모가 작을수록 학생의 성적이 향상된다는 사실이 입증되었다.[31] 그러나 이 실험으로 추정한 효과는 미미한 데 비해 비용은 많이 들었다. 몇몇 차터 스쿨은 특히 문제가 있는 도시 지역에서 성적을 올리는 데 큰 역할을 했지만 장기적인 소득에 미치는 영향에 대해서는 여전히 결론이 나지 않았다.[32] 우수한 교사들은 학생들의 성적 향상에 큰 차이를 만들어내고[33] 교장은 그럴듯한 통계수치 없이도 그런 교사를 식별하는 방법을 잘 안다.[34]

하지만 이 중 어떤 것도 완벽한 계획은 아니다. 우리가 교육 계획에서 마셜 플랜보다는 아폴로 프로그램을 요구하는 이유도 바로 여기에 있다. 인류가 우주 프로그램을 처음 시작할 때는 사람을 달에 보내는 방법을 알지 못했다. 사실 사람을 안전하게 궤도에 진입시키는 방법조차 몰랐다. 그랬기에 배우는 일부터 해야 했다. 교육에서도 마찬가지다. 겸손하게 배우는 것에서부터 시작해야 한다.

맨 처음 시작할 곳들은 분명히 있다. 몇몇 차터 스쿨이 좋은 성과를 냈다. 일대일 교습은 교실에서 이뤄지는 통상적인 교습보다 훨씬 효과적이다. 새로운 교육 모델은 전자 교본과 개인별 맞춤식 교습을 결합할 수 있다. 앞서 9장에서 우리는 현재의 교육 모델들을 휘감고 있는 직업 훈련, 즉 경쟁 방식으로 외주화(아웃소싱)된 직업 훈련을 살펴봤다.

이런 여러 가지 방안들은 교육 실험에 예산을 지출하기에 적합하며 바로 이런 것들에서부터 시작할 수 있다. 이런 것들을 꼭 필요로 하는 모든 아이는 어떤 형태로든 추가 교육이라는 지원을 받아야 한다. 아이들은 그 교육을 학교에서 받을 수도 있고, 자기 집에서 받을 수도 있다. 지원은 여러 가지 실험의 연장선에서 진행할 수 있다. 이렇게 할 때 비로소 우리는 어떤 새로운 프로그램이 성적 및 다른 여러 결과에 가장 큰 영향을 미치는지 알 수 있을 것이다.

무엇이 효과적인지 알아가면서 해당 사업 혹은 프로그램의 규모를 점진적으로 늘려가면 된다. 그리고 모든 시점 및 단계에서 평가를 계속해야 한다. 효과가 나지 않는 사업이나 프로그램은 규모를 줄여야 한다.

실험을 진행하는 것부터 시작한 다음 지속적인 학습이 가능한 행정 시스템을 마련해야 한다. 그리고 주어진 자원을 효과적으로 사용하는 방법을 지속적으로 파악해야 한다. 예산을 현명하게 지출하는 방법을 배우고 난 다음 규모를 늘려 더 큰 사업이나 프로그램에 예산을 지출해야 한다.

우리는 방금 미국 정부가 수십 년 동안 전혀 시도하지 않았던 모델을 설명했다. 하지만 사실 이것은 민간 부문에서 기업과 산업이 작동하는 방식이다. 기업들은 저마다 신제품을 끊임없이 테스트한다. 실리콘밸리의 기술 기업들은 오전에 어떤 실험을 상상하고 오후에 그 실험을 실행한다. 결과는 다음 날 확인한다. 회사들은 자사 제품이 인기가 있음이 증명되면 곧 시장을 넓히고 광고를 추가한다. 그렇지만 어떤 제품이 잘 먹히지 않으면 곧바로 생산을 중단한다. 엄청나게 많은 사람과 기계가 새로운 것을 개발하고 생산하고 마케팅하기 위해 동원되며 그 뒤에 인적·물적 자원들은 다시 다른 곳으로 재배치된다.

정부도 이렇게 할 수 있다. 과거에도 그랬고, 특히 제2차 세계대전 때 그랬다. 당시 연합군의 능력에는 방대한 자원뿐 아니라 개별 야전사령관의 재량권도 포함되어 있었다. 과학 분야에서도 마찬가지였는데 원자력의 가능성을 파헤친 연구도 그렇게 진행되었다. 1944년 6월 6일의 노르망디 상륙작전도 오랜 기간에 걸친 훈련과 준비가 있었기에 성공할 수 있었다. 조지 마셜(George Marshall)은 그 작전의 한가운데 있었으며 나중에 마셜 플랜을 제창하고 유럽으로 막대한 규모의 지원금을 보낼 때도 역사의 한가운데에 서 있었다. 마셜 플랜에 대해서는 아무래도 따로 이야기해야 할 것 같다.

도시의 취약 계층을 줄이고 기회를 늘려라: 국가와 도시의 경우 1

주정부를 포함해 지방정부가 기회를 늘리고 취약성을 줄이려면 굳이 연방정부의 지원을 기다릴 필요가 없다. 특히 취약 계층의 기술 습득을 개선하고자 하는 지방정부 차원의 탈중심적인 정책은 '인적 자본을 위한 아폴로 프로그램'의 필수적인 보완물이다. 주와 도시는 창업 규제나 면허와 관련된 법률적인 장애물을 제거함으로써 소기업의 기업가정신이 발휘될 수 있도록 힘을 실어줄 수 있다. 주정부는 가난한 사람들이 부유한 지역으로 이주하는 것을 가로막는 건물 및 토지 사용에 대한 과도한 규제를 바로잡을 수 있다. 지방정부는 단 1달러도 쓰지 않고 개인과 기업이 번영할 수 있는 자유를 더 많이 창출할 수 있다.

미국의 지방정부는 아이들에게 교육을 제공한다. 또 각급 학교와 커뮤니티 칼리지를 책임지고 운영한다. 따라서 교육 결과를 개선하고자 한다면 주와 도시가 그 과정에서 앞장서야 한다. 미국이 코로나19와 싸울 때 저질렀던 큰 실수는 객관적인 사실에 근거하지 않은 채 정책을 만들었다는 점이다. 뉴질랜드가 코로나19와의 싸움에서 성공한 이유는 무증상자들 사이에서 질병이 확산하는 경로를 추적하는 데 자원을 투입했기 때문이다.[35]

모든 주는 연방정부의 조정 및 자료 지원을 토대로 교육을 혁신하고 그 혁신이 미친 영향을 측정하는 일에 전념해야 한다. 학교와 교사가 날마다 새로운 것을 시도하지만 평가 과정을 거치지 않는 한 도시와 주는 아무것도 배우지 않는 셈이 된다. 평가 없이 혁신만 이어갈 때 우리는 학습 능력을 잃어버리고 만다. 사실 혁신이 가져다주는 이득의 99퍼센트는 학습을 통해 창출된다. 코로나19 백신에 대한 연구는 성공으로 이어진 진지한 노력이었다. 빈곤 문제를 해결한 더 나은 치료법을 찾는 것도 그만큼 진지해야 한다.

커뮤니티 칼리지는 도전과 기회라는 두 가지 과제를 동시에 담고 있다. 커뮤니티 칼리지 시스템은 오늘날 끔찍한 자금 부족에 시달리고 있다. 커뮤니티 칼리지의 교수들은 고등학교에서 기초 기술을 배우지 않은 수백만 명의 학생들을 가르치려고 노력한다. 빠르고 손쉬운 해결책은 없지만 고등학교보다 커뮤니티 칼리지에서 적절한 프로그램을 적절하게 운용할 여지가 더 많다. 여기서는 새로운 강좌를 개설할 수도 있고 기존 강좌를 없앨 수도 있다. 절반 이상의 학생들이 시간제 교수진으로부터 교육을 받는데 이 교수들은 종신 재직권을 가지고 있지 않아서 승진할 수도 있고 해고될 수도 있다.[36] 실험적인 교육 형태와 관련된 정치적 어려움은 이 학교에 등록한 나이 많은 학생들에게서 상대적으로 적게 나타난다.

성공적인 커뮤니티 칼리지들은 흔히 해당 지역에 있는 기업들과 손을 잡고 졸업 후 일자리를 찾을 학생들을 배출한다. 예를 들면 지멘스는 노스캐롤라이나의 샬럿에 있는 센트럴 피에몬트 커뮤니티 칼리지와 손잡고 여기서 메카트로닉스(mechatronics, 기계공학과 전자공학의 복합 기술 – 옮긴이) 강좌를 들은 학생들에게 도제식 실습 기회를 제공한다.[37] 지멘스는 이 도제 제도를 유용하고도 손쉽게 활용하는데 그 강좌가 "지멘스 메카트로닉스 시스템 인증 프로그램'으로 인증을 받은 핵심적인 인력이 내용을 조정하는 과정을 미리 거쳤기"때문이다.[38]

청년 노동자를 위한 직업 훈련은 지역 경제와 더 잘 통합될 수 있다. 앞에서 우리는 실험적인 직업 훈련의 가치를 강조했다. 숙련된 노동자가 필요한 회사와 손잡고 직업 훈련 프로그램을 개발한다면 금상첨화

일 것이다. 어떤 경우는 그런 회사가 직접 나서서 기술을 가르치고자 할 수도 있다. 또 어떤 경우는 그 교육을 외주화(아웃소싱)하는 것이 더 나을 수도 있다.

한 가지 모델은 지역 일자리 창출에 힘을 실어주기 위해 직업 훈련 프로그램을 다른 대규모 프로젝트와 연동시켜서 운영하는 방식이다. 2010년대 상반기에 에드워드 글레이저는 보스턴에서도 상대적으로 가난한 지역을 대상으로 기업가정신 구역(entrepreneurship district)을 설계하는 어떤 위원회를 공동으로 이끌었다. 이는 보스턴 해안가에 생겨난 멋들어진 혁신 구역의 후광을 빌려 좀 더 포괄적인 버전을 만들고자 하는 것이었다. 지정되어 있던 공동의 혁신 공간은 그 직업 훈련 모델의 한 부분이었으며 수변 지역에서 커다란 성공을 거두었던 디스트릭트 홀(District Hall)을 기반으로 했다.[39] 록스베리 혁신센터(Roxbury Innovation Center)도 그와 비슷한 경험을 제공할 목적으로 보스턴 중심부에 만들어졌다.

또 다른 모델은 지역에 있는 기관들과 손잡고 직업 훈련 기회를 늘리는 것이다. 매디슨 파크 직업기술학교는 록스베리 혁신센터와 인접해 있으며 록스베리 커뮤니티 칼리지도 인근에 있다. 심지어 노스이스턴대학교도 걸어서 갈 수 있는 거리에 있다. 노스이스턴대학교는 과거 YMCA 야학에서 시작해서 정규 대학으로까지 변신했는데 이 과정에서 '실습과 훈련 프로그램'이 큰 역할을 했다.[40] 도시 저소득 가구의 아이들이 겪는 여러 어려움 중 하나는 도시 전체로부터 고립될 수 있다는 점이다. 그렇기에 도시에 있는 그 기관들을 이 아이들과 연결하는 것이야말로 보스턴의 창의적인 경제를 북돋는 길이라고 할 수 있다.

그러나 그 기업가정신 지구에는 '원스톱 허가제'라는 세 번째 요소도 있다. 매사추세츠주 데븐스에서 단 한 차례의 창업 허가만으로 창업을 손쉽게 할 수 있는 것처럼, 영국의 리버풀과 시카고의 사우스 사이드, 리우데자네이루의 빈민가에서도 원스톱 허가제를 시행할 수 있다. 어떤 기관이 창업의 모든 과정을 대행해서 처리한다면 허가가 지연될 때 그 기관에게 책임을 묻기가 한층 쉬워진다.

미국 경제가 코로나19 때문에 움츠러들었다가 다시 일어서고 있는 이 시점에 신속한 허가는 특히 중요하다. 수많은 회사가 문을 닫았다. 그리고 이제 새로운 회사가 그 자리를 대신할 것이다. 이 과정에는 허가 절차가 필요한데 이때 복잡한 규제가 경제의 회복을 방해하도록 두어서는 안 된다. 만약 우리가 몇몇 주요 도시에서 창업을 지원하는 긴급 패스트 트랙(fast track, 법안이나 정책을 신속하게 처리하게 하는 제도 – 옮긴이)을 시작한다면 이 사례들은 미래에 모든 곳에서 가동될 패스트 트랙의 모델이 될 것이다.

또한 우리는 신규 주택에 대한 규제 절차를 재고할 필요가 있다. 미국에서 주택은 너무 비싸다. 미국인이 주거지로 가장 선호하는 지역, 특히 캘리포니아 같은 해안 지역은 신규 주택이나 건물의 공급을 법률적으로 제한한다. 일부 대도시에서는 지역 차원의 개혁 욕구가 꿈틀거리고 있다. 대도시의 시장은 종종 대규모 건설 사업에 동반되는 일자리와 세금과 경제 활동을 반긴다. 그래서 그들은 지역사회가 반대해도 새로운 건설 사업을 추진하곤 한다.

그러나 교외 지역의 주택 소유자들은 결코 자기들이 먼저 나서서 개발하려고 들지 않으며 그런 개발 시도가 있다고 하더라도 찬성하지 않는다. 사람들이 적정한 가격에 주택을 살 수 있다는 것은 주택 소유자의 중요한 자산인 주택의 가치가 줄어든다는 뜻이기 때문이다.

이런 지역사회를 바꿔놓으려면 국가가 나서서 행동해야 한다. 미국에서는 주택이나 건물의 신축을 직접 규제하는 주체가 지방정부지만 지방정부의 권한은 기본적으로 주정부가 결정한다. 캘리포니아 주의회는 과거에 여러 차례에 걸쳐 지방정부가 원하는 모든 것을 차단하기 직전까지 갔다. 매사추세츠는 주택건설업자가 가격이 싼 주택을 지을 때 지방정부가 개입하는 지역 차원의 규제를 건너뛸 수 있게 해주는 '저렴 주택공급 의제처리법(Chapter 40B)'을[41] 이미 1969년에 마련해두었다. 임금 수준이 높은 지역에 집을 더 많이 지어야 사람들이 지역과 지역 사이를 더 쉽게 이동할 수 있어서 더 많은 미국인이 더 많은 임금을 받을 수 있다. 따라서 주의회가 직접 나서서 지방정부가 주택건설업자들에게 지운 무거운 부담을 덜어줘야 한다.

효과적이고 균형 잡힌 형사 사법 제도의 필요성: 국가와 도시의 경우 2

형사 사법 개혁은 그 자체로 중요한 공공재다. 이는 또한 팬데믹과도 관련이 있다. 교도소에 수감자가 빽빽하게 들어차 있을 때는 전염병이 쉽게 확산되고, 경찰의 폭력에 반대하는 시위가 크거나 잦아질수록 전염 가능성이 커지기 때문이다. 주정부는 지나치게 많은 사람을 교도소에 가두는 현재의 관련 법률들을 재고해야 한다. 모든 시민의 생명과 존엄성을 존중하지 않는 현재 경찰의 조직 및 제도를 개혁해야 한다.

두 경우 모두 개혁을 시도할 때 1970~1980년대에 넘쳐나던 범죄의 물결로 퇴보하지 않도록 정밀하게 조정해야 한다. 치안 활동은 재량적인 공공서비스가 아니다. 효과적인 법 집행은 도시가 생존하는 데 필수적인 요소다. 질서가 무너지면 취약 계층이 누구보다도 먼저, 크게 고통받는다. 1991년에 살인 사건 피해자는 백인이 10만 명당 5.5명꼴이었지만 아프리카계 미국인은 10만 명당 39.3명이었다.[42]

경찰 개혁에는 여러 해에 걸쳐 노력과 비용이 많이 들겠지만 주정부가 몇몇 범죄에 대해 처벌 수위를 바꾸겠다고 결정하기만 하면 해당 범죄 용의자의 형량은 얼마든지 바뀔 수 있다. 그러나 범죄자의 형기가 길 때 발생하는 이익이 그 범죄자를 교도소에 수감할 때 드는 비용보다 커야만 현명한 선고가 될 수 있다. 징역형은 범죄를 억제하고 범죄자를 무력하게 만든다.

그러나 마약 거래상에게 종신형과 같은 극도로 긴 형량이 범죄를 더 강력하게 억지한다는 증거는 거의 없다. 막 성인이 된 19세 청소년이 45년형을 받든, 50년 형을 받든 무슨 차이가 있겠는가? 그러나 5년이라는 추가 형기는 나이가 많은 범죄자뿐만 아니라 제도 자체에 엄청난 비용을 지운다. 게다가 사람들은 변한다. 60세 노인 가운데 20세에 했던 것과 똑같은 위험한 짓을 사회나 자신에게 저지르려는 사람이 도대체 몇 명이나 있을까?

매우 긴 형기의 효력은 다이앤 발라시오테스를 살해한 범죄자처럼 아주 극단적인 사건에서만 나타날 수 있다. 우리는 우리를 진정으로 위협하는 범죄자들만을 표적으로 삼아야 하며 그렇지 않은 범죄자들은 갱생의 길을 걸어 삶을 다시 시작하도록 길을 터줘야 한다. 이것이 진정으로 똑똑한 해결책이다. 상습적인 폭력적 성범죄자와 상습적인 마리화나 흡연자를 구분하는 법률 체계를 갖춰야 한다.

물론 잘못된 행동을 예방하기 위해서는 범법자를 처벌하는 게 필요하다. 폭력적인 범죄자를 처벌하는 방법은 교도소에 집어넣는 것이다. 그러나 폭력적이지 않은 범죄자를 처벌하는 방법은 달라야 한다. 수익이 창출되는 벌금형이 비용이 발생하는 징역형보다 훨씬 효율적이다. 따라서 사회봉사를 포함해 징역형 이외에 모든 형태의 처벌에 대해 더 긍정적으로 생각해야 한다.

경찰 개혁은 꼭 필요하지만 이 개혁을 완수하기란 정말 어렵다. 그러나 우리 저자들은 쉽게 접근할 수 있는 몇 가지 간단한 방법을 제안했다. 지역사회가 경험하는 경찰 활동에 대한 평가를 외부의 독립적인 주체가 하는 것, 범죄 및 일반 시민의 평가를 두 가지 측면에서 경찰 조직을 판단하는 것, 경찰 조직 책임자에게 변혁적인 변화를 이끌어낼 권한을 부여하는 것 등이다. 우리 저자들이 생각하는 접근법의 기본적인 원칙은 효과적인 관리자를 고용하는 것과 지역사회 구성원을 존중하고 존엄하게 대하는 것에 따라 성공과 실패가 갈리는 합리적인 기준을 제공하는 것이다.

그러나 안타깝게도 책임자들에게 자원을 추가로 제공하지 않고서는 그들이 추가로 설정된 목표를 달성하길 기대할 수 없다. 치안에 대한 포괄적인 전망이 실현되려면 그만큼 더 많은 예산이 필요하다. 그리고 이런 시스템 안에서 시 혹은 경찰의 책임자는 현재 경찰이 수행하는 몇몇 서비스들을 비무장 긴급구조대원에게 이전하는 실험을 해볼 수도 있다. 이런 식의 조직 변화가 지역사회에 더 나은 경험을 제공할 수도 있고 그렇지 않을 수도 있다. 결과는 오로지 경험과 실험을 통해서만 확인할 수 있다.

또한 지역사회의 여러 조직이나 단체를 대상으로 경찰과 협력해서 범죄 예방 활동에 나서도록 장려해야 한다. 이렇게 해야 하는 이유는 널려 있다. 도시는 지역사회의 역량 있는 조직이나 단체에 예산을 지원하는 이런저런 실험을 해야 한다. 적어도 그런 예산 지원이 공정하게 이뤄지는지 평가할 수 있는 체계가 마련되어 있다면 말이다. 좋은 지역사회는 경찰의 보호를 받는 만큼이나 스스로 나서서 자기를 보호한다.

끊임없이 배우고, 가르치고, 주변을 돌아보라

팬데믹이 우리가 사는 세상을 덮쳤던 2020년은 끔찍했다. 다른 사람과 어울리는 기회를 잃어버린다는 것이 무엇인지 우리는 똑똑하게 배웠다. 이런 일이 다시 일어나서는 안 된다. 모두가 겸손한 자세로 배움으로써 사회의 공동 목표를 위해 협력함으로써 우리가 사는 세상을 미래의 팬데믹 위험으로부터 지켜야 한다.

이렇게 할 수 있다면 보건 및 교육 시스템과 정부 시스템을 개선하는 데 힘을 보탤 수 있다. 심지어 돈이나 전문 지식이 없는 사람도 똑똑한 유권자가 될 수 있으며 나아가 보건 분야나 교육 분야의 시민운동 활동가가 될 수도 있다. 우리가 비록 평범한 사람이라고 해도 더 나은 공공서비스를 제공하려고 노력하는 정치인, 질병 억제를 위해 노력하는 정치인을 위해 투표권을 행사할 수 있다.

불행한 일이지만 다른 많은 나라와 마찬가지로 미국에서도 정치적 부족주의(political tribalism)가 생겨나서 더 효과적인 공공 부문을 탐구하겠다는 시도나 열정을 잠식하고 방해해왔다. 미국인은 40년 동안이나 큰 정부가 좋으냐 작은 정부가 좋으냐를 놓고 갑론을박을 이어왔다. 하지만 정말 중요한 문제는 어떻게 하면 '더 나은 정부'를 만들 수 있을까 하는 점이다. 뉴질랜드와 한국, 독일 정부는 미국보다 코로나19 팬데믹에 훨씬 효과적으로 대처했다. 이 나라들은 자원이 절대적으로 부족하지는 않지만 적어도 미국만큼 부유하지는 않다. 그러니 미국이 세계에서 가장 강력한 공공 부문을 구축하지 못할 이유가 없다. 제2차 세계대전 이후 미국은 군사 및 우주 분야에서 위대한 일들을 성취하지 않았던가 말이다.

우리 저자들은 이 책에서 개인을 표적으로 삼는 공격을 일부러 하지 않았다. 어떤 잘못의 책임을 개인에게 물을 때 해당 분야의 시스템 자체가 잘못되었다는 논점이 흐려질 수 있기 때문이다. 몇몇 지도자가 형편없을 정도로 잘못했음은 분명한 사실이지만, 우리가 사는 세상이 안전할 수 있으려면 가장 높은 자리에 있는 지도자를 바꾸는 것만이 아니라 그 이상의 노력과 실천이 필요하다. 나아가 전 세계는 분노와 증오에서 한 걸음 뒤로 물러서서 사람들이 서로에게 얼마나 많은 것을 의존하는지 깨달을 필요가 있다.

우리는 몇 달 동안 격리되고 고립되었던 경험을 통해 사람이 혼자 떨어져서 존재하기란 무척 어려우며 서로 연결되어 있다는 것이 얼마나 소중한 것인지 깨달았다. 그러니 너나없이 모두 소중한 사람들에게, 주변의 낯선 사람들에게 더 많이 헌신해야 한다. 모두가 서로 연결된 가족임을 기억해야 한다. 우리는 새로 만나는 사람 하나하나가 모두 전염의 원천일 수도 있었던 세월을 통과해 지금까지 왔다. 그 위험이 줄어든 지금, 새로 만나는 사람 하나하나가 모두 기쁨의 원천이며 모든 도시가 희망의 장소이자 인류 공동의 힘이 모인 장소임을 기억하자.

감사의 말

이 책을 마치기까지 여덟 달이 걸렸다. 아니, 30년이 걸렸다. 이제 와 새 삼스럽게 깨달은 사실이지만 이 책은 우리 저자들이 내용과 관련해서 직접적으로 소통했던 사람들뿐만 아니라 도시 및 보건 문제를 올바로 파악하도록 수십 년에 걸쳐 우리를 도와준 수많은 친구와 동료, 학생들 덕분에 지금의 모습으로 독자를 만날 수 있게 되었다.

편집장인 스콧 모이어스에게 가장 먼저 고맙다는 인사를 해야 할 것 같다. 그는 큰 그림을 바라볼 줄 알 뿐만 아니라 아주 세부적인 사항까 지 꼼꼼하게 들여다보는 사람이다. 그는 우리가 팬데믹 너머를 바라보 고 도시의 삶이 맞닥뜨리는 더 큰 과제들에 초점을 맞추도록 우리를 자 극하고 등을 떠밀었다. 또한 이《도시의 생존》프로젝트를 전체적으로 감독하며 날카로운 통찰과 부드러운 유머를 잊지 않았던 앤 고도프에 게도 고맙다는 인사를 하고 싶다.

영국의 편집자 세라 카로에게도 똑같은 인사를 하고 싶다. 그녀는 현 명한 조언과 예리한 메모로 우리를 도왔으며 이 책이 미국에 국한되지 않는 국제적인 메시지를 담을 수 있게 해주었다. 또한 19세기에 런던의 위생 시스템을 구축했던 조지프 배젤제트를 통해 우리가 공중보건에 대한 탈중심적인 미국의 접근법과 중앙집중화된 영국의 접근법이 어떤 차이가 있는지 더 잘 이해하도록 도왔다. 이 원고를 쓰고 있는 지금 우리는 영국에서 백신이 빠르게 배포되는 모습을 부러운 눈으로 바라보고 있다.

수잰 글럭은 이 책과 관련된 모든 것이 이뤄지도록 만들었다. 그녀는 우리의 출판 대리인으로 출판업계라는 어려운 세상을 우리가 무사히 걸어서 여기까지 오도록 멋지게 안내해주었다. 정말 고맙다.

이 책의 원고가 완성되기까지 멋진 연구조교 네 명이 우리와 함께했다. 매들린 키치, 스라비야 쿠치보틀라, 지미 린, 제시카 우에게 감사의 말을 전한다. 이들은 주(註)를 정리했으며 우리가 했던 많은 실수를 바로잡았다. 겨울방학을 반납하고 이 작업에 함께해줘서 무척 고맙다. 수전 반헤케는 훌륭한 교열자였는데 그녀가 보여준 꼼꼼한 보살핌을 우리가 무척 고마워한다는 사실을 알아주면 좋겠다.

자코모 폰제토, 차치 라즈, 안드레이 슈라이퍼, 래리 서머스가 보내준 폭넓은 코멘트는 이 책에 커다란 도움이 되었다. 특히 흑사병을 다룬 내용은 차치에게서 많은 도움을 받았다. 자코모는 우리가 유럽적인 시각을 강화하도록 도움을 주었다. 안드레이는 지난 30년 동안 우리에게 늘 그랬듯이 어떤 주제나 쟁점이 가장 중요한지 명확하게 가르쳐주었다. 래리는 우리에게 의견이 무엇인지 분명히 밝히라고 했는데 이 지적은 정말로 큰 도움이 되었다. 모두 고맙다.

우리는 수십 년 동안 수많은 동료에게서 많은 것을 배웠다. 특히 클라우디아 골딘과 래리 캐츠에게 고마운 마음을 전하고 싶다. 두 사람의 지적인 흔적이 이 책 곳곳에 묻어 있다. 또한 하버드대학교의 응용미시경제학 동료들에게도 고마운 마음을 전한다. 라즈 체티, 롤런드 프라이어, 네이선 헨드런, 제프리 미론, 어맨다 팔라이스, 스테파니 스탄체바가 그들이다. 사회계층의 상향 이동을 다룬 체티와 헨드런의 논문은 이 책을 구성하는 데 큰 도움이 되었다. 인종과 치안을 주제로 다룬 프라이어의 논문도 마찬가지였다. 이들 중 보건 전문가나 도시경제학자라는 공식적인 직함을 가진 사람은 아무도 없지만 하나같이 재능이 넘치는 훌륭한 학자들이다.

하버드대학교의 연구자들 중에서도 보건 정책 분야의 커뮤니티는 매우 탁월한데 우리는 그들 모두에게 고맙다는 인사를 하고 싶다. 특히 지난 몇 년 동안 많은 대화를 나누었던 경제학자 아미타브 찬드라, 리모어 대프니, 리처드 프랭크, 롭 허크먼, 톰 맥과이어, 조 뉴하우스에게 감사한다. 또 하버드대학교의 우리 공동체에 다시 합류한 마르셀라 알산에게 고맙다는 말을 전한다.

한편 우리는 팬데믹의 경제학적 경로를 함께 공부했던 동료들에게서 많은 도움을 받았다. 알렉스 바틱, 조 컬렌, 케이틀린 고백, 마이크 루카, 스티븐 레딩, 크리스 스탠턴이 그들이다. 그들이 기여한 내용은 이 책의 곳곳에 녹아 있다. 조지프 귀르코는 상업용 부동산에 대한 깊은 통찰과 오랜 세월에 걸친 경제적 통찰력 그리고 따뜻한 우정을 나눠 주었다. 마르셀라 알산은 현실에서도 우리의 영웅이지만 이 책에서도 그렇다. 그녀는 우리가 놓쳤던 몇 가지 오류를 바로잡아 주었다.

전 세계 사람이 모두 그렇겠지만 팬데믹의 고통은 우리 경제학과 동료들에게도 커다란 아픔을 안겨주었다. 2019년 6월부터 2021년 1월까지 18개월 동안 동료 여섯 명이 우리 곁을 떠났다. 마틴 펠드스타인, 마틴 와이츠먼, 게리 체임벌린, 알베르토 알레시나, 이매뉴얼 파히, 리처드 쿠퍼가 그렇게 떠난 동료들이다.

마틴 펠드스타인은 데이비드 커틀러의 지도교수였고 우리 모두의 멘토였다. 알베르토 알레시나는 에드워드 글레이저와 공동으로 책을 썼고 우리의 소중한 친구였다. 게리 체임벌린은 세미나장에서 늘 훌륭한 학자였고 친절한 동료였다. 마틴 와이츠먼의 활발한 호기심과 지적인 활력은 언제 봐도 늘 기분이 좋았다. 경제학에 꾸준하게 기여했던 리처드 쿠퍼의 공적은 감동적이다. 이매뉴얼 파히의 죽음은 특히 고통스러운 일이었는데, 너무도 젊고 명석하고 매력적인 학자였기 때문이었다.

에드워드 라제어도 2020년에 사망했다. 그는 에드워드 글레이저의 논문 지도교수였으며 모든 경제학자에게 선한 정신과 영원한 통찰력의 원천이었다. 또한 짐 포터바와 호세 셍크먼이 우리에게 준 수십 년간의 조언과 우정에 감사한다.

이 책이 지금의 모습으로 나올 수 있도록 도움을 준 지금의 학생들과 과거의 학생들에게도 고마운 마음을 전하고 싶다. 발렌틴 볼로티니, 나탈리아 이매뉴얼, 엠마 해링턴, 호세 라몬 모랄레스아릴라, 그레고르 슈버트, 캐런 센, 브랜던 탠, 존 테베스의 작업에 크게 의존했다. 카를로스 다보인은 특히 노동시장 전문 분석 업체인 버닝 글래스 테크놀로지스에서 자료를 제공받는 일에 기여했다. 또 정말 많은 제자에게서 도움을 받았지만 그들의 이름을 모두 적기에는 너무 많다. 모두 고맙다.

마지막으로, 우리의 가족에게 고맙다는 말을 전한다. 글레이저는 아이들인 시어도어와 엘리자와 니콜라스가 원고 집필 기간에 까칠했던 아버지를 묵묵히 참아주고, 팬데믹으로 많은 것을 희생해야 했지만 끝까지 잘 참아줘서 무척 고맙게 생각한다. 또 글레이저의 아내는 사랑스러운 배우자일 뿐만 아니라 이 프로젝트의 주요 동반자가 되어 이 책의 모든 페이지를 반복해서 읽으며 오류를 바로잡는 것은 말할 것도 없고 우리와 대화할 때마다 지성과 기쁨을 보태주었다. 커틀러는 더 나은 세상을 위해 노력하는 아이들인 케이트와 앨리에게 고맙다는 마음을 전한다. 커틀러의 아내 메리 베스 랜드럼은 글쓰기 과정 내내 도움을 주면서 미쳐 돌아가는 세상이 차분하게 느껴지도록 만들어주었다.

이 책에서 우리가 내놓은 주장을 반박하는 주장이 나오겠지만 우리는 두렵지 않다. 그리고 여전히 남아 있을지 모르는 오류에 대해서는 전적으로 우리 잘못이다. 세상은 완벽하지 않고, 안타깝게도 우리도 그렇다.

한국어판 서문

1   Cevat Giray Aksoy, Jose Maria Barrero, Nicholas Bloom, Steven J. Davis, et al. "Working from Home Around the World." *Brookings Papers on Economic Activity*, August 23, 2022. www.brookings.edu/wp-content/uploads/2022/09/Aksoy-et-al-Conference-Draft-BPEA-FA22.pdf.

1장 오늘날의 도시가 맞이한 위기

1   Mark, "Knossos."

2   Glaeser et al., "Learning from Deregulation: The Asymmetric Impact of Lockdown and Reopening on Risky Behavior During COVID-19."

3   US Bureau of Labor Statistics, "Table B-1. Employees on Nonfarm Payrolls by Industry Sector and Selected Industry Detail."

4   UK Office for National Statistics, "Employment by Industry."

5   McKinsey, "COVID-19 in the UK."

6   Lieberman, *The Story of the Human Body: Evolution, Health, and Disease*.

7   Davenport, "Urbanization and Mortality in Britain, c. 1800−50."

8   Haines, "The Urban Mortality Transition in the United States, 1800−1940."

9   Singh and Siahpush, "Widening Rural-Urban Disparities in Life Expectancy, U.S., 1969−2009."

10   Chetty et al., "Where Is the Land of Opportunity? The Geography of Intergenerational Mobility in the United States."

11   US Bureau of Labor Statistics, "Labor Force Statistics from the Current Population Survey: Supplemental Data Measuring the Effects of the Coronavirus (COVID-19) Pandemic on the Labor Market."

12   US Bureau of Labor Statistics, "Labor Force Statistics."

13   Plato, *The Republic*, 423.

14   Ashraf, Glaeser, and Ponzetto, "Infrastructure, Incentives, and Institutions."

15 Gabbatt, Townsend, and O'Carroll, "'Occupy' Anti-capitalism Protests Spread aroun d World."

16 Sullivan and Morrison, "George Floyd Fallout: Unrest Overshadows Peaceful Protests for Another Night."

17 Bush, "Welcome to the Capitol Hill Autonomous Zone, Where Seattle Protesters Gather without Police."

18 Borà, "Historical and Monumental Itineraries of Capri."

19 "Coronavirus in the U.S.: Latest Map and Case Count," *The New York Times*.

20 del Rio, Collins, and Malani, "Long-Term Health Consequences of COVID-19."

21 "Religion: Atheists & Foxholes," *Time*.

22 Siegler, "Biden's Win Shows Rural-Urban Divide Has Grown Since 2016."

23 Cutler and Summers, "The COVID-19 Pandemic and the $16 Trillion Virus."

24 Thomas, "The Coronavirus Vaccines Will Probably Work. Making Them Fast Will Be the Hard Part."

25 Ashraf, Glaeser, and Ponzetto, "Infrastructure, Incentives, and Institutions."

26 Harvard Chan School of Public Health, "The Most Expensive Health Care System in the World."

27 Jennings and Nagel, *Federal Workforce Statistics Sources: OPM and OMB*.

28 Jessie and Tarleton, *2012 Census of Governments: Employment Summary Report*.

29 Ferreira and Gyourko, "Do Political Parties Matter?"

30 "The Bloomberg Bus," *Observer*.

31 Lieber, "Politics Stops at the Water's Edge?"

32 Shakespeare, *Othello*, 5.2.360.

33 Twin, "There Ain't No Such Thing as a Free Lunch (TANSTAAFL) Explained."

34 Tocqueville, *Democracy in America*, 597.

35 Tocqueville, 596.

36 Tocqueville, 597.

37 Glaeser, "City Air Makes You Free."

38 Glaeser, "Reforming Land Use Regulations."

39 "Coronavirus: How New Zealand Relied on Science and Empathy," BBC News.

40 "Fact Check: Outdated Video of Fauci Saying 'There's No Reason to Be Walking Around with a Mask,'" Reuters.

41 Turak, "UAE to Suspend All China Flights except for Beijing as Coronavirus Toll Mounts."

42 "Man without Face Mask Refuses to Leave SEPTA Bus; Police Pull Him Off,"

NBC10 Philadelphia.

2장 세계화는 팬데믹으로 이어질 수밖에 없을까?

1   Thucydides, *History of the Peloponnesian War*.

2   Thucydides, book 2, 48.

3   이 인용은 역사가 투키디데스가 썼던 추도사(Funeral Oration)에서 딴 것이다. Thu-
    cydides, book 2, 39.

4   아테네의 전염병과 관련해 여기에 쓴 내용은 투키디데스의 저작을 근거로 했다.

5   Robert J. Littman, "The Plague of Athens: Epidemiology and Paleopathology."

6   아테네 인구의 대부분이 그 전염병에 걸렸고, 전체 인구의 최대 25퍼센트가 사망했
    다. 이 책 출간 시점을 기준으로 할 때 코로나19의 치명률은 당시 아테네에 비해 약 1
    퍼센트 정도인 것으로 추정된다. 이런 추정의 근거는 다음을 보라. Johns Hopkins
    Coronavirus Resource Center, "Mortality Analyses."

7   "Peloponnesian War," History.com.

8   Lieberman, *The Story of the Human Body: Evolution, Health, and Disease*.

9   Thucydides.

10 Tognotti, "Lessons from the History of Quarantine, from Plague to Influenza A."

11 Tognotti.

12 Tognotti.

13 키케로는 그를 역사의 아버지라고 불렀다. Mark, "Herodotus."

14 여기에 쓴 헤로도토스 관련 지식은 헤로도토스의 저작을 근거로 했다. Herodotus,
    The Landmark Herodotus: The Histories.

15 Plutarch, *Plutarch's Miscellanies and Essays: Comprising All His Works
    Collected Under the Title of "Morals,"* vol. 4, 346.

16 "Aspasia: Influential Concubine to Pericles," World History Encyclopedia.

17 아낙사고라스 관련 지식은 다음을 근거로 했다. Curd, "Anaxagoras."

18 Bulmer-Thomas, "Theodorus of Cyrene."

19 Bonazzi, "Protagoras."

20 Mark, "Athens."

21 Astour, "Ancient Greek Civilization in Southern Italy."

22 Bonazzi.

23 Podlecki and Taplin, "Aeschylus."

24 아이스킬로스의 생애는 포들레키(Podlecki)와 태플린(Taplin)에 따르면 기원전
    525~455년이다. 그리고 아리스토텔레스의 생애는 다음에 따르면 기원전 384~322년
    이다. Shields, "Aristotle."

25 Shields.

26 Garnsey, "Grain for Athens."

27 Demosthenes, *Against Leptines*, 32.

28 Cartwright, "Trade in Ancient Greece."

29 Thucydides, book 1, 97.

30 Cartwright, "Peloponnesian War."

31 Thucydides, book 1, 141.

32 Thucydides, book 1, 142.

33 Thucydides, book 1, 14.

34 Kagan, *The Peloponnesian War*, 86.

35 여기서 쓴 펠로폰네소스전쟁 관련 지식은 헤로도토스의 저작을 근거로 했다.

36 Littman.

37 Thucydides, book 2, 52.

38 Artiga et al., "COVID-19 Risks and Impacts among Health Care Workers by Race/Ethnicity—Issue Brief."

39 Thucydides, book 2, 51.

40 Thucydides, book 2, 5.

41 Johns Hopkins Coronavirus Resource Center, "Mortality Analyses."

42 Thucydides, book 2, 51.

43 Thucydides, book 2, 52.

44 Thucydides, book 2, 53.

45 Thucydides, book 2, 54.

46 플라톤의 생애는 다음에 따르면 기원전 428~348년이며 여기서 쓴 플라톤 관련 지식은 다음을 근거로 했다. Meinwald, "Plato."

47 McNeill, *Plagues and Peoples*, 121.

48 Cohen and Armelagos, *Paleopathology at the Origins of Agriculture*.

49 폴가(Polgar, 1964)는 외부의 유기체를 강조했고, 코크번(Cockburn, 1967)은 내부의 원생동물들을 놓고 탐구했다. Polgar, "The Evolution and Eradication of Infectious Diseases." Cockburn, *Infectious Diseases: Their Evolution and Eradication*.

50 Steverding, "The History of African Trypanosomiasis"; Neghina et al., "The Roots of Evil: The Amazing History of Trichinellosis and *Trichinella* Parasites."

51 "Neolithic Revolution," History.com.

52 Armelagos et al., "Disease in Human Evolution: The Re-Emergence of Infectious Diseases in the Third Epidemiological Transition," 3.

53 Ehrenkranz and Sampson, "Origin of the Old Testament Plagues: Explications

and Implications."

54 Rendsburg, "The Date of the Exodus and the Conquest/Settlement: The Case for the 1100s."

55 다음 책을 보면 태양신 아폴로는 그리스 군대에 전염병을 보낸다. Homer, *The Iliad*.

56 Mouritz, *"The Flu": A Brief History of Influenza in U.S. America, Europe, Hawaii*.

57 Norrie, "How Disease Affected the End of the Bronze Age."

58 Rickman, "The Grain Trade under the Roman Empire."

59 Dalzell, "Maecenas and the Poets."

60 이 인용의 출처는 다음을 보라. Raoul McLaughlin, *Rome and the Distant East: Trade Routes to the Ancient Lands of Arabia, India and China*, 59.

61 McNeill.

62 Clements, *A Brief History of China: Dynasty, Revolution and Transformation: From the Middle Kingdom to the People's Republic*.

63 McNeill.

64 이 인용의 출처는 다음을 보라. McNeill, 121 – 122.

65 McNeill.

66 McNeill.

67 Cousin, "Diocletian."

68 Norwich, *Byzantium: The Early Centuries*.

69 Asimov, *The Foundation Trilogy (Foundation, Foundation and Empire, Second Foundation); The Stars, Like Dust; The Naked Sun; I, Robot*.

70 Nicol and Matthews, "Constantine I."

71 Norwich, 153.

72 "Pandidakterion," World Heritage Encyclopedia.

73 Gibbon, *The History of the Decline and Fall of the Roman Empire*, 93.

74 Procopius, *History of the Wars, Volume II: Books 3 – 4 (Vandalic War)*.

75 두 인용의 출처는 다음을 보라. Procopius, *History of the Wars, Volume II: Books 3 – 4 (Vandalic War)*, IX [4-11], 281.

76 Procopius, *History of the Wars, Volume I: Books 1 – 2 (Persian War)*, XXI [30-XXII.1], 451.

77 두 인용의 출처는 다음을 보라. Procopius, *History of the Wars, Volume I: Books 1 – 2 (Persian War)*, XXII [1-7], 453.

78 Morelli et al., "*Yersinia pestis* Genome Sequencing Identifies Patterns of Global Phylogenetic Diversity."

79 Harbeck et al., "*Yersinia pestis* DNA from Skeletal Remains from the 6th

Century AD Reveals Insights into Justinianic Plague."

80 Harbeck et al. Spyrou et al., "Analysis of 3800-Year-Old *Yersinia pestis* Genomes Suggests Bronze Age Origin for Bubonic Plague."

81 Rasmussen et al., "Early Divergent Strains of *Yersinia pestis* in Eurasia 5,000 Years Ago."

82 Morelli et al. 〈뉴욕 타임스〉의 다음 기사가 유용한 설명을 제공한다. "Europe's Plagues Came from China, Study Finds."

83 Rascovan et al., "Emergence and Spread of Basal Lineages of *Yersinia pestis* during the Neolithic Decline."

84 "Plague (Yersinia Pestis)," *Harvard Health Publishing*.

85 DeWitte and Kowaleski, "Black Death Bodies."

86 Rascovan et al.

87 Rascovan et al.

88 여기에 나오는 모든 인용의 출처는 다음을 보라. Procopius, *History of the Wars, Volume I: Books 1-2 (Persian War)*, XXII [30-XXIII.4], 463-465.

89 Procopius, *History of the Wars, Volume I: Books 1-2 (Persian War)*, XXII [36-XXIII.4], 465.

90 Procopius, *History of the Wars, Volume I: Books 1-2 (Persian War)*, XXIII [4-10], 467.

91 Procopius, *History of the Wars, Volume I: Books 1-2 (Persian War)*, XXIII [10-15], 469.

92 Procopius, *History of the Wars, Volume I: Books 1-2 (Persian War)*, XXIII [15-19], 471.

93 Wilson, "Coronavirus in N.Y.C.: Eerie Streetscapes Are Stripped of Commerce."

94 Procopius, *History of the Wars, Volume I: Books 1-2 (Persian War)*, XXIII [15-19], 471.

95 여기서 쓴 지식은 다음을 근거로 했다. Procopius, *History of the Wars, Volume I: Books 1-2 (Persian War)*.

96 Horgan, "Justinian's Plague (541-542 CE)." 어떤 학자들은 다음 자료에서 나온 것과 같은 물리적인 증거가 없기 때문에 "그다지 중요하지 않은 전염병"이었다고 주장해왔다. Mordechai et al., "The Justinianic Plague: An Inconsequential Pandemic?"

97 Horgan.

98 US Centers for Disease Control and Prevention, "Plague FAQ."

99 Gaynes, "The Discovery of Penicillin—New Insights after More Than 75 Years of Clinical Use."

100 화이자와 바이온텍은 백신 후보 물질이 90퍼센트 이상 효과가 있다고 2020년 11월 초에 처음 발표했다. Pfizer, "Pfizer and Biontech Announce Vaccine Candidate Against COVID-19 Achieved Success in First Interim Analysis from Phase 3 Study."

101 Lev. 13:46 (KJV).

102 Buckingham, *Leprosy in Colonial South India*.

103 Jyoti, "1898 Indian Lepers Act to Be repealed Finally."

104 이 인용의 출처는 다음이다. "The Curious Career of Typhoid Mary," 708–709.

105 코로나19는 무증상자를 통해서도 전염되었다. Johansson et al., "SARS-CoV-2 Transmission from People without COVID-19 Symptoms."

106 Procopius, *History of the Wars, Volume I: Books 1–2 (Persian War)*, XXIII [15–19], 471.

107 US Bureau of Labor Statistics. "Supplemental Data Measuring the Effects of the Coronavirus (COVID-19) Pandemic on the Labor Market."

108 '방역선(cordon sanitaire)'은 프랑스어로 '위생적인 경계선'을 의미하며, 그 경계 선 안에 있는 사람들은 밖으로 나갈 수 없는 격리 구역이라는 뜻이다. Hoffman and Hoffman, "Ethical Considerations in the Use of Cordons Santiaires."

109 Twine, "The City in Decline: Rome in Late Antiquity."

110 Hibbert, "Hanseatic League."

111 Cartwright, "Trade in Medieval Europe."

112 두브로브니크는 〈왕좌의 게임〉 속 가상 도시인 킹스랜딩의 주요 촬영지였다. "King's Landing Dubrovnik: *Game of Thrones* Filming Locations in Dubrovnik, Croatia," *King's Landing Dubrovik*.

113 여기서 쓴 라구사의 역사 관련 지식은 다음을 근거로 했다. Tomić and Blažina, *Expelling the Plague: The Health Office and the Implementation of Quarantine in Dubrovnik, 1377–1533*.

114 Cartwright, "1204: The Sack of Constantinople."

115 여기 모든 인용 출처는 다음을 보라. Tomić and Blažina, *Expelling the Plague*, 52.

116 "Proclamation on the Suspension of Entry as Immigrants and Non-Immigrants of Certain Additional Persons Who Pose a Risk of Transmitting Coronavirus Disease," White House.

117 라구사는 1377년에 팬데믹의 확산을 예방하는 법률을 의결했다. Vuković, "Dubrovnik: The Medieval City Designed around Quarantine."

118 Tomić and Blažina, *Expelling the Plague*.

119 US Centers for Disease Control and Prevention, "Plague FAQ."

120 Tognotti, "Lessons from the History of Quarantine, from Plague to Influenza A."

121 Tognotti.

122 엘리스섬은 1890년부터 1954년까지 이런 용도로 사용되었다. "Overview + History—Ellis Island," The Statue of Liberty—Ellis Island Foundation.

123 Coppola, Francis Ford, dir., The Godfather Part II.

124 Roos, "Social Distancing and Quarantine Were Used in Medieval Times to Fight the Black Death."

125 Schwartz, "I'm a U.S. Citizen. Where in the World Can I Go?" and "Thinking of Traveling in the U.S.? Check Which States Have Travel Restrictions."

126 Tomić and Blažina, Expelling the Plague.

127 Cipolla, Fighting the Plague in Seventeenth-Century Italy, 4.

128 Tognotti.

129 Matt. 4:12 (NIV).

130 Exod. 24:18 (NIV).

131 Gen. 8:6 (NIV).

132 Num. 14:33 (NIV).

133 여기 모든 인용 출처는 다음을 보라. Crawshaw, Plague Hospitals: Public Health for the City in Early Modern Venice, 14 – 15.

134 "The Plague Doctor Mask: The Most Unsettling of All Venetian Masks," Ca' Macana.

135 Konstantinidou et al., "Venetian Rule and Control of Plague Epidemics on the Ionian Islands during 17th and 18th Centuries."

136 Walker, "'If We Get It, We Chose to Be Here': Despite Virus, Thousands Converge on Sturgis for Huge Rally."

137 여기의 유럽 역사 관련 지식은 다음을 근거로 했다. Salmon et al., "History of Europe."

138 Spyrou et al.

139 이 인용의 출처는 다음과 같다. Motolinia(1541). 이 출처는 다음에서 차용했다. Hopkins, The Greatest Killer: Smallpox in History, 206.

140 "William Bradford on the Great Sickness among New England Indians (1633)," Westshore Community College.

141 Marr and Cathey, "New Hypothesis for Cause of Epidemic among Native Americans, New England, 1616 – 1619."

142 Tognotti.

143 Nunn and Qian, "The Columbian Exchange: A History of Disease, Food, and Ideas." Harper et al., "The Origin and Antiquity of Syphilis Revisited: An Appraisal of Old World Pre-Columbian Evidence for Treponemal Infection."

144 Chippaux and Chippaux, "Yellow Fever in Africa and the Americas: A Historical and Epidemiological Perspective."

145 World Health Organization, "Yellow Fever."

146 Frierson, "The Yellow Fever Vaccine: A History,"

147 World Health Organization, "Yellow Fever."

148 Blake, "Yellow Fever in Eighteenth Century America."

149 다음에 이어지는 묘사는 다음 책의 구성 내용을 근거로 했다. Smith, *Ship of Death: A Voyage That Changed the Atlantic World*.

150 John Timbs, "Slaughter's Coffee House," 99–104.

151 "Extracts from David Williams's Autobiography," *The American Historical Review*, 810.

152 다음에 이어지는 설명은 다음 책의 구성 내용을 근거로 했다. Smith, *Ship of Death*.

153 이 두 가지 이론 관련 지식은 다음을 근거로 했다. Bell, *Plague in the Early Modern World: A Documentary History*.

154 "Diseases of the Mind: Highlights of American Psychiatry through 1900: Benjamin Rush, M.D. (1749–1813): 'The Father of American Psychiatry,'" US National Library of Medicine.

155 Gum, "Philadelphia Under Siege: The Yellow Fever of 1793."

156 Ruane, "Yellow Fever Led Half of Philadelphians to Flee the City. Ten Percent of the Residents Still Died."

157 여기 두 인용의 출처는 다음을 보라. Rush, *An Account of the Bilious Remitting Yellow Fever, as It Appeared in the City of Philadelphia, in the Year 1793*, 72.

158 Gum.

159 Gum.

160 여기 모든 인용의 출처는 다음을 보라. Butterfield, *Letters of Benjamin Rush: Volume II: 1793–1813*, 881.

161 황열병은 모기가 옮긴다. World Health Organization, "Yellow Fever."

162 McKay, "Hamilton and Yellow Fever: The Library Where It Happens."

163 US Centers for Disease Control and Prevention, *How to Prevent the Spread of the Mosquito That Causes Dengue*.

164 Finger, "Yellow Fever."

165 황열병 바이러스의 자연 수직 전달이 이집트 숲모기에서 나타나는데(Fontenille et al., "First Evidence of Natural Vertical Transmission of Yellow Fever Virus in *Aedes aegypti*, Its Epidemic Vector") 이것은 지카 바이러스의 경우와 마찬가지다 (Izquierdo-Suzán, "Natural Vertical Transmission of Zika Virus in Larval *Aedes aegypti* Populations, Morelos, Mexico"). 가을에 전염된 모기들은 다음 해 봄에 활

동하는 자손들에게 그 질병을 옮겼을 것이다.

166 Gum.

167 이 문단의 지식 출처는 다음이다. Chastel, "Centenary of the Discovery of Yellow Fever Virus and Its Transmission by a Mosquito (Cuba 1900–1901)."

168 Gum.

169 Price, "Epidemics, Outsiders, and Local Protection: Federalism Theater in the Era of the Shotgun Quarantine."

170 Luttrell, *The Making of Christian Malta: From the Early Middle Ages to 1530.*

171 Zwilling, "Poor Leadership during Times of Disease: Malta and the Plague of 1813."

172 Wallis, "A Dreadful Heritage: Interpreting Epidemic Disease at Eyam, 1666–2000."

173 Wallis, 2.

174 Wallis, 3.

175 Condie and Folwell, *History of the Pestilence, Commonly Called Yellow Fever, Which Almost Desolated Philadelphia, in the Months of August, September & October, 1798.*

176 Boro, "Austrian Measures for Prevention and Control of the Plague Epidemic along the Border with the Ottoman Empire during the 18th Century."

177 Nichols, *The European Pentarchy and the Congress of Verona, 1822.*

178 US Centers for Disease Control and Prevention, "About Variants of the Virus That Causes COVID-19."

179 Feng and Cheng, "As China's Wuhan Ends Its Long Quarantine, Residents Feel a Mix of Joy and Fear."

180 Flight, "Smallpox: Eradicating the Scourge."

181 US Centers for Disease Control and Prevention, "Mandatory Reporting of Infectious Diseases by Clinicians."

182 Chinazzi et al., "The Effect of Travel Restrictions on the Spread of the 2019 Novel Coronavirus (COVID-19) Outbreak."

183 세계보건기구 관련 지식의 출처는 다음을 보라. "World Health Organization," *Encyclopædia Britannica Online.*

184 World Health Organization (@WHO), "Preliminary investigations conducted by the Chinese authorities have found no clear evidence of human-to-human transmission of the novel #coronavirus (2019-nCoV) identified in #Wuhan, #China."

185 세계보건기구는 중국 정부의 발표와 관련해서 2020년 1월 12일에 "이 바이러스가

사람과 사람 사이에 쉽게 전염된다는 명확한 증거는 어디에도 없다"라고 발표했다. World Health Organization, "Novel Coronavirus—China."

186 Page and Khan, "How It All Started: China's Early Coronavirus Missteps."

187 World Health Organization. "Novel Coronavirus—Thailand (Ex-China)."

188 Page and Khan. 중국과 세계보건기구의 실수와 관련된 모든 인용의 출처는 다음을 보라. Bollyky and Patrick, "Improving Pandemic Preparedness: Lessons From COVID-19."

189 2019년 말에 중국은 세계보건기구에 총 8,600만 달러를 지원했는데, 이 가운데 7,580만 달러는 약정 분담금이고 1,020만 달러는 자발적인 기부금이었다. World Health Organization, "Programme Budget Web Portal."

190 에볼라는 2014년 3월 22일에 최초로 확인되었지만 공식적으로 국제적인 경계령이 내려진 것은 2014년 8월 8일이었다. Hoffman and Silverberg, "Delays in Global Disease Outbreak Responses: Lessons from H1N1, Ebola, and Zika." 세계보건기구의 헛발질 관련 지식의 출처는 다음을 보라. Bollyky and Patrick.

191 Regand and Sidhu, "WHO Team Blocked from Entering China to Study Origins of Coronavirus."

192 World Health Organization, "Countries Overview."

193 North Atlantic Treaty Organization, "What Is NATO?"

194 North Atlantic Treaty Organization, "Strategic Concepts."

195 North Atlantic Treaty Organization, "Principal Officials." North Atlantic Treaty Organization, "NATO Secretary General."

196 세계보건기구의 회계연도는 2년 단위다. 이 기구의 웹사이트에 따르면 2020~2021년의 총예산은 약 58억 달러이고, 2018~2019년의 총예산은 약 44억 달러였다. World Health Organization, "Budget."

197 World Health Organization, "Programme Budget 2020–2021."

198 2021년의 나토의 민간 및 군사 부문 총예산은 약 19억 유로(23억 달러)였다. NATO, "NATO Agrees 2021 Civil and Military Budgets."

199 미국 질병통제예방센터의 2018회계연도 예산은 82억 5,000만 달러였다. US Centers for Disease Control and Prevention, "CDC's Funding."

200 미국 식품의약국의 2019회계연도 예산은 59억 달러였다. US Food and Drug Administration, "Fact Sheet: FDA at a Glance."

201 World Health Organization, "Composition of the Board."

202 World Health Organization, "WHO and the WHA—an Explainer."

203 Tansey, "Lowest Common Denominator Norm Institutionalization: The Anti-coup Norm at the United Nations."

204 North Atlantic Treaty Organization, "Consensus Decision-Making at NATO."

205   North Atlantic Treaty Organization, "Collective Defence—Article 5."

206   North Atlantic Treaty Organization, "Collective Defence—Article 5."

3장   인도의 하수도가 전 세계를 더 건강하게 만들까?

1   Adhikari et al., "Assessment of Community-Level Disparities in Coronavirus Disease 2019 (COVID-19) Infections and Deaths in Large US Metropolitan Areas."

2   Cutler and Summers, "The COVID-19 Pandemic and the $16 Trillion Virus."

3   세계보건기구에 보고된 내용에 따르면 2016년에 발생한 콜레라 사망자는 2,420명이었다. World Health Organization, "Cholera."

4   World Health Organization, "Cholera." US Centers for Disease Control and Prevention, "Epidemic Typhus."

5   나폴레옹 보나파르트는 1815년 워털루전투에서 패배했다. Godechot, "Napoleon I."

6   Willsher, "Story of Cities #12: Haussmann Rips Up Paris—and Divides France to This Day."

7   Collins, "Family Networks and Social Connections in the Survival of a Seventeenth-Century Library Collection."

8   National Park Service, "Francis Rawdon."

9   Russell, *Essays, and Sketches of Life and Character.*

10   Rawdon-Hastings, *The Private Journal of the Marquess of Hastings.*

11   Rawdon-Hastings, 317.

12   National Park Service, "Francis Rawdon."

13   Holmes and Co. (Calcutta), *The Bengal Obituary,* 161.

14   "James Jameson (1786-1823)," Find A Grave Memorial.

15   Jameson, *Report on the Epidemick Cholera Morbus: As It Visited the Territories Subject to the Presidency of Bengal, in the Years 1817, 1818 and 1819.*

16   Jameson, 2-3.

17   Ryan, "Eyes on the Prize: Lessons from the Cholera Wars for Modern Scientists, Physicians, and Public Health Officials."

18   Jameson, 2-3.

19   Jameson, 102.

20   Jameson, 8.

21   그 질병이 이처럼 빠르게 확산되면서 (현재 방글라데시 남서부 도시인) 제소르에서 환자가 발생하기 전에 이미 상당히 멀리까지 퍼졌을 것이다.

22 Jameson, 9.

23 Jameson, 11.

24 Jameson, 11.

25 Jameson, 12.

26 Sagonowsky, "Biogen Superspreader Meeting Spawned 300,000-plus U.S. Coronavirus Cases: Study."

27 여기 모든 인용의 출처는 다음을 보라. Jameson, 12-13.

28 여기 모든 인용의 출처는 다음을 보라. Rawdon-Hastings, 317-318.

29 두 인용의 출처는 다음을 보라. Rawdon-Hastings, 319.

30 기저질환자는 코로나19로 심각한 증상을 겪을 위험이 커졌다. US Centers for Disease Control and Prevention, "People with Certain Medical Conditions."

31 Rawdon-Hastings, 319.

32 여기 모든 인용의 출처는 다음을 보라. Rawdon-Hastings, 320-321.

33 Chhabria, "Manufacturing Epidemics: Pathogens, Poverty, and Public Health Crises in India."

34 Echenberg, "Pestis Redux: The Initial Years of the Third Bubonic Plague Pandemic, 1894-1901."

35 Chandra and Wray, "Mortality from the Influenza Pandemic of 1918-1919: The Caseof India."

36 Prashad, "The Technology of Sanitation in Colonial Delhi."

37 Mann, "Delhi's Belly: On the Management of Water, Sewage and Excreta in a Changing Urban Environment during the Nineteenth Century."

38 "Cholera," History.com.

39 Chan et al., "Historical Epidemiology of the Second Cholera Pandemic: Relevance to Present Day Disease Dynamics."

40 Bosin, "Russia, Cholera Riots of 1830-1831."

41 중국인 이탈리아 여행객 두 명이 코로나19에 전염되었다는 사실이 2020년 1월 30일에 확인되었다. 미국은 2020년 1월 31일에 중국인 입국 금지 조치를 내렸다. Apolone, "Unexpected Detection of SARS-CoV-2 Antibodies in the Prepandemic Period in Italy."

42 Kell, *On the Appearance of Cholera at Sunderland in 1831: With Some Account of That Disease*.

43 Kell, 19.

44 Underwood, "The History of Cholera in Great Britain."

45 Moreau De Jonnes, "Statistical Remarks on the Effects of Cholera in France During the Epidemic of 1832."

46 *The Lancet*, vol. 1, 690.

47 2021년 1월 18일 기준으로 프랑스에서 코로나19 사망자는 7만 283명이었다("France Coronavirus Map and Case Count," *The New York Times*). 2019년 프랑스 인구는 6,705만 9,887명으로(World Bank, "Population, Total—France") 약 0.1퍼센트의 사망률을 기록했다. 1830년에 프랑스 인구가 약 3,260만 명이었는데(Mitchell, *European Historical Statistics, 1750-1975*), 1832년의 콜레라 사망자는 9만 4,666명으로 사망률은 약 0.3퍼센트였다.

48 1831년에 파리 인구는 약 78만 5,000명이었는데(*A Handbook for Visitors to Paris; Containing a Description of the Most Remarkable Objects in Paris . . . With Map and Plans*, 40) "1832년의 사망자는 거의 2만 명으로"(Heine, "A Riot of the Dead: A German Poet Reports from the Paris Cholera Outbreak of 1832") 사망률은 약 2퍼센트였다.

49 자크와 오텔 드 빌에서의 사망률은 5퍼센트가 넘었다. Heine.

50 이상 세 인용의 출처는 모두 다음을 보라. Heine.

51 "July Revolution." *Encyclopædia Britannica Online*.

52 Patterson, "The Cholera Epidemic of 1832 in York, Upper Canada."

53 두 인용의 출처는 다음을 보라. Patterson, 169.

54 이상의 인용 출처는 모두 다음을 보라. Rosenberg, *The Cholera Years: The United States in 1832, 1849, and 1866*, 28.

55 1830년 미국 인구통계조사에서 뉴욕의 인구는 20만 2,000명이었고, 1840년에는 31만 3,000명이었다. 우리는 뉴욕의 인구가 그때까지 지속적으로 늘어났다고 보고 그 증가율을 적용해서 1832년의 인구를 22만 명으로 추산했다.

56 2021년 1월 18일 기준으로 뉴욕 카운티의 사망률은 10만 명당 209명으로 약 0.2퍼센트다. "New York Coronavirus Map and Case Count," *The New York Times*.

57 Malani et al., "Seroprevalence of SARS-CoV-2 in Slums and Non-slums of Mumbai, India, during June 29-July 19, 2020."

58 New York Public Library, "History of the New York Public Library."

59 National Park Service, "Theodore Roosevelt, Sr.—Theodore Roosevelt Birthplace, National Historic Site, New York."

60 The Cooper Union, "Peter Cooper's Vision."

61 Gerber, "'Pure and Wholesome': Stephen Allen, Cholera, and the Nineteenth-Century New York City Water Supply," 1.

62 Allen, *The Memoirs of Stephen Allen*, 4.

63 Allen, *The Memoirs of Stephen Allen*, 21.

64 Allen, *The Memoirs of Stephen Allen*, 54.

65 Tocqueville, *Democracy in America*, 363.

66   Allen, *The Memoirs of Stephen Allen*.

67   Allen, *The Memoirs of Stephen Allen*.

68   "Tammany Hall," *Encyclopædia Britannica Online*.

69   City of New York, "A Brief History of Tweed Courthouse."

70   Allen, *The Memoirs of Stephen Allen*, 115.

71   앨런은 1832년 11월 28일에 제시 호이트(Jesse Hoyt)에게 보낸 편지에서 이 내용을 썼다. Mackenzie, *The Lives and Opinions of Benj'n Franklin Butler, United States District Attorney for the Southern District of New-York; and Jesse Hoyt, Counsellor at Law*, 71.

72   Allen, *The Memoirs of Stephen Allen*, p. 2 of Introduction.

73   Hunt, *Lives of American Merchants, Volume 2*, 177.

74   Allen, *The Memoirs of Stephen Allen*, 145.

75   JPMorgan Chase, "History of Our Firm."

76   Allen, *The Memoirs of Stephen Allen*.

77   Allen, *The Memoirs of Stephen Allen*.

78   Allen, *The Memoirs of Stephen Allen*.

79   쾨펠(Koeppel)은 그의 책에서 앨런을 인용했다. Koeppel, *Water for Gotham: A History*, 184.

80   Jervis, Lankton, and Clement. "Old Croton Aqueduct."

81   크로톤 수로 건설에는 6년이 걸렸다. 그러니까 연간 150만 달러가 들었던 셈이다. 린더트(Lindert)는 1840년 1인당 소득은 120달러였다고 말한다(Table 4). 인구는 32만 7,000명이었다. 그러므로 총소득은 연간 3,900만 달러였다. 1.5달러/39달러=0.038. 크로톤 수로 건설에 들어간 비용은 다음에 나온다. "New York City Waterworks," Documentary History of American Water-works. 1인당 소득의 출처는 다음을 보라. Lindert and Williamson, "American Incomes 1774-1860," table 4.

82   Cutler and Miller, "The Role of Public Health Improvements in Health Advances: The 20th Century United States."

83   Cutler and Miller.

84   Alsan and Goldin, "Watersheds in Child Mortality: The Role of Effective Water and Sewerage Infrastructure, 1880 to 1920."

85   Ashton, *One Hot Summer: Dickens, Darwin, Disraeli, and the Great Stink of 1858*, 1.

86   "Sir Joseph William Bazalgette," *Encyclopædia Britannica Online*.

87   Disraeli, "First Reading—Metropolis Local Management Act Amendment Bill."

88   "Why a Pound Today Is Worth Only 0.8% of a Pound in 1858," CPI Inflation Calculator.

89 Halliday, "Death and Miasma in Victorian London: An Obstinate Belief."

90 Everett, "How London Got Its Victorian Sewers."

91 Hui, "UK Ramps Up Vaccine Rollout, Targets Every Adult by Autumn."

92 Glaeser, "Cities and Pandemics Have a Long History."

93 Cutler et al., "Evidence on Early-Life Income and Late-Life Health from America's Dust Bowl Era."

94 "Milwaukee Sewer Socialism," Wisconsin Historical Society.

95 Troesken, *Water, Race, and Disease.*

96 Simpson and Speake, "It Doesn't Matter If a Cat Is Black or White, as Long as It Catches Mice."

97 Ashraf, Glaeser, and Ponzetto, "Infrastructure, Incentives, and Institutions."

98 World Bank, "GDP per Capita (Current US$)—Zambia."

99 Rosenberg, "The Cholera Epidemic of 1832 in New York City."

100 "Asiatic Cholera Pandemic of 1846–63," Fielding School of Public Health, UCLA.

101 Summers, "Broad Street Pump Outbreak."

102 Tuthill, "John Snow and the Broad Street Pandemic: On the Trail of an Epidemic."

103 Wilford, "How Epidemics Helped Shape the Modern Metropolis."

104 Ashraf, Glaeser, and Ponzetto.

105 Glaeser, "The Health of the Cities."

106 Ullmann, "Louis Pasteur."

107 Stevenson, "Robert Koch."

108 Selanders, "Florence Nightingale."

109 "Mary Seacole," *Encyclopædia Britannica Online.*

110 Rosen, "Tenements and Typhus in New York City, 1840–1875."

111 Rosen, 590.

112 Rosen, 590.

113 Rosen, 590.

114 스미스 저작 관련 지식의 출처는 다음을 보라. Rosen.

115 Citizens' Association of New York, Council of Hygiene and Public Health, *Report of the Council of Hygiene and Public Health of the Citizens' Association of New York upon the Sanitary Condition of the City.*

116 여기 모든 인용의 출처는 다음을 보라. Citizens' Association of New York, Council of Hygiene and Public Health.

117 Citizens' Association of New York, Council of Hygiene and Public Health, 49.

118 New York State Department of Health, *Tenement-house Acts, Chapter 908, Laws of 1867 (as Amended by Chapter 504, Laws of 1879, and Chapter 399, Section 1, Laws of 1880): An Act for the Regulation of Tenement and Lodging Houses in the Cities of New York and Brooklyn, Passed May 14, 1867.*

119 메트로폴리탄 보건위원회 관련 지식의 출처는 다음을 보라. Brieger, "Sanitary Reform in New York City: Stephen Smith and the Passage of the Metropolitan Health Bill."

120 Smillie, "The National Board of Health: 1879 – 1883."

121 Smillie.

122 Smillie.

123 Smillie.

124 Waring, "The Cleaning of a Great City," originally published in *McClure's*, April 1897.

125 Waring.

126 "TimesMachine: Sunday May 12, 1895," *The New York Times.*

127 Waring.

128 Waring.

129 Cooper, "Theodore Roosevelt."

130 Burrows and Wallace, "Splendid Little War."

131 Erkoreka, "Origins of the Spanish Influenza Pandemic (1918 – 1920) and Its Relation to the First World War."

132 Jameson.

133 Erkoreka.

134 Taubenberger, "The Origin and Virulence of the 1918 'Spanish' Influenza Virus."

135 "Influenza Pandemic of 1918 – 19," *Encyclopædia Britannica Online.*

136 McAuley et al., "Host Immunological Factors Enhancing Mortality of Young Adults during the 1918 Influenza Pandemic."

137 Shanks and Brundage, "Pathogenic Responses among Young Adults during the 1918 Influenza Pandemic."

138 US Centers for Disease Control and Prevention, "1918 Pandemic (H1N1 Virus)."

139 2020년의 세계 인구는 약 77억 명이었다. US Census Bureau, "U.S. and World Population Clock."

140 이 책이 출간된 시점을 기준으로 할 때 전 세계의 코로나19 사망자는 약 200만 명이다. "Coronavirus (COVID-19) Deaths—Statistics and Research," Our World in

Data.

141 Kant and Guleria, "Pandemic Flu, 1918: After Hundred Years, India Is as vulnerable."

142 Mihm, "Lessons From the Philadelphia Flu of 1918."

143 Hauser, "The Mask Slackers of 1918."

144 Barro, "Non-Pharmaceutical Interventions and Mortality in U.S. Cities during the Great Influenza Pandemic, 1918-1919."

145 Barro, 1.

146 Shanks and Brundage.

147 Olival et al., "Host and Viral Traits Predict Zoonotic Spillover from Mammals."

148 Mallapaty, "Coronaviruses Closely Related to the Pandemic Virus Discovered in Japan and Cambodia."

149 World Health Organization, "Ebola Virus Disease."

150 Sharp and Hahn, "Origins of HIV and the AIDS Pandemic."

151 US Centers for Disease Control and Prevention, "Lyme Disease."

152 US Centers for Disease Control and Prevention, "Plague FAQ."

153 Moreno-Madriñán and Turell, "History of Mosquitoborne Diseases in the United States and Implications for New Pathogens."

154 World Health Organization, "Influenza (Avian and Other Zoonotic)."

155 Spinney, "Smallpox and Other Viruses Plagued Humans Much Earlier Than Suspected."

156 Sample, "HIV Pandemic Originated in Kinshasa in 1920s, Say Scientists."

157 Taylor, "The Coronavirus Pandemic: A Timeline."

158 "Eastern Equine Encephalitis Virus (EEEV): The Role of Diagnostics," American Society for Microbiology.

159 Levine et al., "Mice as Reservoirs of the Lyme Disease Spirochete." US Centers for Disease Control and Prevention, "Lyme Disease."

160 US Centers for Disease Control and Prevention, "Eastern Equine Encephalitis."

161 Taubenberger.

162 "Cloaca Maxima," *Encyclopædia Britannica Online*.

163 Gum.

164 Russell, "Agricultural Colonization in the Pontine Marshes and Libya."

165 Fu, "The Secret Maoist Chinese Operation That Conquered Malaria—and Won a Nobel."

166 Steinfeld, "China's Deadly Science Lesson: How an Ill-Conceived Campaign against Sparrows Contributed to One of the Worst Famines in History."

167 Brinkley and Vitiello, "From Farm to Nuisance: Animal Agriculture and the Rise of Planning Regulation."

168 Brinkley and Vitiello.

169 Brinkley and Vitiello.

170 Brinkley and Vitiello.

171 City of New York, Board of Estimate and Apportionment, "Building Zone Resolution (Adopted July 25, 1916)."

172 Black, "Urban Agriculture: Can It Feed Our Cities?"

173 Saurine, "Slum Tour in Dharavi, Mumbai with Reality Tours and Travel."

174 Sharp and Hahn.

175 Baharoon and Memish, "MERS-CoV as an Emerging Respiratory Illness: A Review of Prevention Methods."

176 Xiao et al., "Isolation of SARS-CoV-2-Related Coronavirus from Malayan Pangolins."

177 Schountz, "Immunology of Bats and Their Viruses: Challenges and Opportunities."

178 Gorman, "How Do Bats Live With So Many Viruses?" Calisher et al., "Bats: Important Reservoir Hosts of Emerging Viruses."

179 Fan et al., "Bat Coronaviruses in China."

180 Gibb et al., "Zoonotic Host Diversity Increases in Human-Dominated Ecosystems."

181 Intergovernmental Science-Policy Platform on Biodiversity and Ecosystem Services (IPBES), *Workshop Report on Biodiversity and Pandemics of the Intergovernmental Platform on Biodiversity and Ecosystem Services (IPBES)*.

182 Franz, "The Legacy of Plan Colombia."

183 Dreher et al., "Does US Aid Buy UN General Assembly Votes? A Disaggregated Analysis."

184 Ingram, "What Every American Should Know about US Foreign Aid."

185 O'Hare, "The History of US Foreign Aid and Why It's as Important as Ever."

186 O'Hare.

187 Marconcini et al., "Outlining Where Humans Live, the World Settlement Footprint 2015."

188 Kammili et al., "Plasmid-Mediated Antibiotic Resistance among Uropathogens in Primigravid Women—Hyderabad, India."

189 US Centers for Disease Control and Prevention, "How Antibiotic Resistance Happens."

190 LaRocque and Harris, "Cholera: Clinical Features, Diagnosis, Treatment, and Prevention."

191 Farooqui et al., "Outpatient Antibiotic Prescription Rate and Pattern in the Private Sector in India: Evidence from Medical Audit Data."

192 Donthi, "Hyderabad Pharma City: A Toxic Cluster in the Making."

193 Kammili et al.

194 Ashraf et al., "Water, Health, and Wealth."

195 Ashraf et al.

196 Ashraf et al.

197 Nair et al., "Spread of *Vibrio cholerae* 0139 Bengal in India."

4장   우리의 신체는 팬데믹에 더 강해질 수 있을까?

1 Pearce, "Obesity a Major Risk Factor for COVID-19 Hospitalization."

2 US Centers for Disease Control and Prevention, "Risk for COVID-19 Infection, Hospitalization, and Death by Race/Ethnicity."

3 US Centers for Disease Control and Prevention, "Risk for COVID-19 Infection, Hospitalization, and Death by Race/Ethnicity."

4 Platt and Warwick, *Are Some Ethnic Groups More Vulnerable to COVID-19 Than Others?*

5 Sze et al., "Ethnicity and Clinical Outcomes in COVID-19: A Systematic Review and Meta-analysis."

6 Commonwealth of Massachusetts. "Weekly COVID-19 Public Health Report."

7 "More Than One-Third of U.S. Coronavirus Deaths Are Linked to Nursing Homes," *The New York Times*.

8 American Medical Association, *Issue Brief: Reports of Increases in Opioid-and Other Drug-related Overdose and Other Concerns during COVID Pandemic*.

9 World Health Organization, "Smoking and COVID-19."

10 US Centers for Disease Control and Prevention, "People with Certain Medical Conditions."

11 Scommegna, "Opioid Overdose Epidemic Hits Hardest for the Least Educated."

12 New York City Department of Health and Mental Hygiene, "Suicides in New York City, 2000 to 2014."

13 Mitcham, "The Statistics of the Disaster."

14 Grynbaum, "New York Plans to Ban Sale of Big Sizes of Sugary Drinks."

15 Fuchs, *Who Shall Live?*

16   Cutler and Glaeser, "What Explains Differences in Smoking, Drinking, and Other Health Related Behaviors?"; Lawrence, "Why Do College Graduates Behave More Healthfully Than Those Who Are Less Educated?"

17   Chetty et al., "The Association between Income and Life Expectancy in the United States."

18   McCann, "Most & Least Educated Cities in America."

19   Smithosonian National Museum of American History, "Separate Is Not Equal: Brown v. Board of Education: Jim Crow Laws."

20   Allen et al., "Comparing the Influence of Parents and Peers on the Choice to Use Drugs: A Meta-analytic Summary of the Literature."

21   Allen et al.

22   Marcoux, "These Are the 25 Richest Cities in America."

23   Tolstoy, *Anna Karenina*.

24   Chetty et al., "The Association between Income and Life Expectancy."

25   Data from Chetty et al., "The Association between Income and Life Expectancy"; Buttar et al., "Prevention of Cardiovascular Diseases: Role of Exercise, Dietary Interventions, Obesity and Smoking Cessation."

26   Buttar et al.

27   Cowley et al., "Unravelling the Glasgow Effect: The Relationship between Accumulative Bio-Psychosocial Stress, Stress Reactivity and Scotland's Health Problems."

28   Ferrières, "The French Paradox: Lessons for Other Countries."

29   Tikkanen et al., "England."

30   European Commission, "Eurostat: Database."

31   "People in Community of Madrid Live Longer, Compared to Other Europeans: European Regions with Highest Life Expectancies 2016," RList.

32   Statistics Canada, "Health At a Glance, 2011"; Weigh2Healthy, "Top 5 Healthiest Cities in Canada," *Weigh2Healthy*.

33   McGillivray, "Ottawa."

34   Citizens' Committee for Children, "Life Expectancy."

35   "Life Expectancy by London Borough," Trust for London.

36   New York City Department of Health and Hygiene, Community Health Profiles, "Brownsville"; Culliton, "This is The Deadliest Neighborhood in New York City."

37   Chan, "Data Show Manhattan is Svelte and Bronx is Chubby, Chubby."

38   Wilson, "These Graphs Show How COVID-19 Is Ravaging New York City's

Low-Income Neighborhoods."

39   Glaeser, Gorback, and Redding, "JUE Insight: How Much Does COVID-19 Increase with Mobility? Evidence from New York and Four Other U.S. Cities."

40   Bowles and Shaviro, "Bearing the Brunt: Where NYC's Hard-Hit Sector Workers Live."

41   "NYC-Queens Community District 3—Jackson Heights & North Corona PUMA, NY," Census Reporter.

42   Bengali, Linthicum, and Kim, "How Coronavirus—a 'Rich Man's Disease'—Infected the Poor."

43   Beachum, "New York's 'Patient Zero' Breaks His Silence after Surviving Covid-19."

44   Smith, "Proof! Just Six Degrees of Separation between Us."

45   US Centers for Disease Control and Prevention, "Hospitalization Rates and Characteristics of Patients Hospitalized with Laboratory-Confirmed Coronavirus Disease 2019—COVID-NET, 14 States, March 1 – 30, 2020"; Lighter et al., "Obesity in Patients Younger Than 60 Years Is a Risk Factor for COVID-19 Hospital Admission."

46   Wadman et al., "Why COVID-19 Is More Deadly in People with Obesity—Even If They're Young."

47   US Centers for Disease Control and Prevention, "Certain Medical Conditions and Risk for Severe COVID-19 Illness."

48   Malani et al., "Seroprevalence of SARS-CoV-2 in Slums and Non-Slums of Mumbai, India, during June 29-July 19, 2020."

49   Raj and Ploriya, "Prevalence of Obesity among Rehabilitated Urban Slum Dwellers and Altered Body Image Perception in India (PRESUME)."

50   "High Rate of Obese and Overweight Kids Poses Problems for SF," *San Francisco Examiner*.

51   "Counting Calories: Get Back to Weight-Loss Basics," Mayo Clinic.

52   Wilson, "Cyrus McCormick."

53   Cutler, Glaeser, and Shapiro, "Why Have Americans Become More Obese?"

54   Fryar et al., "Prevalence of Overweight, Obesity, and Severe Obesity among Adults Aged 20 and Over: United States, 1960 – 1962 through 2015 – 2016."

55   Cutler, Glaeser, and Shapiro, "Why Have Americans Become More Obese?"

56   무작위 표본집단에 음식 기록지를 주고 며칠에 걸쳐 섭취한 음식의 종류와 양을 기록하게 했다. 그리고 나중에 이 기록을 토대로 사람들이 섭취한 칼로리를 계산했다.

57   Cutler, Glaeser, and Shapiro, "Why Have Americans Become More Obese?"

58   Ritchie and Roser, "Obesity."

59   "Julia Child," PBS.

60   Poti et al., "Is the Degree of Food Processing and Convenience Linked with the Nutritional Quality of Foods Purchased by US Households?"

61   Poti et al.

62   Buccholz, "Are Fast Food Establishments Making Americans Fat?"

63   Griffith, Lluberas, and Lührmann, *Gluttony in England? Long-Term Change in Diet: IFS Briefing Note BN142*; Harper and Hallsworth, "Counting Calories."

64   Satterthwaite et al., "Urbanization and Its Implications for Food and Farming."

65   "Loose-Wiles Biscuit Tins."

66   Martinelli, "The Factory That Oreos Built."

67   "Book Review: Packaging in Today's Society, 3rd Edition, Robert J. Kelsey, Technomic Publishing Co., Inc., Lancaster, PA (1989)," in *Journal of Plastic Film & Sheeting; Warner, Pandora's Lunchbox: How Processed Food Took Over the American Meal*.

68   Testin, "New Packaging Technologies."

69   US Food and Drug Administration, "Food Irradiation: What You Need to Know."

70   Cutler, Glaeser, and Shapiro, "Why Have Americans Become More Obese?"

71   Schlosser, *Fast Food Nation*.

72   Kelsey, *Packaging in Today's Society*.

73   Library of Congress, "What Is 'Freezer Burn'?"

74   Energy Information Administration, "Households with Selected Appliances and Types of Maine Heating Fuel, Selected Years."

75   McCulloch, "Is It Safe to Eat Moldy Bread?"

76   "Sorbic Acid," ScienceDirect Topics.

77   "Food Preservative," ScienceDirect Topics.

78   Hilmers et al., "Neighborhood Disparities in Access to Healthy Foods and Their Effects on Environmental Justice"; Lewis et al., "African Americans' Access to Healthy Food Options in South Los Angeles Restaurants."

79   Powell et al., "The Availability of Fast-Food and Full-Service Restaurants in the United States: Associations with Neighborhood Characteristics."

80   Cummins et al., "McDonald's Restaurants and Neighborhood Deprivation in Scotland and England."

81   Fryar et al., *Fast Food Consumption among Adults in the United States, 2013 – 2016*.

82 "How Many Calories in McDonald's French Fries, Large," CalorieKing.

83 Davis and Stilwell, *Aristocrat in Burlap: A History of the Potato in Idaho*; Hadley, "Mr. Spud."

84 Martin, "J.R. Simplot, Farmer Who Developed First Frozen French Fries, Dies at 99."

85 "1940s: The Company's Beginnings," J.R. Simplot Company.

86 Davis and Stilwell.

87 Dunn, "J.R. Simplot."

88 Nierenberg and Nink, "Here's Why Industrial Food Is Deceivingly Cheap."

89 Lakdawalla and Philipson, "The Growth of Obesity and Technological Change."

90 Lakdawalla and Philipson.

91 Clower, "Why English Is 'the Language of Obesity'"; Cutler, Glaeser, and Shapiro, "Why Have Americans Become More Obese?"

92 Nicholson, "Germany's Beer Purity Law Is 500 Years Old. Is It Past Its Sell-By Date?"

93 Dessaux, "Chemical Expertise and Food Market Regulation in *Belle-Epoque* France."

94 US Department of Labor and US Bureau of Labor Statistics, *100 Years of U.S. Consumer Spending: Data for the Nation, New York City, and Boston*.

95 Drayer, "The Non-alcoholic's Guide to Drinking Less Alcohol."

96 O'Donoghue and Rabin, "The Economics of Immediate Gratification."

97 Gershuny and Harms, "Housework Now Takes Much Less Time: 85 Years of US Rural Women's Time Use."

98 Koch, "Needed: Federal Anti-Drug Aid."

99 US Centers for Disease Control and Prevention, "Overdose Deaths Accelerating During COVID-19."

100 Latkin et al., "Predictors of Sharing Injection Equipment by HIV-Seropositive Injection Drug Users."

101 US Centers for Disease Control and Prevention, "Data Overview: The Drug Overdose Epidemic: Behind the Numbers."

102 Saunders, *The Poppy: A History of Conflict, Loss, Remembrance, and Redemption*.

103 "Cushing Estate, 'The Bellmont' (Now in Belmont, MA)," Digital Public Library of America.

104 "Opium throughout History," PBS.

105 Cleveland Clinic, "Opioids."

106 Gable, "Comparison of Acute Lethal Toxicity of Commonly Abused Psychoactive Substances."

107 "Thomas Sydenham," *Encyclopædia Britannica Online*.

108 Estes, "John Jones's Mysteries of Opium Reveal'd (1701): Key to Historical Opiates."

109 Krishnamurthi and Rao, "The Isolation of Morphine by Serturner."

110 Musto, *Drugs in America: A Documentary History*.

111 "Pierre-Jean Robiquet," *Encyclopædia Britannica Online*.

112 "Felix Hoffmann," Science History Institute.

113 Daly, "A Clinical Study of Heroin."

114 "From Cough Medicine to Deadly Addiction, a Century of Heroin and Drug-Abuse Policy," Yale School of Medicine.

115 "Felix Hoffmann."

116 Sneader, "The Discovery of Aspirin: a Reappraisal."

117 US Drug Enforcement Administration, "2018 National Drug Threat Assessment (NDTA)."

118 Cerdá et al., "Revisiting the Role of the Urban Environment in Substance Use: The Case of Analgesic Overdose Fatalities."

119 Mandell et al., "Correlates of Needle Sharing among Injection Drug Users."

120 US Centers for Disease Control and Prevention, "HIV and Injection Drug Use"; Peters et al., "HIV Infection Linked to Injection Use of Oxymorphone in Indiana, 2014–2015."

121 Gonsalves and Crawford, "Dynamics of the HIV Outbreak and Response in Scott County, IN, USA, 2011–15: A Modelling Study."

122 Associated Press, "Pence's Handling of 2015 HIV Outbreak Gets New Scrutiny."

123 Clay, "How Portugal Is Solving Its Opioid Problem."

124 Leslie, "The Contin Delivery System: Dosing Considerations."

125 1984년에 퍼듀파마는 이 접근법을 MS 콘틴에 적용했는데, 이것은 모르핀을 체내에 느린 속도로 전달하는 것이었다. 그러나 의사들은 이 방식을 경험하고는 끔찍하게 여겼다. 이 내용의 출처는 다음을 보라. "Origins of the Opioid Epidemic: Purdue Pharma Knew of OxyContin Abuse in 1996 but Covered It Up," Democracy Now!

126 Podolsky et al., "Preying on Prescribers (and Their Patients)—Pharmaceutical Marketing, Iatrogenic Epidemics, and the Sackler Legacy."

127 Commonwealth of Massachusetts v. Purdue Pharma, First Amended Complaint and Jury Demand, January 31, 2019.

128 Porter and Jick, "Addiction Rare in Patients Treated with Narcotics."

129 "101 Words That Spelled Death," *Freedom*.

130 National Drug Intelligence Center, "Abuse"; Zhang, "The One-Paragraph Letter from 1980 That Fueled the Opioid Crisis."

131 1990년대 초반은 또한 마약에 빠진 퇴폐미를 뜻하는 '헤로인 시크(heroin chic)'의 시대로 알려지기도 했는데, 커트 코베인을 비롯한 인기 가수들이 헤로인 중독자였다.

132 National Drug Intelligence Center.

133 Tough, "The Alchemy of OxyContin."

134 *Evaluating the Propriety and Adequacy of the Oxycontin Criminal Settlement: Hearing Before the Committee on the Judiciary, United States Senate*, 110th Cong., First Session, July 31, 2007.

135 Meara et al., "State Legal Restrictions and Prescription-Opioid Use among Disabled Adults."

136 Kornfield et al., "Purdue Pharma Agrees to Plead Guilty to Federal Criminal Charges in Settlement over Opioid Crisis."

137 Zhu et al., "Initial Opioid Prescriptions among U.S. Commercially Insured Patients, 2012-2017."

138 Bonnie et al., *Pain Management and the Opioid Epidemic: Balancing Societal and Individual Benefits and Risks of Prescription Opioid Use*.

139 Cicero and Ellis, "Abuse-Deterrent Formulations and the Prescription Opioid Abuse Epidemic in the United States."

140 US Centers for Disease Control and Prevention, "Synthetic Opioid Overdose Data."

141 Horwitz and Higham, "The Flow of Fentanyl: In the Mail, over the Border."

142 US Centers for Disease Control and Prevention, "Understanding the Epidemic"; Evans et al., "How the Reformulation of OxyContin Ignited the Heroin Epidemic."

143 US Centers for Disease Control and Prevention, "Urban-Rural Differences in Drug Overdose Death Rates, by Sex, Age, and Type of Drugs Involved, 2017."

144 Scommegna, "Opioid Overdose Epidemic Hits Hardest for The Least Educated."

145 Cutler et al., "Socioeconomic Status and the Experience of Pain: An Example from Knees."

146 Stevenson and Wolfers, "Subjective Well-Being and Income: Is There Any

Evidence of Satiation?"

147 Zarroli, "'Deaths of Despair' Examines the Steady Erosion of U.S. Working-Class Life."

148 Stephenson, "Drug Overdose Deaths Head toward Record Number in 2020, CDC Warns."

149 Turner, "Crack Epidemic"; Grogger and Willis, "The Emergence of Crack Cocaine and the Rise in Urban Crime Rates."

150 Cullen and Levitt, "Crime, Urban Flight, and the Consequences for Cities."

151 Medicare, "Pain Management."

152 Maloney and Chaudhuri, "Against All Odds, the U.S. Tobacco Industry Is Rolling in Money."

153 Cummings et al., "Failed Promises of the Cigarette Industry and Its Effect on Consumer Misperceptions about the Health Risks of Smoking"; Hilts, "Tobacco Chiefs Say Cigarettes Aren't Addictive."

154 Kearns et al., "Sugar Industry and Coronary Heart Disease Research."

155 Gustin, "This Is How the Government Decides What You Eat."

156 Sharpless, "How FDA Is Regulating E-Cigarettes."

157 Smith, *The Wealth of Nations*.

158 Martuzzi, "The Precautionary Principle: In Action for Public Health."

159 Spector, "In Emails, Sacklers Fret over Wealth, Opioid Business."

160 World Health Organization, "Worldwide Burden of Disease from Exposure to Second-Hand Smoke."

161 US Centers for Disease Control and Prevention, "Impaired Driving: Get the Facts"; US Department of Transportation, National Highway Traffic Safety Administration, *Traffic Safety Facts: Alcohol-Impaired Driving 2016 Data*.

162 US Centers for Disease Control and Prevention, "HIV and Substance Use."

163 Hummer and Hernandez, "The Effect of Educational Attainment on Adult Mortality in the United States."

164 Wong et al., "Successful Schools and Risky Behaviors Among Low-Income Adolescents."

165 Novotney, "The Psychology of Scarcity."

166 Organisation for Economic Co-operation and Development, *Equity and Quality in Education: Supporting Disadvantaged Students and Schools*.

167 Benos and Karagiannis, "Do Education Quality and Spillovers Matter? Evidence on Human Capital and Productivity in Greece."

168 Whittaker, "Cigarette Tax Hike Proposed For New York State."

169 Carden, "Indiana Lawmakers Eyeing Cigarette Tax Hike to Reduce Hoosier Smoking Rate."

170 US Centers for Disease Control and Prevention, "State Smoke-Free Laws for Worksites, Restaurants, and Bars—United States, 2000-2010."

171 Fletcher and Marksteiner, "Causal Spousal Health Spillover Effects and Implications for Program Evaluation."

172 그러나 1919년에 발생한 스페인독감 팬데믹은 면역체계가 건강할수록 이 전염병에 취약했다.

173 US Centers for Disease Control and Prevention, "Smoking Cessation: Fast Facts."

174 US Department of Health and Human Services, "Opioid Crisis Statistics."

175 Cutler et al., "A Satellite Account for Health in the United States"; Dieleman et al., "US Health Care Spending by Payer and Health Condition, 1996−2016."

5장 비싼 의료비가 도시를 구하지 못한 이유

1 Johns Hopkins Coronavirus Resource Center, "Mortality Analyses"; Organisation for Economic Cooperation and Development, "Health Spending."

2 "City of Lubbock Reports 9 Additional COVID-19 Deaths, 312 New Cases," EverythingLubbock.

3 De Lew et al., "A Layman's Guide to the U.S. Health Care System."

4 National Academies of Science, Engineering, and Medicine, *Communities in Action: Pathways to Health Equity*.

5 Scott, "9 Things Americans Need to Learn from the Rest of the World's Health Care Systems."

6 Cutler, *The Quality Cure*; Cutler, *Your Money or Your Life*.

7 Hero et al., "Understanding What Makes Americans Dissatisfied with Their Health Care System: An International Comparison."

8 Tikkanen and Abrams, *U.S. Health Care from a Global Perspective, 2019: Higher Spending, Worse Outcomes?*

9 "What Country Spends the Most on Healthcare?," Investopedia; Organisation for Economic Co-operation and Development, "Health Spending."

10 Lovelace, "Warren Buffett: Bezos, Dimon and I Aim for Something Bigger on Health Care Than Just Shaving Costs."

11 Schoen and Doty, "Inequities in Access to Medical Care in Five Countries: Findings from the 2001 Commonwealth Fund International Health Policy

Survey."

12   Afana, Brinjikji, Cloft, et al., "Hospitalization Costs for Acute Myocardial Infarct on Patients Treated with Percutaneous Coronary Intervention in the United States are Substantially Higher than Medicare Payments."

13   Yamada, "Verdugo Views: There Was a Time When a Hospital Stay Cost $4 a Day."

14   "A Brief History of Private Insurance in the United States," Academic HealthPlans.

15   Carroll, "The Real Reason the U.S. Has Employer-Sponsored Health Insurance."

16   Marquis and Buntin, "How Much Risk Pooling Is There in the Individual Insurance Market?"

17   Council on Foreign Relations, "Demographics of the U.S. Military"; Stockholm International Peace Research Institute, "SIPRI Military Expenditure Database."

18   Wilson, *The New Freedom: A Call for the Emancipation of the Generous Energies of a People*.

19   "Progressive Party Platform of 1912," Teaching American History.

20   "Address at the Jefferson Day Dinner," Harry S. Truman Library and Museum.

21   "Special Message to the Congress Recommending a Comprehensive Health Program," Harry S. Truman Library and Museum.

22   "Special Message to the Congress Recommending Comprehensive Health Program," Healthcare Now!

23   *Platforms of the Democratic Party and the Republican Party*.

24   D. S. G., "Medical Care: Changes in the Political Terrain."

25   "1960 Democratic Platform," *Patriot Post*.

26   "Medicare," *The Lancet*; Social Security Administration, "Social Security History: Chapter 4: The Fourth Round—1957 to 1965."

27   "Medicare," *The Lancet*.

28   Smith, "In 1974, a Stripper Known as the 'Tidal Basin Bombshell' Took Down the Most Powerful Man in Washington."

29   Bertram, "Democratic Divisions in the 1960s and the Road to Welfare Reform."

30   Zelizer, *Taxing America: Wilbur D. Mills, Congress, and the State, 1945 –1975*.

31   Gorsky, "The British National Health Service 1948 – 2008: A Review of the Historiography."

32   Shafrin, "The Development of Universal Health Care in Sweden."

33   Canadian Health Coalition, "History of Canada's Public Health Care."

34 Rose, *Financing Medicaid: Federalism and the Growth of America's Health Care Safety Net*.

35 "50th Anniversary of Medicare and Medicaid," LBJ Presidential Library.

36 Early Childhood Learning and Knowledge Center/ Head Start, "Types of Grants."

37 Starr, *The Social Transformation of American Medicine*.

38 Schieber, "Health Expenditures in Major Industrialized Countries, 1960 – 87."

39 Kamal et al., "How Does Health Spending in the U.S. Compare to Other Countries?"

40 Cutler and Ly, "The (Paper) Work of Medicine: Understanding International Medical Costs."

41 Cutler and Ly; Cutler, "Reducing Administrative Costs in U.S. Health Care."

42 Martin et al., "Canada's Universal Health-Care System: Achieving Its Potential."

43 Tikkanen et al., "Canada."

44 Anderson et al., "It's The Prices, Stupid: Why the United States Is So Different from Other Countries."

45 "Insulin Costs up to 10 Times More in US Compared with Other Nations," Kaiser Health News.

46 Silverman, "One-Quarter of People with Diabetes in the U.S. Ration Their Insulin."

47 "Ways and Means Committee Releases Report on International Drug Pricing," Ways and Means Committee.

48 Gross et al., "International Pharmaceutical Spending Controls: France, Germany, Sweden, and the United Kingdom."

49 Cutler and Ly; Young, "The Economic Impact of Brain Drain."

50 Kaiser Family Foundation, "The U.S. Has Fewer Physicians and Hospital Beds per Capita Than Italy and Other Countries Overwhelmed by COVID-19."

51 US National Institutes of Health, "NIH-Funded Studies Show Stents and Surgery No Better than Medication, Lifestyle Changes at Reducing Cardiac Events."

52 Finkelstein, "The Aggregate Effects of Health Insurance: Evidence from the Introduction of Medicare."

53 Gallagher, "Coronavirus Vaccine: UK Government Signs Deals for 90 Million Doses."

54 "Pfizer and BioNTech Announce an Agreement with U.S. Government for up to 600 Million Doses of mRNA-based Vaccine Candidate against SARS-

CoV-2," *Business Wire*.

55 Pérez-Peña, "How the Vaccine Rollout Will Compare in Britain, Canada and the U.S."

56 World Health Organization, "Influenza-like Illness in the United States and Mexico."

57 US Centers for Disease Control and Prevention, "The 2009 H1N1 Pandemic: Summary Highlights, April 2009-April 2010."

58 Silverman, "Financing and Scaling Innovation for the COVID Fight: A Closer Look at Demand-Side Incentives for a Vaccine."

59 Cutler, *Your Money or Your Life*; Mampuya, "Cardiac Rehabilitation Past, Present and Future: An Overview."

60 Cutler, *Your Money or Your Life*; Aquilina et al., "Normal Adult Coronary Angiography."

61 Cutler, *Your Money or Your Life*; Melly et al., "Fifty Years of Coronary Artery Bypass Grafting."

62 Cutler, *Your Money or Your Life*; Barton et al., "Balloon Angioplasty—The Legacy of Andreas Grüntzig, M.D. (1939 – 1985)."

63 Cutler, *Your Money or Your Life*; Schmidt and Abbott, "Coronary Stents: History, Design, and Construction."

64 Starr, *The Social Transformation of American Medicine*.

65 "Physician Board Certification Is on the Rise: More Than 900,000 Are Certified in the US," American Board of Medical Specialties.

66 Merritt Hawkins, *2020 Review of Physician and Advanced Practitioner Recruiting Incentives and the Impact of COVID-19*.

67 Cutler, *Your Money or Life*.

68 Harding, "Heart Stents Used Twice as Often in U.S. vs. Canada"; Tu et al., "Use of Cardiac Procedures and Outcomes in Elderly Patients with Myocardial Infarction in the United States and Canada."

69 Mehrotra et al., "The Impact of the COVID-19 Pandemic on Outpatient Visits: A Rebound Emerges."

70 Paradise, "Data Note: A Large Majority of Physicians Participate in Medicaid."

71 "Oil Crisis of the 1970s," Energy Education.

72 HealthCare.gov, "UCR (Usual, Customary, and Reasonable)."

73 Chapin, "Why Insurance Companies Control Your Medical Care."

74 Haviland et al., "Consumer-Directed Plans Could Cut Health Costs Sharply, but Also Discourage Preventive Care."

75　Claxton et al., *Employer Health Benefits: KFF 2020 Annual Survey*.

76　Manning et al., "Health Insurance and the Demand for Medical Care: Evidence from a Randomized Experiment."

77　Brot-Goldberg et al., "What Does a Deductible Do? The Impact of Cost-Sharing on Health Care Prices, Quantities, and Spending Dynamics."

78　Healthcare.gov, "Preauthorization."

79　"Partly False Claim: President Trump Signed Executive Order 13769, Temporarily Barring Foreigners from Entering the U.S. If They Had Been to China," Reuters.

80　Willman, "Contamination at CDC Lab Delayed Rollout of Coronavirus Tests."

81　Lopez, "Why America's Coronavirus Testing Barely Improved in April."

82　"Canada Shows How Easy Virus Testing Can Be," ResetEra.

83　Lagu et al., "Why Don't Hospitals Have Enough Masks? Because Coronavirus Broke the Market."

84　Chopra et al., "How Should U.S. Hospitals Prepare for Coronavirus Disease 2019 (COVID-19)?"

85　Ranney et al., "Critical Supply Shortages—The Need for Ventilators and Personal Protective Equipment during the Covid-19　Pandemic."

86　Lopez, "Why America Ran out of Protective Masks—and What Can Be Done about It."

87　Lagu et al. "Why Don't Hospitals Have Enough Masks? Because Coronavirus Broke the Market"; Lopez, "Why America Ran out of Protective Masks"; Ranney et al.

88　Kulish et al., "The U.S. Tried to Build a New Fleet of Ventilators. The Mission Failed."

89　Pfeiffer et al., "Despite Early Warnings, U.S. Took Months to Expand Swab Production for COVID-19 Test"; Lopez, "Why America's Coronavirus Testing Barely Improved in April."

90　Baccini et al., "The COVID-19 Pandemic and the 2020 U.S. Presidential Election."

91　Leonard and Howitt, "Katrina as Prelude: Preparing for and Responding to Katrina-Class Disturbances in the United States—Testimony to U.S. Senate Committee, March 8, 2006."

92　"Joan of Arc (c. 1412-1431)," Biography.com.

93　Kosar, "The Executive Branch's Response to the Flood of 1927."

94　Leonard, "Command Under Attack: What We've Learned since 9/11 about

Managing Crises."

95 Gates et al., "The Initial Response to the Boston Marathon Bombing: Lessons Learned to Prepare for the Next Disaster."

96 Commonwealth of Massachusetts, "Governor's FY2020 Budget Recommendation: Appropriation for Department of Public Health."

97 McCluskey, "Partners HealthCare Generates $14 Billion in Revenue."

98 Wallace-Wells, "Can Coronavirus Contact Tracing Survive Reopening?"

99 Weber et al., "Hollowed-Out Public Health System Faces More Cuts amid Virus."

100 Source data from Chetty et al., "The Association between Income and Life Expectancy in the United States."

101 "Ten Great Public Health Achievements—United States, 1900–1999," *JAMA*.

102 "Impact of Vaccines Universally Recommended for Children—United States, 1900–1998," *JAMA*.

103 Cutler and Miller, "The Role of Public Health Improvements in Health Advances: The 20th Century United States."

104 US Centers for Disease Control and Prevention, "Safer and Healthier Foods."

105 US Centers for Disease Control and Prevention, "Motor-vehicle safety: a 20th century public health achievement."

106 US Centers for Disease Control and Prevention, "Motor-Vehicle Safety: A 20th Century Public Health Achievement."

107 Cutler et al., "Explaining the Slowdown in Medical Spending Growth among the Elderly, 1999–2012."

108 Daschle et al., *Critical: What We Can Do about the Health-Care Crisis*.

109 Petriceks et al., "Trends in Geriatrics Graduate Medical Education Programs and Positions, 2001 to 2018."

110 "Louis Pasteur," *Encyclopædia Britannica Online*.

111 Lubrano, "The World Has Suffered through Other Deadly Pandemics. But the Response to Coronavirus Is Unprecedented."

112 World Health Organization Global Influenza Program Surveillance Network, "Evolution of H5N1 Avian Influenza Viruses in Asia."

113 McNeil, "U.S. Reaction to Swine Flu: Apt and Lucky."

114 Oh et al., "Middle East Respiratory Syndrome: What We Learned from the 2015 Outbreak in the Republic of Korea."

115 US Centers for Disease Control and Prevention, "2014–2016 Ebola Outbreak in West Africa."

116   Gates, "The Next Outbreak? We're Not Ready."

117   US Centers for Disease Control and Prevention, *National Strategy for Pandemic Influenza. Homeland Security Council*; Pandemic Prediction and Forecasting Science and Technology Working Group of the National Science and Technology Council, *Towards Epidemic Prediction: Federal Efforts and Opportunities in Outbreak Modeling*.

118   Sang-hun, "Shadowy Church Is at Center of Coronavirus Outbreak in South Korea."

119   Thompson, "What's Behind South Korea's COVID-19 Exceptionalism?

120   Martin and Yoon, "South Korea Widens Testing in Daegu as It Steps Up War on Coronavirus."

121   Bremmer, "The Best Global Responses to COVID-19 Pandemic."

122   LeDuc and Barry, "SARS, the First Pandemic of the 21st Century."

123   Hamm, "Holyoke, Chelsea Soldiers' Homes Receive Coronavirus Vaccine."

124   Commonwealth of Massachusetts, "Soldiers' Home in Holyoke."

125   Jorgenson, "Holyoke Soldiers' Home, Site of Deadly Outbreak, Dealt with Systemic Issues for Years, Staffers and Union Say."

126   Associated Press, "2 Charged for Handling of Virus Outbreak at Veterans Home."

127   "Holyoke Soldiers' Home," *New England Journal of Medicine*.

128   Asiamah, "State: Deaths at Soldiers' Home in Holyoke Reaches 94, Covid-19 Retesting Shows Improvement."

129   Connors, "Management Change, Fewer Residents Eyed for Soldiers' Home."

130   Barry, "Independent Report on Holyoke Soldiers' Home COVID-19 Crisis Paints Early Decisions by Superintendent Bennett Walsh as 'a Catastrophe'."

131   Barry, "Former Holyoke Soldiers' Home Superintendent Bennett Walsh, Medical Director David Clinton Arraigned on Charges Linked to COVID-19 Outbreak."

132   "More Than One-Third of U.S. Coronavirus Deaths are in Nursing Homes," *The New York Times*.

133   Quadagno and Stahl, "Challenges in Nursing Home Care: A Research Agenda."

134   Sudo, "Long-Term Care Executive Salaries Rose 2.8% in 2019."

135   Battenfeld, "Coronavirus Veteran Deaths in Holyoke Put Federal Heat on Charlie Baker."

136   Brown, "Nursing Homes Account for More Than Half of Total COVID-19 Deaths in Massachusetts."

137 Chen et al., "Nursing Home Staff Networks and COVID-19."

138 Tully et al., "70 Died at a Nursing Home as Body Bags Piled Up. This Is What Went Wrong."

139 Barnett et al., "Mortality, Admissions, and Patient Census at SNFs in 3 US Cities During the COVID-19 Pandemic."

140 "Nursing Home Costs and Ways to Pay," Care.com.

141 Stack, "A Sudden Coronavirus Surge Brought Out Singapore's Dark Side."

142 Stack.

143 Beech, "Singapore Seemed to Have Coronavirus Under Control, until Cases Doubled."

144 "Why Pandemic Disease and War Are So Similar," *Business Insider*.

145 "New Zealand," Worldometer.

146 Roy, "'Can I Really Do This?' New Zealand's Ashley Bloomfield Reveals Self-Doubts at Height of Covid."

147 Meixler, "New Zealand's Jacinda Ardern Made History by Bringing Baby Neve to the U.N."

148 World Health Organization, "New Zealand Takes Early and Hard Action to Tackle COVID-19."

149 Jefferies et al., "COVID-19 in New Zealand and the Impact of the National Response: A Descriptive Epidemiological Study."

150 Somerville, "New Zealand's Covid Response: Why Early Lockdown and Stringent Quarantine Kept Cases Down to Fewer Than 2,000."

151 "New Zealand: Government Declares State of Emergency March 25 /Update 5," GardaWorld.

152 New Zealand Government, "Managed Isolation and Quarantine"; "Focusing On Preservatives: How They Keep Food Fresh," ScienceDaily.

153 "Coronavirus: How New Zealand Relied on Science and Empathy," BBC News.

154 New Zealand Government, Ministry of Health, "COVID-19: Current Cases."

155 New Zealand Parliament, "Daily Progress for Tuesday, 28 April 2020."

156 New Zealand Government, "Alert Level 2."

157 New Zealand Government, Ministry of Health.

158 New Zealand Government, "About the Alert System."

159 "New Zealand Election: Jacinda Ardern's Labour Party Scores Landslide Win," BBC News.

160 "Jacinda Ardern: 'Tooth Fairy and Easter Bunny Are Essential Workers,'" BBC News.

161 Burrows, "Ardern Responds to Fears Politicians Could Become COVID-19 'Super-Spreaders' during Election Campaign."

162 Overby et al., "The China Syndrome: The Impact of the SARS Epidemic in Southeast Asia."

163 Hernández and Horton, "Taiwan's Weapon against Coronavirus: An Epidemiologist as Vice President."

164 Sim, "From Sars to Covid-19, What Lessons Has Singapore Learned?"

165 Ellyatt, "German Covid Cases are Rising Exponentially"; British Columbia Centre for Disease Control, "BC COVID-19 Cases."

166 "Why Germany's Low COVID-19 Death Rate Might Be a Mirage," CBC News.

167 Posaner, "Germany's Merkel Bans Meetings of More Than 2 People to Slow Coronavirus."

168 "Combating the Coronavirus Pandemic: Bosch Develops Rapid Test for COVID-19," Bosch Global.

169 Robert Koch Institute, "Navigation and Service."

170 McWilliams et al., "Medicare Spending after 3 Years of the Medicare Shared Savings Program."

171 Goldstein, "Trump Administration Says It Will Pay Hospitals for Treating Uninsured Covid-19 Patients."

6장 로봇이 질병을 확산시킬까?

1 US Bureau of Labor Statistics, "Databases, Tables & Calculators by Subject."

2 US Department of Commerce, Bureau of Economic Analysis, "Gross Domestic Product, Second Quarter 2020 (Advance Estimate) and Annual Update."

3 UK Office for National Statistics, "GDP First Quarterly Estimate, UK."

4 Routt, "The Economic Impact of the Black Death."

5 Davis, "An Annual Index of U. S. Industrial Production, 1790-1915."

6 Autor, Katz, and Kearney, "The Polarization of the U.S. Labor Market."

7 Routt.

8 Broadberry et al., *British Economic Growth, 1270-1870*, 207.

9 Broadberry et al., 207.

10 Data from Munro, "My Research Data Online: Spreadsheets, Tables, Publications."

11 Routt.

12 Domar, "The Causes of Slavery or Serfdom: A Hypothesis."

13   Voigtländer and Voth, "How the West 'Invented' Fertility Restriction."

14   Meier, "The 'Justinianic Plague': The Economic Consequences of the Pandemic in the Eastern Roman Empire and Its Cultural and Religious Effects."

15   Routt.

16   Pamuk, "The Black Death and the Origins of the 'Great Divergence' across Europe, 1300–1600."

17   Scott, *How the Old World Ended: The Anglo-Dutch-American Revolution 1500–1800*.

18   Morrill, "Great Plague of London."

19   Pepys, "Friday 14 July 1665."

20   Pepys, "Sunday 3 September 1665."

21   Pepys, "Sunday 3 September 1665."

22   McKenna, "Eyam Plague: The Village of the Damned."

23   Metcalfe, "The History of Woolsorters' Disease: A Yorkshire Beginning with an International Future?," 491–92.

24   Cummins, Kelly, and Ó Gráda, "Living Standards and Plague in London, 1560–1665."

25   Bryant, "Samuel Pepys: English Diarist and Naval Administrator."

26   Crafts and Mills, "From Malthus to Solow: How Did the Malthusian Economy Really Evolve?"

27   Leonard, "Sir Robert Peel—Arch Pragmatist or Tory Traitor?"

28   "Who Wants to Be a Millionaire?," *The Guardian*.

29   Fitton, *The Arkwrights: Spinners of Fortune*, 152.

30   우리 저자들이 이 사건들을 알 수 있었던 것은 전적으로 카를라 수 패터슨(Carla Sue Patterson)이 쓴 미발표 박사 논문 덕분인데, 이 논문은 영국의 공장들에서 보건 환경 개선의 변천사를 다루었다.

31   Guthrie, "The Influence of the Leyden School upon Scottish Medicine."

32   Waterston, Shearer, and Royal Society of Edinburgh, *Former Fellows of the Royal Society of Edinburgh, 1783–2002*, 728.

33   "Benjamin Franklin and the Manchester Lit & Phil," Manchester Literary and Philosophical Society.

34   Waddington, "The Development of Medical Ethics—a Sociological Analysis," 36.

35   Waddington, 39.

36   Percival, "Experiments and Observations on the Waters of Buxton and Matlock, in Derbyshire, by Thomas Percival, of Manchester, M. D. and F. R. S."

37   Percival and Price, "V. Observations on the State of Population in Manchester, and Other Adjacent Places," 324.

38   Pickstone, "Thomas Percival and the Production of Medical Ethics."

39   Percival, *The Works, Literary, Moral, and Medical, of Thomas Percival, M.D.*, 297.

40   Percival, *The Works*.

41   Schregle, "Labor Law."

42   UK Parliament, "Petition from Manufacturers and Merchants of Manchester against the Foreign Slave Trade Abolition Bill."

43   Stigler, "The Theory of Economic Regulation."

44   Buford, "Assumption of Risk under the Federal Employers' Liability Act."

45   Fishback and Kantor, "'Square Deal' or Raw Deal? Market Compensation for Workplace Disamenities, 1884-1903."

46   National Park Service, "The Mill Girls of Lowell."

47   Gash, "Robert Peel."

48   Metcalfe, 491 -92.

49   Specht, "The Price of Plenty: How Beef Changed America."

50   Schumann and Uppala, "Ergot of Rye."

51   Blum, "How Henry Heinz Used Ketchup to Improve Food Safety."

52   Hawks, dir., *Red River*.

53   Dreiser, *Sister Carrie*.

54   White, *The Book of Daniel Drew: A Glimpse of the Fisk-Gould-Tweed Régime from the Inside*, 44-54.

55   Davis and Lin, *Factors Affecting U.S. Pork Consumption*.

56   Rydell, dir., *The Cowboys*.

57   "Gustavus Swift." *Encyclopædia Britannica Online*.

58   "Gustavus Swift." *Encyclopædia Britannica Online*.

59   Farley and Geison, "Science, Politics and Spontaneous Generation in Nineteenth-Century France: The Pasteur-Pouchet Debate."

60   Ullmann, "Louis Pasteur."

61   Grove, "Cookie Capital in the Universe of Cookie-Making, the Chicago Area Ranks as a Sweet, Hot, Big, Gooey Chocolate Chip."

62   Lohnes, "The Jungle."

63   Beeston, "Book Club: The Jungle by Upton Sinclair."

64   Lopez, "The War on Drugs, Explained."

65   "Three More Hospitalised in Milk Scandal," *The Age*.

66 Ronderos, *Stabilization of the U.S. Manufacturing Sector and Its Impact on Industrial Space*, 29.

67 Ronderos.

68 Johnson and Mueller, "Updating the Accounts: Global Mortality of the 1918 – 1920 'Spanish' Influenza Pandemic," 111.

69 Johnson and Mueller, 105.

70 Strochlic and Champine, "How Some Cities 'Flattened the Curve' during the 1918 Flu Pandemic."

71 Velde, "What Happened to the US Economy During the 1918 Influenza Pandemic? A View Through High-Frequency Data."

72 Leon, "The Life of American Workers in 1915."

73 Leon.

74 Leon.

75 Leon.

76 US Bureau of Labor Statistics, "Table A-14. Unemployed Persons by Industry and Class of Worker, Not Seasonally Adjusted."

77 Velde, 9.

78 Karlamangla, "With Coronavirus Spreading in L.A. County Supermarkets, Here Are Some Tips for Shopping Safely."

79 Leon.

80 Jevons, *The Coal Question: An Inquiry Concerning the Progress of the Nation, and the Probable Exhaustion of Our Coal-Mines*.

81 *"Out-Producing the Enemy": American Production During WWII*.

82 Livingston, "Magnitude of Transition From War Production."

83 Ghanbari and McCall, "Current Employment Statistics Survey: 100 Years of Employment, Hours, and Earnings."

84 Data from US Bureau of Labor Statistics, "All Employees, Manufacturing/All Employees, Total Non-farm."

85 Rhodes, "Manufacturing: Statistics and Policy," 3.

86 "France Payroll Employment in Manufacturing," Trading Economics.

87 다음에서 나온 자료다. US Bureau of Labor Statistics, "All Employees, Service-Providing."

88 다음에서 나온 자료다. US Bureau of Labor Statistics, "All Employees, Retail Trade."

89 다음에서 나온 자료다. US Bureau of Labor Statistics, "All Employees, Leisure and Hospitality."

90   다음에서 나온 자료다. US Bureau of Labor Statistics, "All Employees, Manufacturing."

91   다음에서 나온 자료다. US Bureau of Labor Statistics, "All Employees, Food Services and Drinking Places."

92   다음에서 나온 자료다. US Bureau of Labor Statistics, "All Employees, Professional and Business Services."

93   다음에서 나온 자료다. US Bureau of Labor Statistics, "All Employees, Education and Health Services."

94   Chen, "IBM's Watson Gave Unsafe Recommendations for Treating Cancer."

95   Florida, *Rise of the Creative Class*.

96   다음에서 나온 자료다. US Bureau of Labor Statistics, "All Employees, Construction."

97   다음에서 나온 자료다. US Bureau of Labor Statistics, "All Employees, Warehousing and Storage."

98   다음에서 나온 자료다. US Bureau of Labor Statistics, "All Employees, Truck Transportation."

99   "Harry's Bar, Florence, Italy," The Martini Hour.

100   다음에서 나온 자료다. US Bureau of Labor Statistics, "All Employees, Food Services and Drinking Places."

101   다음에서 나온 자료다. US Bureau of Labor Statistics, "Employed Full Time: Wage and Salary Workers: Bartenders Occupations: 16 Years and Over."

102   Chaudhuri and Maloney, "As Americans Drink Less Alcohol, Booze Makers Look Beyond the Barrel."

103   다음에서 나온 자료다. US Bureau of Labor Statistics, "Employed Full Time: Wage and Salary Workers: Waiters and Waitresses Occupations: 16 Years and Over."

104   Bartik et al., "How Are Small Businesses Adjusting to COVID-19?"

105   Glaeser, Gorback, and Redding, "JUE Insight: How Much Does COVID-19 Increase with Mobility? Evidence from New York and Four Other U.S. Cities."

106   Glaeser, Gorback, and Redding, "JUE Insight: How Much Does COVID-19 Increase with Mobility? Evidence from New York and Four Other U.S. Cities."

107   Bartik et al., "How Are Small Businesses Adjusting?"

108   "Biden Says Some Waste Inevitable Part of Stimulus," Reuters.

109   Grunwald, "Five Myths about Obama's Stimulus."

110   Rogers, "Senate Passes $787 Billion Stimulus Bill."

111   Carney, "Obstacles Mount for Deal on next Coronavirus Bill."

112   "The Paycheck Protection Program Is in Dire Need of Reform," *The*

Washington Post.

113 Bartik et al., "The Targeting and Impact of Paycheck Protection Program Loans to Small Businesses."

114 Bartik et al., "The Targeting and Impact."

115 US Bureau of Labor Statistics, "Unemployment Rate."

116 US Bureau of Labor Statistics, "The Employment Situation—July 2020," 28.

117 "Donald Trump Ron DeSantis Press Conference Transcript."

118 Ross, "Florida Coronavirus Deaths Surpass 1,200, Cases Pass 33,000."

119 US Bureau of Labor Statistics, "All Employees: Leisure and Hospitality in Florida."

120 Glaeser et al., "Learning from Deregulation: The Asymmetric Impact of Lockdown and Reopening on Risky Behavior During COVID-19."

121 Sheridan et al., "Social Distancing Laws Cause Only Small Losses of Economic Activity during the COVID-19 Pandemic in Scandinavia."

122 Chauvin, Glaeser, and Kestelman, "Regulation and Mobility in Brazil."

123 "Donald Trump Ron DeSantis Press Conference Transcript," Rev.

124 Cheng, "Covid 19 Coronavirus: Prime Minister Jacinda Ardern's D-Day Decision Already Made for Her."

125 Glaeser et al., "Learning from Deregulation."

126 "Florida Coronavirus Map and Case Count," *The New York Times.*

127 Tisch et al., "Florida Suspends Drinking at Bars."

128 "Florida Coronavirus Map and Case Count."

129 Selig and Vazquez, "Miami-Dade Closing Indoor Dining amid Coronavirus Spike; Gyms Can Now Stay Open."

130 "Florida Coronavirus Map and Case Count."

131 "Florida Coronavirus Map and Case Count."

132 Chinitz, "Contrasts in Agglomeration: New York and Pittsburgh."

133 Glaeser, *Triumph of the City,* 41.

134 Sherman-Palladino, exec. prod. and dir., *The Marvelous Mrs. Maisel.*

135 Amerman, "Sandy Weill 1933 - ."

136 Glaeser, Kerr, and Kerr, "Entrepreneurship and Urban Growth: An Empirical Assessment with Historical Mines."

137 Decker et al., "The Role of Entrepreneurship in US Job Creation and Economic Dynamism."

138 Decker et al. "The Secular Decline in Business Dynamism in the U.S."

139 Klapper, Laeven, and Rajan, "Entry Regulation as a Barrier to Entrepreneurship."

140 Goldschlag and Tabarrok, "Is Regulation to Blame for the Decline in American Entrepreneurship?"

141 City of Boston, *Licenses & Permits for Retail Shop Owners*.

142 City of New York, "NYC Business: Get Help with Licenses and Permits."

143 US Department of the Treasury Office of Economic Policy, Council of Economic Advisers, and US Department of Labor, *Occupational Licensing: A Framework for Policymakers*; Kleiner and Krueger, "The Prevalence and Effects of Occupational Licensing."

144 Institute of Medicine, *The Future of Nursing: Leading Change, Advancing Health*.

145 Glaeser and Sunstein, "Regulatory Review for the States."

146 Cooper, *The War against Regulation: From Jimmy Carter to George W. Bush*; Institute of Medicine.

147 Bump, *Official Audit Report: Devens Enterprise Commission*.

148 "Blockbuster Project Proof of Devons Lure," *The Sun* (Lowell).

149 Keynes, "Economic Possibilities for Our Grandchildren (1930)."

150 Gulliford, "Research Indicates That Men Are More Likely to Suffer Adverse Health Consequences as a Result of Being Unemployed Than Women."

151 Krantz-Kent, "Television, Capturing America's Attention at Prime Time and Beyond."

7장 도심의 미래는 어떤 모습일까?

1 Toffler, *The Third Wave*, 210.

2 Goudreau, "Back To the Stone Age?"

3 Friedman, "Google Employees Will Work from Home until Summer 2021."

4 Bartik et al., "What Jobs Are Being Done at Home During the Covid-19 Crisis?"

5 Harrington and Emanuel, "'Working' Remotely? Selection, Treatment, and Market Provision of Remote Work."

6 Harrington and Emanuel.

7 Krugman, "Increasing Returns and Economic Geography."

8 Barr, *Building the Skyline: The Birth and Growth of Manhattan's Skyscrapers*.

9 Barr.

10 "New York Stock Exchange," *Encyclopædia Britannica Online*.

11 Hershkowitz, "Some Aspects of the New York Jewish Merchant and

Community, 1654 – 1820."

12 "Sir Joseph Paxton," *Encyclopædia Britannica Online*.

13 Ardagh, "Paris: The Halles."

14 "William Le Baron Jenney," *Encyclopædia Britannica Online*.

15 "Elisha Otis." *Encyclopædia Britannica Online*.

16 "William Le Baron Jenney."

17 "New York City Transit—History and Chronology," World-Wide Business Centres.

18 "Death of John Stephenson; the Builder of Street Cars Passes Away Suddenly," *The New York Times*.

19 "George Stephenson," *Encyclopædia Britannica Online*.

20 Carman, *The Street Surface Railway Franchises of New York City*, 23.

21 Carman, 23.

22 "Cornelius Vanderbilt," *Encyclopædia Britannica Online*.

23 Rohde, "Why Investors Should Consider Chicago's Real Estate Market in 2021."

24 Andreevska, "Where Should You Invest in the Boston Real Estate Market?"

25 National Association of Realtors, "Metro Home Prices Rise in 96% of Metro Areas in First Quarter of 2020."

26 Bigelow and Borchers, *Major Uses of Land in the United States, 2012*.

27 Baum-Snow, "Did Highways Cause Suburbanization?," 774.

28 Peter G. Peterson Foundation, "The Highway Trust Fund Explained."

29 "Homeownership—Past, Present, and Future," *U.S. Housing Market Conditions*.

30 Hermann, "What Accounts for Recent Growth in Homeowner Households?"

31 Chetty et al., "Where Is the Land of Opportunity? The Geography of Intergenerational Mobility in the United States."

32 Wade, "Meatpacking."

33 Kneebone, "Job Sprawl Revisited: The Changing Geography of Metropolitan Employment."

34 Glaeser, *Triumph of the City*, 41.

35 Hum, "Mapping Global Production in New York City's Garment Industry: The Role of Sunset Park, Brooklyn's Immigrant Economy."

36 "Ralph Lauren," Biography.

37 Schneider, "Alvin Toffler, Author of 'Future Shock,' Dies at 87."

38 Toffler, *Future Shock*, 11.

39 Toffler, "The Future as a Way of Life."

40 Toffler, *Future Shock*, 64.

41   다음에서 나온 자료다. www2.census.gov/programs-surveys/demo/tables/ geographic-mobility/time-series/historic/tab-a-1.xls.

42   Toffler, *Future Shock*, 75.

43   Toffler, *The Third Wave*, 18.

44   Toffler, *The Third Wave*, 25.

45   Toffler, *The Third Wave*, 27.

46   Toffler, *The Third Wave*, 312.

47   Toffler, *The Third Wave*, 219.

48   Toffler, *The Third Wave*, 306.

49   World Bank, "Urban Population—United States"; World Bank, "Rural Population—United States."

50   World Bank, "Urban Population—United States"; World Bank, "Rural Population—United States."

51   World Bank, "Rural Population—United Kingdom."

52   Toffler, *The Third Wave*, 213.

53   Cox, "The Future of Work Looks like Staying Out of the Office."

54   Toffler, *The Third Wave*, 210.

55   Toffler, *The Third Wave*, 211.

56   Toffler, *The Third Wave*, 221.

57   Toffler, *The Third Wave*, 213.

58   Toffler, *The Third Wave*, 222.

59   Toffler, *The Third Wave*, 210.

60   Toffler, *The Third Wave*, 223.

61   오늘날 암스테르담의 모습은 1980년의 토플러의 저서 《제3의 물결》 독자들뿐만 아니라 그로부터 200년 전인 1780년 애덤 스미스의 저서 《국부론》 독자들도 쉽게 받아들일 것이다.

62   European Commission, "Eurostat: How Usual Is It to Work from Home?"

63   다음에서 나온 자료다. https://data.census.gov/cedsci/table?q=journey%20to%20 work&tid=ACSST1Y2018.S0801&hidePreview=false.

64   US Bureau of Labor Statistics, "Table 7. Employed Persons Working on Main Job at Home, Workplace, and Time Spent Working at Each Location by Class of Worker, Occupation, and Earnings, 2019 Annual Averages."

65   Mann and Adkins, "America's Coming Workplace."

66   Toffler, *The Third Wave*, 223.

67   다음에서 나온 자료다. US Bureau of Labor Statistics, "All Employees, Total Nonfarm."

68   Fisher, "Alvin Toffler: The Thought Leader Interview."

69   Fisher.

70   Z/Yen Group and China Development Institute, *The Global Financial Centres Index 20*.

71   다음에서 나온 자료다. US Federal Housing Finance Agency, "All-Transactions House Price Index for Los Angeles County, CA."

72   Saxenian, *Regional Advantage: Culture and Competition in Silicon Valley and Route 128, with a New Preface by the Author*.

73   Toffler, *The Third Wave*, 215.

74   Toffler, *The Third Wave*.

75   Toffler, *The Third Wave*, 213.

76   Künn, Seel, and Zegners, "Cognitive Performance in the Home Office— Evidence from Professional Chess."

77   Toffler, *The Third Wave*, 213.

78   Battiston, Blanes i Vidal, and Kirchmaier, "Is Distance Dead? Face-to-Face Communication and Productivity in Teams."

79   Lee et al., "Does Collocation Inform the Impact of Collaboration?"

80   US Bureau of Labor Statistics, "One-Quarter of the Employed Teleworked in August 2020 Because of COVID-19 Pandemic."

81   Bloom, "How Working from Home Works Out."

82   다음에서 나온 자료다. US Bureau of Labor Statistics, "Labor Force Statistics from the Current Population Survey: Supplemental Data Measuring the Effects of the Coronavirus (COVID-19) Pandemic on the Labor Market."

83   US Bureau of Labor Statistics, "Labor Force Statistics from the Current Population Survey: Supplemental Data Measuring the Effects of the Coronavirus (COVID-19) Pandemic on the Labor Market."

84   Center for Budget and Policy Priorities, "Tracking the COVID-19 Recession's Effects on Food, Housing, and Employment Hardships."

85   Rabin, "First Patient with Wuhan Coronavirus Is Identified in the U.S."

86   Becker, "Biogen Conference in Boston Linked to More Than 300,000 COVID-19 Cases."

87   Bloom et al., "Does Working from Home Work? Evidence from a Chinese Experiment."

88   Harrington and Emanuel.

89   Pew Research Center, "Internet/Broaband Fact Sheet."

90   Stanton and Tiwari, "The Housing Consumption of Remote Workers."

91   Bartik et al,, "What Jobs Are Being Done at Home?"

92   이 연구는 계속 진행 중이며 이 책이 출간되는 시점까지도 끝나지 않았다.

93   Ford et al., "A Tale of Two Cities: Software Developers Working from Home During the COVID-19 Pandemic."

94   "In Praise of Boise," *The Economist*.

95   Harrington and Emanuel.

96   Mallen, Day, and Green, "Online versus Face-to-Face Conversation: An Examination of Relational and Discourse Variables."

97   Helliwell and Huang, "Comparing the Happiness Effects of Real and On-Line Friends."

98   Lee et al., "Internet Communication versus Face-to-Face Interaction in Quality of Life."

99   Mallen, Day, and Green.

100   Harrington and Emanuel.

101   Balliet, "Communication and Cooperation in Social Dilemmas: A Meta-analytic Review."

102   Anders and Pallais, "Why Can't We Be Friends?: Theory and Evidence on Friendship Formation."

103   Himmelberg, *Mayer, and Sinai, Assessing High House Prices: Bubbles, Fundamentals, and Misperceptions*.

104   Haag, "Manhattan Emptied Out During the Pandemic. But Big Tech Is Moving In."

105   다음에서 나온 자료다. US Bureau of Labor Statistics, "All Employees, Total Nonfarm."

106   Ryan, "United States Office Outlook—Q3 2020."

107   ECPA Urban Planning, "Case Study: The Boston Waterfront Innovation District."

108   Jacobs, *The Death and Life of Great American Cities*, 397.

8장   외부자 대 내부자의 전쟁, 젠트리피케이션

1   "New York's Governor and Mayor of New York City Address Concerns of the Damage."

2   "New York Crime Rates 1960 to 2019," Disaster Center.

3   Kahn, "The Death Toll from Natural Disasters: The Role of Income, Geography, and Institutions."

4   Bonnefoy and Lyons, "Why Chile's Latest Big Earthquake Has a Smaller Death Toll."

5   "Andrew A. Boyle, Namesake of Boyle Heights: An Immigrant's Story," *Boyle Heights History Blog*.

6   "William Henry Workman: Founder of Boyle Heights," *Boyle Heights History Blog*.

7   Spitzzeri, "Sharing History with the Boyle Heights Historical Society."

8   *Beautiful Highlands of Los Angeles*, Comprising Boyle Heights, Brooklyn Heights, Euclid Heights, 6.

9   *Beautiful Highlands of Los Angeles*, 34.

10   *Beautiful Highlands of Los Angeles*, 28.

11   "José Adolfo Bernal: An 1899 Booster Pamphlet for Boyle Heights, Part 3," *Boyle Heights History Blog*.

12   *Beautiful Highlands of Los Angeles*, 28.

13   Ware, "Invisible Walls: An Examination of the Legal Strategy of the Restrictive Covenant Cases."

14   Silva, "Racial Restrictive Covenants History: Enforcing Neighborhood Segregation in Seattle."

15   Robson, "Public Interest Lawyering & Judicial Politics: Four Cases Worth a Second Look in Williams-Yulee v. The Florida Bar."

16   Villianatos and Brozen, "Encouraging Diverse Missing-Middle Housing Near Transit."

17   Resseger, "The Impact of Land Use Regulation on Racial Segregation: Evidence from Massachusetts Zoning Borders."

18   Reft, "Segregation in the City of Angels: A 1939 Map of Housing Inequality in L.A."

19   Home Owners' Loan Corporation, "Security Map of Los Angeles County/Area Desription."

20   Home Owners' Loan Corporation.

21   Jacobs, *The Death and Life of Great American Cities*.

22   Dunlap, "Why Robert Moses Keeps Rising from an Unquiet Grave."

23   Estrada, "If You Build It, They Will Move: The Los Angeles Freeway System and the Displacement of Mexican East Los Angeles, 1944 – 1972."

24   Estrada, 300.

25   Artsy, "Boyle Heights, the Land of Freeways."

26   Estrada, 299.

27   Japanese American National Museum, "Exhibition Timeline: Boyle Heights Project."

28   Avila, "East Side Stories: Freeways and Their Portraits in Chicano Los Angeles."

29   Olmos, dir., *Walkout*.

30   Nava, *Julian Nava: My Mexican-American Journey*, 5.

31   Nava, 72.

32   Nava, 72.

33   Nava, 82.

34   Nava, 83.

35   Nava, 82.

36   Nava, 84.

37   Nava, 85.

38   Sahagún, "East L.A., 1968: 'Walkout!' The Day High School Students Helped Ignite the Chicano Power Movement."

39   Nava, 85.

40   San Francisco University High School, "The Brown Berets: Young Chicano Revolutionaries."

41   Nava, 96.

42   Chetty "Where Is the Land of Opportunity?"

43   다음에서 나온 자료다. The Opportunity Atlas.

44   US Census Bureau, *1990 Census of Population and Housing, Population and Housing Unit Counts, California*.

45   California Department of Fish and Wildlife, "A Summary of the California Environmental Quality Act (CEQA)."

46   Glaeser and Kahn, "The Greenness of Cities: Carbon Dioxide Emissions and Urban Development."

47   Glaeser, "The Nemeses of Cities."

48   Becerra, "The Fast Track to Change."

49   "From Boyle Heights to Netflix . . . and Back to the Neighborhood," NPR.

50   Brand, "In Boyle Heights, the Signs of Gentrification Are Everywhere."

51   "Marvin Lemus," IMDb.

52   Bahr, "'The Jazz Singer' Celebrates Yom Kippur."

53   "Gentrification Is the True, Highest Form of Hate Crime!," *Defend Boyle Heights*.

54   Elliott, "This New Boyle Heights Coffee Bar Has Become a Gentrification Battleground."

55   "Meet Jackson Defa of Weird Wave Coffee in Boyle Heights," Voyage LA.

56   Elliott, "Someone Smashed the Front Window of Divisive Boyle Heights Coffee Shop Again."

57   "무료 와이파이가 제공되는 멋진 커피숍입니다. 제대로 알지 못하는 시위꾼들은 그냥 무시하세요. 그 사람들은 보통은 거기에 있지 않습니다. 커피숍의 주인들은 가게 안에서 쉬지 않고 일합니다. 그런데 시위꾼들이 모르는 사실이 하나 있는데, 커피숍 주인들 가운데 한 명은 엘살바도르인입니다." Yelp.

58   Khouri, "As New Apartments Flood Downtown L.A., Landlords Offer Sweet Deals."

59   Velez, "Artwashing Fight Takes Twist with Gallery's Offer to 'Ceremonially' Close in Boyle Heights."

60   Miranda, "The Art Gallery Exodus from Boyle Heights and Why More Anti-gentrification Battles Loom on the Horizon."

61   Ahn, "More Galleries Are Leaving the Contested Los Angeles Neighborhood of Boyle Heights."

62   National Association of Realtors, *Median Sales Price of Existing Apartment Condo-Coops Homes for Metropolitan Areas.*

63   National Association of Realtors, *Median Sales Price of Existing Single-Family Homes for Metropolitan Areas.*

64   다음 자료에서 추출한 것이다. US Census Bureau's "Historical Census of Housing Tables." 1970년의 1달러가 2020년 기준으로 6.82달러이므로, 캘리포니아 주택 가격의 중간값을 그렇게 산출할 수 있다.

65   다음에서 나온 자료다. Build-Zoom.

66   로스앤젤레스 카운티에는 주택이 다세대주택을 포함해서 357만 9,329채 있다. 이것을 면적(4,057.88평방마일로 에이커로 변환하면 2,579,043.2에이커다)으로 나누면 1에이커(약 1,200평)에 1.378채인 꼴이다. 자료 출처는 다음을 보라. US Census Bureau, "QuickFacts: Los Angeles City, California; Los Angeles County, California; California; United States."

67   "Tax Limitation, Article XIII A CONS § 1 (1978)," California Legislative Information, 1.

68   Federal Housing Finance Agency, "Historical City-Level Housing Price Data."

69   Olson, *The Rise and Decline of Nations: Economic Growth, Stagflation, and Social Rigidities,* 31.

70   Logan and Molotch, *Urban Fortunes: The Political Economy of Place,* 218.

71   Turner, *The Significance of the Frontier in American History,* 1.

72   거기에 거주하는 인구는 미국 전체 인구의 2.5퍼센트인 160만 명이었다. 미국의 인구

통계조사 내용으로는 맨해튼 인구가 150만 명이었지만 뉴욕시 경찰 통계로는 맨해튼 인구가 170만 명이었다.

73 다음에서 나온 자료다. the US Census.

74 "Annexation Spurned: Brookline's Rejection of Boston," Brighton Allston Historical Society.

75 "Village of Euclid v. Ambler Realty Company," Oyez.

76 Perez, *Invisible Women: Data Bias in a World Designed for Men*.

77 Spellen, "Walkabout: 'The Great Mistake'—How Brooklyn Lost Its Independence, Part 2."

78 Jackson, *Crabgrass Frontier: The Suburbanization of the United States*.

79 다음에서 보고되었다. the US Census Bureau, "Quick Facts."

80 Wainwright, "Street Fighter: How Jane Jacobs Saved New York from Bulldozer Bob."

81 Molloy, Smith, and Wozniak, "Internal Migration in the United States."

82 Ganong and Shoag, "Why Has Regional Income Convergence in the U.S. Declined?"

83 Austin, Glaeser, and Summers, "Jobs for the Heartland: Place-Based Policies in 21st Century America."

84 Hsieh and Moretti, "Housing Constraints and Spatial Misallocation."

85 Glaeser and Gyourko, "The Economic Implications of Housing Supply."

9장 치안과 교육, 도시의 미래를 위한 투자

1 Hill et al., "How George Floyd Was Killed in Police Custody."

2 Barker and Kovaleski, "Officer Who Pressed His Knee on George Floyd's Neck Drew Scrutiny Long Before."

3 Mapping Police Violence.

4 다음에서 가져온 수치다. the YouTube website, December 1, 2020.

5 "The Flu in Boston," PBS.

6 Valentine, Valentine, and Valentine, "Relationship of George Floyd Protests to Increases in COVID-19 Cases Using Event Study Methodology."

7 Dave et al., "Black Lives Matter Protests and Risk Avoidance: The Case of Civil Unrest During a Pandemic."

8 Murphy, "Police Forcibly Eject Man without Face Mask from SEPTA Bus."

9 Chetty et al., "Where Is the Land of Opportunity?"

10 Chetty et al., "The Opportunity Atlas: Mapping the Childhood Roots of Social

Mobility."

11 National Research Council, *The Growth of Incarceration in the United States: Exploring Causes and Consequences*, 35.

12 Cooper and Smith, "Homicide Trends in the United States, 1980 – 2008."

13 Siegel, "Locking Up 'Sexual Predators' : A Public Outcry in Washington State Targeted Repeat Violent Sex Criminals. A New Preventive Law Would Keep Them in Jail Indefinitely."

14 Boerner, "Confronting Violence: In the Act and in the Word."

15 Blacher, "Historical Perspective of the 'Sex Psychopath' Statute: From the Revolutionary Era to the Present Federal Crime Bill."

16 Siegel.

17 "Washington 'Three Strikes' Initiative 593 (1993)," Ballotpedia.

18 Blakemore, "How the Willie Horton Ad Played on Racism and Fear."

19 Thomas, "Easy Answer on Prison Furloughs Eludes Dukakis. Public Opinion Makes Bush's Job Easier."

20 Fox and Zawitz, *Homicide Trends in the United States*.

21 Fox and Zawitz.

22 Siegel.

23 Siegel.

24 Boerner, 525.

25 Boerner, 529.

26 Boerner, 533.

27 Boerner, 534.

28 Boerner, 540.

29 Siegel.

30 Drosendahl, "Ida Ballasiotes Files Initiative That Will Become the Nation's First 'Three Strikes, You're Out' Law with Washington Secretary of State's Office on January 6, 1993."

31 Clinton, "Rema rks on Signing the Violent Crime Control and Law Enforcement Act of 1994," Public Papers of the Presidents of the United States: William J. Clinton (1994, Book II), 1539 – 1541.

32 "Bill Clinton Regrets 'Three Strikes' Bill," BBC News.

33 Levitt, "Understanding Why Crime Fell in the 1990s: Four Factors That Explain the Decline and Six That Do Not."

34 Pavia, "New York Streets Safest for 70 Years as Murders Plunge."

35 Derived from New York City Police Department, "Historical New York City

Crime Data."

36   Helland and Tabarrok, "Does Three Strikes Deter?: A Nonparametric Estimation."

37   Helland and Tabarrok.

38   Roodman, "The Impacts of Incarceration on Crime," 5.

39   Levitt, "The Effect of Prison Population Size on Crime Rates: Evidence from Prison Overcrowding Litigation."

40   Roodman, 5.

41   Rector, "Surge in South L.A. Bloodshed Tied to Gunfire from High-Capacity Firearms, Gang Feuds."

42   Roodman.

43   Kuziemko, "How Should Inmates Be Released from Prison? An Assessment of Parole versus Fixed-Sentence Regimes," 1.

44   Maruschak and Minton, *Correctional Populations in the United States, 2017– 2018.*

45   Sawyer and Wagner, "Mass Incarceration: The Whole Pie 2020."

46   Fox and Zawitz.

47   Independent Budget Office of the City of New York, "Fiscal History: NYPD."

48   Mitchell, "The Killing of Murder."

49   Robbins, "Crime Is Up, and Ray Kelly Has Record High Approval Rating."

50   Independent Budget Office of the City of New York.

51   Gray, "Boss Kelly."

52   Gray.

53   Mitchell, "The Killing of Murder."

54   New York City Department of Health and Mental Hygiene. "Female Homicide in New York City over 15 Years: Surveillance and Findings, 1995–2009."

55   Mitchell, "The Killing of Murder."

56   Mitchell, "The Killing of Murder."

57   Grynbaum, Rashbaum, and Baker, "Police Seek Man Taped Near Times Sq. Bomb Scene."

58   Jacobs, *The Death and Life of Great American Cities.*

59   Fahim, "Bomb Squad Has Hard-Won Expertise."

60   Gray.

61   Gray.

62   *New York City—Safety and Security*, New York City Global Partners.

63   *New York City—Safety and Security*.

64 Braga, "The Crime Prevention Value of Hot Spots Policing."

65 MacDonald, Fagan, and Geller, "The Effects of Local Police Surges on Crime and Arrests in New York City," 1.

66 MacDonald, Fagan, and Geller, 1.

67 Zimring, "The City That Became Safe: New York and the Future of Crime Control," 14.

68 US District Court, Southern District Court of New York, Floyd v. The City of New York.

69 "SNL Transcripts: Chevy Chase: 02/18/78: Baggage Inspection Counter," SNL Transcripts Tonight.

70 Coviello and Persico, "An Economic Analysis of Black-White Disparities in NYPD's Stop and Frisk Program," 17.

71 존 테베스와 개인적인 연락을 통해서 확인한 사실이다.

72 US District Court, Southern District Court of New York, Floyd v. The City of New York, 2.

73 US District Court, Southern District Court of New York, Floyd v. The City of New York, 13.

74 US District Court, Southern District Court of New York, Floyd v. The City of New York, 3.

75 US District Court, Southern District Court of New York, Floyd v. The City of New York, 14.

76 US District Court, Southern District Court of New York, Floyd v. The City of New York, 6.

77 "Police Officers Federation of Minneapolis," FindGlocal.

78 Matthews, "How Police Unions Became So Powerful—and How They Can Be Tamed."

79 Sheehy, "George Floyd Had 'Violent Criminal History': Minneapolis Police Union Chief."

80 Belkin, Maher, and Paul, "Clout of Minneapolis Police Union Boss Reflects National Trend."

81 Belkin, Maher, and Paul.

82 Levinson, "Across the U.S., Police Contracts Shield Officers from Scrutiny and Discipline."

83 McLaughlin, "Chicago Officer Had History of Complaints before Laquan McDonald Shooting."

84 Chicago Police Accountability Task Force, Recommendations for Reform:

Restoring Trust between the Chicago Police and the Communities They Serve, 14, 85.

85 Dharmapala, McAdams, and Rappaport, "Collective Bargaining Rights and Police Misconduct: Evidence from Florida," 2.

86 Dharmapala, McAdams, and Rappaport, 1.

87 Associated Press, "Boston Police Union Goes to Court after Officers' Resistance to Wearing Body Worn Cameras."

88 Miller, "Walsh Supportive of Body Cameras."

89 Braga, Barao, and Zimmerman, "The Impacts of Body Worn Cameras on Police-Citizen Encounters, Police Proactivity, and Police-Community Relations in Boston: A Randomized Control Trial."

90 Collins, "The Anger behind the Protests, Explained in 4 Charts."

91 Federal Bureau of Investigation, "Expanded Homicide Data Table 1: Murder Victims by Race, Ethnicity, and Sex, 2018."

92 Devi and Fryer, "Policing the Police: The Impact of 'Pattern-or-Practice' Investigations on Crime."

93 Devi and Fryer, 8.

94 Devi and Fryer, 4.

95 Devi and Fryer, 34.

96 Devi and Fryer, 33.

97 Fox and Zawitz.

98 Madhani, "Unsolved Murders: Chicago, Other Big Cities Struggle; Murder Rate a 'National Disaster.'"

99 Charles, "After 3 Years of Progress, Chicago's Murder Tally Skyrockets in 2020."

100 Meares, "Policing: A Public Good Gone Bad."

101 Meares, Goff, and Tyler, "Defund-the-Police Calls Aren't Going Away. But What Do They Mean Practically?"

102 "TenPoint Coalition Founder Departs," WBUR.

103 Coffee with a Cop, "About—Coffee with a Cop."

104 Ray, "What Does 'Defund the Police' Mean and Does It Have Merit?"

105 Meares, Goff, and Tyler.

106 Ray.

107 Heckman et al., "The Rate of Return to the High/Scope Perry Preschool Program."

108 "Swann v. Charlotte-Mecklenburg Board of Education," Oyez.

109 "Milliken v. Bradley, 418 U.S. 717 (1974)," Justia: US Supreme Court, 418.

110 "Violence Erupts in Boston over Desegregation Busing," History.com.

111 Chetty et al., "The Opportunity Atlas."

112 '기회 지도' 자료는 소득 분포의 백분율 결과를 보여준다. 우리는 각 백분위수를 미국 전체 인구의 1퍼센트인 328만 명을 곱해서 반올림했다.

113 Glaeser and Tan, "Why Do Cities Increase Productivity but Decrease Opportunity?"

114 Glaeser and Tan.

115 Glaeser, "Urbanization and Its Discontents," 12.

116 The Opportunity Atlas, "Explore Data."

117 Derenoncourt, "Can You Move to Opportunity?" Evidence from the Great Migration."

118 Autor, "Work of the Past, Work of the Future."

119 Chauvin, Glaeser, Ma, and Tobio, "What Is Different about Urbanization in Rich and Poor Countries? Cities in Brazil, China, India and the United States."

120 Glaeser, *Triumph of the City*.

121 Plato, *The Republic*, 423.

122 Chetty, Hendren, and Katz, "The Effects of Exposure to Better Neighborhoods on Children: New Evidence from the Moving to Opportunity Experiment."

123 "2008 Democratic Party Platform," The American Presidency Project.

124 US Department of Education, "The Race to the Top Begins—Remarks by Secretary Arne Duncan."

125 US Department of Education, "The Race to the Top Begins."

126 US Department of Education, *Race to the Top Program: Executive Summary*, 3, 7, 9.

127 US Department of Education, "Nine States and the District of Columbia Win Second Round Race to the Top Grants."

128 U.S. Department of Education, "Nine States and the District of Columbia Win."

129 U.S. Department of Education, "Legislation, Regulations, and Guidance—Race to the Top Fund."

130 National Governors Association, "Forty-Nine States and Territories Join Common Core Standards Initiative."

131 Bill and Melinda Gates Foundation, "How We Work: Grant: National Governors Association for Best Practices."

132 Bill and Melinda Gates Foundation, "How We Work: Grant: Council of Chief State School Officers."

133 Common Core State Standards Initiative, "Development Process."

134 Zimba, "Straight Up Conversation: Common Core Guru Jason Zimba."

135 Schmidt and Houang, "Curricular Coherence and the Common Core State Standards for Mathematics," 1.

136 Organisation for Economic Co-operation and Development, *PISA 2012 Results in Focus: What 15-Year-Olds Know and What They Can Do with What They Know.*

137 "Ed Glaeser Slips on a Banana Peel," Pioneer Institute.

138 "Common Core Math Fails to Prepare Students for STEM | Common Core Math," Pioneer Institute.

139 Massachusetts Board of Elementary and Secondary Education, "March 2010 Meeting Agendas."

140 "Ed Glaeser Slips on a Banana Peel."

141 Murphy, "Common Core in Oklahoma."

142 Beck and Olson, *Conform: Exposing the Truth about Common Core and Public Education*, 95.

143 New York State Education Department, "Race to the Top Application Phase 2, New York State," 9.

144 State of New York, *New York Common Core Task Force Final Report*, 1, 15.

145 Levy, "An Analysis of Race to the Top in New York State."

146 Ujifusa, "Despite History, N.Y. Gov. Cuomo Says: 'I Have Nothing to Do with Common Core.'"

147 State of New York, *New York Common Core Task Force Final Report*, 1.

148 US Department of Education, "The Race to the Top Begins."

149 "Focus on NAEP," The Nation's Report Card.

150 *Results from the 2019 Mathematics and Reading Assessments at Grade 12*, The Nation's Report Card.

151 "How to Fix America's Schools," *Time.*

152 National Research Council, *An Evaluation of the Public Schools of the District of Columbia: Reform in a Changing Landscape.*

153 National Research Council, *An Evaluation of the Public Schools*, 5.

154 Gillum and Bello, "When Standardized Test Scores Soared in D.C., Were the Gains Real?"

155 Merrow, "Meet Adell Cothorne"; Breslow, "Education Department Finds No Evidence."

156 Gillum and Bello.

157 Hanushek, "The Economic Value of Higher Teacher Quality."

158 Winig, *Michelle Rhee and the Washington D.C. Public Schools.*

159 Winig.

160 Stewart and Schwartzman, "Fenty Set Path, Oblivious to Terrain."

161 Arkin, "Florida's Largest Teachers Union Sues State over Reopening Schools."

162 "Georgia Association of Educators Sue State, Paulding County over Early Reopening Plan for Schools," WSB-TV.

163 Walsh, "Teachers' Rights Under COVID-19: Anxiety Meets Legality."

164 다음에서 제공된 자료다. COVID-19 School Response Dashboard.

165 Fensterwald, "Some Teachers Unions, Districts at Odds over Live Distance Learning Instruction."

166 Fensterwald.

167 Taken from "State of California Education Section 51512," California Legislative Information.

168 Travis, "Proposed Bill Seeks to Remove Limits on Classroom Recording."

169 Firey, "A Better Solution to Maryland's Pension Problem?"

170 US Bureau of Labor Statistics, "Table 4. Quits Levels and Rates by Industry and Region, Seasonally Adjusted."

171 Bolotnyy and Emanuel, "Why Do Women Earn Less Than Men? Evidence from Bus and Train Operators."

172 Spees, "Could Germany's Vocational Education Training System Be a Model for the U.S.?"

10장 미래의 도시, 두려움보다 기대를

1 Overberg, Kamp, and Michaels, "The Covid-19 Death Toll Is Even Worse Than It Looks."

2 Overberg, Kamp, and Michaels.

3 Oppenheim Yamey, "Pandemics and the Poor."

4 World Health Organization, *Managing Epidemics: Key Facts about Major Deadly Diseases.*

5 US Centers for Disease Control and Prevention, *Advancing the Global Health Security Agenda.*

6 Global Preparedness Monitoring Board, *A World at Risk: Annual Report on Global Preparedness for Health Emergencies*, 6.

7 Craven, Sabow, Van der Veken, and Wilson, "Preventing Pandemics with

Investments in Public Health."

8   National Academy of Medicine, *The Neglected Dimension of Global Security: A Framework to Counter Infectious Disease Crises*.

9   Cutler and Summers, "The COVID-19 Pandemic and the $16 Trillion Virus."

10   2020년 10월 기준 미국의 GDP가 20.81조라고 국제통화기금(IMF)이 발표했다. 초기 비용을 150억 달러로 가정하면 연방정부 예산 지출은 기껏해야 GDP의 0.72퍼센트밖에 되지 않는다.

11   Global Preparedness Monitoring Board, *A World at Risk*, 6.

12   "NATO," History.com.

13   North Atlantic Treaty Organization, "Encyclopedia of NATO Topics."

14   North Atlantic Treaty Organization, "Member Countries."

15   "President and Secretary General de Hoop Scheffer Discuss NATO Meeting," White House.

16   "Remarks by the President and Secretary General Stoltenberg of NATO after Bilateral Meeting," White House.

17   Moderna, "Moderna's Work on Our COVID-19 Vaccine Candidate."

18   World Health Organization, "United States of America: WHO Coronavirus Disease (COVID-19) Dashboard."

19   Himmelstein and Woolhandler, "Public Health's Falling Share of US Health Spending."

20   US Centers for Medicare & Medicaid Services, "National Health Expenditure Data."

21   US Department of Health and Human Services, Office of the National Coordinator for Health Information Technology, 2016.

22   Cutler, *Your Money or Your Life*; Cutler, *The Quality Cure*.

23   Institute of Medicine (US) Committee on Health and Behavior: Research, Practice, and Policy, *Health and Behavior: The Interplay of Biological, Behavioral, and Societal Influences*.

24   Brody and Koh, "WSJ News Exclusive | Student Test Scores Drop in Math Since Covid-19 Pandemic."

25   Korman, O'Keefe, and Repka, "Missing in the Margins: Estimating the Scale of the COVID-19 Attendance Crisis."

26   Whitney and Candelaria, "The Effects of No Child Left Behind on Children's Socioemotional Outcomes."

27   Campbell, Barcena, and David, "Hutchins Roundup: PPP Loans, Charter Schools and More."

28   US Bureau of the Budget and US Office of Management and Budget, *The Budget of the United States Government for the Fiscal Year Ending June 30, 1967.*

29   Hendren and Sprung-Keyser, "A Unified Welfare Analysis of Government Policies."

30   "Elementary and Secondary Education Expenditures," Urban Institute.

31   Krueger and Whitmore, "The Effect of Attending a Small Class in the Early Grades on College-Test Taking and Middle School Test Results."

32   Angrist et al., "Stand and Deliver: Effects of Boston's Charter High Schools on College Preparation, Entry, and Choice."

33   Kane and Staiger, "Estimating Teacher Impacts on Student Achievement: An Experimental Evaluation."

24   Jacob and Lefgren, "Principals as Agents: Subjective Performance Measurement in Education."

35   Jefferies et al., "COVID-19 in New Zealand and the Impact of the National Response: A Descriptive Epidemiological Study."

36   Center for Community College Student Engagement, *Contingent Commitments: Bringing Part-Time Faculty into Focus.*

37   Davis, "Siemens AG."

38   Central Piedmont Community College, "Mechatronics Engineering Technology."

39   Katz and Wagner, "The Rise of Innovation Districts."

40   Northeastern University, "The Northeastern Joint Apprenticeship and Training Program(NEAT)."

41   Commonwealth of Massachusetts, "Chapter 40 B Planning and Information."

42   Fox and Zawitz, *Homicide Trends in the United States.*

Abrams, Hannah R., Lacey Loomer, Ashvin Gandhi, and David C. Grabowski. "Characteristics of U.S. Nursing Homes with COVID-19 Cases." *Journal of the American Geriatrics Society* 68, no. 8 (August 2020): 1653–56. https://doi:10.1111/jgs.16661.

"Address at the Jefferson Day Dinner." Harry S. Truman Library and Museum. www.trumanlibrary.gov/library/public-papers/68/address-jefferson-day-dinner.

Adhikari, Samrachana, Nicholas P. Pantaleo, and Justin M. Feldman. "Assessment of Community-Level Disparities in Coronavirus Disease 2019 (COVID-19) Infections and Deaths in Large US Metropolitan Areas." *JAMA Network Open*, July 28, 2020. https://doi.org/doi:10.1001/jamanetworkopen.2020.16938.

Afana, Majed, Waleed Brinjikji, Harry Cloft, et al. "Hospitalization Costs for Acute Myocardial Infarction Patients Treated with Percutaneous Coronary Intervention in the United States are Substantially Higher than Medicare Payment." *Clinical Cardiology* 38, no. 1 (2015): 13–19. https://doi.org/10.1002/clc.22341.

Ahn, Abe. "More Galleries Are Leaving the Contested Los Angeles Neighborhood of Boyle Heights." *Hyperallergic*, May 4, 2018. https://hyperallergic.com/440967/mars-chimento-uta-artist-space-leaving-boyle-heights.

Ajuntament de Barcelona. "Safety Screens on Buses to Minimise the Risk of Infection." https://ajuntament.barcelna.cat/bombers/en/noticia/safety-screens-on-buses-to-minimise-the-risk-of-infection_946277.

Alesina, Alberto, and Edward Glaeser. *Fighting Poverty in the US and Europe: A World of Difference*. Oxford, UK: Oxford University Press Oxford, 2004.

Allen, Mike, William A. Donohue, Amy Griffin, Dan Ryan, and Monique M. Mitchell Turner. "Comparing the Influence of Parents and Peers on the Choice to Use Drugs: A Meta-analytic Summary of the Literature." *Criminal Justice and Behavior* 30, no. 2 (April 2003): 163–86. https://doi:10.1177/0093854802251002.

Allen, Stephen. *The Memoirs of Stephen Allen*. Typescript. Edited, with an introduction and notes by John C. Travis, 1927. Manuscripts and Archives Division, New York Public Library.

Alsan, Marcella, and Claudia Goldin. "Watersheds in Child Mortality: The Role of Effective Water and Sewerage Infrastructure, 1880 to 1920." *Journal of Political Economy* 127, no. 2 (April 2019): 586–638. https://doi.org/10.1086/700766.

Amazon Staff. "How We're Taking Care of Employees during COVID-19." About Amazon. March 24, 2020. www.aboutamazon.com/news/company-news/how-were-taking-care-of-employees-during-covid-19.

American Medical Association. *Issue Brief: Reports of Increases in Opioid-and Other Drug-related Overdose and Other Concerns during COVID Pandemic*. December 9, 2020, updated March 3, 2021. www.ama-assn.org/system/files/2020-12/issue-brief-increases-in-opioid-related-overdose.pdf.

Amerman, Don. "Sandy Weill 1933–." Reference for Business. Accessed January 9, 2021. www.referenceforbusiness.com/biography/S-Z/Weill-Sandy-1933.html.

"An Act Relative to Quarantine (1796)." Statutes and Stories. February 9, 2020. www.statutesandstories.com/blog_html/an-act-relative-to-quarantine.

Anders, Jenna, and Amanda Pallais. "Why Can't We Be Friends?: Theory and Evidence on Friendship Formation." *Harvard Mimeograph*, 2020.

Anderson, Gerard F., Uwe E. Reinhardt, Peter S. Hussey, and Varduhi Petrosyan. "It's the Prices, Stupid: Why the United States Is So Different from Other Countries." *Health Affairs* 22, no. 3 (May/June 2003): 89–105. https://doi.org/10.1377/hlthaff.22.3.89.

Andreevska, Daniela. "Where Should You Invest in the Boston Real Estate Market?" *Mashvisor*, November 16, 2017. www.mashvisor.com/blog/where-invest-boston-real-estate-market.

"Andrew A. Boyle, Namesake of Boyle Heights: An Immigrant's Story." *Boyle Heights History Blog*, August 26, 2009. http://boyleheightshistoryblog.blogspot.com/2009/08/andrew-boyle-namesake-of-boyle-heights.html.

"Angela Merkel." *Encyclopædia Britannica Online*. Accessed December 26, 2020. www.britannica.com/biography/Angela-Merkel.

"Angioplasty and Stent Placement—Heart." MedlinePlus. https://medlineplus.gov/ency/article/007473.htm.

Angrist, Joshua D., Sarah R. Cohodes, Susan M. Dynarski, Parag A. Pathak, and Christopher R. Walters. "Stand and Deliver: Effects of Boston's Charter High Schools on College Preparation, Entry, and Choice." *Journal of*

Labor Economics 34, no. 2 (January 22, 2016): 275–318. https://doi.org/10.1086/683665.

"Annexation Spurned: Brookline's Rejection of Boston." Brighton Allston Historical Society. Accessed January 12, 2021. www.bahistory.org/History AnnexBrookline.html.

Apolone, Giovanni, Emanuele Montomoli, Alessandro Manenti, Mattia Boeri, et al. "Unexpected Detection of SARS-CoV-2 Antibodies in the Prepandemic Period in Italy." *Tumori Journal*, November 11, 2020. https://doi.org/10.1177/0300891620974755.

Aquilina, O., V. Grech, H. Felice, J. Debono, and A. Fenech." Normal Adult Coronary Angiography." *Images in Paediatric Cardiology* 8, no. 2 (April–June 2006): 1–16. www.ncbi.nlm.nih.gov/pmc/articles/PMC3232562.

Ardagh, John Anthony Charles. "Paris: The Halles." *Encyclopædia Britannica Online*. www.britannica.com/place/Paris.

Arkin, Daniel. "Florida's Largest Teachers Union Sues State over Reopening Schools." NBC News, July 20, 2020. www.nbcnews.com/news/us-news/florida-s-largest-teachers-union-files-suit-against-state-over-n1234382.

Armelagos, George J., Kathleen C. Barnes, and James Lin. "Disease in Human Evolution: The Reemergence of Infectious Disease in the Third Epidemiological Transition." *AnthroNotes* 18, no. 3 (Fall 1996): 1–7. https://doi.org/10.5479/10088/22354.

Artiga, Samantha, Matthew Rae, Olivia Pham, Liz Hamel, and Cailey Muñana. "COVID-19 Risks and Impacts among Health Care Workers by Race/Ethnicity—Issue Brief." Kaiser Family Foundation. November 11, 2020. www.kff.org/report-section/covid-19-risks-and-impacts-among-health-care-workers-by-race-ethnicity-issue-brief.

Artsy, Avishay. "Boyle Heights, the Land of Freeways." KCRW, October 6, 2015. www.kcrw.com/culture/shows/design-and-architecture/boyle-heights-the-land-of-freeways.

Ashraf, Nava, Edward Glaeser, Abraham Holland, and Bryce Millett Steinberg. "Water, Health and Wealth." NBER Working Paper Series 23807, National Bureau of Economic Research, Cambridge, MA, September 2017. https://doi.org/10.3386/w23807.

Ashraf, Nava, Edward L. Glaeser, and Giacomo A. M. Ponzetto. "Infrastructure, Incentives, and Institutions." *American Economic Review* 106, no. 5 (May 2016): 77–82. https://doi.org/10.1257/aer.p20161095.

Ashton, Rosemary. *One Hot Summer: Dickens, Darwin, Disraeli, and the Great Stink of 1858*. New Haven, CT, and London: Yale University Press, 2017.

Asiamah, Nancy. "State: Deaths at Soldiers' Home in Holyoke Reaches 94, Covid-19 Retesting Shows Improvement." WWLP, June 11, 2020. www.wwlp.com/news/local-news/hampden-county/state-deaths-at-soldiers-home-in-holyoke-reaches-94-covid-19-retesting-shows-improvement.

"Asiatic Cholera Pandemic of 1846–63," Fielding School of Public Health, UCLA. www.ph.ucla.edu/epi/Snow/pandemic1846-63.html.

Asimov, Isaac. *The Foundation Trilogy (Foundation, Foundation and Empire, Second Foundation); The Stars, Like Dust; The Naked Sun; I, Robot*. Book Sales, 1981.

"Aspasia: Influential Concubine to Pericles." World History Encyclopedia, January 18, 2012. www.ancient.eu/article/73/aspasia-influential-concubine-to-pericles.

Associated Press. "Boston Police Union Goes to Court after Officers' Resistance to Wearing BodyWorn Cameras." Police1. September 6, 2016. www.police1.com/police-products/body-cameras/articles/boston-police-union-goes-to-court-after-officers-resistance-to-wearing-body-worn-cameras-y8lF7jdjX4hCyNW2.

———. "Pence's Handling of 2015 HIV Outbreak Gets New Scrutiny." NBC News, February 28, 2020. www.nbcnews.com/politics/white-house/pence-s-handling-2015-hiv-outbreak-gets-new-scrutiny-n1144786.

———. "2 Charged for Handling of Virus Outbreak at Veterans Home." CNBC, September 25, 2020. www.cnbc.com/2020/09/25/2-charged-for-handling-of-virus-outbreak-at-veterans-home-.html.

Astour, Michael C. "Ancient Greek Civilization in Southern Italy." *Journal of Aesthetic Education* 19, no. 1 (Spring 1985): 23–37. https://doi.org/10.2307/3332556.

Austin, Benjamin A., Edward L. Glaeser, and Lawrence H. Summers. "Jobs for the Heartland: Place-Based Policies in 21st Century America." *Brookings Papers on Economic Activity* (Spring 2018): 151–232. https://doi.org/10.3386/w24548.

Autor, David H. "Work of the Past, Work of the Future." *American Economic Association Papers and Proceedings* 109 (May 2019): 1–32. https://doi.org/10.1257/pandp.20191110.

Autor, David H., Lawrence F. Katz, and Melissa S. Kearney. "The Polarization of the U.S. Labor Market." *American Economic Review* 96, no. 2 (May 2006): 189–94. https://doi.org/10.1257/000282806777212620.

Avila, Eric. "East Side Stories: Freeways and Their Portraits in Chicano Los Angeles."

Landscape Journal 26, no. 1 (January 2007): 83–97. https:// doi: 10.3368/ lj.26.1.83.

Baccini, Leonardo, Abel Brodeur, and Stephen Weymouth. "The COVID-19 Pandemic and the 2020 U.S. Presidential Election." *Journal of Population Economics* 34, no. 2 (2021): 739–67. https://doi.org/10.1007/s00148-020-00820-3.

Baharoon, Salim, and Ziad A. Memish. "MERS-CoV as an Emerging Respiratory Illness: A Review of Prevention Methods." *Travel Medicine and Infectious Disease* 32 (November–December 2019): 101520. https://doi.org/10.1016/ j.tmaid.2019.101520.

Bahr, Bob. "'The Jazz Singer' Celebrates Yom Kippur." *Atlanta Jewish Times*, September 24, 2020. https://atlantajewishtimes.timesofisrael.com/the-jazz-singer-celebrates-yom-kippur.

Balliet, Daniel. "Communication and Cooperation in Social Dilemmas: A Meta-analytic Review." *Journal of Conflict Resolution* 54, no. 1 (February 2010): 39–57. https://doi.org/10.1177/0022002709352443.

Bank of England. "Inflation Calculator." Accessed January 25, 2021. www. bankofengland.co.uk/monetary-policy/inflation/inflation-calculator.

Barker, Kim, and Serge F. Kovaleski. "Officer Who Pressed His Knee on George Floyd's Neck Drew Scrutiny Long Before." *The New York Times*, July 18, 2020. www.nytimes.com/2020/07/18/us/derek-chauvin-george-floyd.html.

Barnett, Michael L., Lissy Hu, Thomas Martin, et al. "Mortality, Admissions, and Patient Census at SNFs in 3 US Cities During the COVID-19 Pandemic." *JAMA* 324, no. 5 (August 2020): 507–509. https://doi.org/10.1001/jama.2020.11642.

Barr, Jason M. *Building the Skyline: The Birth and Growth of Manhattan's Skyscrapers*. New York: Oxford University Press, 2016.

Barro, Robert J. "Non-Pharmaceutical Interventions and Mortality in U.S. Cities during the Great Influenza Pandemic, 1918–1919." NBER Working Paper Series 27049, National Bureau of Economic Research, Cambridge, MA, April 2020. https://doi.org/10.3386/w27049.

Barry, Stephanie. "Former Holyoke Soldiers' Home Superintendent Bennett Walsh, Medical Director David Clinton Arraigned on Charges Linked to COVID-19 Outbreak." MassLive, November 5, 2020. www.masslive.com/ coronavirus/2020/11/former-holyoke-soldiers-home-superintendent-bennett-walsh-medical-director-david-clinton-arraigned-on-charges-linked-to-covid-19-outbreak.html.

———. "Independent Report on Holyoke Soldiers' Home COVID-19 Crisis Paints Early Decisions by Superintendent Bennett Walsh as 'a Catastrophe.'" MassLive, June 24, 2020. masslive.com/boston/2020/06/independent-report-on-holyoke-soldiers-home-covid-19-crisis-paints-early-decisions-by-superintendent-bennett-walsh-as-a-catastrophe.html.

Bartik, Alexander W., Marianne Bertrand, Zoë B. Cullen, Edward L. Glaeser, Michael Luca, and Christopher T. Stanton. "How Are Small Businesses Adjusting to COVID-19? Early Evidence from a Survey." NBER Working Paper Series 26989, National Bureau of Economic Research, Cambridge, MA, April 2020. https://doi.org/10.3386/w26989.

Bartik, Alexander W., Zoe B. Cullen, Edward L. Glaeser, Michael Luca, and Christopher T. Stanton. "What Jobs Are Being Done at Home During the Covid-19 Crisis? Evidence from Firm-Level Surveys." NBER Working Paper Series 27422, National Bureau of Economic Research, Cambridge, MA, June 2020. https://doi.org/10.3386/w27422.

Bartik, Alexander W., Zoe B. Cullen, Edward L. Glaeser, Michael Luca, Christopher T. Stanton, and Adi Sunderam. "The Targeting and Impact of Paycheck Protection Program Loans to Small Businesses." NBER Working Paper Series 27623, National Bureau of Economic Research, Cambridge, MA, July 2020. https://doi.org/10.3386/w27623.

Barton, Matthias, Johannes Grüntzig, Marc Husmann, and Josef Rösch. "Balloon Angioplasty—The Legacy of Andreas Grüntzig, M.D. (1939–1985)." Frontiers in Cardiovascular Medicine 1 (December 2014): 15. https://doi.org/10.3389/fcvm.2014.00015.

Battenfeld, Joe. "Coronavirus Veteran Deaths in Holyoke Put Federal Heat on Charlie Baker." Boston Herald, April 10, 2020. www.bostonherald.com/2020/04/10/coronavirus-veteran-deaths-in-holyoke-put-federal-heat-on-charlie-baker.

Battiston, Diego, Jordi Blanes i Vidal, and Tom Kirchmaier. "Is Distance Dead? Face-to-Face Communication and Productivity in Teams." CEP Discussion Paper 1473, Centre for Economic Performance, London, March 2017. https://ideas.repec.org/p/cep/cepdps/dp1473.html.

Baum-Snow, Nathaniel. "Did Highways Cause Suburbanization?" Quarterly Journal of Economics 122, no. 2 (May 2007): 775–805. https://doi.org/10.1162/qjec.122.2.775.

Beachum, Lateshia. "New York's 'Patient Zero' Breaks His Silence after Surviving Covid-19." The Washington Post, May 11, 2020. www.washingtonpost.com/

nation/2020/05/11/patient-zero-new-york-coronavirus.

Beautiful Highlands of Los Angeles, Comprising Boyle Heights, Brooklyn Heights, Euclid Heights. Los Angeles, 1900. http://archive.org/details/beautifulhighlan00losa.

Becerra, Hector. "The Fast Track to Change." *Los Angeles Times*, November 30, 2008. www.latimes.com/archives/la-xpm-2008-nov-30-me-goldline30-story.html.

Beck, Glenn, and Kyle Olson. *Conform: Exposing the Truth about Common Core and Public Education.* New York: Threshold Editions, 2014.

Becker, Kaitlin McKinley. "Biogen Conference in Boston Linked to More Than 300,000 COVID-19 Cases." NBC Boston, December 11, 2020. www.nbcboston.com/news/coronavirus/biogen-conference-in-boston-now-tied-to-more-than-300000-coronavirus-cases/2254941.

Beech, Hannah. "Singapore Seemed to Have Coronavirus Under Control, until Cases Doubled." *The New York Times*, April 20, 2020. www.nytimes.com/2020/04/20/world/asia/coronavirus-singapore.html.

Beeston, Richard. "Book Club: The Jungle by Upton Sinclair." *The Times* (London), February 12, 2011. www.thetimes.co.uk/article/book-club-the-jungle-by-upton-sinclair-bcnlq6p7xkm.

Belkin, Douglas, Kris Maher, and Deanna Paul. "Clout of Minneapolis Police Union Boss Reflects National Trend." *The Wall Street Journal*, July 7, 2020. www.wsj.com/articles/robert-krolls-rise-from-barroom-brawler-to-minneapolis-police-union-boss-11594159577.

Bell, Dean Phillip. *Plague in the Early Modern World: A Documentary History.* New York: Routledge, 2019.

Bengali, Shashank, Kate Linthicum, and Victoria Kim. "How Coronavirus—a 'Rich Man's Disease'—Infected the Poor." *Los Angeles Times*, May 8, 2020. www.latimes.com/world-nation/story/2020-05-08/how-the-coronavirus-began-as-a-disease-of-the-rich.

"Benjamin Franklin and the Manchester Lit & Phil." Manchester Literary and Philosophical Society. Last modified July 13, 2016. www.manlitphil.ac.uk/news/benjamin-franklin-and-manchester-lit-phil.

Benos, Nikos, and Stelios Karagiannis. "Do Education Quality and Spillovers Matter? Evidence on Human Capital and Productivity in Greece." *Economic Modelling* 54 (April 2016): 563–73. https://doi.org/10.1016/j.econmod.2016.01.015.

Bertram, Eva. "Democratic Divisions in the 1960s and the Road to Welfare Reform."

Political Science Quarterly 126, no. 4 (Winter 2011): 579–610. https://doi.
org/10.1002/j.1538-165X.2011.tb00713.x.

Biden, Joe. "Build Back Better: Joe Biden's Jobs and Economic Recovery Plan
for Working Families." Joe Biden for President: Official Campaign Website.
Accessed January 9, 2021. https://joebiden.com/build-back-better.

"Biden Says Some Waste Inevitable Part of Stimulus." Reuters, June 2, 2009. www.
reuters.com/article/us-usa-biden-transparency-idUKTRE5516HE20090602.

Bigelow, Daniel P., and Allison Borchers. *Major Uses of Land in the United States*,
2012. US Department of Agriculture Economic Research Service, August 2017.
www.ers.usda.gov/webdocs/publications/84880/eib-178.pdf?v=9775.2.

"Bill Clinton Regrets 'Three Strikes' Bill." BBC News. July 16, 2015. www.bbc.com/
news/world-us-canada-33545971.

Bill and Melinda Gates Foundation. "How We Work: Grant: Council of Chief State
School Officers." July 2009. www.gatesfoundation.org/How-We-Work/Quick-
Links/Grants-Database/Grants/2009/07/OPP50935.

———. "How We Work: Grant: National Governors Association for Best Practices."
March 2005. www.gatesfoundation.org/How-We-Work/Quick-Links/Grants-
Database/Grants/2005/03/OPP38008.

Billings, Molly. "The 1918 Influenza Pandemic." Human Virology at Stanford, June
1997. https://virus.stanford.edu/uda.

Blacher, Rachel. "Historical Perspective of the 'Sex Psychopath' Statute: From the
Revolutionary Era to the Present Federal Crime Bill." *Mercer Law Review* 46,
no. 2 (March 1995): 889–920. https://digitalcommons.law.mercer.edu/jour_
mlr/vol46/iss2/13.

Black, Jane. "Urban Agriculture: Can It Feed Our Cities?" *Food+City*. November
2017. https:// foodandcity.org/urban-agriculture-can-feed-cities.

Blake, John B. "Yellow Fever in Eighteenth Century America." *Bulletin of the New
York Academy of Medicine* 44, no. 6 (June 1968): 673–86.

Blakemore, Erin. "How the Willie Horton Ad Played on Racism and Fear." History.
November 2, 2018. www.history.com/news/george-bush-willie-horton-
racist-ad.

"Blockbuster Project Proof of Devons Lure." *The Sun* (Lowell), December 19, 2020.
https://www.lowellsun.com/2020/12/19/blockbuster-project-proof-of-
devens-lure.

Bloom, Nicholas. "How Working from Home Works Out." Stanford Institute for
Economic Policy Research. June 2020. https://siepr.stanford.edu/research/

publications/how-working-home-works-out.

Bloom, Nicholas, James Liang, John Roberts, and Zhichun Jenny Ying. "Does Working from Home Work? Evidence from a Chinese Experiment." *Quarterly Journal of Economics* 130, no. 1 (February 2015): 165–218. https://doi.org/10.1093/qje/qju032.

"The Bloomberg Bus." *Observer*, March 11, 2009. https://observer.com/2009/03/the-bloomberg-bus.

Blum, Deborah. "How Henry Heinz Used Ketchup to Improve Food Safety." *National Geographic*, January 15, 2019. www.nationalgeographic.com/magazine/2019/02/how-henry-heinz-used-ketchup-to-improve-food-safety.

Boerner, David. "Confronting Violence: In the Act and in the Word." *University of Puget Sound Law Review* 15, no. 3 (January 1992): 525–577. https://digitalcommons.law.seattleu.edu/cgi/viewcontent.cgi?article=1357&context=sulr.

Bollyky, Thomas J., and Stewart M. Patrick. "Improving Pandemic Preparedness: Lessons From COVID-19." Independent Task Force Report No. 78, Council on Foreign Relations, New York, October 2020. www.cfr.org/report/pandemic-preparedness-lessons-COVID-19/introduction.

Bolotnyy, Valentin, and Natalia Emanuel. "Why Do Women Earn Less Than Men? Evidence from Bus and Train Operators." Working Paper, Harvard University, November 28, 2018. https://scholar.harvard.edu/files/bolotnyy/files/be_gendergap.pdf.

Bonazzi, Mauro. "Protagoras," in *The Stanford Encyclopedia of Philosophy*. Edited by Edward N. Zalta. Stanford, CA: Metaphysics Research Lab, Stanford University, 2020. https://plato.stanford.edu/archives/fall2020/entries/protagoras.

Bonnefoy, Pascale, and Patrick J. Lyons. "Why Chile's Latest Big Earthquake Has a Smaller Death Toll." *The New York Times*, September 17, 2015. www.nytimes.com/2015/09/18/world/americas/chile-earthquake-tsunami-impact.html.

Bonnie, Richard J., Morgan A. Ford, and Jonathan K. Phillips. *Pain Management and the Opioid Epidemic: Balancing Societal and Individual Benefits and Risks of Prescription Opioid Use*. Washington, DC: National Academies Press, 2017.

"Book Reviews: *Packaging in Today's Society*, 3rd Edition, Robert J. Kelsey, Technomic Publishing Co., Inc., Lancaster, PA (1989)," in *Journal of Plastic Film & Sheeting* 5, no. 3 (1989): 176. https://doi.org/10.1177/875608798900500304.

Booth, Martin, *Opium: A History*. London: Simon and Schuster, 1996.

Borà, Salvatore. "Historical and Monumental Itineraries of Capri." CapriKronos. Accessed January 19, 2021. www.caprikronos.com/en/capri-island/#. YAaeXZNKgsk.

Boro, Bronza. "Austrian Measures for Prevention and Control of the Plague Epidemic along the Border with the Ottoman Empire during the 18th Century." *Scripta Medica* 50, no. 4 (January 2019): 177–84. https://doi.org/10.5937/ scriptamed50-23457.

Bosin, Yury V. "Russia, Cholera Riots of 1830–1831," in *The International Encyclopedia of Revolution and Protest*. Edited by Immanuel Ness. Hoboken, NJ: Wiley-Blackwell, 2009. https://doi.org/10.1002/9781405198073.wbierp1282.

"Boston Police Union Goes to Court to Stop Mandatory Body Cams." CBS News, September 6, 2016. www.cbsnews.com/news/boston-police-union-goes-to-court-to-stop-mandatory-body-cams.

Bowles, Jonathan, and Charles Shaviro. "Bearing the Brunt: Where NYC's Hard-Hit Sector Workers Live." Center for an Urban Future. May 2020. https://nycfuture. org/research/where-hard-hit-sector-workers-live.

Braga, Anthony A. "The Crime Prevention Value of Hot Spots Policing." *Psicothema* 18, no. 3 (August 2006): 630–37.

Braga, Anthony A., Lisa M. Barao, and Gregory Zimmerman. "The Impacts of Body Worn Cameras on Police-Citizen Encounters, Police Proactivity, and Police-Community Relations in Boston: A Randomized Controlled Trial." Report to the Boston Police Department. School of Criminology and Criminal Justice, Northeastern University, July 27, 2018. https://news.northeastern.edu/wp-content/uploads/2018/08/BPD-BWC-RCT-Full-Report-07272018.pdf.

Braga, Anthony A., William H. Sousa, James R. Coldren Jr., and Denise Rodriguez. "The Effects of Body-Worn Cameras on Police Activity and Police-Citizen Encounters: A Randomized Controlled Trial." *Journal of Criminal Law and Criminology* 108, no. 3 (Summer 2018): 511–38. https:// scholarlycommons. law.northwestern.edu/jclc/vol108/iss3/3.

Braga, Anthony A., Brandon S. Turchan, Andrew V. Papachristos, and David M. Hureau. "Hot Spots Policing and Crime Reduction: An Update of an Ongoing Systematic Review and Meta-Analysis." *Journal of Experimental Criminology* 15, no. 3 (September 2019): 289–311. https://doi.org/10.1007/s11292-019-09372-3.

Brand, Madeleine. "In Boyle Heights, the Signs of Gentrification Are Everywhere." Union de Vecinos (blog), July 20, 2016. www.uniondevecinos.org/index.php/

in-boyle-heights-the-signs-of-gentrification-are-everywhere.

Bremmer, Ian. "The Best Global Responses to COVID-19 Pandemic." *Time*, June 12, 2020. https://time.com/5851633/best-global-responses-covid-19.

Breslow, Jason M. "Education Department Finds No Evidence of Widespread Cheating on D.C. Exams." *Frontline*, January 8, 2013. www.pbs.org/wgbh/frontline/article/education-department-finds-no-evidence-of-widespread-cheating-on-d-c-exams.

"A Brief History of Private Insurance in the United States." Academic HealthPlans. Accessed January 30, 2020. www.ahpcare.com/a-brief-history-of-private-insurance-in-the-united-states.

Brieger, Gert H. "Sanitary Reform in New York City: Stephen Smith and the Passage of the Metropolitan Health Bill." *Bulletin of the History of Medicine* 40, no. 5 (1966): 407-29. http://www.jstor.org/stable/44450678.

Brinkley, Catherine, and Domenic Vitiello. "From Farm to Nuisance: Animal Agriculture and the Rise of Planning Regulation." *Journal of Planning History* 13, no. 2 (May 2014): 113-35. https://doi.org/10.1177/1538513213507542.

British Columbia Centre for Disease Control. "BC Covid-19 Data." Accessed January 8, 2021. www.bccdc.ca/health-info/diseases-conditions/covid-19/data.

Broadberry, Stephen, Bruce M. S. Campbell, Alexander Klein, Mark Overton, and Bas van Leeuwen. *British Economic Growth*, 1270-1870. Cambridge, UK: Cambridge University Press, 2015.

Brody, Leslie, and Yoree Koh. "Student Test Scores Drop in Math Since Covid-19 Pandemic." *The Wall Street Journal*, November 21, 2020. www.wsj.com/articles/student-test-scores-drop-in-math-since-covid-19-pandemic-11605974400.

Brot-Goldberg, Zarek C., Amitabh Chandra, Benjamin R. Handel, and Jonathan T. Kolstad. "What Does a Deductible Do? The Impact of Cost-Sharing on Health Care Prices, Quantities, and Spending Dynamics." *The Quarterly Journal of Economics* 132, no. 3 (August 2017): 1261-1318. https://doi.org/10.1093/qje/qjx013.

Brown, Karen. "Nursing Homes Account for More Than Half of Total COVID-19 Deaths in Massachusetts." New England Public Media, May 29, 2020. www.nepm.org/post/nursing-homes-account-more-half-total-covid-19-deaths-massachusetts.

Bryant, Arthur. "Samuel Pepys: English Diarist and Naval Administrator." *Encyclopædia Britannica Online*. Last modified February 19, 2021. www.britannica.com/biography/Samuel-Pepys.

Buccholz, Todd G. "Are Fast-Food Establishments Making Americans Fat?" *Journal of Controversial Medical Claims* 10, no. 4 (November 2003): 1–10. www.ohio. k12.ky.us/userfiles/1153/Classes/34781/Are fast food making Amer fat.pdf.

Buckingham, Jane. *Leprosy in Colonial South India*. London: Palgrave Macmillan, 2002.

Buford, Edward P. "Assumption of Risk under the Federal Employers' Liability Act." *Harvard Law Review* 28, no. 2 (December 1914): 163–85. https://doi. org/10.2307/1325999.

Bulmer-Thomas, Ivor. "Theodorus of Cyrene." Encyclopedia.com. Accessed January 18, 2021. www.encyclopedia.com/science/dictionaries-thesauruses-pictures-and-press-releases/theodorus-cyrene.

Bump, Suzanne. *Official Audit Report: Devens Enterprise Commission*. Commonwealth of Massachusetts, Office of the State Auditor, May 6, 2015. https://archives.lib.state.ma.us/bitstream/handle/2452/265128/ocn910724896. pdf?sequence=1&isAllowed=y.

Burns, Joseph. "Prior Authorization Rules: Yet Another Way the Health Insurance System Frustrates Physicians and Patients." Association of Health Care Journalists (blog), August 9, 2018. https://healthjournalism.org/blog/2018/08/ prior-authorization-rules-yet-another-way-the-health-insurance-system-frustrates-physicians-and-patients.

Burrows, Edwin G., and Mike Wallace. "Splendid Little War," in *Gotham: A History of New York City to 1898*. New York: Oxford University Press, 1998. https:// erenow.net/modern/gotham-history-of-new-york-city-to-1898/69.php.

Burrows, Matt. "Ardern Responds to Fears Politicians Could Become COVID-19 'Super-Spreaders' during Election Campaign." MSN News, April 9, 2020. www.msn.com/en-nz/news/national/ardern-responds-to-fears-politicians-could-become-covid-19-super-spreaders-during-election-campaign/ar-BB18GWdA.

Bush, Evan. "Welcome to the Capitol Hill Autonomous Zone, Where Seattle Protesters Gather without Police." *Seattle Times*, June 10, 2020. www. seattletimes.com/seattle-news/welcome-to-the-capitol-hill-autonomous-zone-where-seattle-protesters-gather-without-police.

Buttar, Harpal S., Timao Li, and Nivedita Ravi. "Prevention of Cardiovascular Diseases: Role of Exercise, Dietary Interventions, Obesity and Smoking Cessation." *Experimental and Clinical Cardiology* 10, no. 4 (Winter 2005: 229–49. www.ncbi.nlm.nih.gov/pmc/articles/PMC2716237.

Butterfield, Lyman Henry. *Letters of Benjamin Rush: Volume II: 1793 –1813*. Princeton, NJ: Princeton University Press, 2019.

California Code, Education Code, EDC § 51512. https://codes.findlaw.com/ca/education-code/edc-sect-51512.html.

California Department of Fish and Wildlife. "A Summary of the California Environmental Quality Act (CEQA)." Accessed January 13, 2021. https://wildlife.ca.gov/Conservation/CEQA/Purpose.

Calisher, Charles H., James E. Childs, Hume E. Field, Kathryn V. Holmes, and Tony Schountz. "Bats: Important Reservoir Hosts of Emerging Viruses." *Clinical Microbiology Reviews* 19, no. 3 (July 2006): 531 –45. https://doi.org/10.1128/CMR.00017-06.

Campbell, Sophia, Lorena Hernandez Barcena, and Wessel David. "Hutchins Roundup: PPP Loans, Charter Schools and More." Brookings (blog), August 6, 2020. www.brookings.edu/blog/up-front/2020/08/06/hutchins-roundup-ppp-loans-charter-schools-and-more.

"Canada Shows How Easy Virus Testing Can Be." ResetEra. Accessed January 20, 2021. www.resetera.com/threads/canada-shows-how-easy-virus-testing-can-be.175157.

Canadian Health Coalition. "History of Canada's Public Health Care." Accessed January 20, 2021. www.healthcoalition.ca/tools-and-resources/history-of-canadas-public-health-care.

Carden, Dan. "Indiana Lawmakers Eyeing Cigarette Tax Hike to Reduce Hoosier Smoking Rate." *Times of Northwest Indiana*, December 17, 2020. www.nwitimes.com/news/local/govt-and-politics/indiana-lawmakers-eyeing-cigarette-tax-hike-to-reduce-hoosier-smoking-rate/article_a9cbb813-3f11-591c-81cb-8082c8377b25.html.

Carman, Harry James. *The Street Surface Railway Franchises of New York City*. New York: Columbia University, 1919.

Carney, Jordain. "Obstacles Mount for Deal on Next Coronavirus Bill." *The Hill*, May 3, 2020. thehill.com/homenews/senate/495760-obstacles-mount-for-deal-on-next-coronavirus-bill.

Carroll, Aaron E. "The Real Reason the U.S. Has Employer-Sponsored Health Insurance." *The New York Times*, September 5, 2017. www.nytimes.com/2017/09/05/upshot/the-real-reason-the-us-has-employer-sponsored-health-insurance.html.

Cartwright, Mark. "Peloponnesian War." World History Encyclopedia, May 2, 2018.

www.ancient.eu/Peloponnesian_War.

———. "Trade in Ancient Greece." World History Encyclopedia, May 22, 2018. www.ancient.eu/article/115/trade-in-ancient-greece.

———. "Trade in Medieval Europe." World History Encyclopedia, January 8, 2019. www.ancient.eu/article/1301/trade-in-medieval-europe.

———. "1204: The Sack of Constantinople." World History Encyclopedia, February 1, 2018. www.ancient.eu/article/1188/1204-the-sack-of-constantinople.

Center for Budget and Policy Priorities. "Tracking the COVID-19 Recession's Effects on Food, Housing, and Employment Hardships." Last modified March 5, 2021. www.cbpp.org/research/poverty-and-inequality/tracking-the-covid-19-recessions-effects-on-food-housing-and.

Center for Community College Student Engagement. *Contingent Commitments: Bringing Part-Time Faculty into Focus.* Austin: University of Texas at Austin, Program in Higher Education Leadership, 2014. www.ccsse.org/docs/PTF_Special_Report.pdf.

Central Piedmont Community College. "Mechatronics Engineering Technology." Accessed January 18, 2021. www.cpcc.edu/programs/mechatronics-engineering-technology.

Cerdá, Magdalena, Yusuf Ransome, Katherine M. Keyes, Karestan C. Koenen, Kenneth Tardiff, David Vlahov, and Sandro Galea. "Revisiting the Role of the Urban Environment in Substance Use: The Case of Analgesic Overdose Fatalities." *American Journal of Public Health* 103, no. 12 (December 2013): 2252–60. www.ncbi.nlm.nih.gov/pmc/articles/PMC3828967.

Cevat Giray Aksoy, Jose Maria Barrero, Nicholas Bloom, Steven J. Davis, et al. "Working from Home Around the World." *Brookings Papers on Economic Activity*, August 23, 2022. www.brookings.edu/wp-content/uploads/2022/09/Aksoy-et-al-Conference-Draft-BPEA-FA22.pdf.

Chan, Christina H., Ashleigh R. Tuite, and David N. Fisman. "Historical Epidemiology of the Second Cholera Pandemic: Relevance to Present Day Disease Dynamics." *PLoS ONE* 8, no. 8 (August 2013): e72498. https://doi.org/10.1371/journal.pone.0072498.

Chan, Sewell. "Data Show Manhattan is Svelte and Bronx is Chubby, Chubby." *The New York Times*, July 21, 2009. www.nytimes.com/2009/07/22/nyregion/22fat.html.

Chandra, Siddharth, Goran Kuljanin, and Jennifer Wray. "Mortality from the Influenza Pandemic of 1918–1919: The Case of India." *Demography* 49, no. 3 (August

2012): 857 – 65. https://doi.org/10.1007/s13524-012-0116-x.

Chapin, Christy Ford. "Why Insurance Companies Control Your Medical Care." The Conversation, October 4, 2016. http://theconversation.com/why-insurance-companies-control-your-medical-care-62540.

Charles, Sam. "After 3 Years of Progress, Chicago's Murder Tally Skyrockets in 2020." *Chicago Sun-Times*, December 31, 2020. https://chicago.suntimes.com/crime/2020/12/31/22208002/chicago-murders-2020-skyrocket-crime-violence-cpd-homicides.

Chastel, C. "Centenary of the Discovery of Yellow Fever Virus and Its Transmission by a Mosquito (Cuba 1900 – 1901)." *Bulletin de la Société de Pathologie Exotique* 96, no. 3 (August 2003): 250 – 56. https://www.researchgate.net/publication/9037638_Centenary_of_the_discovery_of_yellow_fever_virus_and_its_transmission_by_a_mosquito_Cuba_1900-1901.

Chaudhuri, Saabira, and Jennifer Maloney. "As Americans Drink Less Alcohol, Booze Makers Look Beyond the Barrel." *The Wall Street Journal*, January 17, 2019. www.wsj.com/articles/americans-are-drinking-less-alcohol-11547733600.

Chauvin, J. P., Edward Glaeser, and Stephanie Kestelman. "Regulation and Mobility in Brazil." Working Paper, 2021.

Chauvin, Juan Pablo, Edward Glaeser, Yueran Ma, and Kristina Tobio. "What Is Different about Urbanization in Rich and Poor Countries? Cities in Brazil, China, India and the United States." *Journal of Urban Economics* 98 (2017): 17 – 49. https://doi.org/10.1016/j.jue.2016.05.003.

Chen, Angela. "IBM's Watson Gave Unsafe Recommendations for Treating Cancer." *The Verge*, July 26, 2018. www.theverge.com/2018/7/26/17619382/ibms-watson-cancer-ai-healthcare-science.

Chen, M. Keith, Judith A. Chevalier, and Elisa F. Long. "Nursing Home Staff Networks and COVID-19." NBER Working Paper Series 27608, National Bureau of Economic Research, Cambridge, MA, July 2020. https://doi.org/10.3386/w27608.

Cheng, Derek. "Covid 19 Coronavirus: Prime Minister Jacinda Ardern's D-Day Decision Already Made for Her." *New Zealand Herald*, June 7, 2020. www.nzherald.co.nz/nz/covid-19-coronavirus-prime-minister-jacinda-arderns-d-day-decision-already-made-for-her/IY5QB46BKOXF44FKVFGRY2XRNY.

Chetty, Raj, John N. Friedman, Nathaniel Hendren, Maggie R. Jones, and Sonya R. Porter. "The Opportunity Atlas: Mapping the Childhood Roots of Social Mobility." NBER Working Paper Series 25147, National Bureau of Economic

Research, Cambridge, MA, October 2018. https://doi.org/10.3386/w25147.

Chetty, Raj, Nathaniel Hendren, and Lawrence F. Katz. "The Effects of Exposure to Better Neighborhoods on Children: New Evidence from the Moving to Opportunity Experiment." *American Economic Review* 106, no. 4 (April 2016): 855–902. https://doi.org/10.1257/aer.20150572.

Chetty, Raj, Nathaniel Hendren, Patrick Kline, and Emmanuel Saez. "Where Is the Land of Opportunity? The Geography of Intergenerational Mobility in the United States." *The Quarterly Journal of Economics* 129, no. 4 (November 2014): 1553–1623. https://doi.org/10.1093/qje/qju022.

Chetty, Raj, et al. "The Association between Income and Life Expectancy in the United States." *JAMA* 315, no. 6 (April 2016): 1750–66. https://doi.org/10.1001/jama.2016.4226.

Chhabria, Sheetal. "Manufacturing Epidemics: Pathogens, Poverty, and Public Health Crises in India." *India Forum*, June 5, 2020. www.theindiaforum.in/article/manufacturing-epidemics.

Chicago Police Accountability Task Force. *Recommendations for Reform: Restoring Trust between the Chicago Police and the Communities They Serve.* April 2016. https://chicagopatf.org/wp-content/uploads/2016/04/PATF-Complete-Recommendations-.pdf.

Chinazzi, Matteo, Jessica T. Davis, Marco Ajelli, Corrado Gioannini, Maria Litvinova, Stefano Merler, Ana Pastore y Piontti, et al. "The Effect of Travel Restrictions on the Spread of the 2019 Novel Coronavirus (COVID-19) Outbreak." *Science* 368, no. 6489 (April 2020): 395–400. https://doi.org/10.1126/science.aba9757. https://doi.org/10.1177/0306422018800259.

Chinitz, Benjamin. "Contrasts in Agglomeration: New York and Pittsburgh." *American Economic Review* 51, no. 2 (1961): 279–89. https://www.sjsu.edu/faculty/watkins/chinitz01.htm.

Chippaux, Jean-Philippe, and Alain Chippaux. "Yellow Fever in Africa and the Americas: A Historical and Epidemiological Perspective." *Journal of Venomous Animals and Toxins Including Tropical Diseases* 24, no. 20 (August 2018). https://doi.org/10.1186/s40409-018-0162-y.

"Cholera." History.com. Last modified March 24, 2020. www.history.com/topics/inventions/history-of-cholera.

Chopra, Vineet, Eric Toner, Richard Waldhorn, and Laraine Washer. "How Should U.S. Hospitals Prepare for Coronavirus Disease 2019 (COVID-19)?" *Annals of Internal Medicine* 172, no. 9 (May 2020): 621–22. https://doi.org/10.7326/m20-

0907.

Cicero, Theodore J., and Matthew S. Ellis. "Abuse-Deterrent Formulations and the Prescription Opioid Abuse Epidemic in the United States: Lessons Learned from OxyContin." *JAMA Psychiatry* 72, no. 5 (2015): 424. https://doi.org/10.1001/jamapsychiatry.2014.3043.

"Cincinnati, Ohio Population History 1840 – 2019." Biggest US Cities. Accessed November 18, 2020. www.biggestuscities.com/city/cincinnati-ohio.

Cipolla, Carlo M. *Fighting the Plague in Seventeenth-Century Italy*. Madison: University of Wisconsin Press, 1981.

Citizens' Association of New York, Council of Hygiene and Public Health. *Report of the Council of Hygiene and Public Health of the Citizens' Association of New York upon the Sanitary Condition of the City*. New York: D. Appleton and Company, 1865.

Citizens' Committee for Children. "Life Expectancy." Keeping Track Online. Accessed January 20, 2021. https://data.cccnewyork.org/data/map/1341/life-expectancy#1341/a/3/1573/25/a/a.

City of Boston. *Licenses & Permits for Retail Shop Owners*. www.cityofboston.gov/images_documents/AV%20Retail%20Printable%20updated_tcm3-27759.pdf.

"City of Lubbock Reports 9 Additional COVID-19 Deaths, 312 New Cases." EverythingLubbock, January 05, 2021. www.everythinglubbock.com/news/local-news/city-of-lubbock-reports-9-addi tional-covid-19-deaths-312-new-cases.

City of New York. "A Brief History of Tweed Courthouse." www.nyc.gov/html/om/html/tweed_courthouse.html.

———. "NYC Business: Get Help with Licenses and Permits." Accessed Jan ary 18, 2021. www1.nyc.gov/nycbusiness/article/get-help-with-licenses-and-permits.

City of New York, Board of Estimate and Apportionment. "Building Zone Resolution (Adopted July 25, 1916)." www1.nyc.gov/assets/planning/download/pdf/about/city-planning-history/zr1916.pdf.

Claxton, Gary, Matthew Rae, Gregory Young, and Daniel McDermott. *Employer Health Benefits: KFF 2020 Annual Survey*. San Francisco: Kaiser Family Foundation, 2020. http://files.kff.org/attachment/Report-Employer-Health-Benefits-2020-Annual-Survey.pdf.

Clay, Rebecca A. "How Portugal Is Solving Its Opioid Problem." *Monitor on Psychology* 49, no. 9 (October 2018). www.apa.org/monitor/2018/10/portugalopioid.

Clements, Jonathan. *A Brief History of China: Dynasty, Revolution and Transformation: From the Middle Kingdom to the People's Republic.* Clarendon, VT: Tuttle Publishing, 2019.

Cleveland Clinic. "Opioids." Accessed December 25, 2020. https://my.clevelandclinic. org/health/articles/21127-opioids.

Clinton, William J. "Remarks on Signing the Violent Crime Control and Law Enforcement Act of 1994." September 13, 1994. Public Papers of the Presidents of the United States: William J. Clinton (1994, Book II). US Government Publishing Office, 1994. www.govinfo.gov/content/pkg/PPP-1994-book2/ html/PPP-1994-book2-doc-pg1539.htm.

"Cloaca Maxima." *Encyclopædia Britannica Online* May 22, 2009. www.britannica. com/topic/Cloaca-Maxima.

Clower, Will. "Why English Is 'the Language of Obesity.'" Mediterranean Wellness (blog), March 28, 2016. https://www.mymedwellness.com/Medwell_ blog/2016/03/28/why-english-is-the-language-of-obesity.

Cockburn, Aidan. *Infectious Diseases: Their Evolution and Eradication.* Springfield, IL: Thomas, 1967.

Coffee with a Cop. "About—Coffee with a Cop." Accessed January 7, 2021. https:// coffeewithacop.com/about.

Cohen, Mark Nathan, and George J. Armelagos. *Paleopathology at the Origins of Agriculture.* Gainesville: University Press of Florida, 2013.

Collins, Brenda. "Family Networks and Social Connections in the Survival of a Seventeenth-Century Library Collection." *Library & Information History* 33, no 2 (April 2017): 123-42. https://doi.org/10.1080/17583489.2017.1299427.

Collins, Sean. "The Anger behind the Protests, Explained in 4 Charts." *Vox*, May 31, 2020. www.vox.com/2020/5/31/21276004/anger-police-killing-george-floyd- protests.

"Combating the Coronavirus Pandemic: Bosch Develops Rapid Test for COVID-19." Bosch Global. Accessed December 25, 2020. www.bosch.com/stories/vivalytic- rapid-test-for-covid-19.

"Common Core Math Fails to Prepare Students for STEM." Pioneer Institute, October 1, 2013. https://pioneerinstitute.org/news/lowering-the-bar-how-common- core-math-fails-to-prepare-students-for-stem.

Common Core State Standards Initiative. "Development Process." Accessed January 24, 2021. www.corestandards.org/about-the-standards/development-process.

Commonwealth Fund. *2008 Commonwealth Fund International Health Policy Survey of Sicker Adults*. November 13, 2008. www.commonwealthfund.org/publications/surveys/2008/nov/2008-commonwealth-fund-international-health-policy-survey-sicker.

Commonwealth of Massachusetts. "Chapter 40 B Planning and Information." Accessed January 18, 2021. www.mass.gov/chapter-40-b-planning-and-information.

——. "Governor's FY2020 Budget Recommendation: Appropriation for Department of Public Health." Accessed January 20, 2021. https://budget.digital.mass.gov/govbudget/fy20/appropriations/health-and-human-services/public-health/?tab=historical-budget.

——. "Soldiers' Home in Holyoke." Accessed December 26, 2020. www.mass.gov/orgs/soldiers-home-in-holyoke.

——. "Weekly COVID-19 Public Health Report." December 10, 2020. www.mass.gov/doc/weekly-covid-19-public-health-report-december-10-2020/download.

Commonwealth of Massachusetts v. Purdue Pharma, First Amended Complaint and Jury Demand, January 31, 2019. www.reuters.com/investigates/special-report/assets/usa-courts-secrecy-judges/massachusetts-complaint-2.pdf.

Condie, Thomas, and Richard Folwell. *History of the Pestilence, Commonly Called Yellow Fever, Which Almost Desolated Philadelphia, in the Months of August, September & October, 1798*. Evans Early American Imprint Collection, Evans Text Creation Partnership, 2008. http://name.umdl.umich.edu/N26572.0001.001.

Connors, Michael. "Management Change, Fewer Residents Eyed for Soldiers' Home." *Daily Hampshire Gazette*, May 13, 2020. www.gazettenet.com/Soldiers-Home-Board-of-Trustees-give-update-at-meeting-34318222.

Cooper, Alexia D., and Erica L. Smith. "Homicide Trends in the United States, 1980 – 2008." Bureau of Justice Statistics, November 16, 2011. www.bjs.gov/index.cfm?iid=2221&ty=pbdetail.

Cooper, John Milton. "Theodore Roosevelt." *Encyclopædia Britannica Online*. www.britannica.com/biography/Theodore-Roosevelt.

Cooper, Phillip J. *The War against Regulation: From Jimmy Carter to George W. Bush*. Lawrence: University Press of Kansas, 2009.

The Cooper Union. "Peter Cooper's Vision." https://cooper.edu/about/history/peter-coopers-vision.

Cope, Zachary. "Dr. Thomas Percival And Jane Austen." *British Medical Journal* 1, no. 5635 (1969): 55–56.

Coppola, Francis Ford, dir. *The Godfather Part II*. Paramount Pictures/Coppola Company/American Zoetrope, 1974.

"Cornelius Vanderbilt." *Encyclopædia Britannica Online*. Accessed January 18, 2021. www.britannica.com/biography/Cornelius-Vanderbilt-1794-1877.

"Coronavirus (COVID-19) Deaths—Statistics and Research." Our World in Data. https://ourworldindata.org/covid-deaths.

"Coronavirus: How New Zealand Relied on Science and Empathy." BBC News, April 20, 2020. www.bbc.com/news/world-asia-52344299.

"Coronavirus in the U.S.: Latest Map and Case Count." *The New York Times*. Accessed January 19, 2021. www.nytimes.com/interactive/2020/us/coronavirus-us-cases.html.

Council on Foreign Relations. "Demographics of the U.S. Military." Last modified July 13, 2020. www.cfr.org/backgrounder/demographics-us-military.

"Counting Calories: Get Back to Weight-Loss Basics." Mayo Clinic, December 8, 2020. www.mayoclinic.org/healthy-lifestyle/weight-loss/in-depth/calories/art-20048065.

Cousin, Jean. "Diocletian." *Encyclopædia Britannica Online*. www.britannica.com/biography/Diocletian.

"COVID-19 in the UK: Assessing Jobs at Risk and the Impact on People and Places." McKinsey, May 11, 2020. www.mckinsey.com/industries/public-and-social-sector/our-insights/covid-19-in-the-united-kingdom-assessing-jobs-at-risk-and-the-impact-on-people-and-places.

COVID-19 School Response Dashboard. Accessed December 8, 2020. https://covidschooldashboard.com.

Coviello, Decio, and Nicola Persico. "An Economic Analysis of Black-White Disparities in NYPD's Stop and Frisk Program." NBER Working Paper Series 18803, National Bureau of Economic Research, Cambridge, MA, February 2013. https://doi.org/10.3386/w18803.

Cowley, Joe, John Kiely, and Dave Collins. "Unravelling the Glasgow Effect: The Relationship between Accumulative Bio-Psychosocial Stress, Stress Reactivity and Scotland's Health Problems." *Preventive Medicine Reports* 4 (December 2016): 370–75. https://doi.org/10.1016/j.pmedr.2016.08.004.

Cox, Kate. "The Future of Work Looks like Staying Out of the Office." Ars Technica, February 18, 2020. https://arstechnica.com/tech-policy/2020/02/employers-should-expand-not-cut-telework-into-the-future.

"Cracking the History o the Uncommon Common Cracker." New England Historical Society, January 24, 2014. www.newenglandhistoricalsociety.com/cracking-history-uncommon-common-cracker.

Crafts, Nicholas, and Terence C. Mills. "From Malthus to Solow: How Did the Malthusian Economy Really Evolve?" *Journal of Macroeconomics* 31, no. 1 (March 2009): 68–93. https://doi.org/10.1016/j.jmacro.2007.08.007.

Craven, Matt, Adam Sabow, Lieven Van der Veken, and Matt Wilson. "Preventing Pandemics with Investments in Public Health." McKinsey, July 13, 2020. www.mckinsey.com/industries/public-and-social-sector/our-insights/not-the-last-pandemic-investing-now-to-reimagine-public-health-systems#.

Crawshaw, Jane L. Stevens. *Plague Hospitals: Public Health for the City in Early Modern Venice.* Surrey, UK: Ashgate, 2012.

"Cross Bronx Expressway: Historical Overview." NYCRoads.com. Accessed January 18, 2021. www.nycroads.com/roads/cross-bronx.

Cullen, Julie Berry, and Steven D. Levitt. "Crime, Urban Flight, and the Consequences for Cities." *Review of Economics and Statistics* 81, no. 2 (May 1999): 159–69. https://doi.org/10.1162/003465399558030.

Culliton, Kathleen. "This Is the Deadliest Neighborhood in New York City." Brownsville-East New York Patch, July 11, 2019. https://patch.com/new-york/brownsville/deadliest-neighborhood-new-york-city.

Cummings, K. M., C. P. Morley, and A. Hyland. "Failed Promises of the Cigarette Industry and Its Effect on Consumer Misperceptions about the Health Risks of Smoking." *Tobacco Control* 11 (2002): i110–17. https://doi.org/10.1136/tc.11.suppl_1.i110.

Cummins, Neil, Morgan Kelly, and Cormac Ó Gráda. "Living Standards and Plague in London, 1560–1665." *Economic History Review* 69, no. 1 (February 2016): 3–34. https://doi.org/10.1111/ehr.12098.

Cummins, Steven C.J., Laura McKay, and Sally MacIntyre. "McDonald's Restaurants and Neighborhood Deprivation in Scotland and England." *American Journal of Preventive Medicine* 29, no. 4 (November 2005): 308–10. https://doi.org/10.1016/j.amepre.2005.06.011.

Curd, Patricia. "Anaxagoras," in *The Stanford Encyclopedia of Philosophy.* Edited by Edward N. Zalta. Stanford, CA: Metaphysics Research Lab, Stanford University, 2019. https://plato.stanford.edu/archives/win2019/entries/anaxagoras.

"Cushing Estate, 'The Bellmont' (Now in Belmont, MA)." Digital Public Library of America. Accessed December 29, 2020. https://dp.la/item/a5659e02df76bfe779

358456df64a91a.

Cutler, David M. "Nursing Our Way to Better Health." *JAMA* 322, no. 11 (2019): 1033 – 34. https://doi.org/10.1001/jama.2019.13834.

——. *The Quality Cure: How Focusing on Health Care Quality Can Save Your Life and Lower Spending Too*. 1st edition. Berkeley and Los Angeles: University of California Press, 2014.

——. "Reducing Administrative Costs in U.S. Health Care." The Hamilton Project, March 10, 2020. www.hamiltonproject.org/papers/reducing_administrative_ costs_in_u.s_health_care.

——. *Your Money or Your Life: Strong Medicine for America's Health Care System*. Illustrated edition. New York: Oxford University Press, 2004.

Cutler, David M., Kaushik Ghosh, Kassandra Messer, Trivellore Raghunathan, Allison Rosen, and Susan Stewart. "A Satellite Account for Health in the United States." NBER Working Paper Series 27848, National Bureau of Economic Research, Cambridge, MA, September 2020. https://doi.org/10.3386/w27848.

Cutler, David M., Kaushik Ghosh, Kassandra L. Messer, Trivellore E. Raghunathan, Susan T. Stewart, and Allison B. Rosen. "Explaining The Slowdown in Medical Spending Growth among the Elderly, 1999 – 2012." *Health Affairs* 38, no. 2 (2019): 222 – 29. https://doi.org/10.1377/hlthaff.2018.05372.

Cutler, David M., and Edward Glaeser. "What Explains Differences in Smoking, Drinking, and Other Health Related Behaviors?" *American Economic Review* 95, no. 2 (May 2005): 238 – 42. https://doi.org/10.1257/000282805774670464.

Cutler, David M., Edward L. Glaeser, and Jesse M. Shapiro. "Why Have Americans Become More Obese?" *Journal of Economic Perspectives* 17, no. 3 (2003): 93 – 118. https://doi.org/10.1257/089533003769204371.

Cutler, David M., and Dan P. Ly. "The (Paper)Work of Medicine: Understanding International Medical Costs." *Journal of Economic Perspectives* 25, no. 2 (Spring 2011): 3 – 25. https://doi.org/10.1257/jep.25.2.3.

Cutler, David M., Ellen Meara, and Susan Stewart. "Socioeconomic Status and the Experience of Pain: An Example from Knees." NBER Working Paper Series 27974, National Bureau of Economic Research, Cambridge, MA, October 2020. https://doi.org/10.3386/w27974.

Cutler, David M., and Grant Miller. "The Role of Public Health Improvements in Health Advances: The 20th Century United States," *Demography* 42, no. 1 (2005): 1 – 22. https://doi.org/10.1353/dem.2005.0002.

Cutler, David M., Grant Miller, and Doug Norton. "Evidence on Early-Life Income and Late-Life Health from America's Dust Bowl Era." *Proceedings of the National Academy of Sciences* 104, no. 33 (August 2007): 13244–49. https://doi.org/10.1073/pnas.0700035104.

Cutler, David M., and Elizabeth Richardson. *Frontiers in Health Policy Research*. Vol. 2. Cambridge, MA: MIT Press, 1999.

Cutler, David M., and Lawrence H. Summers. "The COVID-19 Pandemic and the $16 Trillion Virus." *JAMA* 324, no. 15 (October 2020): 1495–96. https://doi.org/10.1001/jama.2020.19759.

Daly, James R. L. "A Clinical Study of Heroin." *Boston Medical and Surgical Journal* 142 (February 1900): 190–92. https://doi.org/10.1056/NEJM190002221420804.

Dalzell, A. "Maecenas and the Poets" *Phoenix* 10, no. 4 (Winter 1956): 151–62. https://doi.org/10.2307/1086017.

Daschle, Tom, Scott S. Greenberger, and Jeanne M. Lambrew. *Critical: What We Can Do about the Health-Care Crisis*. New York: St. Martins Griffin, 2009.

Dave, Dhaval M., Andrew I. Friedson, Kyutaro Matsuzawa, Joseph J. Sabia, and Samuel Safford. "Black Lives Matter Protests and Risk Avoidance: The Case of Civil Unrest During a Pandemic." NBER Working Paper Series 27408, National Bureau of Economic Research, Cambridge, MA, June 2020. Revised January 2021. https://doi.org/10.3386/w27408.

Davenport, Romola J. "Urbanization and Mortality in Britain, c. 1800–50." *Economic History Review* 73, no. 2 (May 2020): 455–85. https://doi.org/10.1111/ehr.12964.

Davis, Christopher G., and Biing-Hwan Lin. *Factors Affecting U.S. Pork Consumption*. United States Department of Agriculture, May 2005. www.ers.usda.gov/webdocs/outlooks/37377/15778_ldpm13001_1_.pdf.

Davis, James W., and Nikki Balch Stilwell. *Aristocrat in Burlap: A History of the Potato in Idaho*. Idaho Potato Commission. Accessed December 25, 2020. https://idahopotato.com/aristocrat-in-burlap/online/38.

Davis, Joseph H. "An Annual Index of U. S. Industrial Production, 1790–1915." *Quarterly Journal of Economics* 119, no. 4 (November 2004): 1177–1215. https://doi.org/10.1162/0033553042476143.

Davis, Lisa. "Siemens AG." Business Roundtable. Accessed January 18, 2021. www.businessroundtable.org/archive/skills-gap/siemens-ag.

"Death of John Stephenson; the Builder of Street Cars Passes Away Suddenly." *The New York Times*, August 1, 1893. www.nytimes.com/1893/08/01/archives/death-of-john-stephenson-the-builder-of-street-cars-passes-away.html.

Decker, Ryan, John Haltiwanger, Ron S. Jarmin, and Javier Miranda. "The Role of Entrepreneurship in US Job Creation and Economic Dynamism." *Journal of Economic Perspectives* 28, no. 3 (Summer 2014): 3 – 24.

——. "The Secular Decline in Business Dynamism in the U.S.," Working Paper, June 2014. http://citeseerx.ist.psu.edu/viewdoc/download?doi=10.1.1.391.3927&rep =rep1&type=pdf.

De Lew, Nancy, George Greenberg, and Kraig Kinchen. "A Layman's Guide to the U.S. Health Care System." *Health Care Financing Review* 14, no. 1 (1992): 151 – 69. www.ncbi.nlm.nih.gov/pmc/articles/PMC4193322.

Demosthenes. *Against Leptines*, section 32. Translated by C. A. Vince and J. H. Vince. Cambridge, MA: Harvard University Press; London: William Heinemann, 1926. www.perseus.tufts.edu/hopper/text?doc=Perseus%3Atext%3A1999.01.0072%3 Aspeech%3D20%3Asection%3D32.

Derenoncourt, Ellora. "Can You Move to Opportunity? Evidence from the Great Migration." Working Paper, 2020. https://scholar.harvard.edu/ elloraderenoncourt/publications/can-you-move-opportunity-evidence- great-migration-job-market-paper.

DeSilver, Drew. "What's On Your Table? How America's Diet Has Changed over the Decades." Pew Research Center, December 13, 2016. www.pewresearch. org/fact-tank/2016/12/13/whats-on-your-table-how-americas-diet-has- changed-over-the-decades.

Dessaux, Pierre-Antoine. "Chemical Expertise and Food Market Regulation in *Belle- Epoque* France." *History and Technology* 23, no. 4 (September 2007): 351 – 68. https://doi.org/10.1080/07341510701527427.

Devi, Tanaya, and Roland G. Fryer Jr. "Policing the Police: The Impact of 'Pattern- or-Practice' Investigations on Crime." NBER Working Paper Series 27324, National Bureau of Economic Research, Cambridge, MA, June 2020. https:// doi.org/10.3386/w27324.

Dewitte, Sharon N., and Maryanne Kowaleski. "Black Death Bodies." *Fragments: Interdisciplinary Approaches to the Study of Ancient and Medieval Pasts* 6 (2017): 1 – 37. http://hdl.handle.net/2027/spo.9772151.0007.014.

Dharmapala, Dhammika, Richard H. McAdams, and John Rappaport. "Collective Bargaining Rights and Police Misconduct: Evidence from Florida." University of Chicago, Public Law Working Paper No. 655, August 1, 2019. https://doi. org/10.2139/ssrn.3095217.

Dickinson, Frank G. *Philanthropy and Public Policy*. New York: National Bureau of

Economic Research, 1962.

Dieleman, Joseph L., Jackie Cao, Abby Chapin, Carina Chen, Zhiyin Li, Angela Liu, et al. "US Health Care Spending by Payer and Health Condition, 1996 – 2016." *JAMA* 323, no. 9 (2020): 863. https://doi.org/10.1001/jama.2020.0734.

Dillon, Sam. "Eastern States Dominate in Winning School Grants." *The New York Times*, August 24, 2010. www.nytimes.com/2010/08/25/education/25schools.html.

"Diseases of the Mind: Highlights of American Psychiatry through 1900: Benjamin Rush, M.D. (1749 – 1813): 'The Father of American Psychiatry.'" US National Library of Medicine. Accessed January 13, 2021. www.nlm.nih.gov/hmd/diseases/benjamin.html.

Disraeli, Benjamin. "First Reading—Metropolis Local Management Act Amendment Bill." December 15, 1858, Hansard. UK Parliament. https://api.parliament.uk/historic-hansard/commons/1858/jul/15/first-reading.

"Dr. Deborah Birx on Efforts to Find COVID-19 Treatments, Vaccines and Push to Reopen America." Fox News, May 3, 2020. www.foxnews.com/transcript/dr-deborah-birx-on-efforts-to-find-covid-19-treatments-vaccines-and-push-to-reopen-america.

Domar, Evsey D. "The Causes of Slavery or Serfdom: A Hypothesis." *Journal of Economic History* 30, no. 1 (1970): 18 – 32. http://www.jstor.org/stable/2116721.

"Donald Trump Ron DeSantis Press Conference Transcript." Rev, April 28, 2020. https://www.rev.com/blog/transcripts/donald-trump-ron-desantis-press-conference-transcript.

Donev, J. M. K. C., et al. "Oil Crisis of the 1970s." Energy Education (2016). Accessed January 20, 2021. https://energyeducation.ca/encyclopedia/Oil_crisis_of_the_1970s.

Donthi, Narasimha Reddy. "Hyderabad Pharma City: A Toxic Cluster in the Making." *New Indian Express*, October 5, 2020. www.newindianexpress.com/states/telangana/2020/oct/05/hyderabad-pharma-city-a-toxic-cluster-in-the-making-2205942.html.

Douthat, Ross. "Prisons of Our Own Making." *The New York Times*, December 14, 2009. www.nytimes.com/2009/12/14/opinion/14douthat.html.

Drayer, Lisa. "The Non-alcoholic's Guide to Drinking Less Alcohol." CNN, November 3, 2017. www.cnn.com/2017/11/03/health/less-alcohol-food-drayer/index.html.

Dreher, Axel, Peter Nunnenkamp, and Rainer Thiele. "Does US Aid Buy UN General Assembly Votes? A Disaggregated Analysis." *Public Choice* 136, no. 1 (2008): 139 – 64.

Dreiser, Theodore. *Sister Carrie*. New York: Modern Library, 1999.

Drosendahl, Glenn. "Ida Ballasiotes Files Initiative That Will Become the Nation's First 'Three Strikes, You're Out' Law with Washington Secretary of State's Office on January 6, 1993." HistoryLink, November 19, 2015. www.historylink. org/File/11148.

D. S. G. "Medical Care: Changes in the Political Terrain." *Science* 135, no. 3498 (1962): 90 – 91. www.jstor.org/stable/1707551.

Dunlap, David W. "Why Robert Moses Keeps Rising from an Unquiet Grave." *The New York Times*, March 21, 2017. www.nytimes.com/2017/03/21/nyregion/ robert-moses-andrew-cuomo-and-the-saga-of-a-bronx-expressway.html.

Dunn, Bill. "J.R. Simplot." Freedom from Religion Foundation. Accessed December 25, 2020. https://ffrf.org/news/day/dayitems/item/14774-j-r-simplot.

Early Childhood Learning and Knowledge Center/Head Start. "Types of Grants." December 3, 2018. https://eclkc.ohs.acf.hhs.gov/fiscal-management/article/ types-grants.

"Eastern Equine Encephalitis Virus (EEEV): The Role of Diagnostics." American Society for Microbiology, October 7, 2019. https://asm.org/Articles/2019/ October/Eastern-Equine-Encephalitis-Virus-EEEV-the-Role-of.

Echenberg, Myron. "Pestis Redux: The Initial Years of the Third Bubonic Plague Pandemic, 1894-1901." *Journal of World History* 13, no. 2 (Fall 2002): 429 – 49. https://doi.org/10.1353/jwh.2002.0033.

ECPA Urban Planning. "Case Study: The Boston Waterfront Innovation District." Smart Cities Dive, 2017. www.smartcitiesdive.com/ex/sustain- ablecitiescollective/case-study-boston-waterfront-innovation-district/27649.

"Ed Glaeser Slips on a Banana Peel." Pioneer Institute, September 23, 2010. https:// pioneerinstitute.org/news/ed-glaeser-slips-on-a-banana-peel.

Ehrenkranz, N. Joel, and Deborah A. Sampson. "Origin of the Old Testament Plagues: Explications and Implications." *Yale Journal of Biology and Medicine* 81, no. 1 (March 2008): 31 – 42. https:// www.ncbi.nlm.nih.gov/pmc/articles/ PMC2442724.

"Elementary and Secondary Education Expenditures." Urban Institute, October 23, 2017. www.urban.org/policy-centers/cross-center-initiatives/state-and- local-finance-initiative/state-and-local-backgrounders/elementary-andsecondary-education-expenditures.

"Elisha Otis." *Encyclopædia Britannica Online*. Accessed January 18, 2021. www. britannica.com/biography/Elisha-Otis.

Elliott, Farley. "Someone Smashed the Front Window of Divisive Boyle Heights Coffee Shop Again." Eater Los Angeles, September 4, 2018. https://la.eater. com/2018/9/4/17819262/weird-wave-coffee-window-broken-smashed-news-update.

———. "This New Boyle Heights Coffee Bar Has Become a Gentrification Battleground." Eater Los Angeles, June 19, 2017. https://la.eater. com/2017/6/19/15818374/weird-wave-coffee-boyle-heights-protest-gentrification.

Ellyatt, Holly. "German Covid Cases Are Rising 'Exponentially'—And Its Vaccine Pause Could Make Things Worse," CNBC, March 17, 2021. www.cnbc. com/2021/03/17/german-covid-cases-rising-exponentially-amid-risky-vaccine-pause.html.

Energy Information Administration. 2003. "Households with Selected Appliances and Types of Main Heating Fuel, Selected Years," Available at http://www.eia. doe.gov/emeu/aer/txt/ptb0207.html.

Erkoreka, Anton. "Origins of the Spanish Influenza Pandemic (1918–1920) and Its Relation to the First World War." *Journal of Molecular and Genetic Medicine* 3, no. 2 (December 2009): 190–94. https://www.ncbi.nlm.nih.gov/pmc/articles/PMC2805838.

Estes, J. W. "John Jones's Mysteries of Opium Reveal'd (1701): Key to Historical Opiates." *Journal of the History of Medicine and Allied Sciences* 34, no. 2 (April 1979): 200–9. https://pubmed.ncbi.nlm.nih.gov/381381.

Estrada, Gilbert. "If You Build It, They Will Move: The Los Angeles Freeway System and the Displacement of Mexican East Los Angeles, 1944-1972." *Southern California Quarterly* 87, no. 3 (October 2005): 287–315. https://doi. org/10.2307/41172272.

European Commission. "Eurostat: Database." https://ec.europa.eu/eurostat/web/main/data/database.

———. "Eurostat: How Usual Is It to Work from Home?" April 24, 2020. https:// ec.europa.eu/eurostat/web/products-eurostat-news/-/DDN-20200424-1.

Evaluating the Propriety and Adequacy of the Oxycontin Criminal Settlement: Hearing Before the Committee on the Judiciary, United States Senate, 110th Cong., First Session, July 31, 2007. www.govinfo.gov/content/pkg/CHRG-

110shrg40884/html/CHRG-110shrg40884.htm.

Evans, William N., Ethan M. J. Lieber, and Patrick Power, "How the Reformulation of OxyContin Ignited the Heroin Epidemic," *Review of Economics and Statistics* 101, no. 1 (March 2019): 1–15. www.mitpressjournals.org/doi/pdf/10.1162/rest_a_00755.

Everett, Bob. "How London Got Its Victorian Sewers," OpenLearn, August 30, 2019. www.open.edu/openlearn/science-maths-technology/engineering-technology/how-london-got-its-victorian-sewers.

"Explore Results for the 2019 NAEP Mathematics Assessment: Grade 12," The Nation's Report Card, 2019. www.nationsreportcard.gov/mathematics?grade=12.

"Extracts from David Williams's Autobiography," *The American Historical Review* 43, no. 4 (July 1938): 810–813. https://doi.org/10.1086/ahr/43.4.810.

"Fact Check: Outdated Video of Fauci Saying 'There's No Reason to Be Walking around with a Mask,'" Reuters, October 8, 2020. www.reuters.com/article/uk-factcheck-fauci-outdated-video-masks-idUSKBN26T2TR.

Fahim, Kareem. "Bomb Squad Has Hard-Won Expertise." *The New York Times*, May 3, 2010. www.nytimes.com/2010/05/03/nyregion/03squad.html.

Fan, Yi, Kai Zhao, Zheng-Li Shi, and Peng Zhou. "Bat Coronaviruses in China." *Viruses* 11, no. 3 (March 2019). https://doi.org/10.3390/v11030210.

Farley, John, and Gerald Geison. "Science, Politics and Spontaneous Generation in Nineteenth-Century France: The Pasteur-Pouchet Debate." *Bulletin of the History of Medicine* 48, no. 2 (1974): 161–98.

Farooqui, Habib Hasan, Aashna Mehta, and Sakthivel Selvaraj. "Outpatient Antibiotic Prescription Rate and Pattern in the Private Sector in India: Evidence from Medical Audit Data." *PLoS ONE* 14, no. 11 (November 2019). https://doi.org/10.1371/journal.pone.0224848.

Federal Bureau of Investigation. "Expanded Homicide Data Table 1: Murder Victims by Race, Ethnicity, and Sex, 2018." FBI Uniform Crime Reporting. https://ucr.fbi.gov/crime-in-the-u.s/2018/crime-in-the-u.s.-2018/tables/expanded-homicide-data-table-1.xls.

Federal Housing Finance Agency. "Historical City-Level Housing Price Data." January 19, 2021. www.fhfa.gov/DataTools/Downloads/Documents/HPI/HPI_AT_metro.txt.

"Felix Hoffmann." Science History Institute. Accessed January 20, 2021. www.sciencehistory.org/historical-profile/felix-hoffmann.

Feng, Emily, and Amy Cheng. "As China's Wuhan Ends Its Long Quarantine, Residents Feel a Mix of Joy and Fear." NPR, April 8, 2020. www.npr. org/2020/04/08/829574902/as-chinas-wuhan-ends-its-long-quarantine-residents-feel-a-mix-of-joy-and-fear.

Fensterwald, John. "Some Teachers Unions, Districts at Odds over Live Distance Learning Instruction." EdSource, July 2, 2020. https://edsource.org/2020/some-teachers-unions-districts-at-odds-over-live-distance-learning-instruction/635237.

Ferreira, Fernando, and Joseph Gyourko. "Do Political Parties Matter? Evidence from U.S. Cities." Quarterly Journal of Economics 124, no. 1 (February 2009): 399–422. https://doi.org/10.1162/qjec.2009.124.1.399.

Ferrières, Jean. "The French Paradox: Lessons for Other Countries." Heart 90, no. 1 (January 2004): 107–11. ncbi.nlm.nih.gov/pmc/articles/PMC1768013.

"50th Anniversary of Medicare and Medicaid." LBJ Presidential Library. www. lbjlibrary.org/50th-anniversary-of-medicare-and-medicaid.

Finger, Simon. "Yellow Fever." The Encyclopedia of Greater Philadelphia. https:// philadelphiaencyclopedia.org/archive/yellow-fever.

Finkelstein, Amy. "The Aggregate Effects of Health Insurance: Evidence from the Introduction of Medicare." The Quarterly Journal of Economics 122, no. 1 (February 2007): 1–37. https://doi.org/10.1162/qjec.122.1.1

Firey, Thomas A. "A Better Solution to Maryland's Pension Problem?" The Maryland Public Policy Institute, July 26, 2011. www.mdpolicy.org/research/detail/a-better-solution-to-marylands-pension-problem.

Fishback, Price V., and Shawn Everett Kantor. "'Square Deal' or Raw Deal? Market Compensation for Workplace Disamenities, 1884–1903." Journal of Economic History 52, no. 4 (December 1992): 826–48. https://www.jstor.org/stable/2123229.

Fisher, Lawrence M. "Alvin Toffler: The Thought Leader Interview." Strategy+Business 45 (Winter 2006). www.strategy-business.com/article/06408.

Fitton, Robert S. The Arkwrights: Spinners of Fortune. Manchester, UK, and New York: Manchester University Press, 1989.

Fletcher, Jason, and Ryne Marksteiner. "Causal Spousal Health Spillover Effects and Implications for Program Evaluation." American Economic Journal. Economic Policy 9, no. 4 (November 2017): 144–66. https://doi.org/10.1257/pol.20150573.

Flight, Colette. "Smallpox: Eradicating the Scourge." BBC. Last modified February 17,

2011. www.bbc.co.uk/history/british/empire_seapower/smallpox_01.shtml.

"Florida Coronavirus Map and Case Count." *The New York Times*. Accessed January 18, 2021. www.nytimes.com/interactive/2020/us/florida-coronavirus-cases.html.

Florida, Richard. *Rise of the Creative Class*. New York: Basic Books, 2019.

"The Flu in Boston." PBS. Accessed January 21, 2021. www.pbs.org/wgbh/americanexperience/features/influenza-boston.

"Focus on NAEP." The Nation's Report Card. Accessed January 22, 2021. www.nationsreportcard.gov/focus_on_naep.

"Focusing on Preservatives: How They Keep Food Fresh." ScienceDaily, November 13, 2002. www.sciencedaily.com/releases/2002/11/021113070827.htm.

Fontenille, D., M. Diallo, M. Mondo, M. Ndiaye, and J. Thonnon. "First Evidence of Natural Vertical Transmission of Yellow Fever Virus in *Aedes aegypti*, Its Epidemic Vector." *Transactions of the Royal Society of Tropical Medicine and Hygiene* 91, no. 5 (October 1997): 533–35. https://doi.org/10.1016/s0035-9203(97)90013-4.

"Food Preservative." ScienceDirect Topics. Accessed December 25, 2020. www.sciencedirect.com/topics/food-science/food-preservative.

Ford, Denae, Margaret-Anne Storey, Thomas Zimmermann, Christian Bird, Sonia Jaffe, Chandra Maddila, Jenna L. Butler, Brian Houck, and Nachiappan Nagappan. "A Tale of Two Cities: Software Developers Working from Home During the COVID-19 Pandemic." ArXiv:2008.11147 [cs.SE], August 25, 2020. http://arxiv.org/abs/2008.11147.

"Ford's Assembly Line Starts Rolling." History.com. Last modified November 30, 2020. www.history.com/this-day-in-history/fords-assembly-line-starts-rolling.

Fox, James Alan, and Marianne W. Zawitz. *Homicide Trends in the United States*. Bureau of Justice Statistics Crime Data Brief, January 1999. www.bjs.gov/content/pub/pdf/htiuscdb.pdf.

"France Coronavirus Map and Case Count." *The New York Times*. Accessed January 17, 2021. www.nytimes.com/interactive/2020/world/europe/france-coronavirus-cases.html.

"France Payroll Employment in Manufacturing." Trading Economics. https://tradingeconomics.com/france/manufacturing-payrolls.

Franz, Tobias. "The Legacy of Plan Colombia." Oxford Research Group, May 24, 2017. www.oxfordresearchgroup.org.uk/blog/the-legacy-of-plan-colombia.

Friedman, Zack. "Google Employees Will Work from Home until Summer 2021." *Forbes*, July 27, 2020. www.forbes.com/sites/zackfriedman/2020/07/27/google-amazon-facebook-microsoft-twitter.

Frierson, J. Gordon. "The Yellow Fever Vaccine: A History." *Yale Journal of Biology and Medicine* 83, no. 2 (June 2010): 77-85. www.ncbi.nlm.nih.gov/pmc/articles/PMC2892770.

"From Boyle Heights to Netflix . . . and Back to the Neighborhood." NPR, March 20, 2020. www.npr.org/2020/03/20/818806684/from-boyle-heights-to-netflix-and-back-to-the-neighborhood.

"From Cough Medicine to Deadly Addiction, a Century of Heroin and Drug-Abuse Policy." Yale School of Medicine. Accessed December 25, 2020. https://medicine.yale.edu/news/yale-medicine-magazine/from-cough-medicine-to-deadly-addiction-a-century.

Fryar, Cheryl D., Margaret D. Carroll, and Joseph Afful. "Prevalence of Overweight, Obesity, and Severe Obesity among Adults Aged 20 and Over: United States, 1960-1962 through 2017-2018." National Center for Health Statistics, Health E-Stats, 2020. www.cdc.gov/nchs/data/hestat/obesity-adult-17-18/obesity-adult.htm#Citation.

Fryar, Cheryl D., Jeffrey P. Hughes, Kirsten A. Herrick, and Namanjeet Ahluwalia. *Fast Food Consumption among Adults in the United States, 2013-2016.* National Center for Health Statistics Data Brief 322, October 2018. www.cdc.gov/nchs/data/databriefs/db322-h.pdf.

Fu, Jia-Chen. "The Secret Maoist Chinese Operation That Conquered Malaria—and Won a Nobel." The Conversation, October 6, 2015. https://theconversation.com/the-secret-maoist-chinese-operation-that-conquered-malaria-and-won-a-nobel-48644.

Fuchs, Victor. "Who Shall Live?" in *Who Shall Live? Health, Economics, and Social Choice.* New York: Basic Books, 1974, 30-55.

Gabbatt, Adam, Mark Townsend, and Lisa O'Carroll. "'Occupy' Anti-capitalism Protests Spread around World." *The Guardian* (London), October 15, 2011. www.theguardian.com/world/2011/oct/16/occupy-protests-europe-london-assange.

Gable, Robert S. "Comparison of Acute Lethal Toxicity of Commonly Abused Psychoactive Substances." *Addiction* 99, no. 6 (June 2004): 686-696. https://doi.org/10.1111/j.1360-0443.2004.00744.x.

Gallagher, James. "Coronavirus Vaccine: UK Government Signs Deals for 90 Million

Doses." BBC News, July 20, 2020. www.bbc.com/news/health-53469269.

Ganong, Peter, and Daniel W. Shoag. "Why Has Regional Income Convergence in the U.S. Declined?" NBER Working Paper Series 23609, National Bureau of Economic Research, Cambridge, MA, July 2017. https://doi.org/10.3386/w23609.

Garnsey, Peter. "Grain for Athens." *History of Political Thought* 6, no. 1/2 (1985): 62–75. https://www.jstor.org/stable/i26212456.

Garrett, Thomas A. *Economic Effects of the 1918 Influenza Pandemic: Implications for a Modern-Day Pandemic*. Federal Reserve Bank of St. Louis, November 2007. www.stlouisfed.org/~/media/files/pdfs/community-development/research-reports/pandemic_flu_report.pdf.

Gash, Norman. "Robert Peel." *Encyclopædia Britannica Online*. Last modified February 1, 2021. www.britannica.com/biography/Robert-Peel.

Gates, Bill. "The Next Outbreak? We're Not Ready." TED video, 8:24. March 2015. www.ted.com/talks/bill_gates_the_next_outbreak_we_re_not_ready/up-next?language=dz.

Gates, Jonathan D., Sandra Arabian, Paul Biddinger, Joe Blansfield, Peter Burke, Sarita Chung, Jonathan Fischer, et al. "The Initial Response to the Boston Marathon Bombing: Lessons Learned to Prepare for the Next Disaster." *Annals of Surgery* 260, no. 6 (December 2014): 960–66. https://doi.org/10.1097/SLA.0000000000000914.

Gaynes, Robert. "The Discovery of Penicillin—New Insights after More Than 75 Years of Clinical Use." *Emerging Infectious Diseases* 23, no. 5 (May 2017): 849–53. https://doi.org/10.3201/eid2305.161556.

"Gentrification Is the True, Highest Form of Hate Crime!" *Defend Boyle Heights*, November 3, 2016. http://defendboyleheights.blogspot.com/2016/11/gentrification-is-true-highest-form-of.html.

George, Justin, and Greg Jaffe. "Transit Workers Are Paying a Heavy Price during the Pandemic." *The Washington Post*, May 17, 2020. www.washingtonpost.com/local/trafficandcommuting/transit-workers-are-paying-heavy-price-in-the-coronavirus-pandemic/2020/05/17/d7251b18-8edc-11ea-a9c0-73b93422d691_story.html.

"George Stephenson." *Encyclopædia Britannica Online*. Accessed January 18, 2021. www.britannica.com/biography/George-Stephenson.

Georgia Association of Educators Sue State, Paulding County over Early Reopening Plan for Schools." WSB-TV, October 8, 2020. www.wsbtv.com/news/local/

georgia-association-educators-sue-state-paulding-county-over-early-reopening-plan-schools/6GQNCBRSYBHMXIUN-QLRTSGXWVE.

Georgina Gustin, "This Is How the Government Decides What You Eat." Food and Environment Reporting Network, April 18, 2016. https://thefern.org/2016/04/government-decides-eat.

Gerber, David E. "'Pure and Wholesome': Stephen Allen, Cholera, and the Nineteenth-Century New York City Water Supply." *Pharos* 76, no. 2 (Spring 2013): 18–27. https://alphaomegaalpha.org/pharos/PDFs/2013/1/Complete.pdf.

Gershuny, Jonathan, and Teresa Attracta Harms. "Housework Now Takes *Much* Less Time: 85 Years of US Rural Women's Time Use." *Social Forces* 95, no. 2 (December 2016): 503–24. https://doi.org/10.1093/sf/sow073.

Ghanbari, Lyda, and Michael D. McCall. "Current Employment Statistics Survey: 100 Years of Employment, Hours, and Earnings." *Monthly Labor Review*, US Bureau of Labor Statistics, August 2016. www.bls.gov/opub/mlr/2016/article/current-employment-statistics-survey-100-years-of-employment-hours-and-earnings.htm.

Gibb, Rory, David W. Redding, Kai Qing Chin, Christl A. Donnelly, Tim M. Blackburn, Tim Newbold, and Kate E. Jones. "Zoonotic Host Diversity Increases in Human-Dominated Ecosystems." *Nature* 584 (August 2020): 398–402. https://doi.org/10.1038/s41586-020-2562-8.

Gibbon, Edward. *The History of the Decline and Fall of the Roman Empire*. London: H. G. Bohn, 1854.

Gillum, Jack, and Marisol Bello. "When Standardized Test Scores Soared in D.C., Were the Gains Real?" *USA Today*, March 28, 2011. www.usatoday.com/news/education/2011-03-28-1Aschooltesting28_CV_N.htm.

Glaeser, Edward. "Cities and Pandemics Have a Long History." *City Journal*, Spring 2020. www.city-journal.org/cities-and-pandemics-have-long-history.

——. "City Air Makes You Free." *NewBostonPost*, March 26, 2016. https://newbostonpost.com/2016/03/26/city-air-makes-you-free.

——. "The Health of the Cities." Economix (blog), *The New York Times*, June 22, 2010. https://economix.blogs.nytimes.com/2010/06/22/the-health-of-the-cities.

——. "The Nemeses of Cities." *City Journal*, July 16, 2020. www.city-journal.org/perennial-threats-to-urban-life.

——. "Reforming Land Use Regulations." Brookings, April 24, 2017. www.brookings.

edu/research/reforming-land-use-regulations.

——.*Triumph of the City: How Our Greatest Invention Makes Us Richer, Smarter, Greener, Healthier, and Happier.* New York: Penguin Press, 2011.

——. "Urbanization and Its Discontents." NBER Working Paper Series 26839, National Bureau of Economic Research, Cambridge, MA, March 2020. www.nber.org/system/files/working_papers/w26839/w26839.pdf.

Glaeser, Edward L., Caitlin Gorback, and Stephen J. Redding. "JUE Insight: How Much Does COVID-19 Increase with Mobility? Evidence from New York and Four Other U.S. Cities." *Journal of Urban Economics*, October 21, 2020. https://doi.org/10.1016/j.jue.2020.103292.

Glaeser, Edward, and Joseph Gyourko. "The Economic Implications of Housing Supply." *Journal of Economic Perspectives* 32, no. 1 (February 2018): 3–30. https://doi.org/10.1257/jep.32.1.3.

Glaeser, Edward L., and Matthew E. Kahn. "The Greenness of Cities: Carbon Dioxide Emissions and Urban Development." *Journal of Urban Economics* 67, no. 3 (May 2010): 404–18. https://doi.org/10.1016/j.jue.2009.11.006.

Glaeser, Edward L., Sari Pekkala Kerr, and William R. Kerr. "Entrepreneurship and Urban Growth: An Empirical Assessment with Historical Mines." *Review of Economics and Statistics* 97, no. 2 (May 2015): 498–520. https://doi.org/doi:10.1162/REST_a_00456.

Glaeser, Edward, and Cass R. Sunstein. "Regulatory Review for the States." *National Affairs*, Summer 2014. www.nationalaffairs.com/publications/detail/regulatory-review-for-the-states.

Glaeser, Edward, and Brandon Tan. "Why Do Cities Increase Productivity but Decrease Opportunity?" Harvard University Working Paper, 2020.

Glaeser, Edward L., Ginger Zhe Jin, Benjamin T. Leyden, and Michael Luca. "Learning from Deregulation: The Asymmetric Impact of Lockdown and Reopening on Risky Behavior During COVID-19." NBER Working Paper Series 27650, National Bureau of Economic Research, Cambridge, MA, August 2020. https://doi.org/10.3386/w27650.

Global Preparedness Monitoring Board. *A World at Risk: Annual Report on Global Preparedness for Health Emergencies.* September 2019. www.preventionweb.net/publications/view/67706.

Green, Stephen, and Margot Hornblower. "Mills Admits Being Present during Tidal Basin Scuffle." *The Washington Post*, October 11, 1974. www.washingtonpost.com/wp-srv/local/longterm/tours/scandal/tidalbas.htm.

Griffith, Rachel, Rodrigo Lluberas, and Melanie Lührmann. *Gluttony in England? Long-Term Change in Diet: IFS Briefing Note BN142*. Institute for Fiscal Studies, November 2013. https://doi.org/10.1920/BN.IFS.2012.00142.

Godechot, Jacques. "Napoleon I." *Encyclopædia Britannica Online*. Accessed January 18, 2021. www.britannica.com/biography/Napoleon-I.

Goldschlag, Nathan, and Alex Tabarrok. "Is Regulation to Blame for the Decline in American Entrepreneurship?" *Economic Policy* 33, no. 93 (January 2018): 5–44. https://doi.org/10.1093/epolic/eix019.

Goldstein, Amy. "Trump Administration Says It Will Pay Hospitals for Treating Uninsured Covid-19 Patients." *The Washington Post*. April 23, 2020. www.washingtonpost.com/health/trump-administration-says-it-will-pay-hospitals-for-treating-uninsured-covid-19-patients/2020/04/22/3df5fbb4-84b5-11ea-878a-86477a724bdb_story.html.

Goldstein, Dana, and Eliza Shapiro. "Teachers Are Wary of Returning to Class, and Online Instruction Too." *The New York Times*, July 29, 2020. www.nytimes.com/2020/07/29/us/teacher-union-school-reopening-coronavirus.html.

Gonsalves, Gregg S., and Forrest W. Crawford. "Dynamics of the HIV Outbreak and Response in Scott County, IN, USA, 2011–15: A Modelling Study." *The Lancet HIV* 5, no. 10 (October 2018): e569–77. https://doi.org/10.1016/s2352-3018(18)30176-0.

Gorman, James. "How Do Bats Live With So Many Viruses?" *The New York Times*, January 28, 2020. www.nytimes.com/2020/01/28/science/bats-coronavirus-Wuhan.html.

Gorsky, Martin. "The British National Health Service 1948–2008: A Review of the Historiography." *Social History of Medicine* 21, no. 3 (December 2008): 437–60. https://doi.org/10.1093/shm/hkn064.

Goudreau, Jenna. "Back To the Stone Age? New Yahoo CEO Marissa Mayer Bans Working from Home." *Forbes*, February 5, 2013. www.forbes.com/sites/jennagoudreau/2013/02/25/back-to-the-stone-age-new-yahoo-ceo-marissa-mayer-bans-working-from-home.

Gray, Geoffrey. "Boss Kelly." *New York*, May 14, 2010. https://nymag.com/news/crimelaw/66025.

Grogger, Jeff, and Michael Willis. "The Emergence of Crack Cocaine and the Rise in Urban Crime Rates." *Review of Economics and Statistics* 82, no. 4 (November 2000): 519–29. www.jstor.org/stable/2646648.

Gross, David J., Jonathan Ratner, James Perez, and Sarah L. Glavin. "International

Pharmaceutical Spending Controls: France, Germany, Sweden, and the United Kingdom." *Health Care Financing Review* 15, no. 3 (Spring 1994): 127–40. www.ncbi.nlm.nih.gov/pmc/articles/PMC4193451.

Grove, Ben. "Cookie Capital in the Universe of Cookie-Making, the Chicago Area Ranks as a Sweet, Hot, Big, Gooey Chocolate Chip." *Chicago Tribune*, July 11, 1994.

Grunwald, Michael. "Five Myths about Obama's Stimulus." *The Washington Post*, August 10, 2012. www.washingtonpost.com/opinions/five-myths-about-obamas-stimulus/2012/08/10/7935341e-e176-11e1-ae7f-d2a13e249eb2_story.html.

Grynbaum, Michael. "New York Plans to Ban Sale of Big Sizes of Sugary Drinks." *The New York Times*, May 31, 2012. www.nytimes.com/2012/05/31/nyregion/bloomberg-plans-a-ban-on-large-sugared-drinks.html.

Grynbaum, Michael M., William K. Rashbaum, and Al Baker. "Police Seek Man Taped Near Times Sq. Bomb Scene." *The New York Times*, May 2, 2010. www.nytimes.com/2010/05/03/nyregion/03timessquare.html.

Gulliford, Jenny. "Research Indicates That Men Are More Likely to Suffer Adverse Health Consequences as a Result of Being Unemployed Than Women." London School of Economics and Political Science, June 16, 2014. https://blogs.lse.ac.uk/politicsandpolicy/men-are-more-likely-to-suffer-adverse-health-consequences-as-a-result-of-unemployment-than-women.

Gum, Samuel A. "Philadelphia Under Siege: The Yellow Fever of 1793." Pennsylvania Center for the Book. Accessed January 17, 2021. www.pabook.libraries.psu.edu/literary-cultural-heritage-map-pa/feature-articles/philadelphia-under-siege-yellow-fever-1793.

"Guns Germs & Steel: The Story Of . . . Smallpox—and Other Deadly Eurasian Germs." PBS. www.pbs.org/gunsgermssteel/variables/smallpox.html.

"Gustavus Swift." *Encyclopædia Britannica Online*. May 27, 1999. www.britannica.com/biography/Gustavus-Swift.

Guthrie, Douglas. "The Influence of the Leyden School upon Scottish Medicine." *Medical History* 3, no. 2 (1959): 108–22. https://doi:10.1017/S002572730002439X.

Haag, Matthew. "Manhattan Emptied Out During the Pandemic. But Big Tech Is Moving In." *The New York Times*, October 13, 2020. www.nytimes.com/2020/10/13/nyregion/big-tech-nyc-office-space.html.

Hadley, C. J. "Mr. Spud." *Range*, 1998. http://www.rangemagazine.com/archives/

stories/summer98/jr_simplot.htm.

Haines, Michael R. "The Urban Mortality Transition in the United States, 1800 – 1940." *Annales de démographie historique* 1, no. 1 (2001): 33 –64. https://doi. org/10.3917/adh.101.0033.

Halliday, Stephen. "Death and Miasma in Victorian London: An Obstinate Belief." *BMJ* 323, no.7327 (December 2001): 1469 –71. https://doi.org/10.1136/ bmj.323.7327.1469.

Hamm, Nia. "Holyoke, Chelsea Soldiers' Homes Receive Coronavirus Vaccine." NECN, December 29, 2020. www.necn.com/news/local/holyoke–chelsea– soldiers–homes–to–receive–coronavirus–vaccine/2378559.

A Handbook for Visitors to Paris; Containing a Description of the Most Remarkable Objects in Paris . . . With Map and Plans. London: John Murray, 1870.

Hanushek, Eric A. "The Economic Value of Higher Teacher Quality." *Economics of Education Review* 30, no. 3 (June 2011): 466 –479. https://doi.org/10.1016/ j.econedurev.2010.12.006.

Harbeck, Michaela, Lisa Seifert, Stephanie Hänsch, David M. Wagner, Dawn Birdsell, Katy L. Parise, Ingrid Wiechmann, et al. "*Yersinia pestis* DNA from Skeletal Remains from the 6th Century AD Reveals Insights into Justinianic Plague." *PLoS Pathogens* 9, no. 5 (May 2013). https://doi.org/10.1371/journal. ppat.1003349.

Harding, Anne. "Heart Stents Used Twice as Often in U.S. vs. Canada." Reuters, June 15, 2010. www.reuters.com/article/us–heart–stents–idUSTRE65E60220100615.

Harper, Hugo, and Michael Hallsworth. *Counting Calories: How Under–Reporting Can Explain the Apparent Fall in Calorie Intake.* London: Behavioral Insights Team, 2016.

Harper, Kristin N., Molly K. Zuckerman, Megan L. Harper, John D. Kingston, and George J. Armelagos. "The Origin and Antiquity of Syphilis Revisited: An Appraisal of Old World Pre–Columbian Evidence for Treponemal Infection." *American Journal of Physical Anthropology* 146, no. S53 (November 2011): 99 –133. https://doi.org/10.1002/ajpa.21613.

Harrington, Emma, and Natalia Emanuel. "'Working' Remotely? Selection, Treatment, and Market Provision of Remote Work." Harvard University Working Paper, November 12, 2020.

Harris, Christopher J., and Robert E. Worden. "The Effect of Sanctions on Police Misconduct." *Crime & Delinquency* 60, no. 8 (December 2014): 1258 –88. https://doi.org/10.1177/0011128712466933.

Harris, Jeffrey E. "The Subways Seeded the Massive Coronavirus Epidemic in New York City." NBER Working Paper Series 27021, National Bureau of Economic Research, Cambridge, MA, April 2020. https://doi.org/10.3386/w27021.

"Harry's Bar, Florence, Italy." The Martini Hour, June 3, 2011. https://martinicocktail.info/2011/06/03/harrys-bar-florence-italy.

Harvard Chan School of Public Health. "The Most Expensive Health Care System in the World." January 13, 2020. www.hsph.harvard.edu/news/hsph-in-the-news/the-most-expensive-health-care-system-in-the-world.

Hauser, Christine. "The Mask Slackers of 1918." *The New York Times*, August 3, 2020. www.nytimes.com/2020/08/03/us/mask-protests-1918.html.

Haviland, Amelia, Roland McDevitt, M. Susan Marquis, Neeraj Sood, and Melinda Beeuwkes Buntin. "Consumer-Directed Plans Could Cut Health Costs Sharply, but Also Discourage Preventive Care." RAND Corporation, June 28, 2012. www.rand.org/pubs/research_briefs/RB9672.html.

Hawks, Howard, dir. *Red River*. Monterey Productions, 1948.

He, Xi, Eric H. Y. Lau, Peng Wu, Xilong Deng, Jian Wang, Xinxin Hao, Yiu Chung Lau, et al. "Temporal Dynamics in Viral Shedding and Transmissibility of COVID-19." *Nature Medicine* 26, no. 5 (May 2020): 672–75. https://doi.org/10.1038/s41591-020-0869-5.

HealthCare.gov. "Preauthorization." Accessed December 26, 2020. www.healthcare.gov/glossary/preauthorization.

———. "UCR (Usual, Customary, and Reasonable)." Accessed January 20, 2021. www.healthcare.gov/glossary/ucr-usual-customary-and-reasonable.

Heckman, James J., Seong Hyeok Moon, Rodrigo Pinto, Peter A. Savelyev, and Adam Yavitz. "The Rate of Return to the High/Scope Perry Preschool Program." *Journal of Public Economics* 94, no. 1–2 (February 2010): 114–28. www.ncbi.nlm.nih.gov/pmc/articles/PMC3145373.

Heine, Heinrich. "'A Riot of the Dead: A German Poet Reports from the Paris Cholera Outbreak of 1832." *Lapham's Quarterly*, March 25, 2020. www.laphamsquarterly.org/roundtable/riot-dead.

Helland, Eric, and Alexander Tabarrok. "Does Three Strikes Deter?: A Nonparametric Estimation." *Journal of Human Resources* 42, no. 2 (Spring 2007): 309–30. https://doi.org/10.3368/jhr.XLII.2.309.

Helliwell, John F., and Haifang Huang. "Comparing the Happiness Effects of Real and On-Line Friends." *PLoS ONE* 8, no. 9 (September 2013). https://doi.org/10.1371/journal.pone.0072754.

Hendren, Nathaniel, and Ben Sprung-Keyser. "A Unified Welfare Analysis of Government Policies." *Quarterly Journal of Economics* 135, no. 3 (August 2020): 1209 – 1318. https://doi.org/10.1093/qje/qjaa006.

Hennessy-Fiske, Molly. "In Reversal, Texas and Florida Order Bars to Shut, Restaurants to Scale Back as Coronavirus Cases Surge." *Los Angeles Times*, June 26, 2020. www.latimes.com/world-nation/story/2020-06-26/texas-orders-bars-shut-restaurants-scale-back-coronavirus-spike.

Hermann, Alexander. "What Accounts for Recent Growth in Homeowner Households?" Joint Center for Housing Studies of Harvard University, November 26, 2018. www.jchs.harvard.edu/blog/what-accounts-for-recent-growth-in-homeowner-households.

Hernández, Javier C., and Chris Horton. "Taiwan's Weapon against Coronavirus: An Epidemiologist as Vice President." *The New York Times*, May 9, 2020. www.nytimes.com/2020/05/09/world/asia/taiwan-vice-president-coronavirus.html.

Hero, Joachim O., Robert J. Blendon, Alan M. Zaslavsky, and Andrea L. Campbell. "Understanding What Makes Americans Dissatisfied with Their Health Care System: An International Comparison." *Health Affairs* 35, no. 3 (March 2016): 502 – 09. https://doi.org/10.1377/hlthaff.2015.0978.

Herodotus. *The Landmark Herodotus: The Histories*. 1st ed. New York: Pantheon Books, 2007.

Hershkowitz, Leo. "Some Aspects of the New York Jewish Merchant and Community, 1654 – 1820." *American Jewish Historical Quarterly* 66, no. 1 (September 1976): 10 – 34. www.jstor.org/stable/i23880417.

Hibbert, Arthur Boyd. "Hanseatic League." *Encyclopædia Britannica Online*. Last modified October 21, 2019. www.britannica.com/topic/Hanseatic-League.

"High Rate of Obese and Overweight Kids Poses Problems for SF." *San Francisco Examiner*, December 13, 2013. www.sfexaminer.com/news/high-rate-of-obese-and-overweight-kids-poses-problems-for-sf.

Hill, Evan, Ainara Tiefenthäler, Christiaan Triebert, Drew Jordan, Haley Willis, and Robin Stein. "How George Floyd Was Killed in Police Custody." *The New York Times*, June 1, 2020. www.nytimes.com/2020/05/31/us/george-floyd-investigation.html.

Hilmers, Angela, David C. Hilmers, and Jayna Dave. "Neighborhood Disparities in Access to Healthy Foods and Their Effects on Environmental Justice." *American Journal of Public Health* 102, no. 9 (September 2012): 1644 – 54. https://doi.org/10.2105/ajph.2012.300865.

Hilts, Philip J. "Tobacco Chiefs Say Cigarettes Aren't Addictive." *The New York Times*, April 15, 1994. www.nytimes.com/1994/04/15/us/tobacco-chiefs-say-cigarettes-aren-t-addictive.html.

Himmelberg, Charles, Christopher Mayer, and Todd Sinai. *Assessing High House Prices: Bubbles, Fundamentals, and Misperceptions*. Federal Reserve Bank of New York, September 2005. https://www.newyorkfed.org/research/staff_reports/sr218.html.

Himmelstein, David U., and Steffie Woolhandler. "Public Health's Falling Share of US Health Spending." *American Journal of Public Health* 106, no. 1 (January 2016): 56–57. https://doi.org/10.2105/AJPH.2015.302908.

"History of Deadly Earthquakes." BBC News, August 19, 2018. www.bbc.com/news/world-1271 7980.

Hoffmann, Rachel Kaplan, and Keith Hoffmann. "Ethical Considerations in the Use of Cordons Sanitaires," *Clinical Correlations*, February 19, 2015. www.clinicalcorrelations.org/2015/02/19/ethical-considerations-in-the-use-of-cordons-sanitaires.

Hoffman, Steven J., and Sarah L. Silverberg. "Delays in Global Disease Outbreak Responses: Lessons from H1N1, Ebola, and Zika." *American Journal of Public Health* 108, no. 3 (March 2018): 329–33. https://doi.org/10.2105/AJPH.2017.304245.

Holmes and Co. (Calcutta). *The Bengal Obituary, or, a Record to Perpetuate the Memory of Departed Worth: Being a Compilation of Tablets and Monumental Inscriptions from Various Parts of the Bengal and Agra Presidencies. To Which Is Added Biographical Sketches and Memoirs of Such as Have Preeminently Distinguished Themselves in History of British India, since the Formation of the European Settlement to the Present Time*. London: W. Thacker & Co., 1851.

"Holyoke Soldiers' Home." *New England Journal of Medicine* 250, no. 9 (1954): 398. https://doi.org/10.1056/nejm195403042500917.

Home Owners' Loan Corporation. "Security Map of Los Angeles County/Area Description." April 19, 1939. https://dsl.richmond.edu/panorama/redlining/#loc=17/34.046/-118.21&city=los-angeles-ca&area=D53&adimage=3/40/-155.724.

"Homeownership—Past, Present, and Future." *U.S. Housing Market Conditions*. US Department of Housing and Urban Development, Summer 1994. www.huduser.gov/periodicals/ushmc/summer94/summer94.html.

Homer. *The Iliad*. Translated by Samuel Butler. Unabridged edition. Mineola, NY:

Dover Publications, 2012.

Hopkins, Donald R. *The Greatest Killer: Smallpox in History*. Chicago: University of Chicago Press, 2002.

Horgan, John. "Justinian's Plague (541–542 CE)." World History Encyclopedia, December 26, 2014. www.ancient.eu/article/782/justinians-plague-541-542-ce.

Horwitz, Sari, and Scott Higham. "The Flow of Fentanyl: In the Mail, over the Border." *The Washington Post*, August 23, 2019. www.washingtonpost.com/investigations/2019/08/23/fentanyl-flowed-through-us-postal-service-vehicles-crossing-southern-border.

"Hospitals Are Paid Twice as Much (or More) by Private Insurers Than Medicare, Study Finds." Advisory Board, May 13, 2019. www.advisory.com/daily-briefing/2019/05/13/hospital-prices-rand.

"How to Fix America's Schools." *Time*, December 8, 2008. http://content.time.com/time/covers/0,16641,20081208,00.html.

"How Many Calories in McDonald's French Fries, Large." CalorieKing. Accessed December 29, 2020. www.calorieking.com/us/en/foods/f/calories-in-hot-fries-chips-french-fries-large/9OxHtBz6TT23cv9Osx5OnA.

Hsieh, Chang-Tai, and Enrico Moretti. "Housing Constraints and Spatial Misallocation." *American Economic Journal: Macroeconomics* 11, no. 2 (April 2019): 1–39. https://doi.org/10.1257/mac.20170388.

Hui, Sylvia. "UK Ramps Up Vaccine Rollout, Targets Every Adult by Autumn." Associated Press, January 10, 2021. https://apnews.com/article/international-news-england-coronavirus-pandemic-coronavirus-vaccine-ca01f408423b049a7625c6f431acdd8d.

Hum, Tarry. "Mapping Global Production in New York City's Garment Industry: The Role of Sunset Park, Brooklyn's Immigrant Economy." *Economic Development Quarterly* 17, no. 3 (August 2003): 294–309. https://doi.org/10.1177/0891242403255088.

Hummer, Robert A., and Elaine M. Hernandez. "The Effect of Educational Attainment on Adult Mortality in the United States." *Population Bulletin* 68, no. 1 (June 2013): 1–16. www.ncbi.nlm.nih.gov/pmc/articles/PMC4435622.

Hunt, Freeman. *Lives of American Merchants*. New York: Office of Hunt's Merchants' Magazine, 1858.

"Impact of Vaccines Universally Recommended for Children—United States, 1900–1998." *JAMA* 281, no. 16 (April 1999): 1482–83. https://doi.org/10.1001/

jama.281.16.1482-JWR0428-2-1.

The Impacts of Body Worn Cameras on Police-Citizen Encounters, Police Proactivity, and Police-Community Relations in Boston: A Randomized Controlled Trial: Report to the Boston Police Department. Boston: School of Criminology and Criminal Justice, Northeastern University, July 27, 2018. https://news.northeastern.edu/wp-content/uploads/2018/08/BPD-BWC-RCT-Full-Report-07272018.pdf.

"In Praise of Boise." *The Economist*, May 13, 2010. www.economist.com/united-states/2010/05/13/in-praise-of-boise.

Independent Budget Office of the City of New York. "Fiscal History: NYPD." Accessed January 23, 2021. https://ibo.nyc.ny.us/RevenueSpending/nypd.html.

"Influenza Pandemic of 1918 – 19." *Encyclopædia Britannica Online*. July 7, 2020. www.britannica.com/event/influenza-pandemic-of-1918-1919.

Ingram, George. "What Every American Should Know about US Foreign Aid." Brookings, October 15, 2019. www.brookings.edu/policy2020/votervital/what-every-american-should-know-about-us-foreign-aid.

Institute of Medicine. *The Future of Nursing: Leading Change, Advancing Health*. Washington, DC: National Academies Press, 2011. https://doi.org/10.17226/12956.

Institute of Medicine (US) Committee on Health and Behavior: Research, Practice, and Policy. *Health and Behavior: The Interplay of Biological, Behavioral, and Societal Influences*. Washington, DC: National Academies Press, 2001. www.ncbi.nlm.nih.gov/books/NBK43733.

"Insulin Costs up to 10 Times More in US Compared with Other Nations." Kaiser Health News, October 7, 2020. https://khn.org/morning-breakout/insulin-costs-up-to-10-times-more-in-us-compared-with-other-nations.

Intergovernmental Science-Policy Platform on Biodiversity and Ecosystem Services (IPBES). *Work-shop Report on Biodiversity and Pandemics of the Intergovernmental Platform on Biodiversity and Ecosystem Services (IPBES)*. Bonn: IPBES Secretariat, October 29, 2020. https://doi.org/10.5281/zenodo.4147317.

International Monetary Fund. "World Economic Outlook (October 2020)—GDP, Current Prices." Accessed January 17, 2021. www.imf.org/external/datamapper/NGDPD@WEO; Izquierdo-Suzán, Mónica, Selene Zárate, Jesús Torres-Flores, Fabián Correa-Morales, Cassandra González-Acosta, Edgar E. Sevilla-Reyes, et al. "Natural Vertical Transmission of Zika Virus in

Larval *Aedes aegypti* Populations, Morelos, Mexico." *Emerging Infectious Diseases Journal* 25, no. 8 (August 2019): 1477–84. https://doi.org/10.3201/eid2508.181533.

"Jacinda Ardern: 'Tooth Fairy and Easter Bunny Are Essential Workers.'" BBC News, April 6, 2020. https://www.bbc.com/news/av/world-asia-52189013.

Jackson, Kenneth T. *Crabgrass Frontier: The Suburbanization of the United States*. 1st edition. New York: Oxford University Press, 1987.

Jacob, Brian A., and Lars Lefgren. "Principals as Agents: Subjective Performance Measurement in Education." *Journal of Labor Economics* 26, no. 1 (2008): 101–136. https://doi.org/10.1086/522974.

Jacobs, Jane. *The Death and Life of Great American Cities*. New York: Vintage Books, 1992.

"James Jameson (1786–1823)." Find A Grave Memorial. www.findagrave.com/memorial/72990657/james-jameson.

Jameson, James. *Report on the Epidemick Cholera Morbus: As It Visited the Territories Subject to the Presidency of Bengal, in the Years 1817, 1818 and 1819*. Calcutta: Balfour, 1820. http://resource.nlm.nih.gov/34720870R.

Japanese American National Museum. "Exhibition Timeline: Boyle Heights Project." Accessed January 11, 2021. https://www.janm.org/exhibits/boyle-heights.

Jefferies, Sarah, Nigel French, Charlotte Gilkison, Giles Graham, Virginia Hope, Jonathan Marshall, Caroline McElnay, et al. "COVID-19 in New Zealand and the Impact of the National Response: A Descriptive Epidemiological Study." *The Lancet Public Health* 5, no. 11 (November 2020): 612–23. https://doi.org/10.1016/S2468-2667(20)30225-5

Jennings, Julie, and Jared C Nagel. *Federal Workforce Statistics Sources: OPM and OMB*. Congressional Research Service, October 23, 2020, 11.

Jervis, John B., Larry D. Lankton, and Daniel Clement. "Old Croton Aqueduct." Historic American Engineering Record NY-120. National Park Service, 1984. http://lcweb2.loc.gov/master/pnp/habshaer/ny/ny1100/ny1181/data/ny1181data.pdf.

Jessie, Lisa, and Mary Tarleton. *2012 Census of Governments: Employment Summary Report*. US Department of Commerce, March 6, 2014. https://www2.census.gov/govs/apes/2012_summary_report.pdf.

Jevons, William Stanley. *The Coal Question: An Inquiry Concerning the Progress of the Nation, and the Probable Exhaustion of Our Coal-Mines*. London: Macmillan, 1865.

"Joan of Arc (c. 1412–1431)." Biography.com. Updated March 4, 2020. www.biography.com/military-figure/joan-of-arc.

Johansson, Michael A., Talia M. Quandelacy, Sarah Kada, Pragati Venkata Prasad, Molly Steele, John T. Brooks, et al. "SARS-CoV-2 Transmission from People without COVID-19 Symptoms." *JAMA Network Open* 4, no. 1 (January 2021): e2035057. https://doi.org/10.1001/jamanet workopen.2020.35057.

Johns Hopkins Coronavirus Resource Center. "Mortality Analyses." Accessed January 18, 2021. https://coronavirus.jhu.edu/data/mortality.

Johnson, Niall P. A. S., and Juergen Mueller. "Updating the Accounts: Global Mortality of the 1918-1920 'Spanish' Influenza Pandemic." *Bulletin of the History of Medicine* 76, no. 1 (Spring 2002): 105–15. https://doi.org/10.1353/bhm.2002.0022.

Jonas, Michael. "Voc-Tech Woes Continue at Boston's Madison Park." *CommonWealth*, May 6, 2020. https://commonwealthmagazine.org/education/voc-tech-woes-continue-at-bostons-madison-park-2.

Jorgensen, Sarah. "Holyoke Soldiers' Home, Site of Deadly Outbreak, Dealt with Systemic Issues for Years, Staffers and Union Say." CNN, April 7, 2020. www.cnn.com/2020/04/06/us/holyoke-soldiers-home-coronavirus/index.html.

"José Adolfo Bernal: An 1899 Booster Pamphlet for Boyle Heights, Part 3." *Boyle Heights History Blog*, December 23, 2013. http://boyleheightshistoryblog.blogspot.com/2013/12/jose-adolfo-bernal-1899-booster.html.

JPMorgan Chase. "History of Our Firm." www.jpmorganchase.com/about/our-history.

"Julia Child." PBS. Accessed December 25, 2020. www.pbs.org/food/chefs/julia-child.

"July Revolution." *Encyclopædia Britannica Online*. July 20, 2020. www.britannica.com/event/July-Revolution.

Jyoti, Archana. "1898 Indian Lepers Act to Be Repealed Finally." *The Pioneer*, June 13, 2016. www.dailypioneer.com/2016/india/1898-indian-lepers-act-to-be-repealed-finally.html.

Kagan, Donald. *The Peloponnesian War*. London: Penguin Books, 2004.

Kahn, Matthew E. "The Death Toll from Natural Disasters: The Role of Income, Geography, and Institutions." *Review of Economics and Statistics* 87, no. 2 (May 2005): 271–84. www.jstor.org/stable/40042902.

Kaiser Family Foundation. "The U.S. Has Fewer Physicians and Hospital Beds per Capita Than Italy and Other Countries Overwhelmed by COVID-19."

March 27, 2020. www.kff.org/health-costs/press-release/the-u-s-has-fewer-physicians-and-hospital-beds-per-capita-than-italy-and-other-countries-overwhelmed-by-covid-19.

Kamal, Rabah, Giorlando Ramirez, and Cynthia Cox. "How Does Health Spending in the U.S. Compare to Other Countries?" Peterson-KFF Health System Tracker, December 23, 2020. www.healthsystemtracker.org/chart-collection/health-spending-u-s-compare-countries.

Kammili, Nagamani, Manisha Rani, Ashley Styczynski, Madhavi Latha, Panduranga Rao Pavuluri, Vishnuvardhan Reddy, and Marcella Alsan. "Plasmid-Mediated Antibiotic Resistance among Uropathogens in Primigravid Women— Hyderabad, India." *PLoS ONE* 15, no. 5 (May 2020): e0232710. https://doi.org/10.1371/journal.pone.0232710.

Kane, Thomas J., and Douglas O. Staiger. "Estimating Teacher Impacts on Student Achievement: An Experimental Evaluation." NBER Working Paper Series 14607, National Bureau of Economic Research, Cambridge, MA, December 2008. https://doi.org/10.3386/w14607.

Kant, Lalit, and Randeep Guleria. "Pandemic Flu, 1918: After Hundred Years, India Is as Vulnerable." *Indian Journal of Medical Research* 147, no. 3 (March 2018): 221–24. https://doi.org/10.4103/ijmr.IJMR_407_18.

Karlamangla, Soumya. "With Coronavirus Spreading in L.A. County Supermarkets, Here Are Some Tips for Shopping Safely." *Los Angeles Times*, December 20, 2020. www.latimes.com/california/story/2020-12-20/covid-19-spreading-la-county-supermarkets-safety-tips-shopping.

Katz, Bruce, and Julie Wagner. "The Rise of Innovation Districts." Brookings, June 9, 2014. www.brookings.edu/essay/rise-of-innovation-districts.

Kearns, Cristin E., Laura A. Schmidt, and Stanton A. Glantz. "Sugar Industry and Coronary Heart Disease Research." *JAMA Internal Medicine* 176, no. 11 (November 2016): 1680–1685. https://doi.org/10.1001/jamainternmed.2016.5394.

Kell, James Butler. *On the Appearance of Cholera at Sunderland in 1831: With Some Account of That Disease*. Edinburgh: Adam and Charles Black, 1834. https://wellcomecollection.org/works/usu29cpf.

Kelly, Jack. "Nearly 50 Million Americans Have Filed for Unemployment— Here's What's Really Happening." *Forbes*, July 9, 2020. www.forbes.com/sites/jackkelly/2020/07/09/nearly-50-million-americans-have-filed-for-unemployment-heres-whats-really-happening.

Kelsey, Robert J. *Packaging in Today's Society*. 3rd ed. Lancaster, PA: Technomic, 1989.

Keynes, John Maynard. "Economic Possibilities for Our Grandchildren (1930)," in *Essays in Persuasion*, 358–373. New York: Harcourt Brace, 1932.

Khouri, Andrew. "As New Apartments Flood Downtown L.A., Landlords Offer Sweet Deals." *Los Angeles Times*, August 4, 2016. www.latimes.com/business/la-fi-downtown-apartments-20160719-snap-story.html.

"King's Landing Dubrovnik: *Game of Thrones* Filming Locations in Dubrovnik, Croatia." Kings Landing Dubrovnik. www.kingslandingdubrovnik.com.

Klapper, Leora, Luc Laeven, and Raghuram Rajan. "Entry Regulation as a Barrier to Entrepreneurship." *Journal of Financial Economics* 82, no. 3 (December 2006): 591–629. https://doi.org/10.1016/j.jfineco.2005.09.006.

Klein, Alyson. "Race to the Top's Impact on Student Achievement, State Policy Unclear, Report Says." *EducationWeek*, October 26, 2016. www.edweek.org/policy-politics/race-to-the-tops-impact-on-student-achievement-state-policy-unclear-report-says/2016/10.

Kleiner, Morris M., and Alan B. Krueger. "The Prevalence and Effects of Occupational Licensing." *British Journal of Industrial Relations* 48, no. 4 (July 2010): 676–87. https://doi.org/10.1111/j.1467-8543.2010.00807.x.

Kneebone, Elizabeth. "Job Sprawl Revisited: The Changing Geography of Metropolitan Employment." Brookings, April 6, 2009. www.brookings.edu/research/job-sprawl-revisited-the-changing-geography-of-metropolitan-employment.

Koch, Edward I. "Needed: Federal Anti-Drug Aid." *The New York Times*, April 27, 1984. www.nytimes.com/1984/04/27/opinion/needed-federal-anti-drug-aid.html.

Koeppel, Gerard T. *Water for Gotham: A History*. Princeton, NJ: Princeton University Press, 2001.

Konstantinidou, Katerina, Elpis Mantadakis, Matthew E. Falagas, Thalia Sardi, and George Samonis. "Venetian Rule and Control of Plague Epidemics on the Ionian Islands during 17th and 18th Centuries." *Emerging Infectious Diseases* 15, no. 1 (January 2009): 39–43. https://doi.org/10.3201/eid1501.071545.

Korman, Hailly T.N., Bonnie O'Keefe, and Matt Repka. "Missing in the Margins: Estimating the Scale of the COVID-19 Attendance Crisis." Bellwether Education, October 21, 2020. https://bellwethereducation.org/publication/missing-margins-estimating-scale-covid-19-attendance-crisis.

Kornfield, Meryl, Christopher Rowland, Lenny Bernstein, and Devlin Barrett. "Purdue Pharma Agrees to Plead Guilty to Federal Criminal Charges in Settlement over Opioid Crisis." *The Washington Post*, October 22, 2020. www.washingtonpost. com/national-security/2020/10/21/purdue-pharma-charges.

Kosar, Kevin R. "The Executive Branch's Response to the Flood of 1927." History News Network. Accessed December 30, 2020. https://historynewsnetwork.org/ article/17255.

Krantz-Kent, Rachel. "Television, Capturing America's Attention at Prime Time and Beyond." *Beyond the Numbers*, US Bureau of Labor Statistics, September 2018. www.bls.gov/opub/btn/volume-7/television-capturing-americas-attention. htm.

Krishnamurti, Chandrasekhar, and SSC Chakra Rao. "The Isolation of Morphine by Serturner." *Indian Journal of Anaesthesia* 60, no. 11 (November 2016): 861–62. www.ncbi.nlm.nih.gov/pmc/articles/PMC5125194.

Krueger, Alan B., and Diane M. Whitmore. "The Effect of Attending a Small Class in the Early Grades on College-Test Taking and Middle School Test Results: Evidence from Project STAR." *Economic Journal* 111, no. 468 (January 2001): 1–28. https://doi.org/10.1111/1468-0297.00586.

Krugman, Paul. "Increasing Returns and Economic Geography." *Journal of Political Economy* 99, no. 3 (June 1991): 483–99. https://doi.org/10.1086/261763.

Kulish, Nicholas, Sarah Kliff, and Jessica Silver-Greenberg. "The U.S. Tried to Build a New Fleet of Ventilators. The Mission Failed." *The New York Times*, March 29, 2020. www.nytimes.com/2020/03/29/business/coronavirus-us-ventilator-shortage.html.

Künn, Steffen, Christian Seel, and Dainis Zegners. "Cognitive Performance in the Home Office—Evidence from Professional Chess." IZA Discussion Paper 13491, IZA Institute of Labor Economics, July 2020. https://covid-19.iza.org/ publications/dp13491.

Kuziemko, Ilyana. "How Should Inmates Be Released from Prison? An Assessment of Parole versus Fixed-Sentence Regimes." *Quarterly Journal of Economics*. 128, no. 1 (February 2013): 371–424. https://doi.org/10.1093/qje/qjs052.

Ladov, Mark. "Tenements." Encyclopedia.com, February 24, 2021. www. encyclopedia.com/literature-and-arts/art-and-architecture/architecture/ tenements.

Lagu, Tara, Rachel Werner, and Andrew W. Artenstein. "Why Don't Hospitals Have Enough Masks? Because Coronavirus Broke the Market." *The Washington*

Post, May 21, 2020. www.washingtonpost.com/outlook/2020/05/21/why-dont-hospitals-have-enough-masks-because-coronavirus-broke-market.

Lakdawalla, Darius, and Tomas Philipson. "The Growth of Obesity and Technological Change." *Economics and Human Biology* 7, no. 3 (December 2009): 283–93. https://doi.org/10.1016/j.ehb.2009.08.001.

The Lancet. Vol. 1. Edited by Thomas Wakley. London: Mills, Jowett, and Mills, 1833. https://books.google.com/books/about/The_Lancet.html?id=aLI1AQAAMAAJ&hl=en.

LaRocque, Regina, and Jason B. Harris. "Cholera: Clinical Features, Diagnosis, Treatment, and Prevention." UpToDate, December 2, 2020. www.uptodate.com/contents/cholera-clinical-features-diagnosis-treatment-and-prevention.

Latkin, Carl A., Amy S. Buchanan, Lisa R. Metsch, Kelly Knight, Mary H. Latka, Yuko Mizuno, and Amy R. Knowlton. "Predictors of Sharing Injection Equipment by HIV-Seropositive Injection Drug Users." *Journal of Acquired Immune Deficiency Syndrome* 49, no. 4, 447–50. https://doi.org/10.1097/QAI.0b013e31818a6546.

Lawrence, Elizabeth M. "Why Do College Graduates Behave More Healthfully Than Those Who Are Less Educated?" *Journal of Health and Social Behavior* 58, no. 3 (June 2017): 291–306. https:// doi.org/10.1177/0022146517715671.

LeDuc, James W., and M. Anita Barry. "SARS, the First Pandemic of the 21st Century." *Emerging Infectious Disease* 10, no. 11 (November 2004): e26. https://doi.org/10.3201/eid1011.040797_02.

Lee, Kyungjoon, John S. Brownstein, Richard G. Mills, and Isaac S. Kohane. "Does Collocation Inform the Impact of Collaboration?" *PLoS ONE* 5, no. 12 (December 2010): e14279. https://doi.org/10.1371/journal.pone.0014279.

Lee, Paul S. N., Louis Leung, Venhwei Lo, Chengyu Xiong, and Tingjun Wu. "Internet Communication versus Face-to-Face Interaction in Quality of Life." *Social Indicators Research* 100, no. 3 (February 2011): 375–89. https://doi.org/10.1007/s11205-010-9618-3.

Leon, Carol Boyd. "The Life of American Workers in 1915." *Monthly Labor Review*, US Bureau of Labor Statistics, February 2016. www.bls.gov/opub/mlr/2016/article/the-life-of-american-workers-in-1915.htm.

Leonard, Dick. "Sir Robert Peel—Arch Pragmatist or Tory Traitor?" in *Nineteenth-Century British Premiers: Pitt to Rosebery*. Edited by Dick Leonard, 180–99. London: Palgrave Macmillan, 2008.

Leonard, Herman B., and Arnold M. Howitt. "Katrina as Prelude: Preparing for and

Responding to Katrina–Class Disturbances in the United States—Testimony to U.S. Senate Committee, March 8, 2006." *Journal of Homeland Security and Emergency Management* 3, no. 2 (2006). https://doi.org/10.2202/1547-7355.1246.

Leonard, Herman B., Arnold M. Howitt, Christine Cole, and Joseph W. Pfeifer. "Command Under Attack: What We've Learned since 9/11 about Managing Crises." The Conversation, September 9, 2016. https://theconversation.com/command-under-attack-what-weve-learned-since-9-11-about-managing-crises-64517.

Leslie, S. "The Contin Delivery System: Dosing Considerations." *The Journal of Allergy and Clinical Immunology* 78, no. 4, pt. 2 (October 1986): 768–73. https://doi.org/10.1016/0091-6749(86)90059-x.

Levine, J. F., M. L. Wilson, and A. Spielman. "Mice as Reservoirs of the Lyme Disease Spirochete." *American Journal of Tropical Medicine and Hygiene* 34, no. 2 (March 1985): 355–60. https://doi.org/10.4269/ajtmh.1985.34.355.

Levinson, Reade. "Across the U.S., Police Contracts Shield Officers from Scrutiny and Discipline." Reuters Investigates, January 13, 2017. www.reuters.com/investigates/special-report/usa-police-unions.

Levitt, Steven D. "The Effect of Prison Population Size on Crime Rates: Evidence from Prison Overcrowding Litigation." *The Quarterly Journal of Economics* 111, no. 2 (May 1996): 319–351. https://doi.org/10.2307/2946681.

———. "Understanding Why Crime Fell in the 1990s: Four Factors That Explain the Decline and Six That Do Not." *Journal of Economic Perspectives* 18, no. 1 (February 1, 2004): 163–90. https://doi.org/10.1257/089533004773563485.

Levy, Scott "An Analysis of Race to the Top in New York State." Unpublished report, December 2014.

Lewis, Lavonna Blair, David C. Sloane, Lori Miller Nascimento, Allison L. Diamant, Joyce Jones Guinyard, Antronette K. Yancey, and Gwendolyn Flynn. "African Americans' Access to Healthy Food Options in South Los Angeles Restaurants." *American Journal of Public Health* 95, no. 4 (April 2005): 668–73. https://doi:10.2105/ajph.2004.050260.

Li-xia, C., L. Ya-nan, L. Li, and T. Sheng. "Relationship Variables in Online versus Face-to-Face Counseling." *2010 IEEE 2nd Symposium on Web Society*, Beijing (2010): 77–82. https://doi.org/10.1109/SWS.2010.5607476.

Library of Congress. "What Is 'Freezer Burn'?" November 19, 2019. www.loc.gov/everyday-mysteries/food-and-nutrition/item/what-is-freezer-burn.

Lieber, Robert J. "Politics Stops at the Water's Edge? Not Recently." *The Washington Post*, February 10, 2014. www.washingtonpost.com/news/monkey-cage/wp/2014/02/10/politics-stops-at-the-waters-edge-not-recently.

Lieberman, Daniel. *The Story of the Human Body: Evolution, Health, and Disease*. Illustrated edition. New York: Vintage, 2014.

"Life Expectancy by London Borough." Trust for London. Accessed December 27, 2020. www.trustforlondon.org.uk/data/life-expectancy-borough.

Lighter, Jennifer, Michael Phillips, Sarah Hochman, Stephanie Sterling, Diane Johnson, Fritz Francois, and Anna Stachel. "Obesity in Patients Younger Than 60 Years Is a Risk Factor for COVID-19 Hospital Admission." *Clinical Infectious Diseases* 71, no. 15 (August 2020): 896–97. https://academic.oup.com/cid/article/71/15/896/5818333.

Lindert, Peter H., and Jeffrey G. Williamson. "American Incomes 1774–1860." *The Journal of Economic History* 73, no. 3 (September 2013): 725–765. https://doi.org/10.1017/S0022050713000594.

Littman, Robert J. "The Plague of Athens: Epidemiology and Paleopathology." *Mount Sinai Journal of Medicine* 76, no. 5 (October 2009): 456–67. https://doi.org/10.1002/msj.20137.

Livingston, S. Morris. "Magnitude of Transition from War Production." *Survey of Current Business* 24, no. 8 (August 1944): 6–11. https://apps.bea.gov/scb/pdf/1944/0844cont.pdf.

Logan, John R., and Harvey Molotch. *Urban Fortunes: The Political Economy of Place*. 20th anniversary edition. Berkeley: University of California Press, 2007.

Lohnes, Kate. "The Jungle." *Encyclopædia Britannica Online*. Last modified December 19, 2019. www.britannica.com/topic/The-Jungle-novel-by-Sinclair.

"Loose-Wiles Biscuit Tins." Sussex-Lisbon Area Museum, March 24, 2017. https://slah.us/loose-wiles-biscuit-tins.

Lopez, German. "The War on Drugs, Explained." *Vox*, May 8, 2016. www.vox.com/2016/5/8/18089368/war-on-drugs-marijuana-cocaine-heroin-meth.

———. "Why America Ran Out of Protective Masks—and What Can Be Done about It." *Vox*, March 27, 2020. www.vox.com/policy-and-politics/2020/3/27/21194402/coronavirus-masks-n95-respirators-personal-protective-equipment-ppe.

———. "Why America's Coronavirus Testing Barely Improved in April." *Vox*, May 1, 2020. www.vox.com/2020/5/1/21242589/coronavirus-testing-swab-reagent-supply-shortage.

"Louis Pasteur." *Encyclopædia Britannica Online*. Accessed December 23, 2020.

www.britannica.com/biography/Louis-Pasteur.

Lovelace, Berkeley, Jr. "Warren Buffett: Bezos, Dimon and I Aim for Something Bigger on Health Care Than Just Shaving Costs." CNBC, February 26, 2018. www.cnbc.com/2018/02/26/buffett-my-health-care-venture-with-bezos-and-dimon-is-going-for-something-bigger-than-shaving-a-few-percent-off-costs.html.

Lubrano, Alfred. "The World Has Suffered through Other Deadly Pandemics. But the Response to Coronavirus Is Unprecedented." *The Philadelphia Inquirer*, March 22, 2020. www.inquirer.com/health/coronavirus/coronavirus-philadelphia-spanish-flu-world-war-two-civil-war-pandemic-aids-20200322.html.

Luttrell, Anthony. *The Making of Christian Malta: From the Early Middle Ages to 1530*. 1st ed. London: Routledge, 2017.

MacDonald, John, Jeffrey Fagan, and Amanda Geller. "The Effects of Local Police Surges on Crime and Arrests in New York City." *PLoS ONE* 11, no. 6 (June 2016). https://doi.org/10.1371/journal.pone.0157223.

Mackenzie, William Lyon. *The Lives and Opinions of Benj'n Franklin Butler, United States District Attorney for the Southern District of New-York; and Jesse Hoyt, Counsellor at Law, Formerly Collector of Customs for the Port of New-York*. Boston: Cook & Company, 1845.

Madhani, Aamer. "Unsolved Murders: Chicago, Other Big Cities Struggle; Murder Rate a 'National Disaster.'" *USA Today*, August 10, 2018. www.usatoday.com/story/news/2018/08/10/u-s-homicide-clearance-rate-crisis/951681002.

"Madison Park High Rank." *U.S. News & World Report*, 2020. www.usnews.com/education/best-high-schools/massachusetts/districts/boston-public-schools/madison-park-high-9293.

Malani, Anup, Daksha Shah, Gagandeep Kang, Gayatri Nair Lobo, Jayanthi Shastri, Manoj Mohanan, Rajesh Jain, et al. "Seroprevalence of SARS-CoV-2 in Slums and Non-slums of Mumbai, India, during June 29–July 19, 2020." Preprint. *Epidemiology*, September 1, 2020. https://doi.org/10.1101/2020.08.27.20182740.

Mallapaty, Smriti. "Coronaviruses Closely Related to the Pandemic Virus Discovered in Japan and Cambodia." *Nature* 588, no. 7836 (November 2020): 15–16. https://doi.org/10.1038/d41586-020-03217-0.

Mallen, Michael J., Susan X. Day, and Melinda A. Green. "Online versus Face-to-Face Conversation: An Examination of Relational and Discourse Variables." *Psychotherapy: Theory, Research, Practice, Training* 40, no. 1–2 (2003): 155–63. https://doi.org/10.1037/0033-3204.40.1-2.155.

Maloney, Jennifer, and Saabira Chaudhuri. "Against All Odds, the U.S. Tobacco Industry Is Rolling in Money." *The Wall Street Journal*, April 23, 2017. www.wsj.com/articles/u-s-tobacco-industry-rebounds-from-its-near-death-experience-1492968698.

Mampuya, Warner M. "Cardiac Rehabilitation Past, Present and Future: An Overview." *Cardiovascular Diagnosis and Therapy* 2, no. 1 (March 2012): 38–49. https//doi.org/10.3978/j.issn.2223-3652.2012.01.02.

"Man without Face Mask Refuses to Leave SEPTA Bus: Police Pull Him Off." NBC10 Philadelphia, April 10, 2020. www.nbcphiladelphia.com/news/local/man-without-face-mask-refuses-to-leave-septa-bus-police-pull-him-off/2359607.

Mandell, W., D. Vlahov, C. Latkin, M. Oziemkowska, and S. Cohn. "Correlates of Needle Sharing among Injection Drug Users." *American Journal of Public Health* 84, no. 6 (June 1994): 920–23. https://doi.org/10.2105/ajph.84.6.920.

Mann, Annamarie, and Amy Adkins. "America's Coming Workplace: Home Alone." Gallup, March 15, 2017. https://news.gallup.com/businessjournal/206033/america-coming-workplace-home-alone.aspx.

Mann, Michael. "Delhi's Belly: On the Management of Water, Sewage and Excreta in a Changing Urban Environment during the Nineteenth Century." *Studies in History* 23, no. 1 (February 2007): 1–31. https://doi.org/10.1177/025764300602300101.

Manning, Willard G., Joseph P. Newhouse, Naihua Duan, Emmett B. Keeler, Arleen Leibowitz, and M. Susan Marquis. "Health Insurance and the Demand for Medical Care: Evidence from a Randomized Experiment." *American Economic Review* 77, no. 3 (June 1987): 251–77. www.jstor.org/stable/1804094.

Mapping Inequality: Redlining in New Deal America. Accessed January 10, 2021. https://dsl.richmond.edu/panorama/redlining.

Mapping Police Violence. Accessed January 5, 2021. https://mappingpoliceviolence.org.

Marconcini, Mattia, Annekatrin Metz-Marconcini, Soner Üreyen, Daniela Palacios-Lopez, WiebkeHanke, Felix Bachofer, Julian Zeidler, et al. "Outlining Where Humans Live, the World Settlement Footprint 2015." *Scientific Data* 7, no. 1 (July 2020): 242. https://doi.org/10.1038/s41597-020-00580-5.

Marcoux, Steele. "These Are the 25 Richest Cities in America." *Veranda*, August 12, 2019. www.veranda.com/luxury-lifestyle/g28666999/richest-cities-usa.

Mark, Joshua J. "Athens." World History Encyclopedia, April 28, 2011. www.ancient.

eu/Athens.

——. "Herodotus." World History Encyclopedia, March 27, 2018. www.ancient.eu/herodotus.

——. "Knossos." World History Encyclopedia, October 15, 2010. www.ancient.eu/knossos.

Markel, Howard. "69 Years Ago, a President Pitches His Idea for National Health Care." *PBS News Hour*, November 19, 2014. www.pbs.org/newshour/health/november-19-1945-harry-truman-calls-national-health-insurance-program.

Markey, Patrick, Charlotte Markey, and Juliana French. "Violent Video Games and Real-World Violence: Rhetoric versus Data." *Psychology of Popular Media* 4, no. 4 (January 2014): 277–95. https://doi.org/10.1037/ppm0000030.

Marquis, M. Susan, and Melinda Beeuwkes Buntin. "How Much Risk Pooling Is There in the Individual Insurance Market?" *Health Services Research* 41, no. 5 (October 2006): 1782–1800. https://doi.org/10.1111/j.1475-6773.2006.00577.x.

Marr, John S., and John T. Cathey. "New Hypothesis for Cause of Epidemic among Native Americans, New England, 1616–1619." *Emerging Infectious Diseases* 16, no. 2 (February 2010): 281–86. https://doi.org/10.3201/eid1602.090276.

Martin, Anne B., Micah Hartman, David Lassman, and Aaron Catlin. "National Health Care Spending In 2019: Steady Growth for the Fourth Consecutive Year." *Health Affairs* 40, no. 1 (January 2021): 14–24. https://doi.org/10.1377/hlthaff.2020.02022.

Martin, Danielle, Ashley P. Miller, Amélie Quesnel-Vallée, Nadine R. Caron, Bilkis Vissandjée, and Gregory P. Marchildon. "Canada's Universal Health-Care System: Achieving Its Potential." *The Lancet* 391, no. 10131 (2018): 1718–35. https://doi.org/10.1016/s0140-6736(18)30181-8.

Martin, Douglas. "J.R. Simplot, Farmer Who Developed First Frozen French Fries, Dies at 99." *The New York Times*, May 28, 2008. www.nytimes.com/2008/05/28/business/28simplot.html.

Martin, Timothy W., and Dasl Yoon. "South Korea Widens Testing in Daegu as It Steps Up War on Coronavirus." *The Wall Street Journal* March 4, 2020. www.wsj.com/articles/south-korea-widens-testing-in-daegu-as-it-steps-up-war-on-coronavirus-11583321995.

Martinelli, Katherine. "The Factory That Oreos Built." *Smithsonian*, May 21, 2018. www.smithsonianmag.com/history/factory-oreos-built-180969121.

Martuzzi, Marco. "The Precautionary Principle: In Action for Public Health." *Occupational and Environmental Medicine* 64, no. 9 (2007): 569–70. https://

doi.org/10.1136/oem.2006.030601.

Maruschak, Laura, and Todd Minton. *Correctional Populations in the United States, 2017–2018*. US Department of Justice, Bureau of Justice Statistics, August 2020. www.bjs.gov/content/pub/pdf/cpus1718.pdf.

"Marvin Lemus." IMDb. Accessed January 11, 2021. www.imdb.com/name/nm3836245.

"Mary Seacole." *Encyclopædia Britannica Online*. January 1, 2021. www.britannica.com/biography/Mary-Seacole.

Massachusetts Board of Elementary and Secondary Education. "March 2010 Meeting Agendas." March 22, 2010. www.doe.mass.edu/bese/docs/fy2010/0310.

Matthews, Dylan. "How Police Unions Became So Powerful—and How They Can Be Tamed." *Vox*, June 24, 2020. www.vox.com/policy-and-politics/21290981/police-union-contracts-minneapolis-reform.

McAuley, Julie L., Katherine Kedzierska, Lorena E. Brown, and G. Dennis Shanks. "Host Immunological Factors Enhancing Mortality of Young Adults during the 1918 Influenza Pandemic." *Frontiers in Immunology* 6 (August 2015). https://doi.org/10.3389/fimmu.2015.00419.

McCann, Adam. "Most & Least Educated Cities in America." WalletHub, July 20, 2020. https://wallethub.com/edu/e/most-and-least-educated-cities/6656.

McCluskey, Priyanka Dayal. "Partners HealthCare Generates $14 Billion in Revenue." *The Boston Globe*, December 6, 2019. www.bostonglobe.com/business/2019/12/06/partners-healthcare-generates-billion-revenues/bElEfqkxvxVMZ7sz6ROLNK/story.html.

McCulloch, Marsha. "Is It Safe to Eat Moldy Bread?" Healthline, February 22, 2019. www.healthline.com/nutrition/can-you-eat-bread-mold.

McGillivray, Brett. "Ottawa." *Encyclopædia Britannica Online*. Accessed December 27, 2020. www.britannica.com/place/Ottawa.

McKay, Katherine. "Hamilton and Yellow Fever: The Library Where It Happens." *NLM in Focus*, January 11, 2019. https://infocus.nlm.nih.gov/2019/01/11/hamilton-and-yellow-fever-the-library-where-it-happens.

McKenna, David. "Eyam Plague: The Village of the Damned." BBC News, November 5, 2016. www.bbc.com/news/uk-england-35064071.

McLaughlin, Eliott C. "Chicago Officer Had History of Complaints before Laquan McDonald Shooting." CNN, November 26, 2015. www.cnn.com/2015/11/25/us/jason-van-dyke-previous-complaints-lawsuits/index.html.

McLaughlin, Raoul. *Rome and the Distant East: Trade Routes to the Ancient Lands of*

Arabia, India and China. London: Bloomsbury, 2010.

McNeil, Donald G., Jr. "U.S. Reaction to Swine Flu: Apt and Lucky." *The New York Times*, January 2, 2010. www.nytimes.com/2010/01/02/health/02flu.html.

McNeill, William. *Plagues and Peoples*. New York: Knopf Doubleday, 2010.

McWilliams, J. Michael, Laura A. Hatfield, Bruce E. Landon, Pasha Hamed, and Michael E. Chernew. "Medicare Spending after 3 Years of the Medicare Shared Savings Program." *New England Journal of Medicine* 379, no. 12 (2018): 1139–149. https://doi.org/10.1056/nejmsa1803388.

Meara, Ellen, Jill R. Horwitz, Wilson Powell, Lynn McClelland, Weiping Zhou, A. James O'Malley, and Nancy E. Morden. "State Legal Restrictions and Prescription-Opioid Use among Disabled Adults." *New England Journal of Medicine* 375, no. 1 (2016): 44–53. https://doi.org/10.1056/nejmsa1514387.

Meares, Tracey L. "Policing: A Public Good Gone Bad." *Boston Review*, August 1, 2017. http://bostonreview.net/law-justice/tracey-l-meares-policing-public-good-gone-bad.

Meares, Tracey, Phillip Atiba Goff, and Tom R. Tyler. "Defund-the-Police Calls Aren't Going Away. But What Do They Mean Practically?" NBC News, June 24, 2020. www.nbcnews.com/think/opinion/defund-police-calls-aren-t-going-away-what-do-they-ncna1231959.

"Medicare." *The Lancet* 279, no. 7241 (June 1962): 1231. https://doi.org/10.1016/S0140-6736(62)92271-7.

Medicare. "Pain Management." Accessed January 20, 2021. www.medicare.gov/coverage/pain-management.

"Medicare and Medicaid." LBJ Presidential Library. Accessed December 26, 2020. www.lbjlibrary.org/press/media-kit/medicare-and-medicaid.

"Meet Jackson Defa of Weird Wave Coffee in Boyle Heights." VoyageLA, September 8, 2020. http://voyagela.com/interview/meet-jackson-defa-weird-wave-coffee-boyle-heights.

Mehrotra, Ateev, Michael Chernew, David Linetsky, Hilary Hatch, and David Cutler. "The Impact of the COVID-19 Pandemic on Outpatient Visits: A Rebound Emerges." Commonwealth Fund, May 19, 2020. www.commonwealthfund.org/publications/2020/apr/impact-covid-19-outpatient-visits.

Meier, Mischa. "The 'Justinianic Plague': The Economic Consequences of the Pandemic in the Eastern Roman Empire and Its Cultural and Religious Effects." *Early Medieval Europe* 24, no. 3 (July 2016): 267–92. https://doi.org/10.1111/emed.12152.

Meinwald, Constance C. "Plato." *Encyclopædia Britannica Online*. Last modified May 22, 2020. www.britannica.com/biography/Plato.

Meixler, Eli. "New Zealand's Jacinda Ardern Made History by Bringing Baby Neve to the U.N." *Time*, September 25, 2018. https://time.com/5405405/new-zealand-jacinda-ardern-baby-u-n.

Melly, Ludovic, Gianluca Torregrossa, Timothy Lee, Jean-Luc Jansens, and John D. Puskas. "Fifty Years of Coronary Artery Bypass Grafting." *Journal of Thoracic Disease* 10, no. 3 (March 2018): 1960–67. https://doi.org/10.21037/jtd.2018.02.43.

Merritt Hawkins. *2020 Review of Physician and Advanced Practitioner Recruiting Incentives and the Impact of COVID-19*. 2020. www.merritthawkins.com/uploadedFiles/MerrittHawkins_2020_Incentive_Review.pdf.

Merrow, John. "Meet Adell Cothorne." *The Merrow Report*, January 9, 2013. https://themerrowreport.com/2013/01/09/meet-adell-cothorne.

Metcalfe, N. "The History of Woolsorters' Disease: A Yorkshire Beginning with an International Future?" *Occupational Medicine* 54, no. 7 (October 2004): 489–93. https://doi.org/10.1093/occmed/kqh115.

"The Metropolitan Health Bill." *The New York Times*, March 24, 1862. www.nytimes.com/1862/03/24/archives/the-metropolitan-health-bill.html.

Michaels, Matthew. "The 35 Most Expensive Reasons You Might Have to Visit a Hospital in the US—and How Much It Costs If You Do." *Business Insider*, March 1, 2018. www.businessinsider.com/most-expensive-health-conditions-hospital-costs-2018-2.

Mihm, Stephen. "Lessons from the Philadelphia Flu of 1918." Yahoo! Finance, March 30, 2020. https://finance.yahoo.com/news/lessons-philadelphia-flu-1918-153022624.html.

Miller, Julie. "The 1793 Yellow Fever Epidemic: The Washingtons, Hamilton and Jefferson." Library of Congress (blog), May 28, 2020. https://blogs.loc.gov/loc/2020/05/the-1793-yellow-fever-epidemic-the-washingtons-hamilton-and-jefferson.

Miller, Yawu. "Walsh Supportive of Body Cameras." *The Bay State Banner*, March 14, 2018. www.baystatebanner.com/2018/03/14/walsh-supportive-of-body-cameras.

"Milliken v. Bradley, 418 U.S. 717 (1974)." Justia: US Supreme Court. https://supreme.justia.com/cases/federal/us/418/717.

"Milwaukee Sewer Socialism." Wisconsin Historical Society, August 3, 2012. www.

wisconsinhistory.org/Records/Article/CS428.

Miranda, Carolina A. "The Art Gallery Exodus from Boyle Heights and Why More Anti-gentrification Battles Loom on the Horizon." *Los Angeles Times*, August 8, 2018. www.latimes.com/entertainment/arts/miranda/la-et-cam-gentrification-protests-future-of-boyle-heights-20180808-story.html.

Mitcham, Lester. "The Statistics of the Disaster." Encyclopedia Titanica. Accessed January 03, 2021. www.encyclopedia-titanica.org/titanic-statistics.html.

Mitchell, Brian R. *European Historical Statistics, 1750 – 1975*. New York: Facts on File, 1980.

Mitchell, Chris. "The Killing of Murder." *New York Magazine*, January 4, 2008. https://nymag.com/news/features/crime/2008/42603.

Moderna. "Moderna's Work on Our COVID-19 Vaccine Candidate." Accessed January 18, 2021. www.modernatx.com/modernas-work-potential-vaccine-against-covid-19.

Molloy, Raven, Christopher L. Smith, and Abigail Wozniak. "Internal Migration in the United States." *Journal of Economic Perspectives* 25, no. 3 (September 2011): 173 – 96. https://doi.org/10.1257/jep.25.3.173.

Montes, Carlos. "The Brown Berets: Young Chicano Revolutionaries." *FightBack! News*, February 1, 2003. http://www.fightbacknews.org/2003winter/brownberets.htm.

Mordechai, Lee, Merle Eisenberg, Timothy P. Newfield, Adam Izdebski, Janet E. Kay, and Hendrik Poinar. "The Justinianic Plague: An Inconsequential Pandemic?" *Proceedings of the National Academy of Sciences* 116, no. 51 (December 2019): 25546 – 54. https://doi.org/10.1073/pnas.1903797116.

"More Than One-Third of U.S. Coronavirus Deaths Are Linked to Nursing Homes." *The New York Times*. Accessed January 22, 2021. www.nytimes.com/interactive/2020/us/coronavirus-nursing-homes.html.

Moreau De Jonnes, A. "Statistical Remarks on the Effects of Cholera in France During the Epidemic of 1832." *The Lancet*, 19, no. 495 (February 1833): 689 – 90. https://doi.org/10.1016/S0140-6736(02)95229-3.

Morelli, Giovanna, Yajun Song, Camila J. Mazzoni, Mark Eppinger, Philippe Roumagnac, David M. Wagner, Mirjam Feldkamp, et al. "*Yersinia pestis* Genome Sequencing Identifies Patterns of Global Phylogenetic Diversity." *Nature Genetics* 42, no. 12 (October 2010): 1140 – 43. https://doi.org/10.1038/ng.705.

Moreno, Teresa, Rosa María Pintó, Albert Bosch, Natalia Moreno, Andrés Alastuey,

María Cruz MinguillÓn, Eduard Anfruns-Estrada, et al. "Tracing Surface and Airborne SARS-CoV-2 RNA inside Public Buses and Subway Trains." *Environment International* 147 (February 2021): 106326. https://doi.org/10.1016/j.envint.2020.106326.

Moreno-Madriñán, Max J., and Michael Turell. "History of Mosquitoborne Diseases in the United States and Implications for New Pathogens." *Emerging Infectious Diseases* 24, no. 5 (May 2018): 821-26. https://doi.org/10.3201/eid2405.171609.

"More Than One-Third of U.S. Coronavirus Deaths Are Linked To Nursing Homes." *The New York Times*. Accessed January 12, 2021. www.nytimes.com/interactive/2020/us/coronavirus-nursing-homes.html.

Morrill, John S. "Great Plague of London." *Encyclopædia Britannica Online*. September 8, 2016. www.britannica.com/event/Great-Plague-of-London.

Mouritz, A. *"The Flu"*: *A Brief History of Influenza in U.S. America, Europe, Hawaii*. Honolulu: Advertiser Publishing, 1921. http://www.gutenberg.org/ebooks/61607.

Munro, John. "My Research Data Online: Spreadsheets, Tables, Publications." December 31, 2012. www.economics.utoronto.ca/munro5/ResearchData.html.

Murphy, Darryl C. "Police Forcibly Eject Man without Face Mask from SEPTA Bus." WHYY, April 10, 2020. whyy.org/articles/viral-video-shows-police-forcibly-enforce-mask-mandate-on-septa-bus.

Murphy, Linda. "Common Core in Oklahoma." *Oklahoma Constitution*. Accessed January 22, 2021. www.oklahomaconstitution.com/ns.php?nid=459&pastissue=25.

Musto, David F. *Drugs in America: A Documentary History*. New York: New York University Press, 2002.

"The Mw 8.8 Chile Earthquake of February 27, 2010." *EERI Special Earthquake Report*, June 2010. www.eeri.org/site/images/eeri_newsletter/2010_pdf/Chile10_insert.pdf.

Nair, G. Balakrish, T. Ramamurthy, S. K. Bhattacharya, Asish K. Mukhopadhyay, Surabhi Garg, M. K. Bhattacharya, Tae Takeda, Toshio Shimada, Yoshifumi Takeda, and B. C. Deb. "Spread of *Vibrio cholerae* 0139 Bengal in India." *Journal of Infectious Diseases* 169, no. 5 (May 1994): 1029-34. https://doi.org/10.1093/infdis/169.5.1029.

National Academies of Sciences, Engineering, and Medicine; Health and Medicine Division; Board on Health Care Services; Committee on Ensuring Patient

Access to Affordable Drug Therapies. *Making Medicines Affordable: A National Imperative, 3, Factors Influencing Affordability*. Edited by S. J. Nass, G. Madhavan, and N. R. Augustine. Washington, DC: National Academies Press, 2017.

National Academies of Sciences, Engineering, and Medicine; Health and Medicine Division; Board on Population Health and Public Health Practice; Committee on Community-Based Solutions to Promote Health Equity in the United States. *Communities in Action: Pathways to Health Equity*. Edited by Alina Baciu, Yamrot Negussie, Amy Geller, and James N. Weinstein. Washington, DC: National Academies Press, 2017.

National Academy of Medicine. *The Neglected Dimension of Global Security: A Framework to Counter Infectious Disease Crises*. Washington, DC: National Academies Press, 2016.

National Association of Realtors. *Median Sales Price of Existing Apartment Condo-Coops Homes for Metropolitan Areas*. Accessed January 11, 2021. https://cdn.nar.realtor/sites/default/files/documents/metro-home-prices-q3-2020-condo-co-op-2020-11-12.pdf.

——.*Median Sales Price of Existing Single-Family Homes for Metropolitan Areas*. https://cdn.nar.realtor/sites/default/files/documents/metro-home-prices-q3-2020-single-family-2020-11-12.pdf.

——. "Metro Home Prices Rise in 96% of Metro Areas in First Quarter of 2020." May 11, 2020. www.nar.realtor/newsroom/metro-home-prices-rise-in-96-of-metro-areas-in-first-quarter-of-2020.

National Drug Intelligence Center. "Abuse." In *OxyContin Diversion and Abuse*. January 2001. https://www.justice.gov/archive/ndic/pubs/651/abuse.htm.

——.*OxyContin Diversion and Abuse*. January 30, 2001. www.justice.gov/archive/ndic/pubs/651/index.htm.

National Governors Association. "Forty-Nine States and Territories Join Common Core Standards Initiative." June 1, 2009. https://web.archive.org/web/20131004230129/http://www.nga.org/cms/home/news-room/news-releases/page_2009/col2-content/main-content-list/title_forty-nine-states-and-territories-join-common-core-standards-initiative.html.

National Institute on Drug Abuse. "Drug Use and Viral Infections (HIV, Hepatitis) DrugFacts." Accessed January 20, 2021. www.drugabuse.gov/publications/drugfacts/drug-use-viral-infections-hiv-hepatitis.

National Park Service. "Francis Rawdon." Last modified July 2, 2020. www.nps.gov/

people/francis-rawdon.htm.

———. "The Mill Girls of Lowell." November 15, 2018. www.nps.gov/lowe/learn/historyculture/the-mill-girls-of-lowell.htm.

———. "Theodore Roosevelt, Sr.—Theodore Roosevelt Birthplace, National Historic Site, New York." Accessed January 17, 2021. www.nps.gov/thrb/learn/historyculture/theodorerooseveltsr.htm.

National Research Council. *An Evaluation of the Public Schools of the District of Columbia: Reform in a Changing Landscape*. Washington, DC: National Academies Press, 2015. https://doi.org/10.17226/21743.

———. *The Growth of Incarceration in the United States: Exploring Causes and Consequences*. Washington, DC: National Academies Press, 2014. https://doi.org/10.17226/18613.

"National Trends." Mapping Police Violence. Accessed January 4, 2021. https://mappingpoliceviolence.org/nationaltrends.

"NATO." History.com. Last modified July 7, 2019. www.history.com/topics/cold-war/formation-of-nato-and-warsaw-pact.

Nava, Julian. *Julian Nava: My Mexican-American Journey*. Houston: Arte Público Press, 2002.

Neghina, Raul, Roxana Moldovan, Iosif Marincu, Crenguta L. Calma, and Adriana M. Neghina. "The Roots of Evil: The Amazing History of Trichinellosis and *Trichinella* Parasites." *Parasitology Research* 110 (2012): 503–8. https://doi.org/10.1007/s00436-011-2672-1.

"Neolithic Revolution." History.com. Accessed January 24, 2021. www.history.com/topics/pre-history/neolithic-revolution.

New York City Department of Health and Mental Hygiene. "Community Health Profiles 2018: Brownsville." https://www1.nyc.gov/assets/doh/downloads/pdf/data/2018chp-bk16.pdf.

———. "Female Homicide in New York City over 15 Years: Surveillance and Findings, 1995–2009." PowerPoint presentation, August 2011. https://www1.nyc.gov/assets/doh/downloads/pdf/ip/ip-femicide-stats-1995-2009.pdf.

———. "Suicides in New York City, 2000 to 2014." Epi Data Brief no. 75, September 2016. www1.nyc.gov/assets/doh/downloads/pdf/epi/databrief75.pdf.

New York City Police Department. "Historical New York City Crime Data." Accessed January 7, 2021. www1.nyc.gov/site/nypd/stats/crime-statistics/historical.page.

New York City—Safety and Security. New York City Global Partners, July 2008. www.nyc.gov/html/unccp/gprb/downloads/pdf/NYC_Safety%20ad%20

Security_Operation%20Impact.pdf.

"New York City Transit—History and Chronology." World-Wide Business Centres, March 20, 2014. wwbcn.com/new-york-city-transit-history-chronology.

"New York City Waterworks." Documentary History of American Water-Works. http://waterworks history.us/NY/New_York_City.

"New York Coronavirus Map and Case Count." *The New York Times*. Accessed April 1, 2020. www.nytimes.com/interactive/2020/us/new-york-coronavirus-cases.html.

"New York Crime Rates 1960 to 2019." Disaster Center. www.disastercenter.com/crime/nycrime.htm.

New York Public Library. "History of the New York Public Library." www.nypl.org/help/about-nypl/history.

"New York's Governor and Mayor of New York City Address Concerns of the Damage." CNN transcript of broadcast aired 14:35 ET, September 11, 2001. http://transcripts.cnn.com/TRANSCRIPTS/0109/11/bn.42.html.

New York State Department of Health. *Tenement-house Acts, Chapter 908, Laws of 1867 (as Amended by Chapter 504, Laws of 1879, and Chapter 399, Section 1, Laws of 1880): An Act for the Regulation of Tenement and Lodging Houses in the Cities of New York and Brooklyn, Passed May 14, 1867*. 1880.

New York State Education Department. "Race to the Top Application Phase 2, New York State." June 1, 2010. http://usny.nysed.gov/rttt/application/criteriapriorities.pdf.

"New York Stock Exchange." *Encyclopædia Britannica Online*. Accessed January 18, 2021. www.britannica.com/topic/New-York-Stock-Exchange.

"New Zealand." Worldometer. Accessed December 26, 2020. www.worldometers.info/coronavirus/country/new-zealand.

"New Zealand Election: Jacinda Ardern's Labour Party Scores Landslide Win." BBC News, October 17, 2020. www.bbc.com/news/world-asia-54519628.

New Zealand Government. "About the Alert System." Accessed January 20, 2021. https://covid19.govt.nz/alert-system/about-the-alert-system.

——. "Alert Level 2." Unite Against COVID-19. Accessed December 30, 2020. https://covid19.govt.nz/alert-system/alert-level-2.

——. "Managed Isolation and Quarantine." Accessed December 30, 2020. https://covid19.govt.nz/travel-and-the-border/travel-to-new-zealand/managed-isolation-and-quarantine.

"New Zealand: Government Declares State of Emergency March 25 /Update 5."

GardaWorld. Accessed December 26, 2020. www.garda.com/crisis24/news-alerts/326196/new-zealand-government-declares-state-of-emergency-march-25-update-5.

New Zealand Government, Ministry of Health. "COVID-19: Current Cases." Accessed January 20, 2021. www.health.govt.nz/our-work/diseases-and-conditions/covid-19-novel-coronavirus/covid-19-data-and-statistics/covid-19-current-cases.

New Zealand Parliament. "Daily Progress for Tuesday, 28 April 2020." Accessed January 20, 2021. www.parliament.nz/en/pb/daily-progress-in-the-house/daily-progress-for-tuesday-28-april-2020.

Nichols, I. C. *The European Pentarchy and the Congress of Verona*, 1822. The Hague: Springer Netherlands, 2012.

Nicholson, Esme. "Germany's Beer Purity Law Is 500 Years Old. Is It Past Its Sell-By Date?" NPR, April 29, 2016. www.npr.org/sections/thesalt/2016/04/29/475138367/germanys-beer-purity-law-is-500-years-old-is-it-past-its-sell-by-date.

Nicol, Donald MacGillivray, and J. F. Matthews. "Constantine I." *Encyclopædia Britannica Online*. Last modified December 28, 2020. www.britannica.com/biography/Constantine-I-Roman-emperor.

Nierenberg, Danielle, and Emily Nink. "Here's Why Industrial Food Is Deceivingly Cheap." *The Christian Science Monitor*, September 8, 2015. www.csmonitor.com/Business/The-Bite/2015/0908/Here-s-why-industrial-food-is-deceivingly-cheap.

"1940s: The Company's Beginnings." J.R. Simplot Company. Accessed December 25, 2020. www.simplot.com/sustainability/story_detail/1940s_the_companys_beginnings1.

"1960 Democratic Platform." *Patriot Post*. https://patriotpost.us/documents/484.

Norrie, Philip. "How Disease Affected the End of the Bronze Age." In *A History of Disease in Ancient Times: More Lethal Than War*, 61–101. London: Pargrave Macmillan, 2016.

North Atlantic Treaty Organization. "Collective Defence—Article 5." Last modified February 8, 2021. www.nato.int/cps/en/natohq/topics_110496.htm.

———. "Consensus Decision-Making at NATO." Last modified October 2, 2020. www.nato.int/cps/en/natohq/topics_49178.htm.

———. "Encyclopedia of NATO Topics." Accessed January 21, 2021. www.nato.int/cps/en/natohq/topics.htm.

———. "Member Countries." September 24, 2020. www.nato.int/cps/en/natohq/topics_52044.htm.

North Atlantic Treaty Organization. "NATO Agrees 2021 Civil and Military Budgets." December 17, 2020. www.nato.int/cps/en/natohq/news_180185.htm.

———. "NATO Secretary General." April 13, 2016. www.nato.int/cps/en/natohq/topics_50094.htm.

———. "North Atlantic Treaty." August 22, 2012. www.nato.int/cps/en/natohq/topics_89597.htm.

———. "Principal Officials." www.nato.int/cps/en/natohq/who_is_who_51639.htm.

———. "Strategic Concepts." Last modified September 24, 2020. www.nato.int/cps/en/natohq/topics_56626.htm.

———. "What Is NATO?" www.nato.int/nato-welcome/index.html.

Northeastern University. "The Northeastern Joint Apprenticeship and Training Program (NEAT)." Accessed January 18, 2021. https://www.neat1968.org/about-neat.

Norwich, John Julius. *Byzantium: The Early Centuries*. New York: Knopf, 1989.

Novotney, Amy. "The Psychology of Scarcity." *Monitor on Psychology* 45, no. 2 (February 2014): 28. www.apa.org/monitor/2014/02/scarcity.

Nunn, Nathan, and Nancy Qian. "The Columbian Exchange: A History of Disease, Food, and Ideas." *Journal of Economic Perspectives* 24, no. 2 (June 2010): 163–88. https://doi.org/10.1257/jep.24.2.163.

"Nursing Home Costs and Ways to Pay." Caring.com. Accessed December 26, 2020. www.caring.com/senior-living/nursing-homes/how-to-pay.

"NYC-Queens Community District 3—Jackson Heights & North Corona PUMA, NY." Census Reporter. Accessed December 25, 2020. https://censusreporter.org/profiles/79500US3604102-nyc-queens-community-district-3-jackson-heights-north-corona-puma-ny.

O'Donoghue, Ted, and Matthew Rabin. "The Economics of Immediate Gratification." *Journal of Behavioral Decision Making* 13 (March 2000): 233–50. https://doi.org/10.1002/(SICI)1099-0771(200004/06)13:2⟨233::AID-BDM325⟩3.0.CO;2-U

Oh, Myoung-don, Wan Beom Park, Sang-Won Park, Pyoeng Gyun Choe, Ji Hwan Bang, Kyoung-Ho Song, Eu Suk Kim, Hong Bin Kim, and Nam Joong Kim. "Middle East Respiratory Syndrome: What We Learned from the 2015 Outbreak in the Republic of Korea." *Korean Journal of Internal Medicine* 33, no. 2 (March 2018): 233–46. https://doi.org/10.3904/kjim.2018.031.

O'Hare, James. "The History of US Foreign Aid and Why It's as Important as Ever."

Global Citizen, June 13, 2017.

Olival, Kevin J., Parviez R. Hosseini, Carlos Zambrana-Torrelio, Noam Ross, Tiffany L. Bogich, and Peter Daszak. "Host and Viral Traits Predict Zoonotic Spillover from Mammals," *Nature* 546 (June 2017): 646–50. https://doi.org/10.1038/nature22975.

Olmos, Edward James, dir. *Walkout*. HBO, 2006.

Olson, Mancur. *The Rise and Decline of Nations: Economic Growth, Stagflation, and Social Rigidities*. New Haven, CT: Yale University Press, 1982.

"101 Words That Spelled Death." *Freedom*, September 28, 2018. www.freedommag.org/magazine/201809-almost-heaven/101-words-that-spelled-death.html.

"Opium throughout History." PBS. Accessed December 29, 2020. www.pbs.org/wgbh/pages/frontline/shows/heroin/etc/history.html.

Oppenheim, Ben, and Gavin Yamey. "Pandemics and the Poor." Brookings, June 19, 2017. www.brookings.edu/blog/future-development/2017/06/19/pandemics-and-the-poor.

The Opportunity Atlas. Accessed January 18, 2021. https://opportunityatlas.org.

Organisation for Economic Co-operation and Development. *Equity and Quality in Education: Supporting Disadvantaged Students and Schools*. Paris: OECD Publishing, 2012.

———. "Health Spending." Accessed January 18 and 22, 2021. https://data.oecd.org/healthres/health-spending.htm.

———. "Obesity Update." Accessed January 18, 2021. www.oecd.org/health/obesity-update.htm.

———. *PISA 2012 Results in Focus: What 15-Year-Olds Know and What They Can Do with What They Know*. 2014. http://www.oecd.org/pisa/keyfindings/pisa-2012-results-overview.pdf.

"Origins of the Opioid Epidemic: Purdue Pharma Knew of OxyContin Abuse in 1996 but Covered It Up." Democracy Now!, June 1, 2018. www.democracynow.org/2018/6/1/origins_of_the_opioid_epidemic_purdue.

"Out-Producing the Enemy": American Production During WWII. New Orleans: The National WWII Museum. www.nationalww2museum.org/sites/default/files/2017-07/mv-education-package.pdf.

Overberg, Paul, Jon Kamp, and Daniel Michaels. "The Covid-19 Death Toll Is Even Worse Than It Looks." *The Wall Street Journal*, January 14, 2021. www.wsj.com/articles/the-covid-19-death-toll-is-even-worse-than-it-looks-11610636840.

Overby, John, Mike Rayburn, Kevin Hammond, and David C. Wyld. "The China
Syndrome: The Impact of the SARS Epidemic in Southeast Asia." *Asia Pacific
Journal of Marketing and Logistics* 16, no. 1 (March 2004): 69 – 94. https://doi.
org/10.1108/13555850410765131.

"Overview + History—Ellis Island." The Statue of Liberty—Ellis Island Foundation.
Accessed March 4, 2020. www.statueofliberty.org/ellis-island/overview-
history.

Page, Jeremy, Wenxin Fan, and Natasha Khan. "How It All Started: China's Early
Coronavirus Missteps." *The Wall Street Journal*, March 6, 2020. www.wsj.com/
articles/how-it-all-started-chinas-early-coronavirus-missteps-11583508932.

Pamuk, Sevket. "The Black Death and the Origins of the 'Great Divergence'
across Europe, 1300 – 1600." *European Review of Economic History* 11, no. 3
(December 2007): 289 – 317. www.jstor.org/stable/41378468

Pandemic Prediction and Forecasting Science and Technology Working Group of
the National Science and Technology Council. *Towards Epidemic Prediction:
Federal Efforts and Opportunities in Outbreak Modeling*. December 2016.
https://obamawhitehouse.archives.gov/sites/default/files/microsites/ostp/
NSTC/towards_epidemic_prediction-federal_efforts_and_opportunities.pdf.

"Pandidakterion." World Heritage Encyclopedia. www.self.gutenberg.org/articles/
pandidakterion.

Paradise, Julia. "Data Note: A Large Majority of Physicians Participate in Medicaid."
Kaiser Family Foundation, May 10, 2017. www.kff.org/medicaid/issue-brief/
data-note-a-large-majority-of-physicians-participate-in-medicaid.

"Partly False Claim: President Trump Signed Executive Order 13769, Temporarily
Barring Foreigners from Entering the U.S. If They Had Been to China." Reuters,
March 20, 2020. www.reuters.com/article/uk-factcheck-trump-executive-
order-idUSKBN21739V.

"Pasteurization." *Encyclopædia Britannica Online*. July 20, 1998. www.britannica.
com/technology/pasteurization.

Patterson, Marian A. "The Cholera Epidemic of 1832 in York, Upper Canada."
Bulletin of the Medical Library Association 46, no. 2 (April 1958): 165 – 84.

Pavia, Will. "New York Streets Safest for 70 Years as Murders Plunge." *The Times*
(London), December 29, 2017. www.thetimes.co.uk/article/new-york-streets-
safest-for-70-years-as-murders-plunge-sgrt9r8c8.

"The Paycheck Protection Program Is in Dire Need of Reform." *The Washington
Post*, May 22, 2020. www.washingtonpost.com/opinions/the-paycheck-

protection-program-is-in-dire-need-of-reform/2020/05/22/f5f3f01a-9b6f-11ea-a2b3-5c3f2d1586df_story.html.

Pearce, Katie. "Obesity a Major Risk Factor for COVID-19 Hospitalization." Hub, June 1, 2020. https://hub.jhu.edu/2020/06/01/david-kass-obesity-covid-19.

"Peloponnesian War." History.com. Last modified August 29, 2019. www.history.com/topics/ancient-history/peloponnesian-war.

"People in Community of Madrid Live Longer, Compared to Other Europeans: European Regions with Highest Life Expectancies 2016." RList. Accessed December 27, 2020. https://rlist.io/l/madrid-of-spain-tops-average-life-expectancy-in-eu.

Pepys, Samuel. "Friday 14 July 1665." The Diary of Samuel Pepys. www.pepysdiary.com/diary/1665/07/14.

———. "Sunday 3 September 1665." The Diary of Samuel Pepys. www.pepysdiary.com/diary/1665/09/03.

Percival, Thomas, and Dr. Price. "Observations on the State of Population in Manchester, and Other Adjacent Places, Concluded. By Thomas Percival, M. D. F. R. S. and S. A. Communicated by the Rev. Dr. Price, F. R. S." Philosophical Transactions of the Royal Society of London 65 (1775): 322-35.

Percival, Thomas. "Experiments and Observations on the Waters of Buxton and Matlock, in Derbyshire, by Thomas Percival, of Manchester, M. D. and F. R. S." Philosophical Transactions of the Royal Society of London 62 (1772): 455-64.

———.The Works, Literary, Moral, and Medical, of Thomas Percival, M.D. Cambridge, UK: Cambridge University Press, 2013.

Percival, Thomas, and Richard Price. "V. Observations on the State of Population in Manchester, and Other Adjacent Places." Philosophical Transactions of the Royal Society of London 64 (January 1, 1774): 54-66. https://doi.org/10.1098/rstl.1774.0005.

Perez, Caroline Criado. Invisible Women: Data Bias in a World Designed for Men. New York: Harry N. Abrams, 2019.

Pérez-Peña, Richard. "How the Vaccine Rollout Will Compare in Britain, Canada and the U.S." The New York Times, December 12, 2020. www.nytimes.com/2020/12/12/world/americas/covid-vaccine-us-uk-canada.html.

Perper, Rosie. "China Is Injecting Millions into WHO as the US Cuts Funds. Experts Say Beijing Is Trying to Boost Its Influence over the Agency and Its 'Deeply Compromised' Chief." Business Insider, April 24, 2020. www.businessinsider.com/china-who-multimillion-dollar-contribution-political-powermove-2020-4.

Pessar, Patricia R. "Engendering Migration Studies: The Case of New Immigrants in the United States." *American Behavioral Scientist* 42, no. 4 (January 1999): 577–600. https://doi.org/10.1177/00027649921954372.

Peter G. Peterson Foundation. "The Highway Trust Fund Explained." August 14, 2020. www.pgpf.org/budget-basics/budget-explainer-highway-trust-fund.

Peters, Frank M. Cracker or biscuit machine. US Patent 724609A, filed November 16, 1901, and issued April 7, 1903. https://patents.google.com/patent/US724609A/en.

Peters, Philip J., et al. "HIV Infection Linked to Injection Use of Oxymorphone in Indiana, 2014–2015." *New England Journal of Medicine* 375 (July 2016): 229–39. https://doi.org/10.1056/NEJMoa1515195.

Petriceks, Aldis H., John C. Olivas, and Sakti Srivastava. "Trends in Geriatrics Graduate Medical Education Programs and Positions, 2001 to 2018." *Gerontology and Geriatric Medicine* 4 (May 2018): 233372141877765. https://doi.org/10.1177/2333721418777659.

Pew Research Center. "Internet/Broadband Fact Sheet." June 12, 2019. www.pewresearch.org/internet/fact-sheet/internet-broadband.

Pfeiffer, Sacha, Meg Anderson, and Barbara Van Woerkom. "Despite Early Warnings, U.S. Took Months to Expand Swab Production for COVID-19 Test." NPR, May 12, 2020. www.npr.org/2020/05/12/853930147/despite-early-warnings-u-s-took-months-to-expand-swab-production-for-covid-19-te.

"Pfizer and BioNTech Announce an Agreement with U.S. Government for up to 600 Million Doses of mRNA-based Vaccine Candidate against SARS-CoV-2." *Business Wire*, July 22, 2020. www.businesswire.com/news/home/20200722005438/en/Pfizer-BioNTech-Announce-Agreement-U.S.-Government-600.

Pfizer. "Pfizer and BioNTech Announce Vaccine Candidate against COVID-19 Achieved Success in First Interim Analysis from Phase 3 Study." November 9, 2020. www.pfizer.com/news/press-release/press-release-detail/pfizer-and-biontech-announce-vaccine-candidate-against.

"Physician Board Certification Is on the Rise: More Than 900,000 Are Certified in the US." American Board of Medical Specialties, November 19, 2020. www.abms.org/news-events/abms-releases-2018-2019-board-certification-report.

Pickstone, John V. "Thomas Percival and the Production of Medical Ethics," in *The Codification of Medical Morality*. Edited by Robert Baker, Dorothy Porter, and Roy Porter, 161–78. Dordrecht: Springer Netherlands, 1993. https://doi. org/10.1007/978-94-015-8228-5_8.

"Pierre-Jean Robiquet." *Encyclopædia Britannica Online*. Accessed December 25, 2020. www.britannica.com/biography/Pierre-Jean-Robiquet.

"Plague (Yersinia Pestis)." Harvard Health Publishing, December 2018. www.health. harvard.edu/a_to_z/plague-yersinia-pestis-a-to-z.

"The Plague Doctor Mask: The Most Unsettling of All Venetian Masks." Ca' Macana. www.camacana.com/en-UK/plague-doctor-mask-history.php.

Platforms of the Democratic Party and the Republican Party. Washington: U.S. Government Printing Office, 1940.

Plato. *The Republic*. Edited by G. R. F. Ferrari. Translated by Tom Griffith. Cambridge, UK: Cambridge University Press, 2000.

Platt, Lucinda, and Ross Warwick. *Are Some Ethnic Groups More Vulnerable to COVID-19 Than Others?* Institute for Fiscal Studies, May 2020. www.ifs.org. uk/inequality/wp-content/uploads/2020/04/Are-some-ethnic-groups-more-vulnerable-to-COVID-19-than-others-V2-IFS-Briefing-Note.pdf.

Plutarch. *Plutarch's Miscellanies and Essays: Comprising All His Works Collected Under the Title of "Morals."* Corrected and revised by William W. Goodwin. Boston: Little, Brown, 1898.

Podlecki, Anthony, and Oliver Taplin. "Aeschylus." *Encyclopaedia Britannica Online*. www.britannica.com/biography/Aeschylus-Greek-dramatist.

Podolsky, Scott H., David Herzberg, and Jeremy A. Greene. "Preying on Prescribers (and Their Patients)—Pharmaceutical Marketing, Iatrogenic Epidemics, and the Sackler Legacy." *New England Journal of Medicine* 380, no. 19 (May 2019): 1785–87. https://doi.org/10.1056/nejmp1902811.

Polgar, Steven. "The Evolution and Eradication of Infectious Diseases." *American Anthropologist* 66, no. 6 (1964): 1457–58. https://doi.org/10.1525/aa.1964.66. 6.02a00670.

"Police in 2020 Killed People at Similar Rates as Past Years," December 30, 2020. https://mappingpoliceviolence.org/nationaltrends.

"Police Officers Federation of Minneapolis." FindGlocal, 2021. www.findglocal. com/US/Minneapolis/200372523486100/Police-Officers-Federation-of-Minneapolis.

"Population of the Major European Countries in the 19th Century." Table from website of History 203, Modern Europe, taught by Dr. David Morgan, Professor of History Emeritus and Tutor Emeritus, College of Social Studies, Wesleyan

University, Middletown, CT. http://dmorgan.web.wesleyan.edu/materials/population.htm.

Porter, Jane, and Hershel Jick. "Addiction Rare in Patients Treated with Narcotics. *New England Journal of Medicine* 302 (January 1980): 123. https://doi.org/10.1056/NEJM198001103020221.

Posaner, Joshua. "Germany's Merkel Bans Meetings of More Than 2 People to Slow Coronavirus." *Politico*, March 22, 2020. www.politico.com/news/2020/03/22/germany-merkel-bans-meetings-two-people-142283.

Poti, Jennifer M., Michelle A. Mendez, Shu Wen Ng, and Barry M. Popkin. "Is the Degree of Food Processing and Convenience Linked with the Nutritional Quality of Foods Purchased by US Households?" *American Journal of Clinical Nutrition* 101, no. 6 (2015): 1251−262. https://doi.org/10.3945/ajcn.114.100925.

Powell, Lisa M., Frank J. Chaloupka, and Yanjun Bao. "The Availability of Fast-Food and Full-Service Restaurants in the United States: Associations with Neighborhood Characteristics." *American Journal of Preventive Medicine* 33, no. 4 (October 2007): S240−4. https://doi.org/10.1016/j.amepre.2007.07.005.

Prashad, Vijay. "The Technology of Sanitation in Colonial Delhi." *Modern Asian Studies* 35, no. 1 (2001): 113−55. https://www.jstor.org/stable/313090.

"President and Secretary General de Hoop Scheffer Discuss NATO Meeting." White House. News release, February 22, 2005. https://georgewbush-whitehouse.archives.gov/news/releases/2005/02/20050222-3.html.

Price, Polly J. "Epidemics, Outsiders, and Local Protection: Federalism Theater in the Era of the Shotgun Quarantine." *University of Pennsylvania Journal of Constitutional Law*, December 2016; Emory Legal Studies Research Paper No. 15-352, August 5, 2015. https://doi.org/10.2139/ssrn.2640182.

"Proclamation on the Suspension of Entry as Immigrants and Non-Immigrants of Certain Additional Persons Who Pose a Risk of Transmitting Coronavirus Disease." White House, January 25, 2021. https://www.federalregister.gov/documents/2020/02/05/2020-02424/suspension-of-entry-as-immigrants-and-nonimmigrants-of-persons-who-pose-a-risk-of-transmitting-2019.

Procopius. *History of the Wars, Volume I: Books 1−2 (Persian War)*. Translated by H. B. Dewing. London: W. Heinemann, 1914.

——. *History of the Wars, Volume II: Books 3−4 (Vandalic War)*. Translated by H. B. Dewing. Loeb Classical Library 81. Cambridge, MA: Harvard University Press, 1916.

——. *History of the Wars, Volume IV: Books 6.16−7.35 (Gothic War)*. Translated by

H. B. Dewing. Loeb Classical Library 173. Cambridge, MA: Harvard University Press, 1924.

Procopius of Caesarea. *The Complete Works of Procopius of Caesarea*. East Sussex, UK: Delphi Classics, 2016.

"Progressive Party Platform of 1912." Teaching American History. Accessed January 18, 2021. https://teachingamericanhistory.org/library/document/progressive-platform-of-1912.

Quadagno, Jill, and Sidney M. Stahl. "Challenges in Nursing Home Care: A Research Agenda." *The Gerontologist* 43, no. suppl_2 (April 2003): 4–6. https://doi.org/10.1093/geront/43.suppl_2.4.

Rabin, Roni Caryn. "First Patient with Wuhan Coronavirus Is Identified in the U.S." *The New York Times*, January 21, 2020. www.nytimes.com/2020/01/21/health/cdc-coronavirus.html.

Raj, Jeffrey Pradeep, and Shervin Ploriya. "Prevalence of Obesity among Rehabilitated Urban Slum Dwellers and Altered Body Image Perception in India (PRESUME)." *Indian Journal of Endocrinology and Metabolism* 22, no. 1 (2018): 23–29. https://doi.org/10.4103/ijem.ijem_363_17.

"Ralph Lauren." Biography. September 13, 2019. www.biography.com/fashion-designer/ralph-lauren.

Ranney, Megan L., Valerie Griffeth, and Ashish K. Jha. "Critical Supply Shortages—the Need for Ventilators and Personal Protective Equipment during the Covid-19 Pandemic." *New England Journal of Medicine* 382, no. 18 (April 2020): e41. https://doi.org/10.1056/NEJMp2006141.

Rascovan, Nicolás, Karl-Göran Sjögren, Kristian Kristiansen, Rasmus Nielsen, Eske Willerslev, Christelle Desnues, and Simon Rasmussen. "Emergence and Spread of Basal Lineages of *Yersinia pestis* during the Neolithic Decline." *Cell* 176, no. 1 (January 2019): 295–305.e10. https://doi.org/10.1016/j.cell.2018.11.005.

Rashbaum, William K., and Al Baker. "Smoking Car to an Arrest in 53 Hours." *The New York Times*, May 4, 2010. www.nytimes.com/2010/05/05/nyregion/05tictoc.html.

Rasmussen, Simon, Morten Erik Allentoft, Kasper Nielsen, Ludovic Orlando, Martin Sikora, Karl-Göran Sjögren, Anders Gorm Pedersen, et al. "Early Divergent Strains of *Yersinia pestis* in Eurasia 5,000 Years Ago." *Cell* 163, no. 3 (October 2015): 571–82. https://doi.org/10.1016/j.cell.2015.10.009.

Rawdon-Hastings, Francis, Marquess of Hastings. *The Private Journal of the Marquess of Hastings*. Allahabad: Panini Office, 1907.

Ray, Rashawn. "What Does 'Defund the Police' Mean and Does It Have Merit?" Brookings, June 19, 2020. www.brookings.edu/blog/fixgov/2020/06/19/what-does-defund-the-police-mean-and-does-it-have-merit.

"Reactions to Plague in the Ancient & Medieval World." World History Encyclopedia, March 31, 2020. www.ancient.eu/article/1534/reactions-to-plague-in-the-ancient—medieval-world.

Rector, Kevin. "Surge in South L.A. Bloodshed Tied to Gunfire from High-Capacity Firearms, Gang Feuds." *Los Angeles Times*, December 15, 2020. www.latimes.com/california/story/2020-12-15/lapd-officials-lament-ongoing-surge-in-violence-in-south-and-central-los-angeles.

Reft, Ryan. "Segregation in the City of Angels: A 1939 Map of Housing Inequality in L.A." KCET, November 14, 2017. www.kcet.org/shows/lost-la/segregation-in-the-city-of-angels-a-1939-map-of-housing-inequality-in-la.

Regan, Helen, and Sandi Sidhu. "WHO Team Blocked from Entering China to Study Origins of Coronavirus." CNN, January 6, 2021. www.cnn.com/2021/01/05/china/china-blocks-who-team-coronavirus-intl-hnk/index.html.

Reinhart, Eric, and Daniel L. Chen. "Incarceration and Its Disseminations: COVID-19 Pandemic Lessons from Chicago's Cook County Jail." *Health Affairs* 39, no. 8 (August 2020): 1412–18. https://doi.org/10.1377/hlthaff.2020.00652.

"Religion: Atheists & Foxholes." *Time*, June 18, 1945. http://content.time.com/time/subscriber/article/0,33009,775935,00.html.

"Remarks by the President and Secretary General Stoltenberg of NATO after Bilateral Meeting." White House, April 4, 2016. https://obamawhitehouse.archives.gov/the-press-office/2016/04/04/remarks-president-and-secretary-general-stoltenberg-nato-after-bilateral.

Rendsburg, Gary A. "The Date of the Exodus and the Conquest/Settlement: The Case for the 1100S." *Vetus Testamentum* 42, no. 4 (October 1992): 510–27. https://doi.org/10.2307/1518961.

Resseger, Matthew. "The Impact of Land Use Regulation on Racial Segregation: Evidence from Massachusetts Zoning Borders." Harvard University, November 26, 2013. https://scholar.harvard.edu/files/resseger/files/resseger_jmp_11_25.pdf.

Results from the 2019 Mathematics and Reading Assessments at Grade 12. The Nation's Report Card, 2019. www.nationsreportcard.gov/mathematics/supportive_files/2019_infographic_G12_math_reading.pdf.

Rhodes, Chris. "Manufacturing: Statistics and Policy." UK Parliament, House of

Commons Library, January 10, 2020. https://commonslibrary.parliament.uk/research-briefings/sn01942.

Rickman, G. E. "The Grain Trade under the Roman Empire." *Memoirs of the American Academy in Rome* 36 (1980): 261–75. https://doi.org/10.2307/4238709.

Rio, Carlos del, Lauren F. Collins, and Preeti Malani. "Long-Term Health Consequences of COVID-19." *JAMA* 324, no. 17 (November 2020): 1723–24. https://doi.org/10.1001/jama.2020.19719.

Ritchie, Hannah, and Max Roser. "Obesity." Our World in Data, August 11, 2017. https://ourworldindata.org/obesity.

Robbins, Christopher. "Crime Is Up, and Ray Kelly Has Record High Approval Rating." *Gothamist*, January 17, 2013. https://gothamist.com/news/crime-is-up-and-ray-kelly-has-record-high-approval-rating.

Robert Koch Institute. "Navigation and Service." Accessed December 30, 2020. www.rki.de/EN/Home/homepage.html.

Robson, Ruthann. "Public Interest Lawyering & Judicial Politics: Four Cases Worth a Second Look in Williams-Yulee v. The Florida Bar." CUNY Academic Works, January 1, 2015. https://academicworks.cuny.edu/cl_pubs/40.

Rogers, David. "Senate Passes $787 Billion Stimulus Bill." *Politico*, February 13, 2019. www.politico.com/story/2009/02/senate-passes-787-billion-stimulus-bill-018837.

Rohde, Jeff. "Why Investors Should Consider Chicago's Real Estate Market in 2021." Roofstock, January 6, 2021. https://learn.roofstock.com/blog/chicago-real-estate-market.

Ronderos, L. Nicolas. *Stabilization of the U.S. Manufacturing Sector and Its Impact on Industrial Space.* NAIOP Research Foundation. Herndon, VA: 2013. www.naiop.org/-/media/Research/Research/Research-Reports/Stabilization-of-the-US-Manufacturing-and-Its-Impact-on-Industrial-Space/NAIOP_Ronderos_FINAL_web-version.ashx.

Roodman, David. "The Impacts of Incarceration on Crime." Open Philanthropy Project, September 2007. http://arxiv.org/abs/2007.10268.

Roos, Dave. "Social Distancing and Quarantine Were Used in Medieval Times to Fight the Black Death." History.com, March 27, 2020. www.history.com/news/quarantine-black-death-medieval.

Rose, Shanna. *Financing Medicaid: Federalism and the Growth of America's Health Care Safety Net.* Ann Arbor: University of Michigan Press, 2013.

Rosen, G. "Tenements and Typhus in New York City, 1840 – 1875." *American Journal of Public Health* 62, no. 4 (April 1972): 590 – 93. https://doi.org/10.2105/AJPH.62.4.590.

Rosenberg, Charles E. *The Cholera Years: The United States in 1832, 1849, and 1866*. Chicago: University of Chicago Press, 2009.

——. "The Cholera Epidemic of 1832 in New York City," *Bulletin of the History of Medicine* 33, no. 1 (January – February 1959): 37 – 49. www.jstor.org/stable/i40187015.

Ross, Allison. "Florida Coronavirus Deaths Surpass 1,200, Cases Pass 33,000." *Tampa Bay Times*, April 29, 2020. www.tampabay.com/news/health/2020/04/29/florida-coronavirus-deaths-surpass-1200-cases-pass-33000.

Routt, David. "The Economic Impact of the Black Death." EH.Net Encyclopedia. Edited by Robert Whaples, July 20, 2008. https://eh.net/encyclopedia/the-economic-impact-of-the-black-death.

Roy, Eleanor Ainge. "'Can I Really Do This?' New Zealand's Ashley Bloomfield Reveals Self-Doubts at Height of Covid." *The Guardian* (London), September 23, 2020. www.theguardian.com/world/2020/sep/24/can-i-really-do-this-new-zealands-ashley-bloomfield-reveals-self-doubts-at-height-of-covid.

Ruane, Michael E. "Yellow Fever Led Half of Philadelphians to Flee the City. Ten Percent of the Residents Still Died." *The Washington Post*, April 4, 2020. www.washingtonpost.com/history/2020/04/04/yellow-fever-led-half-philadelphians-flee-city-ten-percent-residents-still-died.

Rush, Benjamin. *An Account of the Bilious Remitting Yellow Fever, as It Appeared in the City of Philadelphia, in the Year 1793*. Edinburgh: John Moir, 1796.

Russell, E. J. "Agricultural Colonization in the Pontine Marshes and Libya." *The Geographical Journal* 94, no. 4 (October 1939): 273 – 89. https://doi.org/10.2307/1788096.

Russell, John. *Essays, and Sketches of Life and Character*. London: Forgotten Books, 2019.

Ryan, Edward T. "Eyes on the Prize: Lessons from the Cholera Wars for Modern Scientists, Physicians, and Public Health Officials." *The American Journal of Tropical Medicine and Hygiene* 89, no. 4 (October 2013): 610 – 14. https://doi.org/10.4269/ajtmh.13-0173.

Ryan, Phil. "United States Office Outlook—Q3 2020." Jones Lang LaSalle, October 14, 2020. www.us.jll.com/en/trends-and-insights/research/office-market-statistics-trends.

Ryan, Thomas J. "The Coronary Angiogram and Its Seminal Contributions to Cardiovascular Medicine over Five Decades." *Circulation* 106, no. 6 (August 2002): 752–56. https://doi.org/10.1161/01.CIR.0000024109 12658.D4.

Rydell, Mark, dir. *The Cowboys*. Warner Bros., 1972.

Sagonowsky, Eric. "Biogen Superspreader Meeting Spawned 300,000-plus U.S. Coronavirus Cases: Study." FiercePharma, December 15, 2020. www.fiercepharma.com/pharma/biogen-superspreader-meeting-associated-300-000-u-s-coronavirus-cases-study.

Sahagún, Louis. "East L.A., 1968: 'Walkout!' The Day High School Students Helped Ignite the Chicano Power Movement." *Los Angeles Times*, March 1, 2018. www.latimes.com/nation/la-na-1968-east-la-walkouts-20180301-htmlstory.html.

Salmon, John Hearsey McMillan, et al. "History of Europe." *Encyclopædia Britannica Online*. Accessed January 17, 2021. www.britannica.com/topic/history-of-Europe.

Sample, Ian. "HIV Pandemic Originated in Kinshasa in the 1920s, Say Scientists." *The Guardian* (London), October 2, 2014. www.theguardian.com/science/2014/oct/02/hiv-aids-pandemic-kinshasa-africa.

"Samuel Pepys and the Navy." Royal Museums Greenwich. www.rmg.co.uk/explore/samuel-pepys-and-navy.

San Francisco University High School. "The Brown Berets: Young Chicano Revolutionaries." Accessed January 11, 2021. http://inside.sfuhs.org/dept/history/US_History_reader/Chapter14/brownberets.htm.

Sang-hun, Choe. "Shadowy Church Is at Center of Coronavirus Outbreak in South Korea." *The New York Times*, February 21, 2020. www.nytimes.com/2020/02/21/world/asia/south-korea-coronavirus-shincheonji.html.

Satterthwaite, David, Gordon McGranahan, and Cecilia Tacoli. "Urbanization and Its Implications for Food and Farming." *Philosophical Transactions of the Royal Society B: Biological Sciences* 365, no. 1554 (2010): 2809–20. https://doi.org/10.1098/rstb.2010.0136.

Saunders, Nicholas J., *The Poppy: A History of Conflict, Loss, Remembrance, and Redemption*. London: Oneworld, 2014.

Saurine, Angela. "Slum Tour in Dharavi, Mumbai with Reality Tours and Travel." News.com.au, July 29, 2013. www.news.com.au/travel/world-travel/slum-tour-in-dharavi-mumbai-with-reality-tours-and-travel/news-story/7167502cc923fa1a0aa6bf983bfaed6f.

Sawyer, Wendy, and Peter Wagner. "Mass Incarceration: The Whole Pie 2020." Prison Policy Initiative, March 24, 2020. www.prisonpolicy.org/reports/pie2020.html.

Saxenian, AnnaLee. *Regional Advantage: Culture and Competition in Silicon Valley and Route 128, with a New Preface by the Author*. Cambridge, MA: Harvard University Press, 1996.

Schieber, G. J. "Health Expenditures in Major Industrialized Countries, 1960 – 87." *Health Care Financing Review* 11, no. 4 (Summer 1990): 159 – 67. www.ncbi. nlm.nih.gov/pmc/articles/PMC4193120.

Schlosser, Eric. *Fast Food Nation*. Barcelona: Debolsillo, 2007.

Schmidt, Torrey, and J. Dawn Abbott. "Coronary Stents: History, Design, and Construction." *Journal of Clinical Medicine* 7, no. 6 (May 2018): 126. https:// doi.org/10.3390/jcm7060126.

Schmidt, William H., and Richard T. Houang. "Curricular Coherence and the Common Core State Standards for Mathematics." *Educational Researcher* 41, no. 8 (November 2012): 294 – 308. https:// doi.org/10.3102/0013189X12464517.

Schneider, Keith. "Alvin Toffler, Author of 'Future Shock,' Dies at 87." *The New York Times*, June 29, 2016. www.nytimes.com/2016/06/30/books/alvin-toffler-author-of-future-shock-dies-at-87.html.

Schoen, Cathy, and Michelle M. Doty. "Inequities in Access to Medical Care in Five Countries: Findings from the 2001 Commonwealth Fund International Health Policy Survey." *Health Policy* 67, no. 3 (March 2004): 309-22. https://doi. org/10.1016/j.healthpol.2003.09.006. PMID: 15036818.

Schountz, Tony. "Immunology of Bats and Their Viruses: Challenges and Opportunities." *Viruses* 6, no. 12 (December 2014): 4880 – 901. https://doi. org/10.3390/v6124880.

Schregle, Johannes. "Labor Law." *Encyclopædia Britannica Online*. Last modified September 25, 2019. www.britannica.com/topic/labour-law.

Schumann, G. L., and S. Uppala. "Ergot of Rye." The Plant Health Instructor, 2000. www.apsnet.org/edcenter/disandpath/fungalasco/pdlessons/Pages/Ergot. aspx.

Schwartz, Karen. "I'm a U.S. Citizen. Where in the World Can I Go?" *The New York Times*, March 15, 2021. www.nytimes.com/article/coronavirus-travel-restrictions.html.

———. "Thinking of Traveling in the U.S.? Check Which States Have Travel Restrictions." *The New York Times*, July 10, 2020. www.nytimes. com/2020/07/10/travel/state-travel-restrictions.html.

Scommegna, Paola. "Opioid Overdose Epidemic Hits Hardest for the Least Educated." Population Reference Bureau, January 10, 2018.

Scott, Dylan. "9 Things Americans Need to Learn from the Rest of the World's Health Care Systems." *Vox*, January 29, 2020. www.vox.com/health-care/2020/1/29/21075388/medicare-for-all-what-countries-have-universal-health-care.

Scott, Jonathan. *How the Old World Ended: The Anglo-Dutch-American Revolution 1500–1800*. New Haven, CT: Yale University Press, 2020.

"Second Round of PPP Loans Approved by Congress in New COVID-19 Stimulus Bill." StatesAttorney, January 2, 2021. www.statesattorney.org/2021/01/02/second-round-of-ppp-loans-approved-by-congress-in-new-covid-19-stimulus-bill.

Selanders, Louise. "Florence Nightingale." *Encyclopædia Britannica Online*. Last modified January 13, 2021. www.britannica.com/biography/Florence-Nightingale.

Selig, David, and Christina Vazquez. "Miami-Dade Closing Indoor Dining amid Coronavirus Spike; Gyms Can Now Stay Open." Local 10 News, July 6, 2020. www.local10.com/news/local/2020/07/06/miami-dade-closing-restaurants-amid-coronavirus-spike.

Shafrin, Jason. "The Development of Universal Health Care in Sweden." *Healthcare Economist*, December 6, 2011. www.healthcare-economist.com/2011/12/06/the-development-of-universal-health-care-in-sweden.

Shakespeare, William. *Othello*, Act V, Scene 2, 1605. Available from Folger Library. https://shakespeare.folger.edu/downloads/pdf/othello_PDF_FolgerShakespeare.pdf.

Shanks, G. Dennis, and John F. Brundage. "Pathogenic Responses among Young Adults during the 1918 Influenza Pandemic." *Emerging Infectious Diseases* 18, no. 2 (February 2012): 201–7. https://doi.org/10.3201/eid1802.102042.

Sharp, Paul M., and Beatrice H. Hahn. "Origins of HIV and the AIDS Pandemic." *Cold Spring Harbor Perspectives in Medicine* 1, no. 1 (September 2011). https://doi.org/10.1101/cshperspect.a006841.

Sharpless, Ned. "How FDA Is Regulating E-Cigarettes." US Food and Drug Administration. Last modified September 10, 2019. www.fda.gov/news-events/fda-voices/how-fda-regulating-e-cigarettes.

Sheehy, Kate. "George Floyd Had 'Violent Criminal History': Minneapolis Police Union Chief." *New York Post*, June 2, 2020. https://nypost.com/2020/06/02/george-floyd-had-violent-criminal-history-minneapolis-union-chief.

Sheridan, Adam, Asger Lau Andersen, Emil Toft Hansen, and Niels Johannesen. "Social Distancing Laws Cause Only Small Losses of Economic Activity during the COVID-19 Pandemic in Scandinavia." *Proceedings of the National Academy of Sciences* 117, no. 34 (August 2020): 20468–73. https://doi.org/10.1073/pnas.2010068117.

Sherman-Palladino, Amy, ex. prod. and dir. *The Marvelous Mrs. Maisel*. Prime Video, 2017–2019.

Shields, Christopher. "Aristotle," in *The Stanford Encyclopedia of Philosophy*. Edited by Edward N. Zalta. Stanford, CA: Metaphysics Research Lab, Stanford University, 2020.

Siegel, Barry. "Locking Up 'Sexual Predators': A Public Outcry in Washington State Targeted Repeat Violent Sex Criminals. A New Preventive Law Would Keep Them in Jail Indefinitely." *Los Angeles Times*, May 10, 1990. www.latimes.com/archives/la-xpm-1990-05-10-mn-1433-story.html.

Siegler, Kirk. "Biden's Win Shows Rural-Urban Divide Has Grown Since 2016." NPR, November 18, 2020. www.npr.org/2020/11/18/934631994/bidens-win-shows-rural-urban-divide-has-grown-since-2016.

Silva, Catherine. "Racial Restrictive Covenants History: Enforcing Neighborhood Segregation in Seattle." Seattle Civil Rights and Labor History Project, 2008. https://depts.washington.edu/civilr/covenants_report.htm.

Silverman, Ed. "One-Quarter of People with Diabetes in the U.S. Ration Their Insulin." *Stat*, October 20, 2019. www.statnews.com/pharmalot/2019/06/18/one-quarter-of-people-with-diabetes-in-the-u-s-are-rationing-their-insulin.

Silverman, Rachel, et al. "Financing and Scaling Innovation for the COVID Fight: A Closer Look at Demand-Side Incentives for a Vaccine." Center For Global Development, March 31, 2020. www.cgdev.org/publication/financing-and-scaling-innovation-covid-fight-closer-look-demand-side-incentives-vaccine.

Sim, Dewey. "From Sars to Covid-19, What Lessons Has Singapore Learned?" *South China Morning Post*, February 25, 2020. www.scmp.com/week-asia/health-environment/article/3052120/sars-covid-19-what-lessons-has-singapore-learned.

Simpson, John, and Jennifer Speake. "It Doesn't Matter If a Cat Is Black or White, as Long as It Catches Mice," in *The Oxford Dictionary of Proverbs*. Edited by John Simpson and Jennifer Speake. Oxford, UK: Oxford University Press, 2008.

www.oxfordreference.com/view/10.1093/acref/9780199539536.001.0001/
acref-9780199539536-e-312.

Singh, Gopal K., and Mohammad Siahpush. "Widening Rural-Urban Disparities in Life Expectancy, U.S., 1969–2009." *American Journal of Preventive Medicine* 46, no. 2 (February 2014): e19–29. https://doi.org/10.1016/j.amepre.2013.10.017.

"Sir Joseph Paxton." *Encyclopædia Britannica Online*. Accessed January 18, 2021. www.britannica.com/biography/Joseph-Paxton.

"Sir Joseph William Bazalgette." *Encyclopædia Britannica Online*. March 24, 2020. www.britannica.com/biography/Joseph-William-Bazalgette.

Smillie, W. G. "The National Board of Health, 1879–1883." *American Journal of Public Health and the Nation's Health* 33, no. 8 (August 1943): 925–30. https://doi.org/10.2105/AJPH.33.8.925.

Smith, Adam. *The Wealth of Nations*. New York: Random House, 2020.

Smith, Billy. *Ship of Death: A Voyage That Changed the Atlantic World*. New Haven, CT: Yale University Press, 2013.

Smith, David. "Proof! Just Six Degrees of Separation between Us." *The Guardian* (London), August 2, 2008. www.theguardian.com/technology/2008/aug/03/internet.email.

Smith, Laura. "In 1974, a Stripper Known as the 'Tidal Basin Bombshell' Took Down the Most Powerful Man in Washington." *Medium*, September 18, 2017. https://timeline.com/wilbur-mills-tidal-basin-3c29a8b47ad1.

Smith, Wilbur S. "Interactions between Transportation and High-Rise, High-Density Living." *Ekistics* 53, no. 320/321 (1986): 336–44.

Smithsonian National Museum of American History. "Separate Is Not Equal: Brown v. Board of Education: Jim Crow Laws." Accessed December 27, 2020. https://americanhistory.si.edu/brown/history/1-segregated/detail/jim-crow-laws.html.

Sneader, Walter. "The Discovery of Aspirin: A Reappraisal." *British Medical Journal* 321 (December 2000): 1591–4. https://doi.org/10.1136/bmj.321.7276.1591.

"SNL Transcripts: Chevy Chase: 02/18/78: Baggage Inspection Counter." SNL Transcripts Tonight. https://snltranscripts.jt.org/77/77kcustoms.phtml.

Social Security Administration. "Social Security History: Chapter 4: The Fourth Round—1957 to 1965." Accessed December 26, 2020. www.ssa.gov/history/corningchap4.html.

Somerville, Ewan. "New Zealand's Covid Response: Why Early Lockdown and

Stringent Quarantine Kept Cases Down to Fewer Than 2,000." iNews, October 28, 2020. https://inews.co.uk/news/world/new-zealand-covid-how-beat-coronavirus-free-lockdown-quarantine-coronavirus-cases-739493.

Soper, George A. "The Curious Career of Typhoid Mary." *Bulletin of the New York Academy of Medicine* 15, no. 10 (October 1939): 698–712. https://europepmc.org/backend/ptpmcrender.fcgi?accid=PMC1911442&blobtype=pdf.

"Sorbic Acid." ScienceDirect Topics. Accessed December 25, 2020. www.sciencedirect.com/topics/immunology-and-microbiology/sorbic-acid.

Specht, Joshua. "The Price of Plenty: How Beef Changed America." *The Guardian* (London), May 7, 2019. www.theguardian.com/environment/2019/may/07/the-price-of-plenty-how-beef-changed-america.

"Special Message to the Congress Recommending a Comprehensive Health Program." Harry S. Truman Library and Museum. Accessed January 20, 2021. www.trumanlibrary.gov/library/public-papers/192/special-message-congress-recommending-comprehensive-health-program.

Spector, Mike. "In Emails, Sacklers Fret over Wealth, Opioid Business." Reuters, October 21, 2020. www.reuters.com/article/purdue-pharma-opioids-investigations-ema-idUSKBN277070.

Spees, Ann-Cathrin. "Could Germany's Vocational Education Training System Be a Model for the U.S.?" World Education News and Reviews, June 12, 2018. https://wenr.wes.org/2018/06/could-germanys-vocational-education-and-training-system-be-a-model-for-the-u-s.

Spellen, Suzanne. "Walkabout: 'The Great Mistake'—How Brooklyn Lost Its Independence, Part 2." Brownstoner, September 3, 2015. www.brownstoner.com/history/brooklyn-history-consolidation-of-new-york-great-mistake.

Spinney, Laura. "Smallpox and Other Viruses Plagued Humans Much Earlier Than Suspected." *Nature* 584, no. 7819 (July 2020): 30–32. https://doi.org/10.1038/d41586-020-02083-0.

Spitzzeri, Paul R. "Sharing History with the Boyle Heights Historical Society." *The Homestead Blog*, May 7, 2019. homesteadmuseum.blog/2019/05/07/sharing-history-with-the-boyle-heights-historical-society.

Spyrou, Maria A., Rezeda I. Tukhbatova, Chuan-Chao Wang, Aida Andrades Valtueña, Aditya K. Lankapalli, Vitaly V. Kondrashin, Victor A. Tsybin, et al. "Analysis of 3800-Year-Old *Yersinia pestis* Genomes Suggests Bronze Age Origin for Bubonic Plague." *Nature Communications* 9, no. 1 (June 2018): 2234. https://doi.org/10.1038/s41467-018-04550-9.

Stack, Megan K. "A Sudden Coronavirus Surge Brought Out Singapore's Dark Side." *The New York Times*, May 20, 2020. www.nytimes.com/2020/05/20/magazine/singapore-coronavirus.html.

Stanton, Christopher, and Pratyush Tiwari. "The Housing Consumption of Remote Workers." *Harvard Mimeograph*, 2020.

Starr, Paul. *The Social Transformation of American Medicine*. New York: Basic Books, 2017.

"State of California Education Section 43503." California Legislative Information. Accessed January 8, 2021. http://leginfo.legislature.ca.gov/faces/codes_displaySection.xhtml?lawCode=EDC&sectionNum=43503.

"State of California Education Section 51512." California Legislative Information. Accessed January 8, 2021. http://leginfo.legislature.ca.gov/faces/codes_displaySection.xhtml?lawCode=EDC&sectionNum=51512.

State of New York. *New York Common Core Task Force Final Report*. 2015. https://www.governor.ny.gov/sites/governor.ny.gov/files/atoms/files/NewYorkCommonCoreTaskForceFinalReport2015.pdf.

Statistics Canada. "Health At a Glance, 2011, Appendix 1: Life Expectancy by Health Region, 2005 – 2007." Accessed December 8, 2020. https://www150.statcan.gc.ca/n1/pub/82624-x/2011001/article/11427-01-app-eng.htm.

Steinfeld, Jemimah. "China's Deadly Science Lesson: How an Ill-Conceived Campaign against Sparrows Contributed to One of the Worst Famines in History." *Index on Censorship* 47, no. 3 (September 2018): 49. Stevenson, Betsey, and Justin Wolfers. "Subjective Well-Being and Income: Is There Any Evidence of Satiation?" *American Economic Review* 103, no. 3 (May 2013): 598 – 604. https://doi.org/10.1257/aer.103.3.598.

Stephenson, Joan. "Drug Overdose Deaths Head toward Record Number in 2020, CDC Warns." *JAMA Health Forum*, October 20, 2020. https://jamanetwork.com/channels/health-forum/fullarticle/2772241.

Stevenson, Lloyd Grenfell. "Robert Koch." *Encyclopædia Britannica Online*. Last modified December 7, 2020. www.britannica.com/biography/Robert-Koch.

Steverding, Dietmar. "The History of African Trypanosomiasis." *Parasites & Vectors* 1 (February 2008): 3. https://doi.org/10.1186/1756-3305-1-3.

Stewart, Nikita, and Paul Schwartzman. "How Adrian Fenty Lost His Reelection Bid for D.C. Mayor." *The Washington Post*. September 16, 2010.

Stigler, George J. "The Theory of Economic Regulation." *The Bell Journal of Economics and Management Science* 2, no. 1 (Spring 1971): 3 – 21. https://doi.

org/10.2307/3003160

Stockholm International Peace Research Institute. "SIPRI Military Expenditure Database." Accessed January 18, 2021. www.sipri.org/databases/milex.

Strochlic, Nina, and Riley Champine. "How Some Cities 'Flattened the Curve' during the 1918 Flu Pandemic." *National Geographic*, March 27, 2020. www.nationalgeographic.com/history/2020/03/how-cities-flattened-curve-1918-spanish-flu-pandemic-coronavirus.

Sudo, Chuck. "Long-Term Care Executive Salaries Rose 2.8% in 2019." *Senior Housing News*, February 14, 2020. https://seniorhousingnews.com/2020/02/14/long-term-care-executive-salaries-rose-2-8-in-2019.

Sullivan, Tim, and Aaron Morrison. "George Floyd Fallout: Unrest Overshadows Peaceful Protests for Another Night; No Apparent Injuries after Semitruck Drives into Minneapolis Demonstrators." *Chicago Tribune*, May 31, 2020. www.chicagotribune.com/nation-world/ct-nw-george-floyd-protests-minneapolis-nation-20200531-7qcojsy535bs7a56cxk3cnmrgq-story.html.

Summers, Judith. "Broad Street Pump Outbreak." UCLA Fielding School of Public Health Department of Epidemiology. Accessed January 17, 2021. www.ph.ucla.edu/epi/snow/broadstreetpump.html.

"Swann v. Charlotte-Mecklenburg Board of Education." Oyez. www.oyez.org/cases/1970/281.

Sze, Shirley, Daniel Pan, Clareece R. Nevill, Laura J. Gray, et al. "Ethnicity and Clinical Outcomes in COVID-19: A Systematic Review and Meta-analysis." *EClinicalMedicine* 29, no. 100630 (December 2020). https://doi.org/10.1016/j.eclinm.2020.100630.

"Tammany Hall." *Encyclopædia Britannica Online*. January 24, 2020. www.britannica.com/topic/Tammany-Hall.

Tansey, Oisín. "Lowest Common Denominator Norm Institutionalization: The Anti-Coup Norm at the United Nations." *Global Governance: A Review of Multilateralism and International Organizations* 24, no. 2 (August 2018): 287–306. https://doi.org/10.1163/19426720-02402008.

Taubenberger, Jeffery K. "The Origin and Virulence of the 1918 'Spanish' Influenza Virus." *Proceedings of the American Philosophical Society* 150, no. 1 (March 2006): 86–112. https://pubmed.ncbi.nlm.nih.gov/17526158.

"Tax Limitation, Article XIII A CONS § 1 (1978)." California Legislative Information. https://leginfo.legislature.ca.gov/faces/codes_displaySection.xhtml?lawCode=CONS&sectionNum=SECTION%201.& article=XIII%20A.

Taylor, Derrick Bryson. "The Coronavirus Pandemic: A Timeline." *The New York Times*, January 10, 2021. www.nytimes.com/article/coronavirus-timeline.html.

"Ten Great Public Health Achievements—United States, 1900 – 1999." *JAMA* 281, no. 16 (1999): 1481. https://doi.org/10.1001/jama.281.16.1481.

"TenPoint Coalition Founder Departs." WBUR, January 30, 2013. www.wbur.org/radioboston/2013/01/30/tenpoint.

Testin, Robert F. "New Packaging Technologies." *Food and Drug Law Journal* 1995, 50, no. 4: 399 – 413.

Thomas, Katie. "The Coronavirus Vaccines Will Likely Work. Making Them Fast Will Be the Hard Part." *The New York Times*, November 17, 2020. www.nytimes.com/2020/11/17/health/coronavirus-vaccine-operation-warp-speed.html.

Thomas, Owen. "Easy Answer on Prison Furloughs Eludes Dukakis. Public Opinion Makes Bush's Job Easier." *The Christian Science Monitor*, September 8, 1988. www.csmonitor.com/1988/0908/afur.html.

"Thomas Sydenham." *Encyclopædia Britannica Online*. Last modified January 1 2021. www.britannica.com/biography/Thomas-Sydenham.

Thompson, Derek. "What's Behind South Korea's COVID-19 Exceptionalism?" *The Atlantic*, May 6, 2020. www.theatlantic.com/ideas/archive/2020/05/whats-south-koreas-secret/611215.

"Three More Hospitalised in Milk Scandal." *The Age*, September 24, 2008. www.theage.com.au/world/three-more-hospitalised-in-milk-scandal-20080924-4mp8.html.

Thucydides. *History of the Peloponnesian War*. Edited by M. I. Finley. Translated by Rex Warner: London: Penguin Books, 1974.

Tikkanen, Roosa, and Melinda K. Abrams. *U.S. Health Care from a Global Perspective, 2019: Higher Spending, Worse Outcomes?* New York: Commonwealth Fund, 2020.

Tikkanen, Roosa, Robin Osborn, Elias Mossialos, Ana Djordjevic, and George A. Wharton. "Canada." Commonwealth Fund, June 5, 2020. www.commonwealthfund.org/international-health-policy-center/countries/canada.

Tikkanen, Roosa, Robin Osborn, Elias Mossialos, et al. "England." Commonwealth Fund, June 5, 2020. https://www.commonwealthfund.org/international-health-policy-center/countries/england.

Timbs, John. "Slaughter's Coffee House," in *Club Life of London with Anecdotes of the Clubs, Coffee-Houses and Taverns of the Metropolis During the 17th, 18th, and 19th Centuries*, Vol. 2. London: Richard Bentley, 1866. www.gutenberg.

org/files/41516/41516-h/41516-h.htm#Page_99.

"TimesMachine: Sunday May 12, 1895." *The New York Times*, May 12, 1895. http://timesmachine.nytimes.com/timesmachine/1895/05/12/issue.html.

Tisch, Chris, Peter Talbot, Helen Freund, and Lawrence Mower. "Florida Suspends Drinking at Bars." *Tampa Bay Times*, June 26, 2020. www.tampabay.com/news/health/2020/06/26/drinking-alcohol-at-florida-bars-suspended.

Tocqueville, Alexis de. *Democracy in America*. Translated by Harvey C. Mansfield and Delba Winthrop. 1st edition. Chicago. University of Chicago Press, 2012.

———.*Democracy in America and Two Essays on America*. London: Penguin, 2003.

Toffler, Alvin. *Future Shock*. New York: Random House, 1970.

———.*The Third Wave*. New York: Morrow, 1980.

———. "The Future as a Way of Life." *Horizon* 7, no. 3 (Summer 1965): 108. Unidentified reprint at www.benlandau.com/wp-content/uploads/2015/06/Toffler-1965-The-future-as-a-way-of-life.pdf.

Tognotti, Eugenia. "Lessons from the History of Quarantine, from Plague to Influenza A." *Emerging Infectious Diseases* 19, no. 2 (February 2013): 254–59. https://doi.org/10.3201/eid1902.120312.

Tolstoy, Leo. *Anna Karenina*. London: Penguin Reader, 2001.

Tomić, Zlata Blažina, and Vesna Blažina. *Expelling the Plague: The Health Office and the Implementation of Quarantine in Dubrovnik, 1377–1533*. Montreal: McGill-Queen's University Press, 2015. www.jstor.org/stable/j.ctt14jxt9r.

"Top 5 Healthiest Cities in Canada." *Weigh2Healthy*, March 23, 2010. https://weigh2healthy.wordpress.com/2010/03/23/top-5-healthiest-cities-in-canada.

Tough, Paul. "The Alchemy of OxyContin." *The New York Times*, July 29, 2001. www.nytimes.com/2001/07/29/magazine/the-alchemy-of-oxycontin.html.

Travis, Michael T. "Proposed Bill Seeks to Remove Limits on Classroom Recording." Parker & Covert LLP (blog), September 2, 2020. www.parkercovert.com/2020/09/proposed-bill-seeks-to-remove-limits-on-classroom-recording.

Troesken, Werner. *Water, Race, and Disease*. Cambridge, MA: MIT Press, 2004.

Tu, Jack V., Chris L. Pashos, C. David Naylor, Erluo Chen, Sharon-Lise Normand, Joseph P. Newhouse, and Barbara J. McNeil. "Use of Cardiac Procedures and Outcomes in Elderly Patients with Myocardial Infarction in the United States and Canada." *New England Journal of Medicine* 336, no. 21 (May 1997): 1500–1505. https://doi.org/10.1056/NEJM199705223362106.

Tully, Tracey, Brian M. Rosenthal, Matthew Goldstein, and Robert Gebeloff. "70 Died at a Nursing Home as Body Bags Piled Up. This Is What Went Wrong." *The New York Times*, April 19, 2020. www.nytimes.com/2020/04/19/nyregion/coronavirus-nj-andover-nursing-home-deaths.html.

Turak, Natasha. "UAE to Suspend All China Flights except for Beijing as Coronavirus Toll Mounts." CNBC, February 3, 2020. www.cnbc.com/2020/02/03/coronavirus-uae-to-suspend-all-china-flights-except-for-beijing.html.

Turner, Deonna S. "Crack Epidemic." *Encyclopædia Britannica Online*. Accessed December 29, 2020. www.britannica.com/topic/crack-epidemic.

Turner, Frederick Jackson. *The Significance of the Frontier in American History*. London: Penguin, 2008.

Tuthill, Kathleen. "John Snow and the Broad Street Pump: On the Trail of an Epidemic." UCLA Fielding School of Public Health Department of Epidemiology. Accessed January 13, 2021. www.ph.ucla.edu/epi/snow/snowcricketarticle.html.

Tuttle, Carolyn. "Child Labor during the British Industrial Revolution." EH.Net Encyclopedia. Edited by Robert Whaples. August 14, 2001. https://eh.net/encyclopedia/child-labor-during-the-british-industrial-revolution.

Twede, Diana. "Uneeda Biscuit: The First Consumer Package?" *Journal of Macromarketing* 17, no. 2 (December 1997): 82–88. https://doi.org/10.1177/027614679701700208.

Twin, Alexandra. "There Ain't No Such Thing as a Free Lunch (TANSTAAFL) Explained." Investopedia, August 25, 2020. www.investopedia.com/terms/t/tanstaafl.asp.

Twine, Kevin. "The City in Decline: Rome in Late Antiquity." Department of Environmental, Urban & Geographic Studies, Montclair State College, n.d., 5.

"2008 Democratic Party Platform." The American Presidency Project. August 25, 2008. www.presidency.ucsb.edu/documents/2008-democratic-party-platform.

Ujifusa, Andrew. "Despite History, N.Y. Gov. Cuomo Says: 'I Have Nothing to Do with Common Core.'" *EducationWeek*, October 23, 2014. www.edweek.org/policy-politics/despite-history-n-y-gov-cuomo-says-i-have-nothing-to-do-with-common-core/2014/10.

Ullmann, Agnes. "Louis Pasteur." *Encyclopædia Britannica Online*. July 20, 1998. www.britannica.com/biography/Louis-Pasteur.

Underwood, E. Ashworth. "The History of Cholera in Great Britain." *Proceedings of the Royal Society of Medicine* 41, no. 3 (March 1948): 165–73. https://doi.org/10.1177/003591574804100309.

UK Ministry of Justice. *Statistics on Race and the Criminal Justice System 2008/09*. London: Ministry of Justice, June 2010. https://assets.publishing.service.gov.uk/government/uploads/system/uploads/attachment_data/file/217822/stats-race-and-the-criminal-justice-system-2008-09c1.pdf.

UK Office for National Statistics. "Employment by Industry." Accessed November 10, 2020. www.ons.gov.uk/employmentandlabourmarket/peopleinwork/employmentandemployeetypes/datasets/employmentbyindustryemp13.

———. "GDP First Quarterly Estimate, UK." August 12, 2020. www.ons.gov.uk/economy/grossdomesticproductgdp/bulletins/gdpfirstquarterlyestimateuk/apriltojune2020.

UK Parliament. "Petition from Manufacturers and Merchants of Manchester against the Foreign Slave Trade Abolition Bill." Accessed January 12, 2021. www.parliament.uk/about/living-heritage/transformingsociety/tradeindustry/slavetrade/from-the-parliamentary-collections/the-british-slave-trade/petition-against-the-foreign-slave-trade-abolition-bill-page-1.

US Bureau of the Budget and US Office of Management and Budget. *The Budget of the United States Government for the Fiscal Year Ending June 30, 1967*. Washington, DC: US Government Printing Office, 1966. https://fraser.stlouisfed.org/title/budget-united-states-government-54/fiscal-year-ending-june-30-1967-19020.

US Bureau of Labor Statistics. "All Employees, Construction." FRED, Federal Reserve Bank of St. Louis. https://fred.stlouisfed.org/series/USCONS.

———. "All Employees, Education and Health Services." Federal Reserve Bank of St. Louis. https://fred.stlouisfed.org/series/USEHS.

———. "All Employees, Food Services and Drinking Places." FRED, Federal Reserve Bank of St. Louis. https://fred.stlouisfed.org/s ries/CES7072200001.

———. "All Employees, Leisure and Hospitality." Federal Reserve Bank of St. Louis. https://fred.stlouisfed.org/series/USLAH.

———. "All Employees, Man facturing." FRED. https://fred.stlouisfed.org/series/MANEMP.

———. "All Employees, Manufacturing/All Employees, Total Nonfarm." FRED, Federal Reserve Bank of St. Louis. Accessed January 12, 2021. https://fred.stlouisfed.org/graph/?g=cAYh.

———. "All Employees, Professional and Business Services." FRED, Federal Reserve Bank of St. Louis. https://fred.stlouisfed.org/series/USPBS.

———. "All Employees, Retail Trade." FRED, Federal Reserve Bank of St. Louis. https://

fred.stlouisfed.org/series/USTRADE.

——. "All Employees, Service-Providing." FRED, Federal Reserve Bank of St. Louis. https://fred.stlouisfed.org/series/SRVPRD.

——. "All Employees, Total Nonfarm." FRED, Federal Reserve Bank of St. Louis. https://fred.stlouisfed.org/series/PAYEMS.

——. "All Employees, Truck Transportation." FRED, Federal Reserve Bank of St. Louis. https://fred.stlouisfed.org/series/CEU4348400001.

——. "All Employees, Warehousing and Storage." FRED, Federal Reserve Bank of St. Louis. https://fred.stlouisfed.org/series/CES4349300001.

——. "All Employees: Leisure and Hospitality in Florida." Federal Reserve Bank of St. Louis. https://fred.stlouisfed.org/series/FLLEIH.

——. "Databases, Tables & Calculators by Subject." Accessed December 29, 2020. https://www.bls.gov/data.

——. "Supplemental Data Measuring the Effects of the Coronavirus (COVID-19) Pandemic on the Labor Market." Accessed January 18, 2021. www.bls.gov/cps/effects-of-the-coronavirus-covid-19-pandemic.htm.

——. "Employed Full Time: Wage and Salary Workers: Bartenders Occupations: 16 Years and Over." FRED, Federal Reserve Bank of St. Louis. https://fred.stlouisfed.org/series/LEU0254493100A.

——. "Employed Full Time: Wage and Salary Workers: Waiters and Waitresses Occupations: 16 Years and Over." FRED, Federal Reserve Bank of St. Louis. https://fred.stlouisfed.org/series/LEU0254493400A.

——. "Employment by Major Industry Sector." Accessed December 29, 2020. www.bls.gov/emp/tables/employment-by-major-industry-sector.htm.

——. "Historical Census of Housing Tables: Home Values." Accessed January 14, 2021. www.census.gov/data/tables/time-series/dec/coh-values.html.

——. "Labor Force Statistics from the Current Population Survey: Supplemental Data Measuring the Effects of the Coronavirus (COVID-19) Pandemic on the Labor Market." Last modified February 23, 2021. www.bls.gov/cps/effects-of-the-coronavirus-covid-19-pandemic.htm#data.

——. "One-Quarter of the Employed Teleworked in August 2020 Because of COVID-19 Pandemic: The Economics Daily." Accessed September 15, 2020. www.bls.gov/opub/ted/2020/one-quarter-of-the-employed-teleworked-in-august-202-because-of-covid-19-pandemic.htm.

——. "Table 4. Quits Levels and Rates by Industry and Region, Seasonally Adjusted." Accessed January 12, 2021. www.bls.gov/news.release/jolts.t04.htm.

———. "Table 7. Employed Persons Working on Main Job at Home, Workplace, and Time Spent Working at Each Location by Class of Worker, Occupation, and Earnings, 2019 Annual Averages." Accessed January 25, 2020. www.bls.gov/news.release/atus.t07.htm.

———. "Table A-14. Unemployed Persons by Industry and Class of Worker, Not Seasonally Adjusted." Accessed January 8, 2021. www.bls.gov/news.release/empsit.t14.htm.

———. "Table B-1. Employees on Nonfarm Payrolls by Industry Sector and Selected Industry Detail." Accessed January 8, 2021. www.bls.gov/news.release/empsit.t17.htm.

———. "The Employment Situation—July 2020." August 7, 2020. www.bls.gov/news.release/archives/empsit_08072020.pdf.

———. "Unemployment Rate." FRED, Federal Reserve Bank of St. Louis. Accessed January 18, 2021. https://fred.stlouisfed.org/series/UNRATE.

US Census Bureau. *1990 Census of Population and Housing, Population and Housing Unit Counts, California*. Washington, DC: US Government Printing Office, 1992.

———. "QuickFacts." Accessed January 12, 2021. www.census.gov/quickfacts/fact/table/US/PST045219.

———. "QuickFacts: Los Angeles City, California; Los Angeles County, California; California; United States." Accessed January 12, 2021. www.census.gov/quickfacts/fact/table/losangelescitycalifornia,losangelescountycalifornia,CA,US/PST045219.

———. *2010 Census of Population and Housing, Population and Housing Unit Counts, CPH-2-1, United States Summary*. Washington, DC: US Government Printing Office, 2012.

———. "U.S. and World Population Clock." Accessed January 17, 2021. www.census.gov/popclock.

US Centers for Disease Control and Prevention. "About Variants of the Virus That Causes COVID-19." Last modified February 12, 2021. www.cdc.gov/coronavirus/2019-ncov/transmission/variant.html.

———. *Advancing the Global Health Security Agenda: CDC Achievements and Impact—2018*. Washington, DC: Centers for Disease Control and Prevention, 2018.

———. "CDC's Funding." October 11, 2018. www.cdc.gov/about/report/cdc-funding.html.

———. "Data Overview: The Drug Overdose Epidemic: Behind the Numbers." December 7, 2020. www.cdc.gov/drugoverdose/data/index.html.

———. "Eastern Equine Encephalitis." October 21, 2020. www.cdc.gov/easternequineencephalitis/index.html.

———. "Epidemic Typhus." November 13, 2020. www.cdc.gov/typhus/epidemic/index.html.

———. "History of Quarantine." July 20, 2020. www.cdc.gov/quarantine/history quarantine.html.

———. "HIV and Injection Drug Use." Accessed January 18, 2021. www.cdc.gov/hiv/basics/hiv-transmission/injection-drug-use.html.

———. "HIV and Substance Use." Last modified November 3, 2020. www.cdc.gov/hiv/basics/hiv-transmission/substance-use.html.

———. "Hospitalization Rates and Characteristics of Patients Hospitalized with Laboratory-Confirmed Coronavirus Disease 2019—COVID-NET, 14 States, March 1–30, 2020." April 17, 2020. www.cdc.gov/mmwr/volumes/69/wr/mm6915e3.htm.

———. "How Antibiotic Resistance Happens." Last modified February 10, 2020. www.cdc.gov/drugresistance/about/how-resistance-happens.html.

———. *How to Prevent the Spread of the Mosquito That Causes Dengue*. www.cdc.gov/dengue/resources/vectorcontrolsheetdengue.pdf.

———. "Impaired Driving: Get the Facts." August 24, 2020. www.cdc.gov/transportationsafety/impaired_driving/impaired-drv_factsheet.html.

———. "Lyme Disease." Accessed November 5, 2020. www.cdc.gov/lyme/index.html.

———. "Mandatory R porting of Infectious Diseases by Clinicians." *Morbidity and Mortality Weekly Report* 39, no. 9 (June 22, 1990): 1–11, 16–17. www.cdc.gov/mmwr/preview/mmwrhtml/00001665.htm.

———. "Motor-Vehicle Safety: A 20th Century Public Health Achievement." *Morbidity and Mortality Weekly Report* 48, no. 18 (May 14, 1999): 369–374. https://www.cdc.gov/mmwr/PDF/wk/mm4818.pdf. Published correction appears in *Morbidity and Mortality Weekly Report* 48, no. 22 (June 11, 1999): 473. https://www.cdc.gov/mmwr/PDF/wk/mm4822.pdf.

———. *National Strategy for Pandemic Influenza. Homeland Security Council*, November 1, 2005. www.cdc.gov/flu/pandemic-resources/pdf/pandemic-influenza-strategy-2005.pdf.

———. "1918 Pandemic (H1N1 Virus)." March 20, 2019. www.cdc.gov/flu/pandemic-resources/1918-pandemic-h1n1.html.

———. "Overdose Deaths Accelerating During COVID-19." December 18, 2020. www.cdc.gov/media/releases/2020/p1218-overdose-deaths-covid-19.html.

———. "People with Certain Medical Conditions." Last modified February 22, 2021. www.cdc.gov/coronavirus/2019-ncov/need-extra-precautions/people-with-medical-conditions.html.

———. "Plague FAQ." November 26, 2019. www.cdc.gov/plague/faq/index.html.

———. "Preventing, Detecting, and Responding to Epidemics: CDC's Achievements." September 23, 2019. www.cdc.gov/globalhealth/security/ghsareport/2018/prevent-detect-respond.html.

———. "Risk for COVID-19 Infection, Hospitalization, and Death by Race/Ethnicity." Last modified February 18, 2021. www.cdc.gov/coronavirus/2019-ncov/covid-data/investigations-discovery/hospitalization-death-by-race-ethnicity.html.

———. "Safer and Healthier Foods." *Morbidity and Mortality Weekly Report* 48, no. 40 (October 1999): 905–13. https://pubmed.ncbi.nlm.nih.gov/12432905.

———. "Smoking Cessation: Fast Facts." Last modified May 21, 2020. www.cdc.gov/tobacco/data_statistics/fact_sheets/cessation/smoking-cessation-fast-facts/index.html.

———. "State Smoke-Free Laws for Worksites, Restaurants, and Bars—United States, 2000–2010." Accessed December 26, 2020. www.cdc.gov/mmwr/preview/mmwrhtml/mm6015a2.htm.

———. "Synthetic Opioid Overdose Data." March 19, 2020. www.cdc.gov/drugoverdose/data/fentanyl.html.

———. "Tobacco Use—United States, 1900–1999." *Morbidity and Mortality Weekly Report* 48, no. 43 (November 5, 1999): 986–93. https://www.cdc.gov/mmwr/PDF/wk/mm4843.pdf.

———. "2014–2016 Ebola Outbreak in West Africa." Last reviewed March 8, 2019. www.cdc.gov/vhf/ebola/history/2014-2016-outbreak/index.html.

———. "The 2009 H1N1 Pandemic: Summary Highlights, April 2009–April 2010." Last modified June 16, 2010. www.cdc.gov/h1n1flu/cdcresponse.htm.

———. "Understanding the Epidemic." Last modified February 12, 2021. www.cdc.gov/drugoverdose/epidemic/index.html.

———. "Urban-Rural Differences in Drug Overdose Death Rates, by Sex, Age, and Type of Drugs Involved, 2017." NCHS Data Brief, no. 345, August 2019. https://www.cdc.gov/nchs/products/databriefs/db345.htm.

US Centers for Medicare & Medicaid Services. "National Health Expenditure Data." Accessed January 18, 2021. www.cms.gov/research-statistics-data-andsystems/statistics-trends-and-reports/nationalhealthexpenddata.

"U.S. Crime and Imprisonment Statistics Total and by State 1960–2013." Disaster Center. Accessed January 18, 2021. http://disastercenter.com/crime.

US Department of Agriculture, Economic Research Service. "Nutrients." www.ers. usda.gov/webdocs/DataFiles/50472/nutrients.xls.

US Department of Commerce. *1992 Census of Population and Housing: Population and Housing Unit Counts.* Washington, DC: US Government Printing Office, 1992. https://www.census.gov/prod/cen1990/cph2/cph-2-6.pdf.

——.*2000 Census of Population and Housing: Population and Housing Unit Counts.* Washington, DC: US Government Printing Office, 2003. www.census.gov/ library/publications/2003/dec/phc-3.html.

——.*2010 Census of Population and Housing: Population and Housing Unit Counts.* Washington, DC: US Government Printing Office, 2012. www.census.gov/ prod/cen2010/cph-2-1.pdf.

US Department of Commerce, Bureau of Economic Analysis. "Gross Domestic Product, Second Quarter 2020 (Advance Estimate) and Annual Update." News release BEA 20-37, July 30, 2020. www.bea.gov/sites/default/files/2020-07/ gdp2q20_adv_0.pdf.

US Department of Education. "Legislation, Regulations, and Guidance—Race to the Top Fund." Last modified May 17, 2016. www2.ed.gov/programs/racetothetop/ legislation.html.

——. "Nine States and the District of Columbia Win Second Round Race to the Top Grants." August 24, 2010. www.ed.gov/news/press-releases/nine-states-and-district-columbia-win-second-round-race-top-grants.

——. "The Race to the Top Begins—Remarks by Secretary Arne Duncan." July 24, 2009. www2.ed.gov/news/speeches/2009/07/07242009.html.

——.*Race to the Top Program: Executive Summary.* November 2009. https://files. eric.ed.gov/fulltext/ED557422.pdf.

US Department of Health and Human Services. "Opioid Crisis Statistics." Accessed December 8, 2020. www.hhs.gov/opioids/about-the-epidemic/opioid-crisis-statistics/index.html.

US Department of Health and Human Services, Office of the National Coordinator for Health Information Technology. "2016 Report to Congress on Health IT Progress." www.healthit.gov/sites/default/files/2016_report_to_congress_on_ healthit_progress.pdf.

US Department of Justice, Bureau of Justice Statistics. "New Report: U.S. Homicide

Rate Falls to Lowest Rate in Four Decades." November 18, 2011. www.justice. gov/archives/opa/blog/new-report-us-homicide-rate-falls-lowest-rate-four-decades.

US Department of Labor and US Bureau of Labor Statistics. *100 Years of U.S. Consumer Spending: Data for the Nation, New York City, and Boston*. May 2006. www.bls.gov/opub/100-years-of-u-s-consumer-spending.pdf.

US Department of Transportation, National Highway Traffic Safety Administration. *Traffic Safety Facts: Alcohol-Impaired Driving 2016 Data*. October 2017. https://crashstats.nhtsa.dot.gov/Api/Public/ViewPublication/812450.

US Department of the Treasury Office of Economic Policy, Council of Economic Advisers, and US Department of Labor. *Occupational Licensing: A Framework for Policymakers*. July 2015. https://obamawhitehouse.archives.gov/sites/default/files/docs/licensing_report_final_nonembargo.pdf.

US District Court, Southern District of New York, "Floyd v. The City of New York," Opinion and Order, 08 Civ. 1034 (SAS), August 12, 2013. https://www.clearinghouse.net/chDocs/public/PN-NY-0009-0010.pdf.

US Drug Enforcement Administration. "2018 National Drug Threat Assessment (NDTA)." October 2, 2018. www.dea.gov/documents/2018/10/02/2018-national-drug-threat-assessment-ndta.

US Energy Information Administration. *Annual Energy Review*, 1978–2001. Available at www.eia.doe.gov/emeu/aer/txt/ptb0207.html.

US Federal Housing Finance Agency. "All-Transactions House Price Index for Los Angeles County, CA." FRED, Federal Reserve Bank of St. Louis. https://fred.stlouisfed.org/series/ATNHPIUS06037A.

US Food and Drug Administration. "Fact Sheet: FDA at a Glance." November 18, 2020. www.fda.gov/about-fda/fda-basics/fact-sheet-fda-glance.

———. "Food Irradiation: What You Need to Know." January 4, 2018. www.fda.gov/food/buy-store-serve-safe-food/food-irradiation-what-you-need-know.

US National Institutes of Health. "NIH-Funded Studies Show Stents and Surgery No Better than Medication, Lifestyle Changes at Reducing Cardiac Events." March 30, 2020. www.nih.gov/news-events/news-releases/nih-funded-studies-show-stents-surgery-no-better-medication-lifestyle-changes-reducing-cardiac-events.

Valentine, Randall, Dawn Valentine, and Jimmie L Valentine. "Relationship of George Floyd Protests to Increases in COVID-19 Cases Using Event Study Methodology." *Journal of Public Health* 42, no. 4 (November 2020): 696–97.

https://doi.org/10.1093/pubmed/fdaa127.

Vandiver, John. "Kick Turkey Out of NATO? It Wouldn't Be Easy." *Stars and Stripes*, October 11, 2019. www.stripes.com/news/europe/kick-turkey-out-of-nato-it-wouldn-t-be-easy-1.602661.

Vaznis, James. "Timeline of Madison Park High School." *The Boston Globe*, October 12, 2014. www.bostonglobe.com/metro/2014/10/12/voctechtimeline/bvJAxOiTaxHghEmwHUwgkK/story.html.

Velde, François R. "What Happened to the US Economy During the 1918 Influenza Pandemic? A View Through High-Frequency Data." Federal Reserve Bank of Chicago, Working Paper WP 2020-11, July 7, 2020. https://doi.org/10.21033/wp-2020-11.

Velez, Jennifer. "Artwashing Fight Takes Twist with Gallery's Offer to 'Ceremonially' Close in Boyle Heights." *L.A. Taco*, April 24, 2018. www.lataco.com/artwashing-fight-takes-twist-with-gallerys-offer-to-ceremonially-close-in-boyle-heights.

"Village of Euclid v. Ambler Realty Company." Oyez. www.oyez.org/cases/1900-1940/272us365.

Villianatos, Mark, and Madeline Brozen. "Encouraging Diverse Missing-Middle Housing Near Transit." UCLA Lewis Center for Regional Policy Studies Policy Briefs, May 1, 2019. www.lewis.ucla.edu/research/encouraging-diverse-missing-middle-housing-near-transit.

"Violence Erupts in Boston over Desegregation Busing." History.com, September 12, 1974. www.history.com/this-day-in-history/violence-in-boston-over-racial-busing.

Voigtländer, Nico, and Hans-Joachim Voth. "How the West 'Invented' Fertility Restriction." *American Economic Review* 103, no. 6 (October 2013): 2227–64. https://doi.org/10.1257/aer.103.6.2227.

Vuković, Kristin. "Dubrovnik: The Medieval City Designed around Quarantine." BBC, April 22, 2020. www.bbc.com/travel/story/20200421-dubrovnik-the-medieval-city-designed-around-quarantine.

Waddington, I. "The Development of Medical Ethics—a Sociological Analysis." *Medical History* 19, no. 1 (January 1975): 36–51. https://doi.org/10.1017/S002572730001992X.

Wade, Louise Carroll "Meatpacking." *Encyclopedia of Chicago*, 2004. www.encyclopedia.chicagohistory.org/pages/804.html.

Wade, Nicholas. "Europe's Plagues Came from China, Study Finds." *The New York*

Times, October 31, 2010. www.nytimes.com/2010/11/01/health/01plague.html.

Wadman, Meredith. "Why COVID-19 Is More Deadly in People with Obesity—Even If They're Young." *Science*, September 8, 2020. www.sciencemag.org/news/2020/09/why-covid-19-more-deadly-people-obesity-even-if-theyre-young.

Wainwright, Oliver. "Street Fighter: How Jane Jacobs Saved New York from Bulldozer Bob." *The Guardian* (London), April 30, 2017. www.theguardian.com/artanddesign/2017/apr/30/citizen-jane-jacobs-the-woman-who-saved-manhattan-from-the-bulldozer-documentary.

Walker, Mark. "'If We Get It, We Chose to Be Here': Despite Virus, Thousands Converge on Sturgis for Huge Rally," *The New York Times*, August 11, 2020. www.nytimes.com/2020/08/07/us/sturgis-motorcyle-rally.html.

Wallace-Wells, Benjamin. "Can Coronavirus Contact Tracing Survive Reopening?" *The New Yorker*, June 12, 2020. www.newyorker.com/news/us-journal/can-coronavirus-contact-tracing-survive-reopening.

Wallis, Patrick. "A Dreadful Heritage: Interpreting Epidemic Disease at Eyam, 1666–2000." *History Workshop Journal* 61, no. 1 (Spring 2006): 31–56. https://doi.org/10.1093/hwj/dbi060.

Walsh, Mark. "Teachers' Rights under COVID-19: Anxiety Meets Legality." *EducationWeek*, November 19, 2020. www.edweek.org/teaching-learning/teachers-rights-under-covid-19-anxiety-meets-legality/2020/11.

Waltenburg, Michelle A., et al. "Update: COVID-19 among Workers in Meat and Poultry Processing Facilities—United States, April–May 2020." *Morbidity and Mortality Weekly Report* 69, no. 27 (July 2020): 887–92. www.cdc.gov/mmwr/volumes/69/wr/mm6927e2.htm?s_cid=mm6927e2_w.

Ware, Leland. "Invisible Walls: An Examination of the Legal Strategy of the Restrictive Covenant Cases." *Washington University Law Review* 67, no. 3 (1989): 737–72. https://openscholarship.wustl.edu/cgi/viewcontent.cgi?article=2010&context=law_lawreview.

Waring, George E. "The Cleaning of a Great City (*McClure's*, April 1897)." *The Brooklyn Rail*, March 2012. https://brooklynrail.org/2012/03/local/the-cleaning-of-a-great-city.

Warner, Melanie. *Pandora's Lunchbox: How Processed Food Took Over the American Meal*. New York: Scribner, 2014.

"Washington 'Three Strikes,' Initiative 593 (1993)." Ballotpedia. Accessed January 7, 2021. https://ballotpedia.org/Washington_%22Three_Strikes%22_Initiative_593_

(1993).

Waterston, C. D., A. Macmillan Shearer, and Royal Society of Edinburgh. *Former Fellows of the Royal Society of Edinburgh, 1783–2002: Biographical Index*. Edinburgh: The Royal Society of Edinburgh, 2006.

Wayman, Erin. "Chile's Quake Larger but Less Destructive than Haiti's." *Earth*, March 1, 2010. www.earthmagazine.org/article/chiles-quake-larger-less-destructive-haitis.

"Ways and Means Committee Releases Report on International Drug Pricing." Ways and Means Committee, US House of Representatives, September 23, 2019. https://waysandmeans.house.gov/media-center/press-releases/ways-and-means-committee-releases-report-international-drug-pricing.

"What Country Spends the Most on Healthcare?" Investopedia, September 28, 2020. www.investopedia.com/ask/answers/02091/what-country-spends-most-healthcare.asp.

Weber, Lauren, Laura Ungar, Michelle R. Smith, et al. "Hollowed-Out Public Health System Faces More Cuts amid Virus." Kaiser Health News. Last modified August 24, 2020. https://khn.org/news/us-public-health-system-underfunded-under-threat-faces-more-cuts-amid-covid-pandemic.

White, Bouck. *The Book of Daniel Drew: A Glimpse of the Fisk-Gould-Tweed Régime from the Inside*. New York: Doubleday, Page & Company, 1910. http://archive.org/details/bookofdanieldrew00whit.

Whitney, Camille R., and Christopher A. Candelaria. "The Effects of No Child Left Behind on Children's Socioemotional Outcomes." *AERA Open* 3, no. 3 (July 2017). https://doi.org/10.1177/2332858417726324.

Whittaker, John. "Cigarette Tax Hike Proposed for New York State." *Post-Journal* (Jamestown, NY), May 14, 2020. www.post-journal.com/news/page-one/2020/05/cigarette-tax-hike-proposed-for-new-york-state.

"Who Wants to Be a Millionaire?" *The Guardian* (London), September 28, 1999. www.theguardian.com/theguardian/1999/sep/29/features11.g2.

"William Henry Workman: Founder of Boyle Heights." *Boyle Heights History Blog*, September 23, 2009. http://boyleheightshistoryblog.blogspot.com/2009/09/william-henry-workman-founder-of-boyle.html.

"William Le Baron Jenney." *Encyclopædia Britannica Online*. Accessed January 18, 2021. www.britannica.com/biography/William-Le-Baron-Jenney.

Willsher, Kim. "Story of Cities #12: Haussmann Rips Up Paris—and Divides France to This Day." *The Guardian* (London), March 31, 2016. www.theguardian.com/

cities/2016/mar/31/story-cities-12-paris-baron-haussmann-france-urban-planner-napoleon.

Wilson, Woodrow. *The New Freedom: A Call for the Emancipation of the Generous Energies of a People.* New York: Doubleday, Page & Company, 1913. www.gutenberg.org/files/14811/14811-h/14811-h.htm.

"Wonderful coffee shop with free wifi. Ignore the uninformed protestors. They're usually not there. Owners work tirelessly inside. What these protestors don't realize is that one of the owners is Salvadorean." Yelp, July 22, 2019. www.yelp.com/biz/weird-wave-coffee-brewers-los-angeles.

World Health Organization. "WHO and the WHA—an Explainer." Last modified November 9, 2020. www.who.int/about/governance/world-health-assembly/seventy-third-world-health-assembly/the-who-and-the-wha-an-explainer.

"Why a Pound Today Is Worth Only 0.8% of a Pound in 1858." CPI Inflation Calculator, January 13, 2020. www.in2013dollars.com/uk/inflation/1858.

"Why Germany's Low COVID-19 Death Rate Might Be a Mirage." CBC News, March 31, 2020. www.cbc.ca/news/world/germany-coronavirus-death-rate-reasons-1.5513816.

"Why Pandemic Disease and War Are So Similar." *Business Insider*, March 28, 2015. www.businessinsider.com/why-pandemic-disease-and-war-are-so-similar-2015-3.

Wilford, John Noble. "How Epidemics Helped Shape the Modern Metropolis." *The New York Times*, April 15, 2008. www.nytimes.com/2008/04/15/science/15chol.html.

"William Bradford on the Great Sickness among New England Indians (1633)." Westshore Community College. www.westshore.edu/personal/mwnagle/US1/NativeAmerDocs/Bradford-sickness.htm.

Willman, David. "Contamination at CDC Lab Delayed Rollout of Coronavirus Tests." *The Washington Post*, April 18, 2020. www.washingtonpost.com/investigations/contamination-at-cdc-lab-delayed-rollout-of-coronavirus-tests/2020/04/18/fd7d3824-7139-11ea-aa80-c2470c6b2034_story.html.

Wilson, Chris. "These Graphs Show How COVID-19 Is Ravaging New York City's Low-Income Neighborhoods." *Time*, April 15, 2020. https://time.com/5821212/coronavirus-low-income-communities.

Wilson, Michael. "Coronavirus in N.Y.C.: Eerie Streetscapes Are Stripped of Commerce." *The New York Times*, March 21, 2020. www.nytimes.com/2020/03/21/nyregion/coronavirus-empty-nyc.html.

Wilson, Mitchell. "Cyrus McCormick." *Encyclopædia Britannica Online*. Last modified February 12, 2021. www.britannica.com/biography/Cyrus-McCormick.

Winig, Laura. *Michelle Rhee and the Washington D.C. Public Schools*. Harvard Kennedy School Case Program, April 5, 2012. https://case.hks.harvard.edu/michelle-rhee-and-the-washington-d-c-public-schools.

Wong, M. D., K. M. Coller, R. N. Dudovitz, D. P. Kennedy, R. Buddin, M. F. Shapiro, S. H. Kataoka, et al. "Successful Schools and Risky Behaviors among Low-Income Adolescents." *Pediatrics* 134, no. 2 (August 2014): e389–96. https://doi.org/10.1542/peds.2013-3573.

World Bank. "GDP per Capita (Current US$)—Zambia." Accessed January 17, 2021. https://data.worldbank.org/indicator/NY.GDP.PCAP.CD?locations=ZM.

———. "Population, Total—France." Accessed January 17, 2021. https://data.worldbank.org/indicator/SP.POP.TOTL?locations=FR.

———. "Rural Population—United Kingdom," 2018 revision. Accessed April 9, 2021. https://data.worldbank.org/indicator/SP.RUR.TOTL?locations=GB.

———. "Rural Population—United States," 2018 revision. Accessed April 9, 2021. https://data.worldbank.org/indicator/SP.RUR.TOTL?locations=US.

———. "Urban Population—United States," 2018 revision. Accessed April 9, 2021. https://data.worldbank.org/indicator/SP.URB.TOTL?locations=US.

"World Health Organization." *Encyclopædia Britannica Online*. July 8, 2020. www.britannica.com/topic/World-Health-Organization.

World Health Organization. "Budget." www.who.int/about/accountability/budget.

———. "Cholera." www.who.int/health-topics/cholera#tab=tab_1.

World Health Organization. "Composition of the Board." https://apps.who.int/gb/gov/en/composition-of-the-board_en.html.

———. "Countries Overview." www.who.int/countries.

———. "Ebola Virus Disease." Last modified February 23, 2021. www.who.int/news-room/fact-sheets/detail/ebola-virus-disease.

———. "Influenza (Avian and Other Zoonotic)." November 13, 2018. www.who.int/news-room/fact-sheets/detail/influenza-(avian-and-other-zoonotic).

———. "Influenza-like Illness in the United States and Mexico." April 24, 2009. www.who.int/csr/don/2009_04_24/en.

———. *Managing Epidemics: Key Facts about Major Deadly Diseases*. May 2018. www.who.int/emergencies/diseases/managing-epidemics/en.

———. "New Zealand Takes Early and Hard Action to Tackle COVID-19." Accessed December 26, 2020. www.who.int/westernpacific/news/feature-stories/detail/

new-zealand-takes-early-and-hard-action-to-tackle-covid-19.

——. "Novel Coronavirus—China." January 12, 2020. www.who.int/csr/don/12-january-2020-novel-coronavirus-china/en.

——. "Novel Coronavirus—Thailand (Ex-China)." Accessed January 17, 2021. www.who.int/csr/don/14-january-2020-novel-coronavirus-thailand-ex-china/en.

——. (@WHO). "Preliminary investigations conducted by the Chinese authorities have found no clear evidence of human-to-human transmission of the novel #coronavirus (2019-nCoV) identified in #Wuhan, #China." Twitter, January 14, 2020, 6:18 a.m. https://twitter.com/WHO/status/1217043229427761152.

——. "Programme Budget 2020–2021." www.who.int/publications-detail-redirect/programme-budget-2020-2021.

——. "Programme Budget Web Portal." https://open.who.int/2018-19/contributors/contributor.

——. "Smoking and COVID-19." Accessed January 20, 2021. www.who.int/newsroom/commentaries/detail/smoking-and-covid-19.

——. "United States of America: WHO Coronavirus Disease (COVID-19) Dashboard." Accessed January 18, 2021. https://covid19.who.int.

——. "Worldwide Burden of Disease from Exposure to Second-Hand Smoke." February 9, 2011. www.who.int/quantifying_ehimpacts/publications/shsarticle2010/en.

——. "Yellow Fever." May 7, 2019. www.who.int/news-room/fact-sheets/detail/yellow-fever.

World Health Organization Global Influenza Program Surveillance Network. "Evolution of H5N1 Avian Influenza Viruses in Asia." *Emerging Infectious Diseases* 11, no. 10 (October 2005): 1515–21. https://doi.org/10.3201/eid1110.050644.

Xiao, Kangpeng, Junqiong Zhai, Yaoyu Feng, Niu Zhou, Xu Zhang, Jie-Jian Zou, Na Li, et al. "Isolation of SARS-CoV-2-Related Coronavirus from Malayan Pangolins." *Nature* 583, no. 7815 (July 2020): 286–89. https://doi.org/10.1038/s41586-020-2313-x.

Yamada, Katherine. "Verdugo Views: There Was a Time When a Hospital Stay Cost $4 a Day." *Los Angeles Times*, November 17, 2012. www.latimes.com/socal/glendale-news-press/community/tn-gnp-1117-verdugo-views-there-was-a-time-when-a-hospital-stay-cost-4-a-day-story.html.

Young, Julie. "The Economic Impact of Brain Drain." Investopedia, September 29, 2020. www.investopedia.com/terms/b/brain_drain.asp.

Zarroli, Jim. "'Deaths of Despair' Examines the Steady Erosion of U.S. Working-Class Life." NPR, March 18, 2020. www.npr.org/2020/03/18/817687042/deaths-of-despair-examines-the-steady-erosion-of-u-s-working-class-life.

Zelizer, Julian E. *Taxing America: Wilbur D. Mills, Congress, and the State, 1945–1975.* Cambridge, UK: Cambridge University Press, 2000.

Zhang, Sarah. "The One-Paragraph Letter from 1980 That Fueled the Opioid Crisis." *The Atlantic,* June 2, 2017. www.theatlantic.com/health/archive/2017/06/nejm-letter-opioids/528840.

Zhu, Wenjia, Michael E. Chernew, Tisamarie B. Sherry, and Nicole Maestas. "Initial Opioid Prescriptions among U.S. Commercially Insured Patients, 2012–2017." *New England Journal of Medicine* 380, no. 11 (2019): 1043–52. https://doi.org/10.1056/nejmsa1807069.

Zimba, Jason. "Straight Up Conversation: Common Core Guru Jason Zimba." *Education Next*, February 28, 2013. http://www.educationnext.org/straight-up-conversation-common-core-guru-jason-zimba.

Zimring, Franklin E. "The City That Became Safe: New York and the Future of Crime Control." Straus Working Paper 09/11, Straus Institute, NYU School of Law, New York, NY, September 2011. www.law.nyu.edu/sites/default/files/siwp/WP9Zimring.pdf.

Zwilling, Andrew. "Poor Leadership during Times of Disease: Malta and the Plague of 1813." War on the Rocks, March 27, 2020. https://warontherocks.com/2020/03/poor-leadership-during-times-of-disease-malta-and-the-plague-of-1813.

Z/Yen Group and China Development Institute. *The Global Financial Centres Index 20.* September 2016. https://www.longfinance.net/media/documents/GFCI20_26Sep2016.pdf.

도시의 성장은 계속될 것인가
도시의 생존

제1판 1쇄 발행 | 2022년 11월 18일
제1판 2쇄 발행 | 2022년 12월 26일

지은이 | 에드워드 글레이저 · 데이비드 커틀러
옮긴이 | 이경식
펴낸이 | 오형규
펴낸곳 | 한국경제신문 한경BP
책임편집 | 김종오
교정교열 | 김순영
저작권 | 백상아
홍보 | 이여진 · 박도현 · 하승예
마케팅 | 김규형 · 정우연
디자인 | 지소영
본문디자인 | 디자인 현

주소 | 서울특별시 중구 청파로 463
기획출판팀 | 02-3604-590, 584
영업마케팅팀 | 02-3604-595, 562   FAX | 02-3604-599
H | http://bp.hankyung.com   E | bp@hankyung.com
F | www.facebook.com/hankyungbp
등록 | 제 2-315(1967. 5. 15)

ISBN 978-89-475-4858-8   03320